中国市场统计年鉴

1993

国家统计局贸易物资统计司　编

中国统计出版社

(京)新登字 041 号

《中国市场统计年鉴—1993》
编 辑 人 员

主　编：李露华
副主编：马蜀瑜　赵茂宏
编　辑：杨晓明　李涛　黄雅萍

中国市场统计年鉴
ZHONGGUO SHICHANG TONGJI NIANJIAN
1993
国家统计局贸易物资统计司　编
*
中国统计出版社出版
新华书店北京发行所发行
北京顺义振华印刷厂印刷
*
787×1092毫米　16开本　31.625印张　78万字
1993年12月第1版　1993年12月北京第1次印刷
印数：1—2000
ISBN7—5037—1447—6/C·846
定价：46.00元

序

党的十一届三中全会以来，改革、开放深入发展，建设有中国特色的社会主义在前进中探索，在探索中前进，取得举世瞩目的伟大成就。在深化改革、扩大开放的新的历史时期，党的十四大又确定了建立社会主义市场经济体制的目标模式，标志着我国在建设有中国特色的社会主义的道路上，迈出了更大、更为坚定的步伐。

发展社会主义市场经济，要求市场在国家宏观调控下对资源配置起基础性作用，使经济活动遵循价值规律的要求，适应供求关系的变化，优化产业结构，提高经济效益；通过价格杠杆和竞争机制的功能，给企业以压力和动力，改善经营管理，推广先进技术，提高产品质量，实现优胜劣汰。

改革开放十多年来，我国的经济运行基本上是奔向市场经济这个目标的，市场范围逐步扩大，大多数商品价格已经放开，最终将全部放开。市场对经济活动的调节作用日益增强，促使国民经济呈现出强劲的增长势头，国家整体经济实力大为增强，人民群众的物质文化生活水平显著提高。

当前，国家和各级政府对建设和培育各类市场十分关注，商品市场、金融市场、技术市场、劳务市场、房地产市场和信息市场竞相发展，条条块块分割、封锁和垄断市场的状况正在打破，全国统一的开放的市场体系逐渐形成。

信息是当代社会的重要资源，是国民经济良性循环的必要条件。怎样完整地、全面地描述社会主义市场经济的发展进程，怎样多视角地呈现商品市场变化的每一道环节，以便准确、及时地反馈给各级政府、经济管理部门、生产经营者和广大消费者，是摆在社会经济统计工作者面前的一项重要任务。为此《中国市场统计年鉴》应运而生。

《中国市场统计年鉴》(原名《中国国内市场统计年鉴》)在连续三年编辑出版、颇受各界人士好评的基础上，又进一步标改革、开放之新，立社会主义市场经济之异，调整、更新版面设计和排编方式，并扩大了信息容量。编者力图冲破旧框框的束缚，打破部门、地区分割管理市场的界限，也避免原有商业统计指标体系和调查方法对统计数据来源的制约，从市场体系的角度对社会主义商品市场给予了立体式的体现、分析和研究，这是一件很有意义的事情。相信这本以新版面貌奉献给广大读者的《年鉴》，将会更好地成为社会各界分析研究市场、经济工作者把握市场和生产经营者操作市场的重要参考，成为促进社会主义市场经济发展的一部权威性的工具书。

1993年10月

编辑说明

一、《中国市场统计年鉴——1993》是一部文、图、表并茂，信息密集的资料性年刊。旨在通过大量、丰富、详实的统计数据，准确、系统、立体式、多视角地呈现中国社会主义统一市场的发育和发展全貌。本年鉴在已经编辑出版三年的《中国国内市场统计年鉴》的基础上调整、更新和扩充内容，并扩大为16开本，更名为《中国市场统计年鉴》，编排体系更加科学规范。本年鉴是工农业生产者和商业经营者安排生产和经营，是各级管理部门、大专院校、科研机构进行决策、教学和理论研究的必备参考书，也是关心中国市场的国内外各界人士深入系统地了解市场、方便生活的挚朋益友。

二、本年鉴主要内容分为十部分：专文、中国市场在国民经济中的重要地位、中国市场网点布局、中国市场商品需求、中国市场商品流通、商业部门商品流转和经济效益、中国市场重点流通企业情况、中国集市贸易、中国市场物价和附录。在附录中，列有城乡居民生活消费量和耐用消费品拥有量，与中国市场体系建设有关的统计资料，国外市场统计资料以及主要统计指标解释等。

三、本年鉴中的资料大部分来自国家统计系统的各种统计报表，一部分来自各业务主管部门和社会信息调查机构的调查。全国性统计数字均未包括台湾省、香港及澳门地区。

四、本年鉴中"空格"表示该项统计指标数据不详；"#"表示其中的主要项。

目　　录

一、专文

二、中国市场在国民经济中的重要地位

三、中国市场网点布局

四、中国市场商品需求

五、中国市场商品流通

六、商业部门商品流转和经济效益

七、中国市场重点流通企业情况

八、中国集市贸易

九、中国市场物价

十、附录

一、专　　文

1992 年中国市场概述

1992 年，中国改革开放步伐明显加快，国民经济进入高速增长时期。工农业生产迅速发展，商品流通日益顺畅，购销活跃，市场建设进一步加强，市场体系不断完善，在价格改革迈出较大步伐的情况下保持基本稳定，社会主义统一市场的建设和发育揭开了新的一页。但市场交易缺乏规范，流通秩序较为混乱，需引起重视。

中国市场环境

一、供给方面

1. 第一产业稳定增长。1992 年增加值为 5744 亿元，比上年增长 4.1%。种植业中主要农产品产量有增有减。全年粮食总产量达到 44266 万吨，比上年增产 17%；棉花因受干旱和虫害的影响，产量为 450.8 万吨，减产 20.6%；油料总产量为 1641.2 万吨，与上年基本持平；糖、烟、麻、果、菜均有不同程度增产。林、牧、副、渔业稳定增长。农业的连年丰收，使农产品供应比较充裕，居民“菜篮子”更加丰盛。

2. 第二产业高速增长。全年增加值为 11575 亿元，比上年增长 20.9%。增速明显加快，在国民经济发展中起着主导作用。特别是工业生产伴随投资、出口需求的迅猛回升，呈现高速增长态势。全年工业增加值比上年增长了 20.5%，是改革开放 14 年来增长最快的年份。工业生产的基本特点：一是生产速度呈逐月上升态势；二是发展的不平衡性更为明显，工业内部的行业间、经济类型间和地区间出现差异；三是随着市场需求趋旺，工业品产销衔接渐趋好转，基本恢复正常水平，产品总量上没有出现新的积压，但随着主要产品产量的增加，当年生产的轻纺、家用机电产品有些积压；四是企业经济效益扭转下降趋势，全年工业综合经济效益指数为 89，比上年提高 5 个百分点。

3. 第三产业发展逐季加快。一季度增长 5.6%，二季度增长 7.7%，三季度增长 11.5%，全年增加值为 6701 多亿元，比上年增长9.6%，增幅比上年加快 4.1 个百分点。邮电通讯、金融保险、房地产、咨询服务和商业饮食业等都有了较大的发展，但整体上第三产业仍滞后于整个经济的发展。

二、需求方面

1. 投资需求回升迅猛。全年全社会固定资产投资总额为 7855 亿元，比上年增长 42.6%。投资的主要特点：一是国有单位投资高速增长，个体投资增长相对平稳；地方项目投资增长高于中央项目投资，比重上升。二是预算外投资增长明显快于预算内投资，全部资金增加额中大部分为贷款和各级自筹资金增加额。三是更新改造投资增长快于基本建设投资；第三产业投资增长快于第一、第二产业投资；基础产业、基础设施的投资比重有所提高，但能源投资比重下降。

2. 消费需求平稳增长。全年职工工资总额达 3939 亿元，比上年增长 18.5%；城镇居民人均年生活费收入 1826 元，比上年增长 18.2%，扣除价格因素，均实际增长 8.8%。但收入分配不尽合理问题还比较突出，机关干部和一些生产经营困难的企业职工收入水平提高不多。农村居民全年人均纯收入达 784 元,扣除价格因素,实际增长 5.9%,突破了前几年徘徊的局面,但增长不平衡,东、中、西部差异较大。据测算,居民货币收入增量相当于经济增量的 56% 左右。加上其他因素,全年形成社会商品购买力达 14325.4 亿元,比上年增长 20.2%。年末城乡居民储蓄存款余额达 11545 亿元,比上年增长 26.7%。购买力在生产发展的基础上稳定增长,为城乡居民生活的进一步改善奠定了基础,消费结构开始朝多层次、多样化方向演变。

三、对外经济方面

1992 年,中国对外开放的范围、领域均明显扩大,全方位、大开放格局已初步形成,密切了中国同国际经济的联系。全年进出口总额达 1656 亿美元,比上年增长 22%。其中出口总额 850 亿美元,增长 18.2%;进口总额 806 亿美元,增长 26.4%。进出口相抵,扣除不收付外汇货物,全年出口大于进口 127 亿美元。边境贸易、易货贸易日益活跃,外贸市场多元化取得进展,进出口商品结构进一步优化,工业制成品出口所占比重达 80%;进口商品中,钢材、铜材、铝材等国内紧缺原材料及机械与运输设备明显增加。利用外资大幅度增长,投资项目规模有所扩大,外商直接投资势头较猛。全年新签利用外资项目近 5 万项,协议额 694 亿美元,均比上年增长 2.5 倍以上;实际利用外资 192 亿美元,增长 66%。非贸易外汇稳定增加。全年来华旅游人数和旅游创汇收入分别比上年增长 14.3% 和 38.7%,均创历史最好水平。

中国市场运行特点

一、市场建设不断加强。1992 年初,小平同志南巡讲话象一股春风,使中国流通领域各种竞争主体如雨后春笋般发展起来,尤以个体经济发展迅速。各种经济类型的商业、饮食业、服务业还大胆探索新的流通组织形式,活跃城乡市场。年末社会商业、饮食业、服务业机构达 1421.4 万个,比上年末增加 104.2 万个,增长 7.9%;从业人员 4131.4 万人,增加 311.7 万人,增长 8.2%。其中商业经营机构 1049.9 万个,人员 2959.4 万人,分别增长 8.9%和 12.7%;饮食业经营机构 174 万个,人员 438.5 万人,分别增长 8.4%和 9.5%;服务业经营机构 184.2 万个,人员 452.2 万人,分别增长 4.6%和 6.1%。"聚天下商品于一处"的城乡集贸市场也迅速发展。年末城乡集贸市场达 7.9 万个,比上年增加 4513 个,是 1986 年以来增加最多的一年,其中各种专业市场达 19%。纵横交错的商品流通网络正在形成。

二、商品销售均衡增长。1992 年,经济的加速发展使市场供求关系进一步改善。据原商业部对 1992 年下半年 695 种主要商品的供求情况排队表明,供求基本平衡和供过于求的商品所占比重已达 88.5%。丰富的市场商品货源保证了商品供应的丰富多彩。1992 年市场商品销售实现了经济高速增长条件下的平稳增长。全年社会商品零售总额 10993.7 亿元,比上年增长 16.8%,扣除物价上涨因素,实物量增长 10.8%,其中消费品零售额增长 17.7%,农业生产资料零售额增长 10.2%。从发展动态看,呈现出淡季不淡,旺季更旺的特点,一季度增长 15.6%,二季度增长 13.1%;三季度增长 17%,四季度增长 20.9%。从地区上看,增长速度在 15%以上的有 17 个省市,其中华东和沿海地区增长幅度尤高。从各类商品销售情况上看,吃、穿、用、住、烧竞相增长,其中以房屋和建筑材料、书报杂志、药和医疗用品增长突出。在各类商品销售中,居民的消费档次日渐提高,购买心理理智、平稳,选择意识增强,购买商品更加挑剔,购买大件商品趋向一步到位,促使质量高、信誉好的名特优新商品畅销不衰。

三、物价水平较为平稳。1992 年,国家和地方加快价格改革步伐,成功地提高了粮食购销价格,顺利出台了煤炭等生产资料调价项目,大面积下放价格管理权限和放开价格,进一步扩大了市场调节价格的比重,从全国来说,价格总体涨幅控制在计划目标范围之内。全年零售物价上涨5.4%，各月涨幅相对平稳，五月份最低，比上年同月上涨4.1%，12月份最高，上涨6.8%。但城乡差别较大，城镇零售物价比上年上涨7.7%，明显高于农村上涨3.9%的幅度，主要是粮食销价提高对城镇影响大所致。分商品类别来看，粮食零售价格比上年上涨了24.3%，影响零售物价总水平上升1.6%；燃料、药及医疗用品、建筑材料涨幅较高，分别为14.6%、9.1%和6.5%；肉禽蛋上涨48%；烟酒茶、鲜果、衣着、日用品、书报杂志和农业生产资料价格平稳；文化娱乐用品受电视机、收录机价格下降影响，零售价格下降4.3%。

四、商业体制改革取得显著进展。1992年，流通领域的改革力度明显加大，改革步伐加快。国有商业自主权不断扩大，组织形式和经营方式更加多元化。到年末，各省、自治区、直辖市“四放开”的推广面已达50%以上，有些省市已全面推开。原商业部颁布了《全民所有制商业企业转换经营机制实施办法》，明确提出了扩大国有商业企业14个方面的自主权，丰富了企业转换机制的内容，进一步推动了企业改革向纵深发展，为国有商业企业平等地参予市场竞争创造了条件。1992年初，全国承包到期的大中型国有商业企业中有95%已签订了新一轮承包合同，小型企业90%转入了新一轮承包租赁。有的地区还对小型企业在原来的“改、转、租”的基础上，引进农村“大包干”的办法和个体经营机制，试行“国有民营”。针对传统批发体制的弊端和面临的困境，原商业部提出了以市场为导向，脱胎换骨改造原有国有批发体制的改革思路，并有计划地建设区域性商品批发市场。截止年底，全国生产资料和工业消费品批发市场各有1000多个，农副产品批发市场1600多个。购销体制逐渐理顺。1992年，原商业部系统对原有计划管理的商品实行了缩小指令性计划管理范围，减少计划管理品种的改革，截止目前，原商业部管理的计划商品只有12种，其中指令性计划管理和指导性计划管理的各6种。在扩大市场调节范围的同时，商业部门在中央统一计划指导下，建立和完善两级调控体系，适当加强和扩大了地方政府的商业计划职能和对市场的调控能力，主要是建立和进一步完善粮、棉、油、肉、糖等重要商品的储备制度。

中国市场运行中的“三个不同步”

1992年的中国市场在进一步加快发展社会主义市场经济的浪潮中渡过。纵观基本平稳的市场运行状况，仍表现出一些不协调、不稳定现象，突出地表现为“三个不同步”。一是市场交易规范化建设与市场日益发展不同步。由于流通体制正在改革，许多方面尚不配套，致使市场交易缺乏规则，市场竞争缺乏制约，市场秩序较为混乱。有些地方抢买抢卖、强买强卖、哄抬物价、掺杂使价、短斤缺两、生产出售假冒伪劣商品等现象仍时有发生，有待进一步加强市场规范化建设，处理好宏观调控与微观搞活的关系。二是城乡市场发展不同步。全年乡村商品零售额比上年增长13.1%，低于城镇商品零售额增长7.8个百分点。主要是受部分地区粮、棉减产、收购资金严重不足、付现率低以及农村乱摊派、乱收费、乱集资，致使农民负担过重、购买乏力等的影响。因此，进一步清理农村的乱收费，切实增加农民收入，正确处理城乡市场的关系，是值得高度重视的问题。三是生产结构的调整与市场需求的变化不同步。一些企业产品结构调整缓慢，有的边生产边积压；从商业部门看，由于与求新、求名牌、求优质的消费需求错位，一些质量差、款式陈旧的杂牌产品，尤其是耐用消费品库存增加较多。有待进一步实现社会再生产的运行以市场为导向，切实把国民经济引入良性循环的轨道。

（赵茂宏　文）

1992 年地方市场拾萃

【天津商、饮、服新建网点多收效快】 1992 年全市商业、饮食业、服务业的机构总数为 9.9 万个，从业人员 49.3 万人，剔除个体有证商业、饮食业、服务业的变化影响，全市机构总数比上年增加 954 个，从业人员增加 1.5 万人。

一、新建网点见效快

1992 年全市在深化改革、加快改革开放步伐的大好形势下，商业设施的建设呈现出立项多、开工多、竣工开业多的大好局面。全年新建网点 1559 个，比上年增加 892 个；从业人员 2.5 万人，增加 1. 7 万人；营业额达 12.4 亿元，增加 8.4 亿元。其中市政府列入改善城乡人民生活 20 件实事的商业设施项目中的 1 万平方米至 2. 6 万平方米的七个大中型商场：儿童大世界、东方商厦、大胡同小百货批发交易市场、塘沽百货商场、滨江商厦、东海商厦和大港商厦，总建筑面积 11.7 万平方米，总投资额 1.7 亿元，创造了本市年度万平方米以上商业设施建筑的历史最好水平。到年底五百人以上的大型商店有 11 个，比上年增加了 5 个，营业额 29.7 亿元，增加 12.5 亿元。

二、改善购物环境带来新效益

1992 年随着市场竞争的日益激烈，购物环境的好坏已成为市场竞争的重要硬件，因此不少企业都把装修作为竞争能力的手段。据不完全统计，全年全市商业网点搞装修改造的近千家，仅市内六个区的商业系统，中小商业网点搞装修改造的共有 430 多家，16.9 万平方米，总投资额 7556 万元。这些对繁荣市场，方便群众购买，提高企业的经济效益起了很大的作用。1992 年全市内贸部门总购进 386.9 亿元，比上年增长 7.6%；社会商品零售总额 192.3 亿元，增长 13.7%。实践证明，装修与不装修大不相同。

三、各类型市场建设加快、购销活跃

1992 年天津出现了社会各部门纷纷投资，多家兴办市场的好局面。全市共有各类市场 457 个，由工商部门管理的市场有 419 个，其他部门管理的市场 38 个；其中零售市场 414 个，批发交易市场 43 个。在批发交易市场中，国合商业办 11 个，区、县办 8 个，工商部门办 23 个，农委办 1 个。按商品类别分：综合集贸市场 398 个，工业品专业市场 29 个，农副产品专业市场 21 个，废旧物品专业市场 9 个。在各类市场中 1992 年新建、改造的有 101 个，其中批发市场 21 个。在市场建设中有以下几个特点：

1. 自筹资金建市场。过去建市场主要靠政府扶植，而 1992 年社会建市场主要是各部门以贷款、集资等方式自筹资金。据市商委有关部门不完全统计，1990 年前十年用于建设市场的建设资金约 4470 万元，1991 年 2000 万元，资金主要　政府拨款；而 1992 年用于市场建设的资金达 2.4 亿元，均属贷款、自筹、联合投资等多种渠道筹集。

2. 市场占地多元化。过去是占路建市场，既影响交通又影响市容，1992 年社会各部门利用闲置的厂房、场地、仓库建市场，形式多种多样；例如企业出钱出地建成市场后交工商部门管理；一方出地双方合资建市场，效益共同分成；经营不景气的企业，利用现有的建筑物建市场以扭亏为盈；郊县在本地区买地建市场等。

3.观念转变促发展。1992年市场建设较好地解决了市容与繁荣、交通与流通的关系，出现了“先繁荣后市容”、“先流通后交通”的局面，同时有关部门简化了批办手续。

4.领导重视、政策放宽。1992年起市政府颁发了“天津市城乡集贸市场建设十年规划”，同时把新建改造各类市场列入改造城乡人民生活二十件实事之一。特别是在市委、市政府关于加快改革开放促进经济发展的若干意见、关于发展第三产业的通知发表以后，全市掀起了建设市场热的大好局面。

四、改革出效益

1992年在邓小平南巡重要讲话和党的十四大精神指引下，商业企业转变观念，大胆实践，以市场为导向，以转换企业经营机制为核心推出一系列改革措施：

1.实行“分离裂变”，搞活大批发。如一商系统，对大型批发企业调整了组织结构，改革了核算体制，“分专划细”划小核算单位，本着“死一块活一片”的原则，打破老模式，在批发企业内部实行分离裂变，将亏损企业中一部分盈利部门，班组或单一品种分离出来，按新机制成立经营实体，从而放活了一批创效实体。全年批发企业新分离单位达202家，销售额2.6亿元，盈利560万元，充分显示出经营活力。

2.“双权抵押”承包。如市供销社在小门小店实行了“双权抵押”承包经营责任制，即“租壳卖瓤”，这一办法的实施，使小门小店步入自求生存，自图发展的轨道，到年底全系统已有654家小店实行上述办法，收取风险商品抵押金1000多万元，绝大多数小店已开始摆脱亏损，业务扩大，效益提高，职工收入普遍增加。

3.实行股份制。1992年全市实行股份有限公司和股份有限责任公司的商业企业共有6个，从业人员10026人，营业额23.8亿元。

4.组建商业企业集团。如狗不理包子集团和茶叶集团等。

5.集体企业实行股份合作制。全市在商业系统实行此种形式的企业有200多个。

6.搞人员、经营、用工、分配“四放活”试点。全市在商业系统搞“四放活”的企业有1800多个。

7.小型企业承包和租赁(包括群体承包和个人承包)。全市在商业系统实行此种形式的企业数达2300多个。

【石家庄集贸市场健康发展】 1992年是中国改革开放一个新的历史里程碑。随着市场经济的确立，流通领域进一步拓宽，石家庄市的集贸市场在商品经济大潮中发生了深刻的变革，已经成为城乡人民生活中不可缺少的一条重要商品来源渠道。集贸市场由改革初期的21个发展到现在的138个，其中城市集贸市场95个，农村43个。目前，石家庄已新建和正在新建的各类专业集贸市场11个，投入资金5621万元，新建、改建、扩建市场总建筑面积为12.9万平方米。市场管理进一步加强，并向规范化方向发展，在市场内设有彩色闭路电视、监控室和程控电话，创立了《市管员一日工作程序化》系统管理等手段，集贸市场已开始向多功能、开放型、规范化、信息灵、秩序好的方向发展，形成了城乡畅通、有序合理的集贸市场网络。

石家庄地理位置优越，交通发达，在全国具有不可替代的区域流通优势。石家庄地处华北腹地，京广、石太、石德三条铁路在此交汇，十几条公路干线向外辐射，交通十分便利，为个体户长途贩运提供了优越的交通条件。

一、形成了自己的经营特色，在全国享有很高的知名度。石家庄“新华”和“南三条”两大集贸市场跨入了全国十大专业批发市场的行列。新华集贸市场是石家庄第一个封闭式专业市场，几年前，它还是个仅有二、三百户个体摊位的零散集市，现如今个体摊位已发展到7000户，占地面积3.2万平方米，整个市场以经营服装为主，日客流量达15～20万人次，已成为华北地区规模最大、品种最多、价格最低的中低档服装集散地，享有“中国服装第一市”的美称。这些市场以其价格灵活、信息流通、吞吐量大，在全国享有盛名。

二、加强了横向联系，增强了市场辐射力和吸引力。石家庄有5个集贸市场跻身于全国大中型集贸市场的行列。其中：新华和南三条集贸市场1992年成交额分别达到14亿和12亿，位居全国十大市场的第四位和第七位。这些市场以其得天独厚的地理优势和较为便利的条件吸引着国内各省市及独联体、蒙古等国家的客商，大大增强了中心商业区的凝聚力和辐射力。

三、集贸市场成为城乡居民副食品供应的主要渠道，满足了人们多层次的消费需求。集贸市场的迅速发展，方便了人民群众生活。1992年，全市蔬菜成交量13.1万吨，猪肉成交量1.2万吨，牛肉成交量2942吨，鲜蛋成交量1万吨，改变了过去以国有商业为主的格局。集贸市场经营的品种既有城市居民需要的土特产品，又有适合农村消费水平的中低档工业品，满足了不同层次的需求。据统计，1992年城乡集贸市场成交额33.2亿元，比上年增长71.6%。

【南巡春风拂三晋，城乡市场上台阶】 在小平同志南巡重要讲话精神鼓舞下，在十四大确立的建立社会主义市场经济体制的目标下，山西零售市场上了新的台阶，呈现出繁荣活跃的好势头。

1992年山西零售市场的四个特点

一、商品货源充足，销售快速增长。

1992年，全省社会商业商品购进总额为354亿元，比上年增长6%，上市的商品数量充足，品种多样。全省社会商品零售总额实现240.6亿元，比上年增长16.4%，其增幅是近五年来的最高水平。吃、穿、用、烧全面增长。全年吃的商品零售额达94.4亿元，比上年增长18.3%，其中粮食增长34.2%，猪肉增长26.1%，牛肉增长41.2%，羊肉增长29.2%，水产品增长133.3%。成品，半成品食品十分走俏，已大量进入家庭。全年穿着类商品零售额达33.7亿元，比上年增长16.6%。其中毛线、各种服装、皮鞋、呢绒，绸缎分别增长12.2%、15.3%、26.3%、4.3%、5.2%。随着人民生活水平的提高，高档西服、高级面料、高档风衣、高档牛仔系列以及高档旅游鞋销量看好。全年用的商品零售额为72亿元，比上年增长22%。其中日用品类增长23.9%，文化用品类增长21.3%，书报杂志类增长25.3%，医药类增长23.9%，房屋建筑材料类增长25.1%。全年燃料类零售额为8亿元，比上年增长9.8%。

二、消费观念变化，促销手段更新。

社会的进步，经济的增长，给人们带来了消费观念的变化，伴随而来的消费结构也在悄然变革。主要表现在四个方面：(一)营养结构多样化。居民膳食营养结构由单一化向多元化发展。一些南方菜、山野菜成为抢手货；(二)衣着消费时装化。居民对衣着消费观念不断更新，既追求流行款式，又注重突出个性；(三)用的消费高档化。居民家庭日用品逐步趋向高档耐用。照相机、摄像机、影碟机、大屏幕彩电、黄金首饰成为热销货；(四)精神生活日益丰富。居民用于非商品支出逐年增加，用于文化、教育、娱乐的支出均有较大幅度的增长。

市场引导消费，消费启动市场。面对消费观念的变化和消费结构的变革，商业企业竞争更为激烈，促销手段不断更新。1992年，“巨奖销售”、“有奖销售”一时间风涌而来，几乎遍及神州大地，消费者不惜重金买个“侥幸”，碰碰运气，使某些企业销售额成倍增长。面对激烈的竞争，许多商业企业还进行了改建、扩建、装璜等，并增设服务项目，如开办歌舞厅、餐厅等，有效地刺激了居民的消费欲望。

三、引进价格机制，调节市场供求。

引进价格机制，有利于调节市场供求。由于消费者的收入和受教育的程度不同，选择商品的标准也都不同，所以，引进了价格机制后，一方面，满足了消费者不同层次的消费需求，使商品基本处于供求平衡。另一方面，使企业在平等中竞争，大大调动了企业的积极性，企业的活力和竞争能力得到进一步增强。山西粮、油、肉、蛋、菜、民用煤价格放开后，并未出现哄抬物价现象，城乡居民消费心理平衡，国有、集体、个体企业平等竞争，从而活跃了城乡市场，提高了企业的经济效益。

四、私营个体发展，集贸市场壮大。

1992年全省个体经济增长速度迅猛，较上年增长45.7%。其中个体商业零售额较上年增长39.4%；工业零售额增长92.4%；零售额饮食业增长了53.3%；零售额其他行业增长了53.8%。

1992年，全省集贸市场的发展超过了历史最好水平。全年集市贸易成交额达56.3亿元，比上年增长32.1%。其中农村集市贸易成交额为29.3亿元，增长20.5%；城市集市贸易成交额为27亿元，增长47.5%。集市贸易的经营方法灵活，不但有物美价廉的商品，而且还有优质的服务，上市品种不断增多，购销活跃，满足了人民生活需求，繁荣了经济。集贸市场发展呈多元化趋势。经营主体由主要是农民、个体工商户，逐步发展到国有、集体商业、生产企业及在职职工、离退休人员等多种成份参加，同场经营，平等竞争。涌现出一批规模大、档次高、效益好的市场。

山西零售市场存在的主要问题

一、促销手段有待进一步更新。

1992年，"有奖销售"一时间成为全省零售市场促销手段中的一个重要手段。它对于提高企业的知名度、增加销售收入、加速资金周转起到了积极的作用。但同时不容忽视其带来的利润率下降。所以，对大型商业企业来说，搞一次"巨奖销售"是无所谓的，因为它资金雄厚，商品齐全，营业额大，配套措施跟得上，但是对一些中小型商业企业来说实在是有些力不能及，"有奖销售"并非长久良策。在促销手段中，广告作用十分重要。然而，在中央电视台播放的众多的、令人目不暇接的精彩广告节目中，却欣赏不到山西的广告，这是一种遗憾。另外，提供优质高效服务，也是商业企业促销的重要手段。现在有不少商店把许多财力投入到一些"硬件"上，如改建门面及内部装修，这是必不可少的。如果在增设售后服务、免费送货、免费安装、保证质量等方面再下一番苦功，企业的经济效益必将进一步提高。

二、集团消费品零售额增速过高。

全年社会集团零售额为26亿元，比上年增长22.1%。集团消费品零售额增速加快的因素主要是：(一)办公条件的改善与办公自动化水平的提高，使办公用品销售额显著增高；(二)集团消费转化为个人消费有所增长，如奖券、购物券在1992年死灰复燃；(三)公费请客送礼有所回潮；(四)一部分商品价格上调；(五)"有奖销售"的诱惑，催化了集团购买的加速。建议有关部门在控制集团购买方面采取一些必要的措施。

三、假冒伪劣产品严重扰乱市场，压抑了居民的消费心理。

随着市场经济体制的逐步建立和完善，市场竞争也愈演愈烈。然而在繁荣活跃市场的背后，竞争也开始带有欺骗性。一些商业企业为了达到目的，不惜采取一些不正当的手段。如假冒他人商标、企业名称、包装及原产地名称，推销劣质假冒产品等，压抑了居民消费心理。

【建设市场繁荣市场，促进辽宁经济迅速发展】 建设、繁荣市场，已成为发展社会主义市场经济的必然要求，也是辽宁开展第二次创业的重要内容。近年来省委、省政府把搞活流通作为促进辽宁经济发展的重要举措，连续出台了一系列搞活流通、建设市场、招商兴省、扩大开放的政策措施，使辽宁市场建设有了很大的发展，主要表现在：

一、各类集贸市场发展迅速，已成为商品流通的重要渠道。1992年末，辽宁城乡各类集贸市场已发展到2728处，其中，综合市场1784处，工业品专业市场222处，农副产品市场362处，废旧物资和其它专业市场360处，使全省基本形成了大中小市场结合，综合与专业市场结合，批发与零售结合，高中低档相结合的市场网络体系。各种市场相互促进、全面发展，拓宽了流通渠道，增强了市场的整体功能。1992年集贸市场成交额达到206亿元，相当于同期社会商品零售总额的34.9%。特别是集贸市场中人民生活必需的猪肉、鲜蛋、水产品等主要品种的成交量已相当于社会消费品零售量的57.4%～90.2%。集贸市场已成为城乡居民日常生活不可缺少的组成部分，成为沟通生产与消费的重要渠道。成交额超过亿元的市场已达28处。

二、生产资料市场也有了新的发展，计划调节体制正向市场机制转换。辽宁是工业大省，重工业产值在工业总产值中占70%左右，大力发展生产资料市场对辽宁来说具有特殊重要的意义。1992年是生产资料市场建设成就最为显著的一年。据不完全统计，全省已建起生产资料市场105处，成交额193.6亿元。与上年相比，生产资料市场总数增加了55处，成交额增长1.1倍。辽宁具有优势的钢材、有色金属、煤炭、水泥等骨干产品的成交量都比上年大幅度增长。

三、生产要素市场开始起步，正在成为社会主义市场体系的重要组成部分。据不完全统计，以房地产、金融债券市场为主的生产要素市场，到1992年末已发展到44处，比上年增长1倍以上。其中，房地产市场成交额2亿多元，成交面积40.6万平方米，分别比上年增长1.1倍和1.4倍。私房和商品房成交活跃，分别成交10.9万平方米和10.8万平方米，分别比上年增长3.9倍和9.6%。金融债券市场成交额17.8亿元，比上年增长6.5倍。其中，国库券交易额达14.4亿元，债券交易额3.4亿元，分别比上年增长5.9倍和10.9倍。此外，人才、技术、劳务、信息等市场也有不同程度的发展。

四、加快市场建设的步伐，为向市场经济体制过渡创造条件。辽宁在市场建设中，认真贯彻了“解放思想，加快发展，统筹兼顾，因地制宜，注重实效”的二十字方针，依靠社会力量广泛筹集资金，加快市场建设的步伐，使市场基础设施建设质量不断提高。从固定商业网点的建设情况看，出现了高标准、高档次、高水平的更新改造趋势。1992年末，全省社会零售商业中，500人以上的大型商店已达55家，比1990年增加了12家，增长37.9%。年销售额在1亿元以上的大型商场达29家，年销售额在1亿元以下，4000万元以上的骨干商店有36家。新的商业城、商业街正在不断涌现。零售商业整体实力在国内处于前列，在1992年全国百家最大规模零售商店排序中，中兴——沈阳商业大厦等11家大型企业榜上有名。沈阳联营公司等7家商业企业荣获全国百家最佳经济效益零售商店称号。从市场投资结构看，依靠社会力量大力兴建市场是九十年代的新特点。省政府确定了“谁投资，谁所有，谁受益”的原则，调动社会各界力量，鼓励工业、商业、粮食、供销、物资企业和乡镇、区街企业及其他经济组织自办或联办各类市场，取得了明显效果。投资主体已由财政拨款和市场管理费投入为主，逐步转向社会集资和其他渠道投资为主。1992年市场建设投资总额达9.7亿元，比1990年增长2.5倍。从投资结构上看，财政拨款占1.8%，市场管理费投入占22.6%，社会集资占38.6%，其他投资占37.1%。与1990年相比，财政拨款和工商管理费投入比重减少14.7%，社会集资和其他投资比重上升18%。从市场建设的质量看，基础设施进一步优化，市场功能不断增强。1990年至1992年全省集贸市场建设总面积累计达503.2万平方米，新建和改扩建市场总数922处，分别相当于九十年代前总和的155.8%和57.9%。其中，棚顶市场和室内市场449处，建筑面积182.9万平方米，分别占新建和改扩建市场总数的48.7%和36.3%。在集贸市场中，成交额超亿元的大型骨干市场已由1991年的13处，增加到28处，交易场地超万米的大型市场达到281处。沈阳五爱市场、海城西柳市场年成交额超过10亿元，双双获得1992年全国大型区域性骨干市场称号。

五、长期以来存在的单一、封闭、僵化的流通体制，已经开始松动，多元化、全方位、开放式的流通新格局开始形成。市场主体的多元化，打破了单一国合商业一统天下的旧格局。1992年在全省社会商品零售总额中，集体（不含供销社）、个体私营企业所占比重已达47.4%，其中个体私营企业零售额比重已占22.3%。全方位、开放式的流通新格局使市场体系发生了明显变化，初步形成了零售与批发相结合，固定网点与各种市场相互补充，综合市场与专业市场相互配套，工贸、农贸、商贸相融合的市场新体制。在流通形式上，由单纯的现货交易，批发与零售截然分开，向既有现货交易，又有中远期合同订货，零售兼批发，批发兼零售的形式转变。在流通商品上，由单一的消费品，向既有生活资料商品，又有生产资料和生产要素商品相结合的方向转移，并积极与国际市场接轨。

【江苏消费品市场的新特点】 1992年，江苏消费品市场在经济高速增长中正常运行，商品货源充裕，供应状况较好，需求稳步增长，消费质量不断提高，结构起了变化，人民生活有了进一步改善。全年消费品零售额704.5亿元，比上年增长21.9%，扣除物价上涨因素，实际增长15.9%。消费品市场出现了新的特点：

一、消费结构起了新的变化。表现在吃的比重下降，穿、住、烧保持稳定，用的比重上升。在1992年的消费品零售额中，食品类占51.2%，比上年降低3.3个百分点；衣着类占17.9%，提高0.2个百分点；用的商品类（包括日用品、文化娱乐用品、书报杂志、药和医疗用品）占22.9%，提高3.1个百分点；房屋及建筑材料类占5.6%，降低0.1个百分点；燃料类占2.4%，基本持平。吃的比重下降，用的比重上升，标志着人民生活水平又有新的提高。

二、吃的商品讲究营养方便。吃的消费水平不断提高，从“吃得饱”到“吃得好”发展为“吃得精”。食品类零售额360.7亿元，比上年增长14.5%，几种主要商品的零售量中，食用植物油增长40.5%；食糖增长22.5%；卷烟、酒、鲜蛋、牛肉增长11～17%；粮食、猪肉、水产品增长5～8%。不仅消费数量增加，而且质量也有提高，除了各种传统食品外，丰富多彩的高档、新奇、营养、方便食品、名烟名酒、干鲜果品、河海鲜品及一些消闲小食品等都十分畅销；过去只有少数人才能享受的进口花旗参、冰糖燕窝等高级滋补品以及各种保健、营养口服液已成为当前消费的新时尚；馈赠礼品的档次也不断提高。

三、穿着商品追求新潮款式。近几年来，居民的衣着已取得了巨大变革，流行节奏加快，新潮款式层出不穷。1992年穿着商品市场已步出低谷，零售额126.1亿元，比上年增长23.2%，其中绸缎零售量比上年增长13.2%，呢绒、棉花化纤混纺布、毛线增长3～6%，但化纤布、针织内衣裤及棉布等仍呈下降之势。目前，成衣服装仍是消费的主旋律。据统计，在居民衣着消费支出中，购买服装占76%，购买面料仅占24%。全年各种服装的零售量达5753万件，比上年增长2.4%，按全省人口平均，几乎是人均1件，一些款式新、做工细、质量好的夹克衫、羊毛衫、牛仔服、名牌西装、裘皮服装、高档衬衫、童装等销售十分活跃。

四、用的商品崇尚高档名牌。居民在吃得好、穿得俏的基础上，对用的商品需求也大有讲究。用的商品零售额达161亿元，比上年增长41.7%，增长速度在各类消费品中遥遥领先，其中日用品类增长达60.5%，占用的商品比重由上年的41.7%上升为47.3%，文化娱乐用品增长21.9%，零售量全面增长。彩电、电风扇均增长20%，洗衣机增长12.9%，电冰箱、录音机增长9%，录像机销了13万台，家用空调、电话机、组合音响、吸尘器、抽排油烟机等在城市居民家庭中已是屡见不鲜，各种既实用又能增加生活情趣的小家电用品备受青睐。自行车进入更新阶段，零售量增长29%，各种新潮高档彩车、变速车成了消费者选购的热门商品。而一些传统的日用品如火柴、肥皂、洗衣粉等仍呈下降之势。此外，书报杂志、药和医疗用品的零售额分别比上年增长38.4%和34.2%。房屋及建筑材料类增长19.7%，室内装饰用品正在成为新的消费热点。

以上情况表明,1992年江苏消费品市场形势较好,但发展不平衡。

一、城乡差距比较明显。1992年城市和县城消费品零售额439.1亿元,比上年增长25.8%,县以下265.5亿元,增长15.9%,农村比城市低近10个百分点。这种差别主要是城乡经济发展不平衡、收入状况不同形成的,城市居民收入增长较快,且比较稳定,消费趋向中高档,有的已进入小康水平,而农民收入增长缓慢,还受到自然条件的制约,不稳定性强,均限制了农村的购买力。在地区上苏南农村经济条件较好,富裕地方的生活已逐步趋向城市化,而苏北有些农村经济条件差,市场难以转旺。另外农村商业网点配备不合理,商品品种单调,不仅名优产品下乡少,而且适合农村中低档消费水平的商品也不多,不能适应农村多层次的消费需求,致使部分农村购买力转向城市,更扩大了城乡市场的差距。

二、集团消费高速增长。1992年社会集团消费品零售额79.4亿元,比上年增长26.4%,高于居民消费品零售额5.1个百分点。集团消费的高速增长,其原因有由于市场经济的发展、第三产业增加、兴办公司多的合理因素,也有消费档次提高、消费范围扩大、公款请客送礼发奖和年终突击花钱等不正常因素,以致消费失控,刺激了社会消费的增长。

【苏州自行车消费结构的变化及成因】 自行车是我国城乡居民目前主要的代步工具。近几年来,苏州自行车市场购、销活跃,销售看好。1992年,自行车零售量达56.8万辆,比1990年增长近1倍。自行车的消费结构也正在发生变化。

1. 载重车城市需要量日趋减少,农村仍有销路。据调查,载重车在市区已无销路,在城镇自行车总销量中的比重逐年下降,苏州自行车厂生产的载重车,近几年在该厂经办的永久商场内基本无零售。载重车逐渐为城镇居民所冷落的原因是式样老、车身笨重。但在农村,由于载重车载重量大,适合农民短途运输需要,而且比较耐用,加上价格便宜,仍有一定销路。随着乡村道路设施的不断改善和多元化消费,农村中其他多种类型自行车也有不同程度增加,因此使载重车在农村自行车总销量中的比重亦有所下降。其消费对象一般为中老年农民或作为农村家庭“备用车”。

2. 普通车在城市和农村都有市场,但需求集中。这里指的普通车主要是指黑色男车和660cm黑色女车,其中需求集中在凤凰18型、65型和永久17型等名牌型号上。这是因为:一是消费者崇尚名牌;二是这类型号式样翻新快,而且质量较好;三是价格适中。据市人民商场统计,1993年上半年销上述型号的自行车占全部自行车销量的20%,占普通自行车销量的90%以上。农村的比重略高于城镇,变化趋势和城镇相仿。从目前看,在城市,710cm黑车以中青年男士为主,且比重正在逐年下降,660cm黑车集中在妇女和老年人;在农村,大多数中青年和中年妇女已用普通车替代了原来的载重车。

3. 花色、单速轻便车销售城乡两旺,但具体品种和不同型号之间需求有所变化。其中以一些色泽鲜艳,款式新颖的彩色车倍受消费者青睐,购买对象大多为中青年女士。

4. 变速车风靡市场。变速车具有走脚轻的特点,且花色多样,式样别致,迎合了人们追求美的心理。目前变速车消费热正逐步向农村扩展。从变速车需求结构看,以深圳ABC和CBC公司等山地车最畅销,其他十速以内的轻便变速车次之,而赛车市场相对来说需量不大,十速以上变速车尤受35岁以下男青年欢迎,女青年则选择3—5速轻便车居多。

在社会拥有量不断增加的今天,自行车盛销不衰的原因主要有:

1. 收入逐年增加,承受力相对增强。原来购买一辆自行车要苦心积蓄几年,自行车属大件商品。随着收入的不断增加,收入渠道的增多,有钱的人多了,虽然自行车价格也几经上调,但一般人购买一辆普通车已不象购置上千元、上万元的大件耐用消费品那样谨慎、挑剔。

2. 消费观念改变、更新周期缩短。生活水准的提高，带来了人们消费观念的改变，除参加工作必备自行车外，中小学生骑车上学已是司空见惯的事。前几年，人们购置了一辆车后横擦竖抹、扛上扛下、修修补补用上十年多，现在则完全不同，更新周期大约为5～7年，明显缩短。

3. 品种多，挑选性强。随着科学技术的不断进步，新产品层出不穷，品种规格从以前单调的几种发展成花色繁多、品种齐全的上百种，具体有爬山车、全速车、山地车、郊游车、情侣对车等，价格从300多元至上千元不等，适应了不同层次的消费需求。

4. 促销措施得力，生意越做越红火。各经销单位，抓住时机，积极调整经营布局，积极组织货源，扩大广告宣传，加强售后服务，对消费者提供免费咨询、免费安装车篮等，并实现办理牌照一条龙服务，使得销售越做越红火。

从苏州自行车销售总体趋势看，预计今明两年自行车零售量还将持续增长，载重车将逐渐被摩托车等其它载重车所替代；普通自行车尤其是710cm车将逐渐趋于饱和，销量将有所下降；单速轻便车农村增幅高于城市，610cm小型轻便车销售将有较大增长；变速车比重将有较大提高，但总体不会超过50%。

【浙江社会商品零售总额超历史最好水平】 1992年浙江城乡零售市场空前活跃，一个大商业、大市场、大流通的市场经济格局正在逐步形成。全年社会商品零售总额达559亿元，超历史最好水平，比上年增长19.3%。其中，生活消费品零售额485亿元，比上年增长20%；农业生产资料零售额74.1亿元，比上年增长14.4%。

1992年浙江市场的主要特点是：

一、社会集团消费增速仍居高不下。1992年浙江社会集团消费品零售额49.4亿元，比上年增长26.6%，高于居民消费6.6个百分点，其增幅大的主要原因在于企业自主权增强，控购外集团消费激增，单位采用礼品券、购物券、提货券的形式发给职工购买商品的现象增多。

二、国营商业以放取胜，比重上升。随着改革步伐加快，浙江以“四放开”为重点的国有商业企业在转换经营机制，扩大经营范围，探索经营方式等方面获得成效，并在各种经济类型中，所占比重上升。在社会商品零售额中，国有商业由1991年36.3%上升为39.2%，集体商业由34.4%下降为30.7%。国有商业的零售额增幅一直保持领先地位，全年增幅28.2%，而集体和个体商业增幅分别为6.2%和21.9%。

三、消费需求趋向高档化。经济发展速度的加快为浙江市场货源提供了宽松环境，人们消费心理日趋稳定，居民消费需求逐步向多元化、高档化方向发展。据全省销售之冠的杭州解放路百货商店反映，在穿的方面精品时装在所有服装中的增幅最大；用的方面则更为明显，一般性商品销售平稳，优质、名牌商品俏销，如一百多元的高档磁化热水瓶销量上升，摩托车比上年扩销1.2倍、新型家电如摄像机、电话机、录像机等已开始步入家庭；吃的名烟、名酒、高档滋补品的销售量也大幅度增长。

四、城市商品集散作用进一步加强。全省社会商品零售额从十一个地市来看，都有不同程度增长，但城乡市场发展不平衡，全年县以上零售额增幅达23.7%，而县以下零售额为14.7%，县以上比县以下高出9个百分点。其原因：一是工业生产发展而转化为消费基金部分，城市大于农村；二是城市的购物环境普遍好于农村，加之政策放宽，大中型商场采用巨奖扩销手段；三是农村部分地区遭受灾情及农副产品收购资金短缺，影响到农民的正常收入。

【福建批发市场新特点】 批发市场是商品经济的必然产物，是社会化大市场的重要组成部分。它以开放式经营、灵活性价格、大规模交易、多功能服务等特点，展示了很强的吸引力和辐射力，广招远近商户，活跃商品流通，进一步破除了地区封销和条块分割，对培育新的市场体系，强化市场机制作用，加速市场化进程，发挥着不可替代的作用。1992年，福建全省社会商业商品批发销售总额达329.2亿元，比上年增长23.5%。近年来，福建批发市场呈现以下几个特点：

一是发展的快速性。近几年来，福建批发市场从少到多，由小变大，发展迅速。截至1992年底，全省各类专业批发市场349个，其中工业品批发市场130个，农副产品批发市场172个，旧品批发市场13个，其他专业批发市场34个。尤其是随着农村商品经济的日益发展，农产品流通体制改革的不断深入，城乡集贸市场发展较快，有的逐步形成农副产品批发市场。1992年，福建农副产品批发市场成交额达14.4亿元，比上年增长50.3%；随着企业改革开放步伐的加快，全省工业经济发展跃上新台阶，尤其是"三资"企业和乡镇企业迅猛发展，大批量种类繁多的具有地方特色的工业品投放市场，推动了福建工业品专业批发市场快速发展。1992年，工业品批发市场成交额为11.5亿元，比上年增长33.9%。

二是竞争的激烈性。在"三多一少"的流通新格局下，百家经商，各种经济成份并存，竞争激烈。处于新旧体制转换时期的国有批发商业，由于受外部环境变化影响，不少批发企业的转轨变型大大滞后于市场环境的巨大变化，经营规模相对萎缩，经济效益滑坡，主渠道地位和"蓄水池"作用受到削弱，与此同时，集体、个体批发商业网点星罗棋布，遍及城乡市场，供销社联购分销形成网络，其他国有部门也相继利用各自的优势，开展批零业务，批发职能呈社会化发展。全省已初步形成了多元化的批发市场，竞争非常激烈。

三是明显的地域性。近几年来，福、厦、漳、泉、莆等沿海地区陆续兴建一批各种大中型的专业批发市场，如闻名遐尔的台江农贸市场、石狮服装市场、泉州中药市场、晋江华洲水产品市场、漳州天宝香蕉、龙海角美家禽、同安蔬菜等批发市场。这些专业批发市场主要以生产区为依托，其建设规模、服务功能、管理水平等方面皆走在全省批发市场的前列。内地山区批发市场发展相对滞后，且主要以农副产品批发市场为主。目前，较出名的是素有"金山银海"之称的古田银耳、香菇批发市场等。

四是较强的辐射性。全省大中型批发市场大部分集中在经济条件较好的城市，其外延不断延伸，内涵不断拓展，从而增加了市场吸引力和辐射力。外延上的延伸表现为：规模不断扩大，品种丰富多彩，增添服务项目，完善配套设施，改善市场条件，购销两旺，触角遍布全省各地、部分省外大、中城市及港、澳、台等东南亚地区。内涵上的拓展表现为：提高市场服务功能，开展了创文明市场活动，完善市场规范，提高市场管理水平等。

【河南个体商业发展迅猛，问题突出】 在改革大潮波涛汹涌的1992年，河南商品流通领域异常活跃的个体商业得到了跳跃式发展，但也存在突出问题。

1. 购销规模上升，市场占有率稳步提高。全年个体商业购进总额83.7亿元，较上年增长35.4%，销售总额87.1亿元，增长22.9%，购销增幅分别高出社会商业35.1和16.3个百分点；零售额为77.7亿元，增长21.2%。个体商业市场占有率由上年的19.8%提高到21.5%。

2. 经济效益显著提高，与国合商业经济效益下滑态势形成鲜明对比。初步测算，1992年个体商业商品销售毛利率为25%，较上年上升1.1个百分点，而国合商业仅为8%，较上年下降0.4个百分点；完成总产出21.8亿元，增长27.6%，增加值为16.3亿元，增长27.5%，而国合商业两项指标的增幅仅为3%和－4.5%。另据抽样资料推算，扣除工农业成本及各项税费支出，个体商户全年获净利9.2亿元，平均每个从业者为1804元，增长20%，而国合商业职工年均工资为1700元，增长15.5%。

3. 在市场竞争中得到发展，经营资本开始聚积，规模经营初具雏形。在购销总额迅速增长的同时，1992 年末个体商户和从业人员分别下降了 3.3%、2.6%，而平均每户拥有的从业人员由上年末的 1.42 人上升到 1.43 人，户均注册资金由上年末的 1577 元上升到 1763 元，上升了 11.8%。在市场竞争中，一些资金少、不善经营的个体小户被挤垮、吞并，而经营有方、资金雄厚的个体商户逐步站稳脚跟，得到发展，资本逐渐聚积。一些个体商业大户开始由单一零售转向零批兼营、专营批发，由经营低值低价小商品如小百货、小五金等，转向经营高值高价大商品如彩电、摩托、装潢材料和时装精品等。1992 年个体商业批发额高达 9.3 亿元，增长 85.5%。但在个体商业迅速发展的过程中，也出现了一些突出的问题：

1. 照章纳税意识不强，漏税严重

1992 年个体商业销售额 87.1 亿元，按 3% 零售营业税率和 10%批发营业税率推算，应完成营业税 3.3 亿元，而实际营业税完成 2.9 亿元，仅比上年增长 0.7%，远未与销售额同步增长。究其原因：一方面，在税源较多、征管力量不足的城市，征税不严，漏税多；另一方面，定期定额征税基数往往偏低，不能准确反映经营实际和变化；再一方面，有些个体商户税法观念淡漠，要么少报、瞒报销售，要么拉拢、贿赂征税人员，有的甚至围攻殴打征税人员，拒绝依法纳税。

2. 管理不尽完善

(1)国家对个体商业还没有完善的管理办法。大多数个体户未建帐目和采取科学的申报制度，客观上造成了逃避国家监督。

(2)社会摊派项目多，增加了个体户负担。目前，管理个体商业的部门近十家，除上缴税收和工商管理费外，个体户还要承担治安费、卫生费、绿化费、清洁费、门前三包费、打药费、占道费、计生费等，加之少数执法人员白吃白拿，强行索要，造成中小个体商户不堪重负，甚至不能维持经营。这种现象在农村表现得更为突出。

(3)用工制度不健全，雇佣人员劳动强度大，待遇低。据调查，个体商业雇工劳动时间一般长达 10 小时以上，劳动强度大、收入低，月纯收仅 80 元左右。且雇佣关系缺乏法律制约和保护，雇主欺侮、随意开除雇员现象时有出现。

(4)缺乏正确引导，一些个体商户富裕后，不去扩大再生产，而去追求享乐，从事赌博、酗酒、嫖娼等不法活动，一定程度上危害了社会治安，毒化了社会风气。

3. 少数不法商户经营作风不正，扰乱市场秩序

一些个体小户低价兜售低质伪劣商品，给伪劣假冒商品生产以滋生温床；一些个体经营大户以强凌弱，欺行霸市，利用不法手段，直接从厂家套购俏销商品，高价垄断经营，牟取超额利润，扰乱了价格信息和市场秩序，必须予以重视。

【1992 年是湖北十四年来商业网点增加最多的一年】 1992 年，“下海”经商已成为热门，湖北掀起了一个商业发展的高潮。年末全省共有商业机构 45.3 万个，从业人员 148.6 万人，分别比上年增长 9.6%和 7.1%。是自改革开放十四年来，增幅最高的一年，比历史上最高的 1988 年还分别高 1%和 7%。其中零售商业机构达 41.3 万个，从业人员达 103 万人，分别比上年增长 10.1%和 9.1%，也是十四年来增加最多的一年。全年新增机构近 4 万个，人员近 10 万人。饮食、服务业也有一定发展，截止年底，饮食服务业机构 16.1 万个，从业人员达 39 万人，分别比上年增长 4.5%和 4.8%。全省平均每万人拥有的商业、饮食业、服务业机构 110 个，比上年增长 5.8%。1992 年湖北商业、饮食业、服务业的发展主要有以下特点：

一、商业网点发展速度快。1992 年，在邓小平南巡讲话精神鼓舞下，湖北掀起了改革的热潮，商业企业在改革中得到了发展，商业网点迅速增加，大型零售商业增加尤为突出。500 人以上的大型零售商店比上年增长 13%，人员增长 45.3%，比整个零售商业机构和人员增幅分别高 3 个百分点和 36 个百分点。

二、商业网点结构出现新变化，企业管理机构减少，经营机构增加。1992年，商业管理机构从1991年的7827个下降到6978个，从业人员从14万人下降到11万人。商业经营机构从1991年的10万个增加到10.7万个，从业人员从75万人增加到83万人。商业管理机构与商业经营机构之比由上年的1∶13下降到1992年的1∶15，商业管理机构从业人员与经营机构从业人员之比由上年的1∶5下降到1992年的1∶7。这种结构的变化是一种可喜的现象，是商业机构改革所带来的可喜变化。

三、多种所有制形式并行发展，个体有证商业发展尤为突出。截止1992年底，全省全民所有制商业机构有4万个，比上年增长6.3%，从业人员52.9万人，增长6%；集体所有制商业机构7.6万个，增长3.1%，从业人员44.3万人，增长4%，而个体有证商业33.7万个，增长11.5%，从业人员51.4万人，增长11.2%。

四、城市商业网点的发展快于农村商业网点的发展。截止1992年底，全省城市商业机构10.5万个，比上年增长19.3%，从业人员52.8万人，增长14%，县及县以下商业机构34.9万个，增长7%，从业人员95.8万人，增长3.6%。城市商业网点的发展速度远远快于农村，城乡的发展显现出了不平衡。

五、饮食业、服务业网点发展落后于商业网点发展。截止1992年底，全省共有饮食业网点8万个，比上年增长4.7%，从业人员20.6万人，增长8.5%，服务业网点7.9万个，增长2.6%，从业人员17.8万人，增长1.7%。饮食、服务业网点的发展明显落后于商业网点的发展，这与迅速发展的社会主义市场经济不相适应，尤其是服务业网点的发展速度偏低，应引起有关部门重视。

【湖南农副产品收购价格总水平下降0.9%】 1992年湖南农副产品收购价格指数为99.1%，总水平比上年下降0.9%。在被调查的十一大类农副产品中，粮食类下降13%；经济作物类下降2.6%；蚕茧蚕丝类下降39.7%；竹木材类上升18%；工业用油漆类上升48.7%；禽畜产品类上升1.6%；干鲜果类上升31.5%；干鲜菜及调味品类上升8.2%；中药材类上升35.2%；土副产品类上升5.9%；水产品类上升2.7%。因农副产品收购价格总水平下降，全省农民少收入约2亿元。

1. 稻谷：1992年，湖南每百公斤籼稻定购价按国家政策比上年提高10.9%，但因各种原因粮食实际收购价格下降，并出现了从未有过的议购价低于定购价的现象。全年每百公斤籼稻收购平均价为51元，比上年下降15%，议购价由上年的60—65元降至40—50元，主产区沅江市、汉寿、南县、慈利等县的议购价还低于定购价。

2. 棉花：1992年，湖南棉花生产获得丰收，但收购平均价由上年的每百公斤610元降到547元，降幅为10.3%，全省最大的产棉县华容县每百公斤收购平均价为520元，比上年净减100元，下降16.1%，沅江、临湘、南县等分别下降8.3%、8.1%和9%。

3. 烤烟：全省烤烟总产高达20万吨左右，但每百公斤烤烟收购平均价由上年的220元降至210元，其中每百公斤普烟收购平均价为188.7元，比上年下降22.1%；优质烟为261.2元，下降17.6%。

4. 蚕茧：1992年，国家采取调控措施，将每百公斤蚕茧购价由960元降到880元，生丝每吨由15万元降至13.8万元，但因严重的供过于求，蚕茧收购价格猛跌，每百公斤蚕茧收购价为695元，比上年下降39.7%。

5. 生猪：1992年，全省生猪外销大增，销往“两广”和港澳的生猪达1080万头，比上年增长21%。生猪收购价格也由一季度每百公斤354元上升到四季度395元。全年收购平均价为365元，比上年上升9.7%，粮猪比价由1∶5.7扩大到1∶7.2，由于生猪外销增加，价格上扬，全省农民平均每人增加收入50多元。

另外，茶叶、苎麻、柑桔、中药材等因受供求关系影响，价格有所上升。

【广西城乡集贸市场空前活跃】 1992年广西全区上下认真贯彻邓小平同志南巡重要讲话和党的十四大精神，进一步发展社会主义市场经济，使遍布全区城乡的集贸市场获得较大的发展。上市商品品种、数量、成交额全面增长，但市场发展不平衡，数量少、规模小、管理水平不高。

一、集贸市场不断发展，成交额增加

1992年全区城乡集贸市场已发展到2359个，比上年增加100个，增长4.4%，比1980年增长55.6%。在城乡集贸市场中综合性集贸市场2143个，其他各类专业、批发市场216个。在各类专业、批发市场中，工业品专业批发市场36个，农副产品专业市场92个，废旧品专业市场7个，其他专业市场81个，农副产品专业市场发展尤为迅速。1992年城乡集贸市场成交额122.8亿元，比上年增长19.1%，其中城市23.6亿元，农村99.2亿元，分别增长27.6%和17.2%。城乡集贸市场成交额占社会商品零售总额35.7%，比上年提高5个百分点。1992年成交额在5000万元至1亿元的市场达25个，比上年增加16个；成交额达1亿元以上的10个，比上年增加5个，增长1倍。目前已初步形成一个多层次、多专业、多门类、全方位的市场体系，有力地促进了生产的发展。

二、市场规模扩大，商品品种增多，且成交量增加

据综合集贸市场统计，农贸市场经营的商品品种不断增加，由过去单一的农副产品发展到经营钢材、木材、煤炭、粮食、药材、畜禽、蔬菜、水果、机动车辆、技术、金融、劳务、房地产、文化艺术、人才等多门类市场。据对农副产品专业市场17种商品统计，除羊肉、蔬菜外，其余15种商品都比上年增加，增幅较大的有鲜蛋和食用植物油，增长幅度分别达43.9%和91.9%。

城乡集贸市场变化的原因：一是改革推动了第三产业迅速发展。现在的集贸市场已形成“八仙过海、各显神通”的格局，市场商品琳琅满目、丰富多彩，仅玉林市城中五金和家具市场经营品种就达5000多种，成交额达1亿元以上；全区共有仔猪市场25个，销售量达7.9万吨、9.6万头，较上年增长5.5倍和6.3倍。二是工商管理部门加强了市场管理，积极查处掺杂使假行为，1992年集贸市场查处违法违章案件7.8万件，净化了市场，维护了经济秩序，促进了流通。三是工商行政管理部门及时提供商品行情信息，为区内外经营者引缺泄余，扩大商品贸易。如桂林市，1992年共购进蔬菜1103万公斤，水果2638万公斤，满足市场需要。四是各级政府认真抓好各类专业批发市场建设。1992年各级人民政府分别制订市场建设的优惠政策，加速建设步伐，新建市场168个(其中68个属重建扩建)，市场建设投资额3.1亿元，较上年增加1倍，集贸市场现有面积654万平方米，新建面积112.3万平方米，形成了国有、集体企业纷纷投资兴建市场的新局面。据统计，1992年全区集贸市场为国家提供税金7亿元，占全区税收总额的14.4%。

三、城乡集贸市场发展中的问题

1. 现有市场种类单调，形式不多，大多是商品市场，其他如劳务市场、技术市场、金融市场、信息市场等要素市场均发展缓慢，在商品市场中，又以集贸市场、零售市场、综合市场为主，批发市场、专业市场较少，期货市场基本没有。2. 现有市场较为简陋，功能不全，缺乏现代化通讯设施和信息网络，只能提供交易场所，不能及时提供市场信息。3. 现有市场多数活动范围狭小，存在分割状况，与区外、国外市场对接更差，开放程度低，辐射能力弱。4. 市场体系不够健全，欠规范化，市场管理漏洞不少，许多计量器具不标准，使企业和消费者的合法权益得不到保护，容易被非法经营者钻空子。5. 市场发展不平衡，桂东南地区发展较快，桂西发展缓慢，1992年新增加100个市场中75%是桂东南地区，全区10个成交额超亿元的市场中，有5

个是桂东南地区。

【广西边境贸易进一步发展】 从1979年东兴镇首开易货贸易开始，在短短的14年时间里，中越边贸进出口总额每年以翻番的速度递增。1989年开始恢复时边贸进出口总额仅4亿多元，1992年即达31.9亿元，比上年增长了45.1%。

1. 进出口商品以工业品占比重大，工业品进口占进口总额的44.9%，出口占出口总额的58.4%；生产资料进口占29.2%，出口占24.7%；农副土特产品进口占10.9%，出口占8.1%。进口商品中，1000万元以上的大宗商品有水产品、干鲜果、牛皮、空调器、录像机、橡胶、钢材、锰矿石、木材等。其中进口橡胶比上年增长1.1倍，锰矿石增长1.7倍，木材增长69.2%。出口商品中，1000万元以上的拳头产品有粮食、干鲜果、自行车、缝纫机、食糖、啤酒、柴油机、钢材、水泥、中药材等。其中出口钢材比上年增长4.5倍，电池增长1.2倍，柴油机增长1倍，缝纫机增长66%，干鲜果增长65.6%。粮食、自行车、手扶拖拉机、水泥等分别比上年减少34.4%、25%、93.2%和49.4%。

2. 各行各业参与边贸竞相发展，尤以政府、社会团体参与贸易占主导地位。1992年在进口总额中，机关、部队、学校、企事业等单位进口额所占的比重达74.1%；个体商贩进口额占15.6%；边境居民进口额占8.6%。出口总额中，社会团体及企事业等单位出口额所占比重为42.6%，个体商贩和边境居民的出口分别占33.6%和18.9%。

3. 地区(口岸)贸易特点明显。防城县的东兴镇是国家批准的对外开放口岸，也是广西区边境贸易最大的集散地，该县有7个乡镇与越南广宁省接壤，边贸恢复以来，进入参与边贸的越方船只达3000多艘次，贸易货物品种达100多种，东兴镇与越南芒街市隔河相望，来参与边贸经营的人员，有区内外及一些周边国家的商人，对此产生浓厚的兴趣。目前已有350家外地企业在东兴镇注册兴办商业、工业、旅游业。1992年防城县出入境人数分别为57万和43万人次，边贸总额10.7亿元，比上年增长1倍。凭祥市也是国家批准对外开放口岸，与越南有铁路、公路相通。离凭祥市20多公里的弄尧、浦寨等边贸点，每天参与边贸商人川流不息。中国出售的商品有自行车、缝纫机、柴油机、钢材、干鲜果、中药材等数百种，越南出售的商品有水产品、肉禽蛋、橡胶、木材、铜、铝、钢板、各种鞋以及前苏联产的毛毯、高压锅、洗衣粉等几十种。1992年，前来投资开发参与边贸生意的国内外客商达290多家，出入境人数达30万和20万人次，进出口贸易总额由上年的4.2亿元增加到6.4亿元。此外，沿海的防城港、北海市、钦州市等地也有参与边贸的中越水上船只往来，另外还有宁明爱店、龙州水口、大新硕龙、靖西岳圩、那坡等也有数十个边贸互市点。

【广州国合商业经济效益有所好转】 1992年，广州国有商业和供销合作社(以下简称国合商业)积极转换经营机制，改革经营方式，努力开拓市场，扩大销售，摆脱了近几年低效益运行的局面，经济效益有所好转；商品购销增加，毛利水平回升，实现利润总额增加，资金周转速度加快，但综合经济效益与经济全面增长的速度不同步。

1. 商品购销同步增长，劳动效率提高。1992年，全市国合商业商品购进总额207.7亿元，比上年增长13.2%，商品销售总额235.6亿元，增长14.7%。各系统销售除粮食局、水产局系统分别下降15%和9%以外，其余均增长，增幅最高的南海石油公司增长1.2倍，最低的新华书店也增长8.5%。1992年，职工人数比上年减少1535人，但劳动效率普遍提高。人均销货额比上年提高14.1%，增销2.7万元。

2. 综合毛利率上升，匡算增加利润184万元。1992年全市国合商业实现毛利额19亿元，比上年增长24.3%，综合毛利率8.1%，比上年高0.9个百分点。

3. 实现利润总额回升速度加快。1992年全市国合商业实现利润总额(补贴前)1.2亿元，比上年增加0.3亿元，增长34.6%，除商业局比上年减少利润845万元外，供销社、煤建公司在上年亏损的情况下，1992年扭亏为盈，实现利润分别为328万元和881万元，其余各系统均有不同程度的增长，而增幅最高的南方大厦，比上年增加利润1214万元，增长7.4倍。

4. 流动资金周转速度加快。1992年，全部企业流动资金平均占用额69.6亿元，比上年增长11.7%，其中：商业企业流动资金60.4亿元，增长8.7%。资金周转速度加快，1992年，全部企业流动资金周转3次，商业企业周转3.4次，分别比上年加快0.02次和0.1次。

5. 大中型零售企业经济效益明显好转。1992年，我市八个大中型零售企业的各项经济指标增速明显领先，大大高于全市平均水平。其中：商品销售额增长62.4%，人均销售额增长43.2%，实现利税额增长56.9%，流动资金周转速度比上年加快1.6次。

【海南建省五年市场蓬勃发展】 海南建省五年来，积极贯彻执行党中央、国务院关于加快海南开发建设的各项方针政策，不断深化流通领域体制改革和价格体系改革，积极培育和完善市场体系，使全省市场流通规模不断扩大，商品供应日益丰富，市场蓬勃发展。

一、市场流通规模不断扩大。建省期间，海南充分利用国家给予海南的各项优惠政策，积极引入竞争机制，同时创造更加优惠、宽松的经营条件，促使各种经济类型的商业、饮食业、服务业加速发展，流通规模不断扩大。至1992年底，全省零售商业、饮食业、服务业机构达9.3万个，从业人21.9万人，比建省前的1987年分别增长14.9%和28.6%。零售商业和饮食业平均每一机构的零售额从建省前的3万元上升为6.3万元，其中零售商业零售额从3.1万元上升到5万元。建省五年期间，发展最快的是个体经济。1992年底，个体商业、饮食业、服务业发展到8.4万户，比1987年增长16%，从业人员达14.3万人，增长32.9%。随着"菜篮子"工程的建设和发展，城乡集市贸易进一步繁荣活跃。1992年，全省共有集贸市场506个，比1987年增加12个，其中城市集市83个，比建省前增加59个。集市贸易成交额达23.5亿元，比1987年增长1.6倍，平均每年增长21.3%。主要消费品成交量均成倍增长。

二、市场供应日益丰富，供求关系进一步改善。建省五年期间，随着经济的加速增长，城乡市场商品供应日益丰富。1992年，全省社会商业国内纯购进总额29.1亿元，比1987年增长73.3%，各种主要商品购进量均有不同程度的增长。社会商品零售总额实现58.3亿元，比1987年增长1.1倍，其中，城镇增长1.6倍，乡村增长36.3%。从主要商品来看，供不应求的逐年减少，有效供给进一步加强，市场供求关系得到改善。

三、消费结构发生变化，消费水平普遍提高。目前，海南大部分居民生活水平正由温饱型向小康型过渡，对吃、穿、用等商品的需求发生了新的变化。1992年，全省社会消费品零售额55亿元，比1987年增长1.1倍，其中吃的商品零售额31.7亿元，增长1.2倍，所占比重由1987年的56.5%上升到57.6%；用的商品7.1亿元，增长1.3倍，比重由11.8%上升至13%；书报杂志增长1.6倍，比重由0.9上升至1.1%。从消费趋势看，吃的商品向精制、营养、保健、方便化发展，其中各种儿童营养食品和中老年人减肥保健食品深受消费者的欢迎。1992年，猪肉、牛肉、羊肉、家禽、水产品等主要食品销售分别比建省前的1987年增长23.4%至1.6倍。用的商品向名、优、新、美观、高档化发展。洗衣机、电风扇、录音机、自行车等商品因近几年社会拥有量较高，需求量减缓；录像机、彩色电视机、电冰箱等商品的消费仍保持较高的增长趋势；家用空调、组合音响、卡拉OK机、电子游戏机、排油烟机、家庭消毒碗柜、金饰品及室内装饰品等新优产品形成新的消费热点。穿的商品趋向款式新颖、色调明快、体现时代气息的中高档服装。1992 年各种服装销售 1429 万件，比 1987 年增长 48.1%。

四、基本完成价格体系改革。建省五年来，不断深化价格体系改革，率先在全国省一级基本完成了价格体系改革，在向市场经济过渡上迈出了关键的一步。目前，海南市场不管是买还是卖，价格随行就市。指导性和指令性价格，计划内和计划外价格等概念，正逐渐淡化和消失。

【广西国合商业销售增长，经济效益下降】

1992 年，广西国合商业在转换经营机制，把企业推向市场，实行经营、价格、用工、分配“四放开”政策后，使商品销售增加，但流通费用增大，亏损增加，经济效益下降，必须引起高度重视。

一、商品销售总额增长，劳动生产率提高

1992 年，广西国合商业努力开拓市场经营，千方百计促进销售，全年实现商品销售总额 387.4 亿元，比上年增长 12.1%。全区十个商业系统，有八个系统的商品销售增长。其中增幅较大的有区粮食局和区农机公司，分别增长 46.7%和 42.2%；其次是区新华书店增长 26.8%，区石油公司增长 24%，区水产公司增长 20.2%，区烟草公司和医药局分别增长 18.3%和 13.5%。商品销售额增长的主要原因，一是国合商业在过去的一年里积极参与市场竞争，把企业真正办成自主经营、自负盈亏的经济实体。二是采取多种营销手段和多种经营方式，打开产品销售渠道，通过召开展销会、周年庆祝会、供货会等进行产品展销，同时还利用各个节假日举办多种形式的迎宾优惠活动，推行各种有奖销售。三是企业自主经营后，进货渠道多，企业可根据市场需要，调整产品经营结构。四是扩大营业场所，装修门面，以整洁优雅的环境赢得顾客。

由于销售额大，劳动生产率也相应提高。全年人均销售额为 14.2 万元，比上年增长 8%，全区 10 个系统就有 9 个系统增幅在 20%以上。

缴纳国家的税金增多。全年上缴国家的税金为 4.6 亿元，比上年增长 2.5%。

二、亏损增加，经济效益下降

1. 流通费用增大。据统计，全区国合商业商品流通费达 30.8 亿元，比上年增长 16.7%，高于商品销售 4.6 个百分点。多数系统的流通费用均比上年增长。其中增长较大的有：区农机公司为 38.6%，区粮食局为 37.8%，区烟草公司为 36.8%，区新华书店为 24.8%，区医药局和石油公司分别为 24.2%和 21.4%。流通费用增大的原因主要有三：第一，工资上升快。全年职工工资总额为 6.2 亿元，比上年增长 18.2%。第二，运杂费增幅大。1992 年国家根据国民经济的发展，相应调高了铁路、公路、水路的运输价格，使运杂费增长。第三，其他费用增长。比如区商业厅的其他费用达 9684 万元，比上年增长22.9%，占销售总额的比重由上年 0.7%提高到 0.9%。由于流通费用增长快，销售百元商品支出费用达 7.9 元，比上年上升 3.9%。

2. 亏损额增加。1992 年，全区国合商业利润仍然上不去，亏损额 2.3 亿元，比上年增亏 0.9 亿元，增亏率达 69.4%。其中粮食局亏损额达 5 亿元，在上年亏损基础上又增加亏损 22.9%，这里有国家补贴减少和企业经营管理不适应市场双重原因并存。区供销社由上年盈利，变为亏损，亏损额达 1459 万元。区商业厅亏损面比上年虽减少 77.6%，但亏损额仍然很大，达 1309 万元。区石油公司和区汽配公司虽未出现亏损，但盈利下降，与上年相比，盈利分别下降 5.4%和 52.4%。

3. 库存结构不合理，部分商品出现积压，占用流动资金大。据区供销社反映，滞销商品库存比重大，有个别县市的滞销商品比重高达 20%。在积压的商品中，棉花最多，年末库存比上年增长 42%，占用了大量的资金，影响了资金的正常运转。区供销社 1992 年全部流动资金平均占用额达 39.9 亿元，比上年增长 40.2%，流动资金周转天数多达 132 天，与上年减慢了

38天，比全区平均水平慢12天，是全区国合商业中流动资金周转最慢的一个系统。资金周转慢，影响了经济效益的提高。

【重庆摩托车产销两旺】 重庆大型军工企业在国家"军转民"方针指引下，自1979年开始生产摩托车，短短的十几年时间，取得了较大成绩，摩托车产量由1979年的600辆发展到1992年的近70万辆，品种由单一型扩大到现在的6个品种的系列摩托车，其中"重庆——雅马哈"80型系列、"嘉陵——本田"70型系列摩托车深受用户青睐，产品远销国内外，市场供不应求。1992年全市轻骑摩托车产量达52.5万辆，比上年增长了1.2倍，占全国摩托车总产量的三分之一。其中"建设——雅马哈"，"嘉陵——本田"摩托车成为全国同行业中的佼佼者，也成为地产品中的拳头产品。1992年全市销售摩托车68万辆，比上年多销18万辆，增长了35.9%，产销率达129.3%，实现了产销两旺。从销售去向上看，销售市外为53.6万辆，比上年净增16万辆，增长42.7%，其中：销往省外为51.3万辆，比上年净增13万辆，占整个销售合计数的75.5%。为了使重庆摩托车打进国际市场，积极参与国际市场竞争，工厂除积极组织出口外，还主动与国外一些企业联营，如重庆建设机床厂与日本雅马哈集团公司合资举办了"建设——雅马哈合资公司"，借助一定的外部因素，使产品面向国际市场。1992年全市摩托车出口10.6万辆，比上年多销8.9万辆，增长5倍，出口数占总销数的比重由上年的3.6%提高到15.7%。

【云南社会商品购买力的形成与投向分析】

社会商品购买力是国民收入通过分配和再分配形成的，是商品需求的货币表现。1987年以来，云南居民货币收入水平不断提高，致使消费需求扩张，消费结构发生变化，从而促进了人民生活的提高。但需求的扩张，消费的增加，仍未能解决云南商品购买力实现程度低，货币投向窄，农村市场清淡，城乡消费差异大等问题。深化改革，调整产业结构，增加有效供给，拓宽居民货币投向范围，引导购买力分流是解决目前问题的有效途径。

一、社会商品购买力形成的特点。

1. 迅速扩大的居民货币总收入。1992年云南居民货币总收入比1987年增加了1.3倍，平均每年增长17.6%。比1991年增长27.9%，为改革开放以来居民货币收入增长最快的一年。货币收入迅速增长的原因，一是工资、奖金、津贴等经常性收入增加，二是收入多元化。

2. 货币收入构成发生明显变化。一是城乡居民收入构成发生变化。在货币总收入中非农业居民货币收入1992年比1987年增长1.2倍，所占比重由38.9%下降到38.6%；农业居民货币收入增长1.1倍，所占比重由57.6%下降到55.1%；而社会集团所占比重则由3.5%上升到6.5%。再从内部构成看，非农业居民工资总额及从单位得到的其他收入所占重由79%下降到77.7%。农业居民出售农副产品收入所占比重由56%下降53.8%。农民从事第二、三产业的收入比重有较大提高。上述变化形成了目前云南居民收入结构的基本格局：即①城镇居民平均收入高于农村居民；②城镇居民收入主要来源于工资，但非工资性收入迅速增加；③农民出售农副产品的收入相对下降，目前仅占其总收入的一半左右。

3. 当年形成的商品购买力需求规模日益扩大。当年形成的购买力1992年比1987年增长1.2倍，平均每年以17.2%的幅度递增，呈较大规模的扩张之势。1992年形成的购买力中，城镇占44%，农村占56%，城乡之比为1∶1.3。这种差别导致了城乡居民在购买力投向、商品消费等方面一系列差异。

二、社会商品购买力投向的变化。

1. 投向构成发生显著变化。1992年居民货币支出总额比1987年增长1.1倍，略低于货币收入的幅度，购买商品支出比重由1987年的89.3%下降到87.3%，居民文化服务性支出比重由5.1%上升到7.2%，向国家缴纳的各种税金比重由1.2%上升到1.4%，其他支出比重则由4.4%下降到4.1%。

2. 购买力实现规模稳步提高。1988年至1992年已实现的社会商品购买力平均每年增长15.7%。其中居民消费品购买力由95.8亿元，增加到183.3亿元，平均每年增长13.9%；社会集团消费品购买力由6.7亿元，增加到21.2亿元，平均每年增长25.8%，高于居民消费品购买力增幅12个百分点。目前一个月的社会商品零售总额已超过七十年代初期全年的规模。

3. 农业生产资料购买力增长快于农民消费品购买力增长。1992年云南农民农业生产资料实现购买力比1987年增长了1.8倍，平均每年增长22.6%，超过同期农民消费品购买力年增长12.8%的速度，占农民实现购买力的比重比五年前的15.8%上升了6.5个百分点。这表明农民购买力投向首先用于保证农业生产资料，用农民的话说“化肥不到家，有钱不乱花”；同时也反映出近年来农业生产资料价格的大幅度上涨。

4. 消费结构发生变化，城乡居民生活质量明显提高。近年来随着人民生活水平的迅速提高，消费结构由供给型向选择型、由温饱型向小康型发展。就消费趋势而言，表现出生存型消费比重下降，发展型、享受型比重上升。吃的商品由以原料为主向以加工制成品为主转化，讲究营养、方便和科学搭配。穿的商品由单一的低档化向多样化、个性化、高档化发展。用的商品则向新型、方便、多功能、享受型发展，高档耐用消费品倍受青睐。这正是人民生活水平提高的必然体现。

5. 非商品性支出高速增长，文化生活服务支出尤甚。生活水平的提高使人们的消费观念发生了深刻变化，人们在追求物质享受的同时越来越追求文化精神方面的享受。1992年非商品性支出总额比1987年增长1.5倍，年均递增20.3%，高于同期实现的商品购买力的增长速度。非商品性支出高速增长的主要原因是住房、水电、医疗保健、文化娱乐、交通等费用增长较快所致。

6. 货币流出规模逐年扩大，农村购买力向城镇转移加快。据测算，云南1990年货币净流出0.7亿元，1991年1.4亿元，1992年1.9亿元，呈逐年扩大之势。究其原因，一是地方工业品尚缺乏强有力的竞争能力，市场占有率低，同时人们也利用出省机会从省外购置消费品；二是云南劳务市场中，劳务人员大量来自省外，货币流出难于避免。近年来农村出现了日用品就地购买，衣着用品乡镇买，高档用品城市买的购物特点，也加剧了农村购买力向城镇的转移。据测算，1992年农村流向城镇的购买力约为30亿元，比1990年增加近一倍。

【甘肃市场商品供需状况基本平衡】 1992年，甘肃省改革开放突飞猛进，带来了经济的高速增长，全年实现国内生产总值达301.6亿元，比上年增长9.7%。商品货源增加，市场繁荣，居民货币收入大幅度增长，人民生活得到一定改善，社会商品购买力显著提高。当年形成的零售商品货源增长26.1%，当年形成的购买力比上年增长19.8%，货源增幅高于购买力增幅6.3个百分点，供需逆差比上年下降13%，每百元购买力拥有商品货源88.4元，比上年增加4.4元，表明1992年甘肃市场商品货源和商品购买力大幅度增加，消费需求膨胀程度减轻。

1. 商品货源丰富，增幅快。1992年社会商业商品购进总额增长19.7%，国内纯购进增长25.9%，其中农副产品购进增长28.4%，工业品购进增长24.7%，均快于社会商品购买力的增长速度。从主要商品购进数量看，有72.7%的商品购进量大于上年，有的商品成倍增加。

2. 居民收入增加，尤其是居民的其他货币收入大幅度增加。1992年全省居民货币收入总额比上年增长26.6%。主要原因：一是全省范围内调整工资，增发奖金，增加各种补贴，以及就业面的扩大，致使职工工资总额增加；二是一些离退休人员再就业与一部分在职职工从事第二职业，额外收入增加；三是商品经济大潮的冲击使农民的商品意识大大提高，农民出售农副产品收入增长 25.91%。随着国家对农村政策的逐步放宽和经济搞活，劳务净收入增长了 16.4%，农民从集体统一经营中得到的收入增长 19.9%，从经济联合体得到的收入增长 34.3 倍。

3. 商业库存大幅度增长：1992 年年末零售商业商品库存额比上年末增长 31.3%。

以上情况表明，1992 年甘肃省市场供需基本平衡，没有出现严重的通货膨胀。再看如下分析：

1. 从积累率与消费率看：1992 年国民收入积累率为 35.3%，消费率为 64.7%，经验表明，消费率在 75%左右时经济协调发展，若大于 75%则出现消费膨胀，可见甘肃省并未出现消费过热现象。

2. 从市场供求关系看：消费品市场货源丰富，品种齐全，不会发生过多的货币追逐有限的商品的现象。从农村看，1992 年农民人均纯收入增长 12.6%，但是农民并非将纯收入全部用于购买生活消费品，而是将相当一部分收入投入到来年的生产之中，还有相当一部分要应付各种提留、集资、摊派、收费、罚款等。农民人均购买消费品只占人均纯收入的 47.9%，相应减缓了市场供求矛盾。从城市看，职工平均工资的增长速度为 10.6%，扣除物价因素，实际增长 3.2%，从货源与购买力关系看，1992 年形成的零售商品货源为 161.2 亿元，当年形成的购买力为 182.4 亿元，从形式上看，供需逆差为21.3 亿元，呈供不应求之势，但当年形成的购买力中已实现的购买力为 144.2 亿元，结余购买力为 38.3 亿元，这部分结余购买力应看作是自愿储蓄。这是因为有相当一部分家庭是有计划储蓄的，以用于将来子女上学、结婚、旅游、养老，以及其他突发性事件等，并不是持币待购市场上趋紧的或自己急需的商品。

3. 城乡居民消费热点和货币支出结构发生变化，减缓了商品结构性的矛盾。长期以来，职工的公费医疗、教育和城镇居民的福利性住房制度使其消费热点始终集中在日用品上，尤其是 1988 年“抢购风”把城镇居民购买日用品特别是大件耐用消费品推到了高潮。随着城镇居民家庭耐用消费品的基本饱和，住房制度、医疗制度等的改革，日用品市场骤然转淡，消费热点逐渐转移。农村市场也还没有能力大量承接城市已饱和的耐用消费品，而且农业生产资料价格的上涨增加了农民生产费用的支出，1992 年购买农业生产资料 15.9 亿元，占其货币收入总额的 16.9%，从而削弱了农民的消费品购买力。城乡居民消费支出重点不同，减缓了商品结构性矛盾，不易引起市场的不稳定。

4. 在居民收入总体呈快速增长的同时，收入分配不公的矛盾也日益突出，但对消费需求总体的膨胀作用不大。

5. 在市场价格变化的客观趋势中，政策性结构调整占主导的特征，而需求拉动相对较低。

6. 文化娱乐和服务性支出大幅增长，对货币支出起了分流作用。1992 年城乡居民用于非商品性支出达 55.3 亿元，比上年增长57.2%，占货币支出总额的比重由上年的 18.8%上升到 23.3%。其中城镇居民文化活服务支出 6.8 亿元，增长 32.3%；农业居民文化生活服务支出 6.9 亿元，增长 16.9%。尤其是文娱费、学杂费、保育费支出增长更快。居民的非商品性支出的增长速度加快、比重加大，对缩小供需差额起了一定的积极作用，减轻了庞大的货币购买力追逐有限的市场商品供应的现象。

【新疆零售市场平稳增长】 1992 年，新疆改革开放步伐加快，经济形势继续朝好的方向发展，零售市场商品供应丰富，物价稳定，商品销售平稳增长，整个市场繁荣活跃。

一、市场销售稳定增长。1992 年全区社会商品零售总额 157.6 亿元，比上年增长 15%，剔除物价上涨因素，实际增长 6.3%。其中对居民的消费品零售额 121.2 亿元，增长 12.5%；对社会集团的零售额 17 亿元，增长 23.9%；对农民的农业生产资料零售额19.3亿元，增长24.1%。从动态上观察，一季度增长16%，二季度增长10.8%，三季度10.4%，四季度17.4%。

二、商品货源充裕，市场购销两旺。随着经济的不断发展，农业连年丰收，轻工生产增长，市场供求关系、流通秩序都得到进一步改善。1992年社会商业商品纯购进153.5亿元，纯销售167.7亿元，均平稳增长。据国合商业对96种主要商品供求情况排队表明，供过于求或供求基本平衡的商品所占比重已达86.9%。居民消费心理平稳，选择意识更强，从而保持了今年市场物价涨势平衡，涨幅8.1%。

三、农村市场与城市市场同步增长。1992年，市的商品零售额78.1亿元，比上年增长13.5%，县的零售额31.1亿元，增长13.9%，农村29.3亿元，增长14.3%。

四、市场竞争趋于激烈。1992年新疆市场的一个突出特点就是竞争加剧。从下半年开始，各种形式的“有奖销售”、“巨奖销售”席卷全区各大商场。各商业企业在商品质量、性能、款式、价格、服务等方面展开了激烈的竞争，经营也更加灵活，使市场商品供应、购物环境及服务质量都有较大改善。

二、 中国市场在国民经济济中的重要地位

2-1 社会商品零售总额和工农业总产值的比例

年 份	社会商品零售总额（亿元）	工农业总产值（亿元）	轻工业产值	农业总产值	社会商品零售总额和工农业总产值比例	社会商品零售总额和轻工业产值比例	社会商品零售总额和农业总产值比例
1952	276.8	810	225	461	1:2.9	1:0.8	1:1.7
1953	348.0	960	282	510	1:2.8	1:0.8	1:1.5
1954	381.1	1050	317	535	1:2.8	1:0.8	1:1.4
1955	392.2	1109	316	575	1:2.8	1:0.8	1:1.5
1956	461.0	1252	370	610	1:2.7	1:0.8	1:1.3
1957	474.2	1241	387	537	1:2.6	1:0.8	1:1.1
1958	548.0	1649	503	566	1:3.0	1:0.9	1:1.0
1959	638.0	1980	616	497	1:3.1	1:0.9	1:0.8
1960	696.9	2094	547	457	1:3.0	1:0.8	1:0.7
1961	607.7	1621	451	559	1:2.7	1:0.7	1:0.9
1962	604.0	1504	434	584	1:2.5	1:0.7	1:1.0
1963	604.5	1635	445	642	1:2.7	1:0.7	1:1.1
1964	638.2	1884	516	720	1:3.0	1:0.8	1:1.1
1965	670.3	2235	723	833	1:3.3	1:1.1	1:1.2
1966	732.8	2534	796	910	1:3.5	1:1.1	1:1.2
1967	770.5	2306	733	924	1:3.0	1:0.9	1:1.2
1968	737.3	2213	690	928	1:3.0	1:0.9	1:1.3
1969	801.5	2613	837	948	1:3.3	1:1.0	1:1.2
1970	858.0	3138	976	1021	1:3.7	1:1.1	1:1.2
1971	929.2	3482	1037	1068	1:3.7	1:1.1	1:1.1
1972	1023.3	3640	1100	1075	1:3.6	1:1.1	1:1.1
1973	1106.7	3967	1212	1173	1:3.6	1:1.1	1:1.1
1974	1163.6	4007	1241	1215	1:3.4	1:1.1	1:1.0
1975	1271.1	4467	1413	1260	1:3.5	1:1.1	1:1.0
1976	1339.4	4536	1448	1258	1:3.4	1:1.1	1:0.9
1977	1432.8	4978	1638	1253	1:3.5	1:1.1	1:0.9
1978	1558.6	5634	1826	1397	1:3.6	1:0.8	1:0.9
1979	1800.0	6379	2045	1698	1:3.5	1:1.1	1:0.9
1980	2140.0	7077	2430	1923	1:3.3	1:1.1	1:0.9
1981	2350.0	7581	2781	2181	1:3.2	1:1.2	1:0.9
1982	2570.0	8294	2919	2483	1:3.2	1:1.1	1:1.0
1983	2849.4	9211	3135	2750	1:3.2	1:1.1	1:1.0
1984	3376.4	10831	3608	3214	1:3.2	1:1.1	1:1.0
1985	4305.0	13335	4575	3619	1:3.1	1:1.1	1:0.8
1986	4950.0	15207	5330	4013	1:3.1	1:1.1	1:0.8
1987	5820.0	18489	6656	4676	1:3.2	1:1.1	1:0.8
1988	7440.0	24089	8979	5865	1:3.2	1:1.2	1:0.8
1989	8101.4	28552	10761	6535	1:3.5	1:1.3	1:0.8
1990	8300.1	31586	11813	7662	1:3.8	1:1.4	1:0.9
1991	9415.6	36405	13801	8157	1:3.9	1:1.5	1:0.9
1992	10993.7	46151	17492	9085	1:4.2	1:1.6	1:0.8

注：本表按当年价格计算（下同）。

2-2 社会商业工业品收购额和社会农副产品收购总额与相关指标的比较

年份	轻工业产值（亿元）	社会商业工业品收购额（亿元）	社会商业工业品收购额占轻工业产值的比重（%）	农业总产值（亿元）	社会农副产品收购额（亿元）	农副产品收购额占农业总产值的比重（%）
1952	225	84.5	37.6	461	140.8	30.5
1953	282	131.3	46.6	510	166.8	32.6
1954	317	170.2	53.7	535	191.0	35.7
1955	316	196.1	62.1	575	195.2	33.9
1956	370	205.0	55.4	610	192.2	31.5
1957	387	247.6	64.0	537	217.5	40.5
1958	503	346.3	68.8	566	229.8	40.6
1959	616	496.0	80.5	497	279.2	56.2
1960	547	531.2	97.1	457	220.0	48.1
1961	451	338.9	75.1	559	205.0	36.7
1962	434	329.7	76.0	584	211.0	36.1
1963	445	330.6	74.3	642	238.2	37.1
1964	516	382.0	74.0	720	271.0	37.6
1965	723	430.2	59.5	833	307.1	36.9
1966	796	496.2	62.3	910	345.9	38.0
1967	733	458.0	62.4	924	344.8	37.3
1968	690	423.7	61.4	928	338.2	36.4
1969	837	529.5	63.3	948	324.0	34.2
1970	976	611.8	62.7	1021	347.8	34.0
1971	1037	619.4	59.7	1068	369.0	34.6
1972	1100	702.8	63.9	1075	377.1	35.1
1973	1212	827.4	68.3	1173	436.2	37.2
1974	1241	840.9	67.7	1215	445.9	36.7
1975	1413	971.9	68.8	1260	478.6	38.0
1976	1448	967.8	66.8	1258	469.8	37.3
1977	1638	1139.2	69.5	1253	494.0	39.5
1978	1826	1263.4	69.2	1397	557.9	39.9
1979	2045	1389.2	67.9	1698	713.6	42.0
1980	2430	1576.6	64.5	1923	842.2	43.8
1981	2781	1685.1	60.6	2181	955.0	43.8
1982	2919	1746.2	59.8	2483	1083.0	43.6
1983	3135	1871.6	59.7	2750	1265.0	46.0
1984	3608	2019.8	56.0	3214	1440.0	44.8
1985	4575	2462.3	53.8	3619	1680.0	46.4
1986	5330	2825.3	53.0	4013	1990.0	49.6
1987	6656	3810.3	57.2	4676	2369.2	50.7
1988	8979	4985.5	55.5	5865	2998.0	51.1
1989	10761	5468.7	50.8	6535	3386.0	51.8
1990	11813	5871.2	49.7	7662	3711.0	48.4
1991	13801	6767.2	49.0	8157	4161.9	51.0
1992	17492	8071.7	46.1	9085	4412.0	48.6

2-3 国内生产总值构成及商业所占比重

年 份	国内生产总值（亿元）	第一产业	第二产业	第三产业		
					# 商 业	比 重（%）
1978	3588.1	1018.4	1745.2	824.5	265.5	7.4
1979	3998.1	1258.9	1913.5	825.7	220.2	5.5
1980	4470.0	1359.4	2192.0	918.6	213.6	4.8
1981	4775.1	1545.6	2255.5	974.0	227.9	4.8
1982	5182.3	1761.6	2383.0	1037.7	159.6	3.1
1983	5787.0	1960.8	2646.2	1180.0	171.0	3.0
1984	6928.2	2295.5	3105.7	1527.0	285.1	4.1
1985	8527.4	2541.6	3866.6	2119.2	577.0	6.8
1986	9687.6	2763.9	4492.7	2431.0	596.6	6.2
1987	11307.1	3204.3	5251.6	2851.2	714.2	6.3
1988	14074.2	3831.0	6587.2	3656.0	980.0	7.0
1989	15997.6	4228.0	7278.0	4491.6	1012.0	6.3
1990	17681.3	5017.0	7717.4	4946.9	837.0	4.7
1991	20188.3	5288.6	9102.2	5797.9	1245.5	6.2
1992	24020.2	5744.0	11575.2	6701.0	1411.6	5.9

2-4 各地区国内生产总值构成及商业所占比重

（1991年）

地　　区	国内生产总值（亿元）	第一产业	第二产业	第三产业	#商　业	比重（%）
北　　京	598.90	45.43	291.53	261.84	65.65	11.0
天　　津	342.75	29.26	194.41	119.08	27.64	8.1
河　　北	959.57	236.89	459.91	262.77	56.19	5.9
山　　西	431.55	68.77	236.28	126.50	23.68	5.5
内 蒙 古	320.99	117.19	124.03	79.77	25.47	7.9
辽　　宁	1073.24	180.82	590.10	302.32	65.79	6.1
吉　　林	424.00	120.47	203.03	100.50	25.48	6.0
黑 龙 江	734.69	150.18	413.34	171.17	41.72	5.7
上　　海	857.71	33.36	551.34	273.01	70.34	8.2
江　　苏	1471.05	345.14	793.92	331.99	74.60	5.1
浙　　江	983.54	245.22	494.11	244.21	45.66	4.6
安　　徽	600.13	190.48	280.28	129.37	26.17	4.4
福　　建	547.42	170.79	217.74	158.89	30.61	5.6
江　　西	465.10	183.27	154.77	127.06	18.20	3.9
山　　东	1596.88	521.85	745.90	329.13	47.38	3.0
河　　南	993.08	334.61	388.09	270.38	51.47	5.2
湖　　北	856.85	279.30	359.86	217.69	44.00	5.1
湖　　南	785.83	301.02	281.95	202.86	40.22	5.1
广　　东	1780.56	416.00	749.65	614.91	113.51	6.4
广　　西	453.04	192.68	141.03	119.33	21.60	4.8
海　　南	107.93	50.22	24.65	33.06	6.32	5.9
四　　川	1281.10	452.15	493.75	335.20	47.97	3.7
贵　　州	289.76	115.71	102.00	72.05	12.57	4.3
云　　南	432.86	169.48	179.56	83.82	11.82	2.7
西　　藏	30.53	15.50	4.17	10.86	1.73	5.7
陕　　西	427.90	116.88	185.90	125.12	31.55	7.4
甘　　肃	255.45	66.55	111.91	76.99	13.36	5.2
青　　海	72.58	17.96	29.84	24.78	3.72	5.1
宁　　夏	68.49	17.90	27.77	22.82	4.74	6.9
新　　疆	311.72	111.86	107.99	91.87	19.92	6.4

2-5 社会总产值构成及商业所占比重

年份	社会总产值（亿元）	农业	工业	建筑业	运输业	商业	商业占社会总产值比重（%）
1952	1015	461	349	57	35	113	11.1
1953	1241	510	450	85	42	154	12.4
1954	1346	535	515	82	48	166	12.3
1955	1415	575	534	86	50	170	12.0
1956	1639	610	642	146	56	185	11.3
1957	1606	537	704	118	60	187	11.6
1958	2138	566	1083	202	90	197	9.2
1959	2548	497	1483	235	121	212	8.3
1960	2679	457	1637	248	131	206	7.7
1961	1978	559	1062	90	76	191	9.7
1962	1800	584	920	74	62	160	8.9
1963	1956	642	993	97	66	158	8.1
1964	2268	720	1164	151	72	161	7.1
1965	2695	833	1402	177	91	192	7.1
1966	3062	910	1624	197	102	229	7.5
1967	2774	924	1382	155	86	227	8.2
1968	2648	928	1285	132	83	220	8.3
1969	3184	948	1665	222	99	250	7.9
1970	3800	1021	2117	271	117	274	7.2
1971	4203	1068	2414	311	128	282	6.7
1972	4396	1075	2565	323	136	297	6.8
1973	4776	1173	2794	335	144	330	6.9
1974	4859	1215	2792	376	142	334	6.9
1975	5379	1260	3207	437	160	315	5.9
1976	5433	1258	3278	435	155	307	5.7
1977	6003	1253	3725	462	179	384	6.4
1978	6846	1397	4237	569	205	438	6.4
1979	7642	1698	4681	645	209	409	5.4
1980	8534	1923	5154	767	250	440	5.2
1981	9075	2181	5400	747	257	490	5.4
1982	9966	2483	5811	912	286	474	4.8
1983	11131	2750	6461	1053	318	549	4.9
1984	13171	3214	7617	1263	388	689	5.2
1985	16582	3619	9716	1656	488	1103	6.7
1986	19045	4013	11194	2038	598	1202	6.3
1987	23034	4676	13813	2431	702	1412	6.1
1988	29807	5865	18224	2967	837	1914	6.4
1989	34519	6535	22017	2834	990	2143	6.2
1990	38035	7662	23924	3043	1535	1871	5.6
1991	44142	8157	28248	3629	1674	2434	5.5
1992	55842	9085	37066	5196	1805	2690	4.8

2-6 国民收入构成及商业所占比重

年　份	国民收入总额（亿元）	农　业	工　业	建筑业	运输业	商　业	商业占国民收入的比重（%）
1952	589	340	115	21	25	88	14.9
1953	709	374	156	28	29	122	17.2
1954	748	388	174	26	32	128	17.1
1955	788	417	179	30	33	129	16.4
1956	882	439	212	55	37	139	15.8
1957	908	425	257	45	39	142	15.6
1958	1118	440	401	68	59	150	13.4
1959	1222	376	527	76	78	165	13.5
1960	1220	332	565	79	84	160	13.1
1961	996	432	345	25	48	146	14.7
1962	924	444	303	32	38	107	11.6
1963	1000	448	337	40	39	96	9.6
1964	1166	549	422	50	44	101	8.7
1965	1387	641	505	53	58	130	9.4
1966	1586	692	606	58	66	164	10.3
1967	1487	703	505	55	52	172	11.6
1968	1415	714	449	44	49	159	11.2
1969	1617	722	587	60	62	186	11.5
1970	1926	778	789	80	74	205	10.6
1971	2077	808	891	91	80	207	10.0
1972	2136	808	942	88	84	214	10.0
1973	2318	886	1020	92	89	231	10.0
1974	2348	922	1015	99	85	227	9.7
1975	2503	946	1152	113	96	196	7.8
1976	2427	940	1106	120	92	169	7.0
1977	2644	913	1263	124	106	238	9.0
1978	3010	986	1487	125	118	294	9.8
1979	3350	1226	1628	130	121	245	7.3
1980	3688	1326	1804	185	126	247	6.7
1981	3941	1509	1840	193	131	268	6.8
1982	4258	1723	1948	209	147	231	5.4
1983	4736	1921	2136	259	166	254	5.4
1984	5652	2251	2516	303	205	377	6.7
1985	7020	2492	3163	409	259	697	9.9
1986	7859	2720	3573	514	320	732	9.3
1987	9313	3154	4262	637	384	876	9.4
1988	11738	3818	5416	783	460	1261	10.7
1989	13176	4209	6241	774	547	1405	10.7
1990	14384	5000	6610	839	787	1148	9.0
1991	16557	5269	7703	1009	887	1689	10.2
1992	19845	5795	9805	1475	957	1813	9.1

2-7 国民收入中消费和积累比例

年 份	国民收入使用额（亿元）	消费额	积累额	消费率（%）	积累率（%）
1952	607	477	130	78.6	21.4
1953	727	559	168	76.9	23.1
1954	765	570	195	74.5	25.5
1955	807	622	185	77.1	22.9
1956	888	671	217	75.6	24.4
1957	935	702	233	75.1	24.9
1958	1117	738	379	66.1	33.9
1959	1274	716	558	56.2	43.8
1960	1264	763	501	60.4	39.6
1961	1013	818	195	80.8	19.2
1962	948	849	99	89.6	10.4
1963	1047	864	183	82.5	17.5
1964	1184	921	263	77.8	22.2
1965	1347	982	365	72.9	27.1
1966	1535	1065	470	69.4	30.6
1967	1428	1124	304	78.7	21.3
1968	1409	1111	298	78.9	21.1
1969	1537	1180	357	76.8	23.2
1970	1876	1258	618	67.1	32.9
1971	2008	1324	684	65.9	34.1
1972	2052	1404	648	68.4	31.6
1973	2252	1511	741	67.1	32.9
1974	2291	1550	741	67.7	32.3
1975	2451	1621	830	66.1	33.9
1976	2424	1676	748	69.1	30.9
1977	2573	1741	832	67.7	32.3
1978	2975	1888	1087	63.5	36.5
1979	3356	2195	1161	65.4	34.6
1980	3696	2531	1165	68.5	31.5
1981	3905	2799	1106	71.7	28.3
1982	4290	3054	1236	71.2	28.8
1983	4779	3358	1421	70.3	29.7
1984	5701	3905	1796	68.5	31.5
1985	7507	4879	2628	65.0	35.0
1986	8496	5552	2944	65.3	34.7
1987	9684	6386	3298	65.9	34.1
1988	12269	8038	4231	65.5	34.5
1989	13596	9005	4591	66.2	33.8
1990	14383	9663	4720	67.2	32.8
1991	16314	10969	5345	67.2	32.8
1992	19866	13044	6822	65.7	34.3

2-8 国民收入消费额及构成

年份	消费额（亿元）	居民消费			社会消费	以消费额为100		以居民消费额为100	
			农民消费	非农业居民消费		居民消费	社会消费	农民消费	非农业居民消费
1952	477	434	298	136	43	91.0	9.0	68.7	31.3
1953	559	508	332	176	51	90.9	9.1	65.4	34.6
1954	570	527	348	179	43	92.5	7.5	66.0	34.0
1955	622	575	389	186	47	92.4	7.6	67.7	32.3
1956	671	613	397	216	58	91.4	8.6	64.8	35.2
1957	702	649	412	237	53	92.5	7.5	63.5	36.5
1958	738	683	435	248	55	92.5	7.5	63.7	36.3
1959	716	641	339	302	75	89.5	10.5	52.9	47.1
1960	763	683	346	337	80	89.5	10.5	50.7	49.3
1961	818	755	418	337	63	92.3	7.7	55.4	44.6
1962	849	781	459	322	68	92.0	8.0	58.8	41.2
1963	864	793	487	306	71	91.8	8.2	61.4	38.6
1964	921	841	539	302	80	91.3	8.7	64.1	35.9
1965	982	895	581	314	87	91.1	8.9	64.9	35.1
1966	1065	969	637	332	96	91.0	9.0	65.7	34.3
1967	1124	1026	679	347	98	91.3	8.7	66.2	33.8
1968	1111	1020	670	350	91	91.8	8.2	65.7	34.3
1969	1180	1068	705	363	112	90.5	9.5	66.0	34.0
1970	1258	1145	770	375	113	91.0	9.0	67.2	32.8
1971	1324	1195	804	391	129	90.3	9.7	67.3	32.7
1972	1404	1263	824	439	141	90.0	10.0	65.2	34.8
1973	1511	1364	898	466	147	90.3	9.7	65.8	34.2
1974	1550	1396	915	481	154	90.1	9.9	65.5	34.5
1975	1621	1450	946	504	171	89.5	10.5	65.2	34.8
1976	1676	1502	965	537	174	89.6	10.4	64.2	35.8
1977	1741	1553	974	579	188	89.2	10.8	62.7	37.3
1978	1888	1673	1043	630	215	88.6	11.4	62.3	37.7
1979	2195	1910	1212	698	285	87.0	13.0	63.5	36.5
1980	2531	2223	1384	839	308	87.8	12.2	62.3	37.7
1981	2799	2473	1572	901	326	88.4	11.6	63.6	36.4
1982	3054	2688	1737	951	366	88.0	12.0	64.6	35.4
1983	3358	2957	1941	1016	401	88.1	11.9	65.6	34.4
1984	3905	3395	2232	1163	510	86.9	13.1	65.7	34.3
1985	4879	4240	2728	1512	639	86.9	13.1	64.3	35.7
1986	5552	4773	2994	1779	779	86.0	14.0	62.7	37.3
1987	6386	5502	3381	2121	884	86.2	13.8	61.5	38.5
1988	8038	6995	4166	2829	1043	87.0	13.0	59.6	40.4
1989	9005	7761	4558	3203	1244	86.2	13.8	58.7	41.3
1990	9663	8202	4713	3489	1461	84.9	15.1	57.5	42.5
1991	10969	9244	5172	4072	1725	84.3	15.7	55.9	44.1
1992	13044	10888	5931	4957	2156	83.5	16.5	54.5	45.5

2-9 社会消费品零售额和国民收入消费额的比例

年份	社会消费品零售额（亿元）	居民消费品零售额	国民收入消费额（亿元）	国民收入居民消费额	社会消费品零售额为国民收入消费额（%）	居民消费品零售额为国民收入居民消费额（%）
1952	262.7	237.9	477	434	55.1	54.8
1953	328.8	294.0	559	508	58.8	57.9
1954	356.1	317.5	570	527	62.5	60.2
1955	364.0	325.1	622	575	58.5	56.5
1956	424.0	371.0	671	613	63.2	60.5
1957	441.6	395.3	702	649	62.9	60.9
1958	481.2	425.2	738	683	65.2	62.2
1959	556.5	488.0	716	641	77.7	76.1
1960	595.4	513.6	763	683	78.0	75.2
1961	537.7	483.7	818	755	65.7	64.1
1962	543.7	500.4	849	781	64.0	64.1
1963	544.8	501.6	864	793	63.1	63.2
1964	572.7	522.4	921	841	62.2	62.1
1965	590.1	537.1	982	895	60.1	60.0
1966	632.8	574.8	1065	969	59.4	59.3
1967	679.1	615.6	1124	1026	60.4	60.0
1968	649.2	595.0	1111	1020	58.4	58.3
1969	698.2	634.2	1180	1068	59.2	59.4
1970	728.8	666.7	1258	1145	57.9	63.6
1971	776.9	692.7	1324	1195	58.7	58.0
1972	853.5	754.8	1404	1263	60.8	59.8
1973	917.7	810.1	1511	1364	60.7	59.4
1974	967.4	859.2	1550	1396	62.4	60.9
1975	1046.4	922.8	1621	1450	64.5	63.6
1976	1099.0	965.9	1676	1502	65.6	64.3
1977	1174.3	1036.6	1741	1553	67.4	66.7
1978	1264.9	1121.2	1888	1673	67.0	67.0
1979	1476.0	1311.7	2195	1910	67.2	68.7
1980	1794.0	1608.0	2531	2223	70.9	72.3
1981	2002.5	1798.5	2799	2473	71.5	72.7
1982	2181.5	1956.1	3054	2688	71.4	72.8
1983	2426.1	2169.5	3358	2957	72.2	73.4
1984	2899.2	2574.5	3905	3395	74.2	75.8
1985	3801.4	3391.4	4879	4240	77.9	80.0
1986	4374.0	3912.0	5552	4773	78.8	82.0
1987	5115.0	4562.0	6386	5502	80.1	82.9
1988	6534.6	5869.6	8038	6995	81.3	83.9
1989	7074.2	6376.4	9005	7761	78.6	82.1
1990	7250.3	6509.1	9663	8202	75.0	79.3
1991	8245.7	7358.2	10969	9244	75.5	79.6
1992	9704.8	8621.3	13044	10888	74.4	79.2

2-10 国家财政收支总额

年　份	总收入（亿元）	总支出（亿元）	收支差额（亿元）	比上年增长（%）	
				总收入	总支出
1952	183.7	176.0	7.7	38.0	43.7
1953	222.9	220.1	2.7	21.3	25.1
1954	262.4	246.3	16.1	17.7	11.9
1955	272.0	269.3	2.7	3.7	9.3
1956	287.4	305.7	-18.3	5.7	13.5
1957	310.2	304.2	6.0	7.9	-0.5
1958	387.6	409.4	-21.8	25.0	34.6
1959	487.1	552.9	-65.8	25.7	35.1
1960	572.3	654.1	-81.8	17.5	18.3
1961	356.1	367.0	-10.9	-37.8	-43.9
1962	313.6	305.3	8.3	-11.9	-16.8
1963	342.3	339.6	2.6	9.2	11.2
1964	399.5	399.0	0.5	16.7	17.5
1965	473.3	466.3	7.0	18.5	16.9
1966	558.7	541.6	17.2	18.0	16.1
1967	419.4	441.9	-22.5	-24.9	-18.4
1968	361.3	359.8	1.4	-13.9	-18.6
1969	526.8	525.9	0.9	45.8	46.2
1970	662.9	649.4	13.5	25.8	23.5
1971	744.7	732.2	12.6	12.3	12.8
1972	766.6	766.4	0.2	2.9	4.7
1973	809.7	809.3	0.4	5.6	5.6
1974	783.1	790.8	-7.6	-3.3	-2.3
1975	815.6	820.9	-5.3	4.2	3.8
1976	776.6	806.2	-29.6	-4.8	-1.8
1977	874.5	843.5	30.0	12.6	4.6
1978	1121.1	1111.0	10.1	28.2	31.7
1979	1103.3	1273.9	-170.6	-1.6	14.7
1980	1085.2	1212.7	-127.5	-1.6	-4.8
1981	1089.5	1115.0	-25.5	0.4	-8.1
1982	1124.0	1153.3	-29.3	3.2	3.4
1983	1249.0	1292.5	-43.5	11.1	12.1
1984	1501.9	1546.4	-44.5	20.2	19.6
1985	1866.4	1844.8	21.6	24.3	19.3
1986	2260.3	2330.8	-70.6	21.1	26.3
1987	2368.9	2448.5	-79.6	4.8	5.0
1988	2628.0	2706.6	-78.6	10.9	10.5
1989	2947.9	3040.2	-92.3	12.2	12.3
1990	3312.6	3452.2	-139.6	12.4	13.6
1991	3610.9	3813.6	-202.7	9.0	10.5
1992	4153.1	4389.7	-236.6	15.0	15.1

注：1986年，因某些冲减收入项目改列支出，收入与支出均有虚增，与以前年度不尽可比，本年指数中已扣除这个因素。

2-11 国家财政收入中商业的比重

年 份	国家财政总收入（亿元）	商 业	比 重（%）	比上年增长% 总收入	比上年增长% 商 业
1952	183.7	41.7	22.7	38.0	49.1
1953	222.9	49.4	22.2	21.3	18.5
1954	262.4	57.8	22.0	17.7	17.0
1955	272.0	55.0	20.2	3.7	-4.8
1956	287.4	70.1	24.4	5.7	27.5
1957	310.2	73.0	23.5	7.9	4.1
1958	387.6	69.3	17.9	25.0	-5.1
1959	487.1	76.8	15.8	25.7	10.8
1960	572.3	93.3	16.3	17.5	21.5
1961	356.1	84.2	23.6	-37.8	-9.8
1962	313.6	52.0	16.6	-11.9	-38.2
1963	342.3	31.1	9.1	9.2	-40.2
1964	399.5	35.3	8.8	16.7	13.5
1965	473.3	31.6	6.7	18.5	-10.5
1966	558.7	39.5	7.1	18.0	25.0
1967	419.4	49.9	11.9	-24.9	26.3
1968	361.3	50.6	14.0	-13.9	1.4
1969	526.8	69.9	13.3	45.8	38.1
1970	662.9	82.6	12.5	25.8	18.2
1971	744.7	86.8	11.7	12.3	5.1
1972	766.6	88.5	11.5	2.9	2.0
1973	809.7	106.5	13.2	5.6	20.3
1974	783.1	112.6	14.4	-3.3	5.7
1975	815.6	68.9	8.4	4.2	-38.8
1976	776.6	61.2	7.9	-4.8	-11.2
1977	874.5	98.4	11.3	12.6	60.8
1978	1121.1	137.1	12.2	28.2	39.3
1979	1102.4	51.5	4.7	-1.6	-62.4
1980	1085.2	16.5	1.5	-1.6	-67.9
1981	1089.5	3.3	0.3	0.4	-80.0
1982	1124.0	-41.8		3.2	
1983	1249.0	-99.3		11.1	
1984	1501.9	-12.5		20.2	
1985	1866.4	143.6	7.7	24.3	
1986	2260.3	331.2	14.7	21.1	130.6
1987	2368.9	371.1	15.7	4.8	12.0
1988	2628.0	467.6	17.8	10.9	26.0
1989	2947.9	581.2	19.7	12.2	24.3
1990	3312.6	724.8	21.9	12.4	24.7
1991	3610.9	849.3	23.5	9.0	17.2
1992	4153.1			15.0	

2-12 货币流通量同零售商品货源、社会商品零售总额、农副产品收购总额的比例

年份	年平均货币流通量(亿元)	零售商品货源(亿元)	社会商品零售总额(亿元)	社会农副产品收购总额(亿元)	每元货币流通量所拥有零售商品货源(元)	每元货币流通量所拥有社会商品零售总额(元)	每元货币流通量所拥有社会农副产品收购总额(元)
1952		324.9	276.8	140.8			
1953	27.1	385.7	348.0	166.8	14.2	12.8	6.2
1954	34.4	414.9	381.1	191.0	12.1	11.1	5.6
1955	32.0	443.2	392.2	195.2	13.9	12.3	6.1
1956	42.9	454.6	461.0	192.2	10.6	10.7	4.5
1957	50.0	521.5	474.2	217.5	10.4	9.5	4.4
1958	53.6	575.3	548.0	229.8	10.7	10.2	4.3
1959	71.4	701.2	638.0	279.2	9.8	8.9	3.9
1960	83.3	641.9	696.9	220.0	7.7	8.4	2.6
1961	111.0	606.0	607.7	205.0	5.5	5.5	1.8
1962	102.9	614.9	604.0	211.0	6.0	5.9	2.1
1963	83.0	625.4	604.5	238.2	7.5	7.3	2.9
1964	75.1	663.4	638.2	271.0	8.8	8.5	3.6
1965	75.6	700.1	670.3	307.1	9.3	8.9	4.1
1966	85.8	778.3	732.8	345.9	9.1	8.5	4.0
1967	99.0	754.5	770.5	344.8	7.6	7.8	3.5
1968	123.7	768.5	737.3	338.2	6.2	6.0	2.7
1969	128.3	823.2	801.5	324.0	6.4	6.2	2.5
1970	124.3	943.2	858.0	347.8	7.6	6.9	2.8
1971	122.1	993.0	929.2	369.0	8.1	7.6	3.0
1972	135.3	1035.6	1023.3	377.1	7.7	7.6	2.8
1973	147.6	1165.9	1106.7	436.2	7.9	7.5	3.0
1974	160.6	1181.4	1163.6	445.9	7.4	7.2	2.8
1975	173.0	1331.8	1271.1	478.6	7.7	7.3	2.8
1976	186.1	1334.6	1339.4	469.8	7.2	7.2	2.5
1977	198.9	1520.3	1432.8	494.6	7.6	7.2	2.5
1978	193.7	1684.8	1558.6	557.9	8.7	8.0	2.9
1979	225.3	1935.5	1800.0	713.6	8.6	8.0	3.2
1980	275.1	2221.0	2140.0	842.2	8.1	7.8	3.1
1981	341.4	2503.5	2350.0	955.0	7.3	6.9	2.8
1982	385.9	2772.0	2570.0	1083.0	7.2	6.7	2.8
1983	460.5	3064.8	2849.4	1265.0	6.7	6.2	2.7
1984	576.6	3502.0	3376.4	1440.0	6.1	5.9	2.5
1985	822.2	4576.0	4305.0	1680.0	5.6	5.2	2.0
1986	978.0	5300.0	4950.0	1990.0	5.4	5.1	2.0
1987	1239.0	6101.0	5820.0	2369.2	4.9	4.7	1.9
1988	1674.7	7900.0	7440.0	2998.0	4.7	4.4	1.8
1989	2157.3	9132.0	8101.4	3386.0	4.2	3.8	1.6
1990	2296.6	9738.5	8300.1	3711.0	4.2	3.6	1.6
1991	2724.3	10706.5	9415.6	4161.9	3.9	3.5	1.5
1992	3466.6		10993.7	4412.0		3.2	1.3

2-13 社会农副产品收购总额同相关指标的比较

年 份	社会农副产品收购总额（亿元）	社会消费品零售额（亿元）	每元社会消费品零售额拥有农副产品收购总额（元）	城镇社会商品零售额（亿元）	每元城镇社会商品零售额拥有农副产品收购总额（元）	农村社会商品零售额（亿元）	每元农村社会商品零售额拥有农副产品收购总额（元）
1952	140.8	262.7	0.5	125.6	1.1	151.2	0.9
1953	166.8	328.8	0.5	168.2	1.0	179.8	0.9
1954	191.0	356.1	0.5	178.6	1.1	202.5	0.9
1955	195.2	364.0	0.5	183.2	1.1	209.0	0.9
1956	192.2	424.0	0.5	227.0	0.8	234.0	0.8
1957	217.5	441.6	0.5	238.4	0.9	235.8	0.9
1958	229.8	481.2	0.5	255.9	0.9	292.1	0.8
1959	279.2	556.5	0.5	322.8	0.9	315.2	0.9
1960	220.0	595.4	0.4	370.1	0.6	326.8	0.7
1961	205.0	537.7	0.4	351.1	0.6	256.6	0.8
1962	211.0	543.7	0.4	318.5	0.7	285.5	0.7
1963	238.2	544.8	0.4	304.9	0.8	299.6	0.8
1964	271.0	572.7	0.5	323.0	0.8	315.2	0.9
1965	307.1	590.1	0.5	338.9	0.9	331.4	0.9
1966	345.9	632.8	0.5	362.8	1.0	370.0	0.9
1967	344.8	679.1	0.5	382.0	0.9	388.5	0.9
1968	338.2	649.2	0.5	373.2	0.9	364.1	0.9
1969	324.0	698.2	0.5	393.5	0.8	408.0	0.8
1970	347.8	728.8	0.5	400.0	0.9	458.0	0.8
1971	369.0	776.9	0.5	436.7	0.8	492.5	0.7
1972	377.1	853.5	0.4	495.6	0.8	527.7	0.7
1973	436.2	917.7	0.5	531.3	0.8	575.4	0.8
1974	445.9	967.4	0.5	560.2	0.8	603.4	0.7
1975	478.6	1046.4	0.5	606.9	0.8	664.2	0.7
1976	469.8	1099.0	0.4	645.4	0.7	694.0	0.7
1977	494.6	1174.3	0.4	687.9	0.7	744.9	0.7
1978	557.9	1264.9	0.4	748.2	0.7	810.4	0.7
1979	713.6	1476.0	0.5	815.2	0.9	984.8	0.7
1980	842.2	1794.0	0.5	950.3	0.9	1189.7	0.7
1981	955.0	2002.5	0.5	1026.0	0.9	1324.0	0.7
1982	1083.0	2181.5	0.5	1090.0	1.0	1480.0	0.7
1983	1265.0	2426.1	0.5	1179.4	1.1	1670.0	0.8
1984	1440.0	2899.2	0.5	1377.1	1.0	1999.3	0.7
1985	1680.0	3801.4	0.4	1788.0	0.9	2517.0	0.7
1986	1990.0	4374.0	0.5	2094.0	1.0	2856.0	0.7
1987	2369.2	5115.0	0.5	2470.0	1.0	3350.0	0.7
1988	2998.0	6534.6	0.5	3217.6	0.9	4222.4	0.7
1989	3386.0	7074.2	0.5	3533.9	1.0	4567.5	0.7
1990	3711.0	7250.3	0.5	3735.0	1.0	4565.1	0.8
1991	4161.9	8245.7	0.5	4371.2	1.0	5044.4	0.8
1992	4412.0	9704.8	0.5	5286.5	0.8	5707.2	0.8

2-14 货币流通量增长速度同相关指标增长速度的比率

(以货币流通量增长速度为1)

年　份	国民收入	农业、轻工业总产值	社会商品零售总额	社会零售商品货源	社会农副产品收购总额
1953	0.50	0.38	0.63	0.45	0.45
1954	0.20	0.28	0.35	0.28	0.54
1955					
1956	0.35	0.29	0.51	0.08	
1957	0.18		0.17	0.89	0.80
1958	3.21	2.18	2.16	1.43	0.79
1959	0.28	0.12	0.49	0.66	0.65
1960			0.55		
1961		0.02			
1962	0.99		0.08		
1963					
1964					
1965	28.47	38.89	7.55	8.31	20.01
1966	1.06	0.71	0.69	0.83	0.94
1967			0.33		
1968				0.07	
1969	3.84	2.78	2.34	1.91	
1970					
1971					
1972	0.26	0.31	0.94	0.40	0.20
1973	0.94	1.06	0.90	1.38	1.72
1974	0.15	0.34	0.58	0.15	0.25
1975	0.85	1.14	1.20	1.65	0.95
1976		0.16	0.71	0.03	
1977	1.30	0.99	1.01	2.02	0.77
1978					
1979	0.69	0.99	0.95	0.91	1.71
1980	0.46	0.74	0.85	0.67	0.82
1981	0.28	0.58	0.41	0.53	0.56
1982	0.62	0.68	0.72	0.82	1.03
1983	0.58	0.46	0.56	0.55	0.87
1984	0.77	0.63	0.73	0.57	0.55
1985	0.57	0.47	0.65	0.72	0.39
1986	0.63	0.74	0.79	0.84	0.98
1987	0.69	0.79	0.65	0.56	0.71
1988	0.71	0.85	0.76	0.81	0.73
1989	0.45	0.60	0.32	0.57	0.47
1990	0.59	0.81	0.16	1.02	0.62
1991	0.72	0.76	0.80	0.53	0.73
1992	0.56	0.59	0.47		0.17

注：本表按当年价格计算。空缺年份为负数或数字不详。

2-15 主要商品零售量与生产量、消费量、进出口量的比较

(1992年)

商品名称	单位	生产量	进口	消费量	生产消费	生活消费		出口
							#零售量	
粮食	万吨	38259.1	1021.2	36926.2	9443.4	27482.8	9774.7	1122.3
食用植物油	万吨	661.9	114.4	793.7	61.4	732.3	519.9	17.1
猪和猪肉	万头	35169.7		33943.8	198.3	33745.5	23031.4	714.9
鲜蛋	万吨	1019.9	2.4	1002.7	100.0	902.7	402.0	4.8
食糖	万吨	830.9	110.1	678.9	48.0	630.9	602.7	166.8
卷烟	万箱	3284.7	17.3	3264.9		3264.9	3264.9	53.2
酒	万吨	1752.7	0.2	1523.4	15.9	1507.5	1507.5	5.2
盐	万吨	2837.7	3.6	2472.1	1492.6	979.5	979.5	15.1
棉布	亿米	111.9	3.9	87.9	10.3	77.6	77.6	25.3
呢绒	万米	33791.8	8343.4	29478.7	165.0	29313.7	29313.7	2219.0
针织内衣裤	亿件	13.1	0.1	8.9		8.9	8.9	27.8
皮鞋	万双	77067.7	179.6	45033.4		45033.4	45033.4	31294.6
电风扇	万台	6837.0	76.4	2854.7		2854.7	2854.7	3007.0
洗衣机	万台	707.9	0.4	1094.0		1094.0	1094.0	24.4
电冰箱	万台	485.8	1.8	477.3		477.3	477.3	45.6
电视机	万部	2867.8	19.2	2172.1		2172.1	2172.1	880.5
录音机	万部	3231.4	89.5	1210.3		1210.3	1210.3	3117.7
录像机	万部	58.9	4.5	148.2		148.2	145.2	6.2
照相机	万台	525.7	15.8	205.0		205.0	205.0	2894.5
煤炭	万吨	111638.0	123.0	108759.0	91979.0	16780.0	16727.0	1966.0

2-16 国内市场的一天

指　　标	单位	1985年	1990年	1991年	1992年
一、净新增商业、饮食业、服务业网点	个	4329	1326	2079	2855
# 个体商业、饮食业、服务业	个	4033	1474	2110	2526
二、社会农副产品收购总额	亿元	4.60	10.17	11.40	12.09
三、社会商品零售总额	亿元	11.79	22.74	25.80	30.12
# 城乡居民消费品零售额	亿元	9.29	17.83	20.16	23.62
农业生产资料零售额	亿元	1.38	2.88	3.21	3.53
四、主要消费品零售量					
粮食	万吨	24.69	25.45	25.32	26.78
食用植物油	万吨	0.96	1.21	1.28	1.42
猪和猪肉	万吨	2.51	3.42	3.61	3.97
鲜蛋	万吨	0.53	0.84	0.92	1.10
水产品	万吨	0.74	1.10	1.17	1.33
食糖	万吨	1.57	1.48	1.50	1.65
卷烟	万箱	6.98	8.89	8.94	8.94
酒	万吨	2.19	3.59	3.76	4.13
各种布	亿米	0.33	0.33	0.32	0.34
电风扇	万台	5.64	7.65	7.84	7.82
洗衣机	万台	3.01	2.53	2.70	2.99
电冰箱	万台	0.60	1.19	1.28	1.29
电视机	万部	5.91	5.27	5.74	5.86
录音机	万部	3.63	3.30	3.34	3.30
录像机	万部		0.25	0.34	0.40
五、社会商业工业品购进额	亿元		16.09	18.54	22.11
六、社会商业商品销售额	亿元		22.90	25.19	29.42
七、物资供销业商品销售额	亿元		9.62	11.57	16.57
八、商业产值	亿元	3.02	5.13	6.67	7.37
九、国有商业和供销合作社商业企业实现利税	亿元	0.44	0.18	0.13	
十、集贸市场商品成交额	亿元	1.40	5.94	7.18	9.67
十一、集贸市场主要商品成交量					
粮食	万吨	1.83	2.13	2.53	3.36
食用植物油	万吨	0.05	0.20	0.28	0.36
猪和猪肉	万吨	0.79	1.70	1.95	2.00
鲜蛋	万吨	0.18	0.44	0.49	0.60
水产品	万吨		0.93	1.34	1.31
蔬菜	万吨		9.09	10.48	12.60
干鲜果	万吨		3.42	4.30	4.98
十二、注册商标	件	61	82	108	130
十三、批准专利	项	0.4	62	67	86
十四、广告营业额	万元	151.44	685.41	961.35	1732.09

三、 中国市场网点布局

图 3-1 社会商业、饮食业、服务业机构和人员数

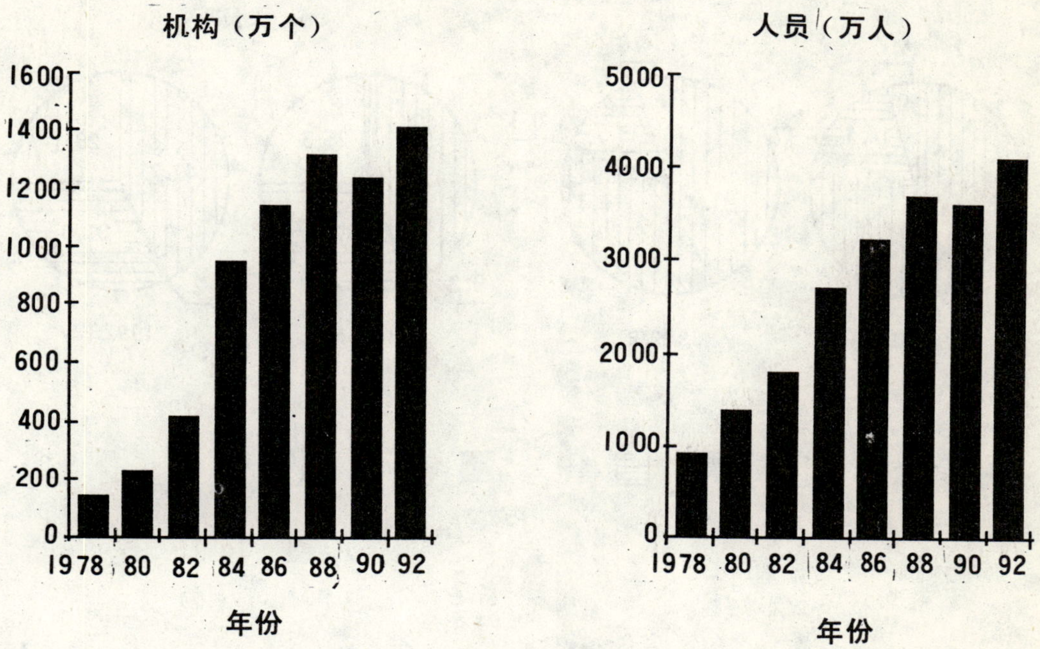

图 3-2 社会商业、饮食业、服务业分行业机构和人员数

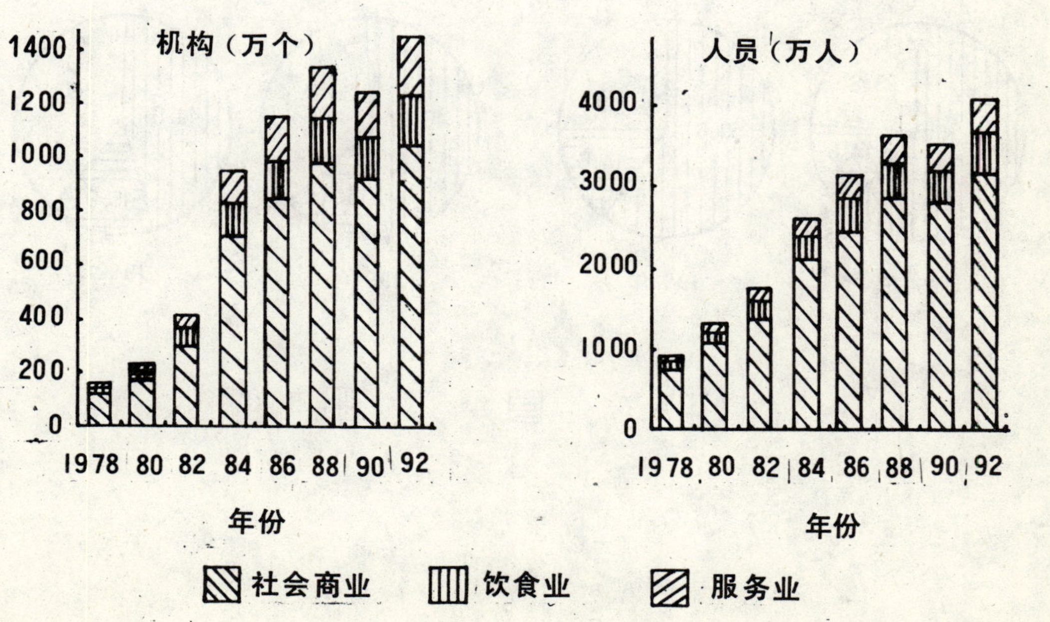

图 3-3 社会商业经营机构分经济类型构成

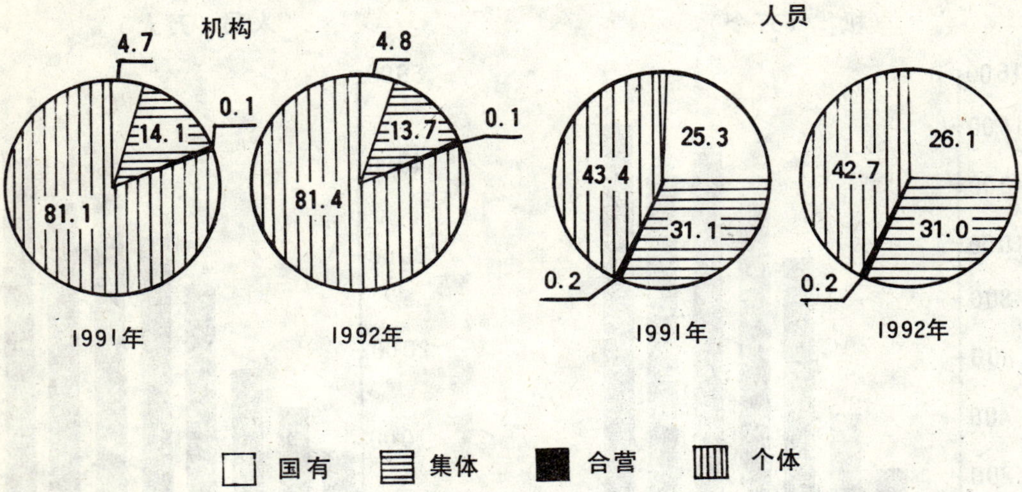

图 3-4 社会零售商业分市、县构成

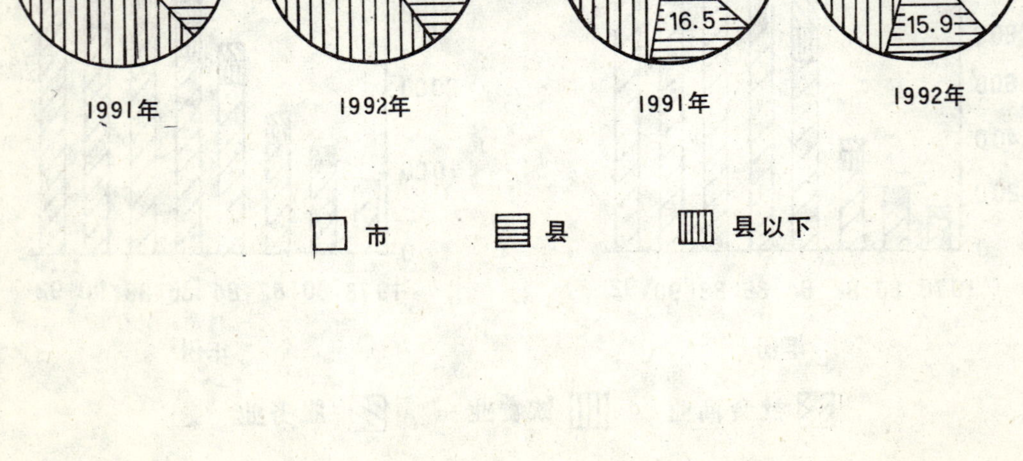

3-1 社会商业、饮食业、服务业机构

单位:万个

年份	合计	商业	#企业经营机构	#零售机构	饮食业	服务业
1952				420.0	85.0	45.0
1957	282.0	207.0	204.3	195.3	47.0	28.0
1965	147.6	107.1	101.9	88.1	21.7	18.8
1978	151.7	131.0	122.1	104.8	11.7	9.0
1979	173.9	145.8	136.3	113.9	14.5	13.6
1980	236.9	181.0	170.4	146.3	29.9	26.0
1981	329.9	238.4	227.3	202.3	47.7	43.8
1982	419.5	297.0	285.7	260.7	62.8	59.7
1983	698.0	516.3	503.8	478.7	87.7	94.0
1984	956.5	713.0	699.6	671.5	114.1	129.4
1985	1114.5	825.8	811.7	778.3	135.3	153.4
1986	1149.5	846.6	831.7	796.7	142.0	160.9
1987	1260.0	935.5	920.0	881.4	155.1	169.4
1988	1323.3	984.5	968.2	928.1	162.4	176.4
1989	1192.9	896.2	879.9	841.3	143.5	153.2
1990	1241.3	926.3	909.7	870.9	151.1	163.9
1991	1317.2	980.7	963.9	924.1	160.5	176.0
1992	1421.4	1062.2	1049.9	1006.3	174.0	184.2

3-2 社会商业、饮食业、服务业人员

单位:万人

年份	合计	商业	#企业经营机构	#零售机构	饮食业	服务业
1952				709.5	145.4	98.0
1957	895.5	703.0	668.4	568.9	115.5	77.0
1965	707.3	531.3	447.2	335.9	102.0	74.0
1978	937.8	777.4	608.0	447.4	104.4	56.0
1979	1217.8	990.0	781.7	562.7	139.4	88.4
1980	1395.9	1106.8	881.8	637.7	176.5	112.6
1981	1624.3	1264.7	1024.5	762.8	211.3	148.3
1982	1814.7	1393.5	1140.2	870.9	238.8	182.4
1983	2226.8	1728.1	1441.9	1168.9	271.3	227.4
1984	2743.8	2124.2	1837.4	1533.0	322.1	297.5
1985	3138.2	2407.9	2113.6	1796.0	376.4	353.9
1986	3243.3	2479.9	2174.2	1843.0	393.9	369.9
1987	3495.3	2680.7	2379.5	2012.5	422.4	392.2
1988	3727.6	2861.3	2557.1	2164.6	445.5	420.8
1989	3543.1	2746.7	2437.2	2033.0	407.6	388.8
1990	3638.9	2821.4	2502.8	2091.4	414.8	402.7
1991	3819.7	2954.9	2624.8	2198.7	438.5	426.3
1992	4131.4	3189.8	2959.4	2434.5	480.2	452.2

3-3 社会商业、饮食业、服务业机构和人员变化比较

项　　目	机　构（个）			人　员（人）		
	1991年	1992年	92为91%	1991年	1992年	92为91%
总　计	**13172461**	**14214044**	**107.9**	**38196590**	**41313505**	**108.2**
一. 企业管理机构	**142506**	**107522**	**75.5**	**2550464**	**1652610**	**64.8**
1.商业	132602	97280	73.4	2451324	1561360	63.7
2.饮食、服务业	9904	10242	103.4	99140	91250	92.0
二. 企业经营机构	**13004019**	**14079967**	**108.3**	**34896794**	**38917627**	**111.5**
1.商业	9639170	10498552	108.9	26248311	29593744	112.7
#零售机构	9240968	10063258	108.9	21987186	24345456	110.7
2.饮食业	1604675	1739505	108.4	4385216	4802248	109.5
3.服务业	1760174	1841910	104.6	4263267	4521635	106.1
三. 仓储运输机构	**25936**	**26555**	**102.4**	**749332**	**743268**	**99.2**

3-4 社会零售商业、饮食业、服务业机构和人员变化比较

项　　目	机　构（个）			人　员（人）		
	1991年	1992年	92为91%	1991年	1992年	92为91%
总　计	**12605817**	**13644673**	**108.2**	**30635669**	**33669339**	**101.0**
市	3189988	3693813	115.8	12099854	13950609	115.3
县	1920094	2064167	107.5	5045893	5355340	106.1
县以下	7495735	7886693	105.2	13489922	14363390	106.5
一、零售商业	**9240968**	**10063258**	**108.9**	**21987186**	**24345456**	**110.7**
市	2202435	2591503	117.7	8108185	9538119	117.6
县	1356352	1466920	108.2	3638067	3877369	106.6
县以下	5682181	6004835	105.7	10240934	10929968	106.7
二、饮食业	**1604675**	**1739505**	**108.4**	**4385216**	**4802248**	**109.5**
市	505644	566410	112.0	1881770	2127882	113.1
县	281433	296924	105.5	757347	791468	104.5
县以下	817598	876171	107.2	1746099	1882898	107.8
三、服务业	**1760174**	**1841910**	**104.6**	**4263267**	**4521635**	**106.1**
市	481909	535900	111.2	2109899	2284608	108.3
县	282309	300323	106.4	650479	686503	105.5
县以下	995956	1005687	101.0	1502889	1550524	103.2

3-5 社会商业分经济类型机构

单位:个

项　　目	合　计	市	县	县以下
总　计	**10622387**	**2721159**	**1591726**	**6309502**
一、企业管理机构	**97280**	**27686**	**33412**	**36182**
(一)国有商业	46070	14380	21361	10329
(二)集体商业	51210	13306	12051	25853
1.供销合作社	33937	5724	7867	20346
2.其他集体	17273	7582	4184	5507
二、企业经营机构	**10498552**	**2685290**	**1549223**	**6264039**
(一)国有商业	511922	179519	138383	194020
1.农副产品采购机构	106513	11810	14264	80439
2.工业品批发机构	55549	21271	23308	10970
3.零售机构	323827	136197	91491	96139
4.其他经营机构	26033	10241	9320	6472
(二)集体商业	1440444	399601	142489	898354
1.农副产品采购机构	76203	8674	10579	56950
#供销社	67021	6253	8844	51924
2.工业品批发机构	65578	20736	14526	30316
#供销社	44831	8494	11119	25218
3.零售机构	1225671	351826	107907	765938
#供销社	512086	38432	32790	440864
4.其他经营机构	72992	18365	9477	45150
#供销社	51080	9456	6744	34880
(三)合营	3152	2368	282	502
# 中外合营	372	336	24	12
# 零售机构	2352	1715	201	436
(四)个体	8543034	2103802	1268069	5171163
三、仓储运输机构	**26555**	**8183**	**9091**	**9281**
(一)国有仓储运输机构	14390	5290	5804	3296
(二)集体仓储运输机构	12165	2893	3287	5985
1.供销合作社	10278	1884	2934	5460
2.其他集体	1887	1009	353	525

3-6 社会商业分经济类型人员

单位:人

项 目	合 计	市	县	县以下
总 计	31898372	12753765	5892341	13252266
一、企业管理机构	1561360	625314	541507	394539
(一)国有商业	931007	434242	372590	124175
(二)集体商业	630353	191072	168917	270364
1.供销合作社	524031	132063	143798	248170
2.其他集体	106322	59009	25119	22194
二、企业经营机构	29593744	11698801	5178298	12716645
(一)国有商业	7720309	4132445	1939584	1648280
1.农副产品采购机构	1571097	362767	282723	925607
2.工业品批发机构	1284887	793076	397434	94377
3.零售机构	4357749	2703535	1099268	554946
4.其他经营机构	506576	273067	160159	73350
(二)集体商业	9177668	4405309	1333527	3438832
1.农副产品采购机构	600941	166552	150750	283639
#供销社	515818	135552	135596	244670
2.工业品批发机构	668186	300996	179504	187686
#供销社	455288	159191	152804	143293
3.零售机构	7343087	3688988	875128	2778971
#供销社	2280043	415318	286272	1578453
4.其他经营机构	565454	248773	128145	188536
#供销社	406821	147014	104757	155050
(三)合营	57276	50719	3578	2979
# 中外合营	14152	13033	973	146
# 零售机构	42885	38041	2361	2483
(四)个体	12638491	3110328	1901609	7626554
三、仓储运输机构	743268	429650	172536	141082
(一)国有仓储运输机构	610139	358307	138920	112912
(二)集体仓储运输机构	133129	71343	33616	28170
1.供销合作社	91616	42509	29173	19934
2.其他集体	41513	28834	4443	8236

3-7 社会饮食业、服务业分经济类型机构

(1992年)　　单位:个

项目	合计	市	县	县以下
总　　计	**3591657**	**1105703**	**601090**	**1884864**
一、企业管理机构	**10242**	**3393**	**3843**	**3006**
二、企业经营机构	**3581415**	**1102310**	**597247**	**1881858**
(一)饮食业	1739505	566410	296924	876171
1.国有饮食业	32802	17203	11538	4061
2.集体饮食业	125728	55820	15062	54846
# 供销合作社	19962	1779	1482	16701
3.合营	877	706	80	91
# 中外合营	504	472	23	9
4.个体	1580098	492681	270244	817173
(二)服务业	1841910	535900	300323	1005687
1.国有服务业	43017	24548	14224	4245
2.集体服务业	137487	67033	18363	52091
# 供销合作社	18243	1812	1790	14641
3.合营	4021	1353	1348	1320
# 中外合营	493	467	18	8
4.个体	1657385	442966	266388	948031

3-8 社会饮食业、服务业分经济类型人员

(1992年)　　单位:人

项目	合计	市	县	县以下
总　　计	**9415133**	**4462056**	**1509281**	**3443796**
一、企业管理机构	**91250**	**49566**	**31310**	**10374**
二、企业经营机构	**9323883**	**4412490**	**1477971**	**3433422**
(一)饮食业	4802248	2127882	791468	1882898
1.国有饮食业	574400	418694	125856	29850
2.集体饮食业	960505	588549	120004	251952
# 供销合作社	89244	16033	12394	60817
3.合营	59315	54740	2716	1859
# 中外合营	43311	40916	1471	924
4.个体	3208028	1065899	542892	1599237
(二)服务业	4521635	2284608	686503	1550524
1.国有服务业	861682	668484	160055	33143
2.集体服务业	1155835	821255	129535	205045
# 供销合作社	67433	20536	13412	33485
3.合营	152006	144495	3126	4385
# 中外合营	87619	86760	445	414
4.个体	2352112	650374	393787	1307951

3-9 社会零售商业、服务业分行业机构

（1992年） 单位：个

项 目	合 计	市	县	县以下
一、零售商业	**10063258**	**2591503**	**1466920**	**6004835**
# 500人以上的大型商店	398	395	3	
1.粮油商店	80555	31727	13717	35111
2.副食品商店	171068	63482	24627	82959
3.其他食品商店	120583	55907	17704	46972
4.纺织品商店	40167	10917	5530	23720
5.百货商店	174120	61238	22485	90397
6.医药商店	31715	9995	8241	13479
7.书店	28342	9504	5078	13760
8.日用杂品商店	70841	19990	9347	41504
9.煤炭商店	15706	8740	2791	4175
10.石油商店	19023	6123	5091	7809
11.五金.交电.化工商店	95939	58309	12581	25049
12.农业生产资料商店	99740	11421	11128	77191
13.其他专业商店	88912	46967	12305	29640
14.综合性商店	515139	95418	48974	370747
15.个体有证商业	8511408	2101765	1267321	5142322
二、服务业	**1841910**	**535900**	**300323**	**1005687**
1.旅 馆 业	188322	60812	42689	84821
2.理 发 业	507825	143962	82073	281790
3.浴 池 业	7317	2586	2420	2311
4.洗 染 业	9796	5806	1939	2051
5.摄 影 业	98318	32171	18692	47455
6.日用品修理业	742206	190300	105077	446829
7.其他服务业	288126	100263	47433	140430

3-10 社会零售商业、服务业分行业人员

（1992年）　　单位：人

项　　目	合　计	市	县	县以下
一、零售商业	24345456	9538119	3877369	10929968
# 500人以上的大型商店	379627	377894	1733	
1.粮油商店	783198	363596	169424	250178
2.副食品商店	1212873	766845	177269	268759
3.其他食品商店	824055	531953	123345	168757
4.纺织品商店	287436	159256	52731	75449
5.百货商店	2119879	1397360	344848	377671
6.医药商店	251063	129189	65794	56080
7.书店	150673	85285	36022	29366
8.日用杂品商店	377491	192160	59840	125491
9.煤炭商店	199830	122957	48165	28708
10.石油商店	199430	90343	62134	46953
11.五金.交电.化工商店	930180	685884	131779	112517
12.农业生产资料商店	508276	125685	101905	280686
13.其他专业商店	778255	533099	100556	144600
14.综合性商店	3121082	1246952	502945	1371185
15.个体有证商业	12601735	3107555	1900612	7593568
二、服务业	4521635	2284608	686503	1550524
1.旅 馆 业	1427008	971450	224438	231120
2.理 发 业	779102	267510	133997	377595
3.浴 池 业	68172	43912	14954	9306
4.洗 染 业	46326	35334	5806	5186
5.摄 影 业	225121	110086	40997	74038
6.日用品修理业	1110116	354690	160402	595024
7.其他服务业	865790	501626	105909	258255

3-11 各地区社会零售商业、饮食业、服务业机构和人员变化比较

地　区	机构（个）			人员（人）		
	1991年	1992年	1992年为1991年%	1991年	1992年	1992年为1991年%
全国总计	**12605817**	**13644673**	**108.2**	**30635669**	**33669339**	**109.9**
北　京	128413	174663	136.0	619543	694345	112.1
天　津	102711	96019	93.5	364972	381167	104.4
河　北	646175	678133	104.9	1599044	1718968	107.5
山　西	262154	329962	125.9	669805	813221	121.4
内蒙古	198759	229553	115.5	626557	708631	113.1
辽　宁	492941	550693	111.7	1472445	1712678	116.3
吉　林	270248	294825	109.1	893434	959231	107.4
黑龙江	325150	397681	122.3	1270216	1418757	111.7
上　海	132362	145468	109.9	667711	735257	110.1
江　苏	742125	795249	107.2	1877145	2032897	108.3
浙　江	758959	830257	109.4	1397134	1521351	108.9
安　徽	519989	632475	121.6	1290529	1582502	122.6
福　建	338850	366366	108.1	715599	789076	110.3
江　西	372970	405006	108.6	994500	1111783	111.8
山　东	1095804	1175816	107.3	2697193	3015251	111.8
河　南	680504	707295	103.9	1632097	1785727	109.4
湖　北	528531	572398	108.3	1308693	1409509	107.7
湖　南	610883	653105	106.9	1331367	1483771	111.4
广　东	970020	1053483	108.6	2647743	2920646	110.3
广　西	517612	568842	109.9	947590	1050427	110.9
海　南	92551	92844	100.3	211181	218989	103.7
四　川	1459570	1456516	99.8	2494297	2493077	100.0
贵　州	252264	254961	101.1	425733	434000	101.9
云　南	314409	325559	103.5	591828	620048	104.8
西　藏	25804	30857	119.6	42270	53308	126.1
陕　西	304331	318617	104.7	847025	911224	107.6
甘　肃	181361	205931	113.5	416818	463631	111.2
青　海	43830	44857	102.3	94622	96777	102.3
宁　夏	47932	48258	100.7	106247	111120	104.6
新　疆	188605	208984	110.8	382331	421970	110.4

3-12 各地区社会零售商业、饮食业、服务业机构和人员构成

（1992年，按市、县分）　　　　单位:%

地区	机构			人员		
	市	县	县以下	市	县	县以下
全国总计	**27.1**	**15.1**	**57.8**	**41.4**	**15.9**	**42.7**
北京	69.6	6.9	23.5	78.0	8.9	13.1
天津	47.8	50.4	1.8	76.7	20.5	2.9
河北	19.2	16.3	64.5	29.4	18.5	52.2
山西	26.2	20.8	53.0	42.1	21.2	36.7
内蒙古	42.6	22.0	35.4	55.1	22.5	22.4
辽宁	56.4	11.2	32.4	67.9	11.6	20.5
吉林	53.9	19.8	26.3	59.9	19.0	21.1
黑龙江	51.5	23.2	25.3	62.9	21.1	16.1
上海	50.5	7.1	42.4	72.6	8.1	19.3
江苏	21.7	6.2	72.1	38.9	9.0	52.1
浙江	17.2	6.5	76.2	27.4	7.6	64.9
安徽	23.1	18.9	57.9	33.8	19.9	46.2
福建	27.9	19.7	52.4	36.8	19.4	43.8
江西	18.3	20.5	61.2	30.3	20.4	49.3
山东	20.8	5.2	74.0	32.6	8.0	59.4
河南	25.2	18.6	56.2	36.6	21.3	42.1
湖北	24.2	10.4	65.4	35.0	12.4	52.6
湖南	21.7	15.9	62.4	31.6	17.9	50.5
广东	30.2	17.2	52.6	45.9	15.9	38.2
广西	19.4	20.5	60.1	31.6	20.5	48.0
海南	16.5	29.8	53.7	31.9	29.0	39.1
四川	20.4	13.5	66.0	28.9	16.3	54.7
贵州	29.1	18.1	52.8	40.0	18.1	41.8
云南	16.8	19.9	63.2	27.2	21.9	50.9
西藏	31.5	38.2	30.3	31.0	40.5	28.5
陕西	27.4	21.3	51.2	49.1	18.2	32.7
甘肃	26.8	18.4	54.8	42.8	17.6	39.6
青海	36.1	28.2	35.7	44.4	27.4	28.2
宁夏	36.6	16.2	47.2	51.7	18.0	30.3
新疆	32.1	21.4	46.5	42.2	21.5	36.3

3-13 各地区社会零售商业、饮食业、服务业网点规模

单位:人／机构

地区	合计		零售商业		饮食业		服务业	
	1991年	1992年	1991年	1992年	1991年	1992年	1991年	1992年
全国总计	**2.43**	**2.47**	**2.38**	**2.42**	**2.73**	**2.45**	**2.42**	**2.76**
北京	4.82	3.98	4.33	3.46	5.09	5.91	6.50	4.36
天津	3.55	3.97	3.48	3.97	3.36	4.35	4.16	3.61
河北	2.47	2.53	2.44	2.50	2.90	2.31	2.20	2.96
山西	2.56	2.46	2.53	2.46	2.57	2.52	2.67	2.44
内蒙古	3.15	3.09	3.24	3.18	3.74	2.41	2.44	3.54
辽宁	2.99	3.11	2.98	3.07	3.53	2.76	2.61	3.87
吉林	3.31	3.25	3.33	3.25	3.79	2.78	2.78	3.94
黑龙江	3.91	3.57	3.74	3.43	4.89	3.65	4.00	4.46
上海	5.04	5.05	5.03	5.10	5.38	4.79	4.84	5.17
江苏	2.53	2.56	2.55	2.57	2.88	2.23	2.18	2.91
浙江	1.84	1.83	1.82	1.80	2.03	1.85	1.79	2.05
安徽	2.48	2.50	2.43	2.49	2.50	2.60	2.77	2.46
福建	2.11	2.15	2.08	2.12	2.33	2.19	2.12	2.36
江西	2.67	2.75	2.68	2.75	3.13	2.40	2.29	3.15
山东	2.46	2.56	2.40	2.51	3.05	2.41	2.28	3.07
河南	2.40	2.52	2.41	2.53	2.37	2.56	2.37	2.46
湖北	2.48	2.46	2.52	2.48	2.48	2.24	2.27	2.57
湖南	2.18	2.27	2.17	2.27	2.48	2.08	1.98	2.49
广东	2.73	2.77	2.47	2.51	4.52	3.30	3.23	4.49
广西	1.83	1.85	1.75	1.79	1.86	2.19	2.37	1.89
海南	2.28	2.36	2.02	2.08	4.23	2.72	2.74	4.39
四川	1.71	1.71	1.65	1.66	1.93	1.71	1.78	2.01
贵州	1.69	1.70	1.65	1.68	1.72	1.84	1.92	1.70
云南	1.88	1.90	1.79	1.81	2.13	2.26	2.16	2.11
西藏	1.64	1.73	1.57	1.68	2.19	1.67	1.83	2.09
陕西	2.78	2.86	2.92	3.05	2.38	2.63	2.69	2.37
甘肃	2.30	2.25	2.33	2.30	2.19	2.01	2.28	2.22
青海	2.16	2.16	2.25	2.28	2.08	1.88	1.89	1.94
宁夏	2.22	2.30	2.26	2.26	2.26	2.23	2.03	2.51
新疆	2.03	2.02	2.07	2.04	2.04	1.91	1.83	2.02

3-14 各地区平均每万人拥有的零售商业、饮食业、服务业网点及位次

(1992年)

地　区	零售商业		饮食业		服务业	
	机构（个）	位次（位）	机构（个）	位次（位）	机构（个）	位次（位）
北　京	112.0	3	20.7	3	25.8	2
天　津	72.7	22	16.8	9	14.9	13
河　北	81.9	15	14.0	17	12.1	20
山　西	83.4	12	15.4	14	11.9	21
内蒙古	73.3	20	12.6	23	18.2	7
辽　宁	102.9	6	14.6	15	19.6	4
吉　林	89.4	11	11.7	24	15.4	12
黑龙江	82.7	14	11.4	25	16.1	11
上　海	72.9	21	15.8	12	19.5	5
江　苏	83.1	13	14.0	17	17.9	8
浙　江	146.4	1	21.7	2	27.9	1
安　徽	77.5	17	16.8	9	14.2	17
福　建	90.0	10	12.7	22	14.8	14
江　西	73.6	19	12.8	21	17.1	9
山　东	101.6	7	17.0	8	17.9	8
河　南	57.9	27	12.6	23	9.4	23
湖　北	74.0	18	14.3	16	14.2	17
湖　南	80.9	16	10.7	26	12.6	19
广　东	129.0	2	13.5	18	18.9	6
广　西	98.6	8	16.6	10	14.7	15
海　南	109.6	5	12.9	20	12.9	18
四　川	94.0	9	17.4	6	21.0	3
贵　州	57.8	28	9.8	27	8.2	26
云　南	62.6	25	13.1	19	9.2	24
西　藏	110.7	4	15.9	11	8.7	25
陕　西	62.0	26	17.2	7	14.5	16
甘　肃	62.0	26	15.6	13	11.4	22
青　海	65.0	24	19.5	4	12.9	18
宁　夏	65.1	23	17.8	5	16.2	10
新　疆	83.4	12	29.9	1	18.9	6

3-15 各地区社会商业机构

（1992年）

单位:个

地　区	合　计	国有商业	企业管理机构	企业经营机构	农副产品采购机构	工业品批发机构
全国总计	10622387	572382	46070	511922	106513	55549
北　京	126137	8229	394	7625	392	359
天　津	69906	5687	274	5293	444	479
河　北	535106	18826	1508	16862	3412	2719
山　西	262707	13485	1388	11788	2063	1234
内蒙古	171329	11341	787	10248	1265	1013
辽　宁	430454	20229	1282	18097	2697	1689
吉　林	236292	11467	862	10138	1401	879
黑龙江	309094	15135	989	13544	1812	1415
上　海	103340	9899	738	8968	534	376
江　苏	636151	25613	1454	23425	5665	2694
浙　江	642520	18294	1660	16099	4091	2014
安　徽	479611	23589	1987	21092	5865	2840
福　建	295340	15017	1625	12662	2982	1215
江　西	307574	19272	1275	17285	3900	2191
山　东	908718	31063	2827	27662	5550	3318
河　南	549094	34433	2566	30701	6599	5528
湖　北	453303	40309	3698	35876	10465	3681
湖　南	536558	27723	2402	24662	6852	3329
广　东	877911	54699	4612	49343	6181	3891
广　西	446809	16691	1636	14548	2862	1394
海　南	78369	4498	451	4004	464	303
四　川	1094251	63641	4193	57954	15409	5941
贵　州	207843	18409	1877	16028	4075	1582
云　南	256609	20731	1918	18462	5223	1523
西　藏	25495	609	76	492	13	48
陕　西	225136	16102	838	15026	2831	1568
甘　肃	153079	11638	1282	10117	1862	1082
青　海	31250	2602	290	2260	205	195
宁　夏	33512	2544	247	2242	325	226
新　疆	138889	10607	934	9419	1074	823

3-15 续表1 (1992年) 单位:个

地　区	零售机构	其他经营机构	仓储运输机构	集体商业	供销合作社	企业管理机构
全国总计	323827	26033	14390	1503819	719233	33937
北　京	6737	137	210	13551	4193	28
天　津	4239	131	120	10161	3581	218
河　北	9866	865	456	52415	31337	1472
山　西	7644	847	309	38007	25114	1432
内蒙古	7526	444	306	31368	16807	884
辽　宁	12831	880	850	54631	18941	932
吉　林	7400	458	467	31175	12162	940
黑龙江	9597	720	602	39756	12351	732
上　海	7484	574	193	24668	8286	125
江　苏	14263	803	734	118988	38333	2566
浙　江	9135	859	535	64790	30457	1597
安　徽	11580	807	510	73868	31792	1373
福　建	7410	1055	730	41100	22222	967
江　西	10386	808	712	44938	28147	1054
山　东	17037	1757	574	100513	44332	2494
河　南	16961	1613	1166	99008	52408	2193
湖　北	19070	2660	735	75613	45596	2155
湖　南	13340	1141	659	73642	41485	1732
广　东	36127	3144	744	107545	43534	2532
广　西	9439	853	507	39324	25745	1284
海　南	2903	334	43	7253	5406	322
四　川	34481	2123	1494	215104	86111	2518
贵　州	9921	450	504	22404	17392	915
云　南	11024	692	351	37019	26960	1043
西　藏	401	30	41	822	730	
陕　西	9980	647	238	43113	18690	118
甘　肃	6612	561	239	21908	13597	991
青　海	1794	66	52	3290	1560	111
宁　夏	1636	55	55	3785	2343	251
新　疆	7003	519	254	14060	9621	958

3-15 续表2 (1992年) 单位:个

地区	企业经营机构	农副产品采购机构	工业品批发机构	零售机构	其他经营机构	仓储运输机构
全国总计	**675018**	**67021**	**44831**	**512086**	**51080**	**10278**
北京	4142	223	295	3123	501	23
天津	3326	263	212	2587	264	37
河北	29658	2947	2162	21522	3027	207
山西	23541	2029	1471	18228	1813	141
内蒙古	15772	2513	528	11647	1084	151
辽宁	17827	1987	1688	11991	2161	182
吉林	11110	1456	885	7557	1212	112
黑龙江	11576	1087	732	8826	931	43
上海	8113	337	350	6868	558	48
江苏	35600	3664	3189	25289	3458	167
浙江	28455	3347	1986	22089	1033	405
安徽	29769	3954	2745	21029	2041	650
福建	21062	1196	975	17909	982	193
江西	26602	2170	2505	19835	2092	491
山东	41430	3530	3263	29927	4710	408
河南	49542	4793	3384	37975	3390	673
湖北	42517	6008	2697	29742	4070	924
湖南	38099	4045	3072	28718	2264	1654
广东	40674	2410	2381	32829	3054	328
广西	24061	2463	1113	19402	1083	400
海南	5010	144	193	4037	636	74
四川	81982	7002	4845	65245	4890	1611
贵州	16057	1913	845	12703	596	420
云南	25382	2448	1232	20935	767	535
西藏	702		2	699	1	28
陕西	18489	2425	979	12140	2945	83
甘肃	12406	1466	546	9664	730	200
青海	1446	73	71	1199	103	3
宁夏	2082	272	92	1556	162	10
新疆	8586	856	393	6815	522	77

3-15 续表3　　　　　　　　　　　　(1992年)　　　　　　　　　　　　单位:个

地　区	其他集体商业					
		企业管理机构	企业经营机构			
				农副产品采购机构	工业品批发机构	零售机构
全国总计	**784586**	**17273**	**765426**	**9182**	**20747**	**713585**
北　京	9358	14	9332	45	103	9176
天　津	6580	188	6374	38	251	5990
河　北	21078	271	20745	196	692	18802
山　西	12893	449	12421	93	121	11483
内蒙古	14561	218	14330	86	150	13892
辽　宁	35690	508	35107	506	972	32717
吉　林	19013	393	18602	294	238	17731
黑龙江	27405	217	27163	295	759	25865
上　海	16382	123	15896	106	239	14946
江　苏	80655	1499	79000	723	1820	74781
浙　江	34333	925	33330	280	2386	29601
安　徽	42076	799	41195	1057	1777	37353
福　建	18878	511	18326	217	820	16091
江　西	16791	710	16037	269	690	14320
山　东	56181	497	55512	819	1393	50969
河　南	46600	1130	45295	597	921	42150
湖　北	30017	1125	28807	422	816	26661
湖　南	32157	703	31405	211	701	30054
广　东	64011	1619	62301	819	2119	57230
广　西	13579	345	13212	177	653	12196
海　南	1847	178	1669	11	27	1604
四　川	128993	3144	125695	1389	2474	118736
贵　州	5012	163	4834	16	101	4689
云　南	10059	455	9565	34	196	9142
西　藏	92		92		13	79
陕　西	24423	291	24082	182	124	22938
甘　肃	8311	388	7909	46	97	7589
青　海	1730	89	1639		15	1615
宁　夏	1442	102	1340	2	11	1324
新　疆	4439	219	4211	252	68	3861

3-15 续表4 (1992年) 单位：个

地区	其他经营机构	仓储运输机构	合营商业	# 中外合营	# 零售商业	个体有证商业
全国总计	**21912**	**1887**	**3152**	**372**	**2352**	**8543034**
北京	8	12	64	8	62	104293
天津	95	18	59	4	43	53999
河北	1055	62	16	2	13	463849
山西	724	23				211215
内蒙古	202	13				128620
辽宁	912	75	28	9	17	355566
吉林	339	18	8	4	6	193642
黑龙江	244	25	6	3	5	254197
上海	605	363	643	17	576	68130
江苏	1676	156	75	9	53	491475
浙江	1063	78	68	7	54	559368
安徽	1008	82	75		65	382079
福建	1198	41	344	57	207	238879
江西	758	44	70	6	7	243294
山东	2331	172	148	7	52	776994
河南	1627	175	85	1	81	415568
湖北	908	85	263	1	262	337118
湖南	439	49	5	3	4	435188
广东	2133	91	889	203	561	714778
广西	186	22	52	15	38	390742
海南	27		32	9	32	66586
四川	3096	154	24	7	18	815482
贵州	28	15	17		17	167013
云南	193	39	2		2	198857
西藏			15		15	24049
陕西	838	50	144		144	165777
甘肃	177	14	2		2	119531
青海	9	2	9		7	25349
宁夏	3					27183
新疆	30	9	9		9	114213

3-16 各地区社会商业人员

(1992年) 单位:人

地区	合计	国有商业				
			企业管理机构	企业经营机构		
					农副产品采购机构	工业品批发机构
全国总计	**31898372**	**9261455**	**931007**	**7720309**	**1571097**	**1284887**
北京	557191	246686	21537	195226	14230	25857
天津	375349	158750	8483	132943	15202	27016
河北	1627829	376742	32588	328131	64781	68986
山西	798479	229855	29567	189970	27100	28457
内蒙古	685909	253743	22402	210001	33500	32202
辽宁	1741173	623311	40584	493791	98897	70173
吉林	1043828	399500	29825	314692	81898	37548
黑龙江	1394066	567195	34095	453654	75543	78167
上海	687723	268389	14368	235132	27149	32303
江苏	1971673	500885	43178	423061	109034	69629
浙江	1364170	251609	35429	206726	42311	44336
安徽	1425976	337678	38198	287245	75151	47537
福建	755168	176025	30469	135000	26138	23297
江西	1000111	242108	22153	204772	53248	31545
山东	2736533	569787	61941	485925	101514	91722
河南	1836043	585980	57981	501099	130790	103245
湖北	1486098	528639	65635	441684	100927	59966
湖南	1477510	390376	39489	335505	80395	61912
广东	2635955	753519	89330	640241	74444	89080
广西	940952	215234	23903	182340	35802	30123
海南	195974	58536	8426	49079	7492	6736
四川	2264463	598332	74915	494440	134798	93942
贵州	441167	142093	25791	109081	31439	16444
云南	596406	191332	22519	161310	49255	28068
西藏	49982	14969	1660	11724	419	2230
陕西	808456	247939	16118	224253	38638	32778
甘肃	432071	132999	17165	108946	19545	18728
青海	85492	32505	3621	26719	2937	4412
宁夏	92531	32594	3068	28177	3675	4983
新疆	390094	134145	16569	109442	14845	23465

3-16 续表1 （1992年） 单位：人

地区	零售机构	其他经营机构	仓储运输机构	集体商业	供销合作社	企业管理机构
全国总计	**4357749**	**506576**	**610139**	**9941150**	**4273617**	**524031**
北京	147326	7813	29923	176747	55164	1875
天津	87232	3493	17324	148656	51279	3580
河北	175384	18980	16023	436650	251080	23364
山西	117364	17049	10318	243515	126598	15584
内蒙古	133536	10763	21340	256886	107953	13919
辽宁	300804	23917	88936	645732	231047	18294
吉林	179526	15720	54983	386000	139870	12903
黑龙江	274830	25114	79446	492894	145524	13905
上海	150051	25629	18889	325143	109247	5795
江苏	228476	15922	34646	798803	309676	44772
浙江	106791	13288	9454	359568	168235	20161
安徽	152743	11814	12235	462556	172235	19831
福建	72882	12683	10556	198400	86569	13639
江西	108426	11553	15183	268803	121206	13917
山东	257607	35082	21921	818041	349889	46984
河南	239210	27854	26900	638991	320252	37236
湖北	236294	44497	21320	442802	275385	40780
湖南	172568	20630	15382	393865	218629	26238
广东	412103	64614	23948	732546	241598	33178
广西	101866	14549	8991	217916	107638	18443
海南	29598	5253	1031	33614	22863	3474
四川	231258	34442	28977	686364	285052	42729
贵州	55293	5905	7221	84050	50227	13046
云南	74180	9807	7503	134932	82729	11466
西藏	7662	1413	1585	3355	3052	
陕西	141909	10928	7568	286260	95220	2992
甘肃	62063	8610	6888	123926	59433	8444
青海	18800	570	2165	19200	7829	847
宁夏	18568	951	1349	24982	12901	2178
新疆	63399	7733	8134	99953	65237	14457

3-16 续表2 (1992年) 单位:人

地 区	企业经营机构	农副产品采购机构	工业品批发机构	零 售机 构	其 他经营机构	仓储运输机 构
全国总计	**3657970**	**515818**	**455288**	**2280043**	**406821**	**91616**
北 京	51995	4068	6386	29574	11967	1294
天 津	45622	4803	7150	23481	10188	2077
河 北	223699	34944	30836	128276	29643	4017
山 西	109900	15666	19027	64478	10729	1114
内 蒙 古	92791	12210	10397	62627	7557	1243
辽 宁	209693	33966	31362	114879	29486	3060
吉 林	124829	23801	19966	67892	13170	2138
黑 龙 江	130382	16263	14876	85208	14035	1237
上 海	101585	6808	11530	70102	13145	1867
江 苏	261611	33423	32516	174756	20916	3293
浙 江	144892	17394	18715	100952	7831	3182
安 徽	148593	25660	18177	91719	13037	3811
福 建	70710	6653	6887	52881	4289	2220
江 西	104455	12465	16334	66316	9340	2834
山 东	297156	40692	35034	173168	48262	5749
河 南	272478	53218	31385	165017	22858	10538
湖 北	227434	48639	24258	126797	27740	7171
湖 南	183761	20679	23757	125448	13877	8630
广 东	204379	18332	20262	143120	22665	4041
广 西	87697	12356	6336	62972	6033	1498
海 南	19073	894	1553	13715	2911	316
四 川	232320	27524	32726	151754	20316	10003
贵 州	35453	4851	3422	25250	1930	1728
云 南	68874	10204	8735	45615	4320	2389
西 藏	2891		27	2844	20	161
陕 西	90367	12469	12361	47904	17633	1861
甘 肃	49431	6199	4215	33553	5464	1558
青 海	6816	457	895	4864	600	166
宁 夏	10528	1235	1560	6761	972	195
新 疆	48555	9945	4603	18120	15887	2225

（1992年） 单位：人

地　区	其他集体商业	企业管理机构	企业经营机构	农副产品采购机构	工业品批发机构	零售机构
全国总计	**5667533**	**106322**	**5519698**	**85123**	**212898**	**5063044**
北　京	121583	231	120780	1249	2762	116476
天　津	97377	1405	95344	580	4846	87171
河　北	185570	1956	181726	1423	7663	165301
山　西	116917	4409	111791	412	1534	104791
内蒙古	148933	1683	146904	812	2228	142320
辽　宁	414685	4654	408292	6119	12584	380356
吉　林	246130	2667	242990	6064	3576	228938
黑龙江	347370	1845	345224	3111	7850	329650
上　海	215896	1997	206165	1574	6267	186717
江　苏	489127	8841	474820	6076	17840	436276
浙　江	191333	5450	184129	2208	17401	154112
安　徽	290321	5079	284097	7193	14548	256807
福　建	111831	2756	108404	1911	8016	89631
江　西	147597	3886	143141	2098	5775	129061
山　东	468152	5562	458039	7822	19664	416739
河　南	318739	7763	307082	6853	9077	284097
湖　北	167417	5950	160559	2347	4851	148151
湖　南	175236	3373	171248	1454	5227	162173
广　东	490948	9683	479817	15382	33906	415172
广　西	110278	2536	107488	976	5582	99733
海　南	10751	1153	9598	78	129	8991
四　川	401312	13900	384938	6290	16316	351044
贵　州	33823	738	33026	400	1009	31468
云　南	52203	2680	48740	179	1109	44336
西　藏	303		303		49	254
陕　西	191040	1985	186714	1320	1261	179473
甘　肃	64493	2235	62188	310	869	59711
青　海	11371	414	10955		149	10771
宁　夏	12081	436	11645	57	68	11470
新　疆	34716	1055	33551	825	742	31854

3-16 续表4 (1992年) 单位:人

地区	其他经营机构	仓储运输机构	合营商业	# 中外合营	# 零售商业	个体有证商业
全国总计	**158633**	**41513**	**57276**	**14152**	**42885**	**12638491**
北京	293	572	3007	419	2785	130751
天津	2747	628	898	25	740	67045
河北	7339	1888	1975	342	1630	812462
山西	5054	717				325109
内蒙古	1544	346				175280
辽宁	9233	1739	905	210	692	471225
吉林	4412	473	3033	2994	2973	255295
黑龙江	4613	301	143	86	123	333834
上海	11607	7734	8668	455	7328	85523
江苏	14628	5466	2778	646	1577	669207
浙江	10408	1754	3317	1018	2920	749676
安徽	5549	1145	1968		1687	623774
福建	8846	671	3923	1406	1809	376820
江西	6207	570	735	171	247	488465
山东	13814	4551	3901	420	1317	1344804
河南	7055	3894	519	27	437	610553
湖北	5210	908	851	21	830	513806
湖南	2394	615	567	544	252	692702
广东	15357	1448	12860	4701	8683	1137030
广西	1197	254	914	416	655	506888
海南	400		490	155	470	103334
四川	11288	2474	249	96	193	979518
贵州	149	59	212		203	214812
云南	3116	783	15		15	270127
西藏			157		157	31501
陕西	4660	2341	4933		4933	269324
甘肃	1298	70	22		22	175124
青海	35	2	108		79	33679
宁夏	50					34955
新疆	130	110	128		128	155868

3-17 各地区社会商业机构

(1992年，市) 单位:个

地区	合计	国有商业	企业管理机构	企业经营机构	农副产品采购机构	工业品批发机构
全国总计	**2721159**	**199189**	**14380**	**179519**	**11810**	**21271**
北京	87215	5932	260	5594	230	276
天津	33186	5061	243	4727	289	413
河北	94866	6204	376	5660	414	839
山西	63359	3951	354	3497	268	305
内蒙古	66348	4579	273	4200	201	340
辽宁	235830	12782	716	11705	792	1101
吉林	122305	6079	502	5423	351	507
黑龙江	152297	7324	403	6717	467	625
上海	51107	7214	469	6606	140	349
江苏	123726	10884	820	9698	652	1429
浙江	110279	6677	663	5773	682	1117
安徽	100002	6888	517	6216	382	1097
福建	78446	4112	488	3462	220	475
江西	57062	4927	274	4468	422	661
山东	180901	14651	1272	13096	935	1645
河南	122608	7889	567	7042	533	1344
湖北	104667	11938	1057	10527	727	1496
湖南	108536	6628	594	5763	350	1031
广东	261222	22841	1401	21074	1136	1959
广西	82996	4756	330	4260	192	428
海南	12823	977	105	853	40	76
四川	211019	13334	807	12080	1093	1647
贵州	51614	4007	485	3430	254	297
云南	40595	4492	304	4075	284	341
西藏	7068	312	38	252		28
陕西	59381	5707	218	5380	311	484
甘肃	37645	3702	393	3212	197	405
青海	10074	666	43	597	24	59
宁夏	10985	1052	64	965	37	104
新疆	42997	3623	344	3167	187	393

3-17 续表1　　(1992年,市)　　单位:个

地　区	零售机构	其他经营机构	仓储运输机构	集体商业	供销合作社	企业管理机构
全国总计	**136197**	**10241**	**5290**	**415800**	**70243**	**5724**
北　京	5029	59	78	8505	963	28
天　津	3904	121	91	7979	1608	94
河　北	4143	264	168	12150	2870	186
山　西	2690	234	100	9931	3136	204
内蒙古	3422	237	106	10847	1106	67
辽　宁	9256	556	361	30439	4433	264
吉　林	4359	206	154	15423	2740	279
黑龙江	5337	288	204	22578	2155	199
上　海	5726	391	139	10818	2054	40
江　苏	7203	414	366	30047	4137	552
浙　江	3688	286	241	16159	3127	354
安　徽	4486	251	155	17476	2123	145
福　建	2415	352	162	9953	1846	119
江　西	3139	246	185	10490	1837	112
山　东	9642	874	283	29049	5391	518
河　南	4803	362	280	25706	3788	257
湖　北	7215	1089	354	13299	4122	374
湖　南	4012	370	271	12843	3178	273
广　东	16249	1730	366	42257	6008	536
广　西	3431	209	166	10152	1278	124
海　南	686	51	19	1455	254	24
四　川	8764	576	447	29993	6235	464
贵　州	2779	100	92	4216	1373	143
云　南	3223	227	113	7198	1553	119
西　藏	197	27	22	15		
陕　西	4301	284	109	16445	819	15
甘　肃	2399	211	97	5220	1281	122
青　海	504	10	26	1112	138	13
宁　夏	785	39	23	1168	340	39
新　疆	2410	177	112	2877	350	60

3-17 续表2 (1992年,市) 单位:个

地区	企业经营机构	农副产品采购机构	工业品批发机构	零售机构	其他经营机构	仓储运输机构
全国总计	**62635**	**6253**	**8494**	**38432**	**9456**	**1884**
北京	916	44	103	542	227	19
天津	1489	53	117	1100	219	25
河北	2609	247	422	1549	391	75
山西	2886	188	292	1985	421	46
内蒙古	1018	103	89	672	154	21
辽宁	4081	467	504	2048	1062	88
吉林	2416	544	315	1110	447	45
黑龙江	1928	200	193	1226	309	28
上海	2000	65	98	1715	122	14
江苏	3503	292	851	1902	458	82
浙江	2650	403	561	1465	221	123
安徽	1915	212	236	1162	305	63
福建	1688	180	152	1254	102	39
江西	1666	199	361	826	280	59
山东	4771	415	868	2558	930	102
河南	3421	233	510	2190	488	110
湖北	3596	466	513	1791	826	152
湖南	2678	303	428	1610	337	227
广东	5372	449	524	3793	606	100
广西	1120	161	105	735	119	34
海南	227	18	18	180	11	3
四川	5560	443	633	3882	602	211
贵州	1192	104	88	850	150	38
云南	1359	156	156	954	93	75
西藏						
陕西	776	107	158	257	254	28
甘肃	1120	97	108	732	183	39
青海	123	4	10	97	12	2
宁夏	297	37	35	175	50	4
新疆	258	63	46	72	77	32

(1992年，市)

单位：个

地区	其他集体商业	企业管理机构	企业经营机构			
				农副产品采购机构	工业品批发机构	零售机构
全国总计	**345557**	**7582**	**336966**	**2421**	**12242**	**313394**
北京	7542	14	7516	45	99	7364
天津	6371	176	6178	33	210	5844
河北	9280	194	9057	32	367	8510
山西	6795	304	6469	14	45	6246
内蒙古	9741	107	9627	26	117	9344
辽宁	26006	416	25523	201	785	23726
吉林	12683	293	12379	123	184	11894
黑龙江	20423	102	20312	154	720	19309
上海	8764	88	8638	19	131	8241
江苏	25910	373	25427	175	763	23614
浙江	13032	376	12599	116	1733	10090
安徽	15353	359	14930	125	807	13761
福建	8107	202	7883	79	677	6858
江西	8653	402	8225	80	325	7338
山东	23658	237	23310	104	886	21850
河南	21918	578	21222	117	493	20314
湖北	9177	357	8799	66	277	8007
湖南	9665	293	9336	94	324	8774
广东	36249	598	35584	165	1180	32795
广西	8874	105	8760	109	549	8041
海南	1201	93	1108	5	8	1095
四川	23758	1162	22514	413	1265	19989
贵州	2843	54	2787	12	46	2715
云南	5645	209	5416	5	83	5203
西藏	15		15		13	2
陕西	15626	106	15474	72	65	14848
甘肃	3939	216	3721	5	41	3587
青海	974	35	937		9	920
宁夏	828	57	771		4	764
新疆	2527	76	2449	32	36	2351

地区	其他经营机构	仓储运输机构	合营商业	#中外合营	#零售商业	个体有证商业
全国总计	**8909**	**1009**	**2368**	**336**	**1715**	**2103802**
北京	8	12	44	8	42	72734
天津	91	17	50	4	35	20096
河北	148	29	4	1	4	76508
山西	164	22				49477
内蒙古	140	7				50922
辽宁	811	67	26	9	16	192583
吉林	178	11	8	4	6	100795
黑龙江	129	9	4	3	4	122391
上海	247	38	539	15	494	32536
江苏	875	110	65	9	43	82730
浙江	660	57	61	6	52	87382
安徽	237	64	70		60	75568
福建	269	22	310	51	179	64071
江西	482	26	21	5	6	41624
山东	470	111	87	5	33	137114
河南	298	118	17		14	88996
湖北	449	21	1		1	79429
湖南	144	36	5	3	4	89060
广东	1444	67	811	189	487	195313
广西	61	9	42	12	37	68046
海南			28	6	28	10363
四川	847	82	14	6	9	167678
贵州	14	2	17		17	43374
云南	125	20				28905
西藏						6741
陕西	489	46	137		137	37092
甘肃	88	2				28723
青海	8	2				8296
宁夏	3					8765
新疆	30	2	7		7	36490

3-18 各地区社会商业人员

（1992年，市）　　　　单位：人

地　区	合　计	国有商业	企业管理机构	企业经营机构	农副产品采购机构	工业品批发机构
全国总计	**12753765**	**4924994**	**434242**	**4132445**	**362767**	**793076**
北　京	404632	183673	16176	150338	10925	20226
天　津	298762	148628	7956	125108	12064	26218
河　北	486901	188728	12947	165347	14841	36847
山　西	329276	121345	12859	101880	6841	15722
内蒙古	347584	136576	11194	112195	8698	19307
辽　宁	1098384	408784	26310	332462	36205	49751
吉　林	560161	212540	18099	174549	22652	25793
黑龙江	790683	316891	17183	265079	31946	46222
上　海	480372	231694	10816	204109	19911	31551
江　苏	730339	277507	29615	224646	18098	45417
浙　江	399283	135495	16897	111870	11525	30320
安　徽	443760	141248	12817	121771	7386	24824
福　建	277433	81663	14956	59775	4111	14150
江　西	301821	94459	8065	79074	7904	13805
山　东	931135	335928	34204	285732	27757	63675
河　南	601930	219402	19566	187148	16038	53678
湖　北	527980	253974	28271	211343	14960	37976
湖　南	458536	164805	13758	140516	11639	32820
广　东	1152117	455727	41181	396250	23665	60557
广　西	279443	96009	7544	82562	5953	16303
海　南	57520	21068	3692	16662	979	2390
四　川	643774	229183	23819	189652	19312	48909
贵　州	158233	61592	10620	46306	5382	8600
云　南	154016	70472	7253	59191	5313	13414
西　藏	17324	9469	1431	6659		1604
陕　西	379611	141690	7290	129333	8546	17115
甘　肃	187009	72365	8871	58273	4122	12412
青　海	38039	16539	1461	13336	878	2864
宁　夏	44749	19321	1461	16846	467	3444
新　疆	172958	78219	7930	64433	4649	17162

(1992年，市)

单位：人

地区	零售机构	其他经营机构	仓储运输机构	集体商业	供销合作社	企业管理机构
全国总计	2703535	273067	358307	4667724	1031647	132063
北京	117342	1845	17159	127195	23956	1875
天津	83454	3372	15564	127527	32602	1977
河北	104696	8963	10434	174165	54802	5538
山西	69901	9416	6606	125876	32222	3976
内蒙古	76550	7640	13187	138178	23697	1816
辽宁	230507	15999	50012	424406	93087	6846
吉林	118690	7414	19892	213640	51458	5237
黑龙江	174940	11971	34629	305898	47889	5235
上海	134282	18365	16769	203027	48836	2108
江苏	152731	8400	23246	334580	68488	11399
浙江	64141	5884	6728	146971	38136	5950
安徽	84651	4910	6660	177565	27057	3697
福建	35753	5761	6932	87024	14292	3121
江西	52543	4822	7320	115049	18199	2357
山东	172245	22055	15992	355547	82791	12396
河南	106145	11287	12688	254433	56196	8489
湖北	134412	23995	14360	153202	70213	10954
湖南	86796	9261	10531	142986	42760	6256
广东	267669	44359	18296	354904	55546	8592
广西	55003	5303	5903	96834	14722	3198
海南	11287	2006	714	12171	4109	417
四川	105985	15446	15712	206598	51716	8326
贵州	29833	2491	4666	35873	10083	2895
云南	35130	5334	4028	47050	13620	2159
西藏	3776	1279	1379	70		
陕西	97076	6596	5067	172942	16570	780
甘肃	37445	4294	5221	67687	16332	2034
青海	9448	146	1742	11064	2423	175
宁夏	12582	353	1014	13536	4781	568
新疆	38522	4100	5856	41726	15064	3692

3-18 续表2 （1992年，市） 单位：人

地　区	企业经营机构	农副产品采购机构	工业品批发机构	零售机构	其他经营机构	仓储运输机构
全国总计	**857075**	**135552**	**159191**	**415318**	**147014**	**42509**
北京	21127	2987	4069	8898	5173	954
天津	28791	2583	4563	11918	9727	1834
河北	47284	8309	9703	19864	9408	1980
山西	27632	5046	6258	12478	3850	614
内蒙古	21144	4270	3848	10552	2474	737
辽宁	84044	12896	12529	38973	19646	2197
吉林	44833	10257	10449	17997	6130	1388
黑龙江	41714	5901	5288	21723	8802	940
上海	46007	4350	6631	31844	3182	721
江苏	54746	5369	13213	29513	6651	2343
浙江	30550	5087	7582	14826	3055	1636
安徽	21902	3577	3022	11921	3382	1458
福建	10397	1894	1610	6069	824	774
江西	14853	2787	3821	5756	2489	989
山东	67587	8802	13801	33595	11389	2808
河南	44086	8361	11319	19029	5377	3621
湖北	56159	12971	7966	22648	12574	3100
湖南	33966	6152	5896	18388	3530	2538
广东	45055	6371	5651	26210	6823	1899
广西	11089	2082	1432	5933	1642	435
海南	3564	372	535	2013	644	128
四川	39952	4904	8795	21162	5091	3438
贵州	6507	1252	991	3667	597	681
云南	10394	1931	2005	4884	1574	1067
西藏						
陕西	14316	3175	4007	3113	4021	1474
甘肃	13509	2108	1666	6678	3057	789
青海	2089	217	314	1205	353	159
宁夏	4152	447	1001	2071	633	61
新疆	9626	1094	1226	2390	4916	1746

3-18 续表3　　(1992年,市)　　单位:人

地　区	其他集体商业	企业管理机构	企业经营机构	农副产品采购机构	工业品批发机构	零售机构
全国总计	**3636077**	**59009**	**3548234**	**31000**	**141805**	**3273670**
北　京	103239	231	102436	1249	2723	98171
天　津	94925	1370	92942	455	4529	85316
河　北	119363	1442	117395	456	5099	109163
山　西	93654	3552	89390	118	933	84744
内蒙古	114481	1151	112995	510	1978	109412
辽　宁	331319	4068	325664	3146	10757	303248
吉　林	162182	2204	159597	3640	3035	150014
黑龙江	258009	927	256891	1631	7471	245000
上　海	154191	1421	151031	548	4235	139694
江　苏	266092	3369	258232	1949	9242	237963
浙　江	108835	2884	104299	1056	13351	82462
安　徽	150508	3017	146495	1297	8077	135114
福　建	72732	1227	71035	867	6767	56973
江　西	96850	2466	93911	1106	3820	84526
山　东	272756	2609	266601	1739	16092	242490
河　南	198237	3689	191519	1742	5977	179775
湖　北	82989	2510	80049	1085	2474	72423
湖　南	100226	1802	97842	737	3158	92924
广　东	299358	4838	293249	3381	12712	265257
广　西	82112	1194	80699	498	4957	74644
海　南	8062	890	7172	32	56	7084
四　川	154882	6753	146148	2485	10935	126824
贵　州	25790	409	25346	375	733	24180
云　南	33430	1652	31182	37	648	27875
西　藏	70		70		49	21
陕　西	156372	933	153107	422	798	148365
甘　肃	51355	1456	49895	35	531	48250
青　海	8641	175	8464		110	8322
宁　夏	8755	290	8465		31	8384
新　疆	26662	480	26113	404	527	25052

(1992年,市)

单位:人

地区	其他经营机构	仓储运输机构	合营商业	#中外合营	#零售商业	个体有证商业
全国总计	**101759**	**28834**	**50719**	**13033**	**38041**	**3110328**
北京	293	572	2522	419	2300	91242
天津	2642	613	719	25	571	21888
河北	2677	526	1481	10	1481	122527
山西	3595	712				82055
内蒙古	1095	335				72830
辽宁	8513	1587	830	210	662	264364
吉林	2908	381	3033	2994	2973	130948
黑龙江	2789	191	103	86	103	167791
上海	6554	1739	7147	359	6229	38504
江苏	9078	4491	2577	646	1376	115675
浙江	7430	1652	3241	1004	2892	113576
安徽	2007	996	1885		1604	123062
福建	6428	470	3797	1376	1713	104949
江西	4459	473	397	163	211	91916
山东	6280	3546	3212	89	958	236448
河南	4025	3029	126		71	127969
湖北	4067	430	57		57	120747
湖南	1023	582	567	544	252	150178
广东	11899	1271	12316	4508	8168	329170
广西	600	219	832	384	613	85768
海南			451	128	438	23830
四川	5904	1981	224	88	176	207769
贵州	58	35	212		203	60556
云南	2622	596				36494
西藏						7785
陕西	3522	2332	4872		4872	60107
甘肃	1079	4				46957
青海	32	2				10436
宁夏	50					11892
新疆	130	69	118		118	52895

3-19 各地区社会商业机构

（1992年，县）　　单位：个

地区	合计	国有商业	企业管理机构	企业经营机构	农副产品采购机构	工业品批发机构
全国总计	1591726	165548	21361	138383	14264	23308
北京	8136	1221	54	1123	76	71
天津	34640	325	31	270	49	35
河北	84797	7268	883	6153	772	1366
山西	56080	6223	967	5083	592	745
内蒙古	36284	4262	467	3671	293	503
辽宁	48527	3456	378	2937	348	413
吉林	45480	2292	269	1955	130	227
黑龙江	69031	4812	480	4124	452	541
上海	8382	982	125	819	85	11
江苏	39184	4709	435	3997	454	912
浙江	42103	3420	500	2796	383	520
安徽	89811	6719	992	5450	555	1141
福建	57842	5172	732	4243	482	609
江西	63111	6993	755	5933	787	1196
山东	49085	8057	1094	6785	636	1168
河南	102151	13428	1498	11209	1307	2572
湖北	48484	7507	1155	6069	655	958
湖南	83086	9004	1185	7528	734	1578
广东	150973	12479	1765	10487	836	1399
广西	87022	6518	1024	5219	491	803
海南	22550	1564	193	1355	64	201
四川	150256	19781	2205	16824	1552	2817
贵州	36082	5253	951	4082	325	777
云南	48696	8320	981	7148	953	982
西藏	9757	211	36	157	13	20
陕西	45599	5454	574	4772	521	766
甘肃	28616	4370	752	3508	291	440
青海	8507	1278	217	1035	82	126
宁夏	5900	932	155	746	91	96
新疆	31554	3538	508	2905	255	315

3-19 续表1　　(1992年,县)　　单位:个

地　区	零　售 机　构	其　他 经营机构	仓储运输 机　构	集　体 商　业	供　销 合作社	企业管理 机　构
全国总计	**91491**	**9320**	**5804**	**157827**	**70298**	**7867**
北　　京	954	22	44	1132	213	
天　　津	176	10	24	406	323	40
河　　北	3520	495	232	6667	4025	443
山　　西	3293	453	173	4478	2750	372
内 蒙 古	2748	127	124	4360	2004	213
辽　　宁	1923	253	141	5423	1900	164
吉　　林	1442	156	68	4345	1300	171
黑 龙 江	2825	306	208	5640	1415	196
上　　海	614	109	38	4185	1815	40
江　　苏	2411	220	277	7288	2265	326
浙　　江	1739	154	124	3782	1960	336
安　　徽	3378	376	277	9581	3123	326
福　　建	2746	406	197	5093	2208	187
江　　西	3579	371	305	5381	2414	212
山　　东	4579	402	178	8017	3742	465
河　　南	6554	776	721	13980	5798	527
湖　　北	3883	573	283	6321	3348	366
湖　　南	4702	514	291	7268	4354	444
广　　东	7497	755	227	11112	4746	669
广　　西	3499	426	275	3824	2257	290
海　　南	979	111	16	724	562	69
四　　川	11546	909	752	18269	6788	708
贵　　州	2739	241	220	2923	1666	266
云　　南	4843	370	191	5174	2797	273
西　　藏	121	3	18	154	109	
陕　　西	3230	255	108	4214	1683	103
甘　　肃	2540	237	110	3137	1947	221
青　　海	777	50	26	774	241	40
宁　　夏	545	14	31	774	400	61
新　　疆	2109	226	125	3401	2145	339

3-19 续表2 (1992年，县) 单位：个

地区	企业经营机构	农副产品采购机构	工业品批发机构	零售机构	其他经营机构	仓储运输机构
全国总计	**59497**	**8844**	**11119**	**32790**	**6744**	**2934**
北京	209	12	44	97	56	4
天津	275	26	57	179	13	8
河北	3511	548	646	1831	486	71
山西	2330	300	529	1221	280	48
内蒙古	1762	243	259	1045	215	29
辽宁	1704	371	324	719	290	32
吉林	1102	391	209	307	195	27
黑龙江	1204	256	244	514	190	15
上海	1757	84	176	1341	156	18
江苏	1893	202	410	1031	250	46
浙江	1519	312	431	662	114	105
安徽	2618	559	356	1387	316	179
福建	1923	252	347	1160	164	98
江西	2050	320	569	912	249	152
山东	3185	385	533	1788	479	92
河南	5049	987	1041	2571	450	222
湖北	2794	451	554	1513	276	188
湖南	3461	536	807	1723	395	449
广东	3946	384	557	2588	417	131
广西	1824	312	301	1036	175	143
海南	474	16	74	332	52	19
四川	5660	596	1124	3337	603	420
贵州	1277	127	257	804	89	123
云南	2388	221	470	1550	147	136
西藏	98		1	96	1	11
陕西	1541	320	330	730	161	39
甘肃	1649	222	202	1059	166	77
青海	200	12	29	113	46	1
宁夏	333	38	39	232	24	6
新疆	1761	361	199	912	289	45

地　区	其他集体商业	企业管理机构	企业经营机构	农副产品采购机构	工业品批发机构	零售机构
全国总计	**87529**	**4184**	**82992**	**1735**	**3407**	**75117**
北　京	919		919		4	915
天　津	83	9	74	2	1	68
河　北	2642	58	2571	50	61	1981
山　西	1728	127	1600	26	36	1411
内蒙古	2356	86	2267	48	31	2154
辽　宁	3523	58	3459	107	80	3233
吉　林	3045	62	2980	96	17	2794
黑龙江	4225	90	4124	75	36	3923
上　海	2370	22	2292	15	64	2072
江　苏	5023	138	4872	72	261	4449
浙　江	1822	88	1723	33	157	1447
安　徽	6458	205	6242	159	323	5566
福　建	2885	160	2710	62	107	2353
江　西	2967	191	2763	58	208	2298
山　东	4275	144	4113	126	256	3601
河　南	8182	402	7739	154	256	7193
湖　北	2973	244	2708	106	176	2372
湖　南	2914	227	2678	35	180	2386
广　东	6366	353	5999	104	263	5467
广　西	1567	140	1420	22	77	1279
海　南	162	18	144	4	13	124
四　川	11481	682	10752	165	543	9839
贵　州	1257	93	1152	4	49	1087
云　南	2377	148	2218	19	98	2051
西　藏	45		45			45
陕　西	2531	102	2426	46	41	2257
甘　肃	1190	135	1048	12	29	974
青　海	533	54	479		6	472
宁　夏	374	34	340	2	7	331
新　疆	1256	114	1135	133	27	975

3-19 续表4　　(1992年,县)　　单位:个

地　区	其他经营机构	仓储运输机构	合营商业	#中外合营	#零售商业	个体有证商业
全国总计	**2733**	**353**	**282**	**24**	**201**	**1268069**
北　京			9		9	5774
天　津	3		6		5	33903
河　北	479	13	7	1	4	70855
山　西	127	1				45379
内蒙古	34	3				27662
辽　宁	39	6	2		1	39646
吉　林	73	3				38843
黑龙江	90	11	2		1	58577
上　海	141	56	84	2	73	3131
江　苏	90	13				27187
浙　江	86	11	3	1	1	34898
安　徽	194	11	5		5	73506
福　建	188	15	1		1	47576
江　西	199	13	31	1		50706
山　东	130	18	24	2	11	32987
河　南	136	41	16	1	15	74727
湖　北	54	21	1	1		34655
湖　南	77	9				66814
广　东	165	14	47	10	43	127335
广　西	42	7	10	3	1	76670
海　南	3		1	1	1	20261
四　川	205	47	10	1	9	112196
贵　州	12	12				27906
云　南	50	11	1		1	35201
西　藏			2		2	9390
陕　西	82	3	7		7	35924
甘　肃	33	7	2		2	21107
青　海	1		9		7	6446
宁　夏						4194
新　疆		7	2		2	24613

3-20 各地区社会商业人员

（1992年，县）　　单位：人

地区	合计	国有商业	企业管理机构	企业经营机构	农副产品采购机构	工业品批发机构
全国总计	**5892341**	**2451094**	**372590**	**1939584**	**282723**	**397434**
北　京	63820	36076	2557	28580	1920	5008
天　津	61387	7124	527	5047	1351	724
河　北	349906	127384	15927	106733	15879	27429
山　西	200821	85091	15731	66068	9002	11583
内蒙古	172128	82426	10824	67233	8070	11116
辽　宁	258601	118367	12798	92071	17618	16169
吉　林	211976	79974	10177	62464	10166	8868
黑龙江	343178	167990	15440	129922	20615	23380
上　海	72854	17540	1848	14681	2824	229
江　苏	215173	100108	11001	81156	10046	19067
浙　江	124132	46152	9169	35099	4665	8714
安　徽	311110	103590	19263	79371	10056	17301
福　建	158652	55028	11299	41611	6033	8083
江　西	231310	84348	11789	66697	11923	15110
山　东	305872	137481	22563	111514	14344	24006
河　南	462761	219633	30588	177057	31392	40572
湖　北	218610	108103	19620	83382	9163	13073
湖　南	299646	127186	19428	104394	15223	22853
广　东	464985	168167	29085	135026	13967	23393
广　西	207241	76848	14589	59468	6784	12410
海　南	59682	23549	3304	19988	1603	4096
四　川	440968	194945	33785	150510	23590	38187
贵　州	89186	40651	11548	27414	3697	6437
云　南	148854	75240	11977	59922	13297	13242
西　藏	18992	3643	191	3285	419	626
陕　西	160934	68116	8380	57759	8951	13384
甘　肃	87660	38509	7658	29725	3701	5131
青　海	24612	12215	1949	9843	1259	1479
宁　夏	20570	9522	1526	7663	1232	1430
新　疆	106720	36088	8049	25901	3933	4334

地　区	零售机构	其他经营机构	仓储运输机构	集体商业	供销合作社	企业管理机构
全国总计	**1099268**	**160159**	**138920**	**1536060**	**852400**	**143798**
北　京	20243	1409	4939	18968	7979	
天　津	2851	121	1550	8958	7973	580
河　北	54564	8861	4724	87139	63795	9080
山　西	38876	6607	3292	45073	31153	5231
内蒙古	45319	2728	4369	53336	29851	4916
辽　宁	51952	6332	13498	88210	50221	3787
吉　林	38221	5209	7333	78494	35223	3405
黑龙江	74533	11394	22628	99863	37962	5489
上　海	6304	5324	1011	50118	25997	1791
江　苏	47062	4981	7951	73790	33717	6587
浙　江	19733	1987	1884	29794	17502	3855
安　徽	46654	5360	4956	87170	35502	7100
福　建	23176	4319	2118	31780	16820	2874
江　西	34838	4826	5862	47808	24538	4182
山　东	64489	8675	3404	106891	67724	12323
河　南	93795	11298	11988	127399	64077	10543
湖　北	48913	12233	5101	56417	38363	7896
湖　南	57628	8690	3364	66483	46677	7972
广　东	83964	13702	4056	90103	46001	9489
广　西	33940	6334	2791	28956	18771	4583
海　南	12282	2007	257	5528	4336	1065
四　川	77511	11222	10650	109341	52956	11090
贵　州	15236	2044	1689	14024	8839	3249
云　南	29633	3750	3341	26505	16098	3134
西　藏	2106	134	167	1333	1236	
陕　西	31874	3550	1977	35082	19461	2212
甘　肃	17255	3638	1126	20455	13861	2961
青　海	6702	403	423	4223	1774	331
宁　夏	4682	319	333	5634	3058	810
新　疆	14932	2702	2138	37185	30935	7263

3-20 续表2　　　　(1992年,县)　　　　单位:人

地　区	企业经营机构	农副产品采购机构	工业品批发机构	零售机构	其他经营机构	仓储运输机构
全国总计	**679429**	**135596**	**152804**	**286272**	**104757**	**29173**
北　京	7639	414	1174	3446	2605	340
天　津	7181	771	2088	4028	294	212
河　北	53031	11717	12137	19856	9321	1684
山　西	25538	4050	8046	9818	3624	384
内蒙古	24660	3524	5128	13472	2536	275
辽　宁	45715	14054	12149	12689	6823	719
吉　林	31219	10571	7805	9227	3616	599
黑龙江	32176	6527	7740	14898	3011	297
上　海	23569	1247	3969	14921	3432	637
江　苏	26418	2989	6345	12499	4585	712
浙　江	12718	2182	4108	5019	1409	929
安　徽	27039	5595	4359	13263	3822	1363
福　建	12808	2373	3172	5484	1779	1138
江　西	19233	4183	6225	6176	2649	1123
山　东	53635	8322	7859	20729	16725	1766
河　南	51069	16746	10404	20593	3326	2465
湖　北	28240	5637	6463	12559	3581	2227
湖　南	35458	6015	8632	17240	3571	3247
广　东	34845	3814	5894	19381	5756	1667
广　西	13584	2854	2369	6757	1604	604
海　南	3179	92	506	1864	717	92
四　川	37981	6322	10680	15026	5953	3885
贵　州	5066	754	1043	2761	508	524
云　南	12275	1371	3642	6197	1065	689
西　藏	1189		25	1144	20	47
陕　西	16918	5281	5986	4551	1100	331
甘　肃	10303	1697	1679	5418	1509	597
青　海	1436	166	325	764	181	7
宁　夏	2114	332	387	1239	156	134
新　疆	23193	5996	2465	5253	9479	479

3-20 续表3 (1992年,县) 单位:人

地 区	其他集体商业	企业管理机构	企业经营机构	农副产品采购机构	工业品批发机构	零售机构
全国总计	**683660**	**25119**	**654098**	**15154**	**26700**	**588856**
北 京	10989		10989		39	10950
天 津	985	30	955	46	15	799
河 北	23344	433	22104	451	691	17207
山 西	13920	751	13164	111	297	11831
内蒙古	23485	412	23067	258	244	22248
辽 宁	37989	394	37471	1139	814	35198
吉 林	43271	330	42877	1829	242	40024
黑龙江	61901	816	60997	973	347	58538
上 海	24121	434	22645	224	1360	18857
江 苏	40073	1096	38793	633	2472	34754
浙 江	12292	494	11756	200	1867	9125
安 徽	51668	1273	50296	1367	2505	44550
福 建	14960	918	13854	580	1022	11087
江 西	23270	939	22257	432	1504	18824
山 东	39167	2143	36626	1217	1926	32292
河 南	63322	2926	59902	1828	2106	54522
湖 北	18054	1385	16507	518	1240	14465
湖 南	19806	1030	18752	307	1217	16702
广 东	44102	2492	41503	901	1921	36951
广 西	10185	650	9511	90	502	8672
海 南	1192	103	1089	35	53	935
四 川	56385	3022	52976	1058	2861	47813
贵 州	5185	291	4872	25	238	4522
云 南	10407	638	9741	109	419	8772
西 藏	97		97			97
陕 西	15621	803	14811	394	381	13630
甘 肃	6594	459	6109	111	158	5694
青 海	2449	239	2210		39	2168
宁 夏	2576	125	2451	57	37	2357
新 疆	6250	493	5716	261	183	5272

(1992年,县)

单位:人

地区	其他经营机构	仓储运输机构	合营商业	#中外合营	#零售商业	个体有证商业
全国总计	**23388**	**4443**	**3578**	**973**	**2361**	**1901609**
北京			102		102	8674
天津	95		148		138	45157
河北	3755	807	378	332	33	135005
山西	925	5				70657
内蒙古	317	6				36366
辽宁	320	124	75		30	51949
吉林	782	64				53508
黑龙江	1139	88	40		20	75285
上海	2204	1042	1211	96	1011	3985
江苏	934	184				41275
浙江	564	42	31	14	7	48155
安徽	1874	99	83		83	120267
福建	1165	188	7		7	71837
江西	1497	74	195	8		98959
山东	1191	398	488	331	264	61012
河南	1446	494	67	27	40	115662
湖北	284	162	21	21		54069
湖南	526	24				105977
广东	1730	107	324	97	295	206391
广西	247	24	82	32	42	101355
海南	66		7	7	7	30598
四川	1244	387	25	8	17	136657
贵州	87	22				34511
云南	441	28	6		6	47103
西藏			87		87	13929
陕西	406	7	61		61	57675
甘肃	146	26	22		22	28674
青海	3		108		79	8066
宁夏						5414
新疆		41	10		10	33437

3-21 各地区社会商业机构

（1992年，县以下）

单位：个

地　区	合　计	国有商业	企业管理机构	企业经营机构	农副产品采购机构	工业品批发机构
全国总计	**6309502**	**207645**	**10329**	**194020**	**80439**	**10970**
北　京	30786	1076	80	908	86	12
天　津	2080	301		296	106	31
河　北	355443	5354	249	5049	2226	514
山　西	143268	3311	67	3208	1203	184
内蒙古	68697	2500	47	2377	771	170
辽　宁	146097	3991	188	3455	1557	175
吉　林	68507	3096	91	2760	920	145
黑龙江	87766	2999	106	2703	893	249
上　海	43851	1703	144	1543	309	16
江　苏	473241	10020	199	9730	4559	353
浙　江	490138	8197	497	7530	3026	377
安　徽	289798	9982	478	9426	4928	602
福　建	159052	5733	405	4957	2280	131
江　西	187401	7352	246	6884	2691	334
山　东	678732	8355	461	7781	3979	505
河　南	324335	13116	501	12450	4759	1612
湖　北	300152	20864	1486	19280	9083	1227
湖　南	344936	12091	623	11371	5768	720
广　东	465716	19379	1446	17782	4209	533
广　西	276791	5417	282	5069	2179	163
海　南	42996	1957	153	1796	360	26
四　川	732976	30526	1181	29050	12764	1477
贵　州	120147	9149	441	8516	3496	508
云　南	167318	7919	633	7239	3986	200
西　藏	8670	86	2	83		
陕　西	120156	4941	46	4874	1999	318
甘　肃	86818	3566	137	3397	1374	237
青　海	12669	658	30	628	99	10
宁　夏	16627	560	28	531	197	26
新　疆	64338	3446	82	3347	632	115

3-21 续表1　　(1992年,县以下)　　单位:个

地　区	零售机构	其他经营机构	仓储运输机构	集体商业	供销合作社	企业管理机构
全国总计	**96139**	**6472**	**3296**	**930192**	**578692**	**20346**
北　京	754	56	88	3914	3017	
天　津	159		5	1776	1650	84
河　北	2203	106	56	33598	24442	843
山　西	1661	160	36	23598	19228	856
内蒙古	1356	80	76	16161	13697	604
辽　宁	1652	71	348	18769	12608	504
吉　林	1599	96	245	11407	8122	490
黑龙江	1435	126	190	11538	8781	337
上　海	1144	74	16	9665	4417	45
江　苏	4649	169	91	81653	31931	1688
浙　江	3708	419	170	44849	25370	907
安　徽	3716	180	78	46811	26546	902
福　建	2249	297	371	26054	18168	661
江　西	3668	191	222	29067	23896	730
山　东	2816	481	113	63447	35199	1511
河　南	5604	475	165	59322	42822	1409
湖　北	7972	998	98	55993	38126	1415
湖　南	4626	257	97	53531	33953	1015
广　东	12381	659	151	54176	32780	1327
广　西	2509	218	66	25348	22210	870
海　南	1238	172	8	5074	4590	229
四　川	14171	638	295	166842	73088	1346
贵　州	4403	109	192	15265	14353	506
云　南	2958	95	47	24647	22610	651
西　藏	83		1	653	621	
陕　西	2449	108	21	22454	16188	
甘　肃	1673	113	32	13551	10369	648
青　海	513	6		1404	1181	58
宁　夏	306	2	1	1843	1603	151
新　疆	2484	116	17	7782	7126	559

3-21 续表2　　(1992年,县以下)　　单位:个

地区	企业经营机构	农副产品采购机构	工业品批发机构	零售机构	其他经营机构	仓储运输机构
全国总计	**552886**	**51924**	**25218**	**440864**	**34880**	**5460**
北京	3017	167	148	2484	218	
天津	1562	184	38	1308	32	4
河北	23538	2152	1094	18142	2150	61
山西	18325	1541	650	15022	1112	47
内蒙古	12992	2167	180	9930	715	101
辽宁	12042	1149	860	9224	809	62
吉林	7592	521	361	6140	570	40
黑龙江	8444	631	295	7086	432	
上海	4356	188	76	3812	280	16
江苏	30204	3170	1928	22356	2750	39
浙江	24286	2632	994	19962	698	177
安徽	25236	3183	2153	18480	1420	408
福建	17451	764	476	15495	716	56
江西	22886	1651	1575	18097	1563	280
山东	33474	2730	1862	25581	3301	214
河南	41072	3573	1833	33214	2452	341
湖北	36127	5091	1630	26438	2968	584
湖南	31960	3206	1837	25385	1532	978
广东	31356	1577	1300	26448	2031	97
广西	21117	1990	707	17631	789	223
海南	4309	110	101	3525	573	52
四川	70762	5963	3088	58026	3685	980
贵州	13588	1682	500	11049	357	259
云南	21635	2071	606	18431	527	324
西藏	604		1	603		17
陕西	16172	1998	491	11153	2530	16
甘肃	9637	1147	236	7873	381	84
青海	1123	57	32	989	45	
宁夏	1452	197	18	1149	88	
新疆	6567	432	148	5831	156	

3-21 续表3　　(1992年,县以下)　　单位:个

地　区	其他集体商业	企业管理机构	企业经营机构	农副产品采购机构	工业品批发机构	零售机构
全国总计	**351500**	**5507**	**345468**	**5026**	**5098**	**325074**
北　京	897		897			897
天　津	126	3	122	3	40	78
河　北	9156	19	9117	114	264	8311
山　西	4370	18	4352	53	40	3826
内蒙古	2464	25	2436	12	2	2394
辽　宁	6161	34	6125	198	107	5758
吉　林	3285	38	3243	75	37	3043
黑龙江	2757	25	2727	66	3	2633
上　海	5248	13	4966	72	44	4633
江　苏	49722	988	48701	476	796	46718
浙　江	19479	461	19008	131	496	18064
安　徽	20265	235	20023	773	647	18026
福　建	7886	149	7733	76	36	6880
江　西	5171	117	5049	131	157	4684
山　东	28248	116	28089	589	251	25518
河　南	16500	150	16334	326	172	14643
湖　北	17867	524	17300	250	363	16282
湖　南	19578	183	19391	82	197	18894
广　东	21396	668	20718	550	676	18968
广　西	3138	100	3032	46	27	2876
海　南	484	67	417	2	6	385
四　川	93754	1300	92429	811	666	88908
贵　州	912	16	895		6	887
云　南	2037	98	1931	10	15	1888
西　藏	32		32			32
陕　西	6266	83	6182	64	18	5833
甘　肃	3182	37	3140	29	27	3028
青　海	223		223			223
宁　夏	240	11	229			229
新　疆	656	29	627	87	5	535

地　区	其他经营机构	仓储运输机构	合营商业	#中外合营	#零售商业	个体有证商业
全国总计	**10270**	**525**	**502**	**12**	**436**	**5171163**
北　京			11		11	25785
天　津	1	1	3		3	
河　北	428	20	5		5	316486
山　西	433					116359
内蒙古	28	3				50036
辽　宁	62	2				123337
吉　林	88	4				54004
黑龙江	25	5				73229
上　海	217	269	20		9	32463
江　苏	711	33	10		10	381558
浙　江	317	10	4		1	437088
安　徽	577	7				233005
福　建	741	4	33	6	27	127232
江　西	77	5	18		1	150964
山　东	1731	43	37		8	606893
河　南	1193	16	52		52	251845
湖　北	405	43	261		261	223034
湖　南	218	4				279314
广　东	524	10	31	4	31	392130
广　西	83	6				246026
海　南	24		3	2	3	35962
四　川	2044	25				535608
贵　州	2	1				95733
云　南	18	8	1		1	134751
西　藏			13		13	7918
陕　西	267	1				92761
甘　肃	56	5				69701
青　海						10607
宁　夏						14224
新　疆						53110

3-22 各地区社会商业人员

（1992年，县以下）　　　　单位：人

地区	合计	国有商业				
			企业管理机构	企业经营机构		
					农副产品采购机构	工业品批发机构
全国总计	**13252266**	**1885367**	**124175**	**1648280**	**925607**	**94377**
北京	88739	26937	2804	16308	1385	623
天津	15200	2998		2788	1787	74
河北	791022	60630	3714	56051	34061	4710
山西	268382	23419	977	22022	11257	1152
内蒙古	166197	34741	384	30573	16732	1779
辽宁	384188	96160	1476	69258	45074	4253
吉林	271691	106986	1549	77679	49080	2887
黑龙江	260205	82314	1472	58653	22982	8565
上海	134497	19155	1704	16342	4414	523
江苏	1026161	123270	2562	117259	80890	5145
浙江	840755	69962	9363	59757	26121	5302
安徽	671106	92840	6118	86103	57709	5412
福建	319083	39334	4214	33614	15994	1064
江西	466980	63301	2299	59001	33421	2630
山东	1499526	96378	5174	88679	59413	4041
河南	771352	146945	7827	136894	83360	8995
湖北	739508	166562	17744	146959	76804	8917
湖南	719328	98385	6303	90595	53533	6239
广东	1018853	129625	19064	108965	36812	5130
广西	454268	42377	1770	40310	23065	1410
海南	78772	13919	1430	12429	4910	250
四川	1179721	174204	17311	154278	91896	6846
贵州	193748	39850	3623	35361	22360	1407
云南	293536	45620	3289	42197	30645	1412
西藏	13666	1857	38	1780		
陕西	267911	38133	448	37161	21141	2279
甘肃	157402	22125	636	20948	11722	1185
青海	22841	3751	211	3540	800	69
宁夏	27212	3751	81	3668	1976	109
新疆	110416	19838	590	19108	6263	1969

3-22 续表1　　　　　　　　　　(1992年,县以下)　　　　　　　　　　单位:人

地区	零售机构	其他经营机构	仓储运输机构	集体商业	供销合作社	企业管理机构
全国总计	**554946**	**73350**	**112912**	**3737366**	**2389570**	**248170**
北京	9741	4559	7825	30584	23229	
天津	927		210	12171	10704	1023
河北	16124	1156	865	175346	132483	8746
山西	8587	1026	420	72566	63223	6377
内蒙古	11667	395	3784	65372	54405	7187
辽宁	18345	1586	25426	133116	87739	7661
吉林	22615	3097	27758	93866	53189	4261
黑龙江	25357	1749	22189	87133	59673	3181
上海	9465	1940	1109	71998	34414	1896
江苏	28683	2541	3449	390433	207471	26786
浙江	22917	5417	842	182803	112597	10356
安徽	21438	1544	619	197821	109676	9034
福建	13953	2603	1506	79596	55457	7644
江西	21045	1905	2001	105946	78469	7378
山东	20873	4352	2525	355603	199374	22265
河南	39270	5269	2224	257159	199979	18204
湖北	52969	8269	1859	233183	166809	21930
湖南	28144	2679	1487	184396	129192	12010
广东	60470	6553	1596	287539	140051	15097
广西	12923	2912	297	92126	74145	10662
海南	6029	1240	60	15915	14418	1992
四川	47762	7774	2615	370425	180380	23313
贵州	10224	1370	866	34153	31305	6902
云南	9417	723	134	61377	53011	6173
西藏	1780		39	1952	1816	
陕西	12959	782	524	78236	59189	
甘肃	7363	678	541	35784	29240	3449
青海	2650	21		3913	3632	341
宁夏	1304	279	2	5812	5062	800
新疆	9945	931	140	21042	19238	3502

3-22 续表2　　(1992年,县以下)　　单位:人

地　区	企业经营机构	农副产品采购机构	工业品批发机构	零　售机　构	其　他经营机构	仓储运输机　构
全国总计	**2121466**	**244670**	**143293**	**1578453**	**155050**	**19934**
北　京	23229	667	1143	17230	4189	
天　津	9650	1449	499	7535	167	31
河　北	123384	14918	8996	88556	10914	353
山　西	56730	6570	4723	42182	3255	116
内蒙古	46987	4416	1421	38603	2547	231
辽　宁	79934	7016	6684	63217	3017	144
吉　林	48777	2973	1712	40668	3424	151
黑龙江	56492	3835	1848	48587	2222	
上　海	32009	1211	930	23337	6531	509
江　苏	180447	25065	12958	132744	9680	238
浙　江	101624	10125	7025	81107	3367	617
安　徽	99652	16488	10796	66535	5833	990
福　建	47505	2386	2105	41328	1686	308
江　西	70369	5495	6288	54384	4202	722
山　东	175934	23568	13374	118844	20148	1175
河　南	177323	28111	9662	125395	14155	4452
湖　北	143035	30031	9829	91590	11585	1844
湖　南	114337	8512	9229	89820	6776	2845
广　东	124479	8147	8717	97529	10086	475
广　西	63024	7420	2535	50282	2787	459
海　南	12330	430	512	9838	1550	96
四　川	154387	16298	13251	115566	9272	2680
贵　州	23880	2845	1388	18822	825	523
云　南	46205	6902	3088	34534	1681	633
西　藏	1702		2	1700		114
陕　西	59133	4013	2368	40240	12512	56
甘　肃	25619	2394	870	21457	898	172
青　海	3291	74	256	2895	66	
宁　夏	4262	456	172	3451	183	
新　疆	15736	2855	912	10477	1492	

地　区	其他集体商业	企业管理机构	企业经营机构			
				农副产品采购机构	工业品批发机构	零售机构
全国总计	**1347796**	**22194**	**1317366**	**38969**	**44393**	**1200518**
北　京	7355		7355			·7355
天　津	1467	5	1447	79	302	1056
河　北	42863	81	42227	516	1873	38931
山　西	9343	106	9237	183	304	8216
内蒙古	10967	120	10842	44	6	10660
辽　宁	45377	192	45157	1834	1013	41910
吉　林	40677	133	40516	595	299	38900
黑龙江	27460	102	27336	507	32	26112
上　海	37584	142	32489	802	672	28166
江　苏	182962	4376	177795	3494	6126	163559
浙　江	70206	2072	68074	952	2183	62525
安　徽	88145	789	87306	4529	3966	77143
福　建	24139	611	23515	464	227	21571
江　西	27477	481	26973	560	451	25711
山　东	156229	810	154812	4866	1646	141957
河　南	57180	1148	55661	3283	994	49800
湖　北	66374	2055	64003	744	1137	61263
湖　南	55204	541	54654	410	852	52547
广　东	147488	2353	145065	11100	19273	112964
广　西	17981	692	17278	388	123	16417
海　南	1497	160	1337	11	20	972
四　川	190045	4125	185814	2747	2520	176407
贵　州	2848	38	2808		38	2766
云　南	8366	390	7817	33	42	7689
西　藏	136		136			136
陕　西	19047	249	18796	504	82	17478
甘　肃	6544	320	6184	164	180	5767
青　海	281		281			281
宁　夏	750	21	729			729
新　疆	1804	82	1722	160	32	1530

3-22 续表4　　(1992年,县以下)　　单位:人

地区	其他经营机构	仓储运输机构	合营商业	#中外合营	#零售商业	个体有证商业
全国总计	**33486**	**8236**	**2979**	**146**	**2483**	**7626554**
北京			383		383	30835
天津	10	15	31		31	
河北	907	555	116		116	554930
山西	534					172397
内蒙古	132	5				66084
辽宁	400	28				154912
吉林	722	28				70839
黑龙江	685	22				90758
上海	2849	4953	310		88	43034
江苏	4616	791	201		201	512257
浙江	2414	60	45		21	587945
安徽	1668	50				380445
福建	1253	13	119	30	89	200034
江西	251	23	143		36	297590
山东	6343	607	201		95	1047344
河南	1584	371	326		326	366922
湖北	859	316	773		773	338990
湖南	845	9				436547
广东	1728	70	220	96	220	601469
广西	350	11				319765
海南	334		32	20	25	48906
四川	4140	106				635092
贵州	4	2				119745
云南	53	159	9		9	186530
西藏			70		70	9787
陕西	732	2				151542
甘肃	73	40				99493
青海						15177
宁夏						17649
新疆						69536

3-23 各地区社会零售商业机构

（1992年） 单位：个

地区	合计	#500人以上的大型商店	粮油商店	副食品商店	其他食品商店	纺织品商店
全国总计	**10063258**	**398**	**80555**	**171068**	**120583**	**40167**
北京	123391	20	1699	4283	999	172
天津	66858	11	1297	1809	967	315
河北	514052	27	2752	5282	2768	880
山西	248570	10	1876	3414	1968	439
内蒙古	161685	9	2045	2737	3093	260
辽宁	413122	55	5541	5937	4930	791
吉林	226336	21	3263	2767	2976	255
黑龙江	298490	29	4310	3467	5278	389
上海	98004	20	1350	2304	7568	686
江苏	574235	24	2961	13436	9241	3422
浙江	620247	11	2546	10913	4958	2104
安徽	452106	5	2718	6655	7133	2576
福建	280496	4	2341	4955	3589	1099
江西	287842	3	3254	4654	3715	1382
山东	874979	29	3069	7694	6421	1766
河南	512735	26	4599	7847	6736	3203
湖北	412853	26	5018	8145	5412	2263
湖南	507304	15	2902	4348	4861	1567
广东	841525	16	7807	17133	9707	3089
广西	431817	3	2258	3908	2945	1695
海南	75162		643	745	384	288
四川	1033962	8	6699	33448	14786	8500
贵州	194343	2	1444	2649	2382	910
云南	239960	2	2175	4260	2711	674
西藏	25243		126	69	25	11
陕西	210979	9	2726	3547	2942	894
甘肃	143398	5	1125	2620	771	202
青海	29964	1	401	451	194	64
宁夏	31699		263	507	375	30
新疆	131901	7	1347	1084	748	241

3-23 续表1　　(1992年)　　单位:个

地　区	百货商店	医药商店	书　店	日用杂品商　店	煤炭商店	石油商店
全国总计	**174120**	**31715**	**28342**	**70841**	**15706**	**19023**
北　京	2105	225	394	322	642	221
天　津	1385	185	420	357	515	172
河　北	5059	841	1255	1954	945	866
山　西	4062	589	692	1508	156	444
内蒙古	3011	540	431	1005	226	421
辽　宁	4693	932	841	1810	1441	793
吉　林	3715	862	511	1085	507	557
黑龙江	4641	1116	520	1098	584	598
上　海	4863	757	234	992	571	153
江　苏	10038	1235	1580	4976	916	628
浙　江	5662	1366	886	2215	409	509
安　徽	13602	1381	1494	6295	648	807
福　建	3859	858	771	1929	352	432
江　西	5602	1266	863	2213	314	561
山　东	10377	929	1731	3856	1364	1542
河　南	13178	1882	2429	5062	1011	1844
湖　北	6667	1116	1491	3061	700	902
湖　南	4485	1457	1311	2493	709	755
广　东	12207	4477	2127	6112	899	2481
广　西	5292	1397	1086	2552	167	1026
海　南	858	439	191	635	10	244
四　川	29419	4491	3411	11627	1500	1101
贵　州	3288	381	655	1195	49	219
云　南	4964	704	757	1578	252	437
西　藏	201	21	37	86	2	47
陕　西	5901	1220	911	2336	405	629
甘　肃	2860	621	719	1397	303	344
青　海	299	77	125	133	40	68
宁　夏	462	102	149	162	37	78
新　疆	1365	248	320	797	32	144

地　区	五、交、化商店	农业生产资料商店	其他专业商店	综合性商店	个体有证商店
全国总计	**95939**	**99740**	**88912**	**515139**	**8511408**
北　京	1436	1275	2317	3008	104293
天　津	1291	216	1374	2556	53999
河　北	3325	4299	2336	17641	463849
山　西	1645	2059	1637	16866	211215
内蒙古	1683	1292	1012	15309	128620
辽　宁	7471	2055	4336	15985	355566
吉　林	2852	1099	2679	9566	193642
黑龙江	4604	1239	4747	11702	254197
上　海	2412	634	3011	4339	68130
江　苏	6737	6140	6189	46887	459849
浙　江	3872	4847	3357	17235	559368
安　徽	4103	4877	3764	13974	382079
福　建	1987	3545	2239	13661	238879
江　西	2907	3701	2062	12054	243294
山　东	4511	5835	7629	41261	776994
河　南	5996	7662	4843	30875	415568
湖　北	3173	6410	3955	27422	337118
湖　南	2857	6712	2740	34919	435188
广　东	10793	7165	11586	31164	714778
广　西	3602	5101	2849	7197	390742
海　南	607	607	571	2354	66586
四　川	7494	12403	6788	76813	815482
贵　州	1038	2020	602	10498	167013
云　南	2241	2994	1630	15726	198857
西　藏	20	36	59	454	24049
陕　西	5452	2576	2912	12751	165777
甘　肃	985	1836	888	9196	119531
青　海	160	183	256	2164	25349
宁　夏	201	387	124	1639	27183
新　疆	484	535	420	9923	114213

3-24 各地区社会零售商业人员

（1992年） 单位：人

地区	合计	#500人以上的大型商店	粮油商店	副食品商店	其他食品商店	纺织品商店
全国总计	**24345456**	**379627**	**783198**	**1212873**	**824055**	**287436**
北京	426912	17230	17150	59859	15208	3543
天津	265669	15855	11440	28076	14146	4035
河北	1283053	21237	33394	48256	24052	9226
山西	611742	8885	20353	30271	14759	5103
内蒙古	513763	7830	25506	29376	30181	4557
辽宁	1267956	54029	64035	105453	35548	17380
吉林	734624	20449	40942	42494	27180	3227
黑龙江	1023645	29309	59917	67931	56649	10052
上海	499721	18134	13385	57353	75233	9988
江苏	1473536	24872	30617	91801	62698	22891
浙江	1114451	9194	18878	45626	28509	10382
安徽	1126730	3724	29935	42414	47823	19358
福建	594023	3663	18013	24843	16276	5724
江西	792515	2061	28518	29925	27164	8350
山东	2193635	24318	45362	60323	44838	18191
河南	1299314	24054	51454	51927	42436	26072
湖北	1025878	26803	51921	46257	37032	16384
湖南	1153143	11737	26824	27623	33046	10534
广东	2116108	18231	58290	102442	63919	25632
广西	772114	2791	16881	21587	25031	9127
海南	156108		5474	4177	2543	1911
四川	1713767	10525	38358	106294	41950	24246
贵州	327026	2201	11691	9945	9845	5197
云南	434273	2455	9509	17899	11902	2005
西藏	42418		1435	438	270	88
陕西	643543	9852	28598	29165	22896	10011
甘肃	330473	3495	11321	18688	4335	1334
青海	68193	513	3156	3351	1475	535
宁夏	71754		2401	2788	2953	321
新疆	269369	6180	8440	6291	4158	2032

3-24 续表1 (1992年) 单位:人

地区	百货商店	医药商店	书店	日用杂品商店	煤炭商店	石油商店
全国总计	**2119879**	**251063**	**150673**	**377491**	**199830**	**199430**
北京	70971	5364	3318	4905	9284	2874
天津	43894	2717	2254	3855	4528	1958
河北	90158	7013	5899	13310	14771	7877
山西	58548	5903	3658	9871	1664	4551
内蒙古	61875	5299	3524	10286	4936	5581
辽宁	171802	12319	7616	19213	22443	12001
吉林	98050	12467	4005	14711	10312	9654
黑龙江	148363	18379	8816	16992	18148	11896
上海	98925	8827	3511	12919	3567	1723
江苏	124707	11035	8525	27484	9707	6967
浙江	60020	10137	5137	9875	2849	4002
安徽	112830	11401	6280	30905	10035	8830
福建	34896	6406	3571	6980	2692	3085
江西	53242	10044	4859	10384	3945	4573
山东	148580	7711	9406	21702	14179	13151
河南	127532	12899	10970	26701	16798	19688
湖北	76080	8558	7122	13905	8239	8576
湖南	58500	10335	6747	10027	6459	5061
广东	140547	31768	11949	34560	8364	30074
广西	42715	10042	5265	10468	3592	7574
海南	6558	3195	999	3039	161	1761
四川	121939	17002	10986	32151	10116	8171
贵州	17711	2498	1873	4016	749	2752
云南	28247	2845	2523	4273	1603	2959
西藏	1911	284	147	457	63	468
陕西	61550	10144	6409	14507	6037	6249
甘肃	28786	3911	2650	5291	3495	3437
青海	4082	585	652	764	473	732
宁夏	9172	702	615	1048	405	835
新疆	17688	1273	1387	2892	216	2370

3-24 续表2 (1992年) 单位:人

地　区	五、交、化商　店	农业生产资料商店	其他专业商　店	综合性商　店	个体有证商　店
全国总计	930180	508276	778255	3121082	12601735
北　京	21644	20210	36621	25210	130751
天　津	20318	2515	19786	39102	67045
河　北	36995	27317	19809	132514	812462
山　西	20701	10163	14872	86216	325109
内蒙古	22403	9360	10119	115480	175280
辽　宁	84169	20955	66341	157456	471225
吉　林	39189	15870	38899	122329	255295
黑龙江	69487	18430	56535	128216	333834
上　海	36486	5251	43882	43148	85523
江　苏	69913	42311	54378	278051	632451
浙　江	26963	21887	23058	97452	749676
安　徽	40204	24022	24296	94623	623774
福　建	13286	11582	14559	55290	376820
江　西	23457	14622	15367	69600	488465
山　东	46032	37124	61676	320556	1344804
河　南	51956	42290	37117	170921	610553
湖　北	25436	32124	25650	154788	513806
湖　南	25963	23555	21193	194574	692702
广　东	92436	38332	92574	248191	1137030
广　西	26871	19449	19702	46922	506888
海　南	3090	2675	2829	14362	103334
四　川	40581	32761	31024	218670	979518
贵　州	7168	4615	4656	29498	214812
云　南	8733	6724	5951	58973	270127
西　藏	661	352	557	3786	31501
陕　西	57721	13207	23841	83884	269324
甘　肃	10787	6463	8200	46651	175124
青　海	1658	728	1214	15109	33679
宁　夏	2113	1445	578	11423	34955
新　疆	3759	1937	2971	58087	155868

3-25 各地区社会零售商业机构

（1992年，市）　　单位:个

地　区	合　计	#500人以上的大型商店	粮油商店	副食品商店	其他食品商店	纺织品商店
全国总计	**2591503**	**395**	**31727**	**63482**	**55907**	**10917**
北　京	85711	20	1357	3202	724	142
天　津	30979	11	1171	1657	910	294
河　北	90714	27	1217	1957	1221	267
山　西	60398	10	746	1534	870	195
内蒙古	64360	9	1047	1728	1709	224
辽　宁	227629	55	3450	4275	3285	631
吉　林	118164	20	1615	1676	1772	227
黑龙江	148267	29	2850	2410	3493	295
上　海	48712	20	711	1367	4221	372
江　苏	113455	24	1419	5656	4572	716
浙　江	102677	11	747	2948	2015	523
安　徽	95037	5	819	1781	2882	724
福　建	74777	4	500	1531	1435	361
江　西	52933	3	867	1195	1703	367
山　东	171197	28	1606	3104	2864	745
河　南	116317	26	1727	2546	2798	843
湖　北	96443	25	1342	2486	2190	339
湖　南	103460	15	709	1120	2348	290
广　东	248637	16	2163	6578	5139	1095
广　西	80290	3	662	994	1796	282
海　南	12352		95	123	141	103
四　川	200322	8	1391	7791	2523	840
贵　州	49735	2	346	726	1784	189
云　南	38285	2	511	1313	1040	129
西　藏	6940		15	6	10	3
陕　西	56635	9	1320	1503	1577	522
甘　肃	35441	5	514	1264	320	70
青　海	9817	1	94	194	86	20
宁　夏	10489		127	271	211	2
新　疆	41330	7	589	546	268	107

3-25 续表1　　(1992年,市)　　单位:个

地　区	百货商店	医药商店	书　店	日用杂品商店	煤炭商店	石油商店
全国总计	61238	9995	9504	19990	8740	6123
北　京	1468	141	305	235	478	101
天　津	1282	146	335	305	466	136
河　北	1290	210	527	464	308	199
山　西	1554	242	192	488	77	150
内蒙古	1417	248	207	469	120	122
辽　宁	2949	686	666	1037	1140	522
吉　林	2024	499	304	658	388	306
黑龙江	3354	637	408	698	412	260
上　海	3453	437	188	600	461	46
江　苏	3724	346	590	1389	636	208
浙　江	1378	311	248	651	212	147
安　徽	3766	299	364	1232	227	188
福　建	984	246	303	437	187	122
江　西	1618	254	189	542	153	129
山　东	3911	358	672	1080	525	467
河　南	5050	467	449	1025	382	349
湖　北	1595	340	283	645	435	219
湖　南	1314	395	443	495	389	146
广　东	6521	1362	714	2732	595	1106
广　西	1670	340	261	798	105	268
海　南	132	83	35	149	4	16
四　川	4522	778	731	1919	422	243
贵　州	692	106	186	250	24	47
云　南	1186	213	156	311	155	149
西　藏	16	11	6	15	1	6
陕　西	2880	480	282	733	239	264
甘　肃	835	212	209	271	130	110
青　海	77	25	44	51	20	22
宁　夏	194	45	84	52	26	25
新　疆	382	78	123	259	23	50

(1992年,市)

单位:个

地区	五、交、化商店	农业生产资料商店	其他专业商店	综合性商店	个体有证商店
全国总计	**58309**	**11421**	**46967**	**95418**	**2101765**
北京	1091	715	1661	1357	72734
天津	1194	71	1312	1604	20096
河北	1670	319	992	3565	76508
山西	980	287	922	2684	49477
内蒙古	1291	194	718	3944	50922
辽宁	6751	651	3283	5720	192583
吉林	2285	404	1744	3467	100795
黑龙江	3978	479	3884	2718	122391
上海	1378	25	1635	1282	32536
江苏	3093	688	3339	6386	80693
浙江	1732	290	1501	2592	87382
安徽	2412	590	1561	2624	75568
福建	1060	377	761	2402	64071
江西	1318	300	900	1774	41624
山东	2575	886	4597	10693	137114
河南	3015	617	1705	6348	88996
湖北	1070	529	1111	4430	79429
湖南	1376	383	1394	3598	89060
广东	7586	1471	5801	10461	195313
广西	1934	304	1795	1035	68046
海南	272	31	221	584	10363
四川	2425	909	2156	5994	167678
贵州	522	142	232	1115	43374
云南	1537	235	837	1608	28905
西藏	14	1	0	95	6741
陕西	4729	213	2136	2665	37092
甘肃	593	180	410	1600	28723
青海	92	14	97	685	8296
宁夏	83	60	38	506	8765
新疆	253	56	224	1882	36490

3-26 各地区社会零售商业人员

（1992年，市）　　　　单位：人

地　区	合　计	#500人以上的大型商店	粮油商店	副食品商店	其他食品商店	纺织品商店
全国总计	**9538119**	**377894**	**363596**	**766845**	**531953**	**159256**
北　京	317953	17230	13576	47677	12163	2821
天　津	203147	15855	9793	27050	13687	3929
河　北	357731	21237	14184	30772	16059	4992
山　西	249178	8885	10132	21496	9389	3461
内蒙古	269344	7830	13869	22224	21455	4078
辽　宁	837754	54029	41649	85512	24476	15583
吉　林	420622	19831	18324	29569	15828	2872
黑龙江	609557	29309	37181	51315	39454	7190
上　海	350553	18134	8058	50582	53581	7968
江　苏	534485	24872	17121	56745	43434	10191
浙　江	277897	9194	6510	20922	17496	3991
安　徽	356352	3724	9898	20115	25338	10124
福　建	205457	3663	6332	11912	8853	3028
江　西	234952	2061	9118	15677	17608	5156
山　东	685736	23723	25170	35539	26955	11726
河　南	432989	24054	16232	26008	22700	10973
湖　北	350287	26283	17031	25809	22821	6637
湖　南	348538	11737	9422	15063	22964	5297
广　东	896474	18231	23995	58146	39797	13101
广　西	221961	2791	5672	10973	20223	4401
海　南	44652		1309	1811	967	921
四　川	461916	10525	10897	42715	15250	6872
贵　州	118439	2201	6131	5864	8337	2660
云　南	104383	2455	2178	9989	7169	659
西　藏	11582		301	209	200	70
陕　西	313533	9852	17011	20249	16839	7864
甘　肃	139330	3495	5828	14262	2976	889
青　海	29411	513	788	2239	1180	366
宁　夏	34929		1541	1755	2263	205
新　疆	118977	6180	4345	4646	2491	1231

地　　区	百货商店	医药商店	书　店	日用杂品商　店	煤炭商店	石油商店
全国总计	**1397360**	**129189**	**85285**	**192160**	**122957**	**90343**
北　京	60249	4387	2821	4242	7320	1380
天　津	42274	2418	2052	3501	3835	1690
河　北	56278	2915	2779	5650	8118	2480
山　西	40341	4192	1738	5387	995	2067
内蒙古	40464	3059	2294	6787	2986	2110
辽　宁	137573	9731	6044	13267	16484	7786
吉　林	68158	7555	2714	8866	7260	5105
黑龙江	103380	10271	7161	12172	12308	5448
上　海	81696	6444	3195	9868	2864	656
江　苏	82013	4759	4868	12324	6461	3132
浙　江	33378	4188	2775	4111	1608	1427
安　徽	60208	4802	2665	11621	4748	2805
福　建	19236	2578	2045	2905	1530	1326
江　西	31894	3647	2178	5030	2102	1612
山　东	89474	4657	5858	8839	6527	5359
河　南	77479	5358	4240	10025	7402	5857
湖　北	49393	4055	3360	6527	5601	3293
湖　南	40704	4943	3878	4394	3402	2024
广　东	98477	14317	6918	20556	5677	17188
广　西	22123	5187	2704	5157	3141	4254
海　南	1856	1446	351	1430	68	131
四　川	52723	5486	4185	10435	3693	3334
贵　州	9311	1677	808	2313	535	1696
云　南	12316	1274	903	1790	994	838
西　藏	390	185	54	290	50	91
陕　西	44478	6002	4030	9607	4472	3609
甘　肃	19480	2193	1144	2249	1955	1586
青　海	2681	326	322	506	343	231
宁　夏	7124	436	414	738	315	413
新　疆	12209	701	787	1573	163	1415

3-26 续表2　　(1992年,市)　　单位:人

地　区	五、交、化商　店	农业生产资料商店	其他专业商　店	综合性商　店	个体有证商　店
全国总计	685884	125685	533099	1246952	3107555
北　京	17718	14214	25004	13139	91242
天　津	19455	742	19278	31555	21888
河　北	24262	4162	10837	51716	122527
山　西	15310	2779	10848	38988	82055
内蒙古	17179	2321	7823	49865	72830
辽　宁	74771	8167	55375	76972	264364
吉　林	30199	7805	28848	56571	130948
黑龙江	57608	8163	46483	43632	167791
上　海	26870	242	32399	27626	38504
江　苏	48126	8430	37248	86731	112902
浙　江	15634	2271	13988	36022	113576
安　徽	30203	5483	12809	32471	123062
福　建	8779	2181	8482	21321	104949
江　西	15692	2167	9247	21908	91916
山　东	29885	9306	41419	148574	236448
河　南	31166	7070	19393	61117	127969
湖　北	13949	8770	11012	51282	120747
湖　南	17709	3416	14003	51141	150178
广　东	70591	11709	56444	130388	329170
广　西	18066	2609	15675	16008	85768
海　南	1316	450	968	7798	23830
四　川	22529	4705	17529	53794	207769
贵　州	5219	1309	3402	8621	60556
云　南	5821	997	3694	19267	36494
西　藏	557	36		1364	7785
陕　西	53096	3724	21095	41350	60107
甘　肃	8947	1376	6620	22868	46957
青　海	1257	139	780	7817	10436
宁　夏	1536	433	264	5600	11892
新　疆	2434	509	2132	31446	52895

3-27 各地区社会零售商业机构

(1992年，县)　　　　单位:个

地　区	合　计	#500人以上的大型商店	粮油商店	副食品商店	其他食品商店	纺织品商店
全国总计	**1466920**	**3**	**13717**	**24627**	**17704**	**5530**
北　京	7749		119	493	111	13
天　津	34331		55	23	21	2
河　北	78191		554	848	456	179
山　西	51304		460	761	496	112
内蒙古	33609		411	495	669	30
辽　宁	45522		706	704	615	54
吉　林	43386	1	539	360	437	18
黑龙江	65840		840	639	939	61
上　海	7231		202	268	1067	93
江　苏	34330		289	1010	709	275
浙　江	38747		273	629	430	72
安　徽	83842		396	1434	1061	497
福　建	53836		500	1181	574	179
江　西	57495		590	966	395	184
山　东	42966	1	421	933	664	272
河　南	91060		920	1607	1259	646
湖　北	42423	1	570	828	581	339
湖　南	75625		575	835	677	268
广　东	142930		1323	2005	1361	485
广　西	82485		411	596	427	128
海　南	21697		184	137	96	37
四　川	136927		1408	4105	2318	840
贵　州	32536		312	586	255	255
云　南	43646		466	1171	852	136
西　藏	9654		30	33	12	2
陕　西	42148		437	712	586	170
甘　肃	25682		202	583	231	53
青　海	7815		121	163	75	22
宁　夏	5302		62	102	82	15
新　疆	28611		341	420	248	93

3-27 续表1　　(1992年,县)　　单位:个

地　区	百货商店	医药商店	书　店	日用杂品商店	煤炭商店	石油商店
全国总计	22485	8241	5078	9347	2791	5091
北　京	202	28	49	27	37	41
天　津	23	13	38	25	27	10
河　北	732	317	247	397	197	252
山　西	703	272	189	359	36	179
内蒙古	627	205	126	219	72	144
辽　宁	530	150	98	267	135	101
吉　林	522	168	78	117	72	125
黑龙江	767	321	89	206	111	198
上　海	671	118	31	103	45	68
江　苏	810	146	185	351	113	147
浙　江	371	175	102	159	37	97
安　徽	1653	352	263	888	169	206
福　建	581	348	144	309	66	160
江　西	909	296	196	290	131	224
山　东	1169	219	216	359	171	297
河　南	2028	646	430	1053	307	520
湖　北	789	245	169	298	98	191
湖　南	600	336	234	337	147	196
广　东	1133	891	227	681	132	432
广　西	669	288	164	319	46	193
海　南	124	109	51	118	6	92
四　川	3237	1270	695	1161	327	391
贵　州	666	191	174	230	23	123
云　南	1028	357	299	324	67	218
西　藏	59	4	13	2	1	29
陕　西	792	330	222	292	81	177
甘　肃	568	218	136	233	100	138
青　海	95	47	59	25	17	39
宁　夏	103	46	39	44	11	31
新　疆	324	135	115	154	9	72

(1992年,县) 单位:个

地区	五、交、化商店	农业生产资料商店	其他专业商店	综合性商店	个体有证商店
全国总计	**12581**	**11128**	**12305**	**48974**	**1267321**
北京	130	201	231	293	5774
天津	38	24	35	94	33903
河北	551	724	478	1404	70855
山西	407	363	303	1285	45379
内蒙古	282	296	142	2229	27662
辽宁	323	297	544	1352	39646
吉林	262	154	374	1317	38843
黑龙江	423	321	501	1847	58577
上海	364	102	417	551	3131
江苏	408	280	465	2703	26439
浙江	304	202	341	657	34898
安徽	648	412	645	1712	73506
福建	377	271	483	1087	47576
江西	591	320	347	1350	50706
山东	525	651	519	3563	32987
河南	1255	1362	886	3414	74727
湖北	493	367	560	2240	34655
湖南	485	542	478	3101	66814
广东	888	649	1522	3866	127335
广西	510	490	382	1192	76670
海南	108	101	104	169	20261
四川	1630	987	1263	5099	112196
贵州	295	275	157	1088	27906
云南	407	651	313	2156	35201
西藏	2	23	27	27	9390
陕西	367	311	270	1477	35924
甘肃	214	415	203	1281	21107
青海	52	50	143	461	6446
宁夏	76	74	63	360	4194
新疆	166	213	109	1599	24613

3-28 各地区社会零售商业人员

（1992年，县）　　　　单位：人

地　区	合　计	#500人以上的大型商店	粮油商店	副食品商店	其他食品商店	纺织品商店
全国总计	**3877369**	**1733**	**169424**	**177269**	**123345**	**52731**
北　京	43415		1617	7445	969	569
天　津	52973		1060	372	263	15
河　北	226665		8942	7239	3438	1992
山　西	131182		5610	5193	3646	1154
内蒙古	117405		6110	4928	5983	449
辽　宁	151818		11998	13380	5452	788
吉　林	140980	618	10061	6991	4834	241
黑龙江	223274		16135	11938	11919	2500
上　海	45078		1894	2446	8358	830
江　苏	134593		4827	8054	4898	2419
浙　江	82039		2435	3683	3049	589
安　徽	224817		7693	9148	8122	4237
福　建	111591		3910	6236	3126	1191
江　西	158797		7399	7018	2757	1121
山　东	178786	595	7710	6909	5179	3145
河　南	284612		14842	11770	9202	7565
湖　北	130006	520	7798	4962	4198	3906
湖　南	197547		6121	5963	4700	2778
广　东	346982		10458	13507	10036	6778
广　西	150766		4396	4018	2619	817
海　南	45686		1945	788	1004	557
四　川	277024		9843	18872	9604	4492
贵　州	57030		2133	2035	798	1410
云　南	91711		2988	4693	3031	706
西　藏	17363		348	155	50	5
陕　西	107791		4750	4159	3397	1438
甘　肃	57063		2176	2555	891	227
青　海	17779		1230	887	247	94
宁　夏	13692		477	609	436	79
新　疆	58904		2518	1316	1139	639

3-28 续表1 (1992年,县) 单位:人

地　　区	百货商店	医药商店	书　店	日用杂品商店	煤炭商店	石油商店
全国总计	**344848**	**65794**	**36022**	**59840**	**48165**	**62134**
北　京	6801	458	386	332	1084	572
天　津	1119	141	155	210	564	87
河　北	16542	2801	2242	3371	3924	2859
山　西	11140	1443	1278	2540	426	1949
内蒙古	15206	1905	1017	2081	1578	2273
辽　宁	19498	1805	1275	3139	3937	2284
吉　林	16395	3102	898	2417	2222	2681
黑龙江	33642	6178	1486	3138	4518	4925
上　海	10499	1256	187	762	244	814
江　苏	14912	1511	1441	2245	1795	1793
浙　江	6752	1458	868	722	394	866
安　徽	20223	3463	1839	5558	3450	3116
福　建	7352	2527	915	1208	759	1095
江　西	10127	2625	1712	1693	1477	2140
山　东	24426	1622	1685	2503	3685	3195
河　南	23683	4990	3190	6627	6649	8288
湖　北	9950	1960	1385	1780	1353	2443
湖　南	9664	2772	1725	2129	2226	1520
广　东	17773	7846	1888	4200	1344	5872
广　西	9528	2058	1275	1863	419	1523
海　南	2519	1074	438	729	93	1057
四　川	23170	6193	3683	5518	2820	3253
贵　州	4454	627	652	579	196	906
云　南	9091	1355	1181	915	445	1760
西　藏	753	83	58	12	13	295
陕　西	9462	2366	1440	1547	1092	1602
甘　肃	4521	1204	801	1037	1198	1408
青　海	994	232	287	105	117	459
宁　夏	1280	237	147	161	90	294
新　疆	3372	502	488	719	53	805

3-28 续表2　　(1992年,县)　　单位:人

地　区	五、交、化商　店	农业生产资料商店	其他专业商　店	综合性商　店	个体有证商　店
全国总计	**131779**	**101905**	**100556**	**502945**	**1900612**
北　京	1444	3125	3593	6346	8674
天　津	614	975	319	1922	45157
河　北	7588	7398	4356	18968	135005
山　西	4589	2954	2572	16031	70657
内蒙古	4478	3662	1507	29862	36366
辽　宁	6107	5994	6710	17502	51949
吉　林	5337	3905	5398	22990	53508
黑龙江	9212	6869	7024	28505	75285
上　海	4227	880	4266	4430	3985
江　苏	5286	4890	3946	36298	40278
浙　江	3009	1355	2075	6629	48155
安　徽	6385	4952	5695	20669	120267
福　建	2729	1411	2520	4775	71837
江　西	4477	2338	2568	12386	98959
山　东	7535	6446	4763	38971	61012
河　南	12666	11499	7892	40087	115662
湖　北	5346	3242	3850	23764	54069
湖　南	5435	4785	4087	37665	105977
广　东	9519	6399	12298	32673	206391
广　西	4648	3272	1975	11000	101355
海　南	1160	882	1101	1741	30598
四　川	10289	5150	5597	31883	136657
贵　州	1279	973	855	5622	34511
云　南	2352	2346	1252	12493	47103
西　藏	32	240	511	879	13929
陕　西	2935	2832	1606	11490	57675
甘　肃	1257	1662	993	8459	28674
青　海	357	247	404	4053	8066
宁　夏	445	327	242	3454	5414
新　疆	1042	895	581	11398	33437

3-29 各地区社会零售商业机构

（1992年，县以下）　　单位：个

地　区	合　计	#500人以上的大型商店	粮油商店	副食品商　店	其他食品商　店	纺织品商　店
全国总计	**6004835**		**35111**	**82959**	**46972**	**23720**
北　京	29931		223	588	164	17
天　津	1548		71	129	36	19
河　北	345147		981	2477	1091	434
山　西	136868		670	1119	602	132
内蒙古	63716		587	514	715	6
辽　宁	139971		1385	958	1030	106
吉　林	64786		1109	731	767	10
黑龙江	84383		620	418	846	33
上　海	42061		437	669	2280	221
江　苏	426450		1253	6770	3960	2431
浙　江	478823		1526	7336	2513	1509
安　徽	273227		1503	3440	3190	1355
福　建	151883		1341	2243	1580	559
江　西	177414		1797	2493	1617	831
山　东	660816		1042	3657	2893	749
河　南	305358		1952	3694	2679	1714
湖　北	273987		3106	4831	2641	1585
湖　南	328219		1618	2393	1836	1009
广　东	449958		4321	8550	3207	1509
广　西	269042		1185	2318	722	1285
海　南	41113		364	485	147	148
四　川	696713		3900	21552	9945	6820
贵　州	112072		786	1337	343	466
云　南	158029		1198	1776	819	409
西　藏	8649		81	30	3	6
陕　西	112196		969	1332	779	202
甘　肃	82275		409	773	220	79
青　海	12332		186	94	33	22
宁　夏	15908		74	134	82	13
新　疆	61960		417	118	232	41

3-29 续表1　　(1992年,县以下)　　单位:个

地　区	百货商店	医药商店	书　店	日用杂品商　店	煤炭商店	石油商店
全国总计	**90397**	**13479**	**13760**	**41504**	**4175**	**7809**
北　京	435	56	40	60	127	79
天　津	80	26	47	27	22	26
河　北	3037	314	481	1093	440	415
山　西	1805	75	311	661	43	115
内蒙古	967	87	98	317	34	155
辽　宁	1214	96	77	506	166	170
吉　林	1169	195	129	310	47	126
黑龙江	520	158	23	194	61	140
上　海	739	202	15	289	65	39
江　苏	5504	743	805	3236	167	273
浙　江	3913	880	536	1405	160	265
安　徽	8183	730	867	4175	252	413
福　建	2294	264	324	1183	99	150
江　西	3075	716	478	1381	30	208
山　东	5297	352	843	2417	668	778
河　南	6100	769	1550	2984	322	975
湖　北	4283	531	1039	2118	167	492
湖　南	2571	726	634	1661	173	413
广　东	4553	2224	1186	2699	172	943
广　西	2953	769	661	1435	16	565
海　南	602	247	105	368		136
四　川	21660	2443	1985	8547	751	467
贵　州	1930	84	295	715	2	49
云　南	2750	134	302	943	30	70
西　藏	126	6	18	69		12
陕　西	2229	410	407	1311	85	188
甘　肃	1457	191	374	893	73	96
青　海	127	5	22	57	3	7
宁　夏	165	11	26	66		22
新　疆	659	35	82	384		22

3-29 续表2 (1992年,县以下) 单位:个

地区	五、交、化商店	农业生产资料商店	其他专业商店	综合性商店	个体有证商店
全国总计	**25049**	**77191**	**29640**	**370747**	**5142322**
北京	215	359	425	1358	25785
天津	59	121	27	858	
河北	1104	3256	866	12672	316486
山西	258	1409	412	12897	116359
内蒙古	110	802	152	9136	50036
辽宁	397	1107	509	8913	123337
吉林	305	541	561	4782	54004
黑龙江	203	439	362	7137	73229
上海	670	507	959	2506	32463
江苏	3236	5172	2385	37798	352717
浙江	1836	4355	1515	13986	437088
安徽	1043	3875	1558	9638	233005
福建	550	2897	995	10172	127232
江西	998	3081	815	8930	150964
山东	1411	4298	2513	27005	606893
河南	1726	5683	2252	21113	251845
湖北	1610	5514	2284	20752	223034
湖南	996	5787	868	28220	279314
广东	2319	5045	4263	16837	392130
广西	1158	4307	672	4970	246026
海南	227	475	246	1601	35962
四川	3439	10507	3369	65720	535608
贵州	221	1603	213	8295	95733
云南	297	2108	480	11962	134751
西藏	4	12	32	332	7918
陕西	356	2052	506	8609	92761
甘肃	178	1241	275	6315	69701
青海	16	119	16	1018	10607
宁夏	42	253	23	773	14224
新疆	65	266	87	6442	53110

3-30 各地区社会零售商业人员

（1992年，县以下） 单位：人

地区	合计	#500人以上的大型商店	粮油商店	副食品商店	其他食品商店	纺织品商店
全国总计	**10929968**		**250178**	**268759**	**168757**	**75449**
北京	65544		1957	4737	2076	153
天津	9549		587	654	196	91
河北	698657		10268	10245	4555	2242
山西	231382		4611	3582	1724	488
内蒙古	127014		5527	2224	2743	30
辽宁	278384		10388	6561	5620	1009
吉林	173022		12557	5934	6518	114
黑龙江	190814		6601	4678	5276	362
上海	104090		3433	4325	13294	1190
江苏	804458		8669	27002	14366	10281
浙江	754515		9933	21021	7964	5802
安徽	545561		12344	13151	14363	4997
福建	276975		7771	6695	4297	1505
江西	398766		12001	7230	6799	2073
山东	1329113		12482	17875	12704	3320
河南	581713		20380	14149	10534	7534
湖北	545585		27092	15486	10013	5841
湖南	607058		11281	6597	5382	2459
广东	872652		23837	30789	14086	5753
广西	399387		6813	6596	2189	3909
海南	65770		2220	1578	572	433
四川	974827		17618	44707	17096	12882
贵州	151557		3427	2046	710	1127
云南	238179		4343	3217	1702	640
西藏	13473		786	74	20	13
陕西	222219		6837	4757	2660	709
甘肃	134080		3317	1871	468	218
青海	21003		1138	225	48	75
宁夏	23133		383	424	254	37
新疆	91488		1577	329	528	162

(1992年,县以下)

单位:人

地区	百货商店	医药商店	书店	日用杂品商店	煤炭商店	石油商店
全国总计	**377671**	**56080**	**29366**	**125491**	**28708**	**46953**
北京	3921	519	111	331	880	922
天津	501	158	47	144	129	181
河北	17338	1297	878	4289	2729	2538
山西	7067	268	642	1944	243	535
内蒙古	6205	335	213	1418	372	1198
辽宁	14731	783	297	2807	2022	1931
吉林	13497	1810	393	3428	830	1868
黑龙江	11341	1930	169	1682	1322	1523
上海	6730	1127	129	2289	459	253
江苏	27782	4765	2216	12915	1451	2042
浙江	19890	4491	1494	5042	847	1709
安徽	32399	3136	1776	13726	1837	2909
福建	8308	1301	611	2867	403	664
江西	11221	3772	969	3661	366	821
山东	34680	1432	1863	10360	3967	4597
河南	26370	2551	3540	10049	2747	5543
湖北	16737	2543	2377	5598	1285	2840
湖南	8132	2620	1144	3504	831	1517
广东	24297	9605	3143	9804	1343	7014
广西	11064	2797	1286	3448	32	1797
海南	2183	675	210	880		573
四川	46046	5323	3118	16198	3603	1584
贵州	3946	194	413	1124	18	150
云南	6840	216	439	1568	164	361
西藏	768	16	35	155		82
陕西	7610	1776	939	3353	473	1038
甘肃	4785	514	705	2005	342	443
青海	407	27	43	153	13	42
宁夏	768	29	54	149		128
新疆	2107	70	112	600		150

3-30 续表2 (1992年,县以下) 单位:人

地　区	五、交、化商店	农业生产资料商店	其他专业商店	综合性商店	个体有证商店
全国总计	**112517**	**280686**	**144600**	**1371185**	**7593568**
北　京	2482	2871	8024	5725	30835
天　津	249	798	189	5625	
河　北	5145	15757	4616	61830	554930
山　西	802	4430	1452	31197	172397
内蒙古	746	3377	789	35753	66084
辽　宁	3291	6794	4256	62982	154912
吉　林	3653	4160	4653	42768	70839
黑龙江	2667	3398	3028	56079	90758
上　海	5389	4129	7217	11092	43034
江　苏	16501	28991	13184	155022	479271
浙　江	8320	18261	6995	54801	587945
安　徽	3616	13587	5792	41483	380445
福　建	1778	7990	3557	29194	200034
江　西	3288	10117	3552	35306	297590
山　东	8612	21372	15494	133011	1047344
河　南	8124	23721	9832	69717	366922
湖　北	6141	20112	10788	79742	338990
湖　南	2819	15354	3103	105768	436547
广　东	12326	20224	23832	85130	601469
广　西	4157	13568	2052	19914	319765
海　南	614	1343	760	4823	48906
四　川	7763	22906	7898	132993	635092
贵　州	670	2333	399	15255	119745
云　南	560	3381	1005	27213	186530
西　藏	72	76	46	1543	9787
陕　西	1690	6651	1140	31044	151542
甘　肃	583	3425	587	15324	99493
青　海	44	342	30	3239	15177
宁　夏	132	685	72	2369	17649
新　疆	283	533	258	15243	69536

3-31 各地区社会饮食业机构

（1992年）　　单位：个

地区	合计	国有饮食业	集体饮食业	#供销社	合营饮食业	#中外合营	个体有证饮食业
全国总计	**1739505**	**32802**	**125728**	**19962**	**877**	**504**	**1580098**
北京	22842	1150	2136	216	43	11	19513
天津	15419	715	1201	201	20	20	13483
河北	88097	1817	4081	1450	23	3	82176
山西	45836	745	1974	795	2	1	43115
内蒙古	27712	775	3019	487			23918
辽宁	58683	1887	7646	895	47	29	49103
吉林	29515	843	3396	402	10	10	25266
黑龙江	41156	1550	6387	615	43	43	33176
上海	21228	821	3036	374	36	12	17335
江苏	96975	1105	11404	488	23	15	84443
浙江	91800	856	4858	518	33	4	86053
安徽	97737	872	6818	634	20	7	90027
福建	39710	604	2250	537	52	25	36804
江西	50104	1156	4344	1218	2	2	44602
山东	146686	2123	10135	2409	90	46	134338
河南	111434	1454	7966	1754	2	2	102012
湖北	80073	1752	6094	1196	12	5	72215
湖南	66790	1593	3984	877	6	4	61207
广东	88399	2431	6142	1353	318	224	79508
广西	72842	926	1995	649	17	11	69904
海南	8863	208	224	124	44	21	8387
四川	191313	2728	19360	1272	5	1	169220
贵州	32971	566	594	202	5	3	31806
云南	50274	1271	1939	672	1		47063
西藏	3626	55	43				3528
陕西	58425	1073	2804	316	16	4	54532
甘肃	36161	516	763	134	1		34881
青海	8969	90	178	17			8701
宁夏	8668	273	292	20	3	1	8100
新疆	47197	847	665	137	3		45682

3-32 各地区社会饮食业人员

（1992年）　　　　单位：人

地　区	合　计	国有饮食业	集体饮食业	#供销社	合营饮食业	#中外合营	个体有证饮食业
全国总计	**4802248**	**574400**	**960505**	**89244**	**59315**	**43311**	**3208028**
北　京	99541	27557	24821	2313	2239	319	44924
天　津	55709	13661	17154	1561	964	964	23930
河　北	260674	25949	34632	7071	329	165	199764
山　西	111997	10206	12958	2498	189	174	88644
内蒙古	98022	12948	31015	2042			54059
辽　宁	227173	38910	68230	4957	1664	1101	118369
吉　林	116151	19688	28730	2025	1380	1380	66353
黑龙江	183442	31270	65128	3214	1196	1196	85848
上　海	109765	30949	38386	3254	3376	2243	37054
江　苏	282227	27173	91731	2947	1484	1273	161839
浙　江	188315	14394	29772	2099	554	329	143595
安　徽	240555	13104	49948	2118	217	114	177286
福　建	93791	7098	10665	1272	3309	2718	72719
江　西	158015	11848	26390	3052	24	24	119753
山　东	450740	35642	94886	16007	2676	2398	317536
河　南	273757	19120	53384	5172	125	125	201128
湖　北	205515	23901	43784	3707	385	285	137445
湖　南	166490	20096	25135	3153	705	508	120554
广　东	397104	87406	66866	8928	31482	23402	211350
广　西	137552	13955	12515	2373	1005	944	110077
海　南	38891	6921	1558	416	4183	2405	26229
四　川	384006	31862	81341	5338	261	245	270542
贵　州	56001	5997	3766	430	240	206	45998
云　南	106088	11329	10095	1361	20		84644
西　藏	7568	380	240				6948
陕　西	138224	14965	22554	991	1159	747	99546
甘　肃	80268	6471	5731	408	14		68052
青　海	17430	1088	1770	68			14572
宁　夏	21730	3886	2247	89	100	46	15497
新　疆	95507	6626	5073	380	35		83773

3-33 各地区社会饮食业机构

（1992年，市）　　　　　　　　　　　　　　　　单位:个

地　区	合　计	国有饮食业	集体饮食业	#供销社	合营饮食业	#中外合营	个体有证饮食业
全国总计	**566410**	**17203**	**55820**	**1779**	**706**	**472**	**492681**
北　京	17207	897	1602	18	40	11	14668
天　津	8281	679	1039	102	20	20	6543
河　北	20398	717	1767	49	4	3	17910
山　西	15494	305	1071	93	1	1	14117
内蒙古	14906	408	1783	50			12715
辽　宁	37602	1447	5260	175	47	29	30848
吉　林	18126	541	2141	79	10	10	15434
黑龙江	23800	856	4426	54	43	43	18475
上　海	12395	718	1772	38	25	11	9880
江　苏	31345	744	5415	69	20	12	25166
浙　江	19727	484	1866	53	12	4	17365
安　徽	30341	569	2364	16	14	7	27394
福　建	11756	182	1076	57	45	23	10453
江　西	10397	313	1408	75	2	2	8674
山　东	37290	1256	4775	306	58	45	31201
河　南	37137	508	4221	106	2	2	32406
湖　北	23687	820	1995	36	7	5	20865
湖　南	19429	901	1294	26	5	4	17229
广　东	26657	1423	2806	139	269	204	22159
广　西	16469	340	758	31	15	10	15356
海　南	1298	43	8		40	17	1207
四　川	52119	1307	3669	156	2	1	47141
贵　州	15613	266	247	12	5	3	15095
云　南	10030	320	564	18	1		9145
西　藏	1808						1808
陕　西	17399	376	1464	6	15	4	15544
甘　肃	12345	276	423	7			11646
青　海	4332	38	115				4179
宁　夏	4277	183	167	1	3	1	3924
新　疆	14745	286	324	7	1		14134

3-34 各地区社会饮食业人员

（1992年，市）

单位：人

地区	合计	国有饮食业	集体饮食业	#供销社	合营饮食业	#中外合营	个体有证饮食业
全国总计	**2127882**	**418694**	**588549**	**16033**	**54740**	**40916**	**1065899**
北京	78979	23072	18721	356	2157	319	35029
天津	39860	13253	15793	883	964	964	9850
河北	75412	16015	22221	654	291	165	36885
山西	47759	6266	9688	719	174	174	31631
内蒙古	62517	8978	23530	348			30009
辽宁	165737	33321	51987	1480	1664	1101	78765
吉林	80291	16092	20174	924	1380	1380	42645
黑龙江	123343	22532	49634	492	1196	1196	49981
上海	81454	29627	26863	590	2905	2197	22059
江苏	127288	22203	53562	875	1292	1081	50231
浙江	57943	10153	17162	614	492	329	30136
安徽	91619	9533	28339	181	198	114	53549
福建	37565	4063	6837	317	3251	2701	23414
江西	48093	5716	15389	367	24	24	26964
山东	157665	26041	57560	3053	2579	2363	71485
河南	114045	11892	37878	772	125	125	64150
湖北	80953	15755	23430	223	311	285	41457
湖南	59624	12439	12434	240	651	508	34100
广东	194313	67612	32804	1426	28383	21554	65514
广西	43012	7799	6339	194	949	898	27925
海南	15494	4212	589		3972	2194	6721
四川	127994	19823	23906	981	249	245	84016
贵州	30413	4197	2617	24	240	206	23359
云南	31800	5700	5214	126	20		20866
西藏	3649						3649
陕西	60740	9810	15541	43	1139	747	34250
甘肃	36431	4890	3950	47			27591
青海	8180	729	1442				6009
宁夏	12859	3132	1483	17	100	46	8144
新疆	32850	3839	3462	87	34		25515

3-35 各地区社会饮食业机构

（1992年，县）

单位：个

地　区	合　计	国有饮食业	集体饮食业	#供销社	合营饮食业	#中外合营	个体有证饮食业
全国总计	**296924**	**11538**	**15062**	**1482**	**80**	**23**	**270244**
北　京	1681	147	153	19	2		1379
天　津	7002	22	40	33			6940
河　北	17863	671	435	185	4		16753
山　西	8820	418	213	71	1		8188
内蒙古	6344	346	641	69			5357
辽　宁	6835	329	662	44			5844
吉　林	6268	223	496	18			5549
黑龙江	10540	549	957	39			9034
上　海	1543	42	532	173	7	1	962
江　苏	7177	233	913	25	3	3	6028
浙　江	6979	221	327	19	4		6427
安　徽	18847	275	899	27			17673
福　建	8527	377	348	32	5	2	7797
江　西	11676	583	599	63			10494
山　东	8488	597	705	137			7186
河　南	22638	777	1217	90			20644
湖　北	8188	439	635	68	4		7110
湖　南	13311	520	537	58	1		12253
广　东	16394	634	593	62	39	13	15128
广　西	18336	544	442	39	2	1	17348
海　南	2965	105	29	3	3	3	2828
四　川	33854	1211	2236	113	3		30404
贵　州	5958	280	124	11			5554
云　南	12179	774	423	24			10982
西　藏	1368	29	9				1330
陕　西	13465	488	477	18			12500
甘　肃	6344	229	106	10			6009
青　海	2604	49	40	3			2515
宁　夏	1315	66	93	4			1156
新　疆	9415	360	181	25	2		8872

3-36 各地区社会饮食业人员

（1992年，县）

单位：人

地　区	合　计	国有饮食业	集体饮食业	#供销社	合营饮食业	#中外合营	个体有证饮食业
全国总计	**791468**	**125856**	**120004**	**12394**	**2716**	**1471**	**542892**
北　京	8579	3318	2309	411	69		2883
天　津	14828	313	435	291			14080
河　北	57129	7112	3980	1682	8		46029
山　西	21724	3832	1562	340	15		16315
内蒙古	20142	3726	5033	576			11383
辽　宁	24141	4341	7045	381			12755
吉　林	20210	2746	4515	157			12949
黑龙江	38817	7036	9201	463			22580
上　海	8730	810	5664	1754	306	46	1950
江　苏	24670	3985	9588	269	192	192	10905
浙　江	15703	2829	2404	224	14		10456
安　徽	46217	3374	7538	195			35305
福　建	19611	2668	1915	113	45	17	14983
江　西	36553	5019	3847	400			27687
山　东	32522	7029	6009	1359			19484
河　南	53738	6263	6614	541			40861
湖　北	21560	4666	3802	425	67		13025
湖　南	35612	6338	4039	459	4		25231
广　东	63837	15774	7923	682	1736	979	38404
广　西	35147	5941	2973	364	56	46	26177
海　南	10508	2305	360	52	191	191	7652
四　川	70387	10967	13908	706	12		45500
贵　州	9943	1661	586	46			7696
云　南	25566	5023	2292	157			18251
西　藏	2810	260	117				2433
陕　西	31940	4115	3622	138			24203
甘　肃	12485	1538	754	67			10193
青　海	5161	352	209	9			4600
宁　夏	3433	674	635	33			2124
新　疆	19765	1841	1125	100	1		16798

3-37 各地区社会饮食业机构

（1992年，县以下）

单位：个

地区	合计	国有饮食业	集体饮食业	#供销社	合营饮食业	#中外合营	个体有证饮食业
全国总计	**876171**	**4061**	**54846**	**16701**	**91**	**9**	**817173**
北京	3954	106	381	179	1		3466
天津	136	14	122	66			
河北	49836	429	1879	1216	15		47513
山西	21522	22	690	631			20810
内蒙古	6462	21	595	368			5846
辽宁	14246	111	1724	676			12411
吉林	5121	79	759	305			4283
黑龙江	6816	145	1004	522			5667
上海	7290	61	732	163	4		6493
江苏	58453	128	5076	394			53249
浙江	65094	151	2665	446	17		62261
安徽	48549	28	3555	591	6		44960
福建	19427	45	826	448	2		18554
江西	28031	260	2337	1080			25434
山东	100908	270	4655	1966	32	1	95951
河南	51659	169	2528	1558			48962
湖北	48198	493	3464	1092	1		44240
湖南	34050	172	2153	793			31725
广东	45348	374	2743	1152	10	7	42221
广西	38037	42	795	579			37200
海南	4600	60	187	121	1	1	4352
四川	105340	210	13455	1003			91675
贵州	11400	20	223	179			11157
云南	28065	177	952	630			26936
西藏	450	26	34				390
陕西	27561	209	863	292	1		26488
甘肃	17472	11	234	117	1		17226
青海	2033	3	23	14			2007
宁夏	3076	24	32	15			3020
新疆	23037	201	160	105			22676

3-38 各地区社会饮食业人员

（1992年，县以下）　　　　单位：人

地区	合计	国有饮食业	集体饮食业	#供销社	合营饮食业	#中外合营	个体有证饮食业
全国总计	1882898	29850	251952	60817	1859	924	1599237
北京	11983	1167	3791	1546	13		7012
天津	1021	95	926	387			
河北	128133	2822	8431	4735	30		116850
山西	42514	108	1708	1439			40698
内蒙古	15363	244	2452	1118			12667
辽宁	37295	1248	9198	3096			26849
吉林	15650	850	4041	944			10759
黑龙江	21282	1702	6293	2259			13287
上海	19581	512	5859	910	165		13045
江苏	130269	985	28581	1803			100703
浙江	114669	1412	10206	1261	48		103003
安徽	102719	197	14071	1742	19		88432
福建	36615	367	1913	842	13		34322
江西	73369	1113	7154	2285			65102
山东	260553	2572	31317	11595	97	35	226567
河南	105974	965	8892	3859			96117
湖北	103002	3480	16552	3059	7		82963
湖南	71254	1319	8662	2454	50		61223
广东	138954	4020	26139	6820	1363	869	107432
广西	59393	215	3203	1815			55975
海南	12889	404	609	364	20	20	11856
四川	185625	1072	43527	3651			141026
贵州	15645	139	563	360			14943
云南	48722	606	2589	1078			45527
西藏	1109	120	123				866
陕西	45544	1040	3391	810	20		41093
甘肃	31352	43	1027	294	14		30268
青海	4089	7	119	59			3963
宁夏	5438	80	129	39			5229
新疆	42892	946	486	193			41460

3-39 各地区社会服务业机构

（1992年，按经济类型分）

单位:个

地区	合计	国有服务业	集体服务业	#供销社	合营服务业	#中外合营	个体有证服务业
全国总计	**1841910**	**43017**	**137487**	**18243**	**4021**	**493**	**1657385**
北京	28430	1466	3022	176	45	6	23897
天津	13742	469	1424	123	17	17	11832
河北	75984	1474	4128	897	14	3	70368
山西	35556	1151	2408	492	3		31994
内蒙古	40156	1193	3806	895	2	2	35155
辽宁	78888	2267	7835	837	41	27	68745
吉林	38974	1113	4748	431	3	3	33110
黑龙江	58035	1915	6850	476	6	3	49264
上海	26236	1134	2644	298	40	22	22418
江苏	124039	1740	13019	828	16	7	109264
浙江	118210	1411	4205	689	115	10	112479
安徽	82632	1615	7115	608	42	15	73860
福建	46160	774	2430	357	58	26	42898
江西	67060	1213	4163	800	12	11	61672
山东	154151	2630	9267	1768	35	10	142219
河南	83126	1757	7645	1172	5	2	73719
湖北	79472	2346	6207	1100	49	1	70870
湖南	79011	1504	4721	906	14	5	72772
广东	123559	3496	8006	1234	383	236	111674
广西	64183	1370	3297	740	37	20	59479
海南	8819	414	287	55	16	10	8102
四川	231241	3648	19242	1667	9	5	208342
贵州	27647	766	1381	272	4	4	25496
云南	35325	1809	2658	720	2		30856
西藏	1988	66	51				1871
陕西	49213	1508	3827	329	66	48	43812
甘肃	26372	851	1314	210			24207
青海	5924	168	173	15			5583
宁夏	7891	274	595	31			7022
新疆	29886	1475	1019	117	2987		24405

3-40 各地区社会服务业人员

（1992年，按经济类型分）　　　　单位：人

地　区	合　计	国　有 服务业	集　体 服务业	#供销社	合　营 服务业	# 中外合营	个体有证 服 务 业
全国总计	**4521635**	**861682**	**1155835**	**67433**	**152006**	**87619**	**2352112**
北　京	167892	69701	51124	922	16175	2876	30892
天　津	59789	14918	25017	1276	4818	4818	15036
河　北	175241	21965	43060	4029	376	117	109840
山　西	89482	14316	27655	1436	39		47472
内蒙古	96846	20586	26911	2362	642	642	48707
辽　宁	217549	55593	60510	3230	6895	5057	94551
吉　林	108456	25407	40679	1621	854	854	41516
黑龙江	211670	43833	103126	2431	144	61	64567
上　海	125771	40995	46684	2477	11788	10150	26304
江　苏	277134	38533	98038	3541	1765	1111	138798
浙　江	218585	34497	37144	3721	5247	4226	141697
安　徽	215217	30355	63808	2649	1474	1213	119580
福　建	101262	13770	19038	998	4662	2350	63792
江　西	161253	21972	29347	1524	1414	1410	108520
山　东	370876	52127	71244	6271	3174	2865	244331
河　南	212656	34265	70734	4333	537	507	107120
湖　北	178116	36514	39295	3638	206	50	102101
湖　南	164138	25186	31926	3135	1227	1145	105799
广　东	407434	87618	63778	4677	64636	30844	191402
广　西	140761	27275	29956	2101	7459	7160	76071
海　南	23990	6166	1664	138	1428	737	14732
四　川	395304	62027	93827	6039	1719	1649	237731
贵　州	50973	8221	8566	535	845	845	33341
云　南	79687	18660	18612	1719	59		42356
西　藏	3322	527	197				2598
陕　西	129457	30695	28590	1069	10178	6932	59994
甘　肃	52890	10626	8276	616			33988
青　海	11154	1667	2275	65			7212
宁　夏	17636	3413	5656	291			8567
新　疆	57094	10254	9098	589	4245		33497

3-41 各地区社会服务业机构

（1992年，按经济类型分，市）　　单位：个

地区	合计	国有服务业	集体服务业	#供销社	合营服务业	#中外合营	个体有证服务业
全国总计	**535900**	**24548**	**67033**	**1812**	**1353**	**467**	**442966**
北京	18673	1153	2563	31	37	6	14920
天津	6661	463	1330	56	17	17	4851
河北	19110	656	2235	84	11	3	16208
山西	10550	472	1590	50			8488
内蒙古	18592	630	1840	70	2	2	16120
辽宁	45499	1802	5076	171	41	27	38580
吉林	22574	753	3059	88	3	3	18759
黑龙江	32789	1048	5116	55	6	3	26619
上海	12305	1040	1793	43	34	19	9438
江苏	27555	1287	5893	71	14	6	20361
浙江	20526	858	2219	80	11	10	17438
安徽	20787	1044	2724	38	38	15	16981
福建	15551	314	1399	44	52	25	13786
江西	10885	623	1651	54	11	11	8600
山东	36100	1884	4367	217	26	10	29823
河南	24511	735	4431	82	2	2	19343
湖北	18356	994	1784	44	1	1	15577
湖南	18633	723	1704	76	6	5	16200
广东	43087	2532	4578	137	347	220	35630
广西	13630	756	1645	46	35	18	11194
海南	1711	159	125	2	11	7	1416
四川	45039	1861	4317	169	5	5	38856
贵州	8773	375	823	28	4	4	7571
云南	6484	572	882	29	2		5028
西藏	964	6					958
陕西	13292	856	2187	15	66	48	10183
甘肃	7392	344	676	18			6372
青海	2036	58	122				1856
宁夏	2886	158	383	4			2345
新疆	10949	392	521	10	571		9465

3-42 各地区社会服务业人员

（1992年，按经济类型分，市）　　单位：人

地区	合计	国有服务业	集体服务业	#供销社	合营服务业	#中外合营	个体有证服务业
全国总计	2284608	668484	821255	20536	144495	86760	650374
北京	144424	63485	46448	450	15249	2876	19242
天津	49166	14732	24255	817	4818	4818	5361
河北	71604	15315	32886	1100	352	117	23051
山西	45757	9315	23799	423			12643
内蒙古	58408	16005	19015	257	642	642	22746
辽宁	158768	48257	46803	1381	6895	5057	56813
吉林	73578	19233	29955	589	854	854	23536
黑龙江	159154	31647	91531	483	144	61	35832
上海	101820	39770	38992	989	11706	10124	11352
江苏	129193	31411	68026	1231	1654	1076	28102
浙江	81591	27227	27838	1652	4237	4226	22289
安徽	87076	21485	37428	556	1407	1213	26756
福建	47286	8029	13699	382	4585	2340	20973
江西	54122	16505	19920	309	1410	1410	16287
山东	141014	41507	41875	1932	3088	2865	54544
河南	106348	23617	53941	1436	507	507	28283
湖北	61701	20993	19527	699	50	50	21131
湖南	60743	17099	18805	1451	1160	1145	23679
广东	249188	74476	43448	1038	63389	30164	67875
广西	66719	20959	23275	477	7411	7112	15074
海南	9619	3890	950	27	1294	677	3485
四川	131443	43149	40840	1083	1649	1649	45805
贵州	24937	6697	6942	147	845	845	10453
云南	32284	12537	12247	661	59		7441
西藏	1317	123					1194
陕西	73383	24460	21303	384	10178	6932	17442
甘肃	22747	7029	5118	144			10600
青海	5380	1042	1963				2375
宁夏	9629	2441	4091	216			3097
新疆	26209	6049	6335	222	912		12913

3-43 各地区社会服务业机构

（1992年，按经济类型分，县）　　　　单位：个

地区	合计	国有服务业	集体服务业	#供销社	合营服务业	#中外合营	个体有证服务业
全国总计	**300323**	**14224**	**18363**	**1790**	**1343**	**18**	**266388**
北京	2603	242	169	14	4		2188
天津	7022	6	35	29			6981
河北	14681	739	539	174	3		13400
山西	8643	647	346	76	3		7647
内蒙古	10515	479	836	133			9200
辽宁	9128	285	867	34			7976
吉林	8820	282	692	38			7846
黑龙江	15730	732	997	67			14001
上海	1591	30	398	124	4	3	1159
江苏	7780	323	1113	47	2	1	6342
浙江	8563	317	340	50	21		7885
安徽	17117	489	1444	43			15184
福建	9763	407	403	30	2	1	8951
江西	13720	489	702	53			12529
山东	9567	660	731	96			8176
河南	18171	940	1266	114	3		15962
湖北	9024	566	640	62	2		7816
湖南	14813	595	619	81	8		13591
广东	21838	709	768	75	13	9	20348
广西	15710	522	623	53	2	2	14563
海南	2983	138	50	3	3	2	2792
四川	26561	1538	2517	173	3		22503
贵州	7747	349	259	36			7139
云南	9043	1050	707	89			7286
西藏	762	31	27				704
陕西	12396	586	618	20			11192
甘肃	5952	439	200	28			5313
青海	2235	106	38	5			2091
宁夏	1193	94	133	10			966
新疆	6652	434	286	33	1275		4657

3-44 各地区社会服务业人员

（1992年，按经济类型分，县） 单位：人

地区	合计	国有服务业	集体服务业	#供销社	合营服务业	#中外合营	个体有证服务业
全国总计	**686503**	**160055**	**129535**	**13412**	**3126**	**445**	**393787**
北京	9806	4729	2143	105	93		2841
天津	10293	186	432	376			9675
河北	33365	5992	3680	1204	24		23669
山西	19318	4775	2739	426	39		11765
内蒙古	21971	4174	5102	683			12695
辽宁	22718	6092	6131	481			10495
吉林	21176	5047	6307	276			9822
黑龙江	36635	10694	7944	698			17997
上海	5889	545	3935	1169	32	26	1377
江苏	24000	5936	9071	404	111	35	8882
浙江	18581	4962	2551	543	304		10764
安徽	44542	7660	11443	385			25439
福建	21681	4914	3032	196	20	10	13715
江西	31487	4890	3844	218			22753
山东	29402	8945	5720	946			14737
河南	42334	10051	8471	921	30		23782
湖北	23509	8016	4224	538	19		11250
湖南	31917	6711	4067	443	67		21072
广东	53131	10626	6603	738	403	282	35499
广西	28965	5660	4143	532	48	48	19114
海南	7348	1606	393	7	75	44	5274
四川	60031	17662	15206	1087	20		27143
贵州	11690	1420	1048	89			9222
云南	18549	5394	3132	306			10023
西藏	1396	296	122				978
陕西	26157	5848	4233	140			16076
甘肃	11832	3249	1459	162			7124
青海	3614	612	291	45			2711
宁夏	2903	905	827	47			1171
新疆	12263	2458	1242	247	1841		6722

3-45 各地区社会服务业机构

（1992年，按经济类型分，县以下）　　单位：个

地　区	合　计	国　有服务业	集　体服务业	#供销社	合　营服务业	# 中外合营	个体有证服务业
全国总计	**1005687**	**4245**	**52091**	**14641**	**1320**	**8**	**948031**
北　京	7154	71	290	131	4		6789
天　津	59		59	38			
河　北	42193	79	1354	639			40760
山　西	16363	32	472	366			15859
内蒙古	11049	84	1130	692			9835
辽　宁	24261	180	1892	632			22189
吉　林	7580	78	997	305			6505
黑龙江	9516	135	737	354			8644
上　海	12340	64	453	131	2		11821
江　苏	88704	130	6013	710			82561
浙　江	89121	236	1646	559	83		87156
安　徽	44728	82	2947	527	4		41695
福　建	20846	53	628	283	4		20161
江　西	42455	101	1810	693	1		40543
山　东	108484	86	4169	1455	9		104220
河　南	40444	82	1948	976			38414
湖　北	52092	786	3783	994	46		47477
湖　南	45565	186	2398	749			42981
广　东	58634	255	2660	1022	23	7	55696
广　西	34843	92	1029	641			33722
海　南	4125	117	112	50	2	1	3894
四　川	159641	249	12408	1325	1		146983
贵　州	11127	42	299	208			10786
云　南	19798	187	1069	602			18542
西　藏	262	29	24				209
陕　西	23525	66	1022	294			22437
甘　肃	13028	68	438	164			12522
青　海	1653	4	13	10			1636
宁　夏	3812	22	79	17			3711
新　疆	12285	649	212	74	1141		10283

3-46 各地区社会服务业人员

（1992年，按经济类型分，县以下）　　　　单位：人

地区	合计	国有服务业	集体服务业	#供销社	合营服务业	#中外合营	个体有证服务业
全国总计	**1550524**	**33143**	**205045**	**33485**	**4385**	**414**	**1307951**
北京	13662	1487	2533	367	833		8809
天津	330		330	83			
河北	70272	658	6494	1725			63120
山西	24407	226	1117	587			23064
内蒙古	16467	407	2794	1422			13266
辽宁	36063	1244	7576	1368			27243
吉林	13702	1127	4417	756			8158
黑龙江	15881	1492	3651	1250			10738
上海	18062	680	3757	319	50		13575
江苏	123941	1186	20941	1906			101814
浙江	118413	2308	6755	1526	706		108644
安徽	83599	1210	14937	1708	67		67385
福建	32295	827	2307	420	57		29104
江西	75644	577	5583	997	4		69480
山东	200460	1675	23649	3393	86		175050
河南	63974	597	8322	1976			55055
湖北	92906	7505	15544	2401	137		69720
湖南	71478	1376	9054	1241			61048
广东	105115	2516	13727	2901	844	398	88028
广西	45077	656	2538	1092			41883
海南	7023	670	321	104	59	16	5973
四川	203830	1216	37781	3869	50		164783
贵州	14346	104	576	299			13666
云南	28854	729	3233	752			24892
西藏	609	108	75				426
陕西	29917	387	3054	545			26476
甘肃	18311	348	1699	310			16264
青海	2160	13	21	20			2126
宁夏	5104	67	738	28			4299
新疆	18622	1747	1521	120	1492		13862

3-47 各地区社会服务业机构

（1992年，按行业分）　　单位：个

地区	合计	旅馆业	理发业	浴池业	洗染业	摄影业	日用品修理业	其他修理业
全国总计	**1841910**	**188322**	**507825**	**7317**	**9796**	**98318**	**742206**	**288126**
北　京	28430	2050	5124	79	480	1372	16087	3238
天　津	13742	814	2117	59	47	701	3807	6197
河　北	75984	9031	17636	372	480	4926	31730	11809
山　西	35556	5468	8522	164	116	2818	11941	6527
内蒙古	40156	7168	9955	155	339	2397	16026	4116
辽　宁	78888	5787	19418	319	1289	3940	33460	14675
吉　林	38974	4322	10907	123	218	2540	14933	5931
黑龙江	58035	8323	17149	369	751	3406	20250	7787
上　海	26236	1639	5836	147	247	837	9278	8252
江　苏	124039	10409	31423	1289	548	4491	57903	17976
浙　江	118210	9321	34076	141	538	4364	51029	18741
安　徽	82632	11378	16948	1061	479	4614	33981	14171
福　建	46160	3624	14217	115	294	2252	19156	6502
江　西	67060	5680	15887	24	127	3019	25801	16522
山　东	154151	11583	34386	393	425	8929	72081	26354
河　南	83126	9778	21368	786	383	6682	34613	9516
湖　北	79472	7837	24365	63	293	4036	33872	9006
湖　南	79011	10643	25040	11	216	4063	30291	8747
广　东	123559	7721	46972	41	281	7158	44192	17194
广　西	64183	7968	16109	8	160	2907	22028	15003
海　南	8819	618	3037		74	651	2876	1563
四　川	231241	17622	75827	300	805	8724	96912	31051
贵　州	27647	5985	6613	328	386	2003	7462	4870
云　南	35325	6411	8765	380	93	2159	12670	4847
西　藏	1988	100	571	15	15	165	357	765
陕　西	49213	7049	14849	210	127	3560	19234	4184
甘　肃	26372	4342	8461	114	114	1844	7359	4138
青　海	5924	880	1445	25	24	345	2212	993
宁　夏	7891	796	2940	41	39	481	2501	1093
新　疆	29886	3975	7862	185	408	2934	8164	6358

3-48 各地区社会服务业人员

（1992年，按行业分）　　　　单位：人

地区	合计	旅馆业	理发业	浴池业	洗染业	摄影业	日用品修理业	其他修理业
全国总计	4521635	1427008	779102	68172	46326	225121	1110116	865790
北京	167892	92121	9499	2416	2709	5679	34642	20826
天津	59789	16660	4000	2258	822	2094	11463	22492
河北	175241	47238	28381	2506	1687	9924	46630	38875
山西	89482	22813	14210	1659	859	6630	17671	25640
内蒙古	96846	33534	15933	1861	1600	5815	25435	12668
辽宁	217549	74458	28150	6272	4575	11710	52330	40054
吉林	108456	39235	16437	2708	897	6462	22958	19759
黑龙江	211670	64769	26526	4692	4440	10308	36781	64154
上海	125771	44611	12624	3900	3251	3611	13220	44554
江苏	277134	76672	43768	10891	1999	11297	80745	51762
浙江	218585	61756	40483	1377	1820	8085	62787	42277
安徽	215217	71220	31298	7541	1876	10308	54925	38049
福建	101262	28738	22118	1154	1128	4578	27660	15886
江西	161253	36550	29188	329	513	7006	49310	38357
山东	370876	91237	61664	4065	2329	21933	116568	73080
河南	212656	73029	35962	5720	1988	14221	54169	27567
湖北	178116	48150	40751	533	1634	10651	47589	28808
湖南	164138	53065	35157	153	778	9127	45282	20576
广东	407434	143510	87934	389	3904	15940	73242	82515
广西	140761	56682	21052	49	407	5584	28191	28796
海南	23990	8167	5058		189	1364	4685	4527
四川	395304	106305	94372	1144	2309	15618	115768	59788
贵州	50973	17861	9353	1008	1038	3084	10955	7674
云南	79687	31501	12078	1216	495	4465	18336	11596
西藏	3322	540	860	31	35	225	498	1133
陕西	129457	48405	23626	2451	1101	9134	28118	16622
甘肃	52890	16027	12140	630	547	3716	10263	9567
青海	11154	3379	1969	250	185	662	2813	1896
宁夏	17636	4833	4020	327	276	972	4682	2526
新疆	57094	13942	10491	642	935	4918	12400	13766

3-49 各地区社会服务业机构

（1992年，按行业分，市） 单位：个

地区	合计	旅馆业	理发业	浴池业	洗染业	摄影业	日用品修理业	其他修理业
全国总计	**535900**	**60812**	**143962**	**2586**	**5806**	**32171**	**190300**	**100263**
北京	18673	1493	3283	60	414	1046	10161	2216
天津	6661	441	773	51	47	514	1892	2943
河北	19110	2748	3969	100	215	1345	7010	3723
山西	10550	1383	2707	84	58	855	3351	2112
内蒙古	18592	2938	4758	60	250	1228	7518	1840
辽宁	45499	2765	10723	224	989	2502	18372	9924
吉林	22574	2254	6064	81	169	1422	8683	3901
黑龙江	32789	4701	9534	189	491	1913	11673	4288
上海	12305	1157	2439	121	222	604	3854	3908
江苏	27555	3008	6477	383	376	1157	11136	5018
浙江	20526	2254	6418	70	227	948	6428	4181
安徽	20787	2803	3730	213	183	976	8375	4507
福建	15551	1418	4983	59	213	592	5721	2565
江西	10885	1469	3091	13	57	673	3536	2046
山东	36100	4528	7373	186	211	2243	13145	8414
河南	24511	3299	5522	198	190	1959	9554	3789
湖北	18356	1961	5221	50	148	1229	6595	3152
湖南	18633	2444	6642	8	122	1035	5996	2386
广东	43087	3635	16468	33	225	2554	12969	7203
广西	13630	1906	3277	6	75	778	4081	3507
海南	1711	237	378		20	93	414	569
四川	45039	3855	15636	63	345	2387	14233	8520
贵州	8773	1810	2265	80	231	887	2073	1427
云南	6484	1266	1850	60	39	577	1345	1347
西藏	964	4	310			125	223	302
陕西	13292	2326	3295	58	60	844	5110	1599
甘肃	7392	797	2307	57	78	477	2452	1224
青海	2036	246	570	7	11	108	848	246
宁夏	2886	255	1114	20	24	182	962	329
新疆	10949	1411	2785	52	116	918	2590	3077

3-50 各地区社会服务业人员

（1992年，按行业分，市）　　单位：人

地区	合计	旅馆业	理发业	浴池业	洗染业	摄影业	日用品修理业	其他修理业
全国总计	**2284608**	**971450**	**267510**	**43912**	**35334**	**110086**	**354690**	**501626**
北京	144424	84985	7114	2137	2320	4821	25263	17784
天津	49166	15405	2446	2222	822	1792	9143	17336
河北	71604	25476	7474	1275	983	3649	10141	22606
山西	45757	11829	5908	1389	696	3440	5306	17189
内蒙古	58408	20724	8942	1369	1386	3674	13759	8554
辽宁	158768	60757	16852	5347	3783	8978	32077	30974
吉林	73578	26643	10252	2144	731	4535	13670	15603
黑龙江	159154	45898	15703	3480	3855	7015	25266	57937
上海	101820	41543	8412	3555	2973	3147	6376	35814
江苏	129193	51817	11659	5243	1389	5600	24903	28582
浙江	81591	42089	8639	1121	1137	3269	8978	16358
安徽	87076	39462	8386	2672	891	3550	15249	16866
福建	47286	18425	8490	917	972	1915	8890	7677
江西	54122	22077	6676	266	336	2498	9663	12606
山东	141014	56556	16253	2649	1667	8965	23615	31309
河南	106348	50504	11761	2629	1347	5935	18514	15658
湖北	61701	25681	10289	424	869	3763	9273	11402
湖南	60743	28070	10063	112	528	3893	9903	8174
广东	249188	116015	35325	293	3612	7134	27583	59226
广西	66719	40270	5376	29	263	2444	6629	11708
海南	9619	5452	833		76	386	1062	1810
四川	131443	58226	23342	595	1362	5984	19166	22768
贵州	24937	10840	3925	501	788	1637	4202	3044
云南	32284	17488	3288	617	343	1850	3104	5594
西藏	1317	44	495			145	323	310
陕西	73383	34794	8562	1700	940	5508	10803	11076
甘肃	22747	7732	4255	464	452	1696	4042	4106
青海	5380	2076	889	183	163	313	1129	627
宁夏	9629	3101	1727	277	226	544	2487	1267
新疆	26209	7471	4174	302	424	2006	4171	7661

3-51 各地区社会服务业机构

(1992年,按行业分,县)　　单位:个

地　区	合　计	旅馆业	理发业	浴池业	洗染业	摄影业	日用品修理业	其他修理业
全国总计	**300323**	**42689**	**82073**	**2420**	**1939**	**18692**	**105077**	**47433**
北　京	2603	157	544	12	28	112	1455	295
天　津	7022	351	1341	5		175	1908	3242
河　北	14681	2032	3575	159	99	965	5607	2244
山　西	8643	1648	1952	67	43	622	2722	1589
内蒙古	10515	2129	2805	89	83	611	3851	947
辽　宁	9128	900	2334	52	144	411	3957	1330
吉　林	8820	1038	2785	34	34	559	3412	958
黑龙江	15730	2253	4780	152	218	824	4984	2519
上　海	1591	119	281	20	15	78	653	425
江　苏	7780	1303	1986	142	75	399	2746	1129
浙　江	8563	1168	2351	34	69	394	3056	1491
安　徽	17117	2914	3871	275	112	1025	6860	2060
福　建	9763	847	3311	33	55	586	3729	1202
江　西	13720	1384	3346	9	47	857	5291	2786
山　东	9567	962	2206	98	41	817	3559	1884
河　南	18171	2498	4676	305	114	1468	7164	1946
湖　北	9024	1385	2764	10	47	543	3403	872
湖　南	14813	2652	4408	2	50	847	5024	1830
广　东	21838	1509	8916	5	25	1231	7501	2651
广　西	15710	2370	3997	1	24	808	4891	3619
海　南	2983	238	1066		43	286	1032	318
四　川	26561	3849	6953	168	182	1575	8476	5358
贵　州	7747	2007	1741	187	115	489	2006	1202
云　南	9043	2126	1972	253	34	605	2627	1426
西　藏	762	66	202	7	3	32	88	364
陕　西	12396	1765	3510	116	39	817	5037	1112
甘　肃	5952	1329	1837	40	22	443	1256	1025
青　海	2235	376	581	18	13	132	773	342
宁　夏	1193	202	389	12	11	88	239	252
新　疆	6652	1112	1593	115	154	893	1770	1015

3-52 各地区社会服务业人员

(1992年,按行业分,县)　　单位:人

	合计	旅馆业	理发业	浴池业	洗染业	摄影业	日用品修理业	其他修理业
全国总计	686503	224438	133997	14954	5806	40997	160402	105909
北　京	9806	4016	846	222	204	460	2883	1175
天　津	10293	1056	1537	29		275	2285	5111
河　北	33365	9239	6419	764	302	2077	9763	4801
山　西	19318	6291	3429	233	133	1342	4191	3699
内蒙古	21971	8470	3904	465	199	1324	5668	1941
辽　宁	22718	7323	3922	716	510	1028	6348	2871
吉　林	21176	8529	3677	509	106	1128	5165	2062
黑龙江	36635	14033	7019	1114	522	2275	7139	4533
上　海	5889	1095	587	279	108	257	1275	2288
江　苏	24000	9586	3470	2168	330	1332	4076	3038
浙　江	18581	6746	3123	149	171	812	4186	3394
安　徽	44542	14683	7613	2407	415	2310	11086	6028
福　建	21681	6520	5227	158	108	1107	5615	2946
江　西	31487	7352	6691	51	120	1930	9635	5708
山　东	29402	9032	4844	816	162	2314	6133	6101
河　南	42334	12421	8215	2190	406	3305	11233	4564
湖　北	23509	7131	4927	96	225	1610	5241	4279
湖　南	31917	10781	6971	35	140	1790	8181	4019
广　东	53131	14357	16822	57	200	2696	11753	7246
广　西	28965	9937	5204	12	42	1400	6132	6238
海　南	7348	2105	1698		87	536	1554	1368
四　川	60031	24275	10448	430	462	3489	11472	9455
贵　州	11690	3683	2357	412	185	670	2583	1800
云　南	18549	7676	2819	474	115	1260	3732	2473
西　藏	1396	351	251	17	8	66	115	588
陕　西	26157	7841	5756	644	110	1690	7273	2843
甘　肃	11832	4348	2679	113	43	785	1645	2219
青　海	3614	951	732	67	22	215	940	687
宁　夏	2903	1114	611	31	44	165	384	554
新　疆	12263	3496	2199	296	327	1349	2716	1880

3-53 各地区社会服务业机构

（1992年，按行业分，县以下）　　　　单位：个

地　区	合　计	旅馆业	理发业	浴池业	洗染业	摄影业	日用品修理业	其他修理业
全国总计	**1005687**	**84821**	**281790**	**2311**	**2051**	**47455**	**446829**	**140430**
北　京	7154	400	1297	7	38	214	4471	727
天　津	59	22	3	3		12	7	12
河　北	42193	4251	10092	113	166	2616	19113	5842
山　西	16363	2437	3863	13	15	1341	5868	2826
内蒙古	11049	2101	2392	6	6	558	4657	1329
辽　宁	24261	2122	6361	43	156	1027	11131	3421
吉　林	7580	1030	2058	8	15	559	2838	1072
黑龙江	9516	1369	2835	28	42	669	3593	980
上　海	12340	363	3116	6	10	155	4771	3919
江　苏	88704	6098	22960	764	97	2935	44021	11829
浙　江	89121	5899	25307	37	242	3022	41545	13069
安　徽	44728	5661	9347	573	184	2613	18746	7604
福　建	20846	1359	5923	23	26	1074	9706	2735
江　西	42455	2827	9450	2	23	1489	16974	11690
山　东	108484	6093	24807	109	173	5869	55377	16056
河　南	40444	3981	11170	283	79	3255	17895	3781
湖　北	52092	4491	16380	3	98	2264	23874	4982
湖　南	45565	5547	13990	1	44	2181	19271	4531
广　东	58634	2577	21588	3	31	3373	23722	7340
广　西	34843	3692	8835	1	61	1321	13056	7877
海　南	4125	143	1593		11	272	1430	676
四　川	159641	9918	53238	69	278	4762	74203	17173
贵　州	11127	2168	2607	61	40	627	3383	2241
云　南	19798	3019	4943	67	20	977	8698	2074
西　藏	262	30	59	8	12	8	46	99
陕　西	23525	2958	8044	36	28	1899	9087	1473
甘　肃	13028	2216	4317	17	14	924	3651	1889
青　海	1653	258	294			105	591	405
宁　夏	3812	339	1437	9	4	211	1300	512
新　疆	12285	1452	3484	18	138	1123	3804	2266

3-54 各地区社会服务业人员

（1992年，按行业分，县以下） 单位：人

地区	合计	旅馆业	理发业	浴池业	洗染业	摄影业	日用品修理业	其他修理业
全国总计	**1550524**	**231120**	**377595**	**9306**	**5186**	**74038**	**595024**	**258255**
北京	13662	3120	1539	57	185	398	6496	1867
天津	330	199	17	7		27	35	45
河北	70272	12523	14488	467	402	4198	26726	11468
山西	24407	4693	4873	37	30	1848	8174	4752
内蒙古	16467	4340	3087	27	15	817	6008	2173
辽宁	36063	6378	7376	209	282	1704	13905	6209
吉林	13702	4063	2508	55	60	799	4123	2094
黑龙江	15881	4838	3804	98	63	1018	4376	1684
上海	18062	1973	3625	66	170	207	5569	6452
江苏	123941	15269	28639	3480	280	4365	51766	20142
浙江	118413	12921	28721	107	512	4004	49623	22525
安徽	83599	17075	15299	2462	570	4448	28590	15155
福建	32295	3793	8401	79	48	1556	13155	5263
江西	75644	7121	15821	12	57	2578	30012	20043
山东	200460	25649	40567	600	500	10654	86820	35670
河南	63974	10104	15986	901	235	4981	24422	7345
湖北	92906	15338	25535	13	540	5278	33075	13127
湖南	71478	14214	18123	6	110	3444	27198	8383
广东	105115	13138	35787	39	92	6110	33906	16043
广西	45077	6475	10472	8	102	1740	15430	10850
海南	7023	610	2527		26	442	2069	1349
四川	203830	23804	60582	119	485	6145	85130	27565
贵州	14346	3338	3071	95	65	777	4170	2830
云南	28854	6337	5971	125	37	1355	11500	3529
西藏	609	145	114	14	27	14	60	235
陕西	29917	5770	9308	107	51	1936	10042	2703
甘肃	18311	3947	5206	53	52	1235	4576	3242
青海	2160	352	348			134	744	582
宁夏	5104	618	1682	19	6	263	1811	705
新疆	18622	2975	4118	44	184	1563	5513	4225

3-55 各地区工业、其他部门、农工商联合企业零售门市部机构和人员

(1992年)

机构：个
单位：人员：人

地区	工业部门		其他部门		农工商联合企业	
	机构	人员	机构	人员	机构	人员
全国总计	**69706**	**408860**	**31969**	**218212**	**2274**	**15721**
北京	144	2059	262	1062	2	8
天津	512	7809	137	1074	17	206
河北	1377	7747	713	5802	46	379
山西	730	4577	408	2144	74	391
内蒙古	468	3084	179	1015	55	354
辽宁	1004	10571	666	9128	72	673
吉林	791	7951	261	2353	27	408
黑龙江	1014	84713	724	9019	19	245
上海	381	8123	632	9480		
江苏	6964	28726	3854	23879	155	1211
浙江	3096	12641	1338	9099	66	566
安徽	2258	12370	1058	5692	97	487
福建	1529	5825	706	4512	50	375
江西	2285	10022	882	4082	233	1191
山东	6039	40385	3025	18282	76	737
河南	2535	11958	1618	12206	151	799
湖北	6939	49516	6210	58382	345	2295
湖南	3508	18715	1191	6872	59	569
广东	1900	9301	1349	9006	180	1026
广西	967	4383	501	2908	56	441
海南	150	831	67	311	8	30
四川	19625	49585	4013	11899	162	1304
贵州	1517	2800	407	1882	110	497
云南	1382	4060	554	1892	72	698
西藏	8	63	34	109		
陕西	1030	4486	488	1928	26	196
甘肃	669	2573	233	831	62	346
青海	154	715	87	380		
宁夏	361	1915	247	2528	37	157
新疆	369	1356	125	455	17	132

3-56 各地区工业部门、其他部门、农工商联合企业零售门市部机构和人员变化比较

（以上年为100）

地　区	工业部门		其他部门		农工商联合企业	
	机构	人员	机构	人员	机构	人员
全国总计	101.8	120.6	110.9	105.6	102.6	107.5
北　京	62.1	59.7	249.5	110.7	33.3	30.8
天　津	108.5	109.2	311.4	222.8	106.3	81.4
河　北	73.8	78.3	88.1	90.5	92.0	132.5
山　西	99.6	90.2	112.4	114.9	113.8	126.1
内蒙古	85.1	99.4	71.0	63.9	77.5	68.9
辽　宁	108.2	109.8	113.1	126.1	112.5	92.3
吉　林	105.5	114.8	73.3	59.3	93.1	78.0
黑龙江	96.6	460.2	106.2	92.0	172.7	376.9
上　海	384.8	540.5	209.3	326.2		
江　苏	103.0	98.7	108.3	111.6	134.8	145.7
浙　江	100.5	105.1	105.2	102.7	90.4	72.9
安　徽	82.1	86.3	77.3	68.6	161.7	93.3
福　建	116.4	115.7	110.3	103.6	128.2	168.9
江　西	107.9	99.5	115.3	104.6	90.3	90.4
山　东	104.8	102.0	140.6	113.6	113.4	111.7
河　南	92.6	89.5	96.3	97.4	215.7	200.3
湖　北	109.9	109.4	129.3	108.5	113.5	128.7
湖　南	109.7	120.1	99.6	99.0	107.3	136.5
广　东	68.7	69.6	72.6	75.8	67.7	66.5
广　西	86.5	70.4	121.9	122.1	224.0	200.5
海　南	94.3	103.1	73.6	61.2		
四　川	101.8	95.8	107.0	98.9	75.3	94.6
贵　州	227.4	115.4	112.1	103.6	87.3	90.4
云　南	103.2	108.0	116.6	149.9	138.5	209.0
西　藏	100.0	106.8	109.7	117.2		
陕　西	110.9	96.5	158.4	102.8	74.3	62.0
甘　肃	94.0	93.1	100.4	87.2	100.0	118.1
青　海	107.7	115.3	161.1	141.8	0.0	0.0
宁　夏	104.3	100.6	130.7	141.8	60.7	60.2
新　疆	126.4	121.6	100.8	97.2	100.0	161.0

3-57 各地区物资供销业职工人数和销售网点

（1992年）

地区	职工人数（万人）	物资部门	供销机构（公司）	销售网点（个）	物资部门	供销机构（公司）
全国	**134.96**	**94.76**	**40.20**	**72 007**	**50 250**	**21 757**
北京	2.11	1.13	0.99	896	737	159
天津	1.88	0.99	0.89	510	282	228
河北	7.35	6.02	1.33	3 951	3 194	757
山西	4.75	2.40	2.35	2 393	1 502	891
内蒙古	3.56	2.86	0.70	1 787	1 362	425
辽宁	11.56	9.54	2.02	4 301	3 614	687
吉林	4.99	4.23	0.75	2 080	1 721	359
黑龙江	10.70	9.00	1.71	3 455	2 916	539
上海	5.37	3.63	1.74	677	448	229
江苏	10.89	8.21	2.68	5 532	4 014	1 518
浙江	6.18	4.00	2.18	4 539	3 058	1 481
安徽	3.67	2.87	0.80	2 368	1 747	621
福建	1.72	0.75	0.97	1 238	584	654
江西	2.64	1.17	1.47	1 769	834	935
山东	8.70	7.25	1.45	5 172	4 308	864
河南	7.54	6.21	1.34	4 248	3 532	716
湖北	9.92	5.74	4.18	5 691	3 016	2 675
湖南	3.40	2.49	0.92	2 521	1 889	632
广东	7.30	3.70	3.61	4 123	1 972	2 151
广西	2.03	1.15	0.88	1 849	1 094	755
海南	0.66	0.29	0.36	410	228	182
四川	6.17	3.36	2.81	4 856	2 820	2 036
贵州	1.42	1.10	0.32	1 061	854	207
云南	2.27	1.28	0.99	1 297	872	425
西藏						
陕西	4.05	3.06	0.98	2 386	1 935	451
甘肃	1.67	0.99	0.68	1 292	859	433
青海	0.36	0.25	0.11	168	128	40
宁夏	0.79	0.42	0.37	453	241	212
新疆	1.32	0.69	0.63	984	489	495

3-58 重点城市社会商业机构

（1992年）　　　　单位：个

城市名称	合计	国有商业	企业管理机构	企业经营机构	农副产品采购机构	工业品批发机构
石家庄	30392	1043	89	927	90	149
太原	23929	1325	74	1227	100	91
呼和浩特	14756	1240	70	1139	61	100
沈阳	70261	3739	92	3552	191	172
大连	47360	3250	185	3006	479	296
长春	48168	2513	195	2223	289	125
哈尔滨	58616	1911	179	1652	164	192
南京	47498	3245	242	2898	390	281
杭州	74499	3123	153	2926	633	369
宁波	80923	2765	136	2547	579	438
合肥						
福州	45901	2554	234	2189	431	164
厦门	18338	628	51	566	61	73
南昌	28733	1908	170	1668	281	169
济南	51972	3879	182	3677	261	246
青岛	81566	2443	139	2253	437	378
郑州						
武汉	52563	4784	297	4366	589	361
长沙						
广州	109679	10433	238	10143	405	396
深圳	29814	2344	268	2032	158	248
南宁	39318	1595	55	1506	170	84
海口	8615	660	83	559	34	50
成都	140076	4863	350	4345	314	590
重庆	155972	8891	277	8465	1868	897
贵阳	20585	1872	252	1607	82	85
昆明	39583	3117	336	2686	308	169
西安	50286	4353	56	4246	321	304
兰州	21934	1755	143	1576	98	208
西宁	12790	650	42	583	38	58
银川						
乌鲁木齐	17673	1053	68	953	38	119

3-58 续表1　　(1992年)　　单位:个

城市名称	零售机构	其他经营机构	仓储运输机构	集体商业	供销合作社	企业管理机构
石家庄	665	23	27	2424	1343	41
太原	972	64	24	3309	1232	107
呼和浩特	856	122	31	3913	803	59
沈阳	3055	134	95	10894	1238	1
大连	2108	123	59	7139	2249	137
长春	1747	62	95	8071	2772	150
哈尔滨	1238	58	80	11153	1603	113
南京	2135	92	105	12184	1794	189
杭州	1874	50	44	11502	5355	213
宁波	1389	141	82	10030	3307	100
合肥						
福州	1474	120	131	5766	3279	115
厦门	347	85	11	3335	221	13
南昌	1077	141	70	5502	1459	110
济南	3085	85	20	9680	2219	165
青岛	1404	34	51	9887	3448	163
郑州						
武汉	3126	290	121	7470	3282	145
长沙						
广州	9145	197	52	20325	2986	160
深圳	1209	417	44	1224	254	1
南宁	1213	39	34	5561	1186	46
海口	449	26	18	1384	197	19
成都	3042	399	168	20273	4996	399
重庆	5579	121	149	38346	13017	283
贵阳	1416	24	13	1929	507	51
昆明	2147	62	95	6562	2381	161
西安	3512	109	51	14152	1894	84
兰州	1223	47	36	3954	1260	43
西宁	479	8	25	1294	290	30
银川						
乌鲁木齐	729	67	32	1918	252	11

3-58 续表2 (1992年) 单位：个

城市名称	企业经营机构	农副产品采购机构	工业品批发机构	零售机构	其他经营机构	仓储运输机构
石家庄	1259	55	63	970	171	43
太原	1094	99	62	844	89	31
呼和浩特	742	47	18	624	53	2
沈阳	1219	91	85	976	67	18
大连	2086	247	220	1433	186	26
长春	2585	261	210	1801	313	37
哈尔滨	1473	130	79	1063	201	17
南京	1577	77	172	1152	176	28
杭州	5069	544	381	3938	206	73
宁波	3155	390	240	2331	194	52
合肥						
福州	3106	111	170	2676	149	58
厦门	204	21	34	137	12	4
南昌	1330	62	66	1044	158	19
济南	2019	145	154	1429	291	35
青岛	3250	246	308	2370	326	35
郑州						
武汉	3032	219	201	1889	723	105
长沙						
广州	2779	172	206	2027	374	47
深圳	253	16	16	200	21	
南宁	1100	84	62	879	75	40
海口	175	16	7	146	6	3
成都	4567	343	307	3658	259	30
重庆	12488	630	543	10204	1111	246
贵阳	454	37	25	334	58	2
昆明	2167	202	98	1767	100	53
西安	1798	126	131	1333	208	12
兰州	1191	99	93	871	128	26
西宁	258	6	11	218	24	2
银川						
乌鲁木齐	237	47	31	140	19	4

(1992年)

单位:个

城市名称	其他集体商业	企业管理机构	企业经营机构	农副产品采购机构	工业品批发机构	零售机构
石家庄	1081	73	1003	2	86	895
太原	2077	203	1871		13	1849
呼和浩特	3110	12	3097	41	12	2975
沈阳	9656	15	9637		58	9393
大连	4890	47	4798	139	319	4231
长春	5299	142	5153	64	64	5007
哈尔滨	9550	27	9520	17	30	9468
南京	10390	66	10318	7	154	9998
杭州	6147	86	6025	21	196	5662
宁波	6723	125	6584	41	739	5722
合肥						
福州	2487	86	2390	5	28	2328
厦门	3114	53	3057	9	239	2748
南昌	4043	289	3746	19	35	3343
济南	7461	31	7428	23	101	7283
青岛	6439	15	6392	27	273	6045
郑州						
武汉	4188	98	4084	25	42	3884
长沙						
广州	17339	62	17260	10	28	17136
深圳	970	34	935	5	2	896
南宁	4375	22	4351	3	30	4302
海口	1187	92	1095	5	8	1082
成都	15277	691	14567	193	788	13366
重庆	25329	472	24811	159	246	24274
贵阳	1422	26	1394	12	39	1343
昆明	4181	116	4059	2	33	3990
西安	12258	20	12197	21	30	11796
兰州	2694	84	2609	1	6	2594
西宁	1004	38	964		13	942
银川						
乌鲁木齐	1666	24	1642	2	2	1612

3-58 续表4 (1992年) 单位:个

城市名称	其他经营机构	仓储运输机构	合营商业	#中外合营	#零售商业	个体有证商业
石家庄	20	5	2	1	2	26293
太原	9	3				19295
呼和浩特	69	1				9603
沈阳	186	4	4		4	55624
大连	109	45	14	6	7	36957
长春	18	4	3	3	1	37581
哈尔滨	5	3	1		1	45551
南京	159	6	16	4	2	32053
杭州	146	36	37	3	35	59837
宁波	82	14	3	2	3	68125
合肥						
福州	29	11	85	3	82	37496
厦门	61	4	213	37	92	14162
南昌	349	8	6	5	6	21317
济南	21	2	11	1	9	38402
青岛	47	32	9		7	69227
郑州						
武汉	133	6				40309
长沙						
广州	86	17	262	10	258	78659
深圳	32	1	154	125	102	26092
南宁	16	2	18	3	15	32144
海口			20	5	20	6548
成都	220	19	6	2	6	114934
重庆	132	46	4	4		108731
贵阳		2	7		7	16777
昆明	34	6				29904
西安	350	41	137		137	31644
兰州	8	1				16225
西宁	9	2				10846
银川						
乌鲁木齐	26		1		1	14701

3-59 重点城市社会商业人员

(1992年)

单位:人

城市名称	合计	国有商业	企业管理机构	企业经营机构	农副产品采购机构	工业品批发机构
石家庄	119414	38584	2310	34419	4020	6840
太原	117652	47274	4240	40379	2615	4366
呼和浩特	83641	33933	2488	28049	1568	3260
沈阳	372281	129898	4950	104658	10211	17040
大连	238473	88983	5157	79694	17389	11575
长春	265799	96966	9015	78460	18946	7003
哈尔滨	324507	92175	7334	70070	6924	11550
南京	273945	82609	7921	68794	5760	8641
杭州	221327	53901	3486	48204	6800	12300
宁波	192558	37810	3408	33010	6401	7839
合肥						
福州	138119	45212	9362	30759	4161	4789
厦门	78697	13125	1193	11200	1045	1587
南昌	149246	38044	4211	30387	5803	4048
济南	203843	59919	4775	52660	4238	5853
青岛	237669	48646	3427	41417	8536	11110
郑州						
武汉	245226	120040	7410	104386	13143	16982
长沙						
广州	505559	226212	7699	212075	9417	29625
深圳	111981	43080	7548	33961	4090	5092
南宁	121445	32774	1221	29828	2667	4263
海口	43387	14949	3087	11268	652	1461
成都	325149	81773	7397	68130	4902	14011
重庆	344956	95345	6275	84694	16622	23330
贵阳	70562	27151	4154	20736	2064	3012
昆明	118007	46095	5790	37273	3709	7146
西安	294503	99480	2422	94212	6621	8949
兰州	117060	35026	3494	28267	1307	7493
西宁	41438	15905	1390	12675	952	2722
银川						
乌鲁木齐	80067	33093	2454	27772	1700	7425

3-59 续表1　　(1992年)　　单位:人

城市名称	零售机构	其他经营机构	仓储运输机构	集体商业	供销合作社	企业管理机构
石家庄	23018	541	1855	32854	12847	1130
太原	28175	5223	2655	37888	11072	2198
呼和浩特	19740	3481	3396	36866	5792	588
沈阳	75764	1643	20290	170161	27632	67
大连	48075	2655	4132	89565	32425	3638
长春	48499	4012	9491	111935	34488	2346
哈尔滨	48956	2640	14771	157418	24833	2571
南京	52701	1692	5894	140126	21178	3019
杭州	28271	833	2211	78633	30877	3255
宁波	15986	2784	1392	60347	26952	1732
合肥						
福州	19966	1843	5091	33153	16178	2079
厦门	6443	2125	732	34248	1786	230
南昌	17561	2975	3446	63771	10358	1470
济南	41037	1532	2484	82177	22598	3072
青岛	21188	583	3802	88073	26920	3386
郑州						
武汉	67843	6418	8244	69047	33796	4247
长沙						
广州	165402	7631	6438	151435	25189	3206
深圳	15983	8796	1571	6979	1315	47
南宁	22184	714	1725	48933	6930	808
海口	8272	883	594	11366	3504	385
成都	40139	9078	6246	99091	26345	4881
重庆	42297	2445	4376	122050	42323	5865
贵阳	15320	340	2261	17133	3573	880
昆明	24738	1680	3032	35095	12925	2311
西安	77065	1577	2846	140147	15918	1794
兰州	18469	998	3265	46895	10135	909
西宁	8933	68	1840	12110	3203	404
银川						
乌鲁木齐	16725	1922	2867	23973	5336	898

3-59 续表2　　(1992年)　　单位:人

城市名称	企业经营机构	农副产品采购机构	工业品批发机构	零售机构	其他经营机构	仓储运输机构
石家庄	11109	1388	1170	6364	2187	608
太原	8631	1943	1478	4199	1011	243
呼和浩特	5170	382	304	4230	254	34
沈阳	27460	2546	4695	14594	5625	105
大连	28269	4889	3835	15957	3588	518
长春	31245	6941	5445	15489	3370	897
哈尔滨	21834	2522	1926	12393	4993	428
南京	17299	1408	2686	11359	1846	860
杭州	26886	3284	4940	17377	1285	736
宁波	24767	2596	2923	17018	2230	453
合肥						
福州	13531	886	1174	10692	779	568
厦门	1512	261	364	671	216	44
南昌	8645	970	1009	6005	661	243
济南	19039	4026	1586	9371	4056	487
青岛	23009	2438	3096	14604	2871	525
郑州						
武汉	28415	6282	3039	12967	6127	1134
长沙						
广州	21470	2955	1868	13084	3563	513
深圳	1268	120	95	772	281	
南宁	5965	810	612	4072	471	157
海口	2991	364	234	1857	536	128
成都	20827	2363	2923	14399	1142	637
重庆	34527	3124	4333	24242	2828	1931
贵阳	2654	596	438	1435	185	39
昆明	9883	1669	907	5881	1426	731
西安	13643	1956	2182	7357	2148	481
兰州	8710	1126	1131	4999	1454	516
西宁	2640	224	330	1692	394	159
银川						
乌鲁木齐	4298	925	891	1858	624	140

3-59 续表3　　(1992年)　　单位:人

城市名称	其他集体商业	企业管理机构	企业经营机构	农副产品采购机构	工业品批发机构	零售机构
石家庄	20007	570	19353	14	1396	17475
太原	26816	1957	24805		304	24298
呼和浩特	31074	160	30898	301	115	29786
沈阳	142529	515	141806		2436	137138
大连	57140	953	55330	1256	4023	48824
长春	77447	1178	76145	3059	479	71764
哈尔滨	132585	222	132334	514	573	131185
南京	118948	355	118505	204	1343	115053
杭州	47756	649	46157	79	3020	41519
宁波	33395	869	32083	337	6312	24633
合肥						
福州	16975	588	16121	66	217	15544
厦门	32462	281	32087	274	2573	28563
南昌	53413	1248	52082	161	289	49363
济南	59579	306	59249	120	1041	57896
青岛	61153	285	60013	885	4324	54293
郑州						
武汉	35251	800	34251	439	1062	30889
长沙						
广州	126246	415	125358	240	211	124000
深圳	5664	323	5318	31	11	4644
南宁	42003	214	41725	48	503	41029
海口	7862	878	6984	32	56	6896
成都	72746	3555	68367	744	6979	59036
重庆	79727	2585	76243	1617	2023	71510
贵阳	13560	186	13339	375	645	12319
昆明	22170	1296	20826	11	413	18829
西安	124229	155	121877	143	395	119193
兰州	36760	764	35994	12	74	35871
西宁	8907	200	8705		136	8534
银川						
乌鲁木齐	18637	197	18440	217	132	17969

3-59 续表4 (1992年) 单位:人

城市名称	其他经营机构	仓储运输机构	合营商业	#中外合营	#零售商业	个体有证商业
石家庄	468	84	1426	10	1426	46550
太原	203	54				32490
呼和浩特	696	16				12842
沈阳	2232	208	485		485	71737
大连	1227	857	228	146	124	59697
长春	843	124	2154	2154	2094	54744
哈尔滨	62	29	17		17	74897
南京	1905	88	760	275	108	50450
杭州	539	950	2635	779	2550	86158
宁波	801	443	243	113	243	94158
合肥						
福州	294	266	641	99	542	59193
厦门	677	94	2315	643	876	29009
南昌	2269	83	211	163	211	47220
济南	192	24	563	9	504	61184
青岛	511	855	136		84	100814
郑州						
武汉	1861	200				56139
长沙						
广州	907	473	4836	436	4509	123076
深圳	632	23	3116	2382	1974	58806
南宁	145	64	398	125	273	39340
海口			308	112	295	16674
成都	1608	824	132	49	132	144153
重庆	1093	899	39	39		127522
贵阳		35	96		96	26182
昆明	1573	48				36817
西安	2146	2197	4872		4872	50004
兰州	37	2				28839
西宁	35	2				13423
银川						
乌鲁木齐	122		5		5	22996

3-60 重点城市社会零售商业机构

（1992年） 单位：个

城市名称	合计	#500人以上的大型商店	粮油商店	副食品商店	其他食品商店	纺织品商店
石家庄	29455	7	192	261	124	74
太原	22960	7	240	734	185	50
呼和浩特	14058	1	266	525	526	91
沈阳	69052	15	1025	1331	1255	327
大连	44736	13	792	1256	785	93
长春	46137	12	715	984	694	99
哈尔滨	57321	7	931	929	1917	129
南京	44725	6	627	2561	1962	321
杭州	71346	7	320	1860	1080	416
宁波	77570	2	494	2075	835	186
合肥						
福州	44056	2	458	1159	632	62
厦门	17486	2	89	270	507	64
南昌	26787	3	320	516	624	151
济南	50208	7	422	728	828	118
青岛	79053	2	342	747	1166	137
郑州						
武汉	49208	14	769	1365	1043	176
长沙						
广州	107225	10	1192	3290	3344	466
深圳	28499	2	157	348	148	33
南宁	38553	1	292	479	732	118
海口	8248		65	106	122	94
成都	135006	5	628	4170	1154	306
重庆	148788	2	912	6779	3533	1249
贵阳	19877	2	86	406	1361	42
昆明	37808	2	482	942	698	118
西安	48422	9	1083	1151	1132	385
兰州	20913	5	270	974	175	24
西宁	12485		112	206	89	19
银川						
乌鲁木齐	17183	7	245	330	52	67

3-60 续表1　　(1992年)　　单位:个

城市名称	百货商店	医药商店	书店	日用杂品商店	煤炭商店	石油商店
石家庄	380	43	67	109	69	43
太原	522	81	59	146	43	34
呼和浩特	482	102	78	185	48	52
沈阳	1472	286	238	262	509	277
大连	654	54	130	237	188	96
长春	1292	239	114	319	127	171
哈尔滨	1480	243	184	405	192	75
南京	1655	103	179	519	171	66
杭州	1171	194	226	339	105	90
宁波	643	199	127	387	38	67
合肥						
福州	411	117	217	335	145	84
厦门	384	54	31	95	29	11
南昌	745	82	96	301	86	52
济南	573	99	181	231	236	120
青岛	1695	92	274	529	253	111
郑州						
武汉	755	116	179	512	282	93
长沙						
广州	4084	697	493	1322	377	493
深圳	185	94	32	324	2	82
南宁	875	144	124	541	36	192
海口	115	70	26	132	4	11
成都	2830	264	219	1174	1 6	79
重庆	4554	653	418	2266	415	146
贵阳	268	38	52	54	8	13
昆明	974	182	137	201	136	114
西安	2238	443	265	542	214	217
兰州	596	129	206	127	86	33
西宁	95	23	43	59	21	23
银川						
乌鲁木齐	286	27	75	168	14	14

3-60 续表2 (1992年) 单位:个

城市名称	五交化商店	农业生产资料商店	其他专业商店	综合性商店	个体有证商店
石家庄	148	114	105	803	26923
太原	299	80	341	851	19295
呼和浩特	587	121	421	971	9603
沈阳	4146	121	902	1277	55624
大连	658	330	724	1782	36957
长春	978	292	925	1607	37581
哈尔滨	2036	142	2253	854	45551
南京	1338	358	1324	2103	31438
杭州	860	685	615	3548	59837
宁波	754	486	508	2646	68125
合肥					
福州	390	377	505	1668	37496
厦门	192	95	169	1334	14162
南昌	713	278	471	1035	21317
济南	607	309	2552	4802	38402
青岛	795	375	535	2775	69227
郑州					
武汉	461	409	309	2430	40309
长沙					
广州	4425	1168	3247	3968	78659
深圳	203	53	269	477	26092
南宁	969	352	1296	259	32144
海口	250	15	206	484	6548
成都	1054	872	1600	5616	114934
重庆	1518	1287	1347	14980	108731
贵阳	296	51	99	326	16777
昆明	1418	296	714	1492	29904
西安	4156	322	2151	2479	31644
兰州	392	128	290	1258	16225
西宁	91	32	101	725	10846
银川					
乌鲁木齐	157	7	60	980	14701

3-61 重点城市社会零售商业人员

（1992年） 单位：人

城市名称	合计	#500人以上的大型商店	粮油商店	副食品商店	其他食品商店	纺织品商店
石家庄	94833	6532	3105	5541	3329	1029
太原	89162	6880	3528	9937	1423	1168
呼和浩特	66598	2284	4473	5269	6350	1615
沈阳	299718	19018	12420	38232	8740	11260
大连	172677	14113	8808	17178	6252	1447
长春	192590	13935	8999	12406	6345	1321
哈尔滨	267448	9691	12201	21138	24419	2178
南京	228408	9545	6711	28326	23209	4064
杭州	175875	6479	2852	10079	8567	2297
宁波	152038	1347	2705	7990	4427	1136
合肥						
福州	105937	1933	4079	6935	3603	405
厦门	65562	1730	1530	3353	3482	1178
南昌	120360	2061	4611	7949	7656	3582
济南	169992	8892	4901	6871	6185	2092
青岛	190983	1680	4042	8472	10378	1850
郑州						
武汉	167838	19135	8949	15612	12937	3382
长沙						
广州	430071	14077	14871	31905	25609	5866
深圳	82179	1088	1130	1612	985	341
南宁	106898	1042	2850	5520	11612	2570
海口	34084		792	1606	778	790
成都	257859	7693	5418	17206	5078	2233
重庆	265571	2330	5066	25491	9059	4238
贵州	55352	2201	3821	3419	4427	1257
昆明	86265	2455	1742	8363	5029	391
西安	258491	9852	13508	15122	12414	6357
兰州	88178	3495	2679	10750	1758	531
西宁	32582		894	2334	1187	361
银川						
乌鲁木齐	59553	6180	1910	3984	1273	652

3-61 续表1　　(1992年)　　单位:人

城市名称	百货商店	医药商店	书店	日用杂品商店	煤炭商店	石油商店
石家庄	14160	1028	524	1401	1791	632
太原	13134	933	883	1178	495	247
呼和浩特	7824	1249	1036	2169	1390	853
沈阳	59060	5526	3226	4990	6510	2270
大连	25180	694	875	2115	2382	1440
长春	29898	3477	991	3999	3337	2422
哈尔滨	34452	3429	4756	7608	4961	1415
南京	29119	1306	1608	5310	2234	763
杭州	18930	1548	1475	1702	640	742
宁波	8535	1581	604	1556	480	603
合肥						
福州	8048	1320	992	1772	1007	601
厦门	7237	631	413	635	271	105
南昌	14170	1368	1250	2915	1038	607
济南	15896	1797	1496	1699	2156	1148
青岛	26293	559	1174	3165	1917	826
郑州						
武汉	31367	1581	1470	4504	2943	1225
长沙						
广州	68860	7144	4385	10862	3108	7470
深圳	2620	772	473	2089	22	1248
南宁	9836	2766	1394	3039	952	1836
海口	1584	1103	277	1285	68	55
成都	19888	1898	1413	5854	859	889
重庆	26337	2922	2054	6889	2746	1838
贵阳	3495	1253	312	982	351	1190
昆明	7543	918	675	1128	604	397
西安	32821	4882	3653	7572	3848	2582
兰州	14171	1317	743	1361	1315	539
西宁	2770	300	311	527	353	216
银川						
乌鲁木齐	7976	269	334	944	53	214

(1992年)　　单位:人

城市名称	五交化商店	农业生产资料商店	其他专业商店	综合性商店	个体有证商店
石家庄	3857	553	1755	9578	46550
太原	4531	685	4289	14241	32490
呼和浩特	5407	912	3670	11539	12842
沈阳	41040	1032	22264	11411	71737
大连	7764	3054	10636	25155	59697
长春	11920	5076	18530	29125	54744
哈尔滨	31540	1833	29321	13300	74897
南京	27285	4409	17003	27633	49428
杭州	6800	3464	5254	25367	86158
宁波	5692	3229	3768	15574	94158
合肥					
福州	3302	2008	3919	8753	59193
厦门	1963	555	2462	12738	29009
南昌	8650	1914	4932	12498	47220
济南	5161	2114	19603	37689	61184
青岛	7482	2304	4640	17067	100814
郑州					
长沙					
武汉	6714	2283	3370	15362	56139
广州	42263	8201	33580	42871	123076
深圳	1608	208	1985	8280	58806
南宁	9404	1753	11187	2839	39340
海口	1117	286	794	6875	16674
成都	9680	3480	10275	29535	144153
重庆	9234	3448	6178	32549	127522
贵阳	2984	760	2294	2625	26182
昆明	4464	694	2908	14592	36817
西安	46261	3189	19843	36435	50004
兰州	6014	982	5423	11756	28839
西宁	1223	186	792	7705	13423
银川					
乌鲁木齐	968	47	819	17114	22996

3-62 重点城市社会饮食业机构

（1992年）

单位：个

城市名称	合计	国有饮食业	集体饮食业	#供销社	合营饮食业	#中外合营	个体有证饮食业
石家庄	4113	104	267	35	4	3	3738
太原	7482	115	353	59	1	1	7013
呼和浩特	2607	63	447	19			2097
沈阳	10516	330	2163	74	1		8022
大连	6337	260	889	111	35	29	5153
长春	4837	193	784	85	5	5	3855
哈尔滨	8632	288	2194	127	41	41	6109
南京	13125	208	2279	15	4	4	10634
杭州	12616	250	1043	140	10	2	11313
宁波	12414	87	986	25	1	1	11340
合肥							
福州							
厦门	2449	37	252	21	21	17	2139
南昌	4621	87	741	60	2	2	3818
济南	11033	359	1251	108	32	29	9391
青岛	7766	172	1294	198	12	12	6288
郑州							
武汉	12388	256	930	94			11202
长沙							
广州	11935	779	1479	107	47	40	9630
深圳	3773	100	143	14	84	80	3446
南宁	6895	141	285	30	6	1	6463
海口	731	32	6		39	16	648
成都	31769	406	2221	24	1	1	29141
重庆	28655	537	4509	410			23609
贵阳	6238	180	110	6	3	3	5945
昆明	8324	164	423	31	1		7736
西安	9916	348	1114	21	14	4	8440
兰州	7414	169	228				7017
西宁	4461	37	118				4306
银川							
乌鲁木齐	6838	44	190	2			6604

3-63 重点城市社会饮食业人员

（1992年）

单位：人

城市名称	合计	国有饮食业	集体饮食业	#供销社	合营饮食业	#中外合营	个体有证饮食业
石家庄	16575	4319	4216	176	291	165	7749
太原	22158	2609	3901	312	174	174	15474
呼和浩特	15001	1544	7734	156			5723
沈阳	53217	9831	20634	383	40		22712
大连	32554	6671	9854	618	1490	1101	14539
长春	28187	6623	8501	994	1136	1136	11927
哈尔滨	51131	9906	22220	700	1107	1107	17898
南京	51507	6664	23166	219	176	176	21501
杭州	35576	5157	9200	477	349	186	20870
宁波	24995	1291	4861	129	105	105	18738
合肥							
福州							
厦门	8678	928	1057	82	1072	942	5621
南昌	21988	1454	7204	205	24	24	13306
济南	42004	6883	14175	749	1598	1508	19348
青岛	40957	4377	18103	1968	593	593	17884
郑州							
武汉	41946	6192	14073	256			21681
长沙							
广州	86719	37324	13031	1168	8647	7000	27717
深圳	33655	7675	3692	115	6776	6376	15512
南宁	16660	3214	2613	65	240	189	10593
海口	13236	3785	524		3954	2176	4084
成都	79591	7601	11516	216	245	245	60229
重庆	62302	6872	17974	1289			37456
贵阳	14315	2912	1083	12	206	206	10114
昆明	25510	3275	4100	111	20		18115
西安	38935	8163	11108	101	1119	747	18545
兰州	23327	3224	2334				17769
西宁	8422	747	1462				6213
银川							
乌鲁木齐	15727	1385	2438	40			11904

3-64 重点城市社会服务业机构

（1992年，按经济类型分）　　　　单位：个

城市名称	合计	国有服务业	集体服务业	#供销社	合营服务业	#中外合营	个体有证服务业
石家庄	2737	97	310	19	4	3	2326
太原	4567	172	490	16			3905
呼和浩特	3205	155	557	10	2	2	2491
沈阳	11517	406	1621	4	9	5	9481
大连	11772	638	1241	251	29	22	9864
长春	7745	349	1843	139	2	2	5551
哈尔滨	11729	352	2760	122	4	4	8613
南京	11488	336	3137	49	1	1	8014
杭州	15164	438	1052	143	9	5	13665
宁波	13770	161	746	86	5	5	12858
合肥							
福州							
厦门	3582	61	469		41	25	3011
南昌	6052	154	56	778	5	5	5059
济南	9638	625	956	74	3		8054
青岛	12948	242	1211	182	6	4	11489
郑州							
武汉	7772	363	697	87			6712
长沙							
广州	18004	1495	2886	66	128	67	13495
深圳	6980	166	143	13	62	59	6609
南宁	5662	146	779	32	8		4729
海口	1153	125	120	1	8	5	894
成都	29591	1083	2387	48	1	1	26120
重庆	23272	507	3646	341	4	4	19115
贵阳	3352	186	520	9	4	4	2642
昆明	5803	308	723	55	2		4770
西安	9821	659	1768	26	63	48	7331
兰州	4140	163	281				3696
西宁	2193	52	125				2016
银川							
乌鲁木齐	5160	49	224	3			4887

3-65 重点城市社会服务业人员

（1992年，按经济类型分） 单位：人

城市名称	合计	国有服务业	集体服务业	#供销社	合营服务业	#中外合营	个体有证服务业
石家庄	17921	3425	10468	211	222	117	3806
太原	18863	2748	10825	77			5290
呼和浩特	15840	5409	6349	54	642	642	3440
沈阳	46857	15598	14580	50	1410	715	15269
大连	46433	12909	12560	1070	5122	4342	15842
长春	29669	8048	13944	572	596	596	7081
哈尔滨	95775	14262	68645	887	100	100	12768
南京	55160	6765	35744	402	335	335	12316
杭州	50091	15144	14144	924	3020	2862	17783
宁波	30137	5119	7367	592	1364	1364	16287
合肥							
福州							
厦门	14930	1243	4914		3162	2340	5611
南昌	25007	5300	99	9458	624	624	9526
济南	28588	9420	8029	337	79		11060
青岛	37816	7346	12444	457	1876	1845	16150
郑州							
武汉	23738	7487	7284	387			8967
长沙							
广州	139426	46298	23649	344	46834	18905	22645
深圳	32667	6940	1198	53	4300	4049	20229
南宁	19822	2984	11219	120	93		5526
海口	6826	2527	863	20	1262	658	1974
成都	86855	33891	24139	392	333	333	28492
重庆	45575	6036	16441	1045	1316	1316	21782
贵阳	13517	4043	4368	40	845	845	4261
昆明	25322	9200	9546	622	59		6517
西安	59624	20610	17000	227	10143	6932	11871
兰州	12209	3885	2103				6221
西宁	5509	1035	1975				2499
银川							
乌鲁木齐	12402	1351	3375	137			7676

3-66 重点城市社会服务业机构

（1992年，按行业分）　　　　单位：个

城市名称	旅馆业	理发业	浴池业	洗染业	摄影业	日用品修理业	其他修理业
石家庄	229	779	4	6	287	945	487
太原	557	905	14	17	368	1739	967
呼和浩特	795	724	15	128	303	982	258
沈阳	798	2470	24	237	468	5708	1812
大连	1098	2586	60	51	723	4333	2921
长春	824	1422	24	57	581	3469	1368
哈尔滨	1503	2109	44	245	611	4737	2480
南京	1079	2412	118	220	421	5267	1971
杭州	1242	3707	22	244	507	6697	2745
宁波	1218	3284	9	80	451	7133	1595
合肥							
福州							
厦门	376	1269	2	5	170	1532	228
南昌	479	1580	7	31	370	2425	1160
济南	699	2000	21	44	580	3676	2618
青岛	1291	2960	23	51	748	5959	1916
郑州							
武汉	794	1767	18	29	435	2643	2086
长沙							
广州	1713	7198	10	108	1047	5060	2868
深圳	811	2417		42	1031	1708	971
南宁	480	1548	1	8	342	2002	1281
海口	162	126		20	60	318	467
成都	2303	8389	23	45	1009	12933	4889
重庆	1490	8748	22	453	1061	7667	3831
贵阳	567	899	32	26	423	821	584
昆明	793	1889	59	21	526	1393	1122
西安	1956	1886	33	26	653	4459	808
兰州	371	1284	10	50	206	1448	771
西宁	240	532	7	10	116	1055	233
银川							
乌鲁木齐	617	1262	10	7	363	1223	1678

3-67 重点城市社会服务业人员

（1992年，按行业分）　　单位：人

城市名称	旅馆业	理发业	浴池业	洗染业	摄影业	日用品修理业	其他修理业
石家庄	4687	1177	104	91	693	1378	9791
太原	3004	1749	546	189	1247	2423	9705
呼和浩特	6900	2804	538	665	1028	2195	1710
沈阳	19950	4070	1491	905	2205	11054	7182
大连	22987	3957	1201	688	2606	7152	7842
长春	8887	3435	766	267	2008	6390	7916
哈尔滨	23539	5430	1629	2582	2998	10424	49173
南京	17887	4944	1260	618	2248	15716	12487
杭州	24303	4974	457	758	1542	8865	9192
宁波	11292	3996	105	187	959	8942	4656
合肥							
福州							
厦门	6919	2372	18	39	423	3080	2079
南昌	6730	2947	159	251	1036	5901	7983
济南	8594	3241	505	470	2230	7033	6515
青岛	15191	5076	614	286	2295	9321	5033
郑州							
武汉	8382	4032	276	390	1543	3480	5635
长沙							
广州	74831	14934	163	2194	3049	10393	33862
深圳	10784	6630		623	2545	4785	7300
南宁	9576	2052	8	22	928	2892	4344
海口	3755	348		76	272	841	1354
成都	44571	11255	338	444	2520	15576	12151
重庆	11724	11023	165	714	2292	9131	10526
贵阳	6506	1932	299	310	942	2328	1200
昆明	13139	2967	584	246	1356	2392	4638
西安	30838	5357	1184	657	4661	8890	8037
兰州	3378	2492	160	339	962	2631	2247
西宁	2050	860	184	160	325	1325	605
银川							
乌鲁木齐	2734	1937	155	85	816	2991	3684

四、 中国市场商品需求

4-1 社会商品购买力来源和分配

单位:亿元

年份	当年货币收入总额	国有单位职工工资	城镇集体单位职工工资	合营单位职工工资	城镇个体劳动者净货币收入	其他职业者收　入	农民从集体统一经营中得到的收入
1952	342.4	67.5	53.5			10.3	
1953	418.2	88.9	61.9			12.6	
1954	458.7	95.3	64.4			14.1	
1955	464.4	100.3	62.5			18.0	
1956	555.6	136.5	59.8			20.6	
1957	570.5	156.4	61.2			20.2	
1958	667.1	180.0	66.0			18.6	
1959	784.8	233.5	62.8			17.4	
1960	811.0	263.2	60.9			16.1	
1961	727.1	244.1	61.8			16.9	
1962	649.6	214.0	68.0			18.8	
1963	682.1	211.0	65.0			20.6	
1964	737.0	223.9	66.0			22.7	
1965	789.7	235.3	69.0			23.1	
1966	865.5	243.7	76.0			22.2	
1967	878.6	250.0	82.0			21.5	
1968	852.8	254.0	79.5			25.0	
1969	888.3	263.0	80.6			29.3	
1970	946.6	277.5	82.0			28.2	
1971	1054.9	302.0	89.0			30.3	
1972	1145.9	340.0	102.3			30.8	
1973	1251.0	353.0	114.2			32.8	
1974	1308.4	371.0	122.4			32.6	
1975	1410.5	386.0	125.5			33.5	
1976	1487.0	406.0	135.6			32.5	
1977	1581.8	426.0	146.1			29.1	
1978	1765.2	469.0	154.5			32.6	
1979	2093.9	529.4	179.0			37.3	
1980	2536.0	628.0	207.0		8.0	42.6	
1981	2746.7	660.4	240.0		14.4	41.0	
1982	3026.2	708.9	260.0		20.8	41.8	
1983	3440.6	748.1	294.8		36.1	44.3	
1984	4456.9	875.8	377.5	3.6	58.9	47.6	
1985	5645.4	1064.8	471.5	5.9	95.0	61.4	
1986	6340.0	1288.5	362.8	8.4	120.0	68.5	314.0
1987	7573.0	1459.3	409.1	12.7	155.0	70.8	404.0
1988	9603.0	1807.0	487.6	21.5	220.0	81.1	555.0
1989	10817.6	2050.3	534.4	33.9	264.0	98.2	635.8
1990	11904.4	2324.1	581.0	46.0	301.0	118.4	668.8
1991	13615.5	2594.9	658.6	70.4	367.2	132.2	759.1
1992	17530.1	3090.4	743.2	105.6	495.7	158.0	977.2

注:1.由于统计指标和口径变化，1985年前后数字不可比；

2.城镇个体劳动者净货币收入，1979年前包括在居民其他货币收入中。

4-1 续表1

单位:亿元

年份	农民从经济联合体得到的收入	农民出售农副产品的收入	农民从事工业手工业的净货币收入	农民劳务净收入	居民从财政得到的收入	银行和信用社农贷净增加额	居民其他货币收入
1952		145.3		6.3	4.8	1.7	28.2
1953		173.4		9.5	6.2	2.6	28.3
1954		196.3		11.9	8.9	1.1	28.4
1955		197.1		12.1	8.6	2.3	25.7
1956		200.9		21.0	9.9	19.3	37.8
1957		227.1		19.8	10.1		33.0
1958		253.5		24.8	8.1	11.2	55.0
1959		300.0		32.9	21.7	0.9	53.6
1960		241.0		37.4	40.4	17.5	59.2
1961		205.0		22.6	67.4	3.2	56.7
1962		207.0		15.3	21.1	6.0	59.6
1963		235.0		21.0	26.6	10.1	53.1
1964		267.0		23.0	32.0	3.9	52.0
1965		306.2		26.0	26.3	6.5	48.3
1966		343.5		32.0	27.5	5.3	59.8
1967		343.5		34.0	22.0	3.7	63.9
1968		339.2		30.8	17.9		56.2
1969		327.5		35.0	18.9	3.1	72.9
1970		351.7		42.3	21.1	1.5	86.2
1971		372.2		53.5	25.3	5.3	99.6
1972		380.3		59.0	30.3	6.3	105.2
1973		435.8		61.9	39.4	2.9	111.0
1974		453.6		65.5	40.6	4.9	117.6
1975		485.4		73.4	44.3	9.3	140.9
1976		479.9		78.5	62.9	16.8	154.6
1977		514.8		94.3	62.0	8.0	180.0
1978		580.0		118.7	69.0	16.5	198.2
1979		741.2		146.0	63.3	20.9	230.8
1980		892.9		186.7	64.1	36.5	303.8
1981		991.6		212.8	63.0	11.4	326.7
1982		1110.0		242.0	67.0	20.8	349.5
1983		1294.0		299.2	74.5	26.4	386.8
1984		1700.4		379.1	79.8	127.2	503.8
1985		2155.0		516.0	94.0	21.0	779.2
1986	35.5	1894.0	97.0	514.7	95.8	74.5	962.5
1987	29.0	2260.0	115.0	630.0	116.5	96.7	1210.6
1988	31.0	2860.0	145.0	835.0	122.0	41.2	1672.3
1989	29.8	3230.2	142.0	915.2	135.5	43.7	1961.5
1990	21.9	3524.0	125.5	906.0	147.5	112.6	2224.3
1991	19.7	3940.3	120.5	953.1	187.6	129.6	2706.9
1992	21.2	4264.0	122.7	1250.5	199.5	137.4	4769.8

注:1.从财政得到的收入和居民其他货币收入，1985年以前包括农村生产队数字;

2.农贷净增加额和农贷净减少额，1985年以前包括预购定金。

4-1 续表2

单位:亿元

年份	外宾购买消费品的货币	社会集团购买公用消费品的货币	村(队)购买农业生产资料的货币	当年货币支出总额	购买商品支出	居民文化生活服务支出
1952		24.8		331.2	276.8	15.8
1953		34.8		404.0	348.0	18.6
1954		38.3		451.7	381.1	20.0
1955		37.8		460.7	392.2	22.0
1956		49.8		536.4	461.0	26.7
1957		42.7		556.5	474.2	29.6
1958		49.9		636.3	548.0	31.0
1959		62.0		747.7	638.0	38.2
1960		75.3		791.2	696.9	45.5
1961		49.4		701.9	607.7	54.0
1962		39.8		696.9	604.0	51.7
1963		39.7		691.0	604.5	45.2
1964		46.5		726.6	638.3	45.0
1965		49.0		768.4	670.3	48.5
1966		55.5		828.0	732.8	45.0
1967		58.0		859.1	770.5	41.0
1968		50.2		827.3	737.3	40.0
1969		58.0		891.5	801.5	41.0
1970		56.1		952.5	858.0	46.2
1971		77.7		1027.7	929.2	50.0
1972		91.7		1124.3	1023.3	54.3
1973		100.0		1213.7	1106.7	56.7
1974		100.2		1272.6	1163.6	59.2
1975		112.2		1383.5	1271.1	61.7
1976		120.2		1462.6	1339.4	68.2
1977		121.5		1569.2	1432.8	75.8
1978		126.7		1720.9	1558.6	83.5
1979	3.9	142.1		1976.1	1800.0	90.2
1980	5.4	161.0		2330.7	2140.0	104.2
1981	7.4	178.0		2556.7	2350.0	114.6
1982	8.0	197.4		2827.7	2570.0	126.1
1983	9.2	227.2		3168.9	2849.4	139.1
1984	13.0	290.2		3933.3	3376.4	177.1
1985	15.6	366.0		5095.4	4305.0	218.4
1986	23.0	462.0	18.8	5555.0	4950.0	250.0
1987	28.3	553.0	23.0	6548.0	5820.0	316.0
1988	33.3	665.0	26.0	8343.0	7440.0	416.0
1989	17.6	697.8	27.7	9327.0	8101.4	519.7
1990	37.1	741.2	25.0	9766.4	8300.1	629.7
1991	53.1	887.2	35.1	11117.8	9415.6	746.7
1992	71.1	1083.5	40.3	17530.1	10993.7	1030.7

注:购买公用消费品的货币1985年以前为城镇社会集团数字。

4-1 续表3

单位:亿元

年份	居民向国家缴纳的各种税金	银行和信用社农贷净减少额	居民其他货币支出	年末结余购买力总额	储蓄存款	手存现金
1952	34.7		3.9	30.6	8.6	22.0
1953	34.7		2.7	44.8	13.3	31.5
1954	47.2		3.4	51.8	18.6	33.2
1955	43.2		3.3	55.5	23.0	32.5
1956	44.3		4.4	74.7	30.4	44.3
1957	45.3	2.7	4.7	88.7	45.8	42.9
1958	51.4		5.9	119.5	62.9	56.6
1959	50.5	1.6	19.4	156.6	95.5	61.1
1960	40.9		7.9	176.4	101.0	75.4
1961	31.3	2.4	6.7	204.6	95.4	106.2
1962	34.1	1.2	5.9	154.3	63.0	91.3
1963	35.2		6.1	145.4	70.2	75.2
1964	35.8		7.6	155.8	90.4	65.4
1965	39.8		9.8	177.1	102.4	74.7
1966	43.2		7.0	214.6	120.6	94.0
1967	41.5		6.1	234.1	129.1	105.0
1968	42.1	0.9	7.0	259.6	145.6	114.0
1969	42.0	1.0	6.0	256.4	139.4	117.0
1970	40.0	0.1	8.2	250.5	147.8	102.7
1971	39.5		9.0	277.7	166.8	110.9
1972	37.0		9.7	299.3	176.5	128.8
1973	39.0	1.1	10.2	336.6	201.4	135.2
1974	39.2		10.6	372.4	229.2	143.2
1975	39.5		11.2	399.4	251.5	147.9
1976	39.4		15.6	423.8	258.9	164.9
1977	39.8	0.3	20.5	436.4	278.3	158.1
1978	48.1	0.4	30.3	480.7	309.3	171.4
1979	49.7	0.2	36.0	585.2	369.4	215.8
1980	48.6		37.9	790.5	509.3	281.2
1981	48.9	0.5	42.7	980.5	647.6	332.9
1982	55.1		76.5	1179.0	805.7	373.3
1983	59.1	0.7	120.6	1450.7	992.5	458.2
1984	86.2	0.1	293.5	1974.3	1315.0	659.3
1985	106.6	2.0	463.4	2524.3	1704.3	820.0
1986	50.0		305.0	3209.6	2237.5	972.1
1987	55.0		357.0	4234.6	3073.3	1161.3
1988	62.3		424.7	5494.6	3801.5	1693.1
1989	84.0		621.9	6985.2	5135.0	1850.2
1990	93.8		742.8	9123.2	7034.0	2089.2
1991	96.9		858.6	11620.9	9110.3	2510.6
1992	119.0		2055.0	14952.6	11544.7	3407.9

4-2 社会商品购买力来源和分配变化比较

项目	1991年		1992年		1992年为1991年%
	绝对额（亿元）	比重%	绝对额（亿元）	比重%	
一. 货币收入总额	**13615.5**	**100.0**	**17530.1**	**100.0**	**128.8**
1. 国有单位职工工资	2594.9	19.1	3090.4	17.0	119.1
2. 城镇集体单位职工工资	658.6	4.8	743.2	4.2	112.8
3. 各种合营单位职工工资	70.4	0.5	105.6	0.6	150.0
4. 城镇个体劳动者净货币收入	367.2	2.7	495.7	2.8	135.0
5. 其他职业者收入	132.2	1.0	158.0	0.9	119.5
6. 农民从集体统一经营中得到的收入	759.1	5.6	977.2	5.6	128.7
7. 农民从经济联合体得到的收入	19.7	0.1	21.2	0.1	107.6
8. 农民出售农副产品的收入	3940.3	28.9	4264.0	24.4	108.2
9. 农民从事工业和手工业的净货币收入	120.5	0.9	122.7	0.7	101.8
10. 农民劳务净收入	953.1	7.0	1250.5	7.1	131.2
11. 居民从国家财政得到的收入	187.6	1.4	199.5	1.1	106.3
12. 银行和信用社农贷净增加额	129.6	1.0	137.4	0.8	106.0
13. 居民其他货币收入	2706.9	19.9	4769.8	27.2	176.2
14. 外宾购买消费品的货币	53.1	0.4	71.1	0.4	133.9
15. 社会集团购买公用消费品的货币	887.2	6.5	1083.5	6.2	122.1
16. 村(队)购买农业生产资料的货币	35.1	0.3	40.3	0.2	114.8
二. 非商品性支出总额	**1702.2**	**100.0**	**3204.7**	**100.0**	**188.3**
1. 居民文化生活服务支出	746.7	43.9	1030.7	32.2	138.0
2. 居民向国家缴纳的各种税金	96.9	5.7	119.0	3.7	122.8
3. 银行和信用社农贷净减少额					
4. 居民其他货币支出	858.6	50.4	2055.0	64.1	239.3
三. 当年购买力总额	**11913.3**	**100.0**	**14325.4**	**100.0**	**120.2**
（一）已实现的购买力（社会商品零售总额）	9415.6	79.0	10993.7	76.7	116.8
1. 居民消费品购买力	7305.4	77.6	8550.2	77.8	117.0
2. 外宾消费品购买力	53.1	0.6	71.1	0.6	133.9
3. 社会集团公用消费品购买力	887.2	9.4	1083.5	9.9	122.1
4. 农民农业生产资料购买力	1169.9	12.4	1288.9	11.7	110.2
（二）当年结余货币	2497.7	21.0	3331.7	23.3	133.4
1. 居民年末储蓄存款比年初增减额	2076.3	83.1	2434.4	73.1	117.2
2. 居民年末手存现金比年初增减额	421.4	16.9	897.3	26.9	212.9
四. 年末结余货币总额	**11620.9**	**100.0**	**14952.6**	**100.0**	**128.7**
1. 居民储蓄存款	9110.3	78.4	11544.7	77.2	126.7
2. 居民手存现金	2510.6	21.6	3407.9	22.8	135.7

4-3 城乡居民货币收支

单位:亿元

年份	货币收入	#城镇居民	#农业居民	货币支出	#城镇居民	#农业居民	#购买消费品	#文化生活服务支出
1952	269.3	127.2	149.5	258.1	121.2	144.3	237.9	15.8
1953	329.0	161.5	176.8	315.8	157.0	168.1	294.0	18.6
1954	352.4	172.7	189.0	347.2	169.5	187.0	317.5	20.0
1955	358.2	177.8	190.9	355.2	175.5	190.2	325.1	22.0
1956	424.6	220.7	216.9	407.1	214.0	206.1	371.0	26.7
1957	441.0	242.2	212.8	435.1	236.1	213.0	395.3	29.6
1958	499.5	269.8	250.5	467.6	255.2	233.2	425.2	31.0
1959	547.7	325.9	243.5	531.8	311.2	242.3	488.0	38.2
1960	575.9	367.4	232.5	563.9	353.2	234.7	513.6	45.5
1961	560.6	351.1	236.0	541.7	369.2	199.0	483.7	54.0
1962	528.9	331.3	222.6	557.2	342.6	239.6	500.4	51.7
1963	540.9	324.0	238.9	551.8	321.0	252.8	501.6	45.2
1964	572.6	340.2	255.4	572.4	332.9	262.5	522.4	45.0
1965	610.4	357.7	275.7	591.9	347.6	267.3	537.1	48.5
1966	650.5	372.2	302.6	624.8	362.5	286.6	574.8	45.0
1967	674.2	385.6	317.2	661.6	380.1	310.1	615.6	41.0
1968	651.9	384.7	297.5	639.5	379.9	289.9	595.0	40.0
1969	680.8	410.7	318.3	680.2	411.2	317.2	634.2	41.0
1970	710.1	419.9	335.1	717.9	424.0	338.8	666.7	46.2
1971	768.0	458.0	364.4	749.4	447.3	356.5	692.7	50.0
1972	842.0	510.4	386.8	815.9	495.7	375.4	754.8	54.3
1973	901.0	589.1	418.6	873.2	525.7	404.2	810.1	56.7
1974	948.8	566.0	435.4	925.9	552.4	426.1	859.2	59.2
1975	1009.7	590.7	462.5	992.1	581.7	453.9	922.8	61.7
1976	1060.4	621.6	477.2	1041.8	609.2	471.0	965.9	68.2
1977	1136.8	677.0	510.3	1120.5	670.3	500.7	1036.6	75.8
1978	1254.1	751.6	553.3	1213.0	729.0	534.8	1121.2	83.5
1979	1522.3	853.4	732.2	1411.2	798.1	676.4	1307.8	90.2
1980	1899.9	1028.4	948.3	1722.0	935.5	863.3	1602.6	104.2
1981	2090.6	1083.6	1089.7	1912.4	1000.1	995.0	1791.1	114.6
1982	2306.2	1158.6	1221.9	2107.5	1057.5	1124.3	1948.1	126.1
1983	2639.1	1236.8	1446.6	2335.4	1093.0	1286.7	2160.3	139.1
1984	3307.3	1517.9	1848.0	2785.1	1268.5	1575.2	2561.5	177.1
1985	4237.9	1984.6	2321.3	3671.2	1647.3	2091.9	3375.8	218.4
1986	5836.2	2457.5	3468.7	5051.2	1974.1	3167.1	3889.0	250.0
1987	6968.7	2876.0	4112.7	5943.7	2230.6	3733.1	4533.7	316.0
1988	8878.7	3657.0	5241.7	7618.7	2919.6	4719.1	5836.3	416.0
1989	10074.5	4267.7	5856.8	8583.9	3394.2	5239.7	6358.8	519.7
1990	11101.1	4900.7	6230.4	8963.1	3599.7	5393.4	6472.0	629.7
1991	12640.1	5682.6	6990.5	10142.4	4217.3	5958.1	7305.4	746.7
1992	16335.2	8234.9	8140.3	13003.5	6010.1	7033.4	8550.2	1030.7

注:1 9 8 6 年以后，农民货币支出中包括购买农业生产资料的货币，与以前不可比。

4-4 城乡居民人均货币收支

单位:元

年份	货币收入	货币支出	购买消费品	文化生活服务支出	年末结余货币	储蓄存款	手存现金
1952	47.4	45.5	41.9	8.2	5.3	1.5	3.8
1953	56.7	54.4	50.7	3.2	7.4	2.1	5.3
1954	59.3	58.4	53.4	3.4	8.1	2.6	5.5
1955	59.0	58.5	53.5	3.6	8.5	3.2	5.3
1956	68.5	65.6	59.8	4.3	11.1	4.2	6.9
1957	69.3	68.4	62.1	4.7	11.7	5.4	6.3
1958	76.6	71.7	65.2	4.8	16.3	8.4	7.9
1959	82.7	80.3	73.7	5.8	18.3	10.2	8.1
1960	86.8	85.0	77.4	6.9	20.4	10.0	10.4
1961	85.0	82.2	73.4	8.2	23.4	8.4	15.0
1962	79.6	83.8	75.3	7.8	18.7	6.1	12.6
1963	79.4	81.0	73.6	6.6	16.6	6.6	10.0
1964	82.1	82.1	74.9	6.5	16.3	7.9	8.4
1965	84.8	82.3	74.7	6.7	18.3	8.9	9.4
1966	88.2	84.7	77.9	6.1	21.3	9.7	11.6
1967	89.3	87.6	81.5	5.4	22.5	9.7	12.8
1968	84.1	82.5	70.7	5.2	23.4	10.0	13.4
1969	85.4	85.3	79.6	5.1	22.9	9.4	13.5
1970	86.7	87.7	81.4	5.6	21.3	9.6	11.7
1971	91.3	89.1	82.4	5.9	23.0	10.6	12.4
1972	97.7	94.6	87.6	6.3	25.4	12.1	13.3
1973	102.1	99.0	91.8	6.4	28.0	13.6	14.4
1974	105.3	102.8	95.4	6.6	30.0	15.0	15.0
1975	110.1	108.2	100.6	6.7	31.4	16.2	15.2
1976	113.9	111.9	103.7	7.3	32.9	17.0	15.9
1977	120.4	118.7	109.8	8.0	34.2	19.1	15.1
1978	131.0	126.8	117.2	8.7	38.0	21.9	16.1
1979	157.0	145.5	134.9	9.3	48.9	28.8	20.1
1980	193.5	175.3	163.2	10.6	66.3	40.4	25.9
1981	210.2	192.2	180.0	11.5	83.2	52.3	30.9
1982	228.7	209.0	193.2	12.5	101.6	66.5	35.1
1983	258.7	228.9	211.8	13.6	130.0	86.9	43.1
1984	321.1	270.4	248.7	17.2	179.6	117.4	62.2
1985	405.7	351.4	323.2	20.9	230.8	154.5	76.3
1986	551.7	477.5	367.6	23.6	301.3	210.0	91.3
1987	649.5	553.9	422.5	29.4	391.8	284.4	107.5
1988	815.7	700.0	536.2	38.2	504.8	349.3	155.6
1989	912.5	777.5	576.0	47.1	632.7	465.1	167.6
1990	977.9	789.6	570.0	55.5	803.7	619.6	184.1
1991	1098.4	881.4	634.8	64.9	1009.8	791.7	218.2
1992	1402.2	1116.2	733.9	88.5	1283.5	991.0	292.5

4-5 城镇居民人均货币收支

单位:元

年份	货币收入	货币支出			年末结余货币		
			购买消费品	文化生活服务支出		储蓄存款	手存现金
1952	183.2	174.6	145.2	14.7	17.7	10.4	7.3
1953	219.0	212.9	180.9	16.4	22.0	14.0	8.0
1954	215.1	211.2	174.8	16.8	24.3	15.5	8.8
1955	212.4	209.6	173.7	17.3	26.5	18.1	8.4
1956	233.8	226.7	187.8	18.4	31.4	22.4	9.0
1957	242.2	236.1	195.7	19.6	35.3	26.3	9.0
1958	231.3	218.8	176.6	17.1	42.7	28.7	14.0
1959	250.5	239.2	200.4	18.8	49.2	34.9	14.3
1960	265.8	255.5	213.2	22.3	59.0	37.2	21.8
1961	270.6	284.5	232.5	29.3	50.7	31.6	19.1
1962	296.4	306.5	249.3	32.2	45.8	27.9	17.9
1963	286.1	283.3	234.2	27.4	47.1	30.7	16.4
1964	289.5	283.6	235.3	26.0	53.0	38.4	14.6
1965	291.9	303.0	236.6	25.6	58.1	42.2	15.9
1966	311.1	305.9	256.9	23.4	65.1	46.0	19.1
1967	310.4	302.5	260.8	19.8	70.9	48.6	22.3
1968	306.3	322.9	257.2	19.1	71.8	48.6	23.2
1969	322.5	317.7	263.5	19.3	72.3	48.2	24.1
1970	314.6	318.8	257.6	24.2	62.2	45.9	16.3
1971	326.4	352.5	255.9	21.4	70.0	52.3	17.7
1972	363.0	369.1	287.2	23.2	80.0	60.3	19.7
1973	378.5	381.2	302.8	23.9	87.8	65.4	22.4
1974	390.6	395.3	317.5	24.5	95.8	72.5	23.3
1975	401.5	401.7	336.2	26.4	100.4	77.3	23.1
1976	409.9	414.0	346.3	27.0	104.0	78.8	25.2
1977	418.1	427.6	349.8	29.5	99.4	80.0	19.4
1978	440.8	454.6	364.5	29.9	110.7	90.0	20.7
1979	486.1	517.7	381.2	32.2	137.3	113.2	24.1
1980	569.1	540.0	433.8	36.1	185.7	154.9	30.8
1981	585.1	556.6	453.9	39.4	224.6	188.4	36.2
1982	609.8	563.4	465.6	39.8	272.6	233.0	39.6
1983	637.5	645.8	486.1	41.4	340.4	292.1	48.3
1984	772.7	805.3	546.7	52.4	465.6	394.5	71.1
1985	970.2	9.3	687.5	60.1	592.6	500.0	92.6
1986	1164.2	935.2	785.4	67.3	824.8	698.6	126.2
1987	1343.4	1041.9	908.8	80.8	1095.2	950.4	144.8
1988	1665.1	1329.3	1177.5	97.0	1420.6	1210.8	209.8
1989	1879.6	1494.9	1271.7	113.4	1758.9	1533.1	225.8
1990	2046.0	1502.8	1264.2	132.1	2210.4	1967.6	242.3
1991	2342.2	1738.2	1447.1	160.1	2786.2	2498.1	288.1
1992	3312.8	2417.8	1701.0	216.5	3614.4	3116.6	497.7

4-6 农业居民人均货币收支

单位:元

年份	货币收入	货币支出			年末结余货币		
			购买消费品	文化生活服务支出		储蓄存款	手存现金
1952	30.0	29.0	27.5	1.1	3.2		3.2
1953	34.9	33.2	31.7	1.3	4.9		4.9
1954	36.8	36.4	34.5	1.3	5.2	0.3	4.9
1955	36.5	36.3	34.3	1.4	5.2	0.6	4.6
1956	41.2	39.2	36.9	1.8	7.2	0.8	6.4
1957	39.7	39.7	37.2	1.9	7.0	1.4	5.6
1958	46.8	43.6	40.9	2.1	10.3	3.7	6.6
1959	45.8	45.5	42.7	2.6	10.5	3.9	6.6
1960	44.3	44.7	41.7	2.8	10.3	2.9	7.4
1961	44.6	37.6	34.4	3.0	17.1	3.0	14.1
1962	40.3	43.3	40.1	2.8	13.2	1.7	11.5
1963	42.0	44.5	41.6	2.5	10.5	1.8	8.7
1964	44.0	45.3	42.4	2.5	9.0	1.8	7.2
1965	46.2	44.8	41.4	2.9	10.2	2.1	8.1
1966	49.0	46.4	43.3	2.8	12.5	2.4	10.1
1967	50.3	49.1	46.2	2.6	13.2	2.2	11.0
1968	45.8	44.6	41.9	2.5	14.0	2.4	11.6
1969	47.5	47.4	44.6	2.4	13.7	2.2	11.5
1970	48.9	49.4	47.1	2.0	13.0	2.2	10.8
1971	52.0	50.9	47.6	2.9	13.7	2.4	11.3
1972	53.6	52.0	48.6	3.0	14.9	2.7	12.2
1973	56.6	54.6	51.2	3.1	10.5	3.6	12.9
1974	57.6	56.4	52.8	3.1	17.4	4.0	13.4
1975	60.1	59.0	55.6	3.0	18.2	4.5	13.7
1976	61.2	60.4	56.5	3.5	18.8	4.7	14.1
1977	65.2	64.0	60.1	3.6	20.1	5.9	14.2
1978	70.4	68.0	63.5	4.1	22.2	7.0	15.2
1979	92.2	85.2	80.4	4.2	29.0	9.8	19.2
1980	118.3	107.7	102.2	4.9	39.3	14.5	24.8
1981	134.6	122.0	117.4	5.1	50.5	20.8	29.7
1982	149.3	137.3	129.9	6.2	61.8	27.7	34.1
1983	175.1	155.7	147.3	7.1	80.4	38.5	41.9
1984	221.7	189.0	178.5	8.9	12.4	58.3	60.1
1985	276.3	249.0	234.4	11.4	39.6	67.3	72.2
1986	409.6	374.0	263.5	12.8	172.3	89.6	82.6
1987	478.8	434.6	301.3	16.6	214.6	116.5	98.0
1988	603.3	543.2	374.1	23.4	273.3	131.5	141.8
1989	667.8	597.5	395.9	29.9	344.3	190.4	154.0
1990	695.6	602.2	384.5	35.0	427.5	259.2	168.3
1991	769.7	656.1	417.8	39.4	535.3	335.8	199.5
1992	888.3	767.5	471.6	53.8	651.3	414.4	236.9

4-7 城乡居民年末结余购买力总额

单位:亿元

年份	结余购买力总额	城镇居民	农业居民	储蓄存款	城镇居民	农业居民	手存现金	城镇居民	农业居民
1952	30.6	14.7	15.9	8.6	8.6		22.0	6.1	15.9
1953	43.8	19.2	24.6	12.3	12.2	0.1	31.5	7.0	24.5
1954	49.0	22.4	26.6	15.9	14.3	1.6	33.1	8.1	25.0
1955	52.0	24.7	27.3	19.9	16.9	3.0	32.1	7.8	24.3
1956	69.5	31.4	38.1	26.7	22.4	4.3	42.8	9.0	33.8
1957	75.4	37.5	37.9	35.2	27.9	7.3	40.2	9.6	30.6
1958	107.3	52.1	55.2	55.2	35.1	20.1	52.1	17.0	35.1
1959	123.2	66.8	56.4	68.3	47.3	21.0	54.9	19.5	35.4
1960	135.2	81.0	54.2	66.3	51.1	15.2	68.9	29.9	39.0
1961	154.1	62.9	91.2	55.4	39.2	16.2	98.7	23.7	75.0
1962	125.8	51.6	74.2	41.1	31.4	9.7	84.7	20.2	64.5
1963	114.9	54.6	60.3	45.7	35.6	10.1	69.2	19.0	50.2
1964	115.1	61.9	53.2	55.5	44.8	10.7	59.6	17.1	42.5
1965	133.6	72.0	61.6	65.2	52.3	12.9	68.4	19.7	48.7
1966	159.3	81.7	77.6	72.3	57.7	14.6	87.0	24.0	63.0
1967	171.9	87.2	84.7	73.9	59.8	14.1	98.0	27.4	70.6
1968	184.3	92.0	92.3	78.3	62.3	16.0	106.0	29.7	76.3
1969	184.9	91.5	93.4	75.9	61.0	14.9	109.0	30.5	78.5
1970	177.1	87.4	89.7	79.5	64.5	15.0	97.6	22.9	74.7
1971	195.7	98.1	97.6	90.3	73.3	17.0	105.4	24.8	80.6
1972	221.8	112.8	109.0	105.2	85.1	20.1	116.6	27.7	88.9
1973	249.6	126.2	123.4	121.2	94.1	27.1	128.4	32.1	96.3
1974	272.5	139.8	132.7	136.5	105.8	30.7	136.0	34.0	102.0
1975	290.1	148.8	141.3	149.6	114.6	35.0	140.5	34.2	106.3
1976	308.7	161.2	147.5	159.1	122.2	36.9	149.6	39.0	110.6
1977	325.0	167.9	157.1	181.6	135.1	46.5	143.4	32.8	110.6
1978	366.1	190.5	175.6	210.6	154.9	55.7	155.5	35.6	119.9
1979	477.2	245.8	231.4	281.0	202.6	78.4	196.2	43.2	153.0
1980	655.1	338.7	316.4	399.5	282.5	117.0	255.6	56.2	199.4
1981	833.3	422.2	411.1	523.7	354.1	169.6	309.6	68.1	241.5
1982	1032.0	523.3	508.7	675.4	447.3	228.1	356.6	76.0	280.6
1983	1335.7	667.1	668.6	892.5	572.6	319.9	443.2	94.5	348.7
1984	1857.9	916.5	941.4	1214.7	776.6	438.1	643.2	139.9	503.3
1985	2424.6	1253.8	1170.8	1622.6	1057.8	564.8	802.0	196.0	606.0
1986	3209.6	1737.2	1472.4	2237.5	1471.4	766.1	972.1	265.8	706.3
1987	4234.6	2382.6	1852.0	3073.3	2067.6	1005.7	1161.3	315.0	846.3
1988	5494.6	3120.0	2374.6	3801.5	2659.2	1142.3	1693.1	460.8	1232.3
1989	6985.2	3993.5	2991.7	5135.0	3480.9	1654.1	1850.2	512.6	1337.6
1990	9123.2	5294.5	3828.7	7034.0	4712.9	2321.1	2089.2	581.6	1507.6
1991	11620.9	6759.8	4861.1	9110.3	6060.9	3049.4	2510.6	698.9	1811.7
1992	14952.6	8984.6	5968.0	11544.7	7747.3	3797.4	3407.9	1237.3	2170.6

4-8 各地区社会商品购买力

单位：万元

地区	1986年	1987年	1988年	1989年	1990年	1991年	1992年
北京	1666476	2042756	2581419	3183011	3744788	4365079	5366510
天津	911880	1189698	1436413	1742053	1883358	2096673	2387270
河北	2842773	3467235	4481622	4794639	5305171	5873986	6580167
山西	1320217	1546057	2024904	2328126	2589773	2801295	3196044
内蒙古	1054318	1197166	1532039	1611886	1814083	2035512	2392112
辽宁	3128722	3752991	4963706	5542956	6063644	6697923	7672163
吉林	1595274	1924876	2461242	2636439	2948470	3164902	3724773
黑龙江	2343187	2720854	3647507	4073328	4199045	4868518	5519770
上海	2332386	2719503	3464426	4074734	4149077	4871155	6018410
江苏	4096063	4887155	6366979	7052081	7565754	8420089	10221043
浙江	2699132	3182732	4173109	4723543	5043710	5696852	7043163
安徽	1904254	2257164	2790347	3084538	3311487	3456690	3842604
福建	1432119	1654956	2189062	2664031	2903679	3301811	4320665
江西	1274890	1459367	1910168	2091125	2234558	2515148	2986846
山东	3782656	4679190	6025048	6619611	7362855	8176947	9810530
河南	2786619	3430897	4288377	4739577	5263404	5805328	6576636
湖北	2548195	3074076	3813446	4149643	4636407	4823877	5326788
湖南	2356820	2756462	3436854	3768229	3988496	4408316	5249805
广东	4774873	6081776	7718465	8524173	9449445	10940986	15327268
广西	1316763	1600864	2009434	2318403	2540858	2923368	3813445
海南		362667	407628	505146	560889	639912	994204
四川	3626165	4246603	5412014	6121281	6609081	7613633	8823437
贵州	681034	800928	978684	1009362	1123322	1195158	1414272
云南	1137171	1307840	1643518	1852769	1991288	2268827	2897879
西藏	99139	115546		161264	202158	163817	
陕西	1244195	1508306	1906717	2178334	2396420	2653151	3079207
甘肃	799917	935119	1165483	1313295	1384045	1522994	1824286
青海	233513	256567	324864	348904	385644	400380	459456
宁夏	209925	238822	293798	341848	392209	416776	480627
新疆	835252	953568	1142155	1303615	1577198	1812143	1983253

注：1986年海南省数字包括在广东省数字内。

4-9 各地区城镇居民人均消费品购买力

单位:元

地　区	1986年	1987年	1988年	1989年	1990年	1991年	1992年
北　京	1213	1288	1665	2066	2260	2396	2760
天　津	1007	1405	1719	1994	2087	2382	2686
河　北	722	874	1161	1171	1221	1345	1592
山　西	770	869	1085	1122	1129	1296	1556
内蒙古	716	800	939	954	986	1100	1293
辽　宁	932	1091	1420	1568	1616	1802	2065
吉　林	923	1013	1226	1334	1311	1478	1740
黑龙江	820	963	1204	1348	1408	1532	1746
上　海	1098	1162	1517	1781	1822	2106	2449
江　苏	868	981	1213	1304	1353	1569	1878
浙　江	881	1056	1416	1487	1575	1771	2194
安　徽	660	752	933	1016	1030	1050	1151
福　建	741	854	1119	1293	1297	1515	1879
江　西	573	632	799	850	848	959	1099
山　东	796	867	1035	1054	1066	1243	1491
河　南	697	776	1004	1060	1073	1212	1385
湖　北	769	885	1175	1275	1272	1414	1588
湖　南	763	887	1150	1209	1255	1394	1576
广　东	956	1118	1405	1611	1672	1950	2479
广　西	682	753	1094	1129	1147	1230	1427
海　南		865	2020	1677	1621	1813	1857
四　川	675	760	963	1083	1174	1329	1589
贵　州	689	770	969	966	988	1068	1217
云　南	728	803	1055	1107	1134	1229	1460
西　藏		1098		1421	1362	1703	
陕　西	726	792	1034	1130	1144	1247	1424
甘　肃	888	996	1394	1450	1341	1440	1744
青　海	918	975	1204	1031	1231	1410	1638
宁　夏	745	843	1009	1021	1088	1210	1431
新　疆	613	697	881	991	1017	1064	1233

4-10 各地区农业居民人均消费品购买力

单位:元

地区	1986年	1987年	1988年	1989年	1990年	1991年	1992年
北京	682	626	770	851	862	976	1113
天津	366	418	558	600	512	539	577
河北	248	278	356	363	328	354	396
山西	213	242	302	318	311	329	365
内蒙古	225	252	319	345	341	371	411
辽宁	308	354	448	472	450	475	550
吉林	245	273	345	376	372	390	425
黑龙江	237	301	357	391	357	430	491
上海	841	966	1322	1462	1395	1650	1933
江苏	331	392	508	539	511	531	633
浙江	352	411	566	602	595	662	786
安徽	187	212	260	271	259	281	320
福建	264	305	433	482	484	528	646
江西	180	204	258	280	267	284	318
山东	237	278	341	361	374	413	483
河南	166	182	224	243	228	245	277
湖北	245	281	333	356	351	370	404
湖南	201	235	299	315	300	336	391
广东	334	400	525	620	629	743	888
广西	151	166	207	220	218	259	281
海南		242	237	212	220	245	407
四川	169	199	252	270	264	292	321
贵州	106	122	146	146	144	148	167
云南	173	188	242	243	240	259	318
西藏		210		260	255	321	
陕西	154	178	239	254	258	272	300
甘肃	145	166	188	205	202	210	241
青海	202	252	291	348	299	311	302
宁夏	202	218	284	301	295	302	318
新疆	256	288	346	348	372	403	415

4-11 各地区非农业居民货币收支

（1992年）　　单位：万元

地　区	货币收入总额	货币支出总额	文化生活服务支出	购买商品支出	当年结余货币	年末结余货币
北　京	4261469	3374157	33028	2798618	887312	3553099
天　津	2057209	1713049	19047	1325306	344160	1800020
河　北	2936620	1881361	212306	1494111	1055259	5395613
山　西	1840944	1293746	93334	1038925	547198	2803827
内蒙古	1556013	1182400	54080	908837	373613	1756006
辽　宁	5571830	4175542	165917	3484141	1396288	7041219
吉　林	2640010	1966744	89645	1699878	673266	3306898
黑龙江	4030745	3090099	91187	2588102	940646	4848325
上　海	4872792	3862318	70550	2769928	1010474	4286174
江　苏	4696490	3577287	316073	2799839	1119203	4611809
浙　江	2573473	1824830	324044	1582872	748643	2957111
安　徽	1654297	1341627	225512	1045372	312670	1479558
福　建	1776212	1195656	203813	1029433	580556	2181767
江　西	1332496	967027	154253	804067	365469	1560267
山　东	4397101	3012315	297043	2594429	1384786	6342099
河　南	3073136	1962858	228759	1604383	1110278	4943142
湖　北	3087467	2489712	246633	1996611	597755	3219298
湖　南	2589554	2193712	263205	1765250	395842	2265709
广　东	7353524	5414254	349574	4592080	1939270	8313998
广　西	2109637	1477518	207070	1171368	632119	2359638
海　南	681720	329647	43812	271172	352073	947510
四　川	4593693	3657130	334268	2678098	936563	4673342
贵　州	815138	687391	46624	484555	127747	662512
云　南	1251208	972744	96125	787377	278464	1248854
西　藏						
陕　西	1696481	1156233	109119	957747	540248	2518448
甘　肃	1210497	921641	69059	629771	288856	1435295
青　海	394288	318373	11123	217871	75915	412238
宁　夏	290097	219532	7122	168770	70565	365700
新　疆	1389923	1074983	43579	820920	314940	1834762

4-12 各地区农业居民货币收支主要指标

（1992年）　　　　单位：万元

地　区	货币收入总　额	货币支出总　额	文化生活服务支　出	购买商品支　出	当年结余货　币	年末结余货　币
北　京	1040476	861366	233847	649590	179110	811149
天　津	546551	426841	93842	323319	119710	561545
河　北	4576433	4023460	203887	3039066	552973	4109916
山　西	1644784	1401674	115187	1106082	243110	1575071
内蒙古	1106765	957870	94346	778378	148895	672577
辽　宁	2772671	2391266	357087	1636851	381405	2250030
吉　林	1444798	1375071	138337	995536	69727	923263
黑龙江	1963454	1806153	201845	1351687	157301	1263009
上　海	1309293	1194978	335114	1009654	114315	626515
江　苏	6385633	5309236	293451	4372137	1076397	5647791
浙　江	4994188	4395630	149972	3588293	598558	3226626
安　徽	2850794	2700725	164412	2087017	150069	1731407
福　建	2810965	2268622	119139	1965950	542343	2007703
江　西	1916876	1601393	114439	1332981	315483	1474473
山　东	6175949	5714902	245850	4668247	461047	4476028
河　南	4083956	3698061	137534	3028203	385895	3243763
湖　北	3037785	2959429	309288	2221816	78356	1471799
湖　南	3637129	3317154	232141	2413594	319975	1509712
广　东	8998844	6214934	500807	5079658	2783910	8267422
广　西	2193912	1848690	141791	1498521	345222	1128213
海　南	430244	371416	34623	244968	58828	245032
四　川	5408759	4715335	370411	3869521	693424	3354630
贵　州	804750	727781	97624	614387	76969	337686
云　南	1785781	1511879	96407	1319290	273902	1209350
西　藏						
陕　西	1606624	1440440	103399	1101537	166184	1184684
甘　肃	982491	888754	67712	618410	93737	470674
青　海	170144	162480	26150	122744	7664	88377
宁　夏	226768	196508	14860	173516	30260	187544
新　疆	929970	837705	139330	579912	92265	606412

4-13 计划单列市非农业居民货币收支主要指标

（1992年） 单位：万元

地区	货币收入总额	货币支出总额	文化生活服务支出	购买商品支出	当年结余货币	年末结余货币
沈阳	1415278	1040548	72534	870770	374730	1575357
大连	895642	697512	55165	609502	198130	997812
长春	675367	503469	62986	397976	171898	947607
哈尔滨	1331326	1095629	77825	867026	235697	833557
南京	876204	687197	59783	582423	189007	416558
宁波	369530	259226	24195	201339	110304	461558
厦门	444402	368691	29862	304495	75711	296874
青岛	752149	549948	30442	440669	202201	864377
武汉	1270950	1037799	107097	851378	233151	1107650
广州	3132154	2388520	221095	1601495	743634	2813781
重庆	1001257	809750	89988	629381	191507	910478
成都	1033514	859350	105316	550101	174164	1027371
西安	941623	745168	53935	630766	196455	1037955
深圳						

4-14 计划单列市农业居民货币收支主要指标

（1992年） 单位：万元

地区	货币收入总额	货币支出总额	文化生活服务支出	购买商品支出	当年结余货币	年末结余货币
沈阳	434780	352925	17428	289600	81855	460377
大连	604414	438640	26800	384927	165774	731134
长春	395823	378446	20207	272885	17377	231166
哈尔滨	231782	216457	9106	157363	15325	98067
南京	355167	373611	12635	295133	-18444	103420
宁波	774804	676181	33420	590742	98623	486723
厦门	164354	130110	8070	112701	34244	107663
青岛	582718	547645	32167	445357	35073	297315
武汉	385623	333876	25074	273237	51747	228933
广州	926791	475522	43596	303802	451269	1221178
重庆	960561	881410	61645	642158	79151	413749
成都	907305	825801	104203	600507	81504	396525
西安	459608	408223	22299	230877	51385	311313
深圳						

五、 中国市场商品流通

图 5-1 社会农副产品收购总额（亿元）

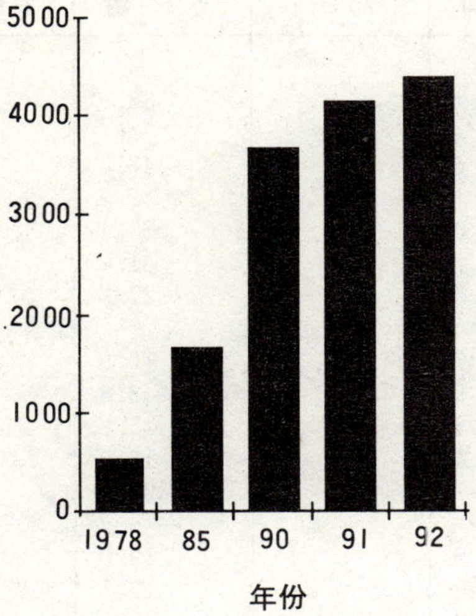

图 5-2 社会农副产品收购总额指数（以1978年为100）

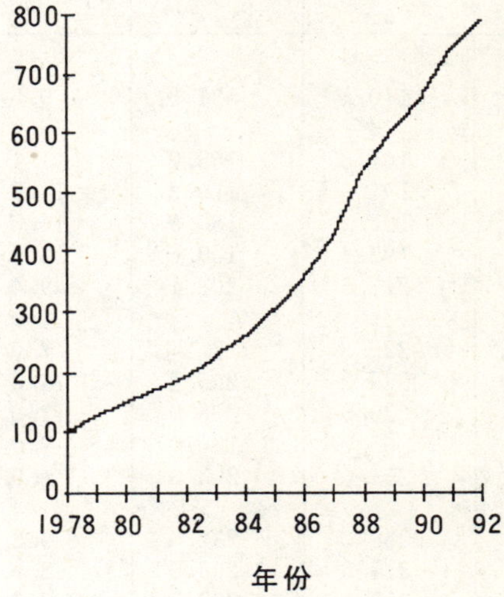

图 5-3 主要农副产品社会收购量

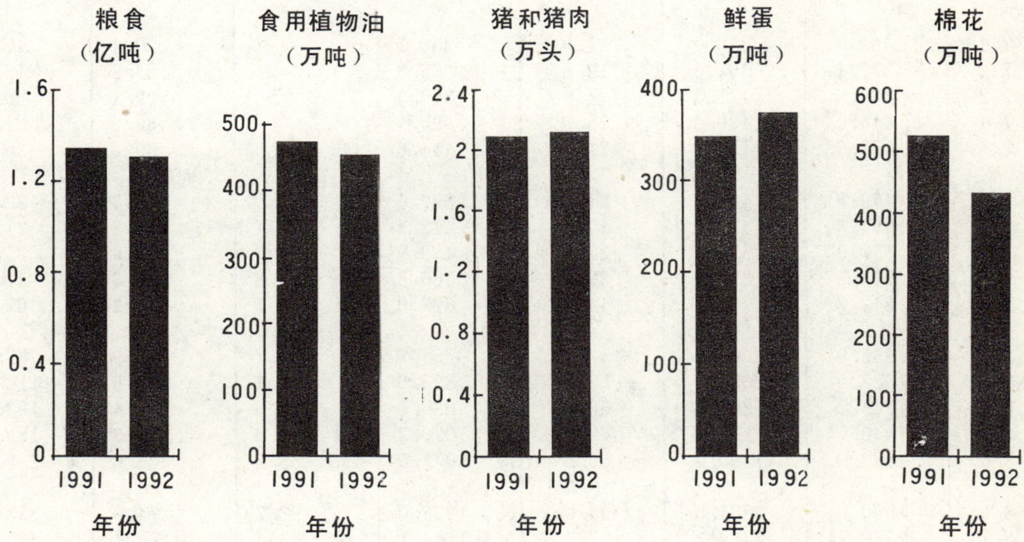

5-1 社会农副产品收购总额

单位：亿元

年份	社会农副产品收购总额	按商品来源分		按部门分			
		购自农民	购自其他生产部门	商业部门收购	# 外贸部门	工业和其他部门收购	非农业居民向农民购买
1952	140.8	131.3	9.5	90.1		38.9	11.8
1953	166.8	155.7	11.1	112.6		43.4	10.8
1954	191.0	179.2	11.8	148.1		32.7	10.2
1955	195.2	180.9	14.3	158.0		25.4	11.8
1956	192.2	180.6	11.6	148.7		31.7	11.8
1957	217.5	208.1	9.4	176.5		27.8	13.2
1958	229.8	222.2	7.6	211.7		10.5	7.6
1959	279.2	265.2	14.0	271.9		3.8	3.5
1960	220.0	208.0	12.0	206.2		5.8	8.0
1961	205.0	196.0	9.0	162.4		12.6	30.0
1962	211.0	203.0	8.0	161.7		22.3	27.0
1963	238.2	232.0	6.2	199.9		19.0	19.3
1964	271.0	263.0	8.0	238.6		18.1	14.3
1965	307.1	299.3	7.8	274.2		19.9	13.0
1966	345.9	336.9	9.0	308.7		22.4	14.8
1967	344.8	335.4	9.4	305.0		21.3	18.5
1968	338.2	328.9	9.3	298.0		21.0	19.2
1969	324.0	314.7	9.3	285.0		20.5	18.5
1970	347.8	337.7	10.1	314.0		16.8	17.0
1971	369.0	358.0	11.0	330.9		20.4	17.7
1972	377.1	364.3	12.8	335.8		23.2	18.1
1973	436.2	421.3	14.9	386.3		29.1	20.8
1974	445.9	430.9	15.0	394.1		30.2	21.6
1975	478.6	457.3	21.3	414.6		39.0	25.0
1976	469.8	448.8	21.0	399.5		48.3	22.0
1977	494.6	478.0	16.6	413.3		59.5	21.8
1978	557.9	530.1	27.8	459.9	10.0	66.9	31.1
1979	713.6	677.6	36.0	586.8	12.8	79.3	47.5
1980	842.2	797.7	44.5	677.0	19.7	96.2	69.0
1981	955.0	908.0	47.0	764.7	20.7	100.9	89.4
1982	1083.0	1031.0	52.0	855.6	24.1	116.6	110.8
1983	1265.0	1206.0	59.0	980.6	27.8	151.4	133.0
1984	1440.0	1371.0	69.0	1070.3	29.0	200.3	169.4
1985	1680.0	1600.0	80.0	1072.0	58.2	326.0	282.0
1986	1990.0	1894.0	96.0	1258.0	97.7	374.0	358.0
1987	2369.2	2261.7	107.5	1444.1	96.4	487.1	438.0
1988	2998.0	2860.1	137.9	1794.2	125.7	633.8	570.0
1989	3386.0	3230.2	155.8	2053.7	143.2	657.3	675.0
1990	3711.0	3524.0	187.0	2258.6	149.9	704.6	747.8
1991	4161.9	3940.3	221.6	2453.2	209.3	799.9	908.8
1992	4412.0	4264.0	148.0	2436.3	233.4	898.3	1077.4

5-2 社会农副产品收购总额构成

单位：%

年份	社会农副产品收购总额	按商品来源分		按部门分			
		购自农民	购自其他生产部门	商业部门收购	# 外贸部门	工业和其他部门收购	非农业居民向农民购买
1952	100.0	93.3	6.7	64.0		27.6	8.4
1953	100.0	93.3	6.7	67.5		26.0	6.5
1954	100.0	93.8	6.2	77.5		17.1	5.3
1955	100.0	92.7	7.3	80.9		13.0	6.0
1956	100.0	94.0	6.0	77.4		16.5	6.1
1957	100.0	95.7	4.3	81.1		12.8	6.1
1958	100.0	96.7	3.3	92.1		4.6	3.3
1959	100.0	95.0	5.0	97.4		1.4	1.3
1960	100.0	94.5	5.5	93.7		2.6	3.6
1961	100.0	95.6	4.4	79.2		6.1	14.6
1962	100.0	96.2	3.8	76.6		10.6	12.8
1963	100.0	97.4	2.6	83.9		8.0	8.1
1964	100.0	97.0	3.0	88.0		6.7	5.3
1965	100.0	97.5	2.5	89.3		6.5	4.2
1966	100.0	97.4	2.6	89.2		6.5	4.3
1967	100.0	97.3	2.7	88.5		6.2	5.4
1968	100.0	97.3	2.7	88.1		6.2	5.7
1969	100.0	97.1	2.9	88.0		6.3	5.7
1970	100.0	97.1	2.9	90.3		4.8	4.9
1971	100.0	97.0	3.0	89.7		5.5	4.8
1972	100.0	96.6	3.4	89.0		6.2	4.8
1973	100.0	96.6	3.4	88.6		6.7	4.8
1974	100.0	96.6	3.4	88.4		6.8	4.8
1975	100.0	95.5	4.5	86.6		8.1	5.2
1976	100.0	95.5	4.5	85.0		10.3	4.7
1977	100.0	96.6	3.4	83.6		12.0	4.4
1978	100.0	95.0	5.0	82.4	1.8	12.0	5.6
1979	100.0	95.0	5.0	82.2	1.8	11.1	6.7
1980	100.0	94.7	5.3	80.4	2.3	11.4	8.2
1981	100.0	95.1	4.9	80.1	2.2	10.6	9.4
1982	100.0	95.2	4.8	79.0	2.2	10.8	10.2
1983	100.0	95.3	4.7	77.5	2.2	12.0	10.5
1984	100.0	95.2	4.8	74.3	2.0	13.9	11.8
1985	100.0	95.2	4.8	63.8	3.5	19.4	16.8
1986	100.0	95.2	4.8	63.2	4.9	18.8	18.0
1987	100.0	95.5	4.5	61.0	4.1	20.6	18.5
1988	100.0	95.4	4.6	59.8	4.2	21.1	19.0
1989	100.0	95.4	4.6	60.7	4.2	19.4	19.9
1990	100.0	95.0	5.0	60.9	4.0	19.0	20.2
1991	100.0	94.7	5.3	58.9	5.0	19.2	21.8
1992	100.0	96.6	3.4	55.2	5.3	20.4	24.4

5-3 社会农副产品收购总额变化比较

项目	1991年		1992年		1992年为1991年%
	绝对额（亿元）	比重（%）	绝对额（亿元）	比重（%）	
社会农副产品收购总额	4161.9	100.0	4412.0	100.0	106.0
（一）按商品来源分					
1.购自农民	3940.3	96.6	4264.0	94.7	108.2
2.购自其他生产部门	221.6	3.4	148.0	5.3	66.8
（二）按部门分					
1.商业部门收购	2453.2	55.2	2436.3	58.9	99.3
内贸部门收购	2243.9	49.9	2202.9	53.9	98.2
外贸部门收购	209.3	5.3	233.4	5.0	111.5
2.工业和其他部门收购	809.9	20.4	898.3	19.5	110.9
3.非农业居民向农民购买	898.8	24.4	1077.4	21.6	119.9

5-4 计划单列城市社会农副产品收购总额

单 位：万 元

城市名称	社会农副产品收购总额	商业部门	# 国有商业和供销社	工业和其他部门	非农业居民向农民购买
沈阳	261303	139495	104874	20935	100873
大连	380579	165939	102658	99160	115480
长春	324661	254944	197258	19209	50508
哈尔滨	276926	185862	106412	35722	55342
南京	282219	103167	93276	63594	115458
宁波	321998	187666	130188	45882	88450
厦门	156257	60172	24014	30301	65784
青岛	254949	190990	170260	13206	50753
武汉	290520	105763	97520	5583	179174
广州	572235	318909	151488	62961	190365
重庆	486724	193362	170091	67893	225469
成都	349974	186808	133578	43059	120107
西安	248299	86148	50575	38515	123636
深圳	362900	98732	74579	11578	263011

5-5 各地区社会农副产品收购总额

（1992年）　　单位:万元

地区	社会农副产品收购总额	商业部门	# 国有商业和供销社	工业和其他部门	非农业居民向农民购买
北京	788287	437814	403733	60646	289827
天津	393831	178014	127536	31386	184431
河北	1733539	1140484	1009941	166695	426360
山西	593847	341441	300518	43570	208836
内蒙古	652450	372568	356910	141205	138677
辽宁	1773469	1006975	740015	149709	616785
吉林	1334296	896507	759531	136079	301710
黑龙江	1411539	920974	781744	221727	268838
上海	799664	483525	360094	6689	309450
江苏	2846665	1938792	1687317	236204	671669
浙江	2287269	1449951	972753	152470	684848
安徽	1536266	933357	810220	237104	365805
福建	1217676	624775	373019	310942	281959
江西	1072344	572366	488959	139649	360329
山东	3061810	2122402	1687991	497708	441700
河南	2295656	1535785	957833	422710	337161
湖北	2047706	1249184	1058217	168701	629821
湖南	1954253	1094468	874832	181974	677811
广东	3845804	1902166	1033934	714513	1229125
广西	1257872	578600	403874	393621	285651
海南	355908	111815	30952	169649	74444
四川	2891628	1664169	1467957	429975	797484
贵州	593891	412861	302108	31976	149054
云南	1022374	606496	557326	212297	203581
西藏					
陕西	831200	477157	390108	86939	267104
甘肃	524195	350289	298836	57768	116138
青海	96403	61012	44805	12578	22813
宁夏	141730	75124	69054	28063	38543
新疆	1161934	823976	769706	214835	123123

5-6 各地区社会农副产品收购总额构成

（1992年）

单位：%

地区	社会农副产品收购总额	商业部门	# 国有商业和供销社	工业和其他部门	非农业居民向农民购买
北京	100.0	55.5	51.2	7.7	36.8
天津	100.0	45.2	32.4	8.0	46.8
河北	100.0	65.8	58.3	9.6	24.6
山西	100.0	57.5	50.6	7.3	35.2
内蒙古	100.0	57.1	54.7	21.6	21.3
辽宁	100.0	56.8	41.7	8.4	34.8
吉林	100.0	67.2	56.9	10.2	22.6
黑龙江	100.0	65.2	55.4	15.7	19.0
上海	100.0	60.5	45.0	0.8	38.7
江苏	100.0	68.1	59.3	8.3	23.6
浙江	100.0	63.4	42.5	6.7	29.9
安徽	100.0	60.8	52.7	15.4	23.8
福建	100.0	51.3	30.6	25.5	23.2
江西	100.0	53.4	45.6	13.0	33.6
山东	100.0	69.3	55.1	16.3	14.4
河南	100.0	66.9	41.7	18.4	14.7
湖北	100.0	61.0	51.7	8.2	30.8
湖南	100.0	56.0	44.8	9.3	34.7
广东	100.0	49.5	26.9	18.6	32.0
广西	100.0	46.0	32.1	31.3	22.7
海南	100.0	31.4	8.7	47.7	20.9
四川	100.0	57.6	50.8	14.9	27.6
贵州	100.0	69.5	50.9	5.4	25.1
云南	100.0	59.3	54.5	20.8	19.9
西藏	100.0				
陕西	100.0	57.4	46.9	10.5	32.1
甘肃	100.0	66.8	57.0	11.0	22.2
青海	100.0	63.3	46.5	13.0	23.7
宁夏	100.0	53.0	48.7	19.8	27.2
新疆	100.0	70.9	66.2	18.5	10.6

5-7 各地区社会农副产品收购总额变化比较及位次

地　　区	1991年		1992年		1992年为1991年	
	绝对额（万元）	位　次）	绝对额（万元）	位　次	%	位　次
北　　京	622578	23	788287	21	126.6	2
天　　津	323824	27	393831	26	121.6	4
河　　北	1699298	9	1733539	10	102.0	21
山　　西	631315	22	593847	24	94.1	27
内 蒙 古	666684	21	652450	22	97.9	24
辽　　宁	1662643	10	1773469	9	106.7	16
吉　　林	1278489	13	1334296	14	104.4	19
黑 龙 江	1456505	11	1411539	12	96.9	25
上　　海	988482	18	799664	20	80.9	28
江　　苏	2519584	4	2846665	4	113.0	9
浙　　江	2030017	6	2287269	6	112.7	11
安　　徽	1391616	12	1536266	11	110.4	12
福　　建	1112313	14	1217676	15	109.5	13
江　　西	1046487	16	1072344	17	102.5	20
山　　东	3214307	2	3061810	2	95.3	26
河　　南	2292071	5	2295656	5	100.2	23
湖　　北	1917461	7	2047706	7	106.8	15
湖　　南	1729124	8	1954253	8	113.0	10
广　　东	3345314	1	3845804	1	115.0	8
广　　西	1050661	15	1257872	13	119.7	6
海　　南	334005	26	355908	27	106.6	17
四　　川	2690917	3	2891628	3	107.5	14
贵　　州	490548	24	593891	23	121.1	5
云　　南	798946	19	1022374	18	128.0	1
西　　藏	25256	30				
陕　　西	732205	20	831200	19	113.5	9
甘　　肃	415775	25	524195	25	126.1	3
青　　海	94982	29	96403	29	101.5	22
宁　　夏	135617	28	141730	28	104.5	18
新　　疆	998893	17	1161934	16	116.3	7

5-8 主要农副产品收购数量和金额

金额单位：亿元

年份	粮食（万吨）		食用植物油（万吨）		猪和猪肉（万头）		牛和牛肉（万头）	
	数量	金额	数量	金额	数量	金额	数量	金额
1952	3903.0	54.0	98.0	5.9	3742.7	12.2	125.8	0.6
1953	4305.0	67.7	108.5	7.4	4384.2	16.2	141.8	0.9
1954	5089.0	79.9	153.0	10.6	4855.7	18.7	160.0	1.0
1955	4754.0	74.6	174.5	11.9	4185.7	16.1	229.7	1.4
1956	4022.0	64.4	145.0	10.2	3972.9	16.5	256.6	1.4
1957	4597.0	74.5	133.8	12.6	4050.0	19.3	243.9	1.5
1958	5183.0	87.1	118.5	11.2	4673.2	21.1	246.2	1.5
1959	6411.5	105.2	166.5	16.7	3399.8	14.4	242.9	1.5
1960	4653.5	79.1	83.0	9.1	1991.3	6.8	208.7	1.3
1961	3655.0	77.9	60.0	7.4	870.1	6.0	89.8	0.9
1962	3242.0	71.6	52.3	6.9	1929.8	14.5	62.6	0.6
1963	3699.5	85.7	67.0	10.9	4015.1	27.4	69.6	0.6
1964	4013.5	90.9	92.5	13.4	6266.7	38.6	84.5	0.8
1965	3922.0	89.9	103.6	15.0	7859.5	47.2	124.4	1.2
1966	4141.5	97.8	104.0	13.6	8644.8	51.9	148.1	1.5
1967	4137.5	100.6	97.5	13.7	8749.3	52.5	132.7	1.3
1968	4040.5	97.5	90.0	12.5	8347.0	50.1	137.1	1.3
1969	3845.0	92.6	86.0	11.9	7661.1	46.0	170.3	1.7
1970	4649.0	112.1	89.0	12.3	7562.1	47.6	165.1	1.6
1971	4382.5	110.5	96.0	15.5	8816.6	55.6	160.1	1.6
1972	3853.5	98.7	90.0	14.4	10526.3	66.3	163.6	1.8
1973	4840.5	122.9	96.0	16.1	10195.9	69.3	152.4	1.8
1974	4689.0	118.2	95.0	16.0	9843.4	67.9	150.0	1.8
1975	5261.5	133.9	100.3	16.9	10281.0	73.0	169.7	2.1
1976	4914.5	125.6	88.4	14.8	10350.6	72.0	161.0	2.0
1977	4767.0	122.3	86.8	14.5	10416.6	73.2	150.0	1.5
1978	5072.5	133.6	110.5	19.4	10936.5	81.5	140.8	1.3
1979	6009.5	203.0	150.5	36.7	13545.5	139.0	190.3	2.4
1980	6129.0	221.6	191.0	50.1	14250.0	163.0	221.6	3.7
1981	6845.5	252.3	272.0	77.3	13723.8	159.8	241.4	4.6
1982	7805.5	306.1	308.0	85.4	14463.3	179.1	234.1	5.3
1983	10248.5	412.0	273.0	77.3	14314.7	175.3	271.6	6.1
1984	11724.5	463.2	314.0	82.4	15238.7	189.3	396.5	9.9
1985	10762.8	445.7	409.8	108.3	16020.8	267.4	463.5	15.5
1986	11516.2	539.8	427.0	126.4	17350.5	312.3	532.0	18.4
1987	12092.0	614.9	441.1	133.7	18044.5	351.3	665.0	24.5
1988	11995.3	698.5	395.3	143.4	17232.5	479.3	755.3	37.4
1989	12138.1	852.1	380.7	160.2	17583.0	549.6	758.3	40.8
1990	13995.2	937.7	470.3	202.5	18504.5	518.7	909.5	47.3
1991	13635.5	923.5	477.0	244.3	21054.1	635.6	1018.5	53.9
1992	13246.4	935.2	457.1	200.0	21373.1	756.6	1088.3	60.1

注：粮食是贸易粮；食用植物油包括油料折油、加工豆油、米糠油和玉米胚油（下同）。

5-8 续表1　　金额单位:亿元

年份	羊和羊肉(万头)		家禽(万只)		鲜蛋(万吨)		水产品(万吨)	
	数量	金额	数量	金额	数量	金额	数量	金额
1952	522.7	0.5	9324.0	1.2	19.4	1.2	91.8	2.3
1953	631.6	0.7	11157.8	1.7	23.0	1.7	103.1	3.2
1954	736.6	0.8	11445.2	1.8	26.2	2.1	124.4	3.4
1955	772.2	0.7	9820.3	1.6	27.8	2.3	134.0	3.8
1956	952.4	0.9	12608.8	2.1	33.3	2.7	143.4	4.9
1957	966.9	1.0	14634.0	2.6	39.0	3.7	171.7	7.0
1958	1367.0	1.2	13142.0	2.6	40.5	4.4	153.0	6.3
1959	1129.7	1.2	13664.3	2.6	16.0	2.0	192.4	7.6
1960	960.5	1.2	10839.0	3.1	14.2	2.3	190.3	8.8
1961	838.8	2.0	7218.9	2.5	13.0	4.2	139.1	11.0
1962	1087.8	2.1	10181.8	3.0	21.9	5.3	148.0	11.4
1963	1416.8	2.5	11406.6	2.4	37.5	6.6	168.8	10.5
1964	1364.2	2.2	12240.1	2.0	44.3	6.2	182.1	10.1
1965	1267.4	2.0	9675.0	1.4	48.8	6.3	183.1	9.3
1966	1142.0	1.5	12542.0	1.7	53.9	6.9	193.4	9.9
1967	914.8	1.2	7358.2	1.0	48.0	6.2	191.4	9.8
1968	1061.8	1.4	6937.2	1.0	38.1	4.9	162.0	8.3
1969	1039.7	1.4	6701.9	0.9	41.7	5.3	160.2	8.2
1970	1127.6	1.5	7331.0	1.0	45.3	5.8	199.2	9.7
1971	1090.9	1.5	9547.9	1.3	48.3	6.2	213.5	10.4
1972	985.8	1.3	11122.7	1.6	46.8	6.0	239.3	11.4
1973	892.4	1.3	11085.1	1.6	47.8	6.5	232.0	11.3
1974	995.7	1.5	9318.1	1.4	45.3	6.2	253.1	12.2
1975	1057.9	1.5	10561.4	1.7	46.1	6.4	255.5	12.5
1976	1013.5	1.4	9934.4	1.6	45.0	6.2	260.6	11.2
1977	1112.2	1.5	11994.6	1.9	46.9	6.4	269.6	11.5
1978	998.3	1.5	16291.0	3.3	56.0	7.7	269.2	12.4
1979	1343.9	2.9	21388.3	4.9	98.5	17.9	252.6	18.6
1980	1680.2	3.5	26602.6	7.4	99.1	18.2	239.3	19.0
1981	2068.2	4.9	31198.5	9.7	98.9	19.1	244.0	22.8
1982	1819.7	4.6	34483.3	10.8	108.6	20.3	287.9	26.6
1983	2172.5	6.0	39429.9	14.5	117.7	26.4	270.5	27.3
1984	2633.4	7.6	55719.1	21.7	149.6	35.0	308.0	34.6
1985	2839.3	11.1	67104.2	28.7	192.2	50.0	334.2	73.5
1986	2938.7	12.1	74724.4	36.9	206.6	54.1	369.6	84.6
1987	3264.9	14.3	82196.8	48.9	232.4	70.7	426.9	124.4
1988	3395.5	18.8	90416.5	60.6	255.6	99.7	437.6	176.0
1989	3696.4	19.6	87392.0	70.0	267.5	115.8	467.1	192.3
1990	4033.3	20.1	92143.9	82.3	282.4	123.0	575.3	219.1
1991	4432.6	21.6	97055.1	90.4	350.5	147.7	652.4	248.4
1992	4515.0	23.4	114165.9	106.3	376.3	156.0	697.8	328.0

注：水产品是干、鲜混合品（下同）。

5-8 续表2　　　　金额单位:亿元

年份	干鲜菜	干鲜果	茶叶（万吨）		蜂蜜（万吨）		棉花（万吨）	
			数量	金额	数量	金额	数量	金额
1952	5.1	3.4	7.7	0.7			108.7	19.9
1953	6.6	4.0	7.5	0.8			103.2	17.9
1954	7.4	4.4	8.6	1.0			87.1	15.3
1955	8.0	4.8	10.2	1.2			130.7	23.5
1956	9.9	5.7	11.3	1.5	0.7	0.1	111.1	20.0
1957	12.1	6.4	10.0	1.4	0.9	0.2	141.2	25.4
1958	14.6	5.8	12.0	1.8	1.2	0.2	148.4	26.4
1959	20.0	5.6	14.0	2.1	1.3	0.2	181.5	32.3
1960	27.3	5.4	12.5	1.8	0.9	0.2	100.5	17.9
1961	38.2	6.8	7.0	1.2	0.6	0.1	66.0	12.0
1962	26.7	7.6	6.8	1.2	0.7	0.2	63.2	11.5
1963	21.2	6.8	8.0	1.4	1.6	0.4	105.7	21.4
1964	18.6	6.1	8.8	1.4	2.1	0.4	154.6	30.8
1965			9.4	1.7	3.0	0.6	195.6	39.9
1966			9.9	1.9	3.6	0.7	213.1	43.5
1967			10.6	2.0	4.4	0.9	214.1	43.7
1968			10.5	2.0	4.1	0.8	214.1	43.7
1969			11.3	2.2	3.5	0.7	190.4	38.8
1970			12.7	2.4	3.7	0.7	203.0	41.4
1971			14.4	2.8	5.0	1.0	191.3	39.0
1972			15.9	3.1	5.0	1.0	178.8	37.5
1973			16.9	3.3	4.9	1.0	240.8	49.1
1974			18.0	3.7	5.0	1.0	244.5	47.1
1975			19.4	4.5	6.6	1.3	222.7	46.1
1976			21.5	5.0	5.2	1.0	188.6	38.0
1977			22.9	5.4	6.7	1.3	198.0	41.2
1978			24.3	5.9	9.7	1.9	209.6	47.8
1979	38.0	16.0	24.2	7.4	11.2	2.4	208.1	55.8
1980	38.9	19.5	26.2	8.6	9.5	1.9	261.0	85.8
1981	48.7	26.3	32.3	11.5	8.8	1.7	287.2	93.6
1982	56.3	28.9	35.3	12.9	10.4	2.0	341.6	110.5
1983	63.0	37.0	33.9	11.7	12.8	2.5	458.6	159.8
1984	75.6	43.5	34.4	11.4	9.3	1.8	521.2	179.1
1985	101.0	64.6	39.5	16.4	10.5	2.0	431.9	139.5
1986	131.2	85.5	41.8	22.3	16.4	3.5	379.4	123.4
1987	162.1	117.5	48.9	26.3	22.3	5.5	407.1	144.3
1988	203.4	149.8	55.6	36.9	13.4	3.7	377.8	150.2
1989	217.1	155.9	53.4	35.4	15.1	4.6	330.6	162.7
1990	228.9	183.1	49.2	31.2	21.1	6.4	409.1	260.0
1991	265.0	212.2	52.2	33.1	15.2	4.4	529.0	351.2
1992	297.1	228.2	80.3	61.6	16.9	5.0	435.8	273.0

注：棉花不包括絮棉（下同）。

5-8 续表3　　金额单位:亿元

年份	棉短绒（万吨）		黄红麻（万吨）		大麻（万吨）		苎麻（万吨）	
	数　量	金　额	数　量	金　额	数　量	金　额	数　量	金　额
1952			11.4	0.8	6.8	0.6	3.2	0.3
1953			6.1	0.4	8.1	0.7	3.6	0.4
1954			6.0	0.4	8.1	0.7	3.6	0.4
1955			10.8	0.7	8.8	0.8	3.6	0.4
1956			11.6	0.8	8.1	0.8	3.5	0.4
1957	4.2	0.2	13.3	0.9	8.2	0.8	3.6	0.4
1958	7.7	0.3	10.3	0.7	7.4	0.8	3.8	0.5
1959	4.2	0.2	10.0	0.7	6.8	0.8	3.2	0.4
1960	2.6	0.1	8.3	0.5	2.9	0.3	2.3	0.3
1961	2.0	0.1	5.9	0.4	1.6	0.2	1.3	0.2
1962	3.0	0.1	6.3	0.4	1.6	0.2	1.4	0.2
1963	4.2	0.2	9.2	0.6	3.6	0.5	1.7	0.3
1964	4.9	0.4	10.8	0.7	5.3	0.8	1.9	0.3
1965	7.6	0.4	13.2	1.0	6.9	1.0	2.4	0.4
1966	10.8	0.6	15.9	1.3	7.4	1.1	2.3	0.4
1967	12.2	0.7	18.9	1.5	7.9	1.1	2.8	0.5
1968	10.8	0.6	18.7	1.5	7.8	1.1	2.9	0.5
1969	11.0	0.6	16.9	1.3	6.7	1.0	3.1	0.5
1970	12.2	0.7	14.9	1.2	7.1	1.1	2.7	0.4
1971	13.1	0.8	14.6	1.1	5.7	0.9	2.4	0.4
1972	12.7	0.7	17.7	1.4	5.8	0.9	2.6	0.4
1973	14.9	1.0	27.3	2.2	5.6	0.9	2.6	0.5
1974	19.1	1.3	30.4	2.4	5.8	0.9	2.2	0.4
1975	22.0	1.5	35.1	3.2	6.5	1.1	2.6	0.5
1976	21.6	1.5	34.6	3.0	6.4	1.0	2.2	0.4
1977	20.8	1.3	41.6	4.3	6.0	1.0	2.2	0.4
1978	22.0	1.4	53.4	6.0	6.7	1.0	2.3	0.4
1979	21.9	1.7	55.6	6.4	7.2	1.3	3.2	0.7
1980	21.4	1.7	54.4	6.0	5.4	1.0	3.8	0.9
1981	24.3	2.0	61.2	7.1	3.0	0.5	4.6	1.0
1982	25.4	2.1	60.0	5.8	1.3	0.2	5.6	1.2
1983	26.7	3.3	48.0	4.5	1.0	0.2	3.9	0.8
1984	25.7	3.2	70.0	7.5	1.7	0.3	4.2	1.2
1985	32.5	3.0	120.3	11.6	2.7	0.5	7.2	5.7
1986	31.3	2.9	110.5	10.2	3.7	0.9	15.7	19.1
1987	26.6	2.9	82.9	8.4	2.8	0.5	30.1	16.0
1988	34.1	5.2	70.6	9.2	1.4	0.3	28.9	7.8
1989	26.4	4.9	73.4	11.4	1.0	0.2	17.8	4.0
1990	28.1	5.8	81.3	13.1	0.9	0.2	10.9	2.4
1991	28.9	5.8	58.2	9.4	0.8	0.2	9.4	2.2
1992	31.0	6.3	50.7	19.2	0.7	0.1	7.6	2.3

注：黄红麻是熟麻（下同）。

5-8 续表4　　　　　　　　　　　　　　　　　　　　　　　　　　　　　　金额单位:亿元

年份	甘蔗（万吨）		甜菜（万吨）		烤烟（万吨）		中药材
	数　量	金　额	数　量	金　额	数　量	金　额	
1952	369.7	0.8	39.0	0.1	19.1	1.3	0.8
1953	420.4	0.9	44.1	0.1	22.7	1.6	1.2
1954	457.3	1.0	91.7	0.3	21.9	1.5	1.5
1955	395.2	0.9	128.2	0.4	29.9	2.2	1.7
1956	411.5	1.0	116.8	0.4	35.2	2.5	2.1
1957	557.0	1.4	130.4	0.4	28.6	2.1	2.4
1958	596.7	1.7	120.0	0.4	27.7	2.0	2.7
1959	673.8	1.9	174.8	0.7	41.2	3.0	3.4
1960	402.0	1.1	67.8	0.3	17.0	1.3	2.9
1961	278.0	0.7	18.1	0.1	10.2	0.9	2.6
1962	293.8	0.8	18.3	0.1	12.4	1.2	2.3
1963	333.0	0.9	45.0	0.2	22.8	2.3	2.5
1964	553.1	1.6	130.3	0.7	31.0	3.1	2.4
1965	1071.4	3.1	178.7	1.0	34.3	3.5	3.3
1966	912.6	2.7	236.4	1.3	51.8	5.7	4.2
1967	1011.3	3.0	234.1	1.3	62.2	6.9	5.1
1968	827.3	2.5	194.0	1.1	45.6	5.0	5.2
1969	899.5	2.7	217.1	1.2	42.2	4.7	5.2
1970	1104.7	3.3	198.6	1.1	41.1	4.5	4.9
1971	1014.0	3.0	198.7	1.1	43.0	4.7	5.4
1972	1406.7	5.3	210.9	1.3	54.4	6.0	6.1
1973	1473.0	5.6	238.5	1.5	60.4	7.0	7.3
1974	1328.9	4.9	220.9	1.4	58.8	7.1	8.2
1975	1315.0	4.7	222.9	1.3	68.3	8.6	8.9
1976	1297.5	4.7	280.4	1.6	80.1	10.0	9.4
1977	1353.2	4.7	215.4	1.3	95.2	12.0	9.9
1978	1557.9	5.6	255.3	1.5	105.3	13.1	10.9
1979	1633.6	7.3	270.2	2.2	79.0	10.0	10.2
1980	1584.0	7.2	554.1	4.7	69.8	9.9	9.3
1981	1726.1	9.5	572.9	4.9	125.9	20.8	10.3
1982	2248.7	11.8	610.9	5.2	176.1	27.0	10.9
1983	2805.3	15.0	826.3	7.1	110.4	17.3	17.4
1984	2650.9	16.1	786.4	6.6	148.8	26.2	23.5
1985	3687.5	23.3	806.4	7.4	177.9	33.1	32.9
1986	3466.3	32.7	751.6	7.1	123.2	24.3	40.6
1987	3497.5	34.7	765.1	8.3	139.8	34.7	45.8
1988	3601.0	37.4	1168.8	14.6	211.3	60.0	57.8
1989	3395.9	43.1	776.3	11.1	204.8	50.4	35.1
1990	4619.0	59.6	1402.8	22.6	194.3	53.2	42.9
1991	4728.5	62.8	1556.6	25.7	238.3	66.6	50.4
1992	6012.1	79.4	1206.3	19.2	276.1	75.3	54.8

5-8 续表5

金额单位:亿元

年份	桑蚕茧(万吨)		柞蚕茧(万吨)		毛竹(万根)		棕片(万吨)	
	数量	金额	数量	金额	数量	金额	数量	金额
1952	4.6	0.7	5.1	0.2	8238.8	0.2	0.6	
1953	3.8	0.5	0.9		10706.0	0.4	0.6	
1954	4.9	0.7	2.0	0.1	9989.0	0.4	0.8	
1955	5.4	0.7	5.5	0.2	9842.5	0.4	1.2	0.1
1956	5.8	0.8	4.7	0.2	15305.0	0.6	1.8	0.1
1957	5.1	0.8	3.2	0.2	12684.8	0.5	1.5	0.1
1958	5.8	1.1	2.9	0.2	14463.0	0.7	1.9	0.1
1959	5.8	1.1	2.7	0.2	15314.0	0.9	1.9	0.1
1960	5.4	1.0	1.5	0.1	9013.0	0.5	1.5	0.1
1961	3.3	0.6	0.5		5500.0	0.4	0.9	0.1
1962	3.3	0.6	0.8	0.1	6501.0	0.4	1.1	0.1
1963	3.7	0.7	2.8	0.3	7586.0	0.5	1.3	0.1
1964	4.8	0.9	4.0	0.4	8094.0	0.6	1.3	0.1
1965	6.3	1.6	3.7	0.4	7031.0	0.5	1.5	0.1
1966	7.5	2.0	5.2	0.5	6991.0	0.5	1.6	0.1
1967	7.9	2.1	2.9	0.3	7223.0	0.5	1.4	0.1
1968	10.1	2.6	3.2	0.3	6603.0	0.5	1.3	0.1
1969	10.7	2.8	2.7	0.3	6619.0	0.5	1.4	0.1
1970	11.6	3.0	3.5	0.3	6958.0	0.5	1.4	0.1
1971	11.6	3.1	2.5	0.2	7230.0	0.5	1.6	0.1
1972	13.2	3.5	2.1	0.2	7353.0	0.6	1.5	0.1
1973	14.2	3.7	5.6	0.6	7639.0	0.6	1.7	0.2
1974	15.7	4.0	3.2	0.4	7828.0	0.7	2.0	0.2
1975	14.8	3.9	3.7	0.4	7872.0	0.7	2.2	0.2
1976	15.9	4.2	2.6	0.3	8904.8	0.8	2.5	0.3
1977	16.3	4.3	4.7	0.5	9035.1	0.7	2.6	0.3
1978	17.1	4.7	5.5	0.6	9892.4	0.7	2.5	0.3
1979	20.9	6.8	5.7	0.7	11794.0	1.0	2.1	0.2
1980	24.3	8.4	7.2	0.9	8315.3	0.8	1.7	0.2
1981	22.1	7.7	6.2	0.8	9178.6	1.0	1.9	0.2
1982	25.9	9.0	5.9	0.8	10323.5	1.3	1.8	0.2
1983	23.7	8.4	8.0	1.3	10911.9	1.3	2.8	0.3
1984	30.2	10.4	4.8	1.0	10684.4	1.5	2.6	0.3
1985	36.1	13.0	2.4	0.3	10519.8	2.0	2.6	0.4
1986	35.6	13.4	2.2	0.4	8583.5	1.8	2.2	0.3
1987	35.0	16.2	3.6	0.7	7725.2	1.6	2.0	0.3
1988	32.6	30.5	1.9	0.5	7124.2	2.6	2.0	0.3
1989	36.7	48.1	4.6	1.5	6251.7	2.1	2.9	0.4
1990	42.0	41.1	2.8	0.9	6224.7	1.8	2.1	0.3
1991	50.8	48.5	2.1	0.6	8301.2	2.5	1.8	0.3
1992	62.8	44.5	1.0	0.4	10151.0	3.4	1.8	0.3

注：桑蚕茧、柞蚕茧是鲜茧。

年份	生漆(万吨)		苇席(万领)		绵羊毛(万吨)		山羊毛(万吨)	
	数量	金额	数量	金额	数量	金额	数量	金额
1952	0.1		2831.0	0.8	3.1	0.7	0.1	
1953	0.1		3668.0	1.0	3.4	0.8	0.1	
1954	0.1		5863.0	1.6	3.9	0.9	0.2	
1955	0.1		6689.0	1.9	4.2	1.0	0.3	
1956	0.1		6296.0	1.8	4.7	1.0	0.4	0.1
1957	0.2		7863.0	2.2	4.6	1.0	0.4	0.1
1958	0.2		4790.0	1.3	5.6	1.2	0.6	0.1
1959	0.2		3536.0	1.0	5.8	1.3	0.7	0.1
1960	0.1		2549.0	0.7	6.1	1.4	0.7	0.1
1961	0.1		2614.0	0.7	4.2	1.0	0.5	0.1
1962	0.1		3329.0	0.9	4.8	1.1	0.6	0.1
1963	0.1	0.1	4422.0	1.2	6.4	1.4	0.8	0.1
1964	0.2	0.1	5086.0	1.4	7.0	1.5	0.9	0.2
1965	0.2	0.1	6931.0	1.9	7.4	1.6	0.8	0.2
1966	0.2	0.1	7749.0	2.2	7.7	2.3	0.7	0.1
1967	0.2	0.1	8222.0	2.3	7.9	2.4	0.7	0.1
1968	0.1	0.1	7245.0	2.0	7.9	2.4	0.6	0.1
1969	0.2	0.1	6974.0	1.9	8.4	2.5	0.6	0.1
1970	0.1	0.1	7727.0	2.2	9.0	2.7	0.6	0.1
1971	0.1	0.1	7611.0	2.1	9.6	2.9	0.6	0.1
1972	0.1	0.1	8000.0	2.2	9.8	2.9	0.6	0.1
1973	0.2	0.1	8019.0	2.2	11.1	3.2	0.7	0.1
1974	0.2	0.1	6100.0	1.7	12.4	3.8	0.7	0.2
1975	0.2	0.1	5855.0	1.6	13.0	4.0	0.8	0.2
1976	0.2	0.1	5715.0	1.6	12.9	4.0	0.7	0.2
1977	0.2	0.1	6433.0	1.8	13.1	4.3	0.8	0.2
1978	0.2	0.2	7087.0	1.9	13.8	4.7	0.8	0.2
1979	0.3	0.3	7434.0	2.0	14.9	5.1	0.8	0.2
1980	0.2	0.3	5970.7	2.0	16.1	5.5	0.8	0.2
1981	0.3	0.4	4835.0	1.6	17.0	5.9	0.6	0.2
1982	0.3	0.4	3737.0	1.5	18.0	6.4	0.8	0.2
1983	0.2	0.3	3424.0	1.2	17.8	6.5	0.7	0.2
1984	0.2	0.3	4067.0	1.6	15.5	5.7	0.5	0.1
1985	0.2	0.3	4221.0	1.8	21.9	10.5	0.5	0.1
1986	0.3	0.4	3516.0	1.8	21.8	13.1	0.7	0.4
1987	0.3	0.5	3023.8	1.6	20.7	13.4	0.5	0.2
1988	0.4	0.9	2638.0	2.0	19.0	17.6	1.0	0.7
1989	0.3	0.6	1326.0	0.9	15.0	13.7	0.6	0.3
1990	0.5	1.0	1544.0	1.2	18.9	13.3	1.1	0.7
1991	0.3	0.6	1459.0	1.2	17.3	11.6	0.5	0.2
1992	0.3	0.7	1184.0	1.0	15.0	10.4	0.5	0.1

金额单位:亿元

年份	羊绒(万吨)		牛皮(万张)		绵羊皮(万张)		山羊皮(万张)	
	数 量	金 额	数 量	金 额	数 量	金 额	数 量	金 额
1952	0.2	0.1	272.0	0.3	176.6	0.1	502.3	0.1
1953	0.2	0.1	355.6	0.4	188.3	0.1	496.6	0.1
1954	0.2	0.1	422.9	0.5	479.7	0.2	622.9	0.1
1955	0.2	0.1	761.6	0.8	774.1	0.3	767.5	0.2
1956	0.2	0.2	758.2	0.6	951.3	0.4	1095.3	0.3
1957	0.3	0.2	671.0	0.6	744.3	0.3	1048.5	0.2
1958	0.3	0.2	479.8	0.5	1063.0	0.4	1930.7	0.4
1959	0.3	0.2	610.7	0.7	1107.0	0.4	1187.6	0.3
1960	0.3	0.2	549.3	0.6	1040.9	0.4	945.4	0.2
1961	0.3	0.2	297.4	0.4	701.5	0.3	671.0	0.2
1962	0.3	0.2	198.2	0.3	927.5	0.3	2884.7	0.7
1963	0.4	0.3	240.0	0.3	1115.0	0.3	3425.0	0.9
1964	0.4	0.3	275.0	0.3	1217.9	0.5	2675.4	0.7
1965	0.4	0.3	313.7	0.4	1180.0	0.5	2081.0	0.5
1966	0.4	0.3	378.9	0.5	1293.2	0.5	1808.0	0.4
1967	0.4	0.3	395.5	0.5	1102.9	0.4	1661.7	0.4
1968	0.4	0.3	401.9	0.5	1198.8	0.5	1957.7	0.5
1969	0.3	0.3	535.3	0.7	1459.8	0.6	2211.3	0.5
1970	0.3	0.3	446.9	0.6	1351.0	0.5	1572.9	0.4
1971	0.4	0.3	446.0	0.6	1290.6	0.5	1759.7	0.4
1972	0.3	0.3	454.3	0.6	1249.0	0.5	1689.8	0.4
1973	0.3	0.3	449.2	0.6	1130.0	0.5	1510.3	0.4
1974	0.3	0.3	457.2	0.6	1276.8	0.5	1726.0	0.5
1975	0.4	0.3	510.3	0.7	1505.6	0.6	2067.7	0.6
1976	0.3	0.3	535.1	0.8	1619.5	0.6	2408.2	0.7
1977	0.3	0.3	488.5	0.7	1325.0	0.5	2327.1	0.7
1978	0.3	0.2	509.0	0.8	1395.0	0.6	2903.0	0.9
1979	0.3	0.3	426.0	0.7	1297.0	0.6	3167.0	1.1
1980	0.3	0.4	430.3	0.9	1469.6	0.7	3901.0	1.7
1981	0.3	0.4	378.0	0.8	1821.0	0.9	4606.0	2.0
1982	0.3	0.4	379.0	0.9	1983.0	0.9	4400.0	1.9
1983	0.3	0.4	449.4	1.0	1818.5	0.8	3898.0	1.5
1984	0.3	0.4	583.0	2.1	1732.0	0.9	3498.0	1.6
1985	0.4	1.1	581.0	2.3	1802.0	1.5	4326.0	5.2
1986	0.8	4.2	588.0	2.5	1789.0	3.0	2830.0	4.7
1987	0.4	2.7	665.0	3.5	1703.1	3.8	2648.9	4.2
1988	0.5	4.6	837.0	7.1	1977.3	5.4	3476.0	5.6
1989	0.4	6.8	569.0	5.0	1229.0	3.1	3266.0	5.6
1990	0.5	5.8	804.0	7.7	1442.0	2.5	2436.0	3.6
1991	0.4	3.5	980.0	10.5	1765.0	4.2	2133.0	2.7
1992	0.4	3.4	779.0	8.3	1979.0	7.4	1756.0	4.0

5-8 续表8　　　　金额单位:亿元

年份	猪鬃(万箱)		猪肠衣(万根)		桐油(万吨)	
	数量	金额	数量	金额	数量	金额
1952	10.0	0.4	2843.0	0.2	8.0	0.5
1953	9.7	0.4	1664.0	0.1	9.0	0.5
1954	9.3	0.4	3100.0	0.2	10.0	0.6
1955	8.8	0.3	3644.0	0.2	12.5	0.8
1956	8.4	0.3	3536.0	0.2	13.0	0.9
1957	7.8	0.3	3946.0	0.2	14.0	1.1
1958	9.4	0.4	4846.0	0.3	12.5	1.2
1959	4.6	0.2	3250.0	0.2	18.5	1.8
1960	5.0	0.2	1767.0	0.1	6.0	0.7
1961	1.6	0.1	662.0		5.5	0.7
1962	2.5	0.1	1600.0	0.1	5.5	0.7
1963	7.5	0.3	4346.0	0.3	9.5	1.2
1964	17.2	0.8	7120.0	0.4	9.5	1.3
1965	13.1	0.7	6006.7	0.4	9.3	1.3
1966	12.3	0.5	5134.2	0.3	8.0	1.1
1967	13.3	0.6	7266.2	0.4	10.3	1.4
1968	14.0	0.6	5794.8	0.4	10.2	1.4
1969	13.3	0.6	5096.5	0.3	13.5	1.8
1970	11.0	0.3	4960.7	0.3	11.3	1.5
1971	9.8	0.3	5877.3	0.4	11.5	1.9
1972	12.6	0.4	7746.3	0.6	11.1	1.8
1973	15.6	0.5	8512.0	0.6	13.2	2.1
1974	15.0	0.5	8063.8	0.6	10.5	1.7
1975	15.4	0.5	8120.5	0.6	13.6	2.2
1976	14.2	0.4	7473.0	0.5	8.0	1.3
1977	15.6	0.5	7861.4	0.6	11.8	1.9
1978	17.6	0.5	8363.0	0.6	12.4	2.1
1979	20.8	0.6	11168.4	0.8	9.0	1.8
1980	20.8	0.6	10722.2	0.8	10.5	2.2
1981	21.4	0.8	9383.0	0.9	10.1	2.8
1982	19.8	0.8	8296.5	0.8	9.3	2.6
1983	21.7	0.8	8082.0	0.8	10.5	2.9
1984	20.1	0.8	8331.0	0.8	10.2	2.9
1985	26.8	1.3	9190.0	1.0	11.2	3.5
1986	32.2	2.2	15185.0	3.2	10.1	3.2
1987	38.8	3.3	12345.4	3.0	7.3	2.5
1988	48.4	4.4	12868.0	3.1	9.0	3.4
1989	33.8	4.1	13107.0	3.3	10.6	4.0
1990	31.7	3.8	13570.0	3.1	11.5	4.3
1991	26.2	3.8	17033.0	4.2	10.0	4.8
1992	23.6	2.6	14706.0	4.0	9.7	6.8

5-9 主要农副产品收购量占产量的比重

年份	粮食（万吨）			食用植物油（万吨）			猪和猪肉（万头）		
	产 量	社会收购量	占产量%	产量	社会收购量	占产量%	产 量	社会收购量	占产量%
1952	16391.5	3327.0	20.3				6544.6	3742.7	57.2
1953	16683.0	4726.0	28.4	144.5	116.5	80.6	6926.3	4384.2	63.3
1954	16951.5	5181.0	30.6	152.0	147.5	97.0	7414.8	4855.7	65.5
1955	18393.5	5074.5	27.6	182.5	158.0	86.6	6425.2	4185.7	65.1
1956	19274.5	4544.0	23.6	184.5	138.5	75.1	6156.8	3972.9	64.5
1957	19504.5	4804.0	24.6	170.5	134.5	78.9	7131.0	4050.0	56.8
1958	20000.0	5876.0	29.4	196.5	124.0	63.1	8800.0	4673.2	53.1
1959	17000.0	6740.5	39.7	176.0	145.0	82.4	6786.0	3399.8	50.1
1960	14350.0	5105.0	35.6	91.5	77.5	84.7	4346.0	1991.3	45.8
1961	14750.0	4047.0	27.4	76.0	59.5	78.3	3300.0	870.1	26.4
1962	16000.0	3814.5	23.8	79.0	48.5	61.4	4300.0	1929.8	44.9
1963	17000.0	4396.5	25.9	103.0	64.0	62.1	7800.0	4015.1	51.5
1964	18750.0	4742.5	25.3	139.5	94.5	67.7	10500.0	6266.7	59.7
1965	19452.5	4868.5	25.0	159.5	105.9	66.4	12167.0	7859.5	64.6
1966	21400.0	5158.0	24.1	166.5	105.5	63.4	13187.0	8644.8	65.6
1967	21782.0	4935.5	22.7	165.5	94.5	57.1	13378.0	8749.3	65.4
1968	20905.5	4869.5	23.3	154.0	89.5	58.1	13114.0	8347.0	63.6
1969	21097.0	4667.5	22.1	146.0	82.5	56.5	12620.0	7661.1	60.7
1970	23995.5	5443.5	22.7	161.5	89.5	55.4	12593.0	7562.1	60.1
1971	25014.0	5302.0	21.2	171.5	97.0	56.6	14798.0	8816.6	59.6
1972	24048.0	4829.5	20.1	171.5	90.0	52.5	16598.0	10526.3	63.4
1973	26493.5	5612.0	21.2	184.0	94.5	51.4	16684.0	10195.9	61.1
1974	27527.0	5807.0	21.1	188.5	98.0	52.0	16244.0	9843.4	60.6
1975	28451.5	6086.0	21.4	188.0	99.9	53.1	16230.0	10281.0	63.3
1976	28630.5	5825.0	20.3	163.0	82.8	50.8	16650.0	10350.6	62.2
1977	28272.5	5661.5	20.0	166.0	87.5	52.7	16787.0	10416.6	62.1
1978	30476.5	6174.0	20.3	206.5	115.5	55.9	17049.0	10936.5	64.1
1979	33211.5	7198.5	21.7	246.5	153.0	62.1	20500.0	13545.5	66.1
1980	32055.5	7299.5	22.8	274.5	195.3	71.1	21600.0	14250.0	66.0
1981	32502.0	7850.5	24.2	365.5	279.1	76.4	21200.0	13723.8	64.7
1982	35450.0	9186.0	25.9	428.5	308.0	71.9	22000.0	14463.3	65.7
1983	38727.5	11985.5	30.9	401.5	262.5	65.4	22660.0	14314.7	63.2
1984	40730.5	14169.0	34.8	478.5	322.5	67.4	24147.1	15238.7	63.1
1985	37910.8	11564.0	30.5	578.9	395.8	68.4	25162.8	16020.8	63.7
1986	34094.0	11516.2	33.8	569.8	427.0	74.9	25721.5	17350.5	67.5
1987	35194.2	12092.0	34.4	591.6	441.1	74.6	26177.0	18044.5	68.9
1988	34381.3	11995.3	34.9	533.2	395.3	74.1	27570.3	17232.5	62.5
1989	35255.2	12138.1	34.4	521.5	380.7	73.0	29023.3	17583.0	60.6
1990	38205.7	13995.2	36.6	649.3	470.3	72.4	30991.0	18504.5	59.7
1991	37236.4	13635.5	36.6	649.3	477.0	72.3	32897.1	21054.1	64.0
1992	38259.1	13246.4	34.6	661.9	457.1	69.1	35169.7	21373.1	60.8

5-9 续表1

年份	水产品（万吨）			棉花（万吨）			黄红麻（万吨）		
	产 量	社会收购量	占产量%	产 量	社会收购量	占产量%	产 量	社会收购量	占产量%
1952	166.6	102.6	61.6	130.4	109.7	84.1	15.3	9.6	62.7
1953	190.0	116.6	61.4	117.5	101.2	86.1	6.9	3.9	56.5
1954	229.3	144.7	63.1	106.5	83.0	77.9	6.8	4.1	60.3
1955	251.8	160.6	63.8	151.8	128.2	84.5	12.8	10.6	82.8
1956	264.8	172.0	65.0	144.5	108.4	75.0	12.9	10.8	83.7
1957	311.6	202.5	65.0	164.0	141.9	86.5	15.1	12.5	82.8
1958	281.1	202.0	71.9	196.9	179.8	91.3	13.4	10.9	81.3
1959	308.9	243.9	79.0	170.9	147.3	86.2	11.3	86.4	764.6
1960	303.8	231.8	76.3	106.3	96.2	90.5	10.1	8.6	85.1
1961	230.5	165.6	71.8	80.0	65.1	81.4	6.1	5.4	88.5
1962	228.3	167.9	73.5	75.0	66.1	88.1	6.6	6.3	95.5
1963	261.4	197.2	75.4	120.0	107.0	89.2	9.9	9.2	92.9
1964	280.4	211.3	75.4	166.3	152.1	91.5	11.7	11.2	95.7
1965	298.4	214.2	71.8	209.8	202.1	96.3	14.0	13.9	99.3
1966	309.8	226.6	73.1	233.7	218.9	93.7	17.4	16.7	96.0
1967	305.2	223.9	73.4	235.4	214.1	91.0	19.9	19.4	97.5
1968	271.1	189.5	69.9	235.4	213.3	90.6	19.8	19.2	97.0
1969	289.9	187.4	64.6	207.9	185.9	89.4	17.2	16.4	95.3
1970	318.5	233.1	73.2	227.7	204.2	89.7	15.7	14.7	93.6
1971	349.6	249.8	71.5	210.5	189.9	90.2	15.2	14.2	93.4
1972	384.2	280.0	72.9	195.8	178.9	91.4	18.9	17.5	92.6
1973	393.1	271.4	69.0	256.2	237.9	92.9	27.9	26.9	96.4
1974	428.2	296.1	69.1	246.1	229.3	93.2	31.5	30.8	97.8
1975	441.2	298.9	67.7	238.1	221.0	92.8	35.0	35.4	101.1
1976	447.6	304.9	68.1	205.5	191.7	93.3	36.5	34.8	95.3
1977	469.5	315.4	67.2	204.9	192.7	94.0	43.1	42.7	99.1
1978	465.6	315.0	67.7	216.7	204.3	94.3	54.4	52.5	96.5
1979	430.5	295.5	68.6	220.7	215.9	97.8	54.5	54.0	99.1
1980	449.5	280.0	62.3	270.7	268.1	99.0	54.9	52.6	95.8
1981	460.5	285.5	62.0	296.8	291.0	98.0	63.0	62.8	99.7
1982	515.5	336.8	65.3	359.8	349.7	97.2	53.0	46.4	87.5
1983	545.8	316.6	58.0	463.7	448.1	96.6	51.0	45.5	89.2
1984	619.3	360.4	58.2	625.8	600.1	95.9	74.6	74.4	99.7
1985	705.2	391.0	55.4	414.7	359.2	86.6	206.0	147.5	71.6
1986	823.6	432.5	52.5	354.0	379.4	107.2	71.0	110.5	155.6
1987	955.4	499.5	52.3	424.5	407.1	95.9	56.9	82.9	145.7
1988	1060.9	512.0	48.3	414.9	377.8	91.1	53.9	70.6	131.0
1989	1151.7	546.5	47.5	378.8	330.6	87.3	66.0	73.4	111.2
1990	1237.0	673.0	54.4	450.8	409.1	90.7	72.6	81.3	112.0
1991	1339.0	763.2	57.0	567.5	529.0	93.2	51.3	58.2	113.5
1992	1557.0	816.4	52.4	450.8	435.8	96.7	61.9	50.7	81.9

5-9 续表2

年份	甘蔗（万吨）		甜菜（万吨）		茶叶（万吨）		烤烟（万吨）	
	社会收购量	占产量%	社会收购量	占产量%	社会收购量	占产量%	社会收购量	占产量%
1952	369.7	52.0	39.0	81.4	7.7	93.1	21.1	95.0
1953	420.4	58.3	44.1	87.3	7.5	88.3	20.6	96.8
1954	457.3	53.2	91.7	92.7	8.6	93.8	21.3	91.6
1955	395.2	48.7	128.2	80.3	10.2	94.9	30.6	101.6
1956	411.5	47.5	116.8	71.0	11.3	93.4	33.3	83.5
1957	557.0	53.6	130.4	86.9	10.0	89.9	23.7	92.6
1958	596.7	47.5	120.0	39.0	12.0	89.0	34.4	88.9
1959	673.8	75.0	174.8	55.2	14.0	91.9	33.6	101.5
1960	402.0	48.7	67.8	42.5	12.5	92.0	17.9	96.2
1961	278.0	65.1	18.1	22.7	7.0	88.5	9.0	94.0
1962	293.8	85.3	18.3	54.0	6.8	91.4	12.5	97.1
1963	333.0	42.7	45.0	86.7	8.0	95.6	22.4	95.4
1964	553.1	45.5	130.0	99.7	8.8	95.4	31.2	96.3
1965	1071.4	80.0	178.7	90.1	9.4	93.7	36.0	96.6
1966	912.6	80.0	236.4	90.0	9.9	94.1	56.5	98.1
1967	1011.3	80.0	234.1	90.0	10.6	94.3	59.4	104.7
1968	827.3	80.0	194.0	90.0	10.5	89.2	44.6	101.1
1969	899.5	85.7	217.1	91.0	11.3	92.8	43.4	97.5
1970	1104.7	82.1	198.6	94.4	12.7	93.2	37.8	94.9
1971	1014.7	77.2	198.7	93.5	14.4	94.1	44.9	98.1
1972	1406.7	85.7	210.9	90.8	15.9	93.7	51.8	99.0
1973	1473.0	86.8	238.5	89.1	16.9	92.7	61.6	100.5
1974	1328.9	80.9	220.9	96.5	18.0	91.0	58.2	98.9
1975	1315.0	78.9	222.9	90.0	19.4	91.9	68.7	98.0
1976	1297.5	78.0	280.4	95.6	21.5	92.3	80.8	96.5
1977	1353.2	76.2	215.4	87.7	22.9	90.9	98.6	101.5
1978	1557.9	73.8	255.3	94.5	24.3	90.7	101.3	96.3
1979	1633.6	76.0	270.2	87.0	24.2	87.3	74.8	92.8
1980	1584.0	69.5	554.1	87.9	26.2	86.1	70.0	97.6
1981	1726.1	58.2	572.9	90.1	32.3	94.4	127.3	99.5
1982	2248.7	61.0	610.9	91.0	35.3	88.7	172.1	93.1
1983	2805.3	90.1	826.3	90.0	33.9	84.5	102.1	88.7
1984	2650.9	67.1	786.4	94.9	34.4	83.1	148.0	95.9
1985	3687.5	71.5	806.4	90.4	39.5	91.4	180.3	86.9
1986	3466.3	69.0	751.6	90.5	41.8	90.7	123.2	89.7
1987	3497.5	73.8	765.1	94.0	48.9	96.3	139.8	85.5
1988	3601.0	73.4	1168.8	91.2	55.6	102.0	211.3	90.4
1989	3395.9	69.6	776.3	84.0	53.4	99.8	204.8	85.2
1990	4619.0	80.2	1402.8	96.6	49.2	91.1	194.3	86.0
1991	4728.5	69.6	1556.6	95.6	52.2	96.3	238.3	89.3
1992	6012.1	82.3	1206.3	80.1	80.3	160.6	276.1	78.9

5-10 社会农副产品收购数量和金额

（1992年）　　金额单位：亿元

项　　目	单　位	1991年 数　量	1991年 金　额	1992年 数　量	1992年 金　额	1992年为1991年％
社会农副产品收购总额	**亿元**		**4161.89**		**4412.00**	**106.0**
（一）38种主要农副产品	**亿元**		**3549.74**		**3781.08**	**106.5**
粮　　食	万吨	13635.5	923.48	13246.4	935.20	97.1
食用植物油	万吨	477.0	244.26	457.1	200.00	95.8
猪和猪肉	万头	21054.1	635.56	21373.1	756.60	101.5
牛和牛肉	万头	1018.5	53.89	1088.3	60.12	106.9
羊和羊肉	万头	4432.6	21.57	4515.0	23.41	101.9
家　　禽	万只	97055.1	90.36	114165.9	106.29	117.6
鲜　　蛋	万吨	350.5	147.74	376.3	156.00	107.4
水产品	万吨	652.4	248.43	697.8	328.00	107.0
干鲜菜	亿元		265.03		297.06	112.2
干鲜果	亿元		212.23		228.15	107.5
# 苹　果	万吨	233.1	37.54	318.0	50.66	136.4
柑　桔	万吨	262.8	30.93	244.1	29.21	92.9
茶　　叶	万吨	52.2	33.11	80.3	61.57	153.8
蜂　　蜜	万吨	15.2	4.38	16.9	4.95	111.2
棉　　花	万吨	529.0	351.24	435.8	273.00	82.4
棉短绒	万吨	28.9	5.82	31.0	6.31	107.3
黄红麻	万吨	58.2	9.36	50.7	19.20	87.1
大　　麻	万吨	0.8	0.22	0.7	0.13	87.5
苎　　麻	万吨	9.4	2.20	7.6	2.26	80.9
甘　　蔗	万吨	4728.5	62.78	6012.1	79.36	127.1
甜　　菜	万吨	1556.6	25.72	1206.3	19.18	77.5
烤　　烟	万吨	238.3	66.64	276.1	75.32	115.9
晒　　烟	万吨	9.6	3.34	11.0	4.07	114.6
中药材	亿元		50.36		54.84	108.9
桑蚕茧	万吨	50.8	48.48	62.8	44.53	123.6
柞蚕茧	万吨	2.1	0.61	1.0	0.39	47.6
毛　　竹	万根	8301.2	2.50	10151.0	3.43	122.3
篙　　竹	万根	5047.3	0.84	5359.1	0.91	106.2
棕　　片	万吨	1.8	0.27	1.8	0.29	100.0
生　　漆	万吨	0.3	0.57	0.3	0.74	100.0
苇　　席	万领	1459.0	1.15	1184.0	0.95	81.2
绵羊毛	万吨	17.3	11.62	15.0	10.44	86.7
山羊毛	万吨	0.5	0.20	0.5	0.10	100.0
羊　　绒	万吨	0.4	3.51	0.4	3.35	100.0
牛　　皮	万张	980.0	10.46	779.0	8.31	79.5
绵羊皮	万张	1765.0	4.21	1979.0	7.40	112.1
山羊皮	万张	2133.0	2.71	1756.0	3.97	82.3
猪　　鬃	万箱	26.2	3.82	23.6	2.63	90.1
猪肠衣	万根	17033.0	4.18	14706.0	3.97	86.3
桐　　油	万吨	10.0	4.80	9.7	6.75	97.0
（二）其他农副产品	**亿元**		**612.15**		**630.92**	**103.1**

注：为了避免重复，38种主要农副产品收购额中，剔除加工豆油、米糠油和玉米胚油的收购额（1992年为 8.10亿元，1991年为 7.91亿元）。

5-11 各地区主要农副产品收购数量变化比较

地　区	粮　食（吨）			食用植物油（吨）		
	1991年	1992年	1992年为1991年%	1991年	1992年	1992年为1991年%
北　京	1643568	2367736	144.1	45533	37983	83.4
天　津	693092	769932	111.1	18480	23602	127.7
河　北	8714906	8439597	96.8	301566	232129	77.0
山　西	3031695	2826198	93.2	109029	79459	72.9
内蒙古	3708981	3210841	86.6	137073	117431	85.7
辽　宁	9235294	7728875	83.7	204822	167595	81.8
吉　林	11549919	12532086	108.5	214084	190449	89.0
黑龙江	11152793	9313787	83.5	150912	82612	54.7
上　海	791996	556423	70.3	65035	101017	155.3
江　苏	6013067	8421309	140.1	291315	292021	100.2
浙　江	3219548	3610111	112.1	120841	148675	123.0
安　徽	5806328	7435255	128.1	290698	331279	114.0
福　建	1838858	1846608	100.4	55224	70475	127.6
江　西	5139014	4141204	80.6	90934	86153	94.7
山　东	10642105	10084251	94.8	496968	393249	79.1
河　南	9537080	10331462	108.3	416167	410043	98.5
湖　北	8574972	6660828	77.7	264428	237337	89.8
湖　南	4724052	4567824	96.7	139368	156317	112.2
广　东	3570318	3144495	88.1	164152	145786	88.8
广　西	1980363	1949299	98.4	37148	59956	161.4
海　南	259762	211828	81.5	6746	7144	105.9
四　川	7938742	6990026	88.0	573045	452834	79.0
贵　州	796270	943198	118.5	160630	126573	78.8
云　南	1506808	1740525	115.5	47098	58274	123.7
西　藏	48792			4259		
陕　西	2965859	3118982	105.2	93574	98559	105.3
甘　肃	1538658	1886504	122.6	56175	64230	114.3
青　海	272795	223503	81.9	31895	23155	72.6
宁　夏	662120	555738	83.9	12828	7503	58.5
新　疆	2617458	2862254	109.4	170165	167329	98.3

5-11 续表1

地　区	猪和猪肉（百头）			牛和牛肉（百头）		
	1991年	1992年	1992年为1991为%	1991年	1992年	1992年为1991为%
北　京	36281	38295	105.6	482	708	146.9
天　津	5416	6741	124.5	743	978	131.6
河　北	64537	55727	86.3	3281	3586	109.3
山　西	16717	18571	111.1	2471	1117	45.2
内蒙古	12260	12018	98.0	5577	4236	76.0
辽　宁	48216	48674	100.9	3217	3922	121.9
吉　林	23313	23449	100.6	4110	3917	95.3
黑龙江	25371	24735	97.5	2943	2658	90.3
上　海	40975	41114	100.3	540	449	83.1
江　苏	128410	131735	102.6	2105	2657	126.2
浙　江	84242	97127	115.3	1352	1582	117.0
安　徽	59306	65262	110.0	4576	3835	83.8
福　建	46037	41032	89.1	846	1111	131.3
江　西	69306	70395	101.6	2660	2775	104.3
山　东	58553	59677	101.9	5812	3800	65.4
河　南	87503	95170	108.8	13122	14688	111.9
湖　北	93283	94565	101.4	2543	5572	219.1
湖　南	161535	162739	100.7	5220	5513	105.6
广　东	161987	245525	151.6	7986	13674	171.2
广　西	85297	105393	123.6	5034	5181	102.9
海　南	14606	16534	113.2	1284	1534	119.5
四　川	285153	278540	97.7	6111	6257	102.4
贵　州	18787	19945	106.2	4410	3435	77.9
云　南	34380	36530	106.3	4020	4380	109.0
西　藏	311			231		
陕　西	24873	23077	92.8	1555	1577	101.4
甘　肃	19442	17231	88.6	3001	2739	91.3
青　海	2763	2021	73.1	2605	2427	93.2
宁　夏	2480	2302	92.8	381	429	112.6
新　疆	6284	6435	102.4	3630	4092	112.7

5-11 续表2

地区	羊和羊肉（百头）			家禽（百只）		
	1991年	1992年	1992年为1991年%	1991年	1992年	1992年为1991年%
北京	9893	15795	159.7	220739	231573	104.9
天津	7938	8596	108.3	41086	40223	97.9
河北	20167	22584	112.0	148190	125643	84.8
山西	8449	8299	98.2	42747	37822	88.5
内蒙古	49801	49133	98.7	33193	35195	106.0
辽宁	8435	11147	132.2	180555	305449	169.2
吉林	4843	5771	119.2	122180	125466	102.7
黑龙江	4259	5048	118.5	218931	317485	145.0
上海	1025	893	87.1	448121	445644	99.4
江苏	22176	19897	89.7	703107	717176	102.0
浙江	3342	3694	110.5	378190	428062	113.2
安徽	13063	12327	94.4	402713	390041	96.9
福建	1571	2131	135.6	405406	408821	100.8
江西	379	466	123.0	279380	345165	123.5
山东	36291	38158	105.1	921774	1184959	128.6
河南	35204	38558	109.5	225586	267405	118.5
湖北	3557	5968	167.8	212451	252200	118.7
湖南	5291	5370	101.5	282127	328705	116.5
广东	2837	5117	180.4	1403602	1687255	120.2
广西	529	784	148.2	335980	388466	115.6
海南	1834	2099	114.4	84184	89592	106.4
四川	10156	9622	94.7	697970	860541	123.3
贵州	2735	4491	164.2	288063	226254	78.5
云南	4629	5301	114.5	134610	162078	120.4
西藏	2456			197		
陕西	11049	14085	127.5	114509	109178	95.3
甘肃	10133	10613	104.7	26388	29194	110.6
青海	14445	14381	99.6	6759	11638	172.2
宁夏	7159	6652	92.9	22328	24707	110.7
新疆	39623	38579	97.4	68799	74459	108.2

5-11 续表3

地　区	鲜蛋（吨）			水产品（吨）		
	1992年	1991年	1992年为1991年%	1992年	1991年	1992年为1991年%
北　京	130260	151561	116.4	50409	66530	132.0
天　津	96450	93751	97.2	62851	45591	72.5
河　北	72378	73628	101.7	72866	89421	122.7
山　西	55313	57510	104.0	14704	8382	57.0
内蒙古	15130	19383	128.1	27933	27325	97.8
辽　宁	150643	169179	112.3	367304	413393	112.5
吉　林	52157	59229	113.6	75819	79179	104.4
黑龙江	152172	154773	101.7	71155	67786	95.3
上　海	133257	94347	70.8	276204	248493	90.0
江　苏	194760	200808	103.1	366892	390761	106.5
浙　江	97278	111187	114.3	912589	965532	105.8
安　徽	70504	75461	107.0	145229	157050	108.1
福　建	57506	65657	114.2	300918	323197	107.4
江　西	63507	66185	104.2	108757	115225	105.9
山　东	95973	122881	128.0	440623	469442	106.5
河　南	130934	142992	109.2	40191	49628	123.5
湖　北	145152	144788	99.7	276800	237579	85.8
湖　南	118490	139343	117.6	146607	167013	113.9
广　东	217557	215907	99.2	779590	941228	120.7
广　西	30700	41715	135.9	84323	142486	169.0
海　南	8872	9743	109.8	66810	63609	95.2
四　川	123189	125130	101.6	88417	98390	111.3
贵　州	21876	29131	133.2	13354	26979	202.0
云　南	27562	29036	105.3	16435	17271	105.1
西　藏	74			23		
陕　西	48547	61406	126.5	20314	23306	114.7
甘　肃	15299	25633	167.5	6890	15760	228.7
青　海	3708	4847	130.7	2796	4502	161.0
宁　夏	8231	8885	107.9	7118	7880	110.7
新　疆	24170	31788	131.5	22258	24053	108.1

5-11 续表4

地区	茶叶（吨）			苹果（吨）		
	1991年	1992年	1992年为1991年%	1991年	1992年	1992年为1991年%
北京	3255	4266	131.1	70103	95844	136.7
天津	1006	1237	123.0	9668	41614	430.4
河北	1648	718	43.6	123045	104921	85.3
山西	2272	1384	60.9	59936	67651	112.9
内蒙古	1317	1756	133.3	16459	18773	114.1
辽宁	1826	2108	115.4	350136	454296	129.7
吉林	1819	1396	76.7	26132	27944	106.9
黑龙江		1070		31053	33598	108.2
上海	15901	1614	10.2	41955	60321	143.8
江苏	8082	7155	88.5	96178	110929	115.3
浙江	90339	101903	112.8	66850	82563	123.5
安徽	30072	32887	109.4	55124	67983	123.3
福建	51777	54669	105.6	11062	15395	139.2
江西	12019	12630	105.1	14895	14207	95.4
山东	6780	5805	85.6	583507	672979	115.3
河南	2654	2457	92.6	77403	101976	131.7
湖北	23616	23814	100.8	46360	55446	119.6
湖南	67196	53197	79.2	27678	35899	129.7
广东	33700	32926	97.7	83916	141562	168.7
广西	14534	14887	102.4	8320	14366	172.7
海南	10709	7285	68.0	1420	512	36.1
四川	76414	357482	467.8	59165	59128	99.9
贵州	7534	9340	124.0	4489	6722	149.7
云南	48921	54734	111.9	12046	18521	153.8
西藏	123					
陕西	5782	5749	99.4	100936	139188	137.9
甘肃	1380	1650	119.6	29831	41122	137.8
青海				6139	5457	88.9
宁夏	746			17559	23116	131.6
新疆	944			5684	8267	145.4

5-11 续表5

地区	柑桔（吨）			蜂蜜（吨）		
	1991年	1992年	1992年为1991年%	1991年	1992年	1992年为1991年%
北京	122139	104219	85.3	1882	589	31.3
天津	34784	86863	249.7		6	
河北	26626	29099	109.3	5136	8102	157.7
山西	17245	16941	98.2	3135	2848	90.8
内蒙古	5402	5119	94.8	5957	8188	137.5
辽宁	5858	10583	180.7	7082	7417	104.7
吉林	10178	9842	96.7	8505	7437	87.4
黑龙江	18609	19131	102.8	6542	3982	60.9
上海	64359	48509	75.4	3721	2510	67.5
江苏	84501	87615	103.7	12366	13996	113.2
浙江	221822	219064	98.8	4210	5827	138.4
安徽	32117	36225	112.8	13646	13652	100.0
福建	147919	187279	126.6	1068	1773	166.0
江西	131454	45133	34.3	1411	1156	81.9
山东	29745	30875	103.8	9295	6950	74.8
河南	19144	13732	71.7	19524	12463	63.8
湖北	101917	71123	69.8	6952	5699	82.0
湖南	407857	167556	41.1	3291	4311	131.0
广东	660509	658137	99.6	4224	3288	77.8
广西	117334	119732	102.0	708	805	113.7
海南	10993	10423	94.8	82	131	159.8
四川	293015	252367	86.1	12817	28539	222.7
贵州	9137	11653	127.5	335	270	80.6
云南	14641	16563	113.1	1445	1832	126.8
西藏						
陕西	36729	16507	44.9	7673	13172	171.7
甘肃	1580	3163	200.2	2519	5527	219.4
青海				2258	2565	113.6
宁夏	416			2077	1902	91.6
新疆	2465	2965	120.3	2095	1685	80.4

5-11 续表6

地区	棉花（吨）			棉短绒（吨）		
	1991年	1992年	1992年为1991年%	1991年	1992年	1992年为1991年%
北京	2738	2630	96.1	21	90	428.6
天津	18659	12855	68.9	3350	1853	55.3
河北	565175	303834	53.8	22317	19210	86.1
山西	91096	48732	53.5	3992	3623	90.8
内蒙古	31	75	241.9			
辽宁	33834	29390	86.9	391	454	116.1
吉林	45342	32733	72.2	137		
黑龙江	69	321	465.2			
上海	22087	28286	128.1	1377	1684	122.3
江苏	531236	489780	92.2	81357	94762	116.5
浙江	78488	67006	85.4	8944	8405	94.0
安徽	230352	214327	93.0	21510	25493	118.5
福建						
江西	87091	120292	138.1	3519	4590	130.4
山东	1359287	680637	50.1	19220	18751	97.6
河南	733878	574167	78.2	49452	54833	110.9
湖北	467097	569114	121.8	23357	14763	63.2
湖南	149195	238041	159.6	2556	2539	99.3
广东						
广西	129	335	259.7			
海南						
四川	128299	114037	88.9	11686	11756	100.6
贵州						
云南	94	322	342.6	30		
西藏						
陕西	65796	33458	50.9	3997	4000	100.1
甘肃	11132	15125	135.9	655	357	54.5
青海						
宁夏		185		2		
新疆	669105	782701	117.0	31433	42757	136.0

地　区	黄红麻（吨）			大麻（吨）		
	1991年	1992年	1992年为1991年%	1991年	1992年	1992年为1991年%
北　京	61			51	432	847.1
天　津	179	28	15.6	114	189	165.8
河　北	10153	15254	150.2	139	131	94.2
山　西	31	37	119.4	509	507	99.6
内蒙古		515		106	163	153.8
辽　宁	11	68	618.2	35	103	294.3
吉　林				166	59	35.5
黑龙江				368	788	214.1
上　海						
江　苏	8850	6370	72.0	60	18	30.0
浙　江	58949	35000	59.4	109	9	8.3
安　徽	125359	100832	80.4	3214	1456	45.3
福　建	3052	5860	192.0			
江　西	7366	7470	101.4			
山　东	20612	20379	98.9	454	531	117.0
河　南	124184	109738	88.4	930	553	59.5
湖　北	71536	87914	122.9			
湖　南	32476	22192	68.3			
广　东	14866	11695	78.7			
广　西	34738	40263	115.9		9	
海　南	733	455	62.1			
四　川	68317	42105	61.6	44	75	170.5
贵　州	50	63	126.0	15	11	73.3
云　南	506	511	101.0	194	199	102.6
西　藏						
陕　西	29	6	20.7	210	295	140.5
甘　肃				898	1023	113.9
青　海						
宁　夏				59	77	130.5
新　疆				3	1	33.3

5-11 续表8

地 区	苎麻（吨）			甘蔗（吨）		
	1991年	1992年	1992年为1991年%	1991年	1992年	1992年为1991年%
北 京						
天 津	7					
河 北				197	143	72.6
山 西				154	163	105.8
内蒙古						
辽 宁						
吉 林				489		
黑龙江						
上 海						
江 苏	2878	1180	41.0	18081	19760	109.3
浙 江	1469	1536	104.6	80497	77626	96.4
安 徽	4277	3324	77.7	11034	12864	116.6
福 建	88	147	167.0	2676064	3543961	132.4
江 西	7202	4516	62.7	1374317	1672228	121.7
山 东	60	52	86.7	48	80	166.7
河 南	84	740	881.0	10350	12516	120.9
湖 北	24511	17214	70.2	115725	169837	146.8
湖 南	35785	25705	71.8	857282	1090356	127.2
广 东	750	4191	558.8	18331359	20032705	109.3
广 西	1595	1519	95.2	12705195	19733667	155.3
海 南				2961710	3556741	120.1
四 川	15084	15270	101.2	1804786	1722681	95.5
贵 州	78	137	175.6	113479	138690	122.2
云 南	2	1	50.0	6205046	8104270	130.6
西 藏						
陕 西	347	324	93.4	19018	21475	112.9
甘 肃						
青 海						
宁 夏						
新 疆						

5-11 续表9

地区	甜菜（吨）			烤烟（吨）		
	1991年	1992年	1992年为1991年%	1991年	1992年	1992年为1991年%
北京						
天津				8		
河北	134294	46957	35.0	12111	10681	88.2
山西	583371	674120	115.6	15696	12876	82.0
内蒙古	3036277	1938814	63.9	8122	6162	75.9
辽宁	536180	480208	89.6	24327	31919	131.2
吉林	1027611	847000	82.4	48735	42770	87.8
黑龙江	6830000	5092929	74.6	143495	97974	68.3
上海						
江苏				2360	5471	231.8
浙江						
安徽		14		46470	58141	125.1
福建				49962	101200	202.6
江西				27175	26501	97.5
山东	51940	46216	89.0	178195	136864	76.8
河南	210			399376	391884	98.1
湖北				76160	101770	133.6
湖南				104020	173537	166.8
广东				40877	51452	125.9
广西				39695	48727	122.8
海南					148	
四川	16608	16653	100.3	130003	165064	127.0
贵州				354334	419946	118.5
云南				560474	754193	134.6
西藏						
陕西	76888	49500	64.4	116980	115877	99.1
甘肃	963012	760058	78.9	4423	7693	173.9
青海						
宁夏	674358	375000	55.6	269		
新疆	1634906	1735926	106.2			

5-11 续表10

地区	晒烟（吨）			桑蚕茧（吨）		
	1991年	1992年	1992年为1991年%	1991年	1992年	1992年为1991年%
北京				64	44	68.8
天津	1409	916	65.0			
河北	702	1417	201.9	444	874	196.8
山西				14646	1680	11.5
内蒙古	2760	2330	84.4			
辽宁	6724	7462	111.0	86	50	58.1
吉林	13299	11362	85.4	34	13	38.2
黑龙江	6113	3597	58.8	87		
上海				600	1062	177.0
江苏				121696	166158	136.5
浙江	3470	4849	139.7	103377	124344	120.3
安徽	241	317	131.5	20084	22336	111.2
福建	1911	1358	71.1			
江西	1242	1570	126.4	2393	4445	185.8
山东	455	274	60.2	18150	50532	278.4
河南	2999	3962	132.1	1919	1427	74.4
湖北	1765	3997	226.5	8717	16019	183.8
湖南	13599	15913	117.0	2177	2099	96.4
广东	15128	21298	140.8	32816	42183	128.5
广西	5033	6467	128.5	8556	12785	149.4
海南	5	17	340.0			
四川	14965	18224	121.8	158048	165327	104.6
贵州	639	546	85.4	314	263	83.8
云南	487	450	92.4	2903	3020	104.0
西藏						
陕西	2179	2606	119.6	7553	9077	120.2
甘肃	934	737	78.9			
青海						
宁夏						
新疆				3194	3970	124.3

5-11 续表11

	柞蚕茧（吨）			毛竹（百根）		
	1991年	1992年	1992年为1991年%	1991年	1992年	1992年为1991年%
北京						
天津				56	123	219.6
河北				1983	2620	132.1
山西				203	180	88.7
内蒙古	369	1694	459.1	30		
辽宁	17868	3656	20.5	321	554	172.6
吉林	194	371	191.2	13	27	207.7
黑龙江	1042	758	72.7			
上海				5248	5180	98.7
江苏				15603	11114	71.2
浙江				124171	155359	125.1
安徽				71772	99994	139.3
福建				228236	259334	113.6
江西				98883	100492	101.6
山东	339	1674	493.8	3676	5408	147.1
河南	908	1226	135.0	5955	2195	36.9
湖北	250	33	13.2	44604	50652	113.6
湖南		3		40594	63304	155.9
广东				130506	180111	138.0
广西		98		34338	42393	123.5
海南				3784	10537	278.5
四川				4757	7138	150.1
贵州				15026	17879	119.0
云南						
西藏						
陕西	47			100	339	339.0
甘肃				64	171	267.2
青海						
宁夏				200		
新疆						

5-11 续表12

地　区	生漆（吨）			苇席（万领）		
	1991年	1992年	1992年为1991年%	1991年	1992年	1992年为1991年%
北　京				15	10	66.7
天　津		2		28	18	64.3
河　北				540	404	74.8
山　西				21	21	100.0
内蒙古				12	15	125.0
辽　宁				84	72	85.7
吉　林				12	3	25.0
黑龙江				32	18	56.3
上　海						
江　苏	2			123	185	150.4
浙　江	4					
安　徽	5	5	100.0	91	53	58.2
福　建	351	476	135.6	39		
江　西	12	6	50.0			
山　东	6			169	185	109.5
河　南	28	39	139.3	50	38	76.0
湖　北	480	453	94.4	24	82	341.7
湖　南	36	15	41.7			
广　东	266	38	14.3			
广　西	3					
海　南				9	17	188.9
四　川	494	276	55.9			
贵　州	223	440	197.3	4	1	25.0
云　南	28	30	107.1			
西　藏						
陕　西	814	872	107.1	8	15	187.5
甘　肃	17	17	100.0	156	8	5.1
青　海						
宁　夏				9	10	111.1
新　疆				33	29	87.9

5-11 续表13

地区	绵羊毛（吨）			山羊毛（吨）		
	1991年	1992年	1992年为1991年%	1991年	1992年	1992年为1991年%
北京				9		
天津				2		
河北	10189	8326	81.7	398	681	171.1
山西	538	722	134.2	10	27	270.0
内蒙古	53317	45597	85.5	1481	1325	89.5
辽宁	5349	4148	77.5	109	101	92.7
吉林	8291	4853	58.5	12		
黑龙江	7319	3957	54.1	71		
上海	50	30	60.0			
江苏	872	751	86.1	342	212	62.0
浙江	2847	3172	111.4	315	71	22.5
安徽	20	10	50.0	1		
福建						
江西					1	
山东	5844	2971	50.8	116	343	295.7
河南	1813	6587	363.3	35	224	640.0
湖北	2			2		0.0
湖南						
广东						
广西						
海南						
四川	508	331	65.2	27	9	33.3
贵州		4				
云南	808	690	85.4	1	2	200.0
西藏	3246			39		
陕西	4391	4206	95.8	546	884	161.9
甘肃	9569	8939	93.4	174	331	190.2
青海	13681	10929	79.9	186	288	154.8
宁夏	2546	2356	92.5	230	173	75.2
新疆	41849	40980	97.9	597	580	97.2

5-11 续表14

地　区	篙竹（百根）			棕片（吨）		
	1991年	1992年	1992年为1991年%	1991年	1992年	1992年为1991年%
北　京						
天　津	219	306	139.7		7	
河　北	261	442	169.3	158	363	229.7
山　西	38	25	65.8	93	47	50.5
内蒙古				11	7	63.6
辽　宁	937	1816	193.8		6	
吉　林	9					
黑龙江						
上　海	296	466	157.4			
江　苏	4584	2962	64.6	13	32	246.2
浙　江	3680	3370	91.6	166	151	91.0
安　徽	9289	6155	66.3	192	126	65.6
福　建	253692	258333	101.8	590	620	105.1
江　西	17217	33726	195.9	621	587	94.5
山　东	1767	629	35.6	68		0.0
河　南	193	281	145.6	324	176	54.3
湖　北	22394	14343	64.0	1996	1620	81.2
湖　南	13493	13810	102.3	2788	2679	96.1
广　东	126968	140711	110.8	203	1241	611.3
广　西	33525	37091	110.6	418	370	88.5
海　南	16120	20960	130.0			
四　川	49	482	983.7	1379	1308	94.9
贵　州	2			1859	2260	121.6
云　南				5366	4610	85.9
西　藏						
陕　西				1184	1376	116.2
甘　肃				136	102	75.0
青　海						
宁　夏						
新　疆						

5-11 续表15

地　区	羊绒（吨）			牛皮（万张）		
	1991年	1992年	1992年为1991年%	1991年	1992年	1992年为1991年%
北　京	5	2	40.0			
天　津	103			20	18	90.0
河　北	88	184	209.1	17	12	70.6
山　西	15	22	146.7	5	5	100.0
内蒙古	1945	2172	111.7	35	34	97.1
辽　宁	56	52	92.9	9	14	155.6
吉　林	1			27	17	63.0
黑龙江				17	32	188.2
上　海				4	7	175.0
江　苏	25	45	180.0	43	57	132.6
浙　江				29	13	44.8
安　徽				36	36	100.0
福　建						
江　西				130	5	3.8
山　东	7	65	928.6	127	71	55.9
河　南	1	1	100.0	111	96	86.5
湖　北				19	18	94.7
湖　南				33	39	118.2
广　东				80	55	68.8
广　西				19	25	131.6
海　南				3	5	166.7
四　川				48	42	87.5
贵　州				2	1	50.0
云　南				33	42	127.3
西　藏	60			282		0.0
陕　西	353	324	91.8	24	13	54.2
甘　肃	206	64	31.1	41	32	78.0
青　海	59	49	83.1	27	26	96.3
宁　夏	111	118	106.3		2	
新　疆	516	441	85.5	41	62	151.2

5-11 续表16

地区	绵羊皮（万张）			山羊皮（万张）		
	1991年	1992年	1992年为1991年%	1991年	1992年	1992年为1991年%
北京						
天津	17			19	3	15.8
河北	344	322	93.6	259	194	74.9
山西	14	15	107.1	25	1	4.0
内蒙古	236	228	96.6	44	38	86.4
辽宁	60	45	75.0	2	5	250.0
吉林	20	18	90.0	1	9	900.0
黑龙江	25	22	88.0	2	3	150.0
上海				1		
江苏	1	60	6000.0	562	566	110.7
浙江	72	93	129.2	48	32	66.7
安徽	3	2	66.7	187	118	63.1
福建						
江西				2	2	100.0
山东	59	50	84.7	83	113	136.1
河南	112	142	126.8	375	283	75.5
湖北	4	9	225.0	19	12	63.2
湖南				1	3	300.0
广东						
广西				1		
海南						
四川	23	12	52.2	200	132	66.0
贵州				20	1	5.0
云南	2	1	50.0	69	86	124.6
西藏	2759			985		
陕西	31	10	32.3	109	39	35.8
甘肃	41	131	319.5	22	29	131.8
青海	122	83	68.0	5	4	80.0
宁夏	27	26	96.3	6	7	116.7
新疆	547	710	129.8	71	76	107.0

5-11 续表17

地 区	山羊皮（万张）		猪鬃（箱）		猪肠衣（万根）		桐油（吨）	
	1992年	1992年为1991年％	1992年	1992年为1991年％	1992年	1992年为1991年％	1992年	1992年为1991年％
北 京					237	176.9		
天 津	3	15.8	1528	29.5	215	57.8	746	74600
河 北	194	74.9	7642	82.2	975	297.3		
山 西	1	4.0	12	109.1	2	40.0		
内 蒙 古	38	86.4	2845	119.7	20	90.9		
辽 宁	5	250.0	9189	119.5	40	97.6	36	
吉 林	9	900.0	302	39.3				
黑 龙 江	3	150.0	1505	84.9				
上 海			72	0.1	1011	68.7	97	147.0
江 苏	566	100.7	83588	164.1	4210	192.6	3492	121.6
浙 江	32	66.7	10	17.2	168	44.1	526	102.3
安 徽	118	63.1	9960	133.7	312	55.0	27	27.3
福 建							4123	1090.7
江 西	2	100.0	487	19.1	115	92.0	2387	94.4
山 东	113	136.1	6675	96.9	524	11.2	1432	93.0
河 南	283	75.5	6741	76.3	1011	225.7	724	71.8
湖 北	12	63.2	35841	106.8	824	76.6	8712	93.2
湖 南	3	300.0	13685	99.7	1044	133.2	11437	96.0
广 东					758	108.8	1626	47.5
广 西					84	129.2	12346	104.3
海 南							1	14.3
四 川	132	66.0	43063	97.0	2825	84.3	25070	99.7
贵 州	1	5.0	708	60.8	159	140.7	15070	71.3
云 南	86	124.6	6696	459.6	97	119.8	5735	104.6
西 藏								
陕 西	39	35.8	3274	65.4	68	88.3	3567	127.3
甘 肃	29	131.8	1957	164.3	1	50.0	29	152.6
青 海	4	80.0	7	12.1				
宁 夏	7	116.7	77	37.4	4	57.1		
新 疆	76	107.0			2			

图 5-4 社会商品零售总额

（亿元）

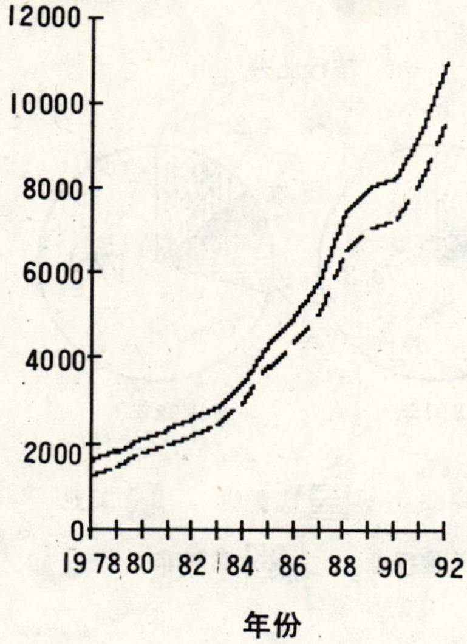

图 5-5 社会商品零售总额指数

（以上年为100）

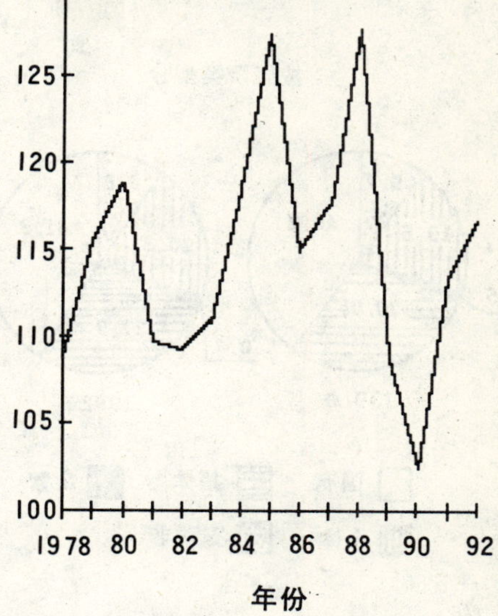

—— 社会商品零售总额　　　－－ 消费品零售额

图 5-6 社会商品零售总额（按行业分）

（亿元）

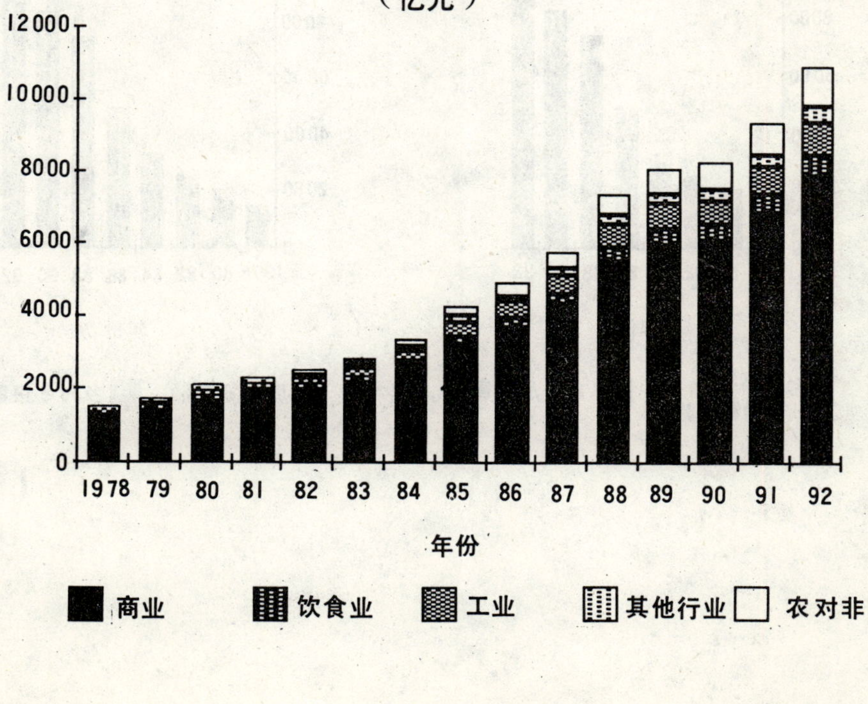

图 5-7 社会商品零售总额构成

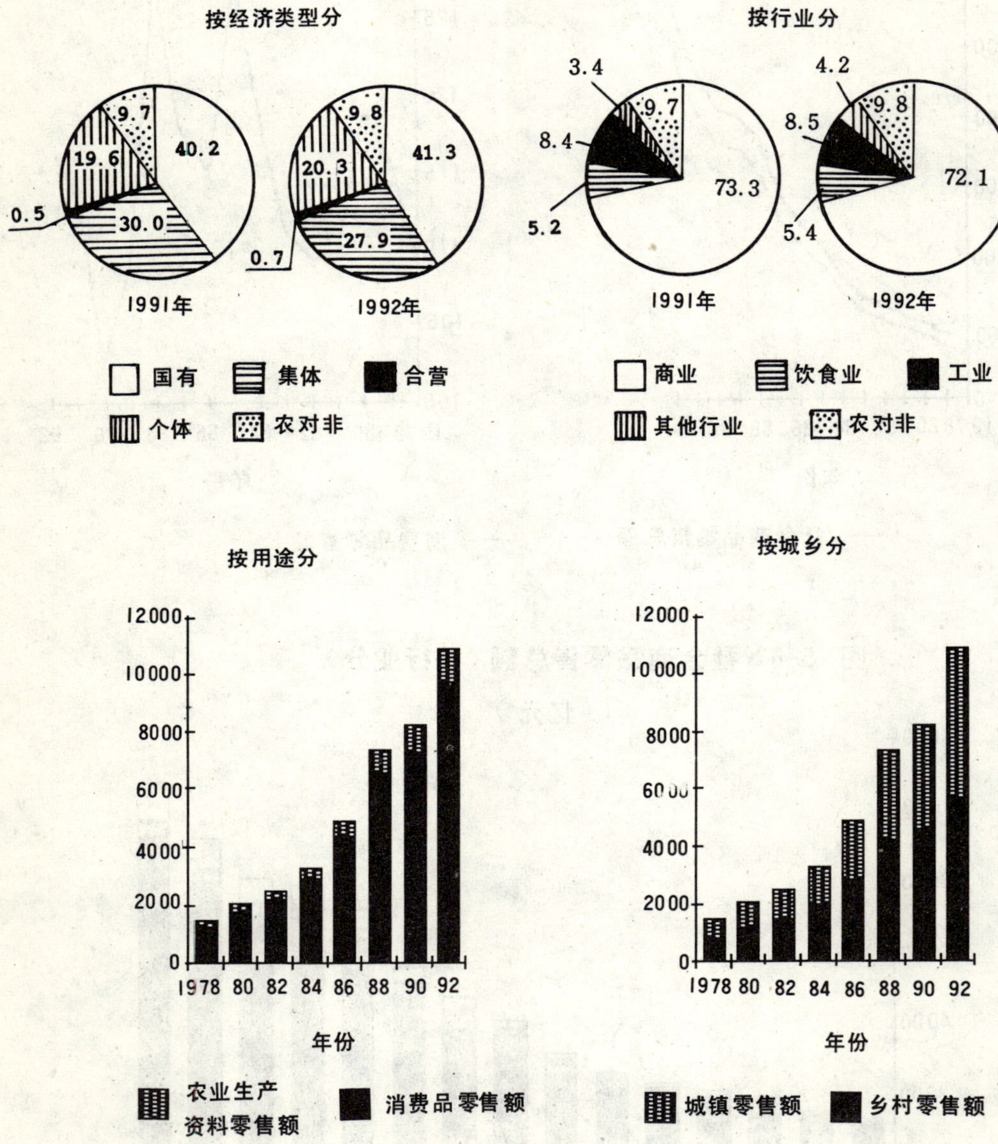

图 5-8 消费品分类零售额（亿元）

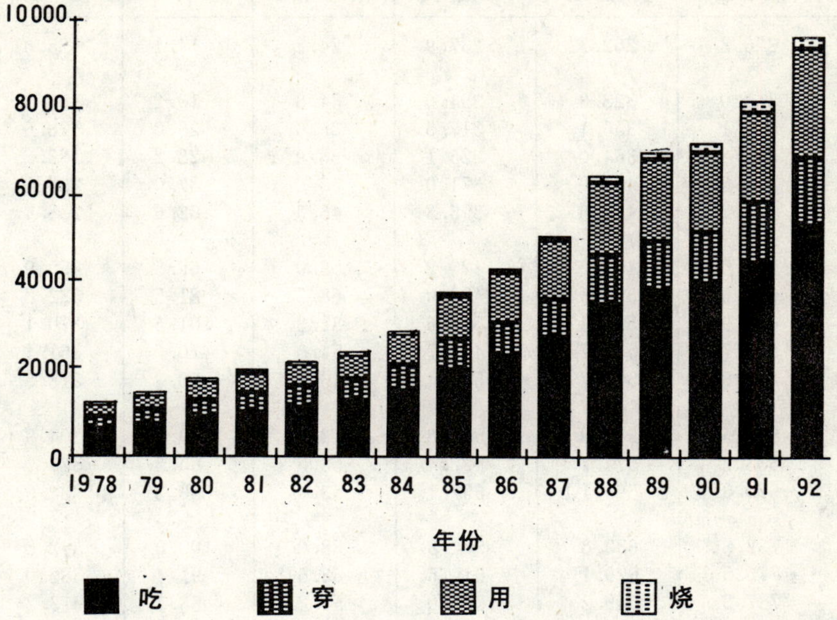

图 5-9 1992年社会商品零售总额（亿元）（按月分）

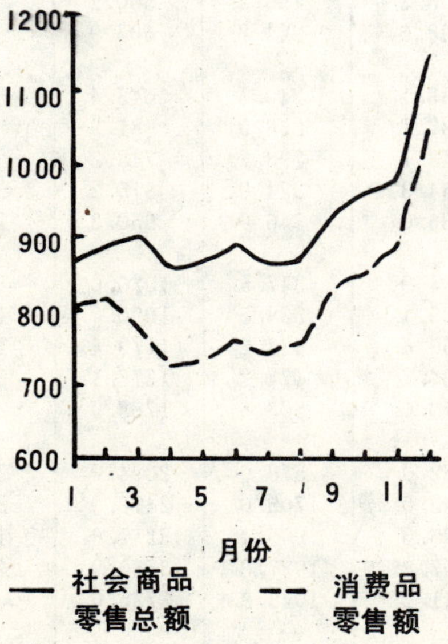

图 5-10 1992年社会商品零售总额（亿元）（按月、市县分）

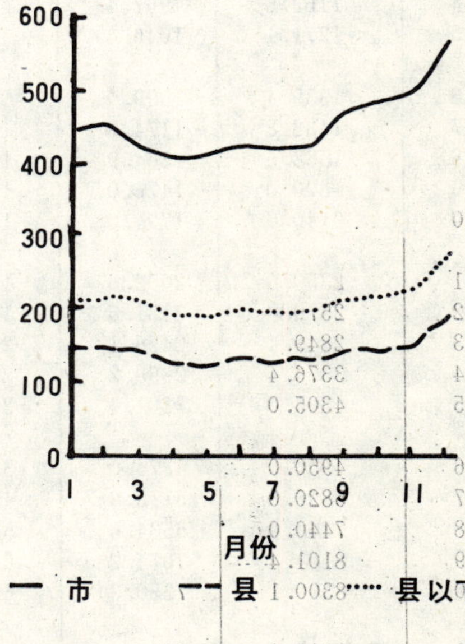

5-12 社会商品零售总额

（按对象、用途和城乡分） 单位：亿 元

年 份	社会商品零售总额	按对象和用途分				按城乡分	
		消费品	对居民	对社会集团	农业生产资料	城镇	乡村
1952	276.8	262.7	237.9	24.8	14.1	125.6	151.2
1953	348.0	328.8	294.0	34.8	19.2	168.2	179.8
1954	381.1	356.1	317.5	38.6	25.0	178.6	202.5
1955	392.2	364.0	325.1	38.9	28.2	183.2	209.0
1956	461.0	424.0	371.0	53.0	37.0	227.0	234.0
1957	474.2	441.6	395.3	46.3	32.6	238.4	235.8
1958	548.0	481.2	425.2	56.0	66.8	255.9	292.1
1959	638.0	556.5	488.0	68.5	81.5	322.8	315.2
1960	696.9	595.4	513.6	81.8	101.5	370.1	326.8
1961	607.7	537.7	483.7	54.0	70.0	351.1	256.6
1962	604.0	543.7	500.4	43.3	60.3	318.5	285.5
1963	604.5	544.8	501.6	43.2	59.7	304.9	299.6
1964	638.2	572.7	522.4	50.3	65.5	323.0	315.2
1965	670.3	590.1	537.1	53.0	80.2	338.9	331.4
1966	732.8	632.8	574.8	58.0	100.0	362.8	370.0
1967	770.5	679.1	615.6	63.5	91.4	382.0	388.5
1968	737.3	649.2	595.0	54.2	88.1	373.2	364.1
1969	801.5	698.2	634.2	64.0	103.3	393.5	408.0
1970	858.0	728.8	666.7	62.1	129.2	400.0	458.0
1971	929.2	776.9	692.7	84.2	152.3	436.7	492.5
1972	1023.3	853.5	754.8	98.7	169.8	495.6	527.7
1973	1106.7	917.7	810.1	107.6	189.0	531.3	575.4
1974	1163.6	967.4	859.2	108.2	196.2	560.2	603.4
1975	1271.1	1046.4	922.8	123.6	224.7	606.9	664.2
1976	1339.4	1099.0	965.9	133.1	240.4	645.4	694.0
1977	1432.8	1174.3	1036.6	137.7	258.5	687.9	744.9
1978	1558.6	1264.9	1121.2	143.7	293.7	748.2	810.4
1979	1800.0	1476.0	1311.7	164.3	324.0	815.2	984.8
1980	2140.0	1794.0	1608.0	186.0	346.0	950.3	1189.7
1981	2350.0	2002.5	1798.5	204.0	347.5	1026.0	1324.0
1982	2570.0	2181.5	1956.1	225.4	388.5	1090.0	1480.0
1983	2849.4	2426.1	2169.5	256.6	423.3	1179.4	1670.0
1984	3376.4	2899.2	2574.5	324.7	477.2	1377.1	1999.3
1985	4305.0	3801.4	3391.4	410.0	503.6	1788.0	2517.0
1986	4950.0	4374.0	3912.0	462.0	576.0	2094.0	2856.0
1987	5820.0	5115.0	4562.0	553.0	705.0	2470.0	3350.0
1988	7440.0	6534.6	5869.6	665.0	905.4	3217.6	4222.4
1989	8101.4	7074.2	6376.4	697.8	1027.2	3533.9	4567.5
1990	8300.1	7250.3	6509.1	741.2	1049.8	3735.0	4565.1
1991	9415.6	8245.7	7358.5	887.2	1169.9	4371.2	5044.4
1992	10993.7	9704.8	8621.3	1083.5	1288.9	5286.5	5707.2

5-13 社会商品零售总额构成

（按对象、用途和城乡分）　　　　单位：%

年份	按对象和用途分				按城乡分	
	消费品	对居民	对社会集团	农业生产资料	城镇	乡村
1952	94.9	85.9	9.0	5.1	45.4	54.6
1953	94.5	84.5	10.0	5.5	48.3	51.7
1954	93.4	83.3	10.1	6.6	46.9	53.1
1955	92.8	82.9	9.9	7.2	46.7	53.3
1956	92.0	80.5	11.5	8.0	49.2	50.8
1957	93.1	83.4	9.8	6.9	50.3	49.7
1958	87.8	77.6	10.2	12.2	46.7	53.3
1959	87.2	76.5	10.7	12.8	50.6	49.4
1960	85.4	73.7	11.7	14.6	53.1	46.9
1961	88.5	79.6	8.9	11.5	57.8	42.2
1962	90.0	82.8	7.2	10.0	52.7	47.3
1963	90.1	83.0	7.1	9.9	50.4	49.6
1964	89.7	81.9	7.9	10.3	50.6	49.4
1965	88.0	80.1	7.9	12.0	50.6	49.4
1966	86.4	78.4	7.9	13.6	49.5	50.5
1967	88.1	79.9	8.2	11.9	49.6	50.4
1968	88.1	80.7	7.4	11.9	50.6	49.4
1969	87.1	79.1	8.0	12.9	49.1	50.9
1970	84.9	77.7	7.2	15.1	46.6	53.4
1971	83.6	74.5	9.1	16.4	47.0	53.0
1972	83.4	73.8	9.6	16.6	48.4	51.6
1973	82.9	73.2	9.7	17.1	48.0	52.0
1974	83.1	73.8	9.3	16.9	48.1	51.9
1975	82.3	72.6	9.7	17.7	47.7	52.3
1976	82.1	72.1	9.9	17.9	48.2	51.8
1977	82.0	72.3	9.6	18.0	48.0	52.0
1978	81.2	71.9	9.2	18.8	48.0	52.0
1979	82.0	72.9	9.1	18.0	45.3	54.7
1980	83.8	75.1	8.7	16.2	44.4	55.6
1981	85.2	76.5	8.7	14.8	43.7	56.3
1982	84.9	76.1	8.8	15.1	42.4	57.6
1983	85.1	76.1	9.0	14.9	41.4	58.6
1984	85.9	76.2	9.6	14.1	40.8	59.2
1985	88.3	78.8	9.5	11.7	41.5	58.5
1986	88.4	79.0	9.3	11.6	42.3	57.7
1987	87.9	78.4	9.5	12.1	42.4	57.6
1988	87.8	78.9	8.9	12.2	43.2	56.8
1989	87.3	78.7	8.6	12.7	43.6	56.4
1990	87.4	78.4	8.9	12.6	45.0	55.0
1991	87.6	78.2	9.4	12.4	46.4	53.6
1992	88.3	78.4	9.9	11.7	48.1	51.9

5-14 社会商品零售总额

（按行业分）　　　　单位：亿元

年份	社会商品零售总额	商　业	饮食业	工　业	其他行业	农民对非农业居民零售额
1952	276.8	211.3	14.1	37.9	1.7	11.8
1953	348.0	277.2	15.9	42.2	1.9	10.8
1954	381.1	315.0	17.5	35.8	2.6	10.2
1955	392.2	323.2	19.6	34.4	3.2	11.8
1956	461.0	384.3	22.7	38.7	3.5	11.8
1957	474.2	399.5	24.2	33.9	3.4	13.2
1958	548.0	474.9	25.3	36.4	3.8	7.6
1959	638.0	573.7	28.9	28.6	3.3	3.5
1960	696.9	631.1	27.0	26.6	4.2	8.0
1961	607.7	512.5	31.7	25.5	8.0	30.0
1962	604.0	502.1	39.1	27.9	7.9	27.0
1963	604.5	516.4	37.0	25.2	6.6	19.3
1964	638.2	560.0	33.5	24.2	6.2	14.3
1965	670.3	594.6	31.2	24.2	7.3	13.0
1966	732.8	655.1	31.9	24.0	7.0	14.8
1967	770.5	688.0	30.1	25.4	8.5	18.5
1968	737.3	658.0	27.3	24.0	8.8	19.2
1969	801.5	718.1	28.9	25.6	10.4	18.5
1970	858.0	769.3	29.6	27.4	14.7	17.0
1971	929.2	825.5	33.2	34.4	18.4	17.7
1972	1023.3	906.8	37.5	41.0	19.9	18.1
1973	1106.7	979.9	40.1	45.7	20.2	20.8
1974	1163.6	1027.0	41.8	51.2	22.0	21.6
1975	1271.1	1113.9	45.5	61.6	25.1	25.0
1976	1339.4	1175.6	47.0	67.7	27.1	22.0
1977	1432.8	1256.5	50.4	73.0	31.1	21.8
1978	1558.6	1363.7	54.8	73.2	35.8	31.1
1979	1800.0	1540.5	63.7	103.6	44.7	47.5
1980	2140.0	1768.0	80.0	165.0	58.0	69.0
1981	2350.0	1915.4	87.6	195.4	62.2	89.4
1982	2570.0	2068.1	98.4	216.8	75.9	110.8
1983	2849.4	2269.1	112.1	249.7	85.5	133.0
1984	3376.4	2645.5	137.1	314.1	109.7	170.0
1985	4305.0	3272.2	196.9	400.7	144.2	291.0
1986	4950.0	3717.8	232.8	457.6	166.8	375.0
1987	5820.0	4343.5	283.0	537.1	195.4	461.0
1988	7440.0	5544.6	366.5	686.1	247.8	595.0
1989	8101.4	6009.5	405.1	720.3	268.5	698.0
1990	8300.1	6127.4	419.8	699.1	280.5	773.3
1991	9415.6	6903.9	492.0	788.0	321.9	909.8
1992	10993.7	7922.2	589.7	939.4	465.0	1077.4

5-15 社会商品零售总额

（按经济类型分）　　　　单位：亿　元

年　　份	社会商品零售总额	国有商业	集体商业	合　营	个　体	农民对非农业居民零售
1952	276.8	45.0	50.3	1.1	168.6	11.8
1953	348.0	60.6	84.4	1.9	190.3	10.8
1954	381.1	79.8	153.4	11.0	126.7	10.2
1955	392.2	110.4	135.2	32.5	102.3	11.8
1956	461.0	156.9	172.8	96.1	23.4	11.8
1957	474.2	176.3	195.8	76.0	12.9	13.2
1958	548.0	399.9	71.3	59.1	10.1	7.6
1959	638.0	537.0	79.0		18.5	3.5
1960	696.9	585.0	83.4		20.5	8.0
1961	607.7	496.2	67.0		14.5	30.0
1962	604.0	306.7	256.0		14.3	27.0
1963	604.5	306.9	265.6		12.7	19.3
1964	638.2	338.8	272.9		12.2	14.3
1965	670.3	355.5	289.3		12.5	13.0
1966	732.8					14.8
1967	770.5					18.5
1968	737.3					19.2
1969	801.5					18.5
1970	858.0					17.0
1971	929.2					17.7
1972	1023.3					18.1
1973	1106.7					20.8
1974	1163.6					21.6
1975	1271.1	708.3	536.0		1.8	25.0
1976	1339.4	746.0	569.3		2.1	22.0
1977	1432.8	777.4	631.3		2.3	21.8
1978	1558.6	851.0	674.4		2.1	31.1
1979	1800.0	971.8	776.4		4.3	47.5
1980	2140.0	1100.7	954.9	0.4	15.0	69.0
1981	2350.0	1171.5	1050.6	1.1	37.4	89.4
1982	2570.0	1251.6	1131.4	1.6	74.6	110.8
1983	2849.4	1338.8	1189.5	3.6	184.5	133.0
1984	3376.4	1537.9	1337.2	7.6	323.7	170.0
1985	4305.0	1740.0	1600.3	12.7	661.0	291.0
1986	4950.0	1951.0	1804.0	15.2	804.8	375.0
1987	5820.0	2249.0	2079.6	18.8	1011.6	461.0
1988	7440.0	2935.9	2557.9	27.2	1324.0	595.0
1989	8101.4	3167.8	2689.7	36.3	1509.6	698.0
1990	8300.1	3285.9	2631.0	40.3	1569.6	773.3
1991	9415.6	3783.7	2826.2	51.5	1844.4	909.8
1992	10993.7	4539.8	3068.2	80.3	2228.0	1077.4

5-16 社会商品零售总额构成

（按行业和经济类型分） 单位：%

年份	按行业分					按经济类型分				
	商业	饮食业	工业	其他行业	农对非	国有	集体	合营	个体	农对非
1952	76.3	5.1	13.7	0.6	4.3	16.3	18.1	0.4	60.9	4.3
1953	79.7	4.6	12.1	0.5	3.1	17.4	24.3	0.5	54.7	3.1
1954	82.7	4.6	9.4	0.7	2.6	20.9	40.3	2.9	33.3	2.6
1955	82.4	5.0	8.8	0.8	3.0	28.2	34.4	8.3	26.1	3.0
1956	83.4	4.9	8.4	0.8	2.6	34.0	37.5	20.8	5.1	2.6
1957	84.2	5.1	7.1	0.7	2.8	37.2	41.3	16.0	2.7	2.8
1958	86.7	4.6	6.6	0.7	1.4	73.0	13.0	10.8	1.8	1.4
1959	89.9	4.5	4.5	0.5	0.5	84.2	12.4		2.9	0.5
1960	90.6	3.9	3.8	0.6	1.2	83.9	12.0		2.9	1.2
1961	84.3	5.2	4.2	1.3	4.9	81.7	11.0		2.4	4.9
1962	83.1	6.5	4.6	1.3	4.5	50.8	42.4		2.3	4.5
1963	85.4	6.1	4.2	1.1	3.2	50.8	43.9		2.1	3.2
1964	87.7	5.2	3.8	1.0	2.2	53.1	42.8		1.9	2.2
1965	88.7	4.7	3.6	1.1	1.9	53.0	43.2		1.9	1.9
1966	89.4	4.4	3.3	1.0	2.0					2.0
1967	89.3	3.9	3.3	1.1	2.4					2.4
1968	89.2	3.7	3.3	1.2	2.6					2.6
1969	89.6	3.6	3.2	1.3	2.3					2.3
1970	89.7	3.4	3.2	1.7	2.0					2.0
1971	88.8	3.6	3.7	2.0	1.9					1.9
1972	88.6	3.7	4.0	1.9	1.8					1.8
1973	88.5	3.6	4.1	1.8	1.8					1.8
1974	88.3	3.6	4.4	1.9	1.9					1.9
1975	87.6	3.6	4.8	2.0	2.0	55.7	42.2		0.1	2.0
1976	87.8	3.5	5.1	2.0	1.7	55.7	42.5		0.1	1.7
1977	87.7	3.5	5.1	2.2	1.5	54.3	44.0		0.2	1.5
1978	87.5	3.5	4.7	2.3	2.0	54.6	43.3		0.1	2.0
1979	85.6	3.5	5.8	2.5	2.6	54.0	43.2		0.2	2.6
1980	82.6	3.7	7.7	2.7	3.2	51.4	44.7		0.7	3.2
1981	81.5	3.7	8.3	2.6	3.8	49.8	44.7	0.1	1.6	3.8
1982	80.5	3.8	8.4	3.0	4.3	48.7	44.0	0.1	2.9	4.3
1983	79.6	3.9	8.8	3.0	4.7	47.0	41.7	0.1	6.5	4.7
1984	78.4	4.1	9.3	3.2	5.0	45.6	39.6	0.2	9.6	5.0
1985	76.0	4.6	9.3	3.3	6.8	40.4	37.2	0.3	15.3	6.8
1986	75.1	4.7	9.2	3.4	7.6	39.4	36.4	0.3	16.3	7.6
1987	74.6	4.9	9.2	3.4	7.9	38.7	35.7	0.3	17.4	7.9
1988	74.5	4.9	9.2	3.3	8.0	39.4	34.4	0.4	17.8	8.0
1989	74.2	5.0	8.9	3.3	8.6	39.1	33.2	0.5	18.6	8.6
1990	73.8	5.1	8.4	3.4	9.3	39.6	31.7	0.5	18.9	9.3
1991	73.3	5.2	8.4	3.4	9.7	40.2	30.0	0.5	19.6	9.7
1992	72.1	5.4	8.5	4.2	9.8	41.3	27.9	0.7	20.3	9.8

5-17 社会消费品分类零售额

单位:亿元

年份	合计	食品类	衣着类	用品类	日用品	文化娱乐用品	书报杂志	药和医疗用品	房屋和建筑材料类	燃料类
1952	262.7	148.3	50.8	55.0	39.5	6.7	2.0	6.8		8.6
1953	328.8	177.9	69.5	70.4	51.1	7.6	2.6	9.1		11.0
1954	356.1	197.3	71.6	74.2	52.1	8.3	3.0	10.8		13.0
1955	364.0	202.6	71.9	75.4	50.7	9.8	3.5	11.4		14.1
1956	424.0	219.3	94.1	91.8	60.5	11.9	4.8	14.6		18.8
1957	441.6	241.0	82.6	99.6	65.3	12.7	4.9	16.7		18.4
1958	481.2	250.1	102.0	108.2	65.7	16.8	6.8	18.9		20.9
1959	556.5	274.6	132.0	128.9	75.7	18.3	6.7	28.2		21.0
1960	595.4	286.7	129.0	154.7	90.1	21.5	6.9	36.2		25.0
1961	537.7	291.7	62.8	154.6	101.1	20.8	4.5	28.2		28.6
1962	543.7	280.7	79.9	154.6	106.4	17.9	4.2	26.1		28.5
1963	544.8	283.1	90.1	145.7	98.6	16.7	5.2	25.2		25.9
1964	572.7	301.8	99.6	142.5	91.9	18.4	6.1	26.1		28.8
1965	590.1	327.1	112.5	120.2	68.7	17.3	6.4	27.8		30.3
1966	632.8	347.9	126.7	127.0	67.5	21.6	7.0	30.9		31.2
1967	679.1	367.8	142.0	137.0	78.9	19.8	3.7	34.6		32.3
1968	649.2	358.5	119.7	138.0	83.4	18.9	4.6	31.1		33.0
1969	698.2	373.7	149.6	141.6	80.5	20.4	4.1	36.6		33.3
1970	728.8	389.0	170.2	134.6	76.4	18.5	3.2	36.5		35.0
1971	776.9	413.5	165.5	159.1	90.2	21.3	5.7	42.5		38.2
1972	853.5	459.8	170.6	181.1	105.1	23.5	6.3	46.2		42.0
1973	917.7	493.2	188.3	191.2	108.0	25.2	8.2	49.8		45.0
1974	967.4	511.2	207.8	203.2	114.5	27.1	8.7	52.9		45.2
1975	1046.4	554.2	219.4	223.2	127.0	29.3	9.8	57.1		49.6
1976	1099.0	577.9	237.1	235.0	134.2	30.3	10.4	60.1		49.0
1977	1174.3	618.5	255.9	247.8	140.3	31.9	10.7	64.9		52.1
1978	1264.9	655.8	278.5	275.3	156.3	42.2	12.1	64.7		55.3
1979	1476.0	760.2	339.2	317.5	187.2	55.4	16.4	58.5		59.1
1980	1794.0	918.1	413.7	394.2	231.8	73.5	23.1	65.8		68.0
1981	2002.5	1022.3	463.0	445.7	264.4	85.5	25.0	70.8		71.5
1982	2181.5	1153.0	465.9	488.3	290.5	97.2	27.6	73.0		74.3
1983	2426.1	1307.5	491.5	463.2	323.6	107.4	29.8	86.0	83.6	80.3
1984	2899.2	1546.6	570.3	583.7	394.5	165.0	34.2	96.7	106.7	91.9
1985	3801.4	2003.5	717.4	825.3	526.9	292.9	46.2	106.2	146.9	108.3
1986	4374.0	2340.1	772.6	955.8	614.9	339.6	56.8	124.3	179.8	125.7
1987	5115.0	2760.8	882.3	1113.8	736.8	370.1	65.6	156.9	215.6	142.5
1988	6534.6	3539.9	1108.8	1439.8	965.6	464.6	77.5	207.9	275.8	170.3
1989	7074.2	3858.5	1152.2	1558.3	749.0	472.0	97.2	240.1	302.7	202.5
1990	7250.3	4012.2	1182.2	1520.0	679.0	443.0	106.0	292.0	314.9	219.0
1991	8245.7	4537.5	1356.3	1719.5	742.2	492.0	132.4	352.9	379.4	253.0
1992	9704.8	5376.5	1581.9	1926.7	784.5	553.9	160.2	428.1	543.9	275.8

注:房屋和建筑材料类1982年以前包括在用品类中。

5-18 社会消费品分类零售额构成

单位:%

年份	合 计	食品类	衣着类	用品类					房屋建筑材料类	燃料类
					日用品	文化娱乐用品	书报杂志	药和医疗用品		
1952	100.0	56.4	19.3	20.9	15.0	2.6	0.8	2.6		3.3
1953	100.0	54.1	21.1	21.4	15.5	2.3	0.8	2.8		3.4
1954	100.0	55.4	20.1	20.8	14.7	2.3	0.8	3.0		3.7
1955	100.0	55.6	19.8	20.7	13.9	2.7	1.0	3.1		3.9
1956	100.0	51.7	22.2	21.7	14.3	2.8	1.1	3.5		4.4
1957	100.0	54.5	18.7	22.6	14.8	2.9	1.1	3.8		4.2
1958	100.0	52.0	21.2	22.5	13.7	3.5	1.4	3.9		4.3
1959	100.0	49.3	23.7	23.2	13.6	3.3	1.2	5.1		3.8
1960	100.0	48.2	21.7	26.0	15.1	3.6	1.2	6.1		4.2
1961	100.0	54.3	11.7	28.7	18.8	3.9	0.8	5.2		5.3
1962	100.0	51.6	14.7	28.5	19.6	3.3	0.8	4.8		5.2
1963	100.0	52.0	16.5	26.8	18.1	3.1	1.0	4.6		4.7
1964	100.0	52.7	17.4	24.9	16.0	3.2	1.1	4.6		5.0
1965	100.0	55.4	19.1	20.4	11.7	2.9	1.1	4.7		5.1
1966	100.0	55.0	19.9	20.1	10.7	3.4	1.1	4.9		5.0
1967	100.0	54.2	20.9	20.1	11.6	2.9	0.5	5.1		4.8
1968	100.0	55.2	18.4	21.3	12.9	2.9	0.7	4.8		5.1
1969	100.0	53.5	21.4	20.3	11.5	2.9	0.6	5.3		4.8
1970	100.0	53.4	23.4	18.4	10.5	2.5	0.4	5.0		4.8
1971	100.0	53.2	21.3	20.6	11.6	2.8	0.7	5.5		4.9
1972	100.0	53.9	20.0	21.2	12.3	2.8	0.7	5.4		4.9
1973	100.0	53.7	20.5	20.9	11.8	2.8	0.9	5.4		4.9
1974	100.0	52.8	21.5	21.0	11.8	2.8	0.9	5.5		4.7
1975	100.0	53.0	21.0	21.3	12.1	2.8	0.9	5.5		4.7
1976	100.0	52.6	21.6	21.4	12.2	2.7	0.9	5.5		4.5
1977	100.0	52.7	21.8	21.1	12.0	2.7	0.9	5.5		4.4
1978	100.0	51.8	22.0	21.8	12.4	3.3	1.0	5.1		4.4
1979	100.0	51.5	23.0	21.5	12.7	3.7	1.1	4.0		4.0
1980	100.0	51.2	23.0	22.0	12.9	4.1	1.3	3.7		3.8
1981	100.0	51.1	23.1	22.3	13.2	4.3	1.2	3.5		3.6
1982	100.0	52.9	21.3	22.4	13.3	4.5	1.3	3.3		3.4
1983	100.0	53.9	20.3	19.1	13.3	4.4	1.2	3.6	3.4	3.3
1984	100.0	53.3	19.7	20.1	13.6	5.7	1.2	3.3	3.7	3.2
1985	100.0	52.7	18.9	21.7	13.9	7.7	1.2	2.8	3.9	2.8
1986	100.0	53.5	17.7	21.9	14.0	7.8	1.3	2.8	4.1	2.9
1987	100.0	54.0	17.2	21.8	14.4	7.2	1.3	3.1	4.2	2.8
1988	100.0	54.2	16.9	22.0	14.8	7.1	1.2	3.2	4.2	2.6
1989	100.0	54.5	16.3	22.0	10.6	6.6	1.4	3.4	4.3	2.9
1990	100.0	55.4	16.3	21.0	9.4	6.1	1.5	4.0	4.0	3.0
1991	100.0	55.0	16.4	20.9	9.0	6.0	1.6	4.3	4.6	3.1
1992	100.0	55.4	16.3	19.9	8.1	5.7	1.7	4.4	5.6	2.8

5-19 社会商品零售总额变化比较

项目	1991年		1992年		1992年为1991年%
	绝对额（亿元）	比重（%）	绝对额（亿元）	比重（%）	
社会商品零售总额	**9415.6**	**100.0**	**10993.7**	**100.0**	**116.8**
一.按对象和用途分					
1.对居民和社会集团的消费品零售额	8245.7	87.6	9704.8	88.3	117.7
(1)对居民的消费品零售额	7358.5	89.2	8621.3	88.8	117.2
(2)对社会集团的消费品零售额	887.2	10.8	1083.5	11.2	122.1
2.对农民的农业生产资料零售额	1169.9	12.4	1288.9	11.7	110.2
二.按经济类型分					
1.国有经济	3783.7	40.2	4539.8	41.3	120.0
2.集体经济	2826.2	30.0	3068.2	27.9	108.6
(1)供销合作社	1366.6	48.4	1402.3	45.7	102.6
(2)其他集体	1459.6	51.6	1665.9	54.3	114.1
3.合　营	51.5	0.5	80.3	0.7	155.9
4.个　体	1844.4	19.6	2228.0	20.3	120.8
5.农民对非农业居民零售额	909.8	9.7	1077.4	9.8	118.4
三.按行业分					
1.商业零售额	6903.9	73.3	7922.2	72.1	114.7
(1)国有商业	3066.4	44.4	3612.0	45.6	117.8
(2)集体商业	2340.9	33.9	2500.0	31.6	106.8
供销合作社	1353.1	57.8	1390.8	55.6	102.8
其他集体	987.8	42.2	1109.2	44.4	112.3
(3)合　营	15.1	0.2	23.3	0.3	154.3
(4)个　体	1481.5	21.5	1786.9	22.5	120.6
2.饮食业零售额	492.0	5.2	589.7	5.4	119.9
(1)国有饮食业	110.2	22.4	130.6	22.1	118.5
(2)集体饮食业	101.2	20.6	115.5	19.6	114.1
供销合作社	13.5	13.3	11.5	10.0	85.2
其他集体	87.7	86.7	104.0	90.0	118.6
(3)合　营	23.6	4.8	32.9	5.6	139.4
(4)个　体	257.0	52.2	310.7	52.7	120.9

5-19 续表1

项　目	1991年		1992年		1992年为1991年%
	绝对额（亿元）	比重（%）	绝对额（亿元）	比重（%）	
3.工业零售额	788.0	8.4	939.4	8.5	119.2
(1)国有工业	355.7	45.1	431.6	45.9	121.3
(2)集体工业	342.1	43.4	392.9	41.8	114.8
(3)合　营	8.8	1.1	13.8	1.5	156.8
(4)个　体	81.4	10.4	101.1	10.8	124.2
4.其他行业零售额	321.9	3.4	465.0	4.2	144.5
(1)国有其他行业	251.4	78.1	365.6	78.6	145.4
(2)集体其他行业	42.0	13.1	59.8	12.9	142.4
(3)合　营	4.0	1.2	10.3	2.2	257.5
(4)个　体	24.5	7.6	29.3	6.3	119.6
5.农民对非农业居民零售额	909.8	9.7	1077.4	9.8	118.4
四.按城乡分：					
(一) 城镇零售额	4371.2	46.4	5286.5	48.1	120.9
1. 对居民的消费品零售额	3564.0	81.5	4299.4	81.3	120.6
2. 对社会集团的消费品零售额	807.2	18.5	987.1	18.7	122.3
(二) 乡村零售额	5044.4	53.6	5707.2	51.9	113.1
1. 消费品零售额	3874.5	76.8	4418.3	77.4	114.0
(1) 对居民的消费品零售额	3794.5	97.9	4321.9	97.8	113.9
(2) 对社会集团的消费品零售额	80.0	2.1	96.4	2.2	120.5
2. 农业生产资料零售额	1169.9	23.2	1288.9	22.6	110.2
五.按商品类别分：					
1.消费品零售额	8245.7	87.6	9704.8	88.3	117.7
(1)食品类	4537.5	55.0	5376.5	55.4	118.5
(2)衣着类	1356.3	16.4	1581.9	16.3	116.6
(3)日用品类	742.2	9.0	784.5	8.1	105.7
(4)房屋和建筑材料类	379.4	4.6	543.9	5.6	143.4
(5)文化娱乐用品类	492.0	6.0	553.9	5.7	112.6
(6)书报杂志类	132.4	1.6	160.2	1.7	121.0
(7)药和医疗用品类	352.9	4.3	428.1	4.4	121.3
(8)燃料类	253.0	3.1	275.8	2.8	109.0
2.农业生产资料零售额	1169.9	12.4	1288.9	11.7	110.2

5-20 社会商品零售总额分月情况

（1992年，按对象和用途分）

季度和月份	社会商品零售总额	消费品	对居民	对社会集团	农业生产资料
一、绝对额（亿元）	10993.7	9704.8	8621.3	1083.5	1288.9
一季度	2657.0	2393.5	2153.0	240.5	263.5
1 月	867.9	806.7	724.9	81.8	61.2
2 月	886.5	813.2	736.9	76.3	73.3
3 月	902.6	773.6	691.2	82.4	129.0
二季度	2604.5	2207.5	1945.5	262.0	397.0
4 月	856.1	719.8	636.1	83.7	136.3
5 月	859.9	730.0	644.1	85.9	129.9
6 月	888.5	757.7	665.3	92.4	130.8
三季度	2655.2	2324.5	2050.8	273.7	330.7
7 月	860.0	740.8	651.6	89.2	119.2
8 月	864.2	753.9	664.7	89.2	110.3
9 月	931.0	829.8	734.5	95.3	101.2
四季度	3077.0	2779.3	2472.0	307.3	297.7
10 月	958.1	850.2	754.6	95.6	107.9
11 月	972.8	883.3	784.4	98.9	89.5
12 月	1146.1	1045.8	933.0	112.8	100.3
二、比重（%）					
1 月	7.9	8.3	8.4	7.6	4.7
2 月	8.1	8.4	8.5	7.1	5.7
3 月	8.2	8.0	8.0	7.6	10.0
4 月	7.8	7.4	7.4	7.7	10.6
5 月	7.8	7.5	7.5	7.9	10.1
6 月	8.1	7.8	7.7	8.6	10.1
7 月	7.8	7.6	7.6	8.2	9.2
8 月	7.9	7.8	7.7	8.2	8.6
9 月	8.5	8.5	8.5	8.8	7.9
10 月	8.7	8.8	8.8	8.8	8.4
11 月	8.8	9.1	9.1	9.1	6.9
12 月	10.4	10.8	10.8	10.4	7.8

5-21 社会商品零售总额分月情况

（1992年，按行业分）

季度和月份	社会商品零售总额	商　业	饮食业	工　业	其他行业	农民对非农业居民零售
一、绝对额（亿元）	**10993.7**	**7922.2**	**589.7**	**939.4**	**465.0**	**1077.4**
一季度	2657.0	2018.4	126.6	185.9	85.7	240.4
1 月	867.9	651.5	43.4	62.4	26.4	84.2
2 月	886.5	679.9	41.6	57.9	27.8	79.3
3 月	902.6	687.0	41.6	65.6	31.5	76.9
二季度	2604.5	1887.4	136.9	226.4	104.1	249.7
4 月	856.1	627.5	43.7	71.9	33.6	79.4
5 月	859.9	623.1	45.7	74.6	33.6	82.9
6 月	888.5	636.8	47.5	79.9	36.9	87.4
三季度	2655.2	1880.7	151.1	242.8	108.1	272.5
7 月	860.0	612.0	48.5	77.8	34.8	86.9
8 月	864.2	608.9	50.4	79.3	35.1	90.5
9 月	931.0	659.8	52.2	85.7	38.2	95.1
四季度	3077.0	2135.7	175.1	284.3	167.1	314.8
10 月	958.1	677.8	53.8	86.1	41.8	98.6
11 月	972.8	678.2	55.9	89.4	46.3	103.0
12 月	1146.1	779.7	65.4	108.8	79.0	113.2
二、比重（%）						
1 月	7.9	8.2	7.3	6.6	5.7	7.8
2 月	8.1	8.6	7.1	6.2	6.0	7.3
3 月	8.2	8.7	7.1	7.0	6.8	7.1
4 月	7.8	7.9	7.4	7.7	7.2	7.4
5 月	7.8	7.9	7.7	7.9	7.2	7.7
6 月	8.1	8.0	8.1	8.5	7.9	8.1
7 月	7.8	7.7	8.2	8.3	7.5	8.1
8 月	7.9	7.7	8.5	8.4	7.5	8.4
9 月	8.5	8.3	8.9	9.1	8.2	8.8
10 月	8.7	8.6	9.1	9.2	9.0	9.2
11 月	8.8	8.6	9.5	9.5	10.0	9.6
12 月	10.4	9.8	11.1	11.6	17.0	10.5

5-22 社会商品零售总额分月情况

（1992年，按经济类型分）

季度和月份	社会商品零售总额	国有经济	集体经济	#供销社	合　营	个　体	农民对非农业居民零售
一、绝对额（亿元）	**10993.7**	**4539.8**	**3068.2**	**1402.3**	**80.3**	**2228.0**	**1077.4**
一季度	2657.0	1153.9	741.2	362.3	16.1	505.4	240.4
1 月	867.9	363.5	240.3	104.3	5.3	174.6	84.2
2 月	886.5	385.8	249.8	128.3	5.5	166.1	79.3
3 月	902.6	404.6	251.1	129.7	5.3	164.7	76.9
二季度	2604.5	1044.7	777.3	386.8	18.4	514.4	249.7
4 月	856.1	345.8	258.5	132.2	6.2	166.2	79.4
5 月	859.9	343.6	256.0	127.3	5.7	171.7	82.9
6 月	888.5	355.3	262.8	127.3	6.5	176.5	87.4
三季度	2655.2	1065.8	741.2	332.0	21.7	554.0	272.5
7 月	860.0	334.4	252.3	119.6	6.8	179.6	86.9
8 月	864.2	340.5	242.4	107.8	7.1	183.7	90.5
9 月	931.0	390.9	246.5	104.6	7.8	190.7	95.1
四季度	3077.0	1275.4	808.5	321.2	24.1	654.2	314.8
10 月	958.1	394.9	257.4	112.3	7.8	199.4	98.6
11 月	972.8	397.2	253.0	100.4	7.7	211.9	103.0
12 月	1146.1	483.3	298.1	108.5	8.6	242.9	113.2
二、比重（%）							
1 月	7.9	8.0	7.8	7.4	6.6	7.8	7.8
2 月	8.1	8.5	8.1	9.1	6.9	7.5	7.3
3 月	8.2	8.9	8.2	9.3	6.6	7.4	7.1
4 月	7.8	7.6	8.4	9.4	7.7	7.5	7.4
5 月	7.8	7.6	8.4	9.1	7.1	7.7	7.7
6 月	8.1	7.8	8.6	9.1	8.1	7.9	8.1
7 月	7.8	7.4	8.2	8.5	8.5	8.1	8.1
8 月	7.9	7.5	7.9	7.7	8.8	8.2	8.4
9 月	8.5	8.6	8.0	7.5	9.7	8.6	8.8
10 月	8.7	8.7	8.4	8.0	9.7	8.9	9.2
11 月	8.8	8.7	8.3	7.2	9.6	9.5	9.6
12 月	10.4	10.7	9.7	7.7	10.7	10.9	10.5

5-23 社会消费品零售额分月情况

（1992年，按地区分）

季度和月份	消费品零售额	市	县	县以下
一、绝对额（亿元）	**9704.8**	**5470.3**	**1689.8**	**2544.7**
一季度	2393.5	1328.3	427.9	637.3
1月	806.7	449.0	145.4	212.3
2月	813.2	455.3	144.0	213.9
3月	773.6	424.0	138.5	211.1
二季度	2207.5	1252.0	378.5	577.0
4月	719.8	406.5	125.1	188.2
5月	730.0	417.3	123.7	189.0
6月	757.7	428.2	129.7	199.8
三季度	2324.5	1324.4	396.0	604.1
7月	740.8	419.8	125.9	195.1
8月	753.9	429.2	128.9	195.8
9月	829.8	475.4	141.2	213.2
四季度	2779.3	1565.6	487.4	726.3
10月	850.2	489.6	143.4	217.2
11月	883.3	501.2	152.4	229.7
12月	1045.8	574.8	191.6	279.4
二、比重（％）				
1月	8.3	8.2	8.6	8.3
2月	8.4	8.3	8.5	8.4
3月	8.0	7.8	8.2	8.3
4月	7.4	7.4	7.4	7.4
5月	7.5	7.6	7.3	7.4
6月	7.8	7.8	7.7	7.9
7月	7.6	7.7	7.5	7.7
8月	7.8	7.8	7.6	7.7
9月	8.5	8.7	8.4	8.4
10月	8.8	9.0	8.5	8.5
11月	9.1	9.2	9.0	9.0
12月	10.8	10.5	11.3	11.0

5-24 各地区社会商品零售总额

（1992年，按对象和用途分）

地区	社会商品零售总额	消费品			农业生产资料
			对居民	对社会集团	
全国总计	**109937000**	**97048000**	**86213000**	**10835000**	**12889000**
北京	4300088	4077700	3400914	676786	222388
天津	1923400	1811969	1555103	256866	111431
河北	4971935	4050008	3650119	399889	921927
山西	2405736	2125629	1865600	260029	280107
内蒙古	1869604	1686851	1506545	180306	182753
辽宁	5894470	5406265	4647624	758641	488205
吉林	2981780	2614745	2335753	278992	367035
黑龙江	4421823	4030282	3554668	475614	391541
上海	4893621	4648227	3650997	997230	245394
江苏	8025443	7045205	6251622	793583	980238
浙江	5695962	4938687	4423466	515221	757275
安徽	3379865	2850412	2605636	244776	529453
福建	3197766	2893818	2746870	146948	303948
江西	2305894	1976150	1809194	166956	329744
山东	7964697	6532279	5917034	615245	1432418
河南	5080463	4145324	3706446	438878	935139
湖北	4650677	4115085	3704378	410707	535592
湖南	4533988	3931876	3589987	341889	602112
广东	10604088	9841585	9127984	713601	762503
广西	2836104	2436189	2278977	157212	399915
海南	583303	550179	508839	41340	33124
四川	7193450	6297582	5656887	640695	895868
贵州	1209556	1067473	964254	103219	142083
云南	2345513	2045994	1833857	212137	299519
西藏	168381	152265	103223	49042	16116
陕西	2372775	2083670	1780203	303467	289105
甘肃	1441693	1282631	1090003	192628	159062
青海	375877	352897	317718	35179	22980
宁夏	379802	321706	284190	37516	58096
新疆	1576048	1382452	1212389	170063	193596

注：各地区数字之和小于全国总计，原因是部分地区统计不全（下同）。

5-25 各地区社会商品零售总额

（1992年，按行业和经济类型分）

地 区	商 业 零售额	国有商业	集体商业	# 供销社	合 营	个 体
全国总计	**79222000**	**36120000**	**25000000**	**13908000**	**233000**	**17869000**
北 京	3337147	1931398	1209290	257425	6822	189637
天 津	1513119	773678	401499	146659	1913	336029
河 北	3542243	1725072	1086717	761496	10853	719601
山 西	1787955	926619	539719	312613	22	321595
内 蒙 古	1424440	750173	439735	254877		234532
辽 宁	4467513	2202780	1171317	506285	2834	1090582
吉 林	2254726	1047734	622519	361144	25657	558816
黑 龙 江	3530506	1795796	923457	405422	365	810888
上 海	3865690	2114455	1543504	643226	14180	193551
江 苏	5668004	2268253	2465164	1348926	15780	918807
浙 江	3995772	1569141	1225981	799274	26919	1173731
安 徽	2379903	1066683	815642	412542	5320	492258
福 建	2347047	729461	572653	275376	12173	1032760
江 西	1531676	647985	510183	371208	525	372983
山 东	5717857	2361461	2139297	1378338	16261	1200838
河 南	3616166	1617761	1220490	747399	492	777423
湖 北	3324092	1637783	1083591	664801		602718
湖 南	3151919	1272000	1019331	666133	1411	859177
广 东	6981675	2944132	1454008	786854	81368	2502167
广 西	2070061	812385	587497	431269	1931	668248
海 南	377624	139601	56454	39214	3535	178034
四 川	4973089	2018806	1665185	940135	1397	1287701
贵 州	865872	374241	245981	176227	257	245393
云 南	1780263	903959	603075	417903	38	273191
西 藏	130716	80929	13429	2560	974	35384
陕 西	1690969	805646	601525	290596	1350	282448
甘 肃	1112581	563145	328041	219892		221395
青 海	295969	170537	61108	29778	333	63991
宁 夏	273550	147509	82559	57591		43482
新 疆	1191655	720986	310839	203040	12	159818

	饮食业零售额	国有饮食业	集体饮食业	# 供销社	合营	个体
全国总计	5897000	1306000	1155000	115000	329000	3107000
北京	308247	119144	96257	6993	20236	72610
天津	125997	36257	27888	2720	4655	57197
河北	208586	48158	39271	6205	619	120538
山西	114425	17374	15250	2025	268	81533
内蒙古	65275	13627	15135	747		36513
辽宁	255803	50985	40793	1705	849	163176
吉林	143653	18602	26239	837	2450	96362
黑龙江	207848	37202	31717	1472	1857	137072
上海	259240	131720	89314	7554	3448	34758
江苏	336383	68887	107113	5424	3911	156472
浙江	250389	40253	48005	3833	1848	160283
安徽	136772	15789	28999	1879	403	91581
福建	163193	16363	23860	1651	12725	110245
江西	95006	10474	21163	2473	32	63337
山东	375620	51321	111398	20454	2145	210756
河南	245486	24957	43681	7424	1345	175503
湖北	204133	39554	45904	3670	169	118506
湖南	179660	35987	32628	2550	1142	109903
广东	1117566	351821	164240	22527	243565	357940
广西	138013	28177	15034	2581	1752	93050
海南	62862	12993	1942	523	20922	27005
四川	360665	54183	76330	5232	1908	228244
贵州	46275	4991	2313	251	2200	36771
云南	93243	18514	13973	2061		60756
西藏	6900	786	1382			4732
陕西	125830	24583	19467	849		81780
甘肃	85286	12624	5853	263	12	66797
青海	25733	3788	1014	8		20931
宁夏	17709	5142	2324	130	263	9980
新疆	74410	12225	6800	551		55385

5-25 续表2　（1992年，按行业和经济类型分）　单位：万元

地区	工业零售额	国有工业	集体工业	合营	个体
全国总计	**9394000**	**4316000**	**3929000**	**138000**	**1011000**
北京	194131	130039	55447	6206	2439
天津	86761	37262	24898	10140	14461
河北	578795	299156	198357	6135	75147
山西	201706	93723	67983	44	39956
内蒙古	166494	88174	63305	341	14674
辽宁	363770	170326	129881	7513	56050
吉林	204836	102885	63983	18498	19470
黑龙江	239560	139231	73124	3317	23888
上海	202541	126445	69994	5695	407
江苏	1086628	393958	634752	9523	48395
浙江	502994	148991	274605	15347	64051
安徽	380232	165713	183947	946	29626
福建	223720	83573	68181	22804	49162
江西	190607	110325	61597	334	18351
山东	1099305	437462	551892	2437	107514
河南	641757	332077	233719	3043	72918
湖北	337565	177224	127890		32451
湖南	372926	197100	140413	501	34912
广东	633507	282878	248134	15988	86507
广西	232878	135096	50436	908	46438
海南	31518	20567	3309	4354	3288
四川	697479	235011	376269	1695	84504
贵州	92942	42271	32331	542	17798
云南	134096	74981	37235		21880
西藏	5725	2713	2440		572
陕西	222240	114280	90441	113	17406
甘肃	95481	59284	25923	362	9912
青海	20047	9255	5924		4868
宁夏	28665	14353	10628	2	3682
新疆	124862	91453	21707	1770	9932

5-25 续表3

（1992年，按经济类型分）　　　　单位：万元

地　区	其他行业零售额	国　有其他行业	集　体其他行业	合　营	个　体	农民对非农业居民零售额
全国总计	**4650000**	**3656000**	**598000**	**103000**	**293000**	**10774000**
北　京	170736	125562	34851	5	10318	289827
天　津	13092	13092				184431
河　北	215951	174205	22560	1176	18010	426360
山　西	92814	69516	4215		19083	208836
内蒙古	74718	67232	3881		3605	138677
辽　宁	190599	166947	16100		7552	616785
吉　林	76855	66138	5894		4823	301710
黑龙江	175072	158850	9140		7082	268837
上　海	256700	177818	44628	34150	104	309450
江　苏	262759	196966	52583	2001	11209	671669
浙　江	261959	194338	50139	36	17446	684848
安　徽	117153	95896	13484		7773	365805
福　建	181847	114720	14154	45985	6988	281959
江　西	128276	112825	8033	114	7304	360329
山　东	330215	259528	41331		29356	441700
河　南	239893	201955	19033		18905	337161
湖　北	155066	124424	18099		12543	629821
湖　南	151672	120627	10128		20917	677811
广　东	642215	440025	175330	2744	24116	1229125
广　西	109501	100447	5109	571	3374	285651
海　南	37400	34492	213	146	2549	73899
四　川	364733	298674	32101	16409	17549	797484
贵　州	55413	49784	1688		3941	149054
云　南	134330	131138	1444		1748	203581
西　藏	21145	14027	4083		3045	3885
陕　西	66632	52740	2614		11278	267104
甘　肃	32207	22011	3214		6982	116138
青　海	10928	9757	65		1106	23200
宁　夏	16154	14713	848		593	43724
新　疆	64448	47896	2678		13874	120673

5-26 各地区社会商品零售总额

（1992年，按经济类型分）

单位：万元

地 区	国有经济	集体经济	# 供销社	合 营	个 体	农民对非农业居民零售额
全国总计	45398000	30682000	14023000	803000	22280000	10774000
北 京	2306143	1395845	264418	33269	275004	289827
天 津	860289	454285	149379	16708	407687	184431
河 北	2246591	1346905	767701	18783	933296	426360
山 西	1107232	627167	314638	334	462167	208836
内 蒙 古	919206	522056	255624	341	289324	138677
辽 宁	2591038	1358091	507990	11196	1317360	616785
吉 林	1235359	718635	361981	46605	679471	301710
黑 龙 江	2131079	1037438	406894	5539	978930	268837
上 海	2550438	1747440	650780	57473	228820	309450
江 苏	2928064	3259612	1354350	31215	1134883	671669
浙 江	1952723	1598730	803107	44150	1415511	684848
安 徽	1344081	1042072	414421	6669	621238	365805
福 建	944117	678848	277027	93687	1199155	281959
江 西	881609	600976	373681	1005	461975	360329
山 东	3109772	2843918	1398792	20843	1548464	441700
河 南	2176750	1516923	754823	4880	1044749	337161
湖 北	1978985	1275484	668471	169	766218	629821
湖 南	1625714	1202500	668683	3054	1024909	677811
广 东	4018856	2041712	809381	343665	2970730	1229125
广 西	1076105	658076	433850	5162	811110	285651
海 南	207653	61918	39737	28957	210876	73899
四 川	2606674	2149885	945367	21409	1617998	797484
贵 州	471287	282313	176478	2999	303903	149054
云 南	1128592	655727	419964	38	357575	203581
西 藏	98455	21334	2560	974	43733	3885
陕 西	997249	714047	291445	1463	392912	267104
甘 肃	657064	363031	220155	374	305086	116138
青 海	193337	68111	29786	333	90896	23200
宁 夏	181717	96359	57721	265	57737	43724
新 疆	872560	342024	203591	1782	239009	120673

5-27 各地区社会消费品零售额

（1992年，按地区分）　　　　单位：万元

地　区	消费品零售额	市	县	县以下
全国总计	**97048000**	**54703000**	**16898000**	**25447000**
北　京	676786	3423132	419298	235270
天　津	256866	1633638	92836	85495
河　北	399889	2075716	855874	1118418
山　西	260029	1244426	485118	396085
内蒙古	180306	978585	421058	287208
辽　宁	758641	4156074	521212	728979
吉　林	278992	1783138	416366	415241
黑龙江	475614	2698884	843400	487998
上　海	997230	3588225	547346	512656
江　苏	793583	3644678	745924	2654603
浙　江	515221	2302331	737220	1899136
安　徽	244776	1271521	639319	939572
福　建	146948	1429315	607054	857449
江　西	166956	773815	552926	649409
山　东	615245	3363718	997733	2170828
河　南	438878	1969987	982330	1193007
湖　北	410707	2215945	550271	1348869
湖　南	341889	1862711	794835	1274330
广　东	713601	5281612	1518010	3041963
广　西	157212	1009302	629186	797701
海　南	41340	266541	138732	144906
四　川	640695	2758392	1307793	2231397
贵　州	103219	517634	255654	294185
云　南	212137	809999	630477	605518
西　藏	49042	90118	40797	21350
陕　西	303467	1231238	436307	416125
甘　肃	192628	798889	233439	250303
青　海	35179	199667	105124	48106
宁　夏	37516	189940	81380	50386
新　疆	170063	780946	310682	290824

5-28 各地区社会消费品零售额

（1992年，按商品类别分）　　　　单位：万元

地区	消费品零售额	食品类	衣着类	日用品类	文化娱乐用品类
北　京	4077700	1654943	571880	1181180	157351
天　津	1811969	748510	305706	429117	127279
河　北	4050008	2004959	653850	496312	175107
山　西	2125629	943779	393242	280583	225316
内蒙古	1686851	738418	282103	299358	75066
辽　宁	5406265	2357091	874510	1153134	324048
吉　林	2614745	1176483	485019	466372	157932
黑龙江	4030282	1912384	790747	560757	164031
上　海	4648227	1906979	670432	1293122	290688
江　苏	7045205	3607145	1261092	760882	429758
浙　江	4938687	2634673	663252	568733	273113
安　徽	2850412	1414526	408020	416949	142415
福　建	2893818	1665805	301280	312532	136009
江　西	1976150	990067	276322	281964	80118
山　东	6532279	3028518	1090891	1147329	387018
河　南	4145324	2048619	667397	451823	204779
湖　北	4115085	1934373	664751	755635	198122
湖　南	3931876	2012646	671064	504660	218399
广　东	9841585	5147149	1112099	1456556	560970
广　西	2436189	1299123	277391	356141	123173
海　南	550179	316982	85527	71422	12855
四　川	6297582	3208041	998715	874798	292828
贵　州	1067473	538525	186849	149300	60431
云　南	2045994	1043111	323845	297954	112520
西　藏	152265	60630	26935	24256	7124
陕　西	2083670	991689	360762	314447	117825
甘　肃	1282631	474987	269564	266095	52222
青　海	352897	190582	72062	31761	25966
宁　夏	321706	140821	48220	65859	16980
新　疆	1382452	674894	270117	207278	85230

5-28 续表1　　(1992年，按商品类别分)　　单位:万元

地　区	书报杂志类	药和医疗用品类	房屋及建筑材料类	#建筑材料	燃料类
北　京	104347	165610	139605	139605	102784
天　津	22571	99604	33203	33203	45979
河　北	36617	159421	408506	242578	115236
山　西	36136	78648	87151	62749	80774
内蒙古	25549	57215	120611	90235	88531
辽　宁	64411	226597	236764	204385	169710
吉　林	42754	104833	112086	79151	69266
黑龙江	47351	166960	228429	183632	159623
上　海	49412	242160	152899	106833	42535
江　苏	114132	305057	394531	352305	172608
浙　江	60934	184521	441691	312562	111770
安　徽	48916	152359	204813	194020	62414
福　建	42774	91053	245975	109965	98390
江　西	39555	79316	163706	106729	65102
山　东	90425	272578	306022	255005	209498
河　南	70885	259912	289361	220094	152548
湖　北	72037	198042	173129	134439	118996
湖　南	68789	152766	176697	147531	126855
广　东	157465	541287	600337	275564	265722
广　西	37753	90645	196805	108971	55158
海　南	6124	25857	22709	14761	8703
四　川	101294	254354	398828	204538	168724
贵　州	21980	35067	36495	20481	38826
云　南	28707	107085	91627	58356	41145
西　藏	1669	4295	8948	8141	18408
陕　西	36670	98881	87448	67744	75948
甘　肃	31127	59326	33328	33328	95982
青　海	4589	9941	7411	4463	10585
宁　夏	6478	16615	14269	12615	12464
新　疆	19639	41154	25212	18346	58928

5-29 各地区社会商品零售总额变化比较及位次

地　区	1991年		1992年		1992年为1991年	
	绝对额（万元）	位 次	绝对额（万元）	位 次	%	位 次
北　京	3577529	13	4300088	13	120.2	8
天　津	1691910	22	1923400	22	113.7	23
河　北	4343599	8	4971935	8	114.5	20
山　西	2065929	18	2405736	18	116.4	14
内蒙古	1631688	23	1869604	23	114.6	20
辽　宁	5111103	5	5894470	5	115.3	17
吉　林	2553458	16	2981780	16	116.8	12
黑龙江	3885350	12	4421823	12	113.8	22
上　海	4021512	10	4893621	9	121.7	5
江　苏	6656389	2	8025443	2	120.6	7
浙　江	4687816	6	5695962	6	121.5	6
安　徽	2994669	14	3379865	14	112.9	25
福　建	2587834	15	3197766	15	123.6	4
江　西	2014495	20	2305894	21	114.5	21
山　东	6634042	3	7964697	3	120.1	9
河　南	4420833	7	5080463	7	114.9	18
湖　北	4131834	9	4650677	10	112.6	26
湖　南	3897046	11	4533988	11	116.3	15
广　东	8575767	1	10604088	1	123.7	3
广　西	2363090	17	2836104	17	120.0	10
海　南	449673	27	583303	27	129.7	1
四　川	6218401	4	7193450	4	115.7	16
贵　州	1054193	26	1209556	26	114.7	19
云　南	1877686	21	2345513	20	124.9	2
西　藏	151071	30	168381	30	111.5	27
陕　西	2033685	19	2372775	19	116.7	13
甘　肃	1208457	25	1441693	25	119.3	11
青　海	341296	28	375877	29	110.1	28
宁　夏	335550	29	379802	28	113.2	24
新　疆	1371128	24	1576048	24	114.9	17

5-30 重点城市社会商品零售总额

（1992年，按对象和用途分）　　单位:万元

城市名称	社会商品零售总额	消费品	居民	集团	农业生产资料
石家庄	514654	475481	407172	68669	38813
太原	536351	514339	439838	74501	22012
呼和浩特	220732	212483	181649	30834	8249
沈阳	1410282	1324937	1078191	246746	85345
大连	1139589	1042153	900446	141707	97436
长春	763030	647593	556419	91174	115437
哈尔滨	1162787	1100708	966678	134030	62079
南京	1044946	991107	847252	143855	53839
杭州	1186935	1104687	965324	139363	82248
宁波	891817	794007	695027	98980	97810
合肥					
福州	664131	606802	555854	50948	57329
厦门	457595	439743	422379	17364	17852
南昌	387682	352049	318635	33414	35633
济南	800278	732882	648847	84035	67396
青岛	988817	888411	794526	93885	100406
郑州					
武汉	1282587	1235498	1080630	154868	47089
长沙					
广州	2177091	2095177	1883758	211419	81914
深圳	1163168	1148908	1059737	89171	14260
南宁	404597	367574	325810	41764	37023
海口	240605	234964	222087	12877	5641
成都	1301087	1188406	1037927	150479	112681
重庆	1446216	1339786	1173494	166292	106430
贵阳	282780	275068	232139	42929	7712
昆明	648648	614020	521001	93019	34628
西安	1008351	955340	811813	143527	53011
兰州	506805	493967	407756	86211	12838
西宁	200667	196374	173162	23212	4093
银川					
乌鲁木齐	403800	397419	315451	81968	6381

5-31 重点城市社会商品零售总额

（1992年，按行业和经济类型分） 单位：万元

城市名称	商业零售额	国有商业	集体商业	# 供销社	合营	个体
石家庄	363551	218808	98656	50615	10469	35618
太原	404851	251652	105922	22099		47277
呼和浩特	175467	85265	45875	11641		44327
沈阳	1093279	615642	298020	74058	1711	177906
大连	905258	503397	225492	107089		176369
长春	592328	308994	158745	88203	25645	98944
哈尔滨	969847	516052	250374	56907		203421
南京	732240	377289	240616	94400	6813	107522
杭州	788555	384121	249595	130024	21877	132962
宁波	669492	258901	223665	140766	2871	184055
合肥						
福州	502718	193371	101459	39886	2072	205816
厦门	303051	107142	84196	15406	9412	102301
南昌	267500	147845	74944	33240	525	44186
济南	584286	250915	243417	64653	15438	74516
青岛	748223	309882	282593	132364	168	155580
郑州						
武汉	952929	571333	285485	75532		96111
长沙						
广州	1412640	758539	290462	120928	11208	352431
深圳	739121	457235	44487		53807	183592
南宁	283472	135808	79885	33769	446	67333
海口	151096	69279	19183	5216	2825	59809
成都	886478	414920	253322	83744	522	217714
重庆	958792	412728	325616	126218	795	219653
贵阳	204007	108985	52477	8155		42545
昆明	472978	272308	151196	48133		49474
西安	718556	337946	256379	43594	1350	122881
兰州	370852	201271	87185	34811		82396
西宁	159328	87507	35561	9330		36260
银川						
乌鲁木齐	325521	225166	74393	18369		25962

5-31 续表1 （1992年，按行业和经济类型分） 单位:万元

城市名称	饮食业零售额	国有饮食业	集体饮食业	# 供销社	合营	个体
石家庄	25678	14639	3892	124	619	6528
太原	38213	7293	6580	139	268	24072
呼和浩特	3522	808	1848			866
沈阳	63170	15520	12633	272	263	34754
大连	47551	17346	8467	574	586	21152
长春	31366	7990	10068	98	2127	11181
哈尔滨	64441	15679	7675	301	1740	39347
南京	54663	12089	11966	416	84	30524
杭州	58007	15890	16207	1142	901	25009
宁波	33679	4023	8824	589	861	19971
合肥						
福州	27776	27141	5839	137	4572	14654
厦门	28287	4809	3612	23	7145	12721
南昌	12981	769	4428	135	32	7752
济南	40507	5171	15869	1306	765	18702
青岛	53045	7899	23753	2574	755	20638
郑州						
武汉	72273	22978	12802	480	57	36436
长沙						
广州	340871	157227	42244	2845	78853	62547
深圳	145209	49130	9848		61431	24800
南宁	22925	7746	2748	137	211	12220
海口	29575	6263	827		18413	4072
成都	93188	19061	14953	538	594	58580
重庆	85066	11476	16140	949	1290	56160
贵阳	14306	2893	897		2180	8336
昆明	24695	5745	26855	258		12095
西安	61245	16071	12074	91		33100
兰州	49427	6919	1262			41246
西宁	17444	3319	735			13390
银川						
乌鲁木齐	15134	2596	3419	43		9119

5-31 续表2　　（1992年，按行业和经济类型分）　　单位:万元

城市名称	工业零售额	国有工业	集体工业	合营	个体
石家庄	28644	12200	13184	14	3246
太原	36774	9133	17306		10335
呼和浩特	21580	10024	8439	341	2776
沈阳	118368	66472	37715	1243	12938
大连	40817	20108	15193		5516
长春	64562	27309	17226	18498	1529
哈尔滨	44257	25478	17981		798
南京	113192	54838	56105	369	1880
杭州	105614	32575	49839	14384	8816
宁波	59699	22155	36051	532	961
合肥					
福州	55046	18871	10737	18742	6696
厦门	16942	9210	6036	1585	111
南昌	26594	13688	10340	58	2508
济南	85119	30384	48431		6304
青岛	116971	41079	53775	2377	19740
郑州					
武汉	58835	37401	19969		1465
长沙					
广州	106090	34663	58384	376	12667
深圳	15827	3891	4132	7804	
南宁	22614	13946	3892	125	4651
海口	9543	6552	1694	1076	221
成都	124076	29917	65149	792	28218
重庆	138982	41414	86509	612	10447
贵阳	19638	10236	8275		1127
昆明	40437	30537	4992		4908
西安	81936	43752	30773		7411
兰州	39480	26957	9139	362	3022
西宁	10658	3694	3504		3460
银川					
乌鲁木齐	21468	15080	3892	1770	726

5-31 续表3　　(1992年，按行业和经济类型分)　　单位:万元

城市名称	其他行业零售额	国有其他行业	集体其他行业	合营	个体	农民对非农业居民零售
石家庄	34267	30801	1724	1176	566	62514
太原	10295	8839	1116		340	46218
呼和浩特	12416	10922	284		1210	7747
沈阳	34592	29148	5444			100873
大连	30483	29341	1142			115480
长春	24266	21144	1193		1929	50508
哈尔滨	28898	27860	555		483	55344
南京	29393	20946	5652		2795	115458
杭州	48328	37112	8231		2985	186431
宁波	40497	27819	10705		1973	88450
合肥						
福州	45226	32065	3251	8762	1148	33365
厦门	43531	6872	1177	35482		65784
南昌	9108	6934	1452		722	71499
济南	23049	16580	4059		2410	67317
青岛	19825	13911	3922		1992	50753
郑州						
武汉	19376	16826	363		2187	179174
长沙						
广州	127125	101266	23049	321	2489	190365
深圳						263011
南宁	17529	17501	28			58057
海口	26424	25892	532			23967
成都	77238	56228	3536	16409	1065	120107
重庆	37907	26787	9578		1542	225469
贵阳	18761	16694	726		1341	26068
昆明	54719	54479	240			55819
西安	22978	17304	913		4761	123636
兰州	6844	2620	1932		2292	40202
西宁	3424	3424				9813
银川						
乌鲁木齐	5700	5700				35977

5-32 重点城市社会商品零售总额

（1992年，按经济类型分）

单位：万元

城市名称	国有经济	集体经济	#供销合作社	合营	个体	农民对非农业居民零售
石家庄	276448	117456	50739	12278	45958	62514
太原	276917	130924	22238	268	82024	46218
呼和浩特	107019	56446	11641	341	49179	7747
沈阳	726782	353812	74330	3217	225598	100873
大连	570192	250294	107663	586	203037	115480
长春	365437	187232	88301	46270	113583	50508
哈尔滨	585069	276585	57208	1740	244049	55344
南京	465162	314339	94816	7266	142721	115458
杭州	469698	323872	131166	37162	169772	186431
宁波	312898	279245	141355	4264	206960	88450
合肥						
福州	271448	121286	40023	34148	228314	33365
厦门	128033	95021	15429	53624	115133	65784
南昌	169245	91164	33375	615	54446	71499
济南	303050	311776	65959	16203	101932	67317
青岛	372771	364043	134938	3300	197950	50753
郑州						
武汉	648538	318619	76012	57	136199	179174
长沙						
广州	1051695	414139	123773	90758	430134	190365
深圳	510256	58467		123042	208392	263011
南宁	175001	86553	33906	782	84204	58057
海口	107986	22236	5216	22314	64102	23967
成都	520126	336960	84282	18317	305577	120107
重庆	492405	437843	127167	2697	287802	225469
贵阳	138808	62375	8155	2180	53349	26068
昆明	576185	183283	48391		66477	55819
西安	415073	300139	43685	1350	168153	123636
兰州	237767	99518	34811	362	128956	40202
西宁	97944	39800	9330		53110	9813
银川						
乌鲁木齐	248542	81704	18412	1770	35807	35977

5-33 重点城市社会消费品零售额

（1992年，按地区分）　　　　单位:万元

城市名称	消费品零售额	市	县	县以下
石家庄	475481	404532	36701	34608
太原	514339	485228	15560	13551
呼和浩特	212483	189951	14752	7780
沈阳	1324937	1249753	42673	32511
大连	1042153	905035	44004	93114
长春	647593	534351	49145	64097
哈尔滨	1100708	1004119	57152	39437
南京	991107	789508	77021	124578
杭州	1104687	717263	128136	259288
宁波	794007	422688	89667	281652
合肥				
福州	606802	418654	67169	120979
厦门	439743	375094	34655	29994
南昌	352049	266131	42354	43564
济南	732882	579639	43186	110057
青岛	888411	645007		243404
郑州				
武汉	1235498	1063436	64831	107231
长沙				
广州	2095177	1720749	146492	227936
深圳	1148908	956606	44828	147474
南宁	367574	312719	20663	34192
海口	234964	234964		
成都	1188406	799573	135060	253773
重庆	1339786	839428	142153	358205
贵阳	275068	275068		
昆明	614020	499869	60721	53430
西安	955340	843886	54498	56956
兰州	493967	448676	19149	26142
西宁	196374	181218	10912	4244
银川				
乌鲁木齐	397419	386713		10706

图 5-11 重点城市社会集团消费品分类零售额构成（%）

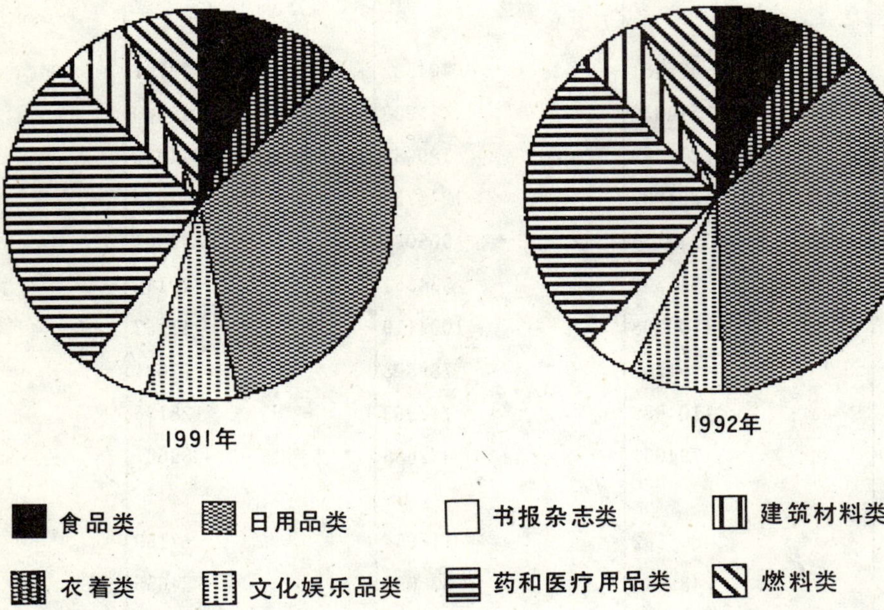

5-34 重点城市社会集团消费品分类零售额变化比较

指标	1991年		1992年		1992年为1991年%
	绝对额（万元）	比重（%）	绝对额（万元）	比重（%）	
社会集团消费品零售总额	3340191	100.0	4226794	100.0	126.5
# 专项控制商品	270002	8.1	523180	12.4	193.8
一. 食品类	246765	7.4	316797	7.5	128.4
二. 衣着类	180948	5.4	211175	5.0	116.7
三. 日用品类	1149893	34.4	1562040	37.0	135.8
# 百货	224364	6.7	267637	6.3	119.3
五交化	577486	17.3	853586	20.2	147.8
日用杂品	217485	6.5	287097	6.8	132.0
家具	69289	2.1	91325	2.2	131.8
四. 文化娱乐用品类	254282	7.6	340128	8.0	133.8
五. 书报杂志类	168693	5.1	182500	4.3	108.2
六. 药和医疗用品类	926213	27.7	1095172	25.9	118.2
七. 建筑材料类	205986	6.2	246823	5.8	119.8
八. 燃料类	207411	6.2	272159	6.4	131.2

5-35 重点城市社会集团消费品分类零售额

（1992年）　　单位：万元

地区	合计	专控商品	食品类	衣着类	日用品类
总计	4226794	523180	316797	211175	1562040
省会市	3800241	492610	247722	184230	1433658
单列市	297821	19787	60715	18705	89554
地级市	121821	10746	7235	7940	37703
县城	6911	37	1125	300	1125
北京	582459	26211	39818	18583	258255
天津	256866	27964	15341	9999	101451
石家庄	63854	4003	1987	2139	22960
太原	74501	1927	5960	5066	22276
呼和浩特	30729	4799	2748	4633	9630
沈阳	246746	33557	14311	22207	95491
长春	91174	14700	8206	3373	33280
哈尔滨	134030	15145	14341	21981	24125
上海	732540	180424	43085	13355	352755
南京	131579	884	13789	9481	44497
杭州	41373	1008	5663	968	10649
合肥	37498	1028	2640	92	3570
福州	41162	7895	2396	1411	16177
南昌	27149	3916	3263	2223	6861
济南	73441	2577	2305	2780	13837
郑州	92449	47368	3221	6864	56929
武汉	154868	1291	13938	5730	31593
长沙	58623	2869	1070	3318	15321
广州	106407	1898	4246	2891	24712
南宁	39599	1492	277	1224	20116
海口	12877	3009	336	249	6439
成都	150479	11273	13348	10189	54482
贵阳	38587	2825	1429	1200	17972
昆明	91827	29602	2484	2094	48921
西安	143527	932	13375	13037	36185
兰州	86211	7782	3714	4854	23255
西宁	21887	202	225	855	3438
银川	14124	190	853	674	5336
乌鲁木齐	81968	50305	1422	5775	26686
大连	141707	5534	11931	6985	46459
宁波	53573	10715	4225	3239	23976
青岛	63782	2279	6121	3807	14276
厦门	16420	5540	1543	1247	6343
重庆	164046	1253	48826	10412	44959
鞍山	53053	7332	2514	4065	18794
南通	16812	1068	1233	1375	6709
漳州	4846		293	321	727
黄石	17352	730	1895	1015	4366
内江	29758	1616	1300	1164	7107
易县	168		8	7	39
龙井	2719	28	43	198	405
武义	1080	9	62	33	224
博罗	2042		805	12	301
凤翔	902		207	50	156

地　区	#百　货	#五交化	#日用杂品	#家　具	文化娱乐用品类
总　计	**267637**	**853586**	**287097**	**91325**	**340128**
省会市	**242958**	**792782**	**265672**	**84679**	**312356**
单列市	**16278**	**42498**	**15694**	**4781**	**17810**
地级市	**8020**	**18032**	**5508**	**1618**	**9265**
县　城	**381**	**274**	**223**	**247**	**697**
北　京	30836	167632	18920	10715	42551
天　津	33646	36117	21389	4134	37332
石家庄	5566	13002	3303	1089	4270
太　原	5146	12764	2985	1381	4246
呼和浩特	1723	2701	2713	1493	5693
沈　阳	20626	46313	23968	4584	39233
长　春	4659	9651	12980	5990	11852
哈尔滨	4318	14716	3618	1473	5227
上　海	33906	218218	95611	2589	34741
南　京	11834	21705	8271	2687	8073
杭　州	4362	4088	1275	633	4328
合　肥	210	90	3180	90	2490
福　州	2500	11846	1032	799	6177
南　昌	1483	3320	1788	264	2017
济　南	3950	6420	2162	1099	2423
郑　州	4169	50553	1127	1080	7450
武　汉	9415	11216	7835	3127	7279
长　沙	3183	8937	2284	917	11850
广　州	8757	6205	5361	4195	10584
南　宁	2273	2635	4747	5190	2408
海　口	996	4009	390	1044	1172
成　都	10436	19164	12393	11286	12941
贵　阳	2991	10268	4403	310	2840
昆　明	2561	41918	2679	1759	5968
西　安	7715	10927	6748	10795	10078
兰　州	6977	11938	2792	1548	5886
西　宁	734	1720	265	536	430
银　川	2247	985	1136	507	1047
乌鲁木齐	5944	14647	4910	1185	10245
大　连	9795	29077	5407	2180	11525
宁　波	4965	14206	2564	1000	3978
青　岛	3366	7190	3137	576	3947
厦　门	865	4250	478	750	1315
重　庆	7082	16852	9515	2455	8570
鞍　山	3788	9942	2476	436	2600
南　通	1687	1636	1122	239	1060
漳　州	208	294	76	149	399
黄　石	992	1948	886	392	620
内　江	1345	4212	948	402	4586
易　县	9	22	5	3	45
龙　井	211	48	128	18	408
武　义	56	109	16	43	151
博　罗	44	60	40	157	68
凤　翔	61	35	34	26	25

5-35 续表2　　(1992年)　　单位:万元

地　区	书报杂志类	药及医药用品类	建筑材料类	燃料类	占本年社会商品零售总额比重(%)
总　计	182500	1095172	246823	272159	13.8
省会市	166152	979048	230257	246818	14.0
单列市	11777	76394	9011	13855	11.3
地级市	4126	37925	6904	10723	15.2
县　城	445	1805	651	763	5.2
北　京	43374	91062	48843	39973	16.8
天　津	9100	61050	6445	16148	13.4
石家庄	2833	19088	4011	6566	15.3
太　原	3204	14527	2683	16539	13.9
呼和浩特	567	3743	1110	2605	15.0
沈　阳	7156	36025	7402	24921	17.5
长　春	6382	14132	5470	8479	11.9
哈尔滨	4423	45436	5203	13294	11.5
上　海	21639	212876	48851	5238	20.3
南　京	3716	29337	17544	5142	12.6
杭　州	1986	16601	824	354	19.6
合　肥	1740	13320	12751	895	9.3
福　州	1739	10972	1754	536	9.9
南　昌	1203	7126	3752	704	9.9
济　南	3526	36303	3266	9001	13.4
郑　州	2578	12634	473	2300	13.9
武　汉	5420	76815	9292	4801	12.1
长　沙	3180	17674	4425	1785	12.1
广　州	4502	56560	1606	1306	4.9
南　宁	2494	12474	503	103	11.9
海　口	1160	1500	160	1861	5.4
成　都	6472	33635	13995	5417	11.6
贵　阳	1581	8567	2307	2691	14.2
昆　明	2944	26695	1389	1332	14.6
西　安	15011	37061	12009	6771	14.2
兰　州	2630	18919	1517	25436	17.0
西　宁	762	11235	1324	3618	11.7
银　川	1054	3568	339	1253	15.4
乌鲁木齐	578	15635	252	21375	20.3
大　连	3198	34478	10757	16374	12.4
宁　波	1711	12752	2912	780	14.8
青　岛	2954	27627	675	4375	14.0
厦　门	755	3817	459	941	4.3
重　庆	6357	32198	4965	7759	11.4
鞍　山	1525	10633	3334	9588	11.7
南　通	608	5086	482	259	12.3
漳　州	170	2844	52	40	4.7
黄　石	977	6757	981	741	16.2
内　江	846	12605	2055	95	
易　县		69			5.9
龙　井	157	917	78	513	8.6
武　义	70	370	109	61	8.0
博　罗	142	219	405	90	3.2
凤　翔	76	230	59	99	4.3

5-36 全国分县社会商品零售总额排序

(1992年)

位次	县(市)名称	社会商品零售总额(万元)	位次	县(市)名称	社会商品零售总额(万元)
1	广东省顺德市	279302	51	浙江省瑞安市	109966
2	广东省南海市	258156	52	浙江省海宁市	109773
3	江苏省常熟市	233935	53	内蒙古通辽市	107371
4	上海市川沙县	230454	54	江苏省兴化市	106995
5	广东省番禺市	227275	55	江苏省江都县	106381
6	广东省宝安县	210448	56	山东省平度市	105543
7	上海市上海县	188162	57	江苏省如皋市	105492
8	江苏省吴县	182437	58	浙江省温岭县	105208
9	福建省晋江县	178692	59	山东省莱芜市	105176
10	浙江省萧山市	173440	60	广东省普宁县	105004
11	江苏省武进县	172746	61	山东省莱州市	104955
12	上海市嘉定县	170653	62	广东省高州市	103388
13	山东省临沂市	165655	63	北京市顺义县	103219
14	江苏省江阴市	164617	64	广西钦州市	103018
15	山东省荣成市	162063	65	湖北省洪湖市	102179
16	山东省文登市	157636	66	江苏省靖江县	100112
17	浙江省慈溪市	157172	67	江苏省海安县	100042
18	江苏省无锡县	156393	68	上海市金山县	98451
19	广东省台山市	153915	69	广东省增城县	97838
20	上海市南汇县	149812	70	江苏省溧阳县	97255
21	江苏省宜兴市	142040	71	江苏省海门县	96983
22	广东省新会市	139537	72	广东省廉江县	96112
23	广东省潮阳县	135767	73	上海市崇明县	96077
24	广西玉林市	133255	74	江苏省太仓市	96008
25	湖北省天门市	131812	75	云南省曲靖市	95656
26	福建省石狮市	128305	76	广东省惠阳市	95424
27	浙江省余杭县	126110	77	浙江省黄岩县	95331
28	江苏省张家港市	125294	78	广西贵港市	95282
29	江苏省通州市	125209	79	山东省诸城市	94625
30	湖北省仙桃市	123661	80	山东省安丘县	91358
31	湖北省江陵县	123411	81	山东省即墨市	91252
32	江苏省昆山市	122716	82	广东省陆丰县	90950
33	浙江省余姚市	122580	83	湖北省潜江市	90301
34	辽宁省海城市	121441	84	山东省德州市	90085
35	河南省南阳市	120146	85	福建省南安市	90070
36	山东省滕州市	119685	86	辽宁省盖州市	89889
37	上海市青浦县	119541	87	山东省章丘市	89810
38	江苏省吴江市	118730	88	江苏省泰县	89313
39	江苏省东台市	117163	89	山东省新泰市	88778
40	江苏省如东市	116604	90	湖北省钟祥市	88625
41	江苏省丹阳市	114068	91	山东省寿光县	87608
42	上海市奉贤县	112530	92	山东省肥城县	87554
43	浙江省诸暨县	112431	93	广东省惠东县	86806
44	江苏省启东市	112189	94	湖南省郴州市	86805
45	浙江省桐乡县	111864	95	广东省三水市	85637
46	上海市松江县	111575	96	浙江省富阳县	85313
47	浙江省绍兴市	110918	97	广东省恩平县	85265
48	广东省电白县	110682	98	江苏省仪征市	84619
49	江苏省泰兴市	110449	99	浙江省平湖县	84505
50	吉林省延吉市	110359	100	北京市通县	83639

注：本表包括县级市。

5-36 续表1 (1992年)

位次	县(市)名称	绝对额(万元)	位次	县(市)名称	绝对额(万元)
101	湖北省监利县	82866	151	湖南省宁乡县	71386
102	广东省海丰县	82642	152	广东省高要县	71343
103	四川省简阳县	82030	153	广东省英德县	71217
104	山东省胶州市	81843	154	广东省潮安县	71191
105	广东省花县	81600	155	湖南省邵东县	70415
106	广东省开平县	81128	156	湖南省桃源县	70307
107	山东省青州市	81116	157	山东省海阳县	70290
108	四川省宜宾市	80849	158	甘肃省武威市	70281
109	吉林省白城市	80839	159	浙江省嵊县	70113
110	辽宁省昌图县	80355	160	江苏省大丰县	70050
111	湖北省枣阳市	79334	161	江西省丰城市	69638
112	浙江省临海市	79200	162	吉林省公主岭市	69447
113	河北省遵化市	78949	163	江苏省泰州市	69041
114	广东省阳春县	78947	164	湖南省醴陵市	68982
115	山东省龙口市	78872	165	浙江省长兴县	68617
116	浙江省鄞县	78722	166	吉林省前郭尔罗斯自治县	68545
117	广东省斗门县	77968	167	吉林省梨树县	68492
118	山东省莱阳市	77883	168	山东省滨州市	68437
119	北京市大兴县	77764	169	湖北省汉川县	68268
120	江苏省江宁县	77728	170	广东省吴川县	68176
121	湖北省孝感市	77433	171	山东省栖霞县	68052
122	湖北省随州市	77337	172	河南省信阳市	68017
123	浙江省上虞县	77253	173	江苏省射阳县	67858
124	江苏省高邮市	77242	174	黑龙江省五常县	67800
125	广东省海康县	77110	175	四川省仁寿县	67476
126	浙江省椒江市	76625	176	四川省达县市	67006
127	山东省牟平县	76401	177	辽宁省东沟县	66850
128	江苏省泗阳县	76285	178	湖北省公安县	66532
129	河北省衡水市	75862	179	山东省高密县	66360
130	北京市昌平县	75593	180	四川省新都县	66218
131	北京市平谷县	75430	181	安徽省阜阳市	66030
132	山东省邹城市	75397	182	山东省蓬莱市	65766
133	四川省合川县	75083	183	安徽省滁州市	65446
134	山东省招远市	75059	184	湖北省松滋县	65350
135	广东省遂溪县	75030	185	山东省莱西市	65345
136	山东省乳山县	74858	186	陕西省汉中市	65126
137	江苏省铜山县	74841	187	湖南省浏阳县	64968
138	山东省菏泽市	74822	188	浙江省象山县	64606
139	福建省同安县	74814	189	吉林省双城市	64535
140	黑龙江省绥化市	74682	190	江苏省宝石县	64484
141	广东省从化县	74612	191	河北省定州市	64420
142	广东省鹤山县	74433	192	浙江省义乌市	64391
143	山东省聊城市	74023	193	广东省博罗县	64382
144	江苏省宿迁市	73897	194	山东省胶南市	64320
145	四川省江津县	73742	195	山东省兖州市	64156
146	四川省涪陵市	73285	196	广东省信宜县	64109
147	江苏省金坛县	72481	197	湖南省涟源市	64091
148	福建省龙海县	72095	198	山西省榆次市	64048
149	辽宁省庄河市	72072	199	江苏省建湖县	64036
150	浙江省嘉善县	71555	200	广东省四会县	64033

5-37 社会消费品零售数量和金额

金额单位:亿元

年份	粮食(万吨)		食用植物油(万吨)		肥猪(万头)		菜牛(万头)	
	数量	金额	数量	金额	数量	金额	数量	金额
1952	2961.0	58.6	76.5	6.6	3442.5	17.2	120.2	1.0
1953	3135.0	63.2	87.0	7.6	3941.7	19.9	131.9	1.2
1954	3503.0	71.8	87.5	8.5	4186.8	20.8	143.0	1.4
1955	3522.5	74.9	100.0	10.4	3765.4	18.8	202.1	2.0
1956	3551.0	75.5	122.0	12.7	3568.9	17.8	233.1	2.3
1957	3723.5	81.9	103.0	11.7	3716.0	20.9	216.7	2.2
1958	4269.0	93.9	103.0	11.9	3886.2	19.5	168.2	1.2
1959	4649.0	102.3	91.0	10.7	2462.1	11.5	202.2	1.5
1960	4883.5	111.0	87.0	10.5	1613.8	6.9	179.1	1.4
1961	4017.5	92.8	60.0	8.4	783.3	6.2	92.5	1.1
1962	3295.0	77.7	39.0	5.7	1505.7	13.3	57.9	0.6
1963	3332.5	80.6	44.5	8.0	3531.8	28.8	71.4	0.7
1964	3722.5	92.6	58.5	10.4	5544.8	37.5	80.3	0.8
1965	3682.0	87.4	74.0	12.1	6857.0	47.8	100.0	1.1
1966	3621.5	88.9	77.5	12.7	7880.0	54.9	115.5	1.3
1967	3545.5	91.2	76.0	12.5	7598.0	53.0	114.8	1.3
1968	3407.0	88.6	70.5	11.6	7569.0	52.8	102.0	1.1
1969	3696.0	96.1	72.5	11.9	6708.0	46.9	155.9	1.7
1970	3657.0	95.1	71.0	11.6	6762.0	47.3	152.9	1.7
1971	3796.5	98.7	73.5	12.1	7331.0	51.5	153.3	1.8
1972	3935.5	109.2	76.0	12.5	8868.0	62.4	143.2	1.7
1973	4139.0	114.9	74.5	12.2	9037.0	63.9	143.6	1.7
1974	3941.5	113.2	77.5	12.7	8928.0	63.6	128.2	1.5
1975	4196.5	120.9	83.0	13.6	9432.0	68.5	141.4	1.7
1976	4444.5	128.1	86.5	14.3	9656.3	67.6	144.6	1.6
1977	4681.0	136.7	82.0	13.6	9300.0	64.6	129.9	1.5
1978	4750.0	145.8	87.5	15.1	10500.0	77.7	138.5	1.9
1979	4902.5	154.6	104.5	18.6	12580.0	108.4	160.7	1.9
1980	5497.0	179.5	126.0	23.0	13976.0	141.2	171.8	2.5
1981	6107.0	205.9	172.5	33.9	13300.0	150.7	157.3	2.2
1982	6730.5	235.6	221.5	43.6	13377.0	160.1	207.0	2.9
1983	7095.0	256.1	260.0	53.2	14046.0	171.1	247.9	3.8
1984	8634.5	320.3	316.0	66.4	14818.5	181.7	318.3	5.3
1985	9011.6	372.8	349.1	83.8	15324.6	272.2	376.2	12.4
1986	9440.9	410.4	364.5	91.4	16300.8	299.9	422.4	14.7
1987	9331.2	428.1	410.6	102.3	17115.8	376.4	553.5	23.0
1988	9691.7	483.7	455.8	131.4	17516.0	536.4	644.1	32.5
1989	9347.4	514.1	411.6	135.8	18576.9	620.5	624.8	34.7
1990	9289.1	484.3	441.6	148.1	20078.5	642.5	607.7	32.5
1991	9242.6	603.4	467.2	188.3	21035.2	678.5	666.9	35.9
1992	9774.7	796.3	519.9	240.1	23031.4	875.3	772.3	46.9

注：粮食是贸易粮；食用植物油包括油料折油；肥猪包括鲜、冻肉和肉制品。

5-37 续表1

金额单位:亿元

年 份	菜羊(万头)		家禽(万只)		鲜蛋(万吨)		水产品(万吨)	
	数 量	金 额	数 量	金 额	数 量	金 额	数 量	金 额
1952	487.5	0.5	8172.0	1.6	13.2	1.0	77.9	3.6
1953	571.5	0.7	9787.6	2.0	14.4	1.1	93.4	4.9
1954	655.0	0.8	10066.7	2.0	15.5	1.3	111.2	6.6
1955	709.4	0.9	8502.6	1.7	16.9	1.5	121.0	6.5
1956	850.6	1.1	11318.3	2.3	21.6	1.9	129.1	6.9
1957	827.4	1.1	12426.4	2.5	25.9	2.7	142.4	8.9
1958	908.7	0.9	10453.4	2.2	24.8	3.6	142.5	8.2
1959	806.0	1.0	8748.8	1.8	10.8	1.7	138.5	8.6
1960	702.3	1.2	7208.6	2.5	6.9	1.6	142.0	8.8
1961	737.6	2.0	5608.1	2.3	6.7	3.3	119.6	10.4
1962	988.1	2.1	7602.8	2.6	12.7	4.1	114.6	10.8
1963	1330.7	2.5	10467.1	2.4	28.4	6.2	136.3	13.2
1964	1268.2	2.2	9833.7	1.8	33.7	5.9	142.1	11.4
1965	1143.0	2.0	6789.0	1.2	33.9	5.6	137.5	10.3
1966	963.2	1.7	8019.0	1.4	34.3	5.5	139.7	10.5
1967	901.7	1.6	5842.9	1.0	34.3	5.5	118.2	8.9
1968	859.2	1.5	4810.3	0.8	27.1	4.3	103.5	7.8
1969	1059.1	1.9	4794.0	0.8	25.8	4.1	102.0	7.7
1970	1004.8	1.8	4980.0	0.8	30.4	4.9	135.3	10.2
1971	1008.6	1.8	6508.7	1.1	31.8	5.1	165.8	12.6
1972	912.3	1.6	7641.8	1.3	30.8	4.9	164.6	12.5
1973	834.3	1.5	7399.1	1.3	31.5	5.1	173.2	14.4
1974	835.8	1.5	6091.9	1.1	30.4	5.0	191.6	19.0
1975	905.4	1.7	7193.9	1.3	29.9	4.9	187.1	18.5
1976	966.5	1.8	6943.9	1.2	34.3	5.6	214.4	20.4
1977	878.1	1.7	7718.8	1.4	35.1	5.8	192.7	18.5
1978	969.9	2.4	14006.3	3.4	45.9	8.6	219.0	23.3
1979	1150.2	2.7	19110.5	4.4	75.9	14.8	191.5	23.7
1980	1255.3	3.5	21174.0	5.3	83.7	18.9	202.9	29.4
1981	1460.3	3.1	22801.0	6.0	82.5	17.8	201.5	27.2
1982	1982.0	4.4	28576.0	7.7	90.6	19.7	227.8	31.0
1983	2212.4	5.8	38818.0	12.0	103.0	27.7	225.4	37.8
1984	2302.7	6.3	49464.0	13.4	155.2	40.0	245.9	45.2
1985	2664.8	8.8	59430.0	25.9	192.7	52.5	268.4	70.8
1986	2823.6	11.4	71212.3	32.1	224.3	65.1	304.7	89.8
1987	2973.5	14.0	73363.7	41.1	234.5	83.3	339.1	124.8
1988	3084.2	16.2	87669.6	75.2	263.4	119.3	355.0	176.2
1989	3238.4	21.4	84688.8	74.5	269.2	130.4	395.5	219.9
1990	3400.3	19.7	85110.2	75.3	304.9	137.5	401.4	204.7
1991	3602.6	22.8	89025.3	82.4	336.9	143.5	427.7	249.1
1992	4106.9	34.5	104604.7	108.4	402.0	195.8	484.2	321.5

注：水产品是干、鲜混合品。

5-37 续表2

金额单位:亿元

年份	食糖(万吨)		卷烟(万箱)		酒(万吨)		食盐(万吨)	
	数量	金额	数量	金额	数量	金额	数量	金额
1952	47.1	4.5	246.5	9.3	64.6	7.6	314.1	8.6
1953	62.2	6.0	345.9	14.3	75.8	9.5	363.7	10.0
1954	65.8	6.9	377.0	15.7	72.1	10.0	371.6	10.0
1955	72.0	8.2	355.8	15.7	64.8	8.9	378.4	10.3
1956	85.3	9.7	365.5	15.8	76.0	9.6	389.4	10.6
1957	87.9	10.0	430.8	19.1	86.7	10.9	398.1	12.3
1958	98.1	11.2	470.4	20.8	92.7	11.7	455.0	14.1
1959	94.4	10.8	553.2	21.7	122.3	15.4	504.8	15.7
1960	64.2	8.2	525.2	19.7	128.2	16.2	662.3	20.5
1961	115.2	14.6	245.5	9.6	73.3	10.0	616.7	17.9
1962	102.0	14.3	257.2	11.1	75.9	15.0	507.2	14.8
1963	88.0	12.3	325.3	15.6	81.4	17.0	383.7	11.2
1964	93.0	12.8	391.5	20.4	86.0	12.9	458.4	13.6
1965	112.2	15.5	464.6	23.2	93.7	13.6	494.2	14.6
1966	135.9	18.8	510.6	24.5	99.4	14.9	521.8	15.4
1967	161.9	22.4	532.0	26.6	108.2	16.8	555.0	16.4
1968	174.4	24.2	491.5	24.6	98.9	15.8	555.0	16.3
1969	193.1	26.8	653.6	32.7	115.0	19.6	610.0	18.1
1970	160.4	25.5	672.0	33.6	123.3	21.6	636.9	18.9
1971	170.1	23.8	719.0	36.0	139.9	25.2	632.0	18.7
1972	176.9	24.8	805.9	40.3	157.4	28.3	631.3	18.7
1973	192.5	27.3	881.8	51.4	163.0	31.9	608.9	17.5
1974	203.4	29.0	866.3	52.5	179.6	35.2	662.9	19.3
1975	199.4	28.4	961.5	59.8	199.5	38.7	741.1	21.6
1976	206.7	30.4	1056.4	65.2	232.8	48.6	735.0	21.3
1977	265.1	38.5	1149.2	72.4	236.7	48.8	860.0	25.3
1978	315.6	45.8	1179.8	74.2	246.0	51.1	798.7	23.4
1979	333.0	50.1	1352.2	93.1	289.2	58.2	785.0	22.7
1980	363.5	55.3	1593.2	107.2	334.2	68.1	780.0	22.6
1981	395.0	58.9	1750.0	135.6	439.2	98.0	773.0	22.2
1982	430.0	63.9	1759.3	149.3	528.8	132.1	765.0	22.0
1983	443.9	66.2	2004.3	178.9	592.7	148.1	809.5	23.5
1984	490.0	73.1	2285.0	209.5	679.0	170.5	855.7	24.8
1985	572.5	87.4	2548.3	287.9	799.6	197.4	864.3	26.8
1986	630.3	96.5	2726.7	320.1	956.7	261.9	942.7	30.8
1987	699.3	110.4	2846.8	405.4	1126.8	324.8	949.1	31.5
1988	663.2	146.9	3083.5	541.7	1257.8	448.5	1178.8	43.1
1989	530.8	135.3	3127.3	656.7	1267.5	513.3	1188.4	47.3
1990	541.6	140.9	3246.0	688.7	1309.7	537.0	1026.1	80.7
1991	547.6	158.5	3261.6	767.5	1373.0	641.7	1011.9	60.8
1992	602.7	153.3	3264.9	1084.1	1507.5	774.8	979.5	62.2

5-37 续表3

金额单位:亿元

年份	茶叶(万吨)		各种布(亿米)		棉布(亿米)		化纤布(亿米)	
	数量	金额	数量	金额	数量	金额	数量	金额
1952	3.7	0.8	30.8	31.2	30.8	31.2		
1953	5.6	1.3	41.0	41.9	41.0	41.9		
1954	5.5	1.6	42.6	45.3	42.6	45.3		
1955	5.5	1.8	40.9	43.4	40.9	43.4		
1956	7.0	2.5	53.3	56.2	53.3	56.2		
1957	6.1	2.2	42.9	46.3	42.9	46.3		
1958	4.9	1.8	54.2	59.3	54.2	59.3		
1959	5.4	1.5	63.8	69.6	63.8	69.6		
1960	6.1	1.7	54.9	64.2	54.9	64.2		
1961	6.0	2.0	18.8	24.0	18.8	24.0		
1962	5.0	2.0	24.2	36.8	23.8	35.9	0.4	0.9
1963	4.6	1.9	27.8	41.8	26.8	39.5	1.0	2.3
1964	4.8	2.2	35.8	54.0	33.8	49.4	2.0	4.6
1965	4.3	2.0	44.4	65.8	41.9	60.0	2.5	5.8
1966	4.5	2.1	48.9	72.4	46.0	65.7	2.9	6.7
1967	4.8	2.2	53.6	80.6	49.7	71.6	3.9	9.0
1968	4.3	2.0	40.1	60.1	37.0	53.0	3.1	7.1
1969	5.6	2.6	57.4	85.6	54.2	78.2	3.2	7.4
1970	6.1	2.8	66.4	99.7	62.2	90.0	4.2	9.7
1971	7.8	3.6	63.4	94.5	59.1	84.6	4.3	9.9
1972	8.4	3.9	63.1	94.8	57.7	82.4	5.4	12.4
1973	8.8	6.3	63.6	107.5	55.5	84.6	8.1	22.9
1974	9.2	6.4	70.6	121.1	61.6	93.6	9.0	27.2
1975	9.6	6.5	69.8	124.0	60.2	91.7	9.6	32.3
1976	10.1	7.4	73.1	132.7	62.6	95.2	10.5	37.5
1977	11.3	7.5	73.2	137.4	61.2	92.8	12.0	44.6
1978	11.0	7.6	76.9	147.8	63.7	96.8	13.2	51.0
1979	14.0	10.8	86.8	176.1	66.8	105.5	20.0	70.6
1980	16.6	13.3	98.4	213.4	71.9	113.6	26.5	99.8
1981	16.7	14.3	102.5	224.6	71.0	113.8	31.5	110.8
1982	18.4	15.7	100.8	217.2	67.0	106.5	33.8	110.7
1983	18.9	16.8	105.4	224.1	61.0	103.7	44.4	120.4
1984	22.6	21.3	111.4	239.0	63.5	107.9	47.9	131.1
1985	25.3	25.9	121.2	294.9	71.3	124.4	49.9	170.5
1986	27.5	28.1	117.8	298.3	68.6	118.0	49.2	180.3
1987	28.9	31.2	121.3	328.2	74.0	140.0	47.3	188.2
1988	31.0	40.0	132.5	400.5	82.3	180.2	50.2	220.3
1989	28.0	41.6	127.8	468.5	80.5	225.4	47.3	243.1
1990	30.8	40.9	120.3	487.8	78.4	245.0	41.9	242.8
1991	31.8	56.3	118.5	559.8	75.5	274.9	43.0	284.9
1992	34.1	76.2	125.0	622.3	77.6	288.9	47.4	333.4

注：各种布包括棉布、化纤布和棉花化纤混纺布；化纤布包括棉花化纤混纺布和化纤布。

5-37 续表4

金额单位:亿元

年份	呢绒(万米)		绸缎(万米)		针织内衣裤(万件)		毛线(万公斤)	
	数量	金额	数量	金额	数量	金额	数量	金额
1952	362.6	0.6	3092.3	0.8	2900.4	0.9	163.2	0.5
1953	548.0	0.8	5837.9	1.3	4838.4	1.6	302.9	1.0
1954	624.5	1.1	4704.6	1.4	9777.6	3.1	340.9	1.2
1955	683.6	1.3	5001.8	1.6	9636.0	2.6	350.0	1.2
1956	964.3	1.8	6653.5	2.4	16711.2	4.6	504.6	1.8
1957	709.4	1.6	7090.8	2.4	20253.6	5.2	498.4	1.7
1958	898.5	2.1	8442.3	2.9	28230.0	8.1	649.3	2.2
1959	1487.7	3.6	10477.9	3.6	44683.2	11.5	698.3	2.4
1960	1192.1	2.9	8578.6	3.0	50774.4	10.9	703.0	2.3
1961	939.4	2.3	6192.0	2.2	10130.9	2.4	357.4	1.0
1962	1469.2	3.7	8127.3	3.1	12865.2	3.3	515.4	1.5
1963	2651.9	6.6	9551.1	3.5	18247.2	4.7	634.6	1.9
1964	3064.1	5.4	9726.6	3.5	15718.6	3.9	859.3	2.6
1965	2444.0	3.7	9666.0	3.5	23199.6	5.9	720.3	2.2
1966	2444.0	3.7	13594.0	4.9	29427.5	7.4	841.7	2.4
1967	2930.0	4.4	21443.0	7.1	34096.1	8.6	905.9	2.6
1968	2757.0	4.0	19439.0	6.4	27656.3	7.0	765.9	2.1
1969	3027.0	4.4	15932.0	5.3	40255.6	10.1	1294.0	3.6
1970	3303.0	4.6	20474.0	6.8	42384.4	11.5	1705.5	4.8
1971	3409.0	4.6	19305.0	6.4	43947.8	11.9	1624.7	4.4
1972	3856.0	5.2	21203.0	7.0	46753.1	12.1	1816.4	4.9
1973	4343.0	6.3	23242.0	7.2	47058.7	11.9	1916.2	5.5
1974	4765.0	7.1	20779.0	6.6	57238.4	14.9	1924.3	5.7
1975	5679.0	8.8	22516.0	7.2	60283.7	15.7	1912.9	5.6
1976	5913.6	9.6	23703.1	7.6	61604.0	16.1	2358.9	7.3
1977	7856.0	12.6	27562.0	9.1	64819.2	17.2	2415.8	7.6
1978	8097.9	13.5	26802.6	9.4	69535.5	20.9	2740.6	8.2
1979	10599.0	18.1	35321.0	12.0	90928.0	25.0	3717.0	11.3
1980	14221.0	25.7	44159.0	15.3	96676.0	27.3	4471.4	15.0
1981	17000.0	31.6	48714.4	17.2	107592.6	30.7	4950.5	16.0
1982	18411.0	34.2	50020.0	17.7	117069.0	32.6	5146.0	16.6
1983	20804.4	35.6	57626.3	20.4	121245.1	36.4	6137.9	16.8
1984	26423.0	52.9	74799.0	26.8	130814.4	40.4	7964.1	21.9
1985	30640.0	70.0	89758.8	40.4	143111.7	44.6	9638.0	29.4
1986	29566.0	74.3	90278.0	48.0	143664.0	47.0	10918.3	33.4
1987	29703.7	81.6	93257.0	60.1	148247.0	54.9	13331.2	50.0
1988	31795.0	100.2	98199.8	85.6	150000.0	67.3	15397.5	74.0
1989	27760.3	96.3	78559.8	81.7	123000.0	62.7	12333.4	69.2
1990	26540.6	107.5	72589.2	76.8	112000.0	67.2	8880.1	50.6
1991	30102.0	120.0	78037.0	97.2	94000.0	59.7	9455.9	51.5
1992	29313.6	124.0	76320.1	113.5	89000.0	58.8	10080.0	55.0

注：针织内衣裤包括汗衫背心、棉毛衫裤和卫生衫裤。

5-37 续表5

金额单位:亿元

年份	皮鞋(万双)		胶鞋(万双)		火柴(万件)		肥皂(万箱)	
	数量	金额	数量	金额	数量	金额	数量	金额
1952	1356.7	1.4	6465.1	2.7	816.0	1.2	630.0	1.2
1953	1550.5	1.9	7635.6	3.1	865.4	1.2	684.5	1.5
1954	1647.7	2.0	8261.3	3.4	994.6	1.3	772.9	1.5
1955	1745.4	2.1	6704.3	3.0	1025.9	1.4	837.1	1.3
1956	1843.1	2.3	10354.7	4.4	1081.6	1.5	950.0	1.9
1957	1942.1	2.4	11673.7	5.4	1100.0	1.5	1165.0	2.3
1958	1959.7	2.4	18256.4	8.4	1191.4	1.7	1555.5	3.1
1959	2746.6	3.4	18017.7	8.3	1240.1	1.9	1940.9	3.8
1960	4004.3	5.0	16998.3	7.8	1430.5	2.3	1918.9	3.8
1961	3178.6	4.1	9178.8	4.4	1024.7	1.7	1165.0	2.2
1962	2150.3	3.1	15076.6	7.6	1070.3	2.1	799.5	1.8
1963	2153.1	2.9	17933.0	8.6	1105.2	2.4	1077.3	2.8
1964	1704.3	2.0	17503.7	7.9	1158.3	2.3	1155.3	3.2
1965	1422.0	1.6	18136.0	8.2	1266.0	2.5	1357.0	3.8
1966	1664.0	1.9	21794.0	9.8	1376.0	2.8	1947.0	5.2
1967	1733.0	2.0	23037.0	10.4	1501.0	3.0	2311.0	6.0
1968	1832.0	2.1	20796.0	9.4	1021.0	2.0	1978.0	5.1
1969	2420.0	2.8	25229.0	11.4	1198.0	2.4	2439.0	6.3
1970	4371.0	5.0	26839.0	12.1	1393.4	2.8	2330.4	6.1
1971	4326.0	4.8	26735.0	12.0	1364.3	2.7	2456.6	6.4
1972	4085.0	4.3	28322.0	12.7	1406.1	2.8	2712.3	7.1
1973	4821.0	4.7	32594.0	14.3	1554.4	3.1	2857.1	7.3
1974	5163.0	5.0	32925.0	15.1	1599.6	3.2	2885.5	7.4
1975	5916.0	5.7	34619.0	15.9	1631.5	3.3	3224.1	8.3
1976	6734.0	7.3	34642.0	16.6	1717.0	3.4	3151.1	8.3
1977	8312.0	8.8	34305.0	16.7	1729.0	3.5	2956.6	7.6
1978	10022.0	10.5	33015.0	16.1	1784.4	3.6	3204.2	8.3
1979	12628.0	14.0	36208.0	16.9	1937.6	3.9	3676.0	9.6
1980	16924.0	20.2	41538.0	19.8	2134.0	4.3	4043.0	10.5
1981	18055.0	24.1	42550.0	20.6	2364.0	4.9	4700.0	12.3
1982	19797.0	28.5	43090.0	20.6	2265.4	4.8	4850.0	12.7
1983	20810.5	29.7	47134.4	21.8	2530.5	5.7	5403.4	14.4
1984	24079.7	37.8	53307.2	26.0	2685.5	6.5	5836.2	15.3
1985	26182.0	45.8	60721.2	33.6	2766.1	8.0	5877.1	15.8
1986	28464.6	58.8	63097.9	41.6	2851.4	8.6	6068.8	17.8
1987	29745.4	67.3	64950.0	42.9	2914.1	10.0	5851.7	18.1
1988	31491.2	80.9	67659.0	53.6	3336.6	13.2	6613.0	22.5
1989	30755.1	89.9	68080.0	63.2	2902.8	22.2	5521.9	26.8
1990	35096.7	108.9	62317.8	72.9	2293.2	13.6	5357.0	29.4
1991	43176.2	167.7	66225.2	76.9	2506.5	15.7	4487.6	29.0
1992	45033.4	197.5	64702.0	82.2	2641.9	16.6	4360.8	28.3

5-37 续表6

金额单位:亿元

年份	洗衣粉(万吨)		保温瓶(万个)		缝纫机(万架)		手表(万只)	
	数量	金额	数量	金额	数量	金额	数量	金额
1952			840.0	0.2	10.0	0.2	38.5	0.4
1953			1347.6	0.3	13.7	0.2	103.4	0.9
1954			1474.2	0.4	19.6	0.3	35.9	0.4
1955			1659.8	0.4	12.3	0.2	38.3	0.5
1956			1912.8	0.5	22.6	0.3	120.3	1.6
1957			2770.8	0.6	25.1	0.4	107.6	1.3
1958			3694.5	0.9	32.0	0.5	80.3	0.9
1959			3327.8	0.8	34.1	0.5	66.7	0.5
1960			4418.8	1.1	48.2	0.7	50.0	0.4
1961			3761.1	1.1	61.3	0.8	75.1	0.6
1962	1.6	0.2	3094.2	1.4	62.8	0.9	99.1	1.5
1963	1.3	0.2	2763.8	1.1	79.0	1.3	109.8	1.5
1964	1.9	0.2	2778.1	1.0	87.8	1.3	172.5	2.0
1965	2.3	0.3	3277.0	1.0	89.7	1.3	189.1	2.0
1966	2.4	0.3	3954.0	1.3	120.6	1.8	237.4	2.5
1967	2.8	0.4	4002.0	1.3	119.1	1.7	193.5	2.0
1968	3.2	0.4	3072.0	1.0	103.9	1.5	173.0	1.8
1969	4.7	0.6	3239.0	1.1	165.6	2.4	184.2	1.9
1970	7.0	0.9	4256.8	1.4	218.7	3.2	254.1	2.7
1971	7.1	0.9	4676.5	1.6	235.9	3.4	434.3	4.6
1972	10.3	1.3	5015.2	1.8	234.0	3.4	546.0	6.3
1973	13.0	1.7	5155.3	1.8	251.1	3.7	650.4	8.7
1974	14.9	1.9	4706.1	1.7	267.3	3.9	758.4	10.2
1975	17.6	2.3	4594.6	1.7	302.7	4.4	819.9	10.6
1976	18.3	2.4	4919.9	1.9	322.9	4.7	1051.7	13.8
1977	19.6	2.5	6560.0	2.5	380.7	5.6	1149.7	14.6
1978	25.0	3.5	8169.2	3.3	439.8	6.4	1388.1	17.3
1979	30.9	4.3	9112.0	3.8	540.0	8.0	1944.4	23.9
1980	35.0	4.9	10051.0	4.3	665.0	9.8	2534.0	31.1
1981	42.0	6.2	10812.5	5.0	926.6	13.8	2890.0	32.3
1982	51.2	7.6	11015.3	5.0	1140.0	16.9	3576.0	33.6
1983	64.8	9.8	11820.9	5.4	1019.1	15.2	3898.0	33.6
1984	75.4	12.3	13319.4	6.4	1083.3	16.2	4923.0	37.0
1985	89.5	15.5	15283.9	10.6	1103.0	17.8	6166.2	40.4
1986	105.5	19.9	15674.9	11.7	1123.7	19.6	5683.4	37.4
1987	115.8	23.6	15345.7	12.6	1002.7	18.1	5452.5	31.1
1988	129.3	30.5	15437.7	13.8	1014.7	19.9	5831.8	36.4
1989	105.6	37.7	13122.0	17.6	710.0	17.5	4963.7	38.2
1990	109.5	40.3	12295.3	17.4	530.4	13.3	4065.6	28.0
1991	103.6	40.9	10523.3	15.0	550.3	14.4	4026.2	29.8
1992	113.5	46.2	10891.6	16.1	501.2	13.5	4394.6	49.6

5-37 续表7

单位:亿元

年 份	自行车(万辆)		收音机(万部)		煤油(万吨)		煤炭(万吨)	
	数 量	金 额	数 量	金 额	数 量	金 额	数 量	金 额
1952	33.5	0.6	2.0		19.3	1.7	2361.1	4.7
1953	38.9	0.8	2.8		29.2	2.5	2997.8	5.9
1954	38.4	0.7	4.0	0.1	36.8	3.3	3566.0	7.2
1955	54.1	0.9	9.7	0.1	33.4	3.2	3966.7	8.4
1956	71.4	1.1	15.2	0.2	45.6	4.6	5218.8	11.3
1957	84.7	1.3	26.4	0.4	47.5	4.6	5413.4	10.4
1958	100.4	1.5	68.8	0.8	61.5	5.9	5834.5	11.2
1959	132.4	2.0	77.9	0.9	63.0	6.1	6311.2	12.1
1960	160.0	2.4	98.1	1.2	62.3	6.0	7202.9	14.4
1961	74.9	1.2	174.5	2.0	54.3	5.3	7195.0	18.2
1962	83.2	2.5	94.3	1.3	69.0	6.8	7299.0	18.5
1963	139.5	3.1	39.1	0.6	64.9	6.4	6664.0	16.7
1964	147.1	2.8	95.4	1.0	71.2	6.8	7114.0	19.6
1965	176.2	2.8	83.6	0.8	69.8	6.1	7500.0	21.3
1966	217.8	3.4	102.1	0.9	75.2	6.5	7700.0	21.6
1967	180.1	2.8	83.4	0.7	76.1	6.6	7770.0	21.0
1968	145.7	2.3	86.6	0.7	55.3	4.8	7550.0	20.4
1969	248.6	3.9	151.4	1.3	82.3	7.1	7900.0	21.3
1970	335.2	5.2	170.1	1.4	76.6	6.6	8120.0	21.9
1971	356.7	5.5	179.9	1.2	82.7	6.1	8420.0	22.7
1972	425.2	6.6	357.3	2.2	89.3	6.3	8863.0	24.8
1973	443.2	7.0	425.3	2.2	94.3	6.7	8998.0	26.1
1974	453.1	7.2	487.2	2.3	93.6	6.6	8899.0	25.4
1975	561.4	8.9	714.4	3.2	102.2	7.3	9350.0	27.9
1976	620.0	9.9	840.7	3.5	97.8	6.9	8900.0	26.1
1977	682.1	10.8	994.1	4.0	98.8	7.0	9627.0	28.5
1978	809.6	12.9	1388.9	5.1	97.4	6.9	10063.0	31.0
1979	954.5	15.2	1639.5	6.9	95.0	6.7	10600.0	33.2
1980	1186.0	18.8	2722.0	11.7	98.8	6.9	12574.0	39.5
1981	1582.0	25.9	3074.9	13.8	115.5	8.1	13388.8	43.7
1982	2214.0	35.6	3625.0	15.1	100.3	7.0	14756.5	47.1
1983	2620.7	42.9	3074.5	12.2	124.5	8.7	15494.3	48.5
1984	2867.6	47.4	2827.8	9.1	148.2	10.4	16782.9	55.1
1985	3111.2	52.0	2516.8	8.2	155.6	11.1	18978.0	66.4
1986	3509.3	65.2	2050.0	6.2	164.5	12.4	19711.0	72.0
1987	3592.0	77.0	1671.2	4.5	161.4	13.5	20376.0	82.7
1988	4137.5	98.1	1518.6	4.5	175.1	14.7	20980.0	106.3
1989	3348.7	90.9	1668.6	4.8	176.9	15.6	19950.0	129.4
1990	2760.3	71.8	1618.5	4.7	182.2	17.0	20083.0	138.4
1991	3097.8	86.8	1350.8	4.2	172.3	16.4	18084.0	162.9
1992	3243.4	99.9	1271.1	4.5	152.2	22.2	16727.0	155.5

5-37 续表8

金额单位:亿元

年份	照像机(万台)		电风扇(万台)		洗衣机(万台)		电冰箱(万台)	
	数量	金额	数量	金额	数量	金额	数量	金额
1983	106.7	1.4	596.5	8.0	367.2	7.6	25.0	1.8
1984	129.2	1.8	1015.7	15.3	671.1	16.0	75.0	6.2
1985	198.2	3.0	2057.2	31.5	1098.1	31.5	220.0	22.0
1986	225.0	3.6	2240.7	35.2	1288.8	42.3	283.7	29.8
1987	247.6	8.2	2583.4	40.9	1415.1	53.5	410.3	54.3
1988	227.5	7.8	3358.4	59.0	1698.9	76.3	733.5	114.1
1989	183.2	6.9	2830.4	69.3	1233.4	62.2	604.4	119.2
1990	186.0	7.3	2793.6	69.3	924.9	46.0	436.0	78.3
1991	186.1	7.3	2861.8	65.5	984.1	53.1	465.7	81.3
1992	205.0	8.6	2854.7	65.7	1091.0	61.8	472.1	85.4

5-37 续表9

金额单位:亿元

年份	电视机(万部)		#彩电(万部)		录像机(万部)		录音机(万部)	
	数量	金额	数量	金额	数量	金额	数量	金额
1967	0.2							
1968	0.1							
1969	0.4							
1970	0.7							
1971	1.5	0.1						
1972	2.7	0.1						
1973	7.6	0.3						
1974	10.2	0.4						
1975	12.1	0.4						
1976	23.2	0.8						
1977	28.6	1.0						
1978	55.1	2.1					8.0	0.2
1979	180.7	9.9					32.0	0.8
1980	364.0	20.1					109.0	3.9
1981	635.0	31.9					155.0	5.6
1982	751.0	35.4					257.0	9.0
1983	843.0	39.0					457.5	15.1
1984	1128.5	72.6					843.5	30.0
1985	2156.9	152.7					1324.3	60.1
1986	2198.2	189.0					1511.1	68.1
1987	2325.7	195.5	712.4	106.3			1780.4	75.5
1988	2662.9	267.3	906.1	189.2	32.2	11.6	2110.3	92.1
1989	2173.8	302.6	782.8	200.2	37.5	12.4	1537.5	60.5
1990	1923.0	265.6	733.5	169.8	91.0	30.9	1204.9	47.6
1991	2096.1	297.9	924.3	211.7	125.0	37.5	1218.8	48.8
1992	2137.8	307.4	955.9	219.9	145.2	44.8	1203.7	50.1

5-38 社会消费品零售数量和金额变化比较

金额单位：亿元

项目	单位	1991年		1992年		1992年为1991年%
		数量	金额	数量	金额	
社会消费品零售额	**亿元**		**8245.70**		**9704.80**	**117.7**
（一）41种主要消费品	亿元		6313.19		7683.16	121.7
（二）其他消费品	亿元		1932.51		2021.64	104.6
1.食品类	**亿元**		**4537.48**		**5376.50**	**118.5**
(1)13种主要食品	亿元		3688.52		4769.31	129.3
粮食	万吨	9242.6	603.41	9774.7	796.31	105.8
食用植物油	万吨	467.2	188.27	519.9	240.09	111.3
猪和猪肉	万头	21035.2	678.51	23031.4	875.28	109.5
折猪肉	万吨	1316.8		1448.7		110.0
牛和牛肉	万头	666.9	35.93	772.3	46.85	115.8
羊和羊肉	万头	3602.6	22.82	4106.9	34.51	114.0
家禽	万只	89025.3	82.35	104604.7	108.37	117.5
鲜蛋	万吨	336.9	143.31	402.0	195.83	119.3
水产品	万吨	427.7	249.10	484.2	321.46	113.2
食糖	万吨	547.6	158.48	602.7	153.25	110.1
卷烟	万箱	3261.6	767.48	3264.9	1084.13	100.1
酒	万吨	1373.0	641.74	1507.5	774.80	109.8
食盐	万吨	1011.9	60.83	979.5	62.19	96.8
茶叶	万吨	31.8	56.29	34.1	76.24	107.3
(2)其他食品	亿元		848.96		607.19	71.5
2.衣着类	**亿元**		**1356.37**		**1581.90**	**116.6**
(1)9种主要衣着品	亿元		1132.81		1253.42	110.6
棉布	亿米	75.5	274.90	77.6	288.90	102.8
棉花化纤混纺布	亿米	30.1	146.52	33.8	184.70	112.3
化纤布	亿米	12.9	138.41	13.6	148.74	105.4
呢绒	万米	30102.0	119.97	29313.6	124.01	97.4
绸缎	万米	78037.0	97.18	76320.1	113.46	97.8
针织内衣裤	亿件	9.4	59.72	8.9	58.84	94.7
毛线	万公斤	9455.9	51.48	10080.0	55.03	106.6
皮鞋	万双	43176.2	167.70	45033.4	197.50	104.3
胶鞋	万双	66225.2	76.93	64702.0	82.24	97.7
(2)其他衣着品	亿元		223.56		328.48	146.9

注：1.本表包括农民对非农业居民零售。

2.粮食是贸易粮；食用植物油包括油料折油；水产品是干、鲜混合品。

5-38 续表1

金额单位：亿元

项　　目	单位	1991年		1992年		1992年为1991年%
		数量	金额	数量	金额	
3.日用品类	**亿元**		**742.22**		**784.50**	**105.7**
(1)10种主要日用品	亿元		431.48		479.07	111.0
火　　柴	万件	2506.5	15.74	2641.9	16.64	105.4
肥　　皂	万箱	4487.6	29.03	4360.8	28.34	97.2
洗 衣 粉	万吨	103.6	40.91	113.5	46.21	109.6
保 温 瓶	万个	10523.3	15.00	10891.6	16.14	103.5
缝 纫 机	万台	550.3	14.37	501.2	13.48	91.1
手　　表	万只	4026.2	29.83	4394.6	45.60	109.2
自 行 车	万辆	3097.8	86.80	3243.4	99.90	104.7
电 风 扇	万台	2861.8	65.45	2854.7	65.66	99.8
洗 衣 机	万台	984.1	53.08	1091.0	61.75	110.9
电 冰 箱	万台	465.7	81.27	472.1	85.35	101.4
(2)其他日用品	亿元		310.74		305.43	98.3
4.房屋和建筑材料类	**亿元**		**379.40**		**543.90**	**143.4**
5.文化娱乐用品类	**亿元**		**491.99**		**553.90**	**112.6**
(1)5种主要文化娱乐用品	亿元		395.80		415.36	104.9
电 视 机	万部	2096.1	297.92	2137.8	307.42	110.0
# 彩色电视机	万部	924.3	211.70	955.9	219.86	103.4
录 相 机	万部	125.0	37.50	145.2	44.76	116.2
录 音 机	万部	1218.8	48.84	1203.7	50.07	98.8
收 音 机	万部	1350.8	4.22	1271.1	4.54	94.1
照 相 机	万台	186.1	7.32	205.0	8.57	110.2
(2)其他文化娱乐用品	亿元		96.19		138.54	144.0
6.书报杂志类	**亿元**		**132.38**		**160.20**	**121.0**
7.药和医疗用品类	**亿元**		**352.90**		**428.10**	**121.3**
8.燃料类	**亿元**		**252.96**		**275.80**	**109.0**
(1)2 种主要燃料	亿元		179.30		177.70	99.1
煤　　油	万吨	172.3	16.44	152.2	22.19	88.3
煤　　炭	万吨	18084.0	162.86	16727.0	155.51	92.5
(2)其他燃料	亿元		73.66		98.10	133.2

注：收音机包括电子管收音机和半导体收音机。

5-39 各地区主要消费品零售量

地区	粮食（吨）			食用植物油（吨）			猪和猪肉（百头）		
	1991年	1992年	1992年为1991年%	1991年	1992年	1992年为1991年%	1991年	1992年	1992年为1991年%
北京	2522079	3865280	153.3	126314	183651	145.4	39434	39300	99.7
天津	1062080	1334268	125.6	115458	120574	104.4	23095	17796	77.1
河北	3203658	5140723	160.5	192360	210243	109.3	41559	50144	120.7
山西	2520663	2853719	113.2	145044	146345	100.9	20564	23808	115.8
内蒙古	2353957	2869299	121.9	66703	102201	153.2	13740	15880	115.6
辽宁	5893154	6662049	113.0	218182	193145	88.5	55363	59187	106.9
吉林	4416122	4499766	101.9	161677	183854	113.7	25394	25405	100.0
黑龙江	5969073	5722333	95.9	240226	230290	95.9	26676	36388	136.4
上海	2844197	3130610	110.1	142415	119548	83.9	63249	57781	91.4
江苏	5068522	5459561	107.7	247608	347840	140.5	114612	121058	105.6
浙江	2906308	3831754	131.8	137632	197460	143.5	83527	79635	95.3
安徽	4324815	5564013	128.7	156113	233477	149.6	57137	65063	113.9
福建	2282182	2451382	107.4	91617	99307	108.4	40579	43860	108.1
江西	2396158	2216310	92.5	96593	111574	115.5	49356	56722	114.9
山东	7277852	6837853	94.0	380526	382399	100.5	49369	55612	112.6
河南	6239605	5438816	87.2	301598	273711	90.8	73878	88667	120.0
湖北	4263313	4333217	101.6	222759	283736	127.4	93359	120755	129.3
湖南	3068803	3927138	128.0	101578	136239	134.1	114487	127874	111.7
广东	5578378	5206030	93.3	265282	212328	80.0	182342	209720	115.0
广西	2445274	3166612	129.5	53002	67221	126.8	78220	76785	98.2
海南	325567	273826	84.1	8773	9484	108.1	15816	17045	107.8
四川	5992803	6535489	109.1	261735	419024	160.1	192045	192584	100.3
贵州	1331587	1502292	112.8	52457	81292	155.0	20885	20024	95.9
云南	1508916	1563055	103.6	31836	62757	197.1	34247	37783	110.3
西藏	161749	246941	152.7	3408	6684	196.1	1924	807	41.9
陕西	2550824	2798157	109.7	115885	135313	116.8	16855	16998	100.8
甘肃	1497464	1735019	115.9	47823	55802	116.7	17793	19437	109.2
青海	441384	426219	96.6	18049	21238	117.7	3362	4062	120.8
宁夏	368846	419886	113.8	12565	10902	86.8	2620	2549	97.3
新疆	1842413	1747369	94.8	94820	108574	114.5	7996	8948	111.9

5-39 续表1

地　区	牛和牛肉（百头）			羊和羊肉（百头）			鲜蛋（吨）		
	1991年	1992年	1992年为1991年%	1991年	1992年	1992年为1991年%	1991年	1992年	1992年为1991年%
北　京	1213	1560	128.6	20007	23783	118.9	106163	99047	93.3
天　津	1166	1273	109.2	11365	10378	91.3	78326	87100	111.2
河　北	983	1625	165.3	8716	10974	125.9	55067	61720	112.1
山　西	1333	1015	76.1	5880	6181	105.1	50790	57643	113.5
内蒙古	3488	3187	91.4	32432	30657	94.5	12995	18873	145.2
辽　宁	4610	4918	106.7	11299	16145	142.9	154437	211421	136.9
吉　林	4372	4530	103.6	5903	6855	116.1	46422	54723	117.9
黑龙江	2974	2532	85.1	5300	5902	111.4	157819	173099	109.7
上　海	2514	2611	103.9	3249	3598	110.7	121597	91969	75.6
江　苏	2555	2840	111.2	17743	16218	91.4	139992	157982	112.9
浙　江	1655	1640	99.1	3654	4368	119.5	79254	80374	101.4
安　徽	2967	3150	106.2	11200	11035	98.5	70322	76826	109.2
福　建	840	1117	133.0	1660	2260	136.1	51768	56235	108.6
江　西	1870	2081	111.3	588	877	149.1	61035	63767	104.5
山　东	1754	2370	135.1	20001	30406	152.0	91080	111813	122.8
河　南	6642	9296	140.0	36092	40725	112.8	113282	127348	112.4
湖　北	2818	11102	394.0	4953	12783	258.1	103708	156850	151.2
湖　南	3802	4751	125.0	6673	7316	109.6	85130	101476	119.2
广　东	8899	13491	151.6	5163	4926	95.4	198396	223483	112.6
广　西	4276	4937	115.5	857	720	84.0	35437	41653	117.5
海　南	1223	1515	123.9	1989	2084	104.8	8494	9843	115.9
四　川	4266	5000	117.2	7976	8011	100.4	121331	122395	100.9
贵　州	1294	1938	149.8	1749	3534	202.1	21154	29279	138.4
云　南	3253	3832	117.8	1887	2156	114.3	23263	25750	110.7
西　藏	536	881	164.4	2805	1982	70.7	328	653	199.1
陕　西	982	994	101.2	6853	7686	112.2	45297	51090	112.8
甘　肃	1592	2420	152.0	6630	7629	115.1	11203	24308	217.0
青　海	1673	2056	122.9	10226	12226	119.6	3543	4473	126.2
宁　夏	389	435	111.8	7305	6546	89.6	8227	8874	107.9
新　疆	3465	3585	103.5	36259	39958	110.2	24094	24377	101.2

5-39 续表2

地区	水产品（吨）			食盐（吨）			食糖（吨）		
	1991年	1992年	1992年为1991年%	1991年	1992年	1992年为1991年%	1991年	1992年	1992年为1991年%
北京	51734	55822	107.9	52645	55988	106.4	27806	26787	96.3
天津	59257	62012	104.6	33735	34068	101.0	19476	18734	96.2
河北	86722	81278	93.7	369429	195080	52.8	150302	107485	71.5
山西	15631	35765	228.8	117564	124541	105.9	39458	44840	113.6
内蒙古	35477	36808	103.8	135330	112509	83.1	34296	34877	101.7
辽宁	289270	338607	117.1	262087	245122	93.5	99295	97573	98.3
吉林	107671	110021	102.2	193464	186667	96.5	27285	26313	96.4
黑龙江	122661	129853	105.9	397187	344320	86.7	50917	55467	108.9
上海	200243	211573	105.7	82208	68851	83.8	55199	54802	99.3
江苏	354347	382848	108.0	306773	278944	90.9	155332	190273	122.5
浙江	397937	455242	114.4	331786	258160	77.8	160392	178700	111.4
安徽	146783	161878	110.3	454241	460844	101.5	113064	136111	120.4
福建	234493	233963	99.8	180518	185128	102.6	104261	112451	107.9
江西	106493	118356	111.1	190427	176723	92.8	84442	96156	113.9
山东	240392	290460	120.8	411686	362257	88.0	231323	215354	93.1
河南	50847	57532	113.1	419449	420092	100.2	164890	168558	102.2
湖北	238796	375198	157.1	322930	180716	56.0	115387	93487	81.0
湖南	147117	163387	111.1	252456	262016	103.8	150477	120729	80.2
广东	720211	789131	109.6	227901	218164	95.7	232109	239188	103.0
广西	67941	76848	113.1	204128	204366	100.1	145511	204026	140.2
海南	63261	61228	96.8	21155	27054	127.9	19893	34470	173.3
四川	96999	98066	101.1	925422	993787	107.4	215778	219982	101.9
贵州	14833	31970	215.5	154510	154812	100.2	21687	21532	99.3
云南	16473	16948	102.9	159987	234845	146.8	80542	165463	205.4
西藏	27	119	440.7	2435	1946	79.9	1700	2821	165.9
陕西	32689	42541	130.1	198415	186030	93.8	82958	69635	83.9
甘肃	13507	19340	143.2	70706	70845	100.2	16409	18393	112.1
青海	3016	4217	139.8	19944	11968	60.0	7295	7803	107.0
宁夏	7594	8462	111.4	24995	26892	107.6	9586	9743	101.6
新疆	28232	20907	74.1	49970	63243	126.6	54310	58884	108.4

5-39 续表3

地 区	卷烟（箱）			酒（吨）			茶叶（吨）		
	1991年	1992年	1992年为1991年%	1991年	1992年	1992年为1991年%	1991年	1992年	1992年为1991年%
北 京	273447	212980	77.9	122509	135295	110.4	7686	9484	123.4
天 津	138785	140627	101.3	77591	80412	103.6	2347	2378	101.3
河 北	1036491	1211609	116.9	265624	294391	110.8	3692	3202	86.7
山 西	496458	487579	98.2	51603	66639	129.1	3170	3208	101.2
内蒙古	330196	327872	99.3	151268	131918	87.2	5763	6202	107.6
辽 宁	846697	766904	90.6	356704	350280	98.2	3906	3998	102.4
吉 林	320732	290117	90.5	222684	244771	109.9	1496	1549	103.5
黑龙江	713376	711257	99.7	649435	975780	150.3	2454	2575	104.9
上 海	527191	602612	114.3	230681	226276	98.1	3458	2780	80.4
江 苏	1149850	1345810	117.0	500377	581908	116.3	8914	7828	87.8
浙 江	843554	885668	105.0	799733	910768	113.9	22794	22128	97.1
安 徽	839377	1038100	123.7	258176	295178	114.3	6783	6481	95.5
福 建	668149	679520	101.7	246783	257736	104.4	14590	15977	109.5
江 西	250533	260588	104.0	184386	184742	100.2	4854	4440	91.5
山 东	1712172	1754098	102.4	650528	706706	108.6	26855	26856	100.0
河 南	2244652	1660980	74.0	333767	352843	105.7	2379	2661	111.9
湖 北	1185083	750045	63.3	245099	289629	118.2	6285	21110	335.9
湖 南	1253236	1058827	84.5	224841	213116	94.8	12845	12565	97.8
广 东	667387	541822	81.2	175166	209658	119.7	26419	29056	110.0
广 西	620993	600880	96.8	102165	106881	104.6	4144	2813	67.9
海 南	40433	45342	112.1	16606	21072	126.9	975	1057	108.4
四 川	2279247	2512539	110.2	605298	614176	101.5	31509	29519	93.7
贵 州	714902	469878	65.7	95980	106899	111.4	5857	6770	115.6
云 南	585187	1331559	227.5	82885	134801	162.6	16175	23742	146.8
西 藏	45563	91801	201.5	1389	3967	285.6	3326	3064	92.1
陕 西	874647	834126	95.4	85824	79233	92.3	6463	5920	91.6
甘 肃	188041	202305	107.6	35353	37745	106.8	4658	3480	74.7
青 海	88851	76731	86.4	13709	15002	109.4	4461	4273	95.8
宁 夏	95440	107426	112.6	9975	10970	110.0	1257	774	61.6
新 疆	157398	186557	118.5	68519	53485	78.1	8796	7091	80.6

5-39 续表4

地区	棉布（百米）			棉花化纤混纺布（百米）			#涤棉混纺布（百米）		
	1991年	1992年	1992年为1991年%	1991年	1992年	1992年为1991年%	1991年	1992年	1992年为1991年%
北京	479528	498130	103.9	273437	222410	81.3	159305	164875	103.5
天津	445918	353265	79.2	168295	125692	74.7	134557	104687	77.8
河北	1147670	1005639	87.6	464512	439702	94.7	285653	264109	92.5
山西	535537	538743	100.6	191352	197631	103.3	124072	131092	105.7
内蒙古	358773	298161	83.1	131436	108965	82.9	90198	73434	81.4
辽宁	683343	562833	82.4	208269	178241	85.6	147458	129204	87.6
吉林	507785	412187	81.2	172881	144987	83.9	129823	116339	89.6
黑龙江	733910	707765	96.4	316442	301636	95.3	224907	185214	82.4
上海	320210	308299	96.3	146073	126921	86.9	120599	104687	86.8
江苏	1417603	1399998	98.8	1026201	1092826	106.5	829147	884556	106.7
浙江	999472	1052598	105.3	637946	513568	80.5	461961	423084	91.6
安徽	1161471	1043092	89.8	498354	426158	85.5	414998	342554	82.5
福建	322560	294832	91.4	257070	197647	76.9	189396	155655	82.2
江西	433087	413869	95.6	333336	280590	84.2	284777	235367	82.6
山东	1901051	1888007	99.3	719585	702327	97.6	588041	522098	88.8
河南	1354267	1358752	100.3	462093	488546	105.7	326198	336198	103.1
湖北	739990	610260	82.5	551464	476464	86.4	424753	366503	86.3
湖南	795910	664554	83.5	573197	474378	82.8	469442	391024	83.3
广东	1089754	862250	79.1	600672	586151	97.6	507528	450126	88.7
广西	455648	380473	83.5	367375	319503	87.0	289048	271754	94.0
海南	45132	40630	90.0	46176	35306	76.5	38485	27578	71.7
四川	1592319	1392816	87.5	830741	687653	82.8	480609	386723	80.5
贵州	334545	241685	72.2	172627	154083	89.3	117242	79628	67.9
云南	469302	422660	90.1	133150	121471	91.2	118015	101000	85.6
西藏	41003	28377	69.2	3233	5807	179.6	2024	3833	189.4
陕西	716643	590449	82.4	343134	343432	100.1	148479	288539	194.3
甘肃	295398	203900	69.0	128281	100539	78.4	84995	66474	78.2
青海	105953	73281	69.2	46604	32892	70.6	40502	27084	66.9
宁夏	77646	55327	71.3	37235	29883	80.3	29633	21606	72.9
新疆	473540	382937	80.9	81307	74002	91.0	54557	49941	91.5

5-39 续表5

地区	化纤布（百米）			呢绒（百米）			绸缎（百米）		
	1991年	1992年	1992年为1991年%	1991年	1992年	1992年为1991年%	1991年	1992年	1992年为1991年%
北京	382642	290537	75.9	95801	65722	68.6	157520	113539	72.1
天津	301429	277255	92.0	78333	51837	66.2	149645	152199	101.7
河北	367623	331925	90.3	74525	63960	85.8	138968	128260	92.3
山西	111744	131717	117.9	46796	47509	101.5	83155	83765	100.7
内蒙古	88299	76252	86.4	46528	43366	93.2	81339	55861	68.7
辽宁	260833	250119	95.9	113887	102802	90.3	206548	164870	79.8
吉林	88778	73193	82.4	51112	47941	93.8	95205	75917	79.7
黑龙江	273050	327867	120.1	139210	140187	100.7	166564	139818	83.9
上海	102567	82435	80.4	101884	84504	82.9	222555	214822	96.5
江苏	697681	633697	90.8	150429	158676	105.5	387733	438905	113.2
浙江	734101	1007044	137.2	170025	112548	66.2	462363	444584	96.2
安徽	274703	256981	93.5	37823	33623	88.9	85234	64347	75.5
福建	95668	103309	108.0	48550	27889	57.4	46497	49943	107.4
江西	156330	123625	79.1	29602	22789	77.0	39191	32157	82.1
山东	320051	337484	105.4	135971	125579	92.4	306969	338567	110.3
河南	389618	316905	81.3	42557	45592	107.1	125179	108640	86.8
湖北	248041	251239	101.3	68908	49219	71.4	148787	127719	85.8
湖南	381219	361309	94.8	71293	56424	79.1	114172	105027	92.0
广东	224168	178143	79.5	38701	33302	86.0	42569	37304	87.6
广西	130891	121130	92.5	10445	9170	87.8	18950	18579	98.0
海南	18321	14694	80.2	2950	2337	79.2	5406	3805	70.4
四川	431283	396011	91.8	99574	98126	98.5	172948	121254	70.1
贵州	167376	63561	38.0	16510	25504	154.5	30641	32753	106.9
云南	28813	20659	71.7	11121	10975	98.7	24942	31170	125.0
西藏	1159	1782	153.8	1352	1130	83.6	2202	965	43.8
陕西	172631	141838	82.2	39467	31544	79.9	95667	74985	78.4
甘肃	116273	103530	89.0	29562	26067	88.2	60289	49256	81.7
青海	15124	12426	82.2	10822	9226	85.3	23876	13335	55.9
宁夏	21426	18543	86.5	8753	7466	85.3	14113	11312	80.2
新疆	107690	86715	80.5	44910	37210	82.9	85014	70484	82.9

5-39 续表6

地区	各种服装（百件）			毛线（百公斤）			皮鞋（百双）		
	1991年	1992年	1992年为1991年%	1991年	1992年	1992年为1991年%	1991年	1992年	1992年为1991年%
北京	321077	509886	158.8	14726	16370	111.2	93443	87416	93.6
天津	339646	358854	105.7	11019	12325	111.9	51142	48789	95.4
河北	355510	354600	99.7	16200	63362	391.1	45242	83663	184.9
山西	171976	198206	115.3	39037	35540	91.0	56186	65699	116.9
内蒙古	130163	120064	92.2	20196	17756	87.9	51105	43847	85.8
辽宁	560593	642469	114.6	42180	43491	103.1	180646	184334	102.0
吉林	187032	174749	93.4	17061	19302	113.1	70382	62763	89.2
黑龙江	465055	505294	108.7	58143	43796	75.3	152857	168455	110.2
上海	372039	406903	109.4	23211	21531	92.8	178364	162886	91.3
江苏	562166	575359	102.3	106000	109869	103.6	170428	190648	111.9
浙江	227107	303642	133.7	45071	32222	71.5	77444	82112	106.0
安徽	154112	205440	133.3	26983	30671	113.7	41505	44751	107.8
福建	285139	302902	106.2	27004	33095	122.6	37757	42529	112.6
江西	59320	72124	121.6	14562	12697	87.2	37291	39048	104.7
山东	549768	726183	132.1	71131	72140	101.4	168247	192736	114.6
河南	437822	458547	104.7	29750	38428	129.2	71849	70956	98.8
湖北	488880	506374	103.6	23720	45973	193.8	65483	108207	165.2
湖南	431483	597715	138.5	47814	35867	75.0	128696	133875	104.0
广东	1014692	1226749	120.9	6453	6360	98.6	70663	68024	96.3
广西	240366	287382	119.6	8321	10558	126.9	31879	40424	126.8
海南	120509	142884	118.6	502	647	128.9	1822	3421	187.8
四川	469393	486339	103.6	51245	52807	103.0	190726	196097	102.8
贵州	133653	107017	80.1	5763	3777	65.5	26698	20424	76.5
云南	150898	169978	112.6	4417	4205	95.2	34125	45402	133.0
西藏	2816	14401	511.4	995	571	57.4	1040	2682	257.9
陕西	119957	106717	89.0	15251	23271	152.6	34628	36712	106.0
甘肃	221780	218354	98.5	22528	15501	68.8	18460	19036	103.1
青海	33327	38083	114.3	1912	3786	198.0	9542	10384	108.8
宁夏	36623	39272	107.2	6541	6249	95.5	9734	8080	83.0
新疆	138488	115402	83.3	10479	6523	62.2	61690	55161	89.4

5-39 续表7

地区	胶鞋（百双）			火柴（百件）			肥皂（百箱）		
	1991年	1992年	1992年为1991年%	1991年	1992年	1992年为1991年%	1991年	1992年	1992年为1991年%
北京	64606	54835	84.9	1703	643	37.8	7170	3776	52.7
天津	26999	21206	78.5	1376	795	57.8	5745	4746	82.6
河北	172350	136006	78.9	13905	17698	127.3	24579	22094	89.9
山西	83225	76006	91.3	6447	7013	108.8	9063	9491	104.7
内蒙古	109686	48891	44.6	5025	3926	78.1	4499	6830	151.8
辽宁	154804	100978	65.2	6233	5503	88.3	15995	14848	92.8
吉林	140703	96673	68.7	4405	3323	75.4	8074	7892	97.7
黑龙江	148892	132157	88.8	9022	8472	93.9	17120	16148	94.3
上海	89159	84454	94.7	4765	4805	100.8	14510	16702	115.1
江苏	418150	418588	100.1	13646	13202	96.7	8158	7577	92.9
浙江	296517	214752	72.4	10681	9024	84.5	20021	19946	99.6
安徽	205144	180094	87.8	10407	10028	96.4	11534	10927	94.7
福建	228374	251016	109.9	2099	2261	107.7	8503	9492	111.6
江西	251913	227444	90.3	5195	6634	127.7	17247	20167	116.9
山东	320037	281415	87.9	11040	10710	97.0	17621	14120	80.1
河南	184029	157816	85.8	17383	15664	90.1	28637	22578	78.8
湖北	359430	217225	60.4	16185	21612	133.5	20510	22132	107.9
湖南	371446	309773	83.4	9041	8990	99.4	29304	25670	87.6
广东	195541	182149	93.2	10807	11105	102.8	18353	17674	96.3
广西	176465	172045	97.5	4117	2944	71.5	8761	12881	147.0
海南	9192	13422	146.0	1943	1973	101.5	6182	4657	75.3
四川	454011	433139	95.4	21033	21945	104.3	33673	40143	119.2
贵州	168050	109973	65.4	1836	1444	78.6	5577	3876	69.5
云南	194500	188223	96.8	3167	5046	159.3	5601	8311	148.4
西藏	28721	4212	14.7	424	7293	1720.0	1464	1520	103.8
陕西	115490	98350	85.2	5388	4663	86.5	12333	8660	70.2
甘肃	46697	44204	94.7	5400	8914	165.1	6082	5214	85.7
青海	24782	25693	103.7	767	522	68.1	778	807	103.7
宁夏	17720	16737	94.5	329	313	95.1	976	960	98.4
新疆	58426	124690	213.4	5083	3748	73.7	5418	4556	84.1

5-39 续表8

地区	洗衣粉（吨）			保温瓶（百个）			缝纫机（台）		
	1991年	1992年	1992年为1991年%	1991年	1992年	1992年为1991年%	1991年	1992年	1992年为1991年%
北京	15901	14065	88.5	20062	20859	104.0	31887	49010	153.7
天津	7038	7743	110.0	9212	7098	77.1	32638	27803	85.2
河北	34389	32712	95.1	32646	63226	193.7	233731	188158	80.5
山西	11221	11644	103.8	28448	25068	88.1	121536	106249	87.4
内蒙古	10008	9358	93.5	15939	13405	84.1	56541	43081	76.2
辽宁	25516	22605	88.6	30677	25588	83.4	75980	55154	72.6
吉林	12378	15631	126.3	17013	13250	77.9	79440	52659	66.3
黑龙江	29216	29068	99.5	21826	19455	89.1	117715	87886	74.7
上海	17996	16850	93.6	23535	26246	111.5	58376	39711	68.0
江苏	66680	62828	94.2	96207	103415	107.5	336335	298159	88.6
浙江	21075	21780	103.3	52965	46502	87.8	253137	262849	103.8
安徽	17579	17955	102.1	33835	49329	145.8	198959	187080	94.0
福建	12011	12243	101.9	40704	42198	103.7	96623	96175	99.5
江西	9608	9813	102.1	27658	26694	96.5	164560	144556	87.8
山东	46600	55447	119.0	100894	99097	98.2	401712	384773	95.8
河南	62949	47284	75.1	59879	59360	99.1	452279	284707	62.9
湖北	36550	35237	96.4	44445	47402	106.7	161643	137333	85.0
湖南	35083	43460	123.9	46990	41664	88.7	202943	170322	83.9
广东	29371	33343	113.5	64851	30137	46.5	237096	198677	83.8
广西	19414	18004	92.7	18950	15531	82.0	203113	170392	83.9
海南	2402	3138	130.6	2344	2511	107.1	10463	11575	110.6
四川	56441	55711	98.7	87332	88710	101.6	162227	131757	81.2
贵州	13280	8276	62.3	8003	9002	112.5	50570	50796	100.4
云南	14461	26383	182.4	22864	34024	148.8	151135	172327	114.0
西藏	312	842	269.9	537	435	81.0	1883	2422	128.6
陕西	22445	23011	102.5	27950	25580	91.5	133935	125425	93.6
甘肃	8946	9073	101.4	13739	15065	109.7	75056	87663	116.8
青海	2657	1754	66.0	5407	6589	121.9	7965	10550	132.5
宁夏	2873	2602	90.6	3365	3724	110.7	17510	16281	93.0
新疆	11935	12695	106.4	13515	44892	332.2	60032	44121	73.5

5-39 续表9

地　区	手表（百只）			自行车（辆）			半导体收音机（部）		
	1991年	1992年	1992年为1991年%	1991年	1992年	1992年为1991年%	1991年	1992年	1992年为1991年%
北　京	13863	14088	101.6	425041	502132	118.1	473277	452842	95.7
天　津	6371	6140	96.4	339704	351029	103.3	280784	229929	81.9
河　北	12538	14031	111.9	1250503	1213401	97.0	495509	439415	88.7
山　西	7329	7425	101.3	504231	510563	101.3	128095	120065	93.7
内蒙古	4342	4449	102.5	427348	424960	99.4	77769	73380	94.4
辽　宁	19392	17760	91.6	1038798	1002606	96.5	656835	641180	97.6
吉　林	7841	7272	92.7	591009	565885	95.7	223303	178999	80.2
黑龙江	10184	10596	104.0	676373	643243	95.1	268591	250809	93.4
上　海	12630	13108	103.8	544309	761242	139.9	357460	363215	101.6
江　苏	19284	22002	114.1	2063607	2663781	129.1	814115	779001	95.7
浙　江	14140	16205	114.6	1371843	1717047	125.2	215457	277072	128.6
安　徽	8591	7338	85.4	752988	780966	103.7	316207	283264	89.6
福　建	6496	6447	99.2	446815	452341	101.2	95418	76437	80.1
江　西	6336	6448	101.8	646434	661784	102.4	112172	100079	89.2
山　东	17187	15241	88.7	2007345	2110768	105.2	691689	652817	94.4
河　南	18714	21402	114.4	1487408	1381921	92.9	762100	596709	78.3
湖　北	16782	43033	256.4	987290	1146514	116.1	412321	489902	118.8
湖　南	14281	16086	112.6	844092	864020	102.4	129502	131097	101.2
广　东	21423	25859	120.7	1987694	2066706	104.0	412325	439650	106.6
广　西	8098	16109	198.9	954953	1053023	110.3	94572	72218	76.4
海　南	991	1706	172.1	60090	86391	143.8	13004	14689	113.0
四　川	25274	30142	119.3	1024584	925085	90.3	356310	311357	87.4
贵　州	3666	4099	111.8	76767	70284	91.6	51294	42562	83.0
云　南	5956	6856	115.1	416227	571861	137.4	114878	117777	102.5
西　藏	790	319	40.4	7582	6965	91.9	1454	802	55.2
陕　西	6090	5631	92.5	448530	401691	89.6	180002	160632	89.2
甘　肃	4728	4385	92.7	255146	251976	98.8	130626	105616	80.9
青　海	903	1064	117.8	48555	42393	87.3	41730	42709	102.3
宁　夏	875	968	110.6	105377	110405	104.8	37618	33075	87.9
新　疆	4448	5671	127.5	345021	320107	92.8	120826	115504	95.6

5-39 续表10

地区	电视机（部）			彩色电视机（部）			录音机（部）		
	1991年	1992年	1992年为1991年%	1991年	1992年	1992年为1991年%	1991年	1992年	1992年为1991年%
北京	221860	241899	109.0	145601	176994	121.6	456780	515916	112.9
天津	181786	132097	72.7	142221	105664	74.3	176091	204828	116.3
河北	746288	640581	85.8	334976	311019	92.8	363824	315840	86.8
山西	409189	346354	84.6	229690	231393	100.7	172835	152148	88.0
内蒙古	252307	253217	100.4	122417	142628	116.5	136031	121352	89.2
辽宁	668809	677527	101.3	467126	479287	102.6	493052	467248	94.8
吉林	359572	316271	88.0	169124	179902	106.4	225163	181384	80.6
黑龙江	592044	453842	76.7	359787	286958	79.8	382423	368521	96.4
上海	344388	344894	100.1	266676	262531	98.4	434880	484390	111.4
江苏	1092654	1215761	111.3	402797	484271	120.2	769159	839040	109.1
浙江	725798	780233	107.5	317919	384217	120.9	381065	382283	100.3
安徽	519812	810683	156.0	141404	188119	133.0	263880	249688	94.6
福建	212536	219265	103.2	112978	116947	103.5	103887	108309	104.3
江西	408549	446695	109.3	114726	124260	108.3	142756	131705	92.3
山东	1239552	1233082	99.5	425813	484323	113.7	554542	479174	86.4
河南	1036460	844648	81.5	286387	305252	106.6	286683	222604	77.6
湖北	624255	680094	108.9	217584	315277	144.9	344078	394678	114.7
湖南	676814	727979	107.6	190325	228916	120.3	268977	242676	90.2
广东	450292	378421	84.0	219126	174412	79.6	521105	614511	117.9
广西	391311	440413	112.5	111793	128591	115.0	113688	102533	90.2
海南	20418	26491	129.7	16454	23173	140.8	12198	15209	124.7
四川	985320	1024942	104.0	332418	348629	104.9	370995	321280	86.6
贵州	97783	126202	129.1	31656	37883	119.7	51032	52507	102.9
云南	278028	365067	131.3	131679	166797	126.7	135629	164598	121.4
西藏	2475	2266	91.6	2147	1939	90.3	1706	2728	159.9
陕西	328681	285298	86.8	157776	133418	84.6	143342	112700	78.6
甘肃	120681	127340	105.5	59386	62948	106.0	112414	139166	123.8
青海	39446	40134	101.7	24047	23214	96.5	39005	33833	86.7
宁夏	45574	48804	107.1	30838	28654	92.9	25972	31083	119.7
新疆	181672	159035	87.5	115858	100392	86.7	168937	146940	87.0

5-39 续表11

地区	电风扇（台）			洗衣机（台）			电冰箱（台）		
	1991年	1992年	1992年为1991年%	1991年	1992年	1992年为1991年%	1991年	1992年	1992年为1991年%
北京	331361	410635	123.9	122733	133547	108.8	109146	117662	107.8
天津	177319	202138	114.0	72631	88073	121.3	89446	78017	87.2
河北	1402927	1269706	90.5	306115	289091	94.4	163609	174136	106.4
山西	183740	188131	102.4	181227	190490	105.1	76968	90330	117.4
内蒙古	59110	72752	123.1	99509	95641	96.1	44816	61492	137.2
辽宁	320119	350587	109.5	287502	276149	96.1	293936	287760	97.9
吉林	80542	98680	122.5	161078	153127	95.1	66158	100893	152.5
黑龙江	100395	131440	130.9	242114	221271	91.4	138279	115946	83.8
上海	820459	730363	89.0	155658	165033	106.0	185724	187730	101.1
江苏	2697864	3248440	120.4	482285	544508	112.9	268310	294062	109.6
浙江	1667022	1785128	107.1	167152	223658	133.8	240207	266043	110.8
安徽	936050	1013895	108.3	142916	142136	99.5	113448	130242	114.8
福建	374587	401274	107.1	105387	85902	81.5	97799	97862	100.1
江西	577744	624973	108.2	75565	71944	95.2	75439	76600	101.5
山东	2361778	2429304	102.9	224824	228345	101.6	346904	294125	84.8
河南	2004386	1307047	65.2	298836	270426	90.5	163172	156270	95.8
湖北	1701910	1329455	78.1	245502	310554	126.5	147252	180408	122.5
湖南	1448382	1498691	103.5	207399	215562	103.9	139414	151408	108.6
广东	2988616	2712595	90.8	348589	365832	104.9	202839	225866	111.4
广西	926546	879930	95.0	87594	92442	105.5	61070	67184	110.0
海南	51547	61177	118.7	9008	15037	166.9	5390	8995	166.9
四川	1894665	1691189	89.3	312140	311808	99.9	204789	168636	82.3
贵州	65187	74327	114.0	93095	59386	63.8	34287	26126	76.2
云南	48753	75753	155.4	95242	132404	139.0	32456	40755	125.6
西藏	6	150	2500.0	420	1218	290.0	758	453	59.8
陕西	373212	334292	89.6	141162	134676	95.4	83107	65708	79.1
甘肃	44509	35399	79.5	54788	55165	100.7	32619	36906	113.1
青海	308	259	84.1	18902	17495	92.6	11123	10786	97.0
宁夏	37316	30642	82.1	26440	26841	101.5	13364	12421	92.9
新疆	65623	73520	112.0	70161	70858	101.0	54723	59518	108.8

5-39 续表12

地　区	煤油（吨）			煤炭（吨）		
	1991年	1992年	1992年为1991年%	1991年	1992年	1992年为1991年%
北　京	2076	1369	65.9	6615216	6402227	96.8
天　津	660	274	41.5	3902705	3463117	88.7
河　北	37258	24119	64.7	14304105	13956917	97.6
山　西	16905	11480	67.9	14340472	14701523	102.5
内蒙古	9470	5468	57.7	11522298	12150992	105.5
辽　宁	7343	5137	70.0	13760507	12356274	89.8
吉　林	1127	1269	112.6	7320431	7342972	100.3
黑龙江	47253	38414	81.3	15407507	9753959	63.3
上　海	5220	4940	94.6	1991075	1945082	97.7
江　苏	77737	81064	104.3	7454762	5649997	75.8
浙　江	41940	44158	105.3	2528734	2913734	115.2
安　徽	61492	47260	76.9	4238694	4197705	99.0
福　建	35960	32764	91.1	1898270	1776692	93.6
江　西	30861	17101	55.4	4197681	3903920	93.0
山　东	83171	55647	66.9	15535743	13618780	87.7
河　南	58537	50743	86.7	12983707	11140993	85.8
湖　北	60879	63681	104.6	4201670	5576979	132.7
湖　南	80063	54184	67.7	7141665	7277549	101.9
广　东	74788	52614	70.4	3898668	3056986	78.4
广　西	45588	39778	87.3	747658	934196	124.9
海　南	9946	16389	164.8	51832	114960	221.8
四　川	107657	120918	112.3	16357036	16551760	101.2
贵　州	80261	73902	92.1	7077008	4461353	63.0
云　南	40904	36934	90.3	2899228	2948187	101.7
西　藏	9090	249	2.7	4	15419	385475
陕　西	28388	27315	96.2	7664207	7055839	92.1
甘　肃	20187	17839	88.4	4411757	4397066	99.7
青　海	2264	2576	113.8	1480231	1345017	90.9
宁　夏	2135	1476	69.1	911189	911429	100.0
新　疆	13241	35498	268.1	9252354	8897559	96.2

5-39 续表13　　（1992年）

地　区	汗衫背心（百件）	棉毛衫裤（百件）	卫生衫裤（百件）	录像机（部）	照相机（台）
北　京	151981	85662	22034	97904	246981
天　津	54914	102212	4039	86085	61775
河　北	160492	118793	32444	34381	47889
山　西	120549	100773	29046	15691	22863
内蒙古	67655	62295	13569	6381	13916
辽　宁	155303	161910	21890	93043	99407
吉　林	71821	81189	12726	27335	29633
黑龙江	160537	173627	27901	46066	64550
上　海	96472	87229	5450	262434	127283
江　苏	230263	247576	20682	170540	130215
浙　江	147499	144610	6479	140707	68157
安　徽	99548	98321	12704	23463	26944
福　建	186151	134305	8399	12199	20128
江　西	81034	71806	7185	76488	24660
山　东	187523	207128	31308	81494	70853
河　南	110592	92677	38060	15509	57498
湖　北	120043	146537	37870	39750	53330
湖　南	217520	148546	24724	10328	33665
广　东	346041	148522	74811	66227	110945
广　西	147275	92143	12124	9194	26610
海　南	57850	10948	7599	3639	5142
四　川	203453	235948	184121	53337	66059
贵　州	31128	30961	10438	7223	5711
云　南	74472	73088	11504	17379	23460
西　藏	610	1777	79	0	405
陕　西	78648	63515	25862	16854	42073
甘　肃	65573	58241	17041	3510	15777
青　海	10528	16814	3705	2140	3355
宁　夏	15936	19983	4239	1922	1143
新　疆	40626	42757	17323	11165	27451

5-40 主要消费品市场占有率

（1992年）

商品	商标	市场占有率(%)
牙膏	中华	18.7
	两面针	15.0
	黑妹	12.7
香皂	力士	47.9
	白丽	8.2
	檀香	2.4
洗衣粉	白猫	19.3
	活力28	15.4
	熊猫	7.3
洗洁精 洗涤灵	白猫	31.2
	金鱼	15.1
	高富丽	5.4
擦面霜膏	玉兰	7.7
	霞飞	4.7
	永芳	4.0
发胶 摩丝	雅黛	14.1
	发嘉利	6.7
	美加净	3.1
香水	六神花露水	4.8
	古龙	2.2
妇女卫生巾	舒而美	20.5
	安乐	11.3
	百惠	4.8
染发剂	光明一洗黑	35.0
	玫玉	3.9
	影星	0.8
洗发香波	飘柔	9.7
	海飞丝	3.8
	威娜宝	3.1
味精	红梅	22.1
	莲花	9.2
	佛手	6.5
速食面	华丰	27.5
	中萃	4.3
	康师傅	3.3
饼干	嘉士利	4.7
	日清	4.3
	康元	4.0
糖果	大白兔	14.3
	不老林	4.9
	喔喔佳佳	2.0
肉肠	春都火腿肠	8.5
	大众红肠	4.5
	川味香肠	3.5
奶粉	雀巢	6.7
	大庆	6.4
	松花江	6.3
乳酸制品	乐百氏	6.1
	喜乐	5.9
	益乐宝	2.9
儿童滋补品	娃哈哈	5.6
滋补品	太阳神口服液	18.3
	向阳蜂王浆	3.1
	花粉田七口服液	2.2
高级烹调油	金龙鱼	4.0
	顶好	3.9
	绿宝	3.0
果汁	果珍	12.0
	椰树牌天然椰子汁	3.3
	粒粒橙	3.3
汽水	雪碧	28.3
	金锌	10.4
	北冰洋	9.6
矿泉水	崂山	27.4
	佛宝	10.8
	峨嵋山	6.7
可乐	可口可乐	29.1
	百事可乐	13.2
	幸福可乐	1.9

资料来源：摘自1993年8月13日《中国信息报》。

5-40 续表1

（1992年）

商品	商标	市场占有率(%)	商品	商标	市场占有率(%)
保健饮料	健力宝	19.7	钟	康巴斯	16.3
	强力荔枝	1.4		北极星	9.4
咖啡	雀巢	37.8		555	6.6
	麦氏	12.0	钢笔	英雄	30.2
茶叶	西湖牌龙井	7.7		永生	14.0
	猴王	5.3		金星	4.0
	信阳毛尖	3.8	香烟	红塔山	10.6
啤酒	青岛	8.5		阿诗玛	2.8
	五星	7.6		牡丹	2.5
	三星	5.2	电池	555	5.1
葡萄酒	张裕	6.8		白象	3.8
	通化	5.0		天鹅	3.0
	中国红	3.6	组合音响	熊猫	1.5
白酒	北京二锅头	5.2		燕舞	1.1
	辽宁老龙口	4.3		长江	0.9
名酒	茅台	3.3	彩电	金星	4.3
	五粮液	3.1		熊猫	3.9
衬衫	天坛	4.6		牡丹	3.0
	开开(KK)	3.2	电冰箱	万宝	6.4
	乔士	2.6		香雪海	4.0
羊毛衫	上海	7.0		琴岛—利勃海尔	4.0
	企鹅	5.7	空调	春兰	2.4
	金兔	3.8		古桥	2.2
羽绒衣	丫丫	21.9		华宝	0.9
	伊里兰	3.6	洗衣机		
	上羽	1.4	全自动	小天鹅	7.8
皮鞋	花牌	5.5	半自动	水仙	11.4
	万里	3.1		友谊	4.7
	百花	2.8		威力	4.5
自行车	凤凰	21.3	电风扇	长城	10.0
	永久	18.2		钻石	6.3
	飞鸽	6.1		华生	5.5
摩托车	幸福	16.2	电饭煲	三角	30.5
	嘉陵	7.6		半球	5.4
	木兰	4.7		爱德	2.7
照相机	海鸥	6.7	吸尘器	春花	22.1
	珠江	2.3		快乐	3.2
	红梅	1.9	抽油烟机	他他乐	6.0
胶卷	乐凯	6.3		高宝	5.9
	福达	1.0		万宝	3.4
	公元	0.8	燃气热水器	万家乐	7.9
手表	上海	11.0		沈乐满	7.2
	宝石花	2.8		玉环	6.9
	天霸	2.8			

六、　商业部门商品流转和经济效益

图 6-1 社会商业国内纯购进
（亿元）

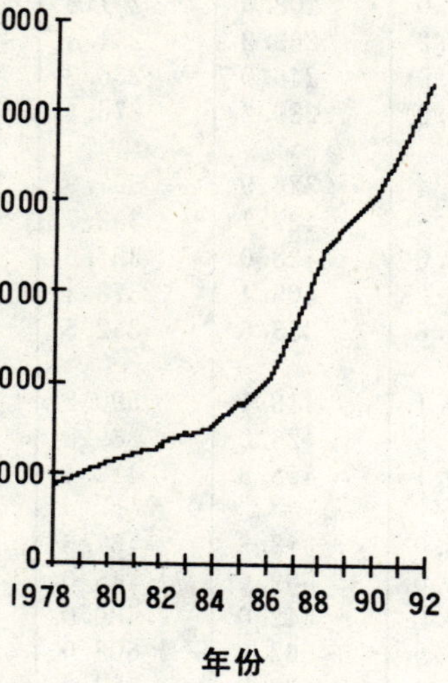

图 6-2 社会商业国内纯销售
（亿元）

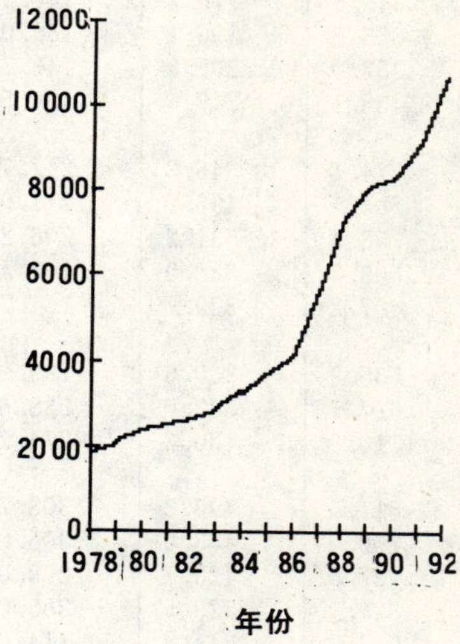

图 6-3 社会商业国内纯购进构成

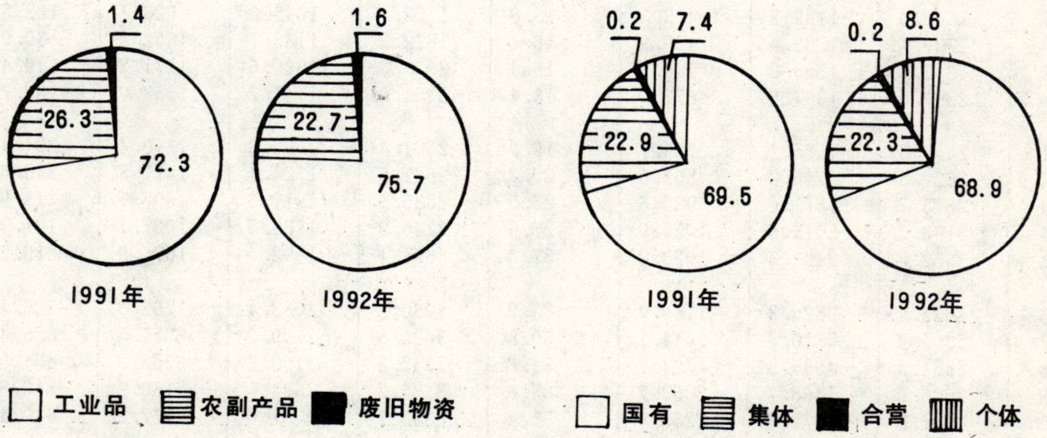

6-1 社会商业商品购、销、存总额

单位：亿元

年 份	国内纯购进总额				国内纯销售总额	年末库存总额		
	合 计	工业品	农副产品	废旧物资		合 计	内 贸	外 贸
1952	175.0	84.5	90.1	0.4	176.5	116.5	112.0	4.5
1953	244.5	131.3	112.6	0.6	264.6	154.8	149.8	5.0
1954	319.8	170.2	148.1	1.5	369.0	208.6	201.8	6.8
1955	355.8	196.1	158.0	1.7	395.2	263.2	254.4	8.8
1956	357.0	205.0	148.7	3.3	482.9	246.0	236.3	9.7
1957	428.1	247.6	176.5	4.0	495.2	289.2	276.4	12.8
1958	574.1	346.3	211.7	16.1	687.4	326.9	307.9	19.0
1959	784.1	496.0	271.9	16.2	885.6	427.7	398.7	29.0
1960	758.5	531.2	206.2	21.1	972.6	428.0	397.6	30.4
1961	509.3	338.9	162.4	8.0	690.2	405.4	373.4	32.0
1962	497.2	329.7	161.7	5.8	637.6	383.6	352.5	31.1
1963	535.9	330.6	199.9	5.4	648.1	418.1	390.2	27.9
1964	627.1	382.0	238.6	6.5	727.8	426.0	389.5	36.5
1965	710.5	430.2	274.2	6.1	790.1	458.3	412.4	45.9
1966	811.5	496.2	308.7	6.6	864.0	518.2	467.6	50.6
1967	769.0	458.0	305.0	6.0	873.0	502.0	446.0	56.0
1968	727.0	423.7	298.0	5.3	850.0	542.0	480.0	62.0
1969	821.0	529.5	285.0	6.5	905.0	562.0	508.0	54.0
1970	933.0	611.8	314.0	7.2	997.0	632.0	583.0	49.0
1971	957.9	619.4	330.9	7.6	1102.6	705.7	650.7	55.0
1972	1047.0	702.8	335.8	8.4	1213.3	730.8	661.8	69.0
1973	1223.5	827.4	386.3	9.8	1313.4	834.4	751.7	82.7
1974	1245.1	840.9	394.1	10.1	1380.9	880.5	770.9	109.6
1975	1397.4	971.9	414.6	10.9	1505.6	948.8	831.8	117.0
1976	1378.6	967.8	399.5	11.3	1570.2	932.0	827.2	104.8
1977	1566.3	1139.2	413.3	13.8	1705.4	1045.6	923.1	122.5
1978	1739.7	1263.4	459.9	16.4	1872.2	1183.1	1052.2	130.9
1979	1992.4	1389.2	586.8	16.4	2089.3	1320.6	1171.2	149.4
1980	2263.0	1567.6	677.0	18.4	2351.0	1441.7	1258.0	183.7
1981	2469.0	1685.1	764.7	19.2	2501.4	1596.8	1392.4	204.4
1982	2622.5	1746.2	855.6	20.7	2661.5	1724.4	1477.8	246.6
1983	2875.7	1871.6	980.6	23.5	2883.5	1811.6	1597.7	213.9
1984	3103.3	2019.8	1055.9	27.6	3246.9	1789.0	1627.7	161.3
1985	3532.5	2462.3	1033.2	37.0	3698.1	1892.4	1675.9	216.5
1986	4033.4	2825.3	1169.9	38.2	4080.5	2088.4	1762.3	326.1
1987	5305.2	3810.3	1444.1	50.8	5626.8	2709.2	2355.8	353.4
1988	6861.3	4985.5	1794.2	81.6	7342.8	3198.2	2763.3	434.9
1989	7606.0	5468.7	2053.7	83.6	8136.2	3674.0	3160.2	513.8
1990	8221.2	5871.2	2258.6	91.4	8358.1	4087.6	3477.2	640.4
1991	9347.9	6767.2	2453.2	127.5	9194.0	4237.9	3749.5	488.4
1992	10653.7	8071.7	2427.5	154.5	10739.8	4184.1	3774.0	410.1

注：1986年以前为国有商业和供销合作社数字。

6-2 社会商业商品购、销、存总额变化比较

项　　目	1991年		1992年		1992年为1991年%
	绝对额（亿元）	比重（%）	绝对额（亿元）	比重（%）	
商品购进总额	18 004.2	100.0	20 406.0	100.0	113.3
一、国内纯购进总额	9 347.9	51.9	10 653.7	52.2	114.0
（一）按商品性质分					
1. 工业品	6 767.2	37.6	8 071.7	39.6	119.3
2. 农副产品	2 453.2	13.6	2 427.5	1.9	99.0
3. 废旧物资	127.5	0.7	154.5	0.7	121.2
（二）按部门分					
1. 内贸部门	7 755.6	43.1	8 692.3	42.6	112.1
工业品	5 384.2	29.9	6 343.7	31.1	117.8
农副产品	2 243.9	12.5	2 194.1	10.8	97.8
废旧物资	127.5	0.7	154.5	0.7	121.2
2. 外贸部门	1 592.3	8.8	1 961.4	9.6	123.2
工业品	1 383.0	7.7	1 728.0	8.5	124.9
农副产品	209.3	1.1	233.4	1.1	111.5
二、从国内商业购进	8 282.8	46.0	9 320.3	45.7	112.5
三、接收进口和进口	373.5	2.1	432.0	2.1	115.7
商品销售总额	18 180.7	100.0	21 200.4	100.0	116.6
一、国内纯销售总额	9 194.0	50.6	10 739.8	50.7	116.8
二、对国内商业批发销售	8 561.4	47.1	9 988.3	47.1	116.7
三、供应出口和出口	425.3	2.3	472.3	2.2	111.1
期末库存总额	4 237.9	100.0	4 184.1	100.0	98.7
1. 内贸部门	3 749.5	88.5	3 774.0	90.2	100.7
2. 外贸部门	488.4	11.5	410 1	9.8	84.0

6-3 社会商业商品购、销、存总额

（1992年，按经济类型分）　　单位:万元

项　　目	合　计	国有商业	集体商业	#供销社	合营商业	个体有证商业
一、商品购进总额	**204059542**	**126279906**	**58846756**	**39076360**	**465157**	**18467723**
1．国内纯购进	106536648	73383045	23774477	15969901	218331	9160795
#农副产品	24274566	14375673	5924287	5159305	11994	3962612
#工　业　品	80717355	58951847	16384162	9438867	205595	5175751
2．从国内商业购进	93203383	49682102	34045588	22305669	172615	9303078
3．接收进口和进口	4319511	3214759	1026691	800790	74211	3850
二、商品销售总额	**212003653**	**125835223**	**64755665**	**43821933**	**507070**	**20905695**
1．国内纯销售	107397706	53177113	35505696	21944676	276756	18438141
#零售额	79220593	36140903	24999790	13908204	232722	17847178
2．对国内商业批发销售	99883490	68764102	28494100	21276835	162629	2462659
3．供应出口和出口	4722457	3894008	755869	600422	67685	4895
三、年末库存	**41840914**	**27351606**	**12506771**	**9200762**	**69947**	**1912590**

6-4 社会商业商品购、销、存总额与上年变化比较

（1992年，按经济类型分）　　单位:%

项　　目	合　计	国有商业	集体商业	#供销社	合营商业	个体有证商业
一、商品购进总额	**113.3**	**113.1**	**109.2**	**102.5**	**133.6**	**130.0**
1．国内纯购进	114.0	113.0	110.9	103.5	144.8	131.8
#农副产品	98.9	98.2	87.5	84.3	460.4	127.0
#工　业　品	119.3	117.4	121.2	113.1	140.7	136.4
2．从国内商业购进	112.5	113.0	108.2	102.2	104.6	128.3
3．接收进口和进口	115.7	117.9	105.3	89.2	230.5	
二、商品销售总额	**116.6**	**117.4**	**111.4**	**107.1**	**137.6**	**129.2**
1．国内纯销售	116.8	119.4	109.7	108.3	138.2	124.2
#零售额	115.4	117.8	106.9	102.8	154.0	123.6
2．对国内商业批发销售	116.7	116.1	114.2	106.7	147.0	183.3
3．供应出口和出口	111.0	113.9	97.3	86.2	117.3	
三、年末库存	**98.7**	**97.6**	**96.0**	**92.0**	**148.4**	**149.5**

6-5 社会商业商品购、销、存总额分月情况

（1992年）

季度和月份	商品购进总额	国内纯购进总额	农副产品	工业品	废旧物资	从国内商业购进	接收进口和进口
一、绝对额（亿元）	**20406.0**	**10653.7**	**2427.5**	**8071.7**	**154.5**	**9320.3**	**432.0**
一季度	4702.4	2295.4	447.8	1821.2	26.4	2295.3	111.7
1月	1496.4	759.4	164.3	587.9	7.2	703.0	34.0
2月	1524.6	720.5	129.8	582.0	8.7	767.4	36.7
3月	1681.4	815.5	153.7	651.3	10.5	824.9	41.0
二季度	4945.0	2549.9	503.0	2008.5	38.4	2284.6	110.5
4月	1597.0	783.0	128.2	642.5	12.3	775.5	38.5
5月	1585.8	807.3	135.6	659.0	12.7	741.5	37.0
6月	1762.2	959.6	239.2	707.0	13.4	767.6	35.0
三季度	4959.5	2620.3	577.9	1999.5	42.9	2232.7	106.5
7月	1616.2	864.4	181.6	668.8	14.0	714.9	36.9
8月	1626.0	853.9	185.5	654.4	14.0	736.2	35.9
9月	1717.3	902.0	210.8	676.3	14.9	781.6	33.7
四季度	5799.1	3188.1	898.8	2242.5	46.8	2507.7	103.3
10月	1818.2	997.0	274.4	708.2	14.4	790.1	31.1
11月	1855.3	1023.6	296.6	712.1	14.9	800.3	31.4
12月	2125.6	1167.5	327.8	822.2	17.5	917.3	40.8
二、比重（%）							
1月	7.4	7.1	6.8	7.3	4.7	7.5	7.9
2月	7.5	6.8	5.3	7.2	5.6	8.2	8.5
3月	8.2	7.7	6.3	8.1	6.8	8.9	9.5
4月	7.8	7.3	5.3	8.0	8.0	8.3	8.9
5月	7.8	7.6	5.6	8.1	8.2	8.0	8.6
6月	8.6	9.0	9.9	8.7	8.7	8.2	8.1
7月	7.9	8.1	7.5	8.3	9.1	7.7	8.5
8月	8.0	8.0	7.6	8.1	9.1	7.9	8.3
9月	8.4	8.5	8.7	8.4	9.6	8.4	7.8
10月	8.9	9.3	11.3	8.8	9.3	8.5	7.2
11月	9.1	9.6	12.2	8.8	9.6	8.6	7.3
12月	10.4	11.0	13.5	10.2	11.3	9.8	9.4

注：原表中"农副产品""工业品""废旧物资"三栏列于"国内纯购进总额"之下。

6-5 续表1 （1992年）

季度和月份	商品销售总额	国内纯销售总额	#零售	对国内商业批发销售	供应出口和出口	年末库存	内贸	外贸
一、绝对额（亿元）	**21200.4**	**10739.8**	**7922.1**	**9988.3**	**472.3**	**4184.1**	**3774.0**	**410.1**
一季度	5236.5	2681.0	2014.0	2439.0	116.5	3695.7	3252.9	442.8
1月	1669.5	846.4	649.1	780.2	42.9	3939.0	3490.9	448.1
2月	1718.6	888.7	674.3	795.0	34.9	3778.4	3331.4	447.0
3月	1848.4	945.9	690.6	863.8	38.7	3695.7	3252.9	442.8
二季度	5137.6	2578.6	1886.6	2442.7	116.3	3666.3	3234.3	432.0
4月	1687.5	837.8	628.8	812.1	37.6	3680.5	3248.9	431.6
5月	1692.8	844.7	622.3	810.6	37.5	3651.5	3218.3	433.2
6月	1757.3	896.1	635.5	820.0	41.2	3666.3	3234.3	432.0
三季度	5070.6	2576.8	1887.3	2387.6	106.2	3646.6	3216.2	430.4
7月	1645.2	839.8	614.3	770.7	34.7	3636.2	3230.2	406.0
8月	1674.4	844.4	610.7	792.7	37.3	3657.4	3234.3	423.1
9月	1751.0	892.6	662.3	824.2	34.2	3646.6	3216.2	430.4
四季度	5755.7	2903.4	2134.2	2719.0	133.3	4184.1	3774.0	410.1
10月	1812.8	916.6	679.7	856.1	40.1	3743.8	3315.8	428.0
11月	1833.5	931.6	680.7	859.2	42.7	3834.2	3435.7	398.5
12月	2109.4	1055.2	773.8	1003.7	50.5	4184.1	3774.0	410.1
二、比重（%）								
1月	7.9	7.9	8.2	7.8	9.1			
2月	8.1	8.3	8.5	8.0	7.4			
3月	8.7	8.8	8.7	8.7	8.2			
4月	7.9	7.8	7.9	8.1	8.0			
5月	8.0	7.9	7.8	8.1	7.9			
6月	8.3	8.3	8.0	8.2	8.7			
7月	7.8	7.8	7.8	7.7	7.4			
8月	7.9	7.9	7.7	7.9	7.9			
9月	8.3	8.3	8.4	8.3	7.2			
10月	8.6	8.5	8.6	8.6	8.5			
11月	8.6	8.7	8.6	8.6	9.0			
12月	9.9	9.8	9.8	10.0	10.7			

6-6 各地区社会商业商品购、销、存总额

（1992年） 单位：万元

地区	商品购进总额	国内纯购进	农副产品	工业品	废旧物资
全国总计	**204059542**	**106536648**	**24274566**	**80717355**	**1544727**
北京	6864460	3723752	437814	3187328	98610
天津	4477422	2253814	178014	2000388	75412
河北	8245620	4412945	1140484	3194673	77788
山西	3535264	1770657	341441	1407631	21585
内蒙古	2630941	1150130	372568	765532	12030
辽宁	10066928	5519780	1006975	4357223	155582
吉林	4537661	2476180	896507	1549485	30188
黑龙江	6628839	3867021	920974	2883886	62161
上海	11662535	6662688	483525	6030313	148850
江苏	22044888	12658022	1938792	10580821	138409
浙江	14156687	7082362	1449951	5510510	121901
安徽	5449433	2960426	933357	1997077	29992
福建	5504925	2947896	643280	2294923	9693
江西	3762300	1618127	572366	1022130	23631
山东	13222078	7719875	2122402	5533440	64033
河南	8129228	4571877	1535785	3002095	33997
湖北	7515905	4164135	1249184	2844627	70324
湖南	7205953	3805127	1094468	2667844	42815
广东	22038193	9365587	1902747	7303636	159204
广西	4556866	2124458	578600	1530655	15203
海南	683921	291138	111815	179272	51
四川	11441148	5721119	1664169	3970758	86192
贵州	2777499	1422461	412861	1005035	4565
云南	5684658	2792039	606496	2175168	10375
西藏	166027	104497	18702	85795	
陕西	3877697	2010203	477157	1514437	18609
甘肃	2550357	1322622	350289	953785	18548
青海	513010	216657	53167	161847	1643
宁夏	599076	266019	75124	186984	3911
新疆	3530023	1535034	705552	820057	9425

6-6 续表1

单位:万元

地　区	从国内商业购进	接收进口和进口	商品销售总额	国内纯销售	#零售
全国总计	**93203383**	**4319511**	**212003653**	**107397706**	**79220593**
北　京	2851452	289256	7490445	3946377	3337147
天　津	2025282	198326	4339473	2398675	1513119
河　北	3815984	16691	8164784	4403434	3542243
山　西	1728800	35807	4020293	2223225	1787955
内蒙古	1452918	27893	3023518	1758321	1424440
辽　宁	4353045	194103	10169020	5935977	4467513
吉　林	1981190	80291	4645274	2635910	2254726
黑龙江	2672143	89675	7048856	4330938	3530506
上　海	4730802	269045	10479383	5526975	3865690
江　苏	9274774	112092	21942340	9562675	5668004
浙　江	6925089	149236	14072620	6364054	3995772
安　徽	2468082	20925	6036801	3119532	2379903
福　建	2189658	367371	5638859	2825916	2347047
江　西	2126436	17737	3988238	1906951	1531676
山　东	5349197	153006	13410304	7889514	5717857
河　南	3539988	17363	9135436	4678870	3616166
湖　北	3174086	177684	8403667	4492590	3324092
湖　南	3375348	25478	7618304	4042881	3151919
广　东	11045864	1626742	22654607	9939245	6981675
广　西	2338589	93819	4904866	2598532	2070061
海　南	330189	62594	832455	445521	377624
四　川	5702397	17632	12670643	6479703	4973089
贵　州	1298904	56134	3220760	1580643	865872
云　南	2793878	98741	6286209	2382387	1780263
西　藏	61150	380	219526	202352	130716
陕　西	1848200	19294	3978565	2006362	1690969
甘　肃	1194291	33444	2594580	1358057	1133375
青　海	289835	6518	577714	351205	295969
宁　夏	325564	7493	608986	333685	273550
新　疆	1940248	54741	3827127	1677199	1191655

6-6 续表2

单位：万元

地区	对国内商业批发销售	供应出口和出口	年末库存总额	内贸部门	外贸部门
全国总计	99883490	4722457	41840914	37739626	4101288
北京	2952239	591829	1343917	1144982	198935
天津	1919028	21770	984631	769602	215029
河北	3666877	94473	1765511	1556120	209391
山西	1562870	234198	936397	872357	64040
内蒙古	1205468	59729	919344	882315	37029
辽宁	3908252	324791	1909157	1670626	238531
吉林	1861241	148123	1438112	1355260	82852
黑龙江	2279306	438612	1898868	1802584	96284
上海	4886854	65554	1978001	1380690	597311
江苏	12238546	141119	3228345	2913210	315135
浙江	7418611	289955	2024880	1721401	303479
安徽	2880190	37079	1594289	1520741	73548
福建	2474965	337978	705694	610889	94805
江西	2066054	15233	1141064	1076263	64801
山东	5332058	188732	2872262	2475148	397114
河南	4385508	71058	2017830	1873112	144718
湖北	3480421	430656	1730165	1639567	90598
湖南	3507748	67675	1821727	1732002	89725
广东	12201470	513892	2545931	2265170	280761
广西	2225326	81008	848593	774401	74192
海南	374752	12182	142329	140887	1442
四川	6133661	57279	2610813	2480123	130690
贵州	1626898	13219	600801	598657	2144
云南	3686440	217382	1267854	1227112	40742
西藏	15173	2001	144531	140445	4086
陕西	1955980	16223	1006316	905408	100908
甘肃	1226622	9901	736758	695159	41599
青海	223675	2834	199717	166674	33043
宁夏	272966	2335	185930	174334	11596
新疆	1914291	235637	1241147	1174387	66760

6-7 社会商业商品购、销数量

年 份	粮食（万吨）		食用植物油（万吨）		猪和猪肉（万头）		鲜蛋（万吨）	
	国内纯购进	国内纯销售	国内纯购进	国内纯销售	国内纯购进	国内纯销售	国内纯购进	国内纯销售
1952	3101.0	2339.0	77.5	72.5	507.2	343.9	6.5	2.7
1953	3710.5	3066.0	92.5	79.0	888.8	634.3	9.5	4.6
1954	4981.0	3979.5	134.5	86.5	2771.5	2247.2	18.5	7.5
1955	4634.0	3959.0	155.5	111.5	2975.1	2539.8	19.5	9.5
1956	3912.0	4090.5	142.0	127.0	3221.4	2835.9	24.5	14.0
1957	4543.5	4144.0	131.0	111.5	3722.2	3390.2	30.5	17.5
1958	5183.0	4813.5	116.0	113.5	4633.7	3496.7	34.2	18.5
1959	6411.5	5256.5	165.0	110.0	3399.8	2088.1	14.0	7.6
1960	4653.5	5578.5	85.0	112.5	1991.3	1307.2	13.2	5.8
1961	3643.5	4423.0	60.0	69.0	807.1	593.3	9.9	4.0
1962	3218.0	3605.5	51.5	45.5	1779.8	1118.5	17.3	8.2
1963	3657.0	3604.0	64.0	49.0	3615.1	2828.9	27.4	15.5
1964	3988.5	4025.5	91.5	68.0	5916.7	4852.5	35.8	21.9
1965	3922.0	4164.0	103.5	86.5	7859.5	6550.9	48.8	33.7
1966	4141.5	4071.0	104.0	89.0	8644.8	7561.5	53.9	33.9
1967	4137.5	4016.5	98.5	87.5	8749.3	7785.5	48.0	33.8
1968	4040.5	3859.0	89.5	82.5	8347.0	7755.2	38.1	27.0
1969	3845.0	4169.5	88.5	89.0	7661.1	6873.8	41.7	25.4
1970	4649.0	4085.0	88.0	85.5	7562.1	6928.4	45.3	30.3
1971	4382.5	4351.5	96.5	88.0	8816.6	7510.5	48.3	31.7
1972	3853.5	4584.5	91.5	91.5	10526.3	9085.8	46.8	30.7
1973	4840.5	4781.0	94.5	89.5	10195.9	9259.6	47.8	31.0
1974	4689.0	4650.5	95.5	95.0	9843.4	9147.6	45.3	29.5
1975	5261.5	4973.0	100.5	100.5	10281.0	9625.6	46.1	28.9
1976	4914.5	5250.0	88.0	100.0	10350.6	9832.8	45.0	29.8
1977	4767.0	5494.5	86.5	94.0	10320.0	9452.2	46.6	30.4
1978	5072.5	5477.5	110.0	99.0	10849.1	10438.7	55.7	37.3
1979	5757.0	5744.0	146.0	121.5	13004.1	12208.5	83.5	58.4
1980	5707.0	6387.5	185.0	142.5	13392.7	13200.9	76.2	55.2
1981	6323.5	7106.0	265.5	182.5	12497.5	11951.6	70.4	48.6
1982	7208.5	7795.0	293.0	227.5	12963.3	11820.7	74.1	50.6
1983	9673.5	8036.0	255.5	263.5	12617.7	12354.3	76.3	55.3
1984	10748.0	9502.5	282.0	311.0	12211.1	11589.8	85.3	63.5
1985	9061.6	9751.8	377.7	321.9	8373.6	7370.0	63.7	43.5
1986	9614.8	9647.0	367.7	327.0	9036.9	7832.2	61.2	43.0
1987	10202.3	9480.1	381.5	389.0	10422.0	10400.6	86.2	66.3
1988	10201.2	10786.3	315.0	421.7	9852.8	9349.4	91.1	73.3
1989	10451.8	9654.9	312.2	350.6	10402.2	9863.1	94.9	81.6
1990	12256.4	9229.1	379.3	372.0	11138.8	10380.0	93.6	82.1
1991	11627.5	10246.7	405.0	398.0	11837.6	11118.6	107.7	86.0
1992	11146.1	11362.6	337.0	446.2	12525.4	11150.3	93.9	83.5

注：粮食是贸易粮，销售中包括财政供应；食用植物油国内纯购进包括加工豆油、米糠油和玉米胚油。

6-7 续表1

年份	水产品（万吨）		盐（万吨）		食糖（万吨）		卷烟（万箱）	
	国内纯购进	国内纯销售	国内纯购进	国内纯销售	国内纯购进	国内纯销售	国内纯购进	国内纯销售
1952	21.3	20.8	294.2	309.2	18.0	22.5	82.6	121.6
1953	32.3	30.0	362.7	354.8	39.8	52.3	249.5	234.4
1954	70.2	60.8	339.4	303.8	58.2	60.4	377.4	365.2
1955	111.3	104.6	337.5	324.7	70.6	71.6	340.0	345.0
1956	119.0	113.1	358.0	372.3	75.1	85.3	387.7	365.5
1957	117.5	88.2	378.6	350.7	80.3	87.9	443.2	430.8
1958	138.3	117.8	539.6	471.3	82.5	88.2	481.4	470.4
1959	183.2	129.3	653.5	544.0	102.8	82.2	544.2	553.2
1960	183.9	135.6	698.0	749.1	44.9	58.2	443.3	525.2
1961	119.4	101.0	703.0	662.6	36.0	98.3	244.4	236.9
1962	128.6	95.0	714.9	523.8	30.4	92.0	225.8	247.1
1963	145.8	113.3	487.9	402.0	40.0	83.5	324.4	324.3
1964	167.1	127.1	534.6	458.4	100.3	87.5	414.4	391.5
1965	183.1	137.5	652.5	494.2	133.4	112.2	478.8	464.6
1966	193.4	139.7	697.4	521.8	141.2	135.9	538.1	509.3
1967	191.4	118.2	490.0	555.0	133.2	161.9	488.1	530.8
1968	162.0	103.5	480.0	550.0	132.7	174.4	506.8	487.3
1969	160.2	102.0	535.0	610.0	111.1	193.1	681.0	653.6
1970	199.2	135.3	767.7	636.9	119.0	160.4	777.8	666.6
1971	213.5	165.8	798.1	681.2	120.7	170.1	700.3	718.7
1972	239.3	164.6	793.9	682.8	132.8	176.9	741.3	802.7
1973	232.0	173.2	754.6	710.3	163.9	192.5	841.9	877.3
1974	253.1	191.6	784.8	785.2	155.0	203.4	862.6	857.3
1975	255.5	187.1	858.3	863.4	145.4	184.5	986.9	957.6
1976	260.6	214.4	804.6	857.9	140.1	180.4	972.7	1046.9
1977	265.5	207.6	986.5	861.6	154.0	226.8	1189.5	1127.4
1978	265.5	208.3	986.5	881.6	197.2	276.8	1166.2	1164.3
1979	229.6	173.6	928.9	874.4	220.6	306.8	1242.6	1292.8
1980	205.5	171.5	934.8	867.0	229.2	337.5	1390.4	1468.0
1981	185.4	165.0	962.1	859.3	263.1	354.0	1588.5	1594.1
1982	215.5	183.2	941.5	870.2	290.7	393.4	1723.1	1612.6
1983	192.4	165.6	987.6	972.3	349.2	424.8	1795.4	1830.4
1984	163.5	154.0	1010.1	914.9	344.9	459.7	2098.4	2061.0
1985	130.4	119.5	1033.7	957.6	436.4	521.4	2298.7	2231.7
1986	137.0	130.5	1139.3	1027.0	512.5	581.7	2621.5	2373.8
1987	198.4	185.1	1141.7	1033.5	506.5	615.9	2974.2	2597.8
1988	185.2	181.5	1321.7	1279.5	392.6	582.8	3240.8	2577.0
1989	215.9	197.7	1504.4	1070.1	393.8	488.0	3286.7	2491.1
1990	216.4	196.7	1269.7	1051.2	479.0	512.4	3405.8	2413.2
1991	240.0	212.3	1302.4	1050.8	444.7	412.7	3458.9	1967.4
1992	299.6	313.6	1194.5	984.1	466.9	363.9	3529.2	1923.7

注：水产品是干鲜混合品。

6-7 续表2

年份	酒（万吨）		棉布（亿米）		棉花化纤混纺布（亿米）		#涤棉混纺布（亿米）	
	国内纯购进	国内纯销售	国内纯购进	国内纯销售	国内纯购进	国内纯销售	国内纯购进	国内纯销售
1952	38.8	47.7	18.3	25.2				
1953	52.3	60.8	17.0	34.4				
1954	47.3	67.6	23.4	39.4				
1955	43.5	65.8	17.8	41.7				
1956	48.8	76.5	26.5	55.3				
1957	63.3	87.7	31.1	46.0				
1958	89.5	93.6	45.8	57.9				
1959	105.2	123.1	59.7	71.1				
1960	108.3	128.7	44.4	58.5				
1961	55.6	68.7	25.8	21.3				
1962	63.9	70.1	20.4	24.4				
1963	73.2	78.4	28.1	27.7				
1964	84.5	86.8	44.8	36.4				
1965	93.8	93.7	53.9	43.1				
1966	94.6	99.4	58.2	48.2				
1967	91.0	108.2	47.4	53.1				
1968	97.0	98.9	46.9	38.9				
1969	107.5	115.0	67.0	56.7				
1970	122.0	123.3	76.2	66.9				
1971	136.5	139.9	66.7	64.3				
1972	151.4	156.3	62.6	63.0				
1973	161.6	161.3	63.9	60.4				
1974	177.6	175.3	58.7	67.5				
1975	203.3	194.4	69.1	67.9				
1976	188.4	209.4	62.5	68.5				
1977	227.8	226.6	72.2	68.3				
1978	237.7	238.9	72.7	68.4				
1979	290.0	277.5	74.4	70.6				
1980	301.2	303.0	87.7	72.9				
1981	330.2	322.8	82.0	71.0	33.7	22.7	19.3	12.1
1982	337.1	338.8	90.2	66.7	31.2	23.2	18.5	13.3
1983	370.0	374.2	72.8	52.2	32.9	27.4	26.8	19.3
1984	387.7	396.0	49.1	50.7	29.7	25.7	24.6	18.3
1985	383.0	401.6	58.8	54.7	33.0	24.3	26.0	18.9
1986	441.3	459.3	67.3	46.6	29.7	20.7	25.8	16.9
1987	640.2	639.2	69.3	47.5	33.0	22.2	28.6	17.5
1988	655.3	684.1	70.9	49.6	34.8	21.9	30.1	17.4
1989	604.1	644.9	56.1	36.8	27.9	17.4	24.1	13.5
1990	640.5	650.0	49.9	31.7	29.6	13.9	26.3	10.9
1991	730.0	597.5	48.9	24.9	29.8	12.6	25.7	9.4
1992	773.3	631.7	45.7	22.0	26.1	11.3	21.5	8.4

6-7 续表3

年 份	化纤布（亿米）		呢绒（亿米）		绸缎（万米）		针织内衣裤（亿件）	
	国内纯购进	国内纯销售	国内纯购进	国内纯销售	国内纯购进	国内纯销售	国内纯购进	国内纯销售
1952			114.3	159.8	797.5	684.6	0.2	0.3
1953			464.0	338.4	1067.8	1918.0	0.4	0.5
1954			746.8	536.5	2756.7	3238.0	0.9	1.0
1955			937.6	578.4	3447.1	3826.5	1.0	1.0
1956			1336.9	724.1	4699.0	6405.0	1.4	1.7
1957			1735.4	709.4	5318.0	7143.1	2.1	2.0
1958			2136.3	893.2	8659.3	6262.1	3.2	2.8
1959			3388.5	1272.8	14483.0	9288.6	5.0	4.5
1960			3897.7	1023.6	17199.8	9279.8	4.9	5.1
1961			2909.0	784.4	24509.0	6252.1	1.1	1.0
1962	1.2	0.4	3631.8	1351.1	16817.6	7867.0	0.7	1.3
1963	1.5	1.0	4444.2	2389.2	18745.7	9575.8	0.9	1.8
1964	2.2	2.0	4869.1	2701.5	20945.7	9534.9	2.0	1.6
1965	2.9	2.5	4766.7	3292.2	26936.9	10656.7	3.4	2.3
1966	3.9	2.9	3273.4	3177.1	31297.3	12500.3	4.1	3.0
1967	3.7	3.9	2352.5	3820.1	17337.0	24934.2	3.5	3.4
1968	2.7	3.1	3282.0	3594.1	12533.3	22604.2	3.0	2.8
1969	3.3	3.2	3995.0	3947.1	19045.4	18525.9	4.9	4.0
1970	4.6	4.2	4689.8	4306.0	24952.2	23806.8	6.2	4.2
1971	5.2	4.3	4870.8	4444.3	30424.5	22448.3	5.5	4.4
1972	6.5	5.4	4204.4	5027.8	28545.7	24655.1	4.7	4.7
1973	8.7	8.1	4888.1	5661.8	24024.9	27024.7	4.9	4.7
1974	9.3	9.0	5028.9	6212.5	23096.5	24161.5	4.8	5.7
1975	10.1	9.6	5517.9	7330.9	26331.6	25908.5	5.8	6.0
1976	10.5	10.5	5321.2	7710.3	26039.9	27566.7	5.4	6.2
1977	12.5	12.0	6629.6	9819.7	29889.9	30623.9	6.5	6.5
1978	16.8	13.2	7314.8	9307.9	33008.4	28513.4	7.2	7.0
1979	21.6	19.6	6953.5	10935.2	32045.3	32866.6	7.6	8.0
1980	37.0	25.3	9945.5	13503.4	62643.2	40134.2	11.0	8.4
1981	12.5	7.3	10308.6	16055.7	60705.5	41414.4	12.9	9.1
1982	9.1	6.2	11701.6	16325.0	66912.8	37437.8	13.5	9.6
1983	9.0	8.7	11912.3	18472.3	63350.2	44781.8	11.8	9.4
1984	10.2	9.0	16733.6	23016.5	79028.1	57454.6	12.3	10.0
1985	10.7	8.8	20877.3	25614.0	82109.2	60616.0	12.8	10.6
1986	9.6	7.5	21479.5	23260.7	93319.4	55278.5	13.4	10.0
1987	10.7	9.9	21190.8	26419.6	91216.8	61210.7	14.7	11.2
1988	10.2	10.6	20907.0	30001.4	86056.3	68259.0	15.6	11.3
1989	8.3	8.4	15147.6	21527.6	67270.3	51925.2	14.5	9.9
1990	12.6	6.9	16345.3	18272.3	68220.4	47979.2	14.5	8.1
1991	8.9	7.1	17627.1	19294.4	62387.7	45636.6	12.8	7.5
1992	12.3	6.8	17832.2	16455.7	57400.2	40170.0	12.9	6.9

注：化纤布1980年以前包括棉花化纤混纺布；针织内衣裤包括汗衫背心、棉毛衫裤和卫生衫裤。

6-7 续表4

年份	各种服装（亿件）		肥皂（万箱）		洗衣粉（万吨）		缝纫机（万台）	
	国内纯购进	国内纯销售	国内纯购进	国内纯销售	国内纯购进	国内纯销售	国内纯购进	国内纯销售
1952			219.2	199.3			6.0	7.0
1953			319.5	278.0			11.9	11.0
1954			577.9	566.3			23.9	16.4
1955			892.3	668.4			17.1	9.0
1956			1134.6	925.8			20.9	22.6
1957			1058.4	1046.3			27.8	25.1
1958			1210.3	1379.2			64.5	34.0
1959			1707.3	1676.4			63.8	36.2
1960			1504.6	1733.5			86.2	56.4
1961			843.4	1057.9			56.5	64.6
1962			845.9	799.5	2.2	1.6	80.8	67.0
1963			1298.2	1111.5	1.6	1.3	92.4	82.3
1964			1370.4	1155.9	1.8	1.9	99.7	87.6
1965			1461.2	1320.0	1.7	2.3	122.2	87.5
1966			1661.0	1660.0	2.5	2.4	139.6	112.3
1967			1533.7	2064.6	3.0	2.8	105.3	119.1
1968			1763.8	1878.9	3.3	3.2	112.4	96.3
1969			2121.1	2138.8	4.6	4.7	168.1	163.3
1970			2275.7	2201.6	7.3	7.0	208.0	208.4
1971			2262.1	2357.2	7.2	7.1	224.4	229.2
1972			2433.8	2574.3	11.1	10.3	231.5	226.0
1973			2719.6	2680.1	14.1	13.0	255.6	245.1
1974			2710.5	2723.5	15.0	14.9	272.5	253.3
1975			2864.4	3017.7	17.0	17.6	309.5	289.9
1976			2502.5	2883.8	17.0	18.3	312.3	305.0
1977	2.1	2.3	2378.6	2598.0	19.2	19.6	362.7	347.6
1978	2.2	2.4	2624.3	2842.6	25.6	25.0	432.3	424.3
1979	2.5	2.9	3235.7	3234.5	31.3	27.8	488.8	488.6
1980	2.4	2.4	3612.0	3477.0	32.5	29.8	625.0	571.6
1981	1.8	1.9	4121.5	3858.6	39.7	35.7	787.6	731.3
1982	1.4	1.7	3572.7	3674.7	46.1	40.8	975.0	881.2
1983	6.2	5.4	3578.2	4161.7	52.3	48.6	846.7	780.6
1984	6.1	5.1	3897.2	4428.5	61.2	56.0	792.6	822.0
1985	6.6	5.4	3833.9	4109.3	71.6	61.0	838.3	800.8
1986	7.3	4.8	4243.7	4258.7	77.7	69.0	833.7	778.3
1987	10.4	7.3	5123.9	5227.9	82.1	81.9	812.3	801.6
1988	10.9	8.6	4657.8	6228.3	85.0	92.3	754.2	837.7
1989	9.4	8.3	4091.6	4779.8	89.2	78.5	562.1	573.6
1990	9.8	7.7	4193.9	4602.1	96.6	81.5	440.5	476.1
1991	11.7	8.0	3083.2	3645.1	94.0	63.2	491.5	429.7
1992	13.5	8.9	2997.8	3339.3	95.8	62.3	488.8	362.2

6-7 续表5

年份	手表（万只）		自行车（万辆）		半导体收音机（万架）		市场用煤（万吨）	
	国内纯购进	国内纯销售	国内纯购进	国内纯销售	国内纯购进	国内纯销售	国内纯购进	国内纯销售
1952		14.6	9.6	28.2			3057.0	2418.0
1953		40.0	18.9	35.1			2791.0	3093.0
1954	5.3	17.9	35.4	38.3			3585.0	3440.0
1955	4.2	43.7	38.0	50.8			4188.0	3786.0
1956	14.9	131.9	66.3	68.4			4609.0	5024.0
1957	19.6	121.7	80.4	81.4			5412.0	4938.0
1958	3.3	80.3	109.6	92.6			7707.0	7196.0
1959	10.1	66.7	130.0	129.2			9394.0	6962.0
1960	51.1	50.0	174.2	157.7			8458.0	9544.0
1961	61.8	75.1	73.4	73.9			7802.0	7916.0
1962	75.9	99.1	136.8	82.9			7518.0	6962.0
1963	84.0	109.8	147.6	139.5			7623.0	6644.0
1964	93.0	172.5	172.5	147.1	26.3	15.7	7521.0	7297.0
1965	100.0	189.1	183.6	172.4	49.6	40.6	7394.0	7525.0
1966	119.6	229.3	204.5	210.8	56.1	56.9	7243.0	7793.0
1967	116.0	176.8	150.6	175.1	59.0	53.3	5438.0	7261.0
1968	156.0	181.1	174.6	143.9	75.5	59.4	6015.0	6202.0
1969	228.6	164.5	268.4	248.6	184.6	129.8	6405.0	6715.0
1970	320.8	234.1	338.0	325.9	258.3	158.1	7529.0	7020.0
1971	395.5	407.0	377.7	350.9	182.6	166.0	7522.0	7573.0
1972	484.0	531.4	399.8	415.8	267.2	339.5	7791.0	7980.0
1973	548.5	636.7	443.4	436.2	418.1	334.5	7613.0	7803.0
1974	634.8	736.8	461.3	447.9	597.6	361.2	7322.0	7564.0
1975	743.5	782.7	562.6	547.5	722.3	501.8	8782.0	8203.0
1976	862.3	1002.6	607.7	598.9	737.6	606.7	8304.7	8674.8
1977	1005.7	1051.2	680.3	657.9	812.6	755.3	9626.9	9190.9
1978	1167.4	1286.5	816.7	801.8	900.7	1130.9	10034.0	9589.4
1979	1331.2	1592.6	874.3	894.7	1181.3	1485.8	10539.2	10096.6
1980	1655.1	1926.5	1122.8	1043.0	2209.7	2098.0	11349.0	11090.0
1981	2199.9	2176.3	1378.4	1232.3	2768.1	1974.0	11899.2	11301.9
1982	2973.2	2839.7	1870.4	1699.4	1201.3	1967.1	12955.7	12246.7
1983	3103.5	3002.3	2184.7	2043.9	1379.1	1705.4	13337.3	12615.6
1984	3544.8	3687.1	2315.6	2222.0	1492.9	1519.1	14706.2	13529.5
1985	4543.7	4610.7	2568.2	2372.3	1178.3	1349.0	14965.0	13764.7
1986	4352.7	3623.6	2828.7	2619.7	1133.7	988.8	15362.3	14574.8
1987	4030.3	4329.6	3170.5	2783.0	1239.6	930.4	16633.2	15965.0
1988	3840.5	4345.1	3031.2	3229.1	934.8	894.4	16083.7	16975.3
1989	3417.5	3646.2	2463.5	2459.4	891.8	893.5	17848.9	15364.4
1990	3302.9	3091.3	2308.2	2327.2	936.6	801.4	16698.1	14898.4
1991	2513.8	2932.8	2839.0	2266.4	872.2	808.4	25177.2	23229.6
1992	2259.7	3170.4	3142.1	2374.2	710.3	749.8	25619.4	23715.0

6-7 续表6

年 份	电冰箱（万台）		电风扇（万台）		洗衣机（万台）	
	国内纯购进	国内纯销售	国内纯购进	国内纯销售	国内纯购进	国内纯销售
1983			320.0	302.0	144.4	138.5
1984	19.8	25.1	731.4	589.9	290.2	289.3
1985	62.2	116.9	1812.9	1440.9	465.1	498.0
1986	112.5	143.7	1954.7	1566.3	545.1	568.6
1987	256.0	258.1	2281.6	1989.7	684.8	677.2
1988	348.7	419.1	2011.4	2818.0	728.4	880.7
1989	286.1	335.4	2138.3	2229.2	485.2	509.3
1990	283.1	325.8	2865.4	2324.7	437.3	456.8
1991	333.0	331.1	3797.5	2295.2	536.7	475.2
1992	375.6	344.9	3028.1	2258.5	573.3	499.0

6-7 续表7

年 份	电视机（万架）		#彩色电视机（万架）		录音机（万架）	
	国内纯购进	国内纯销售	国内纯购进	国内纯销售	国内纯购进	国内纯销售
1967	0.5	0.2				
1968	0.2	0.1				
1969	0.4	0.4				
1970	0.6	0.7				
1971	1.5	1.5				
1972	2.7	2.3				
1973	6.5	5.2				
1974	9.4	7.6				
1975	16.3	10.7				
1976	16.0	20.9				
1977	24.2	24.4				
1978	44.9	50.0				
1979	94.2	141.9				
1980	131.4	246.3			26.3	87.2
1981	216.6	356.2			50.0	78.2
1982	287.5	410.4			101.6	98.3
1983	439.0	461.2			191.0	174.0
1984	667.5	694.6	58.8	92.3	340.0	336.1
1985	906.2	1057.8	140.0	322.9	669.9	654.2
1986	874.6	1019.2	235.9	352.7	757.4	711.1
1987	1305.5	1289.2	375.8	351.2	879.0	1022.8
1988	1381.9	1610.8	368.6	408.6	998.7	1226.2
1989	1228.9	1211.3	347.1	358.1	681.7	906.7
1990	1402.2	1297.3	488.2	514.6	640.2	735.0
1991	1609.5	1317.2	626.0	566.2	669.7	760.4
1992	1669.8	1298.8	663.4	582.9	587.3	748.5

6-8 社会商业商品购、销数量

（1992年，按季分）

商品名称和指标		全　年	一季度	二季度	三季度	四季度
粮　食（万吨）	国内纯购进	11146.1	1831.1	2395.9	2910.7	4008.4
	国内纯销售	11362.6	4062.7	2069.4	2319.6	2910.9
食用植物油（万吨）	国内纯购进	337.0	58.0	113.5	64.7	100.8
	国内纯销售	446.2	120.7	79.0	104.2	142.3
猪和猪肉（万头）	国内纯购进	12525.4	3166.0	3399.5	2777.1	3182.8
	国内纯销售	11150.3	3051.6	2613.7	2601.9	2883.1
鲜　蛋（万吨）	国内纯购进	93.9	24.1	28.3	21.1	20.4
	国内纯销售	83.5	24.4	20.9	18.9	19.3
水产品（万吨）	国内纯购进	299.6	72.5	71.7	69.3	86.1
	国内纯销售	313.6	85.2	73.9	70.8	83.7
盐（万吨）	国内纯购进	1194.5	277.5	301.0	287.4	328.6
	国内纯销售	984.1	250.5	245.4	229.9	258.3
食　糖（万吨）	国内纯购进	466.9	122.9	102.5	141.2	100.3
	国内纯销售	363.9	93.0	79.6	106.8	84.5
卷　烟（万箱）	国内纯购进	3529.2	832.8	862.0	872.1	962.3
	国内纯销售	1923.7	527.8	433.7	479.6	482.6
酒（万吨）	国内纯购进	773.3	175.6	210.9	210.7	176.1
	国内纯销售	631.7	149.0	156.3	176.7	149.7
棉　布（亿米）	国内纯购进	45.7	11.0	12.0	11.7	11.0
	国内纯销售	22.0	6.0	5.7	4.9	5.4
棉花化纤混纺布（亿米）	国内纯购进	26.1	6.3	7.1	6.6	6.1
	国内纯销售	11.3	2.9	3.1	2.6	2.7
#涤棉混纺布（亿米）	国内纯购进	21.5	5.1	5.9	5.5	5.0
	国内纯销售	8.4	2.1	2.3	2.0	2.0
化纤布（亿米）	国内纯购进	12.3	2.5	3.0	3.2	3.6
	国内纯销售	6.8	1.7	1.6	1.7	1.8
呢　绒（万米）	国内纯购进	17832.2	3921.3	3992.2	4158.2	5760.5
	国内纯销售	16455.7	5008.3	3585.9	3035.1	4826.4
绸　缎（万米）	国内纯购进	57400.2	12407.7	14987.1	12557.5	17447.9
	国内纯销售	40170.0	9639.6	11094.9	9835.8	9599.7
针织内衣裤（亿件）	国内纯购进	12.9	3.1	3.5	3.2	3.1
	国内纯销售	6.9	1.7	1.9	1.7	1.6
各种服装（亿件）	国内纯购进	13.5	3.1	3.4	3.3	3.7
	国内纯销售	8.9	2.2	2.3	2.1	2.3
火　柴（万件）	国内纯购进	1582.2	440.8	386.7	378.7	376.0
	国内纯销售	2057.0	525.6	462.2	520.4	548.8
肥　皂（万箱）	国内纯购进	2997.8	752.5	762.0	781.5	701.8
	国内纯销售	3339.3	795.7	827.2	910.6	805.8
洗衣粉（万吨）	国内纯购进	95.8	21.2	26.6	21.9	26.1
	国内纯销售	62.3	16.2	15.5	15.6	15.0
缝纫机（万架）	国内纯购进	488.8	139.0	113.6	113.5	122.7
	国内纯销售	362.2	122.4	71.3	73.6	94.9

6-8 续表1 (1992年，按季分)

商品名称和指标		全年	一季度	二季度	三季度	四季度
手　表	国内纯购进	2259.7	514.8	584.0	595.4	565.5
（万只）	国内纯销售	3170.4	852.4	704.9	779.6	833.5
自行车	国内纯购进	3142.1	692.6	791.2	827.3	831.0
（万辆）	国内纯销售	2374.2	618.8	533.8	627.5	594.1
半导体收音机	国内纯购进	710.3	174.8	167.8	154.1	213.6
（万部）	国内纯销售	749.8	210.0	174.4	170.3	195.1
电视机	国内纯购进	1669.8	508.5	344.5	372.7	444.1
（万部）	国内纯销售	1298.8	542.0	230.6	227.0	299.2
#彩色电视机	国内纯购进	663.4	210.8	144.4	132.0	176.2
（万部）	国内纯销售	582.9	226.2	106.9	109.6	140.2
录音机	国内纯购进	587.3	173.6	136.9	106.2	170.6
（万部）	国内纯销售	748.5	231.4	151.3	156.4	209.4
录相机	国内纯购进	83.9	27.9	20.7	17.1	18.2
（万部）	国内纯销售	145.2	48.6	31.4	31.1	34.1
照相机	国内纯购进	100.3	21.3	32.8	23.3	22.9
（万台）	国内纯销售	154.4	33.8	41.5	41.4	37.7
电风扇	国内纯购进	3028.1	491.6	1447.2	837.3	252.0
（万台）	国内纯销售	2258.5	163.9	783.8	1095.1	215.7
洗衣机	国内纯购进	573.3	171.7	143.3	112.7	145.6
（万台）	国内纯销售	499.0	170.6	111.3	81.4	135.7
电冰箱	国内纯购进	375.6	79.3	116.5	105.1	74.7
（万台）	国内纯销售	344.9	82.0	106.4	95.7	60.8
煤　炭	国内纯购进	25619.4	5907.4	6904.6	6264.5	6542.9
（万吨）	国内纯销售	23715.0	5686.9	6068.9	5558.6	6400.6
*化学肥料	国内纯购进	7284.4	1785.5	2078.0	1840.8	1580.1
（万吨）	国内纯销售	10119.4	2068.8	3611.0	2568.3	1871.3
*化学农药	国内纯购进	50.5	11.9	18.3	13.3	7.0
（万吨）	国内纯销售	53.8	4.9	21.7	22.4	4.8
*手扶拖拉机	国内纯购进	48.0	12.4	16.7	9.6	9.3
（万台）	国内纯销售	39.7	10.8	13.8	8.0	7.1
*手扶拖拉机	国内纯购进	380.3	98.3	130.9	77.3	73.8
（万千瓦）	国内纯销售	313.6	84.4	107.6	64.3	57.3
*小四轮拖拉机	国内纯购进	52.9	14.7	18.6	10.1	9.5
（万台）	国内纯销售	50.5	16.0	17.1	8.8	8.6
*小四轮拖拉机	国内纯购进	516.3	147.3	185.2	96.4	91.0
（万千瓦）	国内纯销售	507.3	158.0	172.3	89.2	87.8
*农用动力机械	国内纯购进	184.6	38.5	59.5	47.9	38.7
（万台）	国内纯销售	138.3	28.7	47.1	35.5	27.0
*农用动力机械	国内纯购进	1521.2	322.0	464.8	394.4	340.0
（万千瓦）	国内纯销售	1154.7	248.3	392.7	288.7	225.0
*棉　花	国内纯购进	363.2	34.6	17.6	30.7	280.3
（万吨）	国内纯销售	366.8	100.1	106.5	86.0	74.2

注:带*号商品是国有商业和供销合作社数字（下同）。

6-9 社会商业商品购、销数量

（1992年，按月分）

商品名称和指		全　年	1　月	2　月	3　月	4　月	5　月	6　月
粮　食	国内纯购进	11146.1	616.4	465.5	749.2	419.0	421.2	1555.7
（万吨）	国内纯销售	11362.6	848.5	1046.5	2167.7	636.6	628.1	804.7
食用植物油	国内纯购进	337.0	19.8	17.6	20.6	13.8	19.6	80.1
（万吨）	国内纯销售	446.2	32.9	42.6	45.2	24.5	24.2	30.3
猪和猪肉	国内纯购进	12525.4	1149.1	1027.9	989.0	1080.9	1202.2	1116.4
（万头）	国内纯销售	11150.3	1036.1	1028.6	986.9	850.6	890.0	873.1
鲜　蛋	国内纯购进	93.9	7.9	7.4	8.8	10.0	9.9	8.4
（万吨）	国内纯销售	83.5	10.3	7.2	6.9	7.2	7.1	6.6
水产品	国内纯购进	299.6	26.6	23.4	22.5	24.9	23.8	23.0
（万吨）	国内纯销售	313.6	28.4	31.2	25.6	26.2	24.5	23.2
盐	国内纯购进	1194.5	88.0	95.4	94.1	97.7	109.2	94.1
（万吨）	国内纯销售	984.1	86.1	86.1	78.3	79.8	82.9	82.7
食　糖	国内纯购进	466.9	32.5	42.4	48.0	31.1	34.7	36.7
（万吨）	国内纯销售	363.9	31.2	33.8	28.0	25.3	26.1	28.2
卷　烟	国内纯购进	3529.2	262.4	281.5	288.9	302.1	289.5	270.4
（万箱）	国内纯销售	1923.7	173.3	186.2	168.3	147.7	144.8	141.2
酒	国内纯购进	773.3	53.0	61.6	61.0	64.4	68.6	77.9
（万吨）	国内纯销售	631.7	47.1	54.3	47.6	46.2	51.2	58.9
棉　布	国内纯购进	45.7	4.3	3.0	3.7	3.8	4.2	4.0
（亿米）	国内纯销售	22.0	2.2	1.9	1.9	1.9	1.9	1.9
棉花化纤混纺	国内纯购进	26.1	2.3	1.8	2.2	2.3	2.4	2.4
（亿米）	国内纯销售	11.3	1.0	0.9	1.0	1.0	1.0	1.1
#涤棉混纺布	国内纯购进	21.5	1.7	1.5	1.9	2.0	2.0	1.9
（亿米）	国内纯销售	8.4	0.7	0.7	0.7	0.8	0.8	0.7
化纤布	国内纯购进	12.3	1.0	0.7	0.8	0.8	1.1	1.1
（亿米）	国内纯销售	6.8	0.7	0.6	0.4	0.5	0.5	0.6
呢　绒	国内纯购进	17832.2	1657.4	1031.4	1232.5	1408.3	1300.3	1283.6
（万米）	国内纯销售	16455.7	2046.0	1561.1	1401.2	1334.7	1207.4	1043.8
绸　缎	国内纯购进	57400.2	4846.1	3243.7	4317.9	5471.7	4960.4	4555.0
（万米）	国内纯销售	40170.0	3621.2	2921.1	3097.3	3496.9	3663.9	3934.1
针织内衣裤	国内纯购进	12.9	1.1	0.9	1.1	1.2	1.1	1.2
（亿件）	国内纯销售	6.9	0.5	0.5	0.7	0.4	0.7	0.8
各种服装	国内纯购进	13.5	1.0	1.0	1.1	1.1	1.2	1.1
（亿件）	国内纯销售	8.9	0.8	0.8	0.6	0.7	0.8	0.8
火　柴	国内纯购进	1582.2	202.6	109.6	128.6	142.6	125.3	118.8
（万件）	国内纯销售	2057.0	197.1	163.4	165.1	155.2	153.6	153.4
肥　皂	国内纯购进	2997.8	223.9	232.8	295.8	277.0	239.2	245.8
（万箱）	国内纯销售	3339.3	286.8	257.2	251.7	264.2	276.4	286.6
洗衣粉	国内纯购进	95.8	5.6	6.9	8.7	8.2	8.3	10.1
（万吨）	国内纯销售	62.3	5.6	5.2	5.4	4.9	5.4	5.2
缝纫机	国内纯购进	488.8	51.3	40.0	47.7	46.1	35.7	31.8
（万架）	国内纯销售	362.2	42.2	45.5	34.7	26.0	24.2	21.1

6-9 续表1　　　　　　　　　　　　　　　（1992年，按月分）

商品名称和指标		7　月	8　月	9　月	10　月	11月	12　月
粮　食	国内纯购进	962.2	985.0	963.5	692.4	1182.4	2133.6
（万吨）	国内纯销售	729.7	714.1	875.8	871.9	840.1	1198.9
食用植物油	国内纯购进	29.2	17.2	18.3	21.0	28.7	51.1
（万吨）	国内纯销售	28.6	35.7	39.9	42.0	41.2	59.1
猪和猪肉	国内纯购进	962.3	897.8	917.0	919.7	1026.2	1236.9
（万头）	国内纯销售	862.3	846.7	892.9	876.4	954.2	1052.5
鲜　蛋	国内纯购进	8.0	7.3	5.8	6.8	7.6	6.0
（万吨）	国内纯销售	6.4	6.4	6.1	6.6	6.5	6.2
水产品	国内纯购进	22.5	21.5	25.3	27.8	28.3	30.0
（万吨）	国内纯销售	23.0	23.3	24.5	27.2	28.3	28.2
盐	国内纯购进	91.8	94.0	101.6	105.2	98.9	124.5
（万吨）	国内纯销售	72.6	72.8	84.5	81.1	84.0	93.2
食　糖	国内纯购进	40.9	46.0	54.3	26.9	29.0	44.4
（万吨）	国内纯销售	31.8	39.2	35.8	27.4	26.7	30.4
卷　烟	国内纯购进	275.0	285.8	311.3	324.4	336.7	301.2
（万箱）	国内纯销售	147.7	174.4	157.5	157.1	161.6	163.9
酒	国内纯购进	71.7	68.8	70.2	65.3	55.0	55.8
（万吨）	国内纯销售	59.6	58.1	59.0	56.0	47.2	46.5
棉　布	国内纯购进	4.1	4.1	3.5	3.8	3.5	3.7
（亿米）	国内纯销售	1.7	1.7	1.5	1.7	1.7	2.0
棉花化纤混纺布	国内纯购进	2.2	2.5	1.9	1.9	1.9	2.3
（亿米）	国内纯销售	1.0	0.9	0.7	0.8	0.9	1.0
#涤棉混纺布	国内纯购进	1.8	2.1	1.6	1.7	1.4	1.9
（亿米）	国内纯销售	0.8	0.7	0.5	0.6	0.7	0.7
化纤布	国内纯购进	1.3	1.0	0.9	1.0	1.1	1.5
（亿米）	国内纯销售	0.6	0.5	0.6	0.6	0.6	0.6
呢　绒	国内纯购进	1247.8	1421.9	1488.5	1725.0	1702.5	2333.0
（万米）	国内纯销售	933.5	943.3	1158.3	1511.9	1552.7	1761.8
绸　缎	国内纯购进	4825.8	4374.8	3356.9	4791.0	5044.5	7612.4
（万米）	国内纯销售	3737.1	3225.6	2873.1	3109.0	3106.4	3384.3
针织内衣裤	国内纯购进	1.1	1.3	0.8	0.9	0.9	1.3
（亿件）	国内纯销售	0.6	0.6	0.5	0.5	0.6	0.5
各种服装	国内纯购进	1.0	1.2	1.1	1.3	1.1	1.3
（亿件）	国内纯销售	0.7	0.7	0.7	0.7	0.8	0.8
火　柴	国内纯购进	127.3	126.3	125.1	131.5	114.2	130.3
（万件）	国内纯销售	164.7	170.5	185.2	162.6	170.6	215.6
肥　皂	国内纯购进	252.0	262.0	267.5	266.4	223.1	212.3
（万箱）	国内纯销售	297.2	317.1	296.3	284.4	266.7	254.7
洗衣粉	国内纯购进	7.0	7.5	7.4	6.5	8.9	10.7
（万吨）	国内纯销售	5.3	5.1	5.2	4.9	4.8	5.3
缝纫机	国内纯购进	36.9	35.1	41.5	39.1	38.4	45.2
（万架）	国内纯销售	23.0	24.3	26.3	26.9	31.8	36.2

6-9 续表2 （1992年，按月分）

商品名称和指标		全 年	1 占	2 月	3 月	4 月	5 月	6 月
手 表	国内纯购进	2259.7	151.8	146.3	216.7	201.2	160.2	222.6
（万只）	国内纯销售	3170.4	282.9	313.9	255.6	236.6	227.9	240.4
自行车	国内纯购进	3142.1	196.1	245.6	250.9	253.8	254.4	283.0
（万辆）	国内纯销售	2374.2	183.2	236.7	198.9	180.3	178.4	175.1
半导体收音机	国内纯购进	710.3	62.0	60.2	52.6	61.3	54.1	52.4
（万部）	国内纯销售	749.8	68.0	76.5	65.5	60.0	59.1	55.3
电视机	国内纯购进	1669.8	176.7	183.4	148.4	124.3	115.6	104.6
（万部）	国内纯销售	1298.8	181.3	234.3	126.4	86.6	75.6	68.4
#彩色电视机	国内纯购进	663.4	74.6	79.9	56.3	52.5	48.5	43.4
（万部）	国内纯销售	582.9	81.4	93.1	51.7	39.4	35.8	31.7
录音机	国内纯购进	587.3	69.4	50.3	53.9	56.6	44.9	35.4
（万部）	国内纯销售	748.5	78.7	86.0	66.7	55.8	51.1	44.4
录相机	国内纯购进	83.9	8.5	9.9	9.5	7.7	7.0	6.0
（万部）	国内纯销售	145.2	16.0	19.1	13.5	11.1	11.2	9.1
照相机	国内纯购进	100.3	8.0	5.8	7.5	14.8	9.3	8.7
（万台）	国内纯销售	154.4	10.4	12.8	10.6	13.3	14.4	13.8
电风扇	国内纯购进	3028.1	88.4	138.2	265.0	381.4	511.4	554.4
（万台）	国内纯销售	2258.5	58.0	50.0	55.9	104.7	242.9	436.2
洗衣机	国内纯购进	573.3	59.0	54.4	58.3	52.6	45.2	45.5
（万台）	国内纯销售	499.0	59.0	62.3	49.3	42.7	38.4	30.2
电冰箱	国内纯购进	375.6	21.1	26.7	31.5	33.0	39.8	43.7
（万台）	国内纯销售	344.9	25.6	30.9	25.5	29.0	37.5	39.9
煤 炭	国内纯购进	25619.	1785.5	1835.8	2286.1	2157.4	2322.3	2424.9
（万吨）	国内纯销售	23715.	1891.7	1658.4	2136.8	1938.1	1853.1	2277.7
*化学肥料	国内纯购进	7284.4	398.8	607.9	778.8	743.7	693.3	641.0
（万吨）	国内纯销售	10119.	309.9	574.8	1184.1	1308.9	1200.9	1101.2
*化学农药	国内纯购进	50.5	1.9	4.0	6.0	5.6	6.3	6.4
（万吨）	国内纯销售	53.8	0.7	1.2	3.0	5.0	7.7	9.0
*手扶拖拉机	国内纯购进	48.0	2.7	3.7	6.0	6.2	5.4	5.1
（万台）	国内纯销售	39.7	2.2	3.5	5.1	5.1	4.7	4.0
*手扶拖拉机	国内纯购进	380.3	22.9	29.5	45.9	47.9	42.2	40.8
（万千瓦）	国内纯销售	313.6	17.7	27.2	39.5	38.7	36.7	32.2
*小四轮拖拉机	国内纯购进	52.9	2.7	4.7	7.3	7.3	5.6	5.7
（万台）	国内纯销售	50.5	3.2	5.3	7.5	6.6	5.7	4.8
*小四轮拖拉机	国内纯购进	516.3	25.9	45.7	72.1	73.0	55.9	56.3
（万千瓦）	国内纯销售	507.3	32.0	52.3	73.7	66.0	57.5	48.8
*农用动力机械	国内纯购进	184.6	9.1	12.0	17.4	19.2	20.3	20.0
（万台）	国内纯销售	138.3	5.9	8.8	14.0	16.2	14.5	16.4
*农用动力机械	国内纯购进	1521.2	76.2	98.5	147.3	154.1	149.1	161.6
（万千瓦）	国内纯销售	1154.7	51.9	76.4	120.0	133.1	129.0	130.6
*棉 花	国内纯购进	363.2	14.0	11.2	9.4	9.6	2.1	5.9
（万吨）	国内纯销售	366.8	29.4	35.5	35.2	36.1	31.6	38.8

6-9 续表3 （1992年，按月分）

商品名称和指标		7 月	8 月	9 月	10 月	11月	12 月
手 表 （万只）	国内纯购进 国内纯销售	179.0 241.9	184.8 245.4	231.6 292.3	181.0 274.9	182.3 264.0	202.2 294.6
自行车 （万辆）	国内纯购进 国内纯销售	240.9 182.7	295.7 217.1	290.7 227.7	306.7 212.4	256.4 191.2	267.9 190.5
半导体收音机 （万部）	国内纯购进 国内纯销售	51.9 55.4	46.7 54.9	55.5 60.0	83.0 63.3	59.8 67.0	70.8 64.8
电视机 （万部）	国内纯购进 国内纯销售	111.9 70.9	129.3 73.9	131.5 82.2	133.6 88.2	139.8 96.5	170.7 114.5
#彩色电视机 （万部）	国内纯购进 国内纯销售	37.9 33.5	43.6 34.5	50.5 41.6	55.8 44.8	61.6 44.5	58.8 50.9
录音机 （万部）	国内纯购进 国内纯销售	32.6 46.3	30.2 48.6	43.4 61.5	54.9 65.3	51.4 64.3	64.3 79.8
录相机 （万部）	国内纯购进 国内纯销售	6.1 10.0	4.7 9.7	6.3 11.4	7.0 11.5	6.2 10.7	5.0 11.9
照相机 （万台）	国内纯购进 国内纯销售	8.7 13.3	7.1 14.2	7.5 13.9	7.7 14.6	6.0 11.1	9.2 12.0
电风扇 （万台）	国内纯购进 国内纯销售	424.9 519.8	269.1 395.3	143.3 180.0	81.1 88.9	84.3 63.0	86.6 63.8
洗衣机 （万台）	国内纯购进 国内纯销售	36.9 24.8	37.0 24.4	38.8 32.2	45.2 40.2	46.9 44.0	53.5 51.5
电冰箱 （万台）	国内纯购进 国内纯销售	42.0 37.0	33.5 30.5	29.6 28.2	25.8 23.1	25.2 18.7	23.7 19.0
煤 炭 （万吨）	国内纯购进 国内纯销售	2099.9 1878.2	2058.4 1740.8	2106.2 1939.6	2088.9 1958.0	2049.5 2079.5	2404.5 2363.1
*化学肥料 （万吨）	国内纯购进 国内纯销售	660.7 1062.9	602.6 833.9	577.5 671.5	568.1 902.7	507.4 505.2	504.6 463.4
*化学农药 （万吨）	国内纯购进 国内纯销售	5.6 9.3	5.0 8.4	2.7 4.7	1.7 2.3	3.6 1.4	1.7 1.1
*手扶拖拉机 （万台）	国内纯购进 国内纯销售	3.5 2.6	2.8 2.2	3.3 3.2	3.5 3.0	2.8 2.3	3.0 1.8
*手扶拖拉机 （万千瓦）	国内纯购进 国内纯销售	28.6 20.9	22.8 18.5	25.9 24.9	27.5 23.0	23.1 19.0	23.2 15.3
*小四轮拖拉机 （万台）	国内纯购进 国内纯销售	3.5 2.6	3.2 2.7	3.4 3.5	3.5 3.1	2.6 2.8	3.4 2.7
*小四轮拖拉机 （万千瓦）	国内纯购进 国内纯销售	33.2 26.1	29.9 27.1	33.3 36.0	34.6 31.6	24.1 27.7	32.3 28.5
*农用动力机械 （万台）	国内纯购进 国内纯销售	18.4 14.6	15.4 11.2	14.1 9.7	13.2 10.1	13.4 9.5	12.1 7.4
*农用动力机械 （万千瓦）	国内纯购进 国内纯销售	138.2 111.3	128.0 90.2	128.2 87.2	116.0 84.7	119.6 74.8	104.4 65.5
*棉 花 （万吨）	国内纯购进 国内纯销售	3.6 34.2	0.2 38.8	26.9 13.0	118.6 13.7	103.2 23.1	58.5 37.4

6-10 各地区社会商业商品购、销数量

地　　区	粮食（吨）				食用植物油（吨）			
	国内纯购进		国内纯销售		国内纯购进		国内纯销售	
	1992年	1992年为1991年%	1992年	1992年为1991年%	1992年	1992年为1991年%	1992年	1992年为1991年%
全国总计	**111460565**	**95.9**	**113625786**	**111.0**	**3370302**	**83.3**	**4462343**	**112.2**
北　京	1702695	137.9	4299510	122.3	25576	118.3	101077	89.8
天　津	551544	85.7	1954662	115.4	16610	129.5	131441	99.5
河　北	7754034	96.5	6035874	128.0	194277	73.6	255412	107.9
山　西	2579712	92.1	2926642	104.7	57299	61.0	87828	78.4
内蒙古	2685644	84.1	3174980	128.5	86430	68.3	97867	142.9
辽　宁	7257737	81.4	7117519	92.6	138202	73.2	189307	87.0
吉　林	11853452	107.9	5584576	93.7	170898	85.5	173310	111.7
黑龙江	8430891	82.9	5387594	100.7	57572	42.7	197599	89.2
上　海	534742	68.4	3363838	112.1	97264	154.3	174745	79.3
江　苏	7324696	141.5	6333182	108.7	235082	92.9	321117	136.4
浙　江	3289486	109.3	4720152	127.0	140984	139.4	226519	164.6
安　徽	6352425	131.9	7819930	173.3	271062	107.7	264500	199.0
福　建	1562204	96.1	2499552	106.1	45373	105.9	93646	115.3
江　西	3753130	77.6	2060442	88.8	52059	84.7	82117	107.4
山　东	8298392	91.1	6621639	85.4	299924	71.4	330989	77.7
河　南	8680222	103.6	6761739	105.6	286195	77.6	311313	114.0
湖　北	5663278	70.8	4726425	114.7	131103	60.5	197467	100.9
湖　南	3330040	103.1	4031817	126.5	104021	96.0	106841	108.3
广　东	2377845	75.6	5657313	102.1	85540	115.8	197601	91.5
广　西	1797585	98.0	3504203	139.5	44264	189.5	61416	139.0
海　南	176369	78.6	267408	83.8	4826	104.0	7569	108.0
四　川	6118749	84.4	7003253	106.2	400927	73.3	436326	171.0
贵　州	815305	119.7	1589810	111.7	120078	77.7	76358	162.1
云　南	1541433	116.0	2020890	86.4	40864	103.2	52835	111.6
西　藏	123306		254632		10507		6987	
陕　西	2739406	103.7	3931850	158.2	81133	102.6	140454	146.9
甘　肃	1707128	124.2	1756841	112.6	48398	111.2	46357	109.5
青　海	179183	76.1	410805	95.8	18428	70.6	16899	118.9
宁　夏	476564	86.6	382192	109.2	2092	23.5	5918	66.5
新　疆	1803368	89.7	1426516	101.6	103314	87.8	70528	109.4

6-10 续表1

地区	猪和猪肉（百头）				鲜蛋（吨）			
	国内纯购进		国内纯销售		国内纯购进		国内纯销售	
	1992年	1992年为1991年%	1992年	1992年为1991年%	1992年	1992年为1991年%	1992年	1992年为1991年%
全国总计	**1252541**	**105.8**	**1115026**	**100.4**	**938760**	**87.1**	**835030**	**97.1**
北京	30582	105.8	38810	88.6	110909	99.0	77209	74.7
天津	3120	86.5	15362	73.7	25389	30.0	20977	30.8
河北	35861	78.3	35528	80.3	30052	34.7	28831	106.4
山西	7873	108.6	15626	122.8	7737	76.4	8881	96.9
内蒙古	2704	74.1	7435	118.8	6200	162.9	5309	332.2
辽宁	30419	94.1	40107	101.0	55520	114.0	107501	173.0
吉林	11415	90.3	13218	89.6	17080	121.5	19285	123.0
黑龙江	15603	91.5	21162	117.6	11563	100.8	17019	105.7
上海	37291	99.3	58275	83.4	82536	65.1	84095	73.5
江苏	92931	99.3	85070	102.2	93446	91.8	66861	104.0
浙江	75574	117.6	59560	102.8	59484	112.9	42751	90.9
安徽	43824	112.0	42227	115.0	23560	99.0	21458	104.9
福建	34045	99.9	32462	105.7	40442	117.3	33984	109.0
江西	36477	92.8	23419	115.1	9187	92.5	9304	96.0
山东	37587	102.6	25100	85.4	13082	104.6	12434	93.8
河南	61686	107.8	53652	117.0	63713	104.1	51189	116.6
湖北	49669	98.4	51488	96.9	77372	101.7	36235	104.9
湖南	106242	96.6	77411	112.0	54482	112.2	25268	126.3
广东	206904	156.0	175974	103.9	81315	96.6	98631	95.8
广西	78048	119.9	64894	111.2	20119	141.8	20639	122.7
海南	11407	114.1	12408	102.3	4780	106.6	5027	110.4
四川	183466	92.0	106293	91.5	4813	37.0	6729	76.2
贵州	12066	110.2	11673	126.6	13722	292.6	14285	283.6
云南	17142	97.0	18556	99.5	9828	89.2	7203	92.6
西藏	514		785		193		595	
陕西	14207	93.2	5633	66.0	10226	76.7	1449	81.7
甘肃	10030	80.4	13190	104.6	4831	85.5	3400	208.1
青海	2072	87.3	3484	106.3	2600	127.0	3376	124.1
宁夏	617	59.4	899	73.6	189	135.0	181	132.1
新疆	3165	107.6	5325	106.8	4390	85.0	4924	85.0

6-10 续表2

地区	水产品（吨）				盐（吨）			
	国内纯购进		国内纯销售		国内纯购进		国内纯销售	
	1992年	1992年为1991年%	1992年	1992年为1991年%	1992年	1992年为1991年%	1992年	1992年为1991年%
全国总计	**2996374**	**124.8**	**3135639**	**147.7**	**11944955**	**91.7**	**9841346**	**93.7**
北京	6860	86.8	21168	81.1	205198	111.5	162885	104.8
天津	40117	95.6	57982	107.3	112845	106.0	96598	98.0
河北	41922	124.5	37002	97.5	490353	103.1	369863	103.2
山西	6554	137.7	11476	122.8	9696	144.6	220190	96.5
内蒙古	6700	225.4	18540	178.6	209259	113.7	143362	88.6
辽宁	241203	102.0	225716	112.2	638583	157.9	308520	109.2
吉林	34502	101.2	66128	97.9	206583	94.8	193660	97.4
黑龙江	21339	80.5	83247	105.8	200704	74.0	341119	86.4
上海	232993	88.8	203773	101.3	1351	258.3	181641	92.6
江苏	140990	109.6	170334	114.2	636073	98.2	553881	100.7
浙江	441290	110.6	276167	119.7	536739	107.4	921900	97.9
安徽	59053	140.7	65161	147.9	439447	97.2	460328	101.3
福建	242955	127.3	174066	101.2	575221	101.1	201366	93.2
江西	22546	100.9	26017	118.2	154489	103.3	197500	93.9
山东	250549	113.8	175396	116.6	481524	88.1	355113	86.8
河南	13205	182.2	21008	125.3	1229868	122.0	1095344	104.2
湖北	123895	131.4	520871	755.2	678121	80.9	404690	108.1
湖南	336791	1180.3	36440	118.8	490334	109.6	345393	101.0
广东	585459	117.8	791854	195.9	673422	91.6	490202	94.9
广西	66917	149.6	44566	109.9	172778	137.8	249609	87.4
海南	35635	90.9	36459	92.8	46915	109.3	24392	108.8
四川	12301	122.5	18250	112.5	1010010	50.7	731871	55.6
贵州	12734	155.4	14581	148.8	4240	559.4	158091	86.7
云南	2280	108.2	2362	80.1	284331	103.7	266281	131.0
西藏	103		103		1492		1657	
陕西	272	50.1	4174	62.3	45828	146.3	137368	73.0
甘肃	6424	319.3	10723	123.0	82418	96.5	121360	96.5
青海	1624	66.2	3152	107.4	1001937	93.4	49449	247.9
宁夏	924	125.0	1506	124.2	40258	122.0	36074	122.6
新疆	8237	85.6	17417	88.8	1284938	79.3	1021639	103.1

6-10 续表3

地区	食糖（吨）				卷烟（箱）			
	国内纯购进		国内纯销售		国内纯购进		国内纯销售	
	1992年	1992年为1991年%	1992年	1992年为1991年%	1992年	1992年为1991年%	1992年	1992年为1991年%
全国总计	**4669028**	**105.0**	**3639475**	**88.3**	**35291500**	**102.1**	**19237130**	**98.1**
北京	14380	147.7	72450	100.9	168969	85.2	234319	89.1
天津	22927	252.7	40973	67.4	215505	103.4	140627	101.8
河北	278657	177.2	222272	102.0	1302482	90.2	1232566	102.5
山西	88492	169.0	60247	95.7	340746	103.2	297490	83.0
内蒙古	45591	80.9	28400	102.4	368244	96.4	328545	98.9
辽宁	98025	133.5	111137	103.2	495455	110.0	765047	90.1
吉林	36459	47.7	40272	77.6	684166	90.9	286850	90.5
黑龙江	57940	54.5	64833	87.0	925378	122.6	701751	98.0
上海	15543	336.9	121830	90.5	867161	104.2	555845	107.7
江苏	153340	191.2	317573	109.6	882202	103.6	1341830	117.0
浙江	102881	305.2	324902	115.8	895823	111.5	886193	105.0
安徽	55965	404.7	169449	104.8	2044601	98.1	1029390	123.9
福建	207472	95.1	126322	107.5	1339934	126.6	678355	102.9
江西	91726	124.7	95514	93.9	497058	105.7	261357	102.9
山东	227134	236.5	212765	92.1	2316141	99.6	333133	93.9
河南	194262	233.7	248284	100.5	2748339	87.1	1645166	73.8
湖北	56276	239.5	103951	83.5	2290117	106.7	694238	86.6
湖南	115296	148.3	157140	65.9	2689375	99.9	1155593	95.2
广东	899205	74.5	372296	49.2	1799504	99.9	841928	98.8
广西	996840	102.2	183160	92.2	1035855	105.7	572292	93.2
海南	114459	60.3	29293	95.8	123202	127.5	51220	103.9
四川	222950	133.8	263662	106.9	1962610	103.6	2513807	110.0
贵州	27617	190.1	23728	86.4	2408987	106.9	468458	64.7
云南	446590	99.9	124079	143.8	4760827	105.7	652228	114.4
西藏	1179		2954		39145		91860	
陕西	37067	291.9	53464	71.4	1507087	95.4	905546	97.7
甘肃	22156	64.4	29373	105.7	345363	112.6	215729	110.5
青海	2253	164.7	7803	107.0	43626	98.6	76555	86.2
宁夏	10935	35.3	7474	89.0	64669	126.2	106688	110.7
新疆	25411	21.0	23875	42.6	128929	118.3	172524	99.5

6-10 续表4

地区	酒（吨）				棉花（吨）			
	国内纯购进		国内纯销售		国内纯购进		国内纯销售	
	1992年	1992年为1991年%	1992年	1992年为1991年%	1992年	1992年为1991年%	1992年	1992年为1991年%
全国总计	7733056	105.9	6316924	105.8	3692980	74.8	3959336	106.7
北京	217999	102.4	101551	86.4	1907	72.2	51067	80.3
天津	85532	101.7	64504	96.5	11153	60.5	32838	99.3
河北	431556	102.9	284636	107.8	244532	45.3	364039	107.1
山西	105425	117.6	64506	130.5	48437	53.3	92136	112.6
内蒙古	140732	94.3	118695	93.3	22	440.0	10236	81.6
辽宁	481913	103.1	317019	99.1	20793	61.9	31631	56.1
吉林	227569	100.7	198047	105.9	680	146.9	7725	41.8
黑龙江	545948	138.3	502972	89.5				
上海	288296	102.6	254810	99.3	28286	128.1	162970	72.5
江苏	579911	110.2	540966	114.4	484005	91.9	451825	103.7
浙江	816326	99	862272	115.4	52768	78	117805	109.8
安徽	287507	112.4	262625	114	207945	96.7	197995	121.8
福建	392990	148.8	237817	112.2	85	326.9	146	66.4
江西	169330	92.2	157964	102.1	117675	136	96829	123.4
山东	839047	111.8	532417	110.9	569875	45.3	703080	109.6
河南	340600	117.3	306503	106.2	494842	69.4	522963	137.9
湖北	166996	56.2	220760	96.4	567909	123.9	449425	122.7
湖南	172828	91.4	252258	126.6	204666	159.7	161383	108.7
广东	271432	87.4	194308	95.5	217	77.5	54653	103.3
广西	113623	92.3	113365	96.9	413	327.8	27282	57.4
海南	12900	144.4	17792	112.8				
四川	554367	111.3	414150	119.7	115023	89.7	125804	115.8
贵州	47108	84.8	30094	49.0			16615	82.4
云南	163765	107.2	74975	95.7	194	373.1	4341	70.7
西藏	3572		4849					
陕西	71929	92.2	63920	94.7	33109	50.7	34955	62.5
甘肃	59234	123.5	39251	103.4	15037	135.3	18079	106.2
青海	18431	125.5	12968	95.8			3070	54.1
宁夏	8407	100.0	10167	107.3	186		4317	86.3
新疆	117783	123.8	60763	108.8	473221	83.2	216127	89.7

注：棉花是国有商业和供销合作社数字。

6-10 续表5

地区	棉布（百米）				棉花化纤混纺布（百米）			
	国内纯购进		国内纯销售		国内纯购进		国内纯销售	
	1992年	1992年为1991年%	1992年	1992年为1991年%	1992年	1992年为1991年%	1992年	1992年为1991年%
全国总计	**45658547**	**93.4**	**21997334**	**88.4**	**26140242**	**87.7**	**11306894**	**89.9**
北京	1195803	76.6	916907	94.3	614322	81.8	692212	106.7
天津	1495204	102.9	533172	84.7	642503	66.4	253423	85.7
河北	2750186	78.9	1141503	80.1	2246862	61.3	535786	88.5
山西	745181	102.9	484633	88.4	185501	96.5	178005	87.1
内蒙古	196693	60.2	330469	78.9	201667	90.2	154012	91.4
辽宁	1238437	79.7	621649	80.2	644587	55.7	215469	74.3
吉林	323810	79.5	400061	78.7	99888	77.0	130848	81.2
黑龙江	471566	73.5	605883	77.2	201120	55.4	238044	68.4
上海	4537279	93.5	1121898	79.6	3597847	101.6	419050	78.7
江苏	11961186	118.0	2727458	88.3	7728927	139.8	1405779	92.0
浙江	5280761	158.5	1504668	119.7	1567192	132.2	659087	72.6
安徽	1142809	76.2	954618	85.5	500823	89.4	420505	83.8
福建	691967	134.6	360333	88.7	615134	146.4	243172	84.1
江西	345438	88.6	418890	97.4	230119	73.1	312408	89.2
山东	2899047	72.8	1597091	95.4	2174817	88.2	866984	128.8
河南	1521369	69.0	1126049	79.8	657174	51.1	566246	96.8
湖北	1231836	43.2	713228	85.8	598166	25.6	565262	90.6
湖南	638674	88.8	661169	80.2	432055	96.3	460453	79.2
广东	2370114	92.5	1568170	98.7	727420	80.8	889346	103.4
广西	362988	97.6	465873	94.3	448263	128.3	380242	85.7
海南	19742	119.0	44478	93.8	19098	128.7	39267	81.4
四川	1294875	77.2	1564593	92.9	739799	72.0	817427	91.3
贵州	157647	74.7	200645	76.0	85871	76.1	128278	98.1
云南	633890	103.3	607017	89.3	273513	108.4	163113	81.4
西藏	28167		23378		2855		8077	
陕西	1331234	76.2	614875	83.6	732167	54.6	311358	81.7
甘肃	192882	75.3	215812	73.9	80257	51.1	99813	72.0
青海	42870	70.3	73281	69.2	23347	47.7	32892	70.6
宁夏	45098	96.9	61116	74.9	18101	100.3	31055	77.3
新疆	511794	74.6	338417	82.9	50847	84.3	89281	92.6

6-10 续表6

地区	#涤棉混纺布（百米）				化纤布（百米）			
	国内纯购进		国内纯销售		国内纯购进		国内纯销售	
	1992年	1992年为1991年%	1992年	1992年为1991年%	1992年	1992年为1991年%	1992年	1992年为1991年%
全国总计	**21504311**	**83.8**	**8435102**	**90.0**	**12281971**	**137.6**	**6756312**	**94.6**
北京	199189	63.7	164865	92.1	355902	78.9	472501	80.5
天津	591917	70.7	227304	101.7	448637	79.7	309113	94.3
河北	2030539	85.3	334170	80.9	1238928	324.6	360524	91.4
山西	129424	94.5	115684	84.6	130516	170.4	110159	92.9
内蒙古	59562	46.4	100444	82.5	132249	50.3	80096	82.3
辽宁	609652	53.9	167315	73.4	302508	80.8	260322	94.9
吉林	82741	71.5	99691	86.6	51344	76.8	71179	84.0
黑龙江	167579	50.3	170923	66.0	131475	40.8	310195	114.1
上海	3481177	101.2	347769	83.4	1669044	135.7	209770	89.8
江苏	6275370	117.9	1171923	88.0	2148330	148.7	619740	90.4
浙江	1132549	119.8	560724	86.6	2888828	317.9	1050388	137.7
安徽	410634	96.1	339243	81.2	165933	102.6	254209	93.4
福建	212984	69.4	178798	73.3	676038	253.3	107187	102.1
江西	213085	75.8	277898	90.9	104631	79.6	120215	78.0
山东	1999439	84.1	678990	122.7	494992	103.0	310635	102.6
河南	576135	47.5	407420	88.1	208087	72.1	285619	77.6
湖北	469651	21.0	463729	90.8	125600	68.4	255266	102.5
湖南	281968	76.1	376334	80.7	219233	81.0	358342	91.3
广东	601637	90.0	741334	103.0	177268	66.9	219727	84.7
广西	388734	140.4	310014	83.8	80209	90.5	85463	83.8
海南	13897	108.6	30846	76.3	13269	93.1	15370	83.2
四川	476464	68.8	505761	92.9	184949	63.1	406665	88.2
贵州	38845	43.2	63410	65.6	33310	95.2	62415	44.3
云南	261436	110.8	142359	90.5	21951	55.1	30317	77.9
西藏	2120		3802		1200		1302	
陕西	660928	58.6	279624	152.0	179839	78.7	155587	90.5
甘肃	61140	43.1	64661	68.3	49935	111.8	113699	97.9
青海	22183	47.9	27084	66.9	5444	67.5	12426	82.2
宁夏	13677	98.3	22652	75.6	7540	75.9	18583	87.0
新疆	39655	78.8	60331	91.9	34782	103.2	89298	80.1

6-10 续表7

地区	呢绒（百米）				绸缎（百米）			
	国内纯购进		国内纯销售		国内纯购进		国内纯销售	
	1992年	1992年为1991年%	1992年	1992年为1991年%	1992年	1992年为1991年%	1992年	1992年为1991年%
全国总计	**1783218**	**101.2**	**1645567**	**85.4**	**5740022**	**92.0**	**4017000**	**88.1**
北京	154686	101.2	152508	90.5	145643	93.5	180692	67.[illegible]
天津	98176	85.3	60886	73.4	153035	67.9	168053	104.[illegible]
河北	49253	88.2	66761	88.9	129001	93.2	137642	93.[illegible]
山西	34009	98.3	48921	99.2	91468	122.5	76195	88.1
内蒙古	20383	82.0	34018	88.5	35269	60.7	57375	68.1
辽宁	126838	103.6	106765	91.9	120542	47.4	187970	77.8
吉林	51044	77.8	43062	92.2	55647	69.2	69781	79.9
黑龙江	75824	66.3	139550	98.0	95717	60.7	147940	84.0
上海	158376	78.1	100552	72.3	619667	73.1	352928	85.5
江苏	446856	255.0	169955	108.9	2061967	125.3	722834	88.9
浙江	98892	92.5	111699	70.2	947079	91.6	643297	108.4
安徽	18769	106.2	34289	93.5	58460	69.7	62839	76.8
福建	20280	98.7	28639	57.4	53645	80.7	56683	108.5
江西	9959	62.1	22477	77.6	16351	50.5	29578	85.5
山东	118198	86.4	105618	79.9	290071	80.9	280505	93.4
河南	33084	85.9	37724	86.5	90567	79.4	109908	94.9
湖北	49291	96.7	65672	94.4	99367	68.6	129397	79.2
湖南	24481	54.7	58757	77.4	59822	83.4	103896	87.5
广东	32850	45.5	37111	63.8	120210	113.0	69707	66.5
广西	3318	51.9	6210	64.3	17784	106.8	19221	88.6
海南	1578	108.8	2355	76.1	2598	64.3	3877	71.3
四川	49568	64.3	78352	77.0	217174	73.0	136209	86.4
贵州	29541	236.1	25716	146.8	38038	235.5	32021	117.0
云南	7170	92.2	10267	88.3	35878	138.5	33718	121.6
西藏	542		1411		726		1252	
陕西	18446	65.0	29753	75.9	59432	67.5	51515	61.6
甘肃	15932	72.2	19196	78.8	53853	97.7	52459	82.4
青海	9094	91.1	6518	60.2	13892	70.1	13335	55.9
宁夏	6032	119.8	6952	92.5	9748	113.0	11332	80.1
新疆	20748	89.5	33873	100.6	47371	86.5	74841	83.0

6-10 续表8

地区	汗衫背心（百件）				棉毛衫裤（百件）			
	国内纯购进		国内纯销售		国内纯购进		国内纯销售	
	1992年	1992年为1991年%	1992年	1992年为1991年%	1992年	1992年为1991年%	1992年	1992年为1991年%
全国总计	**8104858**	**106.8**	**3426740**	**88.0**	**3750681**	**90.9**	**2875300**	**95.0**
北京	194181	73.9	142055	90.6	117768	100.9	82337	94.8
天津	129367	43.9	42797	92.5	139404	58.8	96861	100.8
河北	245092	167.4	163361	91.7	122049	93.3	121484	85.2
山西	157068	127.5	119632	107.2	63956	81.2	80983	89.5
内蒙古	33268	77.3	68747	83.6	39545	85.5	60379	85.6
辽宁	153818	70.9	151698	83.2	116797	63.2	152481	91.5
吉林	56716	74.8	70638	78.9	63669	71.8	77278	87.4
黑龙江	82645	64.0	161483	89.1	91563	58.1	167603	89.0
上海	1267298	115.9	91805	71.4	270280	63.5	84804	76.2
江苏	2038187	198.8	212235	91.0	507390	146.5	238568	106.4
浙江	1143653	117.5	140869	95.3	642440	124.7	138708	110.0
安徽	99246	64.9	93669	87.8	77636	83.1	92285	90.3
福建	247296	62.7	184504	90.1	119058	115.8	131115	103.3
江西	93988	162.2	77085	91.4	49848	91.5	69960	96.5
山东	456293	95.1	150864	93.2	404102	135.8	175842	102.6
河南	299870	99.1	100244	63.4	89262	77.8	88765	88.8
湖北	140737	68.7	117147	92.8	92969	62.1	129628	88.5
湖南	190484	95.3	212928	101.5	101277	86.2	143596	96.4
广东	428278	60.1	355484	88.1	183696	46.8	157332	100.2
广西	102659	82.4	133692	70.0	69199	98.5	80858	94.9
海南	18491	115.2	66428	89.5	1962	71.3	11338	110.9
四川	216509	77.9	266777	88.2	124854	87.5	190526	96.5
贵州	23343	73.6	30863	64.0	24922	87.7	30231	70.6
云南	49438	83.0	77604	84.0	67123	105.6	74532	97.6
西藏	9945		12444		5528		7375	
陕西	125544	121.3	46500	65.7	42333	72.0	48643	73.0
甘肃	51761	170.4	66711	142.5	59881	151.6	64087	137.5
青海	7863	131.2	10306	105.0	17491	115.5	16713	92.2
宁夏	10254	91.1	15982	92.7	13003	86.8	20045	102.8
新疆	31566	86.5	42188	85.2	31676	81.9	40943	89.2

6-10 续表9

地区	卫生衫裤（百件）				各种服装（百件）			
	国内纯购进		国内纯销售		国内纯购进		国内纯销售	
	1992年	1992年为1991年%	1992年	1992年为1991年%	1992年	1992年为1991年%	1992年	1992年为1991年%
全国总计	**956467**	**90.1**	**568332**	**96.9**	**13471130**	**115.6**	**8940801**	**112.2**
北京	45337	90.2	19601	99.4	859711	115.9	483172	157.4
天津	4028	36.1	3604	92.7	797142	111.9	349542	107.9
河北	24365	129.9	32856	90.1	480683	151.0	346983	96.1
山西	12230	71.7	26273	90.6	167686	133.4	192371	119.7
内蒙古	4831	92.3	13200	97.2	48988	72.9	115295	92.7
辽宁	27612	53.3	20055	89.5	642613	106.7	617601	114.8
吉林	9037	84.5	11718	83.5	131343	95.0	155969	93.6
黑龙江	9371	98.8	25583	95.2	257090	95.6	498426	109.3
上海	275052	104.0	6798	93.6	1400547	92.8	366205	93.9
江苏	196219	88.2	19030	97.3	2634435	166.3	512455	103.0
浙江	105239	68.3	5622	115.4	1291093	185.3	241147	157.6
安徽	4407	100.0	12537	80.0	307523	160.1	167983	126.5
福建	8358	73.5	8243	110.7	158568	110.9	290704	103.8
江西	2402	75.3	6636	93.7	39919	39.2	62885	123.3
山东	57728	196.1	47379	168.5	734908	95.2	493587	117.6
河南	50163	111.0	37123	102.3	443008	99.7	412900	102.8
湖北	10606	81.7	19927	70.3	510090	140.9	445029	100.7
湖南	10875	112.9	24384	95.5	343706	112.6	574360	146.2
广东	32688	53.0	77054	106.8	1233536	73.8	1199401	121.8
广西	6987	102.3	8850	88.8	67152	91.4	92372	96.4
海南	2353	82.7	7968	81.8	26195	111.2	143111	118.8
四川	14650	85.7	57226	86.6	355816	123.6	398498	100.1
贵州	8946	149.7	10440	66.4	58572	94.8	102169	78.2
云南	5631	78.9	11635	95.9	119965	105.3	165043	116.7
西藏	1371		1462		16959		19088	
陕西	4356	79.1	10816	64.9	107338	89.6	96083	92.3
甘肃	9886	173.4	17059	116.4	127519	115.5	216268	100.7
青海	4020	150.8	3684	105.0	35799	136.3	32765	98.3
宁夏	1384	68.8	4238	110.2	24309	102.2	37969	107.5
新疆	6335	53.4	17331	108.8	48917	86.1	111420	99.3

6-10 续表10

地区	火柴（百件）				肥皂（百箱）			
	国内纯购进		国内纯销售		国内纯购进		国内纯销售	
	1992年	1992年为1991年%	1992年	1992年为1991年%	1992年	1992年为1991年%	1992年	1992年为1991年%
全国总计	**158216**	**92.0**	**205697**	**100.5**	**299777**	**97.5**	**333929**	**91.8**
北京	257	18.1	500	30.5	1984	18.8	3678	51.0
天津	368	56.1	795	57.8	5143	97.5	4817	82.4
河北	17840	109.5	17906	111.5	17551	134.6	22362	84.4
山西	4840	79.4	7013	114.6	4258	67.8	7338	86.1
内蒙古	2130	78.8	3782	75.0	2128	76.5	4466	101.8
辽宁	1698	45.5	5499	88.4	5485	54.6	13789	90.0
吉林	6055	74.1	3171	72.3	6200	86.3	7828	97.9
黑龙江	2393	62.8	8459	94.3	7015	65.2	14825	91.9
上海	2427	85.1	6566	139.1	14375	65.2	19673	99.0
江苏	7974	66.8	13044	95.8	11323	131.2	7233	88.7
浙江	9309	163.5	9007	129.6	26814	120.5	19618	112.3
安徽	8039	92.6	9862	94.9	7135	77.9	9654	90.2
福建	2559	104.5	2266	107.9	10644	129.0	9661	109.4
江西	5118	113.3	6622	127.5	12876	115.6	14570	101.8
山东	8754	63.9	11987	158.3	11003	82.5	9492	54.6
河南	9704	59.6	15405	89.0	19692	104.7	22408	82.1
湖北	6156	65.1	10559	65.8	8249	75.6	16401	80.7
湖南	5576	97.0	7902	87.5	19122	101.3	25612	121.8
广东	5751	66.3	10149	73.1	16291	89.0	19012	81.4
广西	5001	144.8	2590	73.0	8363	98.8	6542	90.3
海南	1478	89.5	1898	98.8	4971	86.3	4691	71.5
四川	14653	99.0	21397	90.4	41377	104.4	39461	120.4
贵州	1058	144.1	1444	78.5	6214	104.7	3737	70.3
云南	8360	109.3	2470	73.2	6598	119.6	4908	79.1
西藏	7785		7977		1625		1997	
陕西	2008	66.6	3296	66.5	10185	110.4	8619	69.7
甘肃	6927	227.9	9224	181.0	9376	427.5	5318	84.4
青海	623	63.3	520	67.8	1105	138.6	724	93.1
宁夏	175	81.8	314	95.2	433	133.2	951	99.8
新疆	3200	91.7	4073	167.3	2242	106.0	4544	99.3

地　区	洗衣粉（吨）				缝纫机（台）			
	国内纯购进		国内纯销售		国内纯购进		国内纯销售	
	1992年	1992年为1991年%	1992年	1992年为1991年%	1992年	1992年为1991年%	1992年	1992年为1991年%
全国总计	**958268**	**102.0**	**623364**	**98.7**	**4888076**	**99.5**	**3622081**	**84.4**
北　京	12623	47.7	13607	90.8	82508	137.9	62060	177.5
天　津	19116	57.3	7787	109.1	42882	62.6	28859	85.7
河　北	33311	113.7	36062	92.0	234930	90.9	224784	78.4
山　西	17273	87.0	11517	103.8	68569	86.9	85169	76.8
内蒙古	5135	112.9	9632	95.6	19342	109.2	44148	77.3
辽　宁	10275	69.9	22312	88.5	37252	71.8	55813	72.6
吉　林	14214	135.6	15321	127.4	44402	65.0	53191	67.0
黑龙江	11841	67.5	28179	96.0	62510	73.2	88573	73.8
上　海	42394	71.2	23425	129.3	1325089	132.3	53597	113.6
江　苏	103472	89.4	60973	96.2	231728	86.5	297811	88.6
浙　江	18754	81.1	21025	104.8	299603	79.5	261670	107.8
安　徽	50179	96.3	17210	100.9	135024	96.9	186399	93.9
福　建	12030	164.1	12411	101.5	138133	104.7	103612	96.9
江　西	32749	122.4	9723	102.6	162018	119.0	144556	87.8
山　东	82333	121.5	38013	121.1	318807	78.4	331910	83.0
河　南	84147	125.3	47098	76.0	390487	94.3	283883	62.9
湖　北	44308	98.8	32020	87.5	133290	75.7	135504	77.7
湖　南	56668	156.7	45270	128.7	134267	86.8	171747	89.0
广　东	65346	104.9	35852	99.1	295192	89.8	215612	82.4
广　西	29295	107.4	13548	88.8	137589	100.1	187556	81.4
海　南	5163	95.8	3214	121.4	6298	126.4	12299	102.3
四　川	102556	109.6	55637	112.6	139169	101.1	134014	83.4
贵　州	14559	88.7	8277	60.4	44961	133.0	50825	88.4
云　南	31812	114.9	14787	85.0	124176	97.0	138815	87.5
西　藏	346		813		872		1396	
陕　西	28170	114.5	12790	93.9	176107	111.8	105968	88.6
甘　肃	13700	164.9	9636	93.8	62585	142.8	89884	114.4
青　海	2155	66.3	1672	62.9	8798	223.8	10550	132.5
宁　夏	1596	95.3	2558	92.2	4054	37.8	16567	92.9
新　疆	12748	101.4	12995	98.0	27434	88.6	45309	60.8

6-10 续表12

地区	手表（百只）				自行车（辆）			
	国内纯购进		国内纯销售		国内纯购进		国内纯销售	
	1992年	1992年为1991年%	1992年	1992年为1991年%	1992年	1992年为1991年%	1992年	1992年为1991年%
全国总计	**225974**	**90.2**	**317038**	**108.3**	**31421410**	**110.7**	**23742397**	**104.8**
北京	8133	89.0	13212	95.3	434358	118.7	496455	117.7
天津	3438	49.0	4508	83.5	1421908	120.5	338901	102.0
河北	9688	103.7	15481	109.9	1112896	109.3	1350108	96.7
山西	5162	96.6	6291	86.6	421755	150.1	496033	99.3
内蒙古	1366	81.9	4500	89.2	315300	155.8	434902	101.6
辽宁	11503	42.7	15833	113.7	866583	117.8	995373	97.7
吉林	7726	59.3	6479	88.2	557301	129.1	563264	96.4
黑龙江	5632	88.5	10676	102.8	609721	113.9	656250	95.6
上海	55196	113.3	14274	107.1	5457157	87.8	714872	130.3
江苏	10741	93.9	21305	113.4	2717890	129.3	2624335	129.9
浙江	8193	112.1	15901	117.8	2407814	139.6	1711207	128.0
安徽	3555	67.3	7311	85.4	548861	111.6	774585	103.7
福建	6540	133.1	6675	97.4	1702193	197.2	472040	96.7
江西	3949	115.3	6403	101.9	679898	121.5	660944	102.4
山东	8699	64.3	14728	99.2	2097825	104.9	1984560	104.1
河南	13140	113.5	21338	114.3	1296121	102.5	1374859	93.0
湖北	8681	114.6	16914	109.6	1425565	117.1	1102518	103.4
湖南	5555	81.5	15875	111.0	999034	114.6	877444	106.8
广东	14115	106.5	28530	121.6	2905115	90.9	2299540	96.2
广西	4632	110.9	10426	137.9	574036	139.1	982366	107.0
海南	620	173.7	1739	172.7	93410	120.0	98094	138.1
四川	15646	81.8	30551	118.2	1106982	97.4	947884	92.1
贵州	2469	78.1	4099	108.7	56775	89.4	73748	88.4
云南	3022	99.3	7140	114.3	490298	103.3	503070	100.1
西藏	338		263		3427		7589	
陕西	3679	87.0	5263	91.1	365370	97.0	399879	86.9
甘肃	2447	211.3	4732	98.5	223091	139.7	303305	100.0
青海	326	91.1	1064	117.8	32645	116.5	42393	87.3
宁夏	360	128.1	969	105.4	79405	103.3	110981	97.0
新疆	1423	70.0	4558	101.7	352588	107.1	344898	112.7

6-10 续表13

地区	半导体收音机（部）				电视机（部）			
	国内纯购进		国内纯销售		国内纯购进		国内纯销售	
	1992年	1992年为1991年%	1992年	1992年为1991年%	1992年	1992年为1991年%	1992年	1992年为1991年%
全国总计	**7102720**	**81.4**	**7497976**	**92.8**	**16697728**	**103.7**	**12988035**	**98.6**
北京	339284	86.9	459701	98.5	300645	96.2	227626	113.5
天津	303374	110.2	204728	93.1	380298	100.8	125786	74.0
河北	499525	125.5	462181	88.6	619047	82.2	690842	82.6
山西	105972	142.9	115544	90.7	269690	86.5	344353	91.4
内蒙古	40699	64.5	63194	87.1	201986	103.2	257291	103.7
辽宁	617120	79.9	622627	96.5	463709	65.6	584543	93.4
吉林	181501	77.4	178899	80.2	351982	94.6	311456	89.1
黑龙江	275215	93.5	255326	93.2	503214	81.5	444116	74.3
上海	447028	39.8	337426	86.0	924428	91.4	293497	97.4
江苏	1118558	85.5	731611	97.9	2464055	161.7	1156083	109.6
浙江	181578	72.7	259029	132.1	1190958	120.2	766177	112.8
安徽	218336	94.9	279036	91.7	474788	88.6	649055	136.4
福建	80247	95.8	78807	75.7	464727	128.2	233372	100.3
江西	61574	73.6	92325	92.4	444243	115.4	418002	106.8
山东	555281	82.4	648426	97.2	1404464	86.2	1127410	95.3
河南	497494	92.7	592632	78.8	1017288	107.9	828676	83.0
湖北	424109	87.3	481075	93.3	694289	88.2	683091	96.4
湖南	126685	114.9	120425	95.8	949725	123.3	757805	112.9
广东	255533	87.9	468515	110.8	458702	63.7	426609	79.0
广西	8250	14.5	73332	84.7	381636	171.2	438238	113.3
海南	5028	100.6	18052	102.9	9477	136.3	27719	168.7
四川	246268	63.0	316905	84.0	1399470	103.6	1034749	101.3
贵州	16541	52.4	43398	78.4	120100	162.3	129623	122.3
云南	76342	67.7	109372	87.5	367166	131.9	351934	122.4
西藏	1244		1904		982		2197	
陕西	140118	86.8	160886	91.4	492368	97.7	276116	92.8
甘肃	98459	109.0	125144	81.6	147959	119.0	146303	107.8
青海	49159	143.1	42709	102.3	46604	139.4	40134	101.7
宁夏	37305	102.9	33075	78.5	31273	85.8	48808	101.4
新疆	94893	76.1	121692	93.9	122455	78.0	166424	88.7

6-10 续表14

地区	#彩色电视机（部）				录音机（部）			
	国内纯购进		国内纯销售		国内纯购进		国内纯销售	
	1992年	1992年为1991年%	1992年	1992年为1991年%	1992年	1992年为1991年%	1992年	1992年为1991年%
全国总计	**6633658**	**106.0**	**5828940**	**103.0**	**5873327**	**87.7**	**7484706**	**98.5**
北京	223003	104.2	165036	126.5	319304	84.5	494765	110.5
天津	189017	99.1	99964	75.1	165137	115.7	197167	121.8
河北	344053	94.9	336094	88.2	307150	90.8	333393	85.7
山西	186534	98.9	229975	107.2	127360	116.4	153534	89.1
内蒙古	129883	110.1	144848	121.6	81174	76.2	126755	92.4
辽宁	352510	89.3	448568	102.5	400451	74.0	460463	93.5
吉林	255164	139.1	175865	109.3	155251	75.5	180843	80.7
黑龙江	335837	83.8	277114	76.3	288743	88.8	371243	95.2
上海	279274	89.5	219580	101.6	282315	100.8	494619	113.2
江苏	485037	136.7	448245	118.2	864329	88.1	796483	106.9
浙江	334539	147.4	377917	130.2	350394	118.3	373580	106.5
安徽	107834	126.9	148038	119.9	188345	106.1	232548	90.5
福建	352765	135.7	124502	97.6	127147	106.8	107874	104.1
江西	107969	70.1	119982	109.9	77796	72.1	126529	93.3
山东	510496	122.5	424225	108.4	403144	92.1	467624	98.5
河南	300413	100.4	294860	105.6	173054	75.4	221438	79.2
湖北	319885	117.4	312259	115.0	327995	84.2	360120	90.2
湖南	324233	143.4	237233	121.0	186455	84.7	236947	90.5
广东	239866	54.1	213209	67.1	223700	88.4	627309	111.9
广西	105262	163.1	125202	115.0	73228	108.7	103650	93.9
海南	6991	127.3	23238	201.8	5522	146.3	15569	122.4
四川	429170	92.1	322928	92.6	226971	55.1	313276	84.4
贵州	45982	157.3	40394	119.0	26092	75.9	51331	100.7
云南	175007	145.0	158675	118.5	116718	77.7	121755	85.9
西藏	665		1714		1334		1860	
陕西	257539	105.4	127794	93.4	88459	103.1	118715	90.6
甘肃	76802	110.5	75792	111.2	113887	104.2	178649	146.9
青海	27607	131.2	23214	96.5	27388	92.0	33668	86.3
宁夏	22823	70.7	28654	87.4	27638	111.4	31083	111.9
新疆	87053	84.6	103821	87.2	116846	83.4	151916	86.5

6-10 续表15

地区	录像机（部）				照相机（部）			
	国内纯购进		国内纯销售		国内纯购进		国内纯销售	
	1992年	1992年为1991年%	1992年	1992年为1991年%	1992年	1992年为1991年%	1992年	1992年为1991年%
全国总计	**839490**	**132.4**	**1451632**	**116.2**	**1003427**	**93.9**	**1543521**	**112.6**
北京	31862	89.8	98046	97.7	132842	77.1	249433	98.4
天津	9295	111.9	85684	94.5	32261	101.6	60414	145.2
河北	24116	64.9	35709	148.6	32664	83.1	53543	105.7
山西	7396	147.8	16291	239.1	11212	99.7	28168	121.1
内蒙古	4165	346.5	6772	289.2	7119	77.7	14135	148.5
辽宁	36004	132.9	93443	140.2	54431	123.1	102166	115.9
吉林	24313	250.3	27335	207.4	17851	107.5	29633	104.0
黑龙江	32778	199.0	42178	140.0	33203	92.2	62272	106.4
上海	76405	59.5	272169	67.3	203349	76.8	130398	111.5
江苏	74849	108.5	169920	136.8	56361	74.0	130215	118.8
浙江	39617	198.8	140707	183.8	27312	101.7	68157	124.9
安徽	5543	124.4	23416	171.9	19030	108.4	27202	102.7
福建	13120	180.8	13330	328.9	20979	185.4	21499	143.1
江西	96782	255.8	76488	561.2	21539	119.8	21900	72.9
山东	27407	122.9	74470	160.1	47854	88.3	70612	119.1
河南	11056	288.7	15729	247.9	28425	86.7	57652	114.3
湖北	23172	179.0	34688	161.6	32440	96.7	55159	110.6
湖南	5224	55.1	10201	103.6	14602	70.1	34710	98.8
广东	206178	145.8	85516	73.1	99165	251.8	115686	139.9
广西	2590	115.5	9125	207.4	16513	76.6	27759	112.6
海南	1987	94.8	4108	121.5	1283	86.3	5298	173.6
四川	32004	264.4	52571	189.1	32877	114.9	58167	108.1
贵州	4048	99.2	7497	250.0	3443	89.6	5712	99.0
云南	7102	127.7	17276	107.0	12972	124.0	23386	102.3
西藏	163		134		218		657	
陕西	6257	463.8	17477	261.0	10391	75.5	37135	138.9
甘肃	3433	249.9	4893	219.2	12529	160.2	16827	115.4
青海	1657		2140	107.8	3466	126.8	3355	93.7
宁夏	2855	1603.9	1922	366.8	356	51.2	1230	68.8
新疆	8762	111.9	12397	105.9	16740	78.9	31041	102.4

6-10 续表16

地区	电风扇（台）				洗衣机（台）			
	国内纯购进		国内纯销售		国内纯购进		国内纯销售	
	1992年	1992年为1991年%	1992年	1992年为1991年%	1992年	1992年为1991年%	1992年	1992年为1991年%
全国总计	**30280735**	**79.7**	**22585303**	**98.4**	**5733246**	**106.8**	**4989529**	**105.0**
北京	384552	107.8	420534	124.8	111644	108.9	129434	115.8
天津	222342	110.2	207707	114.7	140742	136.2	85492	121.6
河北	1716647	75.0	1428084	91.2	380179	99.7	321845	93.1
山西	270694	122.5	203336	101.3	191333	91.5	182469	98.0
内蒙古	84486	134.2	76244	121.8	81910	102.3	98359	97.7
辽宁	384206	84.1	377888	116.2	256939	95.5	281158	98.9
吉林	90821	86.5	98867	122.5	149076	78.8	138915	94.6
黑龙江	166353	130.5	135507	126.1	277947	102.5	221860	88.4
上海	820985	71.7	795541	95.1	209895	85.5	156294	109.0
江苏	3312932	77.5	3109254	122.9	448234	133.9	534540	112.5
浙江	1854649	127.2	1606838	111.5	245148	140.7	232800	152.9
安徽	913532	96.5	964071	107.5	166340	117.0	136842	104.8
福建	476821	108.3	408085	110.1	156834	105.1	92831	80.5
江西	599959	101.8	598553	110.1	70932	98.4	71963	95.2
山东	3270262	98.3	2307230	102.0	229435	114.4	205055	108.0
河南	1949618	89.1	1340123	68.2	330275	98.8	278920	93.4
湖北	1834499	99.4	1309871	79.8	335718	118.2	251406	102.7
湖南	2543423	82.9	1588779	112.2	237066	98.5	221931	105.3
广东	5017040	44.2	2362056	87.0	692262	117.2	431267	138.9
广西	527665	83.4	810600	91.8	87215	121.7	97150	115.8
海南	42806	111.9	66612	116.2	20390	205.9	20561	137.9
四川	3041762	145.9	1733511	93.5	370981	99.5	314191	96.2
贵州	76595	77.9	78715	104.7	66222	120.4	59275	95.1
云南	60227	130.0	75297	132.1	117457	129.4	113838	114.9
西藏	77		47		434		1085	
陕西	425930	98.2	323112	86.7	154416	86.2	129727	91.7
甘肃	53396	146.9	44552	77.6	77587	109.6	61758	99.4
青海	6	5.7	59	19.2	19832	98.6	17495	92.6
宁夏	49605	139.8	30642	73.6	31687	107.0	26841	95.9
新疆	88845	74.0	83588	112.9	75116	80.5	74227	106.5

6-10 续表17

地区	电冰箱（台）				煤炭（吨）			
	国内纯购进		国内纯销售		国内纯购进		国内纯销售	
	1992年	1992年为1991年%	1992年	1992年为1991年%	1992年	1992年为1991年%	1992年	1992年为1991年%
全国总计	**3756450**	**112.8**	**3449272**	**104.2**	**256193956**	**101.8**	**237149868**	**102.1**
北京	112157	136.5	114064	110.2	9984976	93.9	9834055	94.7
天津	87432	127.9	71773	97.2	10489124	109.1	9286898	99.0
河北	221593	133.0	190431	109.1	20647564	153.0	19877343	169.1
山西	99305	126.5	96143	118.6	8478736	92.3	2265498	73.0
内蒙古	64244	142.7	63437	136.9	5909898	91.7	6271492	96.4
辽宁	287910	107.2	270462	99.9	10360471	81.8	10820356	84.9
吉林	108612	161.8	82420	135.1	7025436	88.1	6914006	87.4
黑龙江	136859	103.6	116785	84.3	17489953	78.8	16056869	120.2
上海	241376	102.0	184763	96.6	1190794	47.9	3649710	104.7
江苏	221284	114.4	278723	114.2	41666753	103.6	37553607	103.3
浙江	264984	116.0	254112	111.7	11653318	98.9	11788768	97.4
安徽	114593	121.7	109790	112.7	11419855	121.0	10522047	121.0
福建	115298	120.8	103034	109.2	3714786	102.1	3913836	105.7
江西	65628	86.9	75400	102.8	2346536	89.7	2721067	90.0
山东	273117	97.1	262876	95.7	33808994	103.4	27162647	94.9
河南	151390	105.0	138323	101.0	6443398	81.2	6215005	78.9
湖北	278291	161.8	186612	105.4	13224163	120.5	11959413	110.5
湖南	161576	114.2	139175	109.4	8255108	93.4	7945128	91.2
广东	321543	120.9	225466	100.3	7864982	180.0	8118850	88.1
广西	53840	143.0	64303	106.4	1338833	110.5	1745327	144.6
海南	14674	256.3	12450	143.0	91450	2307.0	142986	442.0
四川	64807	34.2	154861	82.8	10138514	97.1	10485587	99.7
贵州	24362	96.6	25336	86.3	199960	51.5	306573	53.6
云南	36014	126.0	42076	123.7	1840370	85.4	1743273	90.5
西藏	217		528		2903		15330	
陕西	98708	117.8	56282	99.2	3099931	108.0	2933265	101.5
甘肃	39998	132.9	41863	119.1	2454111	92.0	2559319	93.8
青海	12144	126.3	10786	97.0	1025655	84.6	987570	58.7
宁夏	16617	82.9	13777	92.6	1047811	95.4	403644	87.5
新疆	67877	109.9	63221	117.5	2979573	118.0	2950399	118.2

6-11 计划单列市社会商业商品购、销、存总额

单位:万元

城市	商品购进总额	国内纯购进	农副产品	工业品	废旧物资
沈阳	3045281	1882674	139495	1680023	63156
大连	2059672	1042451	195893	829761	16797
长春	1134209	710291	254944	446633	8714
哈尔滨	2071530	1368955	185861	1141769	41325
南京	1527679	757892	103167	639997	14728
宁波	2429304	1260382	187666	1056873	15843
厦门	1338514	622520	60172	561463	885
青岛	1684135	988216	211704	768582	7930
武汉	1801948	971464	158721	770213	42530
广州	4613283	2153997	317524	1796377	40096
成都	2426626	1394913	186808	1185443	22662
重庆	2225018	1095406	193362	871541	30503
西安	1343397	637788	86148	541089	10551
深圳	2648751	1082414	98732	974485	9197

6-11 续表1

单位：万元

城市	内贸部门	#农副产品	# 工业品	外贸部门	#农副产品	# 工业品
沈阳	1681940	108253	1510531	200734	31242	169492
大连	741089	165939	558353	301362	29954	271408
长春	638722	234391	395617	71569	20553	51016
哈尔滨	1217070	170474	1005271	151885	15387	136498
南京	698821	98842	585251	59071	4325	54746
宁波	750165	179292	555030	510217	8374	501843
厦门	560309	47634	511790	62211	12538	49673
青岛	718253	182637	527686	269963	29067	240896
武汉	850252	154260	653462	121212	4461	116751
广州	1574000	261564	1272340	579997	55960	524037
成都	1284162	169697	1091803	110751	17111	93640
重庆	938379	184799	723077	157027	8563	148464
西安	584700	79928	494221	53088	6220	46868
深圳	960532	59058	892277	121882	39674	82208

6-11 续表2

单位:万元

城　　市	从国内商业购进	接收进口和进口	商品销售总额	国内纯销售	#零售
沈　　阳	1070706	91901	3235391	1655186	1093291
大　　连	974585	42636	1962171	1159898	905258
长　　春	391045	32873	1310712	682137	592328
哈 尔 滨	644697	57878	2225959	1343459	969846
南　　京	765236	4551	1578488	949780	609556
宁　　波	1118393	50529	2423445	1028158	669492
厦　　门	384802	331192	1398408	408773	303051
青　　岛	648039	47880	1642434	923158	748223
武　　汉	824899	5585	1938651	1201002	952929
广　　州	2269217	190069	4465255	1981676	1341544
成　　都	1023976	7737	2491906	1149435	886478
重　　庆	1121096	8516	2413116	1271038	951539
西　　安	688423	17186	1434190	833893	718556
深　　圳	974515	591822	2957356	1245043	739121

6-11 续表3

单位：万元

城　　市	对国内商业批发销售	供应出口和出口	年末库存总额	内贸部门	外贸部门
沈　　阳	1365527	214678	361811	332820	28991
大　　连	759346	42927	355578	298044	57534
长　　春	596991	31584	387020	317664	69356
哈 尔 滨	864103	18397	418694	394108	24586
南　　京	588983	39725	245897	233762	12135
宁　　波	1381868	13419	259382	243834	15548
厦　　门	667776	321859	141316	119905	21411
青　　岛	701628	17648	342947	296904	46043
武　　汉	737471	178	367241	340621	26620
广　　州	2458188	25391	629668	545633	84035
成　　都	1337101	5370	498520	453730	44790
重　　庆	1138013	4065	453560	405890	47670
西　　安	598091	2206	381751	321430	60321
深　　圳	1118291	594022	209207	198499	10708

6-12 国内贸易部系统商品购、销、存总额

项目	1991年 绝对额（亿元）	1991年 比重（%）	1992年 绝对额（亿元）	1992年 比重（%）	1992年为1991年%
一、国内纯购进	**4345.0**	**100.0**	**4375.4**	**100.0**	**100.7**
商业	1902.2	43.8	1981.9	45.3	104.2
粮食	874.0	20.1	774.1	17.7	88.6
供销	1568.8	36.1	1619.4	37.0	103.2
农副产品购进	1716.1	39.5	1501.3	34.3	87.5
商业	266.8	6.1	246.4	5.6	92.4
粮食	837.4	19.3	739.3	16.9	88.3
供销	611.9	14.1	515.6	11.8	84.3
工业品购进	2537.9	58.4	2746.0	62.8	108.2
商业	1635.4	37.6	1735.4	39.7	106.1
粮食	36.6	0.9	34.9	0.8	95.4
供销	865.9	19.9	975.7	22.3	112.7
废旧物资购进	91.0	2.1	128.1	2.9	140.8
二、国内纯销售	**4578.2**	**100.0**	**5114.1**	**100.0**	**111.7**
商业	1821.8	39.8	2034.3	39.8	111.7
粮食	717.4	15.7	875.2	17.1	122.0
供销	2039.0	44.5	2204.6	43.1	108.1
# 消费品零售	2709.9	59.2	3064.3	59.9	113.1
商业	1392.9	30.3	1580.4	30.9	113.5
粮食	544.2	11.9	676.0	13.2	124.2
供销	769.8	16.8	807.9	15.8	104.9
# 农业生产资料零售	700.6	15.3	723.0	14.1	103.2
商业	27.1	0.6	33.0	0.6	121.8
粮食	96.8	2.1	116.9	2.3	120.8
供销	575.7	12.6	573.1	11.2	99.5
三、年末库存	**2245.4**	**100.0**	**2518.3**	**100.0**	**112.2**
商业	388.9	17.3	788.2	31.3	202.7
粮食	845.5	37.8	808.4	32.1	95.6
供销	007.9	44.9	921.7	36.6	91.4

注：国内贸易部系统数字是指原商业部系统数字（下同）。

6-13 各地区国内贸易部系统商品购、销、存总额

（1992年） 单位：亿元

地区	国内纯购进	#农副产品	#工业品	国内纯销售	#消费品零售	#农业生产资料零售	年末库存
全国总计	**4375.4**	**1501.3**	**2746.0**	**5114.1**	**3064.3**	**723.0**	**2518.3**
北京	130.7	32.7	88.1	200.8	145.8	19.8	69.6
天津	73.9	9.1	58.1	95.5	62.4	6.1	40.6
河北	223.9	92.2	124.1	249.8	145.7	38.8	117.1
山西	85.0	25.6	57.6	111.7	84.1	11.1	65.7
内蒙古	66.5	32.3	33.1	87.9	63.3	8.4	61.7
辽宁	198.4	51.5	133.2	260.8	178.6	25.8	115.9
吉林	120.9	65.0	53.3	126.8	90.3	22.5	100.9
黑龙江	165.1	71.2	88.0	184.6	138.0	19.3	123.8
上海	221.1	18.4	196.4	278.2	179.8	17.1	84.0
江苏	426.4	127.6	284.9	475.6	243.4	58.4	203.9
浙江	275.0	72.9	190.2	328.6	144.7	54.0	96.5
安徽	145.9	70.4	73.2	168.9	85.3	31.7	90.2
福建	75.1	23.2	50.9	84.8	56.5	15.4	36.6
江西	95.8	43.5	50.1	100.2	56.9	24.1	85.6
山东	335.2	135.3	194.0	396.7	214.9	71.0	172.3
河南	251.4	111.5	136.7	271.2	140.5	49.0	136.8
湖北	207.1	91.4	110.2	247.0	152.2	31.8	125.9
湖南	166.8	69.1	94.6	185.0	112.3	34.8	123.5
广东	299.8	60.2	229.4	346.9	198.4	34.3	115.2
广西	99.0	30.7	67.1	124.4	72.7	26.0	55.8
海南	9.7	2.4	7.4	15.7	9.3	1.6	6.7
四川	273.1	111.1	155.9	301.6	181.3	54.3	164.1
贵州	39.6	13.8	25.3	49.9	33.6	9.9	40.9
云南	83.7	27.2	55.6	111.3	81.8	16.6	65.5
西藏							
陕西	85.9	32.2	51.9	100.6	66.0	16.2	62.2
甘肃	55.9	21.2	33.2	65.4	46.5	8.9	49.2
青海	13.1	3.8	9.1	21.6	15.8	1.4	13.4
宁夏	14.2	5.2	8.6	17.6	12.0	2.8	12.3
新疆	103.1	50.7	51.6	103.4	51.9	11.8	78.1
部属公司	34.0		34.0	1.8			4.3

6-14 国内贸易部系统分类商品购、销、存总额

（1992年）

类　　别	国内纯购进		国内纯销售		年末库存	
	绝对额（亿元）	比1991年增减%	绝对额（亿元）	比1991年增减%	绝对额（亿元）	比1991年增减%
肉禽蛋类	231.7	-10.5	204.5	-14.8	47.9	-21.1
糖果糕点类	150.3	2.9	111.2	-8.6	37.4	-18.7
酒　类	134.2	20.3	47.4	-31.7	41.6	36.8
鲜菜类	16.9	-7.7	11.7	-38.4	1.1	-45.0
干菜及调味品	55.8	8.8	43.3	3.8	21.9	34.4
纺织品类	80.7	-2.7	98.6	27.9	58.6	-4.4
针棉织品类	163.2	81.3	192.5	45.2	75.9	29.5
百货类	310.2	37.9	283.9	81.6	143.8	33.3
文化用品类	71.3	15.0	78.7	41.8	41.3	22.9
五金类	75.9	40.3	72.6	43.2	44.8	29.5
交电类	343.5	59.4	328.5	72.7	141.1	50.4
化工类	65.7	8.6	70.2	0.6	28.5	9.2
农业生产资料类	369.7	-0.6	580.7	8.1	203.1	33.3
棉麻类	235.0	-30.8	297.0	0.5	173.9	-33.4
茶叶类	15.2	4.8	11.2	2.8	14.8	39.6
畜产品类	20.9	-5.4	23.0	2.2	11.9	-2.5
土产品类	29.3	-7.3	27.9	10.3	14.2	29.1
干鲜果类	49.5	-14.8	27.5	-37.4	17.6	0.6
日用杂品类	74.4	0.1	65.7	-5.3	43.8	26.6
废旧物资类	136.5	24.4	171.4	42.1	32.2	26.3

6-15 国内贸易部系统主要商品国内纯购、销数量

商品名称	单位	国内纯购进		国内纯销售	
		1991年	1992年	1991年	1992年
猪和猪肉	万头	6801.2	5887.9	5134.0	4248.7
牛和牛肉	万头	256.5	151.4	157.6	171.9
羊和羊肉	万头	916.9	746.5	757.5	690.7
鲜蛋	万吨	51.5	42.7	31.7	21.5
食糖	万吨	397.7	377.6	262.1	226.8
卷烟	万箱	46.8	49.4	410.2	326.0
酒	万吨	495.9	503.2	181.0	165.4
# 白酒	万吨	226.8	209.4	85.6	72.7
啤酒	万吨	218.9	248.0	73.0	72.7
棉布	亿米	15.2	11.1	15.4	12.3
# 市销白平布	亿米	3.1	2.5	3.2	2.6
棉花化纤混纺布	亿米	7.6	4.8	7.0	5.4
# 涤棉混纺布	亿米	6.7	4.2	5.8	4.5
化纤布	万米	26021.0	17664.7	30174.0	24948.2
# 中长纤维布	万米	8502.0	4183.2	8749.0	6234.7
呢绒	万米	10743.0	8004.8	11993.0	9783.6
绸缎	万米	25671.0	18670.6	26542.0	21802.0
毛巾	万条	53352.0	42844.3	41068.0	36181.3
汗衫背心	万件	26910.0	18193.5	25640.0	21938.5
棉毛衫裤	万件	21920.0	17172.3	19764.0	19141.4
卫生衫裤	万件	1546.0	1159.1	2482.0	2093.7
床褥单	万条	4528.0	3731.3	4571.0	4298.2
各种服装	万件	31196.0	28100.4	33707.0	32829.6
毛线	万公斤	3662.0	3904.0	4267.0	4123.9
胶鞋	万双	54275.0	42000.2	35758.0	30421.9
全塑料鞋	万双	11493.0	10370.2	9144.0	9168.9
火柴	万件	1046.0	771.0	520.5	377.4
肥皂	万箱	2112.0	1998.6	1081.0	947.6
洗衣粉	万吨	76.8	78.2	25.3	22.7
保温瓶	万个	11592.0	11410.4	7163.0	7063.2
缝纫机	万台	412.4	372.2	333.7	279.2

6-15 续表1

商品名称	单位	国内纯购进		国内纯销售	
		1991年	1992年	1991年	1992年
铝锅	万个	3303.0	3351.8	2671.0	2789.0
搪瓷面盆	万个	4515.0	3927.3	3668.0	3418.2
钟	万个	1986.0	1269.7	1641.0	1327.8
手表	万只	1690.0	1557.7	2059.0	2081.7
照相机	万台	65.9	64.3	101.2	112.2
元钉	万吨	16.9	16.1	13.9	13.7
镀锌铁丝	万吨	32.7	34.2	22.2	23.3
自行车	万辆	2093.0	2210.1	1763.0	1840.0
普通灯泡	亿个	10.6	7.9	6.9	6.0
摩托车	万辆	35.8	49.6	37.4	51.8
半导体收音机	万部	691.0	561.4	640.1	599.6
电视机	万部	1107.0	1077.4	976.7	966.0
# 彩色电视机	万部	464.4	473.9	424.5	441.7
录音机	万部	472.1	415.0	532.6	517.5
电风扇	万台	2413.0	2286.7	1683.0	1675.4
家用洗衣机	万台	460.1	484.4	368.0	381.2
家用电冰箱	万台	264.7	306.4	247.8	263.2
纯碱	万吨	17.0	22.0	19.3	26.7
化肥	万吨	7860.0	7367.9	10702.0	10219.9
# 氮肥	万吨	5258.0	4978.6	6603.0	6244.8
磷肥	万吨	1908.0	1658.9	1886.0	1690.8
钾肥	万吨	35.8	57.0	267.4	265.7
复合肥	万吨	657.5	673.3	1946.0	2018.6
农药	万吨	58.9	47.7	62.6	53.2
农用塑料薄膜	万吨	36.4	47.2	37.7	41.1
# 地膜	万吨	14.7	19.3	14.3	17.7
农药械	万架	686.9	624.5	782.9	651.8
中小农具	万件	14263.0	12862.0	16243.0	13724.0

6-16 各地区烟草公司系统商品购、销、存总额

单位：万元

地区	国内纯购进		国内纯销售		年末库存	
	1991年	1992年	1991年	1992年	1991年	1992年
全国总计	**6058769**	**7165363**	**1487633**	**1752256**	**1112190**	**1404941**
北京	38192	40733	22312	27772	9366	15833
天津	44247	44329	18425	16287	20088	17594
河北	165957	153104	48062	41052	53776	36410
山西	35137	40277	11656	15683	17675	22507
内蒙古	52500	58376	13472	14908	12979	12829
辽宁	64233	74202	31776	46923	37050	41061
吉林	104477	116438	24589	29119	36467	31987
黑龙江	142026	158412	58466	52700	28319	34818
上海	259355	297928	66310	75076	54069	59334
江苏	127028	136934	25898	26588	67649	69206
浙江	153197	186431	15944	18100	18104	29598
安徽	304501	340409	21958	20248	31250	42479
福建	179715	207894	40397	52859	13704	19665
江西	64841	78959	15569	18593	19114	27933
山东	343733	373511	54116	45466	80650	93243
河南	482148	538699	127185	137069	68832	89744
湖北	317056	432437	52907	66602	42707	56875
湖南	446033	592294	66976	70876	40144	57944
广东	390566	462166	167593	220732	27656	47394
广西	147791	157271	22517	29394	20245	18159
海南	18185	24656	4895	6152	4603	4636
四川	268842	347853	97349	102774	80199	86119
贵州	432835	513676	134203	156894	81577	99145
云南	1158410	1454914	268526	369985	176148	315002
西藏						
陕西	230259	248653	50241	56300	31194	36086
甘肃	48920	49558	14377	14281	19581	20087
青海	2992	3751	913	7189	2679	5909
宁夏	8137	6701	1383	1240	2367	2815
新疆	27456	29797	9618	11394	13998	10529

6-17 图书发行系统分类商品购、销、存数量和金额

(1992年)

类　　别	购进		销售		年末库存	
	数量（亿册）	金额（亿元）	数量（亿册）	金额（亿元）	数量（亿册）	金额（亿元）
哲学、社会科学	4.2	11.8	4.1	11.1	1.8	4.1
文化、教育	40.2	54.0	35.6	51.9	6.9	9.2
文学、艺术	5.2	18.0	5.1	16.6	2.3	6.3
自然科学、技术	4.1	19.3	4.1	18.6	1.9	5.6
少儿读物	3.6	7.2	3.4	6.6	1.6	2.7
大中专教材	3.8	9.4	3.3	8.6	1.0	2.4
课　　本	62.2	60.4	61.3	59.7	3.6	2.9
图　　片	6.1	13.4	6.2	13.1	2.1	3.4
其它出版物	1.1	3.8	1.0	3.5	0.5	1.4
非图书商品		5.9		5.6		2.1

6-18 医药局、中医药局系统分类商品购、销、存总额

(1992年)　　单位：亿元

类　　别	国内纯购进	国内纯销售	年末库存
药品类	155.5	208.8	73.5
医疗器械类	17.4	25.2	11.2
化学试剂类	5.6	8.1	4.4
玻璃仪器类	1.8	2.5	1.2
中药材类	28.5	45.9	52.1
中成药类	69.3	79.8	38.3

6-19 各地区图书发行系统购、销、存数量和金额

（1992年）

地区	购进		销售		年末库存	
	数量（万册）	金额（万元）	数量（万册）	金额（万元）	数量（万册）	金额（万元）
全国合计	**1305489**	**2030664**	**1269880**	**1950285**	**217595**	**402405**
北京	17681	69143	16199	62968	4654	20929
天津	20697	47294	19620	45370	4035	8025
河北	64048	73371	63018	70785	12554	13555
山西	29508	41396	29109	39154	6946	9366
内蒙古	21886	28854	21331	27487	2981	5680
辽宁	44842	77161	45115	75280	6276	14758
吉林	31011	49050	31626	46901	4765	8703
黑龙江	35129	51156	34750	48708	7627	10017
上海	55029	152906	52080	141333	9254	38127
江苏	73933	114574	72428	109548	11932	25607
浙江	48230	77013	47434	72744	6731	16443
安徽	54320	67563	52158	65856	8070	10936
福建	41955	55197	37480	52964	5210	9021
江西	42898	50202	39864	45316	8251	12196
山东	81316	108635	79736	103970	9474	18175
河南	76151	78663	74646	76659	10979	11980
湖北	63731	83729	60824	79780	12031	17248
湖南	80981	94484	79178	92174	9437	13571
广东	78451	115022	77586	110550	14513	22205
广西	44499	58117	43155	55804	4752	8092
海南	7344	9443	7047	9029	1129	1338
四川	88694	124862	90850	122825	11834	22611
贵州	28195	26793	25202	25764	8945	5510
云南	33147	37688	33000	37060	2845	5654
西藏	283	193	181	187	267	207
陕西	39371	52137	37775	48818	10001	12485
甘肃	20017	26535	19478	25063	2719	5211
青海	3215	5715	2766	4740	660	2074
宁夏	4901	6354	4589	5880	1108	1775
新疆	13771	19257	13522	17896	2212	4059
新华书店总店	30668	113797	30146	116717	1938	3362
国际书店	863	6353	942	5958	988	4620
图书进出口公司	179	26052	194	27103	309	4750
中央一级出版社	28366	81954	27051	79894	12119	34115

6-20 医药局系统商品购、销、存总额

（1992年） 单位：万元

地 区	国 内 纯购进	# 农副产 品购进	进口和 接收进口	国 内 纯销售	# 零 售	出口和 供应出口	年末库存
全国总计	2831627	202625	123256	3715133	3435625	41705	1956917
北 京	85353	1115	415	95539	77103	5316	89172
天 津	69425	736	1254	78715	72376	1264	60054
河 北	116632	8487	1373	171376	165395	459	73171
山 西	38198	6758	177	66213	62261		36707
内 蒙 古	35978	6605		55288	51212	1543	45245
辽 宁	132020	3148	6950	190070	177111	36	84930
吉 林	67332	6180	56	81621	73071	1164	93621
黑 龙 江	107164	5734	466	158554	150542	2837	90905
上 海	162967	4287	6003	198509	180318	1695	92849
江 苏	226093	3944	1380	264356	248500	180	96555
浙 江	167596	7727	1547	175131	165202	700	80587
安 徽	98945	7699	1	143443	138295	1609	58886
福 建	57371	3315	4582	85041	81204	230	36464
江 西	40461	2685	83	72009	68642	106	37337
山 东	219554	13019	3673	333474	309498	885	105217
河 南	119264	9261	641	171429	163154	251	85898
湖 北	141498	9603	1531	193216	179936	389	91702
湖 南	97024	7124	1377	141095	134847	251	64131
广 东	243911	43864	47065	333911	290959	11576	141656
广 西	57841	3596	130	77217	71360	1649	39836
海 南	7350	655	6627	9655	9005	1205	5304
四 川	152891	11091	727	190578	177115	1732	142737
贵 州	27751	2485	6	37951	36752	7	19877
云 南	60379	3466	776	89800	85885	5069	57925
西 藏	964	964		2672	2671		3975
陕 西	87086	8408	182	102618	97456	98	70390
甘 肃	42330	12178	3	57507	55043	716	39502
青 海	10518	894		16618	16407	15	10486
宁 夏	11063	3336		17226	16080	515	12607
新 疆	30544	4261	472	55000	52621	212	29636

注：全国总计中包括上海、北京、广州等市的医药站 、化试站的数字。

6-21 中医药局系统商品购、销、存总额

（1992年） 单位:万元

地区	国内纯购进	# 农副产品购进	进口和接收进口	国内纯销售	# 零售额	出口和供应出口	年末库存
全国总计	**995247**	**187051**	**13057**	**1365073**	**1251568**	**29771**	**994410**
北京	63515	1115		74328	63556	5316	80799
天津	39827	736	819	51975	46619	1264	45960
河北	36417	8305	111	53425	51080	438	31927
山西	25628	5194		47151	45504		26927
内蒙古	14914	6592		18036	15328	1504	24367
辽宁	38834	3138	3	59346	54681	35	33090
吉林	23527	6180	5	26783	21810	1164	61746
黑龙江	35904	5552		47954	43917	2836	40091
上海	65081	4287	1217	88989	77956	1695	57532
江苏	26513	631	330	25897	23748		11893
浙江	62210	7664	1087	68815	64997	700	41414
安徽	28187	6771	1	39130	37754	1609	24071
福建	17930	3315	2656	31569	30092	107	15744
江西	14201	2685	59	28876	27205	101	18962
山东	68323	12754	498	101929	92395	439	45891
河南	35509	9175		49245	45731	251	36546
湖北	48166	9226	14	65129	57965	388	46362
湖南	57774	7077	173	110553	106557	255	46887
广东	106134	39474	4551	131062	117082	6936	74852
广西	23863	3580	124	30844	27913	1290	21749
海南	1321	647	644	2460	2263		1689
四川	49153	10475	87	65893	59280	1664	82601
贵州	9896	2209		15784	15479	7	10213
云南	13734	1263	586	14166	12856	216	24877
西藏							
陕西	24382	8392	32	31660	29515	98	25811
甘肃	42330	12178	3	57507	55676	716	39502
青海	3734	894		5154	4992	15	4169
宁夏	5900	3327		6001	5352	515	7007
新疆	12340	4215	57	15412	14265	212	11731

6-22 各地区农机公司系统商品购、销、存总额

（1992年）　　单位：万元

地区	系统外购进	#国内纯购进	系统外销售	#国内纯销售	年末库存
全国合计	**2603754**	**2482388**	**2708482**	**2334705**	**595946**
北京	31870	31870	37454	32739	11790
天津	25263	25263	26625	22314	4090
河北	215751	214802	219841	210337	36152
山西	70059	69755	77911	70908	18833
内蒙古	55552	54980	58661	55594	28821
辽宁	87662	84582	98486	85760	20938
吉林	65880	65501	69637	64844	21310
黑龙江	91372	91366	94375	94308	28982
上海	60459	56646	47690	37879	11567
江苏	201718	190306	192908	118249	27938
浙江	144751	123240	153907	115983	15616
安徽	82439	81565	85130	80295	23527
福建	57466	57279	59309	51654	7588
江西	47057	44154	47915	43109	9076
山东	266147	261707	281138	247727	42655
河南	180634	178953	186009	166151	44798
湖北	99142	96003	106651	96866	27341
湖南	59722	58964	65179	60135	16175
广东	201211	184358	229099	197916	33372
广西	66774	66260	75016	57641	15640
海南	6794	6739	10373	8883	2202
四川	104256	95848	112336	101740	22340
贵州	19159	18554	19782	18860	6934
云南	57217	53967	63439	54491	15564
西藏	3241	3241	4776	4776	3504
陕西	41211	39630	46394	41952	17141
甘肃	37772	37641	38623	35554	9679
青海	9494	9494	10630	9251	3150
宁夏	8662	8662	12256	11801	3039
新疆	52743	52351	60566	58690	21603
兵团	30450	28609	25118	24940	24350
总直公司	121826	90098	91248	53358	20231

6-23 农机公司系统主要商品销售数量

商品名称	单位	1991年	1992年	1992年为1991年%
大中型拖拉机	台	47955	52279	109.0
# 东方红—75/60	台	15937	19247	120.8
铁牛—55	台	6621	7245	109.4
上海—50	台	9725	10962	112.7
手扶拖拉机	台	435349	449920	103.3
小四轮拖拉机	台	555618	515088	92.7
大中型联合收割机	台	5284	7939	150.2
机引犁	台	23765	16068	67.6
机引耙	台	10766	7400	68.7
机引播种机	台	10948	8941	81.7
农用运输车	辆	49927	83040	168.1
机动三轮车	辆	216430	349690	161.6
大中型拖车	台	29730	29427	99.0
小型拖拉机	台	248063	271609	109.5
机动植保机械	台	92941	65608	70.6
机动畜牧机械	台	2152	2078	96.6
机动脱粒机	台	221726	155422	70.1
农用动力机械	台	1475551	1704345	115.5
	千瓦	11531359	14120792	122.5
#电动机	台	286885	332372	115.9
	千瓦	1380303	1657080	120.1
柴油机	台	1184371	1346745	113.7
	千瓦	10119662	12235360	120.9
内燃发电机组	台	16132	19858	123.1
水泵	台	935244	1079976	115.5
喷灌机	台	41340	41800	101.1
手推车车轮	轮	3496243	3392326	97.0

6-24 水产供销系统商品购、销、存总额

单位：亿元

项目	1991年	1992年	1992年为1991年%
一、国内纯购进总额	39.9	36.5	91.5
# 农副产品购进	32.7	29.5	90.2
二、接收进口	2.1	1.6	76.2
三、国内纯销售	29.9	27.4	91.6
# 售给居民	12.8	11.5	89.8
售给社会集团	1.3	1.9	146.2
四、供应出口	12.9	10.5	81.4
五、年末库存	18.4	16.9	91.8

6-25 水产供销系统主要商品购、销数量

商品名称	单位	国内纯购进		国内纯销售	
		1991年	1992年	1991年	1992年
海水产品	混合吨	849282	698783	366042	282807
优质海水鲜鱼	吨	223888	185791	144539	122425
# 大小黄鱼	吨	9667	16945	6607	6464
带鱼	吨	105612	83844	49794	57148
墨鱼	吨	5081	3569	3602	2038
其他海水鲜鱼	吨	451705	397491	150677	113116
# 马面鱼	吨	83619	66159	29930	11779
海水咸干鱼	吨	13282	7594	9630	6218
海带	吨	21503	18446	6345	5173
对虾	吨	17303	16188	4077	3115
海蜇	吨	8758	12830	2373	3552
海味品	吨	3712	2215	4849	3916
# 海米	吨	778	299	927	669
海参	吨	123	59	130	146
干贝	吨	73	25	65	33
鲍鱼	吨	5		8	2
淡水产品	混合吨	119963	110403	54394	77026
# 淡水干鲜鱼	吨	111944	99252	48607	67328

6-26 各地区物资供销业购、销、存总额

单位：亿元

地区	购进总额		销售总额		库存总额	
	1991年	1992年	1991年	1992年	1991年	1992年
全　国	**3 946.81**	**5 678.89**	**4 222.29**	**6 046.74**	**577.47**	**616.78**
北　京	124.09	175.27	131.85	180.28	27.86	28.95
天　津	113.67	148.08	118.60	155.30	34.50	35.68
河　北	176.26	290.69	188.89	309.05	21.56	25.41
山　西	87.26	116.62	97.41	130.74	19.83	18.59
内蒙古	35.68	47.41	40.21	52.50	7.47	9.52
辽　宁	264.12	376.43	289.56	409.09	45.16	39.20
吉　林	54.67	69.96	59.09	76.54	10.13	9.74
黑龙江	93.95	114.79	99.12	124.54	17.78	19.60
上　海	383.78	481.22	437.31	554.60	69.21	58.91
江　苏	538.93	730.96	567.11	759.80	44.78	52.64
浙　江	346.53	532.44	357.26	559.29	33.93	41.32
安　徽	71.12	121.71	75.91	128.36	9.54	12.46
福　建	60.99	83.72	65.70	88.01	7.45	9.00
江　西	30.24	71.50	33.29	75.81	5.11	6.14
山　东	345.58	495.83	365.44	525.46	28.01	31.44
河　南	113.69	165.59	117.30	176.02	24.93	29.25
湖　北	237.23	328.11	252.00	344.82	35.71	36.96
湖　南	82.10	131.17	87.97	139.11	8.84	10.40
广　东	261.77	445.65	279.28	467.67	30.44	39.25
广　西	65.64	113.00	70.40	118.99	8.02	10.89
海　南	9.61	16.04	9.75	17.79	2.12	1.73
四　川	167.11	240.73	179.83	245.50	27.20	29.23
贵　州	22.99	31.82	24.52	33.95	4.04	4.39
云　南	73.95	102.76	78.16	106.79	12.18	15.90
西　藏						
陕　西	81.03	113.69	85.76	123.05	19.53	17.32
甘　肃	30.05	43.11	31.79	44.85	6.07	7.18
青　海	10.56	10.13	11.19	11.27	3.88	1.95
宁　夏	13.60	17.56	14.51	19.36	3.11	2.82
新　疆	50.59	62.88	53.10	68.17	9.07	10.90

6-27 国有商业和供销合作社主要经济效益指标变化比较

单位：亿元

系统	商品销售总额			实现利税总额		
	1991年	1992年	1992年比1991年增减额	1991年	1992年	1992年比1991年增减额
合计	**13101.00**	**14261.47**	**1160.47**	**-101.33**	**-51.04**	**50.29**
商业系统	3832.24	3868.52	36.28	63.99	44.95	-19.04
供销合作社系统	4093.92	4292.16	198.24	52.03	93.73	41.70
粮食系统	2216.09	2476.63	260.54	-341.68	-290.22	51.46
医药商业系统	509.37	578.71	69.34	26.58	26.37	-0.21
水产供销公司系统	62.73	65.14	2.41	0.72	0.32	-0.40
烟草公司系统	1159.99	1425.83	265.84	57.43	79.42	21.99
石化销售公司系统	676.16	884.73	208.57	32.18	35.91	3.73
农机公司系统	233.12	290.74	57.62	3.55	3.75	0.20
汽车销售公司系统	69.07	108.83	39.76	2.31	2.76	0.45
新华书店系统	114.95	138.34	23.39	6.84	7.35	0.51
其他	133.35	131.83	-1.52	-5.29	-1.45	3.84

6-27 续表1

单位：亿元

系统	缴纳税金总额			已缴税利		
	1991年	1992年	1992年比1991年增减额	1991年	1992年	1992年比1991年增减额
合计	**176.65**	**187.42**	**10.77**	**89.29**	**72.57**	**-16.72**
商业系统	64.83	64.02	-0.81	30.80	23.68	-7.12
供销合作社系统	39.61	95.46	55.85	12.04	8.48	-3.56
粮食系统	16.89	16.50	-0.39	14.67	9.27	-5.40
医药商业系统	8.90	9.81	0.91	7.24	6.52	-0.72
水产供销公司系统	0.65	0.76	0.11	0.15	0.12	-0.03
烟草公司系统	28.21	34.72	6.51	8.63	9.77	1.14
石化销售公司系统	11.53	13.48	1.95	12.10	11.18	-0.92
农机公司系统	0.70	0.69	-0.01	0.99	0.89	-0.10
汽车销售公司系统	1.03	1.27	0.24	0.59	0.52	-0.07
新华书店系统	2.39	2.77	0.38	1.28	1.22	-0.06
其他	1.92	1.87	-0.05	0.81	0.77	-0.04

6-27 续表2

单位：亿元

系统	实现利润总额（补贴前）			亏损企业亏损额		
	1991年	1992年	1992年比1991年增减额	1991年	1992年	1992年比1991年增减额
一、各系统全部企业合计	**-277.98**	**-238.46**	**39.52**	**402.98**	**381.91**	**-21.07**
商业系统	-0.84	-19.06	-18.22	71.78	83.70	11.92
供销合作社系统	12.42	-1.72	-14.14	21.71	30.24	8.53
粮食系统	-358.56	-306.71	51.85	295.05	257.12	-37.93
医药商业系统	17.68	16.56	-1.12	1.53	1.93	0.40
水产供销公司系统	0.07	-0.45	-0.52	0.83	1.14	0.31
烟草公司系统	29.23	44.70	15.47	1.49	1.01	-0.48
石化销售公司系统	20.65	22.43	1.78	1.10	1.55	0.45
农机公司系统	2.85	3.06	0.21	0.21	0.36	0.15
汽车销售公司系统	1.28	1.48	0.20	0.04	0.02	-0.02
新华书店系统	4.45	4.58	0.13	0.02	0.03	0.01
其他	-7.21	-3.32	3.89	9.23	4.94	-4.29
二、各系统商业企业合计	**-308.49**	**-269.87**	**38.62**	**390.04**	**362.17**	**-27.87**
商业系统	-3.73	-20.41	-16.68	63.68	73.97	10.29
供销合作社系统	8.25	-6.41	-14.66	19.23	26.80	7.57
粮食系统	-378.35	-328.49	49.86	293.18	250.53	-42.65
医药商业系统	15.60	14.72	-0.88	1.51	1.84	0.33
水产供销公司系统	-0.01	-0.58	-0.57	0.82	1.09	0.27
烟草公司系统	29.01	43.90	14.89	1.45	1.01	-0.44
石化销售公司系统	19.79	21.75	1.96	1.09	1.53	0.44
农机公司系统	2.83	3.05	0.22	0.20	0.35	0.15
汽车销售公司系统	1.28	1.49	0.21	0.03	0.02	-0.01
新华书店系统	4.45	4.58	0.13	0.02	0.03	0.01
其他	-7.60	-3.47	4.13	8.84	4.86	-3.98

6-27 续表3 单位：亿元

系统	固定资产原值			年末全部流动资金		
	1991年	1992年	1992年比1991年增减额	1991年	1992年	1992年比1991年增减额
一、各系统全部企业合计	**1738.95**	**1986.01**	**247.06**	**6591.35**	**7520.71**	**929.36**
商业系统	533.11	608.07	74.96	1581.94	1717.87	135.93
供销合作社系统	421.55	480.97	59.42	1774.15	1958.00	183.85
粮食系统	544.02	610.14	66.12	2348.99	2762.06	413.07
医药商业系统	51.62	59.48	7.86	259.94	313.33	53.39
水产供销公司系统	13.22	14.72	1.50	31.30	34.04	2.74
烟草公司系统	47.76	58.47	10.71	274.37	310.39	36.02
石化销售公司系统	72.21	83.18	10.97	132.53	198.64	66.11
农机公司系统	19.42	21.40	1.98	64.30	80.19	15.89
汽车销售公司系统	4.50	5.27	0.77	24.62	32.67	8.05
新华书店系统	13.54	16.02	2.48	31.95	36.60	4.65
其他	18.01	18.60	0.59	67.25	74.96	7.71
二、各系统商业企业合计	**1290.83**	**1489.15**	**198.32**	**6028.47**	**6877.28**	**848.81**
商业系统	370.55	423.01	52.46	1381.74	1496.67	114.93
供销合作社系统	335.27	402.50	67.23	1606.54	1819.50	212.96
粮食系统	356.90	404.24	47.34	2180.17	2498.63	318.46
医药商业系统	46.10	54.04	7.94	240.92	296.13	55.21
水产供销公司系统	12.65	13.95	1.30	31.06	33.60	2.54
烟草公司系统	47.66	58.43	10.77	273.84	310.30	36.46
石化销售公司系统	69.36	80.29	10.93	130.75	196.67	65.92
农机公司系统	19.34	21.26	1.92	63.92	78.15	14.23
汽车销售公司系统	4.29	5.01	0.72	23.30	31.61	8.31
新华书店系统	13.44	15.96	2.52	31.88	36.48	4.60
其他	15.26	16.60	1.34	64.35	71.26	6.91

6-27 续表4

系　　统	全部流动资金周转次数(次)			全部流动资金周转天数(天)		
	1991年	1992年	1992年比1991年增减	1991年	1992年	1992年比1991年增减
一、各系统全部企业合计	**2.26**	**2.11**	**-0.15**	**159**	**170**	**10.99**
商业系统	2.54	2.41	-0.13	142	150	7.82
供销合作社系统	2.61	2.38	-0.23	138	151	13.60
粮食系统	1.14	1.04	-0.10	315	348	32.84
医药商业系统	2.15	2.03	-0.12	167	177	9.61
水产供销公司系统	2.30	2.04	-0.26	156	176	20.02
烟草公司系统	5.22	5.28	0.06	69	68	-0.80
石化销售公司系统	5.46	5.64	0.18	66	64	-2.11
农机公司系统	3.92	4.14	0.22	92	87	-4.80
汽车销售公司系统	3.19	3.89	0.70	113	92	-20.52
新华书店系统	3.81	3.87	0.06	94	93	-1.40
其他	2.12	2.00	-0.12	170	180	9.98
二、各系统商业企业合计	**2.46**	**2.31**	**-0.15**	**146**	**156**	**9.38**
商业系统	2.90	2.76	-0.14	124	131	6.23
供销合作社系统	2.84	2.58	-0.26	127	140	12.81
粮食系统	1.23	1.14	-0.09	292	315	22.75
医药商业系统	2.26	2.14	-0.12	159	168	8.78
水产供销公司系统	2.33	2.09	-0.24	155	172	17.22
烟草公司系统	5.22	5.28	0.06	69	68	-0.80
石化销售公司系统	5.54	5.73	0.19	65	63	-2.22
农机公司系统	3.98	4.16	0.18	90	86	-3.94
汽车销售公司系统	3.35	4.10	0.75	108	88	-19.67
新华书店系统	3.82	3.88	0.06	94	93	-1.46
其他	2.22	2.07	-0.15	162	174	12.04

6-27 续表5

单位：元

系　　统	每百元销售额实现的利润			每百元销售额实现的利税		
	1991年	1992年	1992年比1991年增减额	1991年	1992年	1992年比1991年增减额
一、各系统全部企业合计	**-2.12**	**-1.67**	**0.45**	**-0.77**	**-0.36**	**0.41**
商业系统	-0.02	-0.49	-0.47	1.67	1.16	-0.51
供销合作社系统	0.30	-0.04	-0.34	1.27	2.18	0.91
粮食系统	-16.18	-12.38	3.80	-15.42	-11.72	3.70
医药商业系统	3.47	2.86	-0.61	5.22	4.56	-0.66
水产供销公司系统	0.11	-0.68	-0.79	1.14	0.49	-0.65
烟草公司系统	2.52	3.13	0.61	4.95	5.57	0.62
石化销售公司系统	3.05	2.54	-0.51	4.76	4.06	-0.70
农机公司系统	1.22	1.05	-0.17	1.52	1.29	-0.23
汽车销售公司系统	1.86	1.36	-0.50	3.34	2.53	-0.81
新华书店系统	3.87	3.31	-0.56	5.95	5.31	-0.64
其他	-5.41	-2.52	2.89	-3.97	-1.10	2.87
二、各系统商业企业合计	**-2.35**	**-1.89**	**0.46**	**-1.01**	**-0.58**	**0.43**
商业系统	-0.10	-0.53	-0.43	1.59	1.13	-0.46
供销合作社系统	0.20	-0.15	-0.35	1.17	2.07	0.90
粮食系统	-17.07	-13.26	3.81	-16.31	-12.60	3.71
医药商业系统	3.06	2.54	-0.52	4.81	4.24	-0.57
水产供销公司系统	-0.02	-0.88	-0.86	1.01	0.29	-0.72
烟草公司系统	2.50	3.08	0.58	4.93	5.51	0.58
石化销售公司系统	2.93	2.46	-0.47	4.63	3.98	-0.65
农机公司系统	1.21	1.05	-0.16	1.51	1.29	-0.22
汽车销售公司系统	1.86	1.36	-0.50	3.34	2.53	-0.81
新华书店系统	3.87	3.31	-0.56	5.95	5.31	-0.64
其他	-5.70	-2.63	3.07	-4.26	-1.21	3.05

6-27 续表6

单位：元

系统	每百元销售额占用的流动资金			每百元流动资金实现的利润		
	1991年	1992年	1992年比1991年增减额	1991年	1992年	1992年比1991年增减额
一、各系统全部企业合计	**44.25**	**47.31**	**3.06**	**-4.79**	**-3.53**	**1.26**
商业系统	39.35	41.53	2.18	-0.06	-1.19	-1.13
供销合作社系统	38.28	42.06	3.78	0.79	-0.10	-0.89
粮食系统	87.43	96.55	9.12	-18.51	-12.83	5.68
医药商业系统	46.52	49.19	2.67	7.46	5.82	-1.64
水产供销公司系统	43.39	48.95	5.56	0.26	-1.40	-1.66
烟草公司系统	19.17	18.95	-0.22	13.14	16.55	3.41
石化销售公司系统	18.32	17.73	-0.59	16.67	14.30	-2.37
农机公司系统	25.49	24.16	-1.33	4.80	4.36	-0.44
汽车销售公司系统	31.38	25.69	-5.69	5.92	5.31	-0.61
新华书店系统	26.22	25.83	-0.39	14.78	12.82	-1.96
其他	47.23	50.01	2.78	-11.45	-5.03	6.42
二、各系统商业企业合计	**40.68**	**43.28**	**2.60**	**-5.79**	**-4.37**	**1.42**
商业系统	34.53	36.26	1.73	-0.28	-1.45	-1.17
供销合作社系统	35.20	38.75	3.55	0.57	-0.39	-0.96
粮食系统	81.17	87.49	6.32	-21.03	-15.16	5.87
医药商业系统	44.23	46.67	2.44	6.93	5.45	-1.48
水产供销公司系统	42.98	47.76	4.78	-0.05	-1.85	-1.80
烟草公司系统	19.17	18.95	-0.22	13.05	16.25	3.20
石化销售公司系统	18.06	17.44	-0.62	16.21	14.10	-2.11
农机公司系统	25.12	24.02	-1.10	4.82	4.37	-0.45
汽车销售公司系统	29.86	24.40	-5.46	6.22	5.59	-0.63
新华书店系统	26.18	25.78	-0.40	14.78	12.83	-1.95
其他	44.99	48.33	3.34	-12.67	-5.45	7.22

6-28 各地区国有商业和供销合作社主要经济效益指标变化比较

单位：万元

地　区	商品销售总额			商业企业利润净额(补贴前)		
	1991年	1992年	1992年比1991年增减额	1991年	1992年	1992年比1991年增减额
全　国	**131009965**	**142614683**	**11604718**	**-3084933**	**-2698699**	**386234**
北　京	4308770	4615971	307201	-230524	-135941	94583
天　津	2350401	2489672	139271	-119244	-99809	19435
河　北	6312558	7154740	842182	-21663	-99500	-77837
山　西	2969978	3113723	143745	-78486	-70612	7874
内蒙古	2579496	2678437	98941	-141119	-130067	11052
辽　宁	6214153	6690568	476415	-292814	-281350	11464
吉　林	3770155	3757416	-12739	-268354	-197411	70943
黑龙江	5273935	5274423	488	-155705	-154761	944
上　海	5555330	5071891	-483439	-83693	-129693	-46000
江　苏	10842138	13353119	2510981	-324136	-122237	201899
浙　江	6329951	8090394	1760443	-27799	-46351	-18552
安　徽	4397662	4669412	271750	-186840	-125376	61464
福　建	2896458	3136078	239620	6172	-2752	-8924
江　西	3082848	3451579	368731	-105615	-105113	502
山　东	9935666	10691470	755804	-27595	-25553	2042
河　南	6775526	6878610	103084	-111976	-158509	-46533
湖　北	6058004	6075702	17698	-263764	-130246	133518
湖　南	4852433	5056735	204302	-141200	-136735	4465
广　东	10128287	11273582	1145295	-145185	-119704	25481
广　西	3456817	3829836	373019	-20470	-32801	-12331
海　南	316697	337219	20522	-29816	-34187	-4371
四　川	7890237	8555517	665280	-160366	-218401	-58035
贵　州	1922348	2205968	283620	-28676	-26660	2016
云　南	4412848	5345433	932585	-1414	63741	65155
西　藏						
陕　西	2826854	2981656	154802	-75263	-79979	-4716
甘　肃	1820481	2060982	240501	-17867	-37841	-19974
青　海	500548	528995	28447	-2674	-2528	146
宁　夏	482277	530546	48269	-4413	-1681	2732
新　疆	2747109	2715009	-32100	-24434	-56642	-32208

6-28 续表1

单位：万元

地　区	商业亏损企业的亏损额(补贴前)			全部企业利润总额(补贴前)		
	1991年	1992年	1992年比1991年增减额	1991年	1992年	1992年比1991年增减额
全　国	**3900422**	**3621698**	**-278724**	**-2779806**	**-2384583**	**395223**
北　京	274232	246813	-27419	-196512	-101212	95300
天　津	144543	137798	-6745	-96411	-83510	12901
河　北	40718	93319	52601	-23489	-88859	-65370
山　西	62029	99875	37846	-75050	-58617	16433
内蒙古	149615	145267	-4348	-133358	-130997	2361
辽　宁	387561	388645	1084	-276947	-265654	11293
吉　林	238925	134404	-104521	-251255	-180373	70882
黑龙江	160879	160396	-483	-131897	-135613	-3716
上　海	216934	215655	-1279	-56071	-110999	-54928
江　苏	425570	229092	-196478	-284660	-74672	209988
浙　江	84134	113319	29185	-5622	-19869	-14247
安　徽	176455	154690	-21765	-182640	-122777	59863
福　建	40234	38542	-1692	9438	-862	-10300
江　西	95614	80864	-14750	-100628	-99118	1510
山　东	93512	135537	42025	-66003	-4161	61842
河　南	123717	158267	34550	-96312	-145840	-49528
湖　北	255080	139833	-115247	-251637	-151461	100176
湖　南	119394	74176	-45218	-130932	-130043	889
广　东	206208	206267	59	-121157	-100316	20841
广　西	40624	47455	6831	-13323	-23204	-9881
海　南	30630	32304	1674	-30438	-35015	-4577
四　川	211443	259800	48357	-141173	-205452	-64279
贵　州	60534	65006	4472	-30048	-25112	4936
云　南	64632	65727	1095	6043	70569	64526
西　藏						
陕　西	92358	90960	-1398	-65251	-76251	-11000
甘　肃	26703	7677	-19026	-13637	-32626	-18989
青　海	17788	13580	-4208	-5284	-2916	2368
宁　夏	4991	5381	390	-2139	47	2186
新　疆	55365	81049	25684	-13413	-49670	-36257

单位：万元

地区	全部企业缴纳税金总额			商业企业全部流动资金年末占用额		
	1991年	1992年	1992年比1991年增减额	1991年	1992年	1992年比1991年增减额
全国	**1766483**	**1874154**	**107671**	**60284690**	**68772754**	**8488064**
北京	85367	78268	-7099	1610925	1862888	251963
天津	35855	39343	3488	1202544	1207483	4939
河北	67940	62273	-5667	2566155	2838536	272381
山西	31350	42164	10814	1334482	1665501	331019
内蒙古	33272	35096	1824	1857030	2135676	278646
辽宁	95042	111954	16912	3460230	4108007	647777
吉林	43478	47249	3771	3031345	3413940	382595
黑龙江	81531	70347	-11184	3399244	3864569	465325
上海	85189	65367	-19822	2057190	2040012	-17178
江苏	117884	141891	24007	4249671	4990803	741132
浙江	71139	80598	9459	1859262	2273404	414142
安徽	41483	46710	5227	2206414	2418654	212240
福建	30754	36599	5845	861204	978732	117528
江西	35576	37584	2008	1718585	2101949	383364
山东	115795	105579	-10216	4018982	4287925	268943
河南	107023	111213	4190	3206444	3831336	624892
湖北	87112	67106	-20006	3321651	3570510	248859
湖南	67412	67210	-202	2282324	2619437	337113
广东	95307	101081	5774	3655150	4352918	697768
广西	44644	46645	2001	1186258	1314937	128679
海南	3356	4248	892	294672	376989	82317
四川	116684	134377	17693	3593935	4157062	563127
贵州	45621	73333	27712	1143914	1256109	112195
云南	105163	148786	43623	1665555	1973666	308111
西藏						
陕西	50928	46050	-4878	1428150	1603827	175677
甘肃	25547	30383	4836	996195	1149743	153548
青海	9376	9492	116	246633	290220	43587
宁夏	7226	6769	-457	249807	269698	19891
新疆	29429	26439	-2990	1580739	1818223	237484

单位：元

地区	每销售百元商品开支的费用			每销售百元商品实现的利润		
	1991年	1992年	1992年比1991年增减额	1991年	1992年	1992年比1991年增减额
全国	**8.46**	**8.79**	**0.33**	**-1.60**	**-1.31**	**0.29**
北京	7.68	8.52	0.84	-4.20	-2.28	1.92
天津	8.80	8.86	0.06	-2.69	-3.36	-0.67
河北	7.18	8.00	0.82	-0.27	-1.33	-1.06
山西	9.71	9.86	0.15	-1.94	0.30	2.24
内蒙古	12.09	12.75	0.66	-3.93	-3.52	0.41
辽宁	11.05	11.61	0.56	-3.41	-2.99	0.42
吉林	13.42	14.19	0.77	-6.04	-4.90	1.14
黑龙江	10.81	11.57	0.76	-1.96	-1.72	0.24
上海	5.90	7.27	1.37	-1.08	-2.16	-1.08
江苏	7.04	6.64	-0.40	-0.94	-0.06	0.88
浙江	6.19	6.47	0.28	-0.08	-0.21	-0.13
安徽	9.08	8.64	-0.44	-3.81	-2.22	1.59
福建	6.49	6.73	0.24	0.44	-0.04	-0.48
江西	9.65	9.23	-0.42	-3.14	-2.64	0.50
山东	7.27	7.63	0.36	0.20	0.11	-0.09
河南	8.33	9.17	0.84	-1.04	-1.73	-0.69
湖北	10.24	10.27	0.03	-3.79	-1.86	1.93
湖南	9.90	10.40	0.50	-2.67	-2.15	0.52
广东	7.30	7.43	0.13	-1.14	-0.87	0.27
广西	7.63	7.93	0.30	0.03	-0.17	-0.20
海南	13.99	16.34	2.35	-7.78	-10.50	-2.72
四川	9.39	10.31	0.92	-1.35	-2.09	-0.74
贵州	7.57	8.25	0.68	-0.53	-0.97	-0.44
云南	6.16	6.06	-0.10	0.54	1.87	1.33
西藏	0.00	0.00	0.00	0.00	0.00	0.00
陕西	8.88	9.78	0.90	-1.78	-1.95	-0.17
甘肃	9.16	9.85	0.69	-0.66	-1.30	-0.64
青海	9.29	9.84	0.55	0.56	0.70	0.14
宁夏	8.50	8.79	0.29	-0.49	-0.06	0.43
新疆	9.43	10.73	1.30	-0.19	-1.48	-1.29

6-28 续表4

地区	商业企业全部流动资金周转天数(天)			商业企业每一职工销货额(元)		
	1991年	1992年	1992年比1991年增减	1991年	1992年	1992年比1991年增减额
全国	**146**	**156**	**10**	**117382**	**125232**	**7850**
北京	130	129	-1	165626	205131	39505
天津	172	169	-3	161837	165784	3947
河北	139	136	-3	117758	129707	11949
山西	149	186	37	95052	87173	-7879
内蒙古	240	261	21	81942	82171	229
辽宁	183	195	12	88017	94014	5997
吉林	224	225	1	84616	82387	-2229
黑龙江	207	235	28	93710	90895	-2815
上海	130	141	11	278688	291481	12793
江苏	105	118	13	165573	195531	29958
浙江	99	82	-17	192520	241629	49109
安徽	165	171	6	89482	92576	3094
福建	87	102	15	139848	149903	10055
江西	166	190	24	100628	109058	8430
山东	121	127	6	98195	105228	7033
河南	173	194	21	92388	91914	-474
湖北	178	195	17	89155	90132	977
湖南	147	173	26	97388	98040	652
广东	118	120	2	152110	170190	18080
广西	117	119	2	131812	138850	7038
海南	317	357	40	42409	48007	5598
四川	152	161	9	106876	110603	3727
贵州	173	188	15	111411	125527	14116
云南	100	124	24	197101	229490	32389
西藏						
陕西	144	176	32	107257	111583	4326
甘肃	175	186	11	115579	113064	-2515
青海	163	181	18	146231	146212	-19
宁夏	169	163	-6	134880	141554	6674
新疆	184	222	38	198296	193702	-4594

6-28 续表5

单位：元

地区	商业企业每百元流动资金实现的利润			全部企业每百元资金实现的利润		
	1991年	1992年	1992年比1991年增减额	1991年	1992年	1992年比1991年增减额
全国	-5.79	-4.37	1.42	-1.43	-0.62	0.81
北京	-14.76	-8.21	6.55	-5.39	-0.98	4.41
天津	-10.64	-8.52	2.12	-4.15	-2.90	1.25
河北	-0.89	-3.68	-2.79	1.41	-0.75	-2.16
山西	-6.37	-4.39	1.98	-2.52	-0.80	1.72
内蒙古	-8.21	-6.71	1.50	-4.68	-3.96	0.72
辽宁	-9.25	-7.75	1.50	-4.45	-3.23	1.22
吉林	-11.46	-8.40	3.06	-6.98	-4.44	2.54
黑龙江	-5.14	-4.50	0.64	-1.34	-1.53	-0.19
上海	-4.16	-6.51	-2.35	1.22	-1.86	-3.08
江苏	-10.29	-2.80	7.49	-3.40	1.07	4.47
浙江	-1.60	-2.52	-0.92	2.61	2.19	-0.42
安徽	-9.29	-5.65	3.64	-5.25	-2.55	2.70
福建	0.88	-0.31	-1.19	4.09	3.02	-1.07
江西	-7.41	-5.77	1.64	-3.50	-2.69	0.81
山东	-0.83	-0.68	0.15	1.02	1.78	0.76
河南	-3.45	-4.28	-0.83	0.26	-0.72	-0.98
湖北	-8.81	-3.96	4.85	-4.06	-1.89	2.17
湖南	-7.12	-5.63	1.49	-2.34	-1.94	0.40
广东	-4.36	-3.19	1.17	-0.60	0.02	0.62
广西	-1.83	-2.60	-0.77	2.16	1.40	-0.76
海南	-10.70	-10.22	0.48	-8.12	-7.48	0.64
四川	-4.80	-5.69	-0.89	-0.55	-1.32	-0.77
贵州	-3.10	-2.31	0.79	1.30	3.27	1.97
云南	-0.12	3.46	3.58	6.39	9.35	2.96
西藏						
陕西	-6.67	-5.48	1.19	-0.90	-1.65	-0.75
甘肃	-2.01	-3.55	-1.54	1.14	-0.18	-1.32
青海	-1.18	-0.95	0.23	1.30	1.85	0.55
宁夏	-1.95	-0.70	1.25	1.70	2.09	0.39
新疆	-1.74	-3.39	-1.65	0.92	-1.11	-2.03

七、 中国市场重点流通企业情况

7-1 100家大型批发商业企业商品销售额排序

（1992年）

序号	企业名称	商品销售额（万元）	序号	企业名称	商品销售额（万元）
1	中国石化销售公司沈阳分公司	634065	51	沈阳市物资回收总公司	65085
2	中国烟草总公司上海市公司	385341	52	湖南省烟草公司	62804
3	中国石化销售公司华北分公司	379984	53	合肥市烟草公司	62515
4	中国石化销售公司中南分公司	363702	54	湖北省棉花公司	61812
5	深圳市工业品贸易[集团]公司	337884	55	中国石化销售公司武汉市公司	61789
6	中国石化销售公司华东分公司	331063	56	潍坊市棉麻公司	60326
7	中国石化销售公司哈尔滨公司	308270	57	云南省农资公司	59830
8	昭通地区烟草公司	267940	58	中国石化销售公司济南市公司	57528
9	抚顺石化销售分公司	244503	59	浙江省茶叶进出口公司	57105
10	北京市糖业烟酒公司	195701	60	重庆百货站	57005
11	中国石化销售公司西北分公司	184591	61	海南省烟草总公司	55641
12	北京市药材公司	156318	62	广州市二商烟草公司	55250
13	北京市食品公司	155699	63	广东省日杂公司	54748
14	厦门经济特区贸易有限公司	146060	64	潍坊市卷烟调拔站	53630
15	云南省烟草曲靖卷烟经理部	143872	65	湖南省农资公司	52637
16	中国农业生产资料公司天津分公司	139758	66	常州农机销售服务公司	51809
17	四川省农业生产资料总公司	128190	67	沈阳市烟草公司	51780
18	中国石化销售公司天津市公司	121076	68	乌鲁木齐烟草分公司	50967
19	湖北省工艺美术工业公司	117920	69	中国石化销售公司宁波公司	50434
20	红河州烟草公司	116714	70	上海市日用杂品公司	50210
21	辽宁省汽车工业公司	107896	71	郑州市百货文化站	50046
22	中国石化销售公司浙江省公司	106862	72	江苏省江海粮油贸易联运公司	49487
23	济南烟草分公司	104362	73	北京市百货公司	49021
24	蚌埠市烟草公司	101905	74	武汉市医药公司	48175
25	中国农业生产资料公司成都公司	97289	75	辽宁省农资公司	48087
26	中国烟草总公司湖北卷烟经销部	95853	76	苏州五金交电总公司	47993
27	广东省农资公司	94815	77	云南省烟草公司曲靖分公司	47495
28	龙岩烟草分公司	92764	78	湖北省医药公司	46715
29	平顶山市烟草分公司	92535	79	海南省糖烟酒公司	46147
30	广州市五交化供应站	92479	80	中国石化销售公司青岛公司	45695
31	芜湖市烟草公司	92248	81	天津市农机华北公司	45622
32	中国石化销售公司湖北省公司	90745	82	厦门百货批发公司	44466
33	黑龙江省农业生产资料公司	90603	83	上海市食品杂货公司	44226
34	上海市棉麻总公司	88309	84	昆明市百货站	42817
35	山西省棉麻公司	87067	85	中国石化销售公司南通公司	42800
36	菏泽地区棉麻公司	85970	86	杭州百货批发公司	42428
37	武汉市烟草公司	79527	87	内蒙古自治区农牧业生产资料公司	42168
38	厦门烟草公司	76918	88	天津文化用品供应站	41991
39	成都市百货公司	74963	89	中国石化销售公司江苏长山分公司	40954
40	湖北省农业生产资料公司	74546	90	青岛粮食转运公司	40912
41	中国石化销售公司深圳市公司	74122	91	江苏省卷烟销售公司	40903
42	北京市交电公司	73686	92	江苏省汽车工业销售公司	40882
43	吉林省农业生产资料公司	73460	93	南京市百货公司	40853
44	中国烟草公司天津分公司	71541	94	中国石化销售公司长春市公司	40832
45	河南省棉麻公司	70839	95	南京市交电公司	40632
46	大理州烟草公司	70504	96	杭州小百批公司	40432
47	宁波市烟草调拨站	69546	97	山西省农业生产资料公司	40219
48	河北供销合作社农业生产资料公司	69353	98	临沂纺织品站	40168
49	河北省烟草公司张家口烟草分公司	68928	99	柳州卷烟调拨站	39639
50	黑龙江省粮贸公司	65390	100	天津市医药公司	39465

7-2 100家大型批发商业企业流动资金利税率排序

（1992年）

序号	企业名称	流动资金利税率（%）	序号	企业名称	流动资金利税率（%）
1	广西壮族自治区卷烟销售公司	172	51	平顶山市烟草分公司	41
2	温州石油分公司	167	52	哈尔滨市化工公司	40
3	镇江煤炭石油公司	154	53	河北省烟草公司石家庄分公司	40
4	沈阳市烟草公司	153	54	河北省烟草公司唐山分公司	40
5	江苏省卷烟销售公司	152	55	祥云县烟草公司	40
6	云南省烟草公司曲靖市公司	100	56	中国石化销售公司西北分公司	39
7	镇海石油公司	100	57	厦门烟草公司	38
8	河北省烟草公司廊坊分公司	96	58	昭通地区烟草公司	38
9	内蒙古烟草公司呼和浩特分公司	93	59	济南烟草分公司	38
10	青海省烟草公司	91	60	常州烟草公司	38
11	武汉市烟草公司	90	61	长沙市石油公司	37
12	辽宁省卷烟销售公司	85	62	黑龙江省供销社国外易货贸易公司	36
13	杭州石油分公司	83	63	中国石化销售公司沈阳分公司	36
14	佛山市食品公司	83	64	湖州石油分公司	35
15	乌鲁木齐烟草分公司	81	65	山东省石油公司淄博分公司	35
16	宣威县烟草公司	79	66	嘉兴石油分公司	34
17	昆明市交电站	77	67	烟台市农业生产资料公司	34
18	黑龙江省卷烟销售公司	74	68	中国石化销售公司华北分公司	33
19	南宁石油分公司	70	69	河南省新华书店	32
20	中国石化销售公司宁波公司	67	70	台州石油分公司	32
21	山东省石油公司烟台分公司	66	71	中国石化销售公司湖北省公司	32
22	东莞市石油公司	61	72	曲靖地区石油公司	32
23	金坛县烟草公司	59	73	吉林省卷烟经销公司	31
24	惠州市烟草贸易中心	58	74	鞍山市烟草公司	30
25	无锡市烟草公司	58	75	中国石化销售公司中南分公司	30
26	长沙县烟草公司	58	76	成都石油站	29
27	中国石化销售公司青岛公司	55	77	长沙市烟草公司	29
28	泉州石油分公司	55	78	宁波市烟草调拨站	28
29	河北省烟草公司沧州分公司	54	79	重庆石油公司	28
30	漳州石油分公司	53	80	哈尔滨市药材总公司	27
31	池州烟草公司	52	81	厦门经济特区贸易有限公司	27
32	海南省烟草总公司	52	82	大理州烟草公司	27
33	抚顺石化销售分公司	51	83	山西省盐业公司	27
34	河北省烟草公司秦皇岛分公司	51	84	长沙县农资公司	27
35	湘潭市石油公司	51	85	上海建筑五金公司	26
36	潮州市石油公司	50	86	宜昌市石油公司	26
37	沈阳文化钟表公司文化大楼	50	87	江苏省汽车工业销售公司	26
38	新乡市石油分公司	50	88	中国石化销售公司长春市公司	25
39	中国石化销售公司浙江省公司	49	89	河南省烟草公司洛阳分公司	25
40	广州市二商烟草公司	49	90	济南医药采购供应站	25
41	青岛粮食转运公司	48	91	云南省医药公司	25
42	内蒙古烟草公司呼伦贝尔分公司	48	92	中国石化销售公司武汉市公司	25
43	衡阳市石油公司	43	93	云南省盐业公司	25
44	中国石化销售公司深圳市公司	43	94	中国石化销售公司华东分公司	25
45	桂林石油分公司	42	95	乐山石油分公司	25
46	吉林省新华书店	42	96	中国石化销售公司天津市公司	24
47	哈尔滨市烟草公司	42	97	红河州烟草公司	24
48	舟山石油分公司	42	98	厦门医药采购供应站	24
49	长春市烟草公司	42	99	龙岩烟草分公司	23
50	海南省石油公司	41	100	中国石化销售公司南通公司	23

7-3 200家大型百货零售企业商品销售额排序

（1992年）

序号	企业名称	商品销售额（万元）	序号	企业名称	商品销售额（万元）
1	上海第一百货商店	135037	51	常州百货大楼	25493
2	上海华联商厦	103488	52	沈阳北方贸易大厦	25159
3	北京市西单商场	86498	53	郑州市华联商厦	25109
4	北京市百货大楼	77684	54	乌鲁木齐市友好商场	25010
5	天津立达国际商场股份有限公司	75951	55	贵阳市百货大楼	25008
6	中兴-沈阳商业大厦	68661	56	太原市五一百货大楼	24060
7	广州南方大厦股份有限公司	68581	57	河南省供销社商城大厦	23809
8	天津华联商厦股份有限公司	64984	58	武汉中心百货[集团]股份有限公司	23452
9	上海豫园商城	62390	59	宁波华联商厦	23268
10	南京新街口百货商店	62384	60	济南人民商场	23100
11	武汉商场股份有限公司	62289	61	福州市东街口百货大楼	23034
12	沈阳商业城	60021	62	广州市东山百货大楼	23012
13	成都人民商场	52161	63	石家庄市人民商场	22791
14	北京市隆福大厦	51666	64	天津市天津商场	22778
15	哈尔滨市第一百货商店	51150	65	上海环龙商业开发公司	22563
16	天津百货大楼股份有限公司	50334	66	内蒙古民族商场集团总公司	22530
17	大连商场股份公司	50298	67	山东三联商业总公司	22485
18	无锡市商业大厦	48669	68	唐山市百货大楼	22193
19	广州友谊公司	46621	69	苏州人民商场	21686
20	武汉市中南商业大楼股份有限公司	45915	70	成都百货大楼	21510
21	广州百货大厦	44343	71	厦门市华联商厦	21299
22	北京市东安市场	44217	72	南宁市百货大楼	21234
23	哈尔滨市秋林公司	44062	73	大庆市百货大楼	21027
24	北京市城乡贸易中心	41491	74	常州市百货公司	20952
25	南京市中央大厦	41456	75	济南国际贸易中心	20807
26	杭州解放路百货商店	40883	76	济南大观园商场	20803
27	大连中兴商业大厦	39086	77	武汉市黄鹤大厦股份有限公司	20675
28	长沙市中山商业大厦	38453	78	武汉市六渡桥百货股份有限公司	20654
29	广州市新大新公司	38128	79	长沙市东塘百货大楼	20506
30	杭州百货大楼	37897	80	青岛华联商厦	20444
31	沈阳市联营公司	34221	81	徐州市百货大楼	20085
32	天津劝业场股份有限公司	33242	82	上海市第九百货商店	20063
33	西安市民生百货股份有限公司	33229	83	烟台市百货大楼	20024
34	重庆百货大楼	33044	84	沈阳市铁西商业大厦	20008
35	昆明五华大厦	32447	85	牡丹江商业大厦	20000
36	郑州亚细亚商场	32008	86	苏州商业大厦	19930
37	大连市友谊集团公司	31669	87	佳木斯华联商厦	19038
38	郑州商业大厦	31620	88	合肥市百货大楼	18892
39	昆明市百货大楼	31541	89	齐齐哈尔百货大楼	18037
40	北京市长安商场	31478	90	南通市华联商厦	17648
41	北京市友谊商店	31161	91	宁波市城隍庙商城股份有限公司	17593
42	太原市天龙商业贸易集团总公司	30045	92	济南百货大楼	17359
43	上海市精品商厦	28559	93	杭州大厦	17202
44	北京市西单购物中心	28339	94	郑州市紫金山百货大楼	17023
45	长春市百货大楼股份有限公司	28012	95	南宁市百货公司	16878
46	长春国际贸易中心	27734	96	新疆百货大厦	16811
47	南京市南京大厦	27496	97	西安市唐城百货大楼	16695
48	大连市百货大楼股份有限公司	27126	98	武汉市友谊公司	16518
49	武汉市汉阳商场股份有限公司	26373	99	鞍山市百货大楼	16508
50	哈尔滨市百货大楼	25925	100	抚顺百货大楼	16388

7-3 续表1　　　　　　　　　　（1992年）

序号	企业名称	商品销售额（万元）	序号	企业名称	商品销售额（万元）
101	鞍山市第一百货商店	16383	151	烟台市对外供应公司	11813
102	上海开开公司	16325	152	锦州百货大楼	11800
103	柳州市百货公司	16209	153	石家庄劝业场	11765
104	徐州蓝天商业大楼	16180	154	徐州古彭商业大厦	11740
105	本溪商业大厦	16155	155	济南第一百货商店	11683
106	北京市天桥百货商店	16015	156	上海万象百货公司	11679
107	大连市秋林股份有限公司	15974	157	北京市菜市口百货商场	11660
108	佳木斯百货大楼	15923	158	杭州工联大厦	11653
109	天津市友谊公司	15555	159	西安市解放百货大楼	11503
110	乌鲁木齐红山商场	15524	160	盐城市商业大厦	11232
111	长沙市韶山路百货大楼	15512	161	厦门市第一百货商店	11211
112	沈阳市和平商场	15507	162	唐山市百货公司	11169
113	广州市海珠购物中心	15490	163	大连市商业信托公司	11030
114	桂林市百货大楼	15309	164	杭州天工艺苑	11000
115	郑州市百货大楼	15276	165	北京市地安门百货商场	10805
116	广州市华厦公司	15271	166	浙江省二轻工贸公司	10804
117	武汉市工艺大楼	15050	167	天津市东方商厦	10767
118	烟台市华联商厦	15036	168	上海第七百货商店	10755
119	东北轻工股份有限公司	15000	169	宁波华侨商品供应公司	10748
120	太原市工业品贸易中心	14773	170	烟台市供销大厦	10611
121	牡丹江百货大楼	14758	171	徐州市人民商场	10578
122	柳州工业品贸易中心	14646	172	武汉市武昌商场股份有限公司	10565
123	南京市太平商场	14359	173	太原市百货公司开化市	10453
124	延吉百货大楼	14250	174	南昌洪城大厦	10449
125	大连市瓦房店商业大厦	14227	175	连云港市百货大楼	10426
126	深圳市天虹商场	13880	176	青岛崂山百货大楼	10403
127	福建省电子器材公司	13875	177	盐城市盐阜人民商场	10380
128	河北省保定市保定商场	13869	178	徐州市白云大厦	10370
129	北京市前门商业大厦	13800	179	岳阳市商业大厦	10362
130	包头市百货大楼	13712	180	梧州市百货公司	10315
131	上海新世界股份有限公司	13665	181	天津河西区百货公司南楼百货商场	10270
132	丹东市一百集团公司	13427	182	淄川商业大厦	10253
133	鞍山市新亚大厦	13342	183	南昌商场	10248
134	上海市第三百货商店	13299	184	沧州渤海商业大厦	10234
135	福州华联商厦	13137	185	泉州市华友公司	10208
136	秦皇岛市华联商厦	13047	186	锦州百货商场	10180
137	长沙市友谊华侨商店	12765	187	宜昌市百货大楼	10173
138	北京市贵友商场	12632	188	青岛第一百货商店	10168
139	贵阳华侨友谊公司	12566	189	鞍山市人民商场	10131
140	抚顺商场企业集团	12433	190	沈阳中山大厦商场	10130
141	无锡第一百货商店	12370	191	株洲市百货大楼	10078
142	临沂鲁南大厦	12344	192	石家庄市解放路百货商场	10060
143	武汉市青山百货商场	12215	193	鸡西市百货大楼	10028
144	宁波第二百货商店	12131	194	枣庄市百货大楼	10000
145	南京山西路百货大楼	12087	195	吉林省商业大楼	9979
146	大连市瓦房店商场	12050	196	北京市丰台第一百货商场	9636
147	武汉市利济商场股份有限公司	12029	197	上海高桥供销社	9625
148	乌鲁木齐大十字商业大厦	12024	198	长沙市晓园百货大楼	9526
149	南昌百货大楼	12012	199	济宁华联大厦	9486
150	宜昌市宜昌商场	11840	200	上海张江供销社	9477

7-4 200家大型百货零售企业实现利税总额排序

（1992年）

序号	企 业 名 称	实现利税总额（万元）	序号	企 业 名 称	实现利税总额（万元）
1	上海第一百货商店	10804	51	烟台市百货大楼	1720
2	上海华联商厦	8784	52	石家庄市人民商场	1710
3	北京市百货大楼	7802	53	福州市东街口百货大楼	1694
4	北京市西单商场	7432	54	南京市南京大厦	1689
5	上海豫园商城	6422	55	内蒙古民族商场集团总公司	1659
6	北京市友谊商店	5603	56	贵阳市百货大楼	1613
7	哈尔滨市第一百货商店	5387	57	上海市第九百货商店	1605
8	广州友谊公司	4950	58	济南国际贸易中心	1555
9	中兴-沈阳商业大厦	4866	59	郑州商业大厦	1544
10	哈尔滨市秋林公司	4790	60	济南人民商场	1537
11	武汉商场股份有限公司	4467	61	佳木斯百货大楼	1490
12	南京新街口百货商店	4302	62	深圳市天虹商场	1488
13	北京市东安市场	4089	63	大庆市百货大楼	1473
14	天津华联商厦股份有限公司	3794	64	牡丹江商业大厦	1472
15	沈阳市联营公司	3731	65	上海市精品商厦	1452
16	北京市隆福大厦	3712	66	武汉市汉阳商场股份有限公司	1449
17	沈阳商业城	3652	67	唐山市百货大楼	1443
18	杭州解放路百货商店	3476	68	北京市前门商业大厦	1430
19	昆明五华大厦	3475	69	南宁市百货大楼	1417
20	北京市城乡贸易中心	3421	70	上海新世界股份有限公司	1398
21	天津立达国际商场股份有限公司	3417	71	长沙市东塘百货大楼	1379
22	无锡市商业大厦	3333	72	长沙市韶山路百货大楼	1375
23	广州南方大厦股份有限公司	3276	73	武汉中心百货[集团]股份有限公司	1350
24	成都人民商场	3242	74	大连市秋林股份有限公司	1346
25	天津百货大楼股份有限公司	3207	75	厦门华侨旅游侨汇服务公司	1345
26	大连中兴商业大厦	3139	76	青岛华联商厦	1323
27	大连商场股份公司	3027	77	天津市天津商场	1321
28	杭州百货大楼	2893	78	郑州市华联商厦	1311
29	广州百货大厦	2878	79	桂林市百货大楼	1305
30	武汉市中南商业大楼股份有限公司	2748	80	抚顺百货大楼	1267
31	广州市新大新公司	2632	81	河南省供销社商城大厦	1264
32	大连市友谊集团公司	2565	82	济南大观园商场	1247
33	郑州亚细亚商场	2475	83	杭州大厦	1236
34	哈尔滨市百货大楼	2465	84	沈阳市和平商场	1234
35	南京市中央大厦	2456	85	齐齐哈尔百货大楼	1209
36	重庆百货大楼	2377	86	本溪商业大厦	1209
37	长春市百货大楼股份有限公司	2301	87	牡丹江百货大楼	1205
38	长沙市中山商业大厦	2280	88	北京市天桥百货商店	1201
39	北京市西单购物中心	2274	89	宁波华联商厦	1185
40	乌鲁木齐市友好商场	2221	90	延吉百货大楼	1184
41	上海开开公司	2119	91	常州市百货公司	1173
42	广州市东山百货大楼	2108	92	苏州人民商场	1173
43	北京市长安商场	2097	93	大连市百货大楼股份有限公司	1163
44	天津劝业场股份有限公司	1950	94	河北省保定市保定商场	1151
45	昆明市百货大楼	1929	95	武汉市六渡桥百货股份有限公司	1125
46	太原市天龙商业贸易集团总公司	1917	96	河北省保定大世界商业城	1110
47	沈阳北方贸易大厦	1851	97	包头市百货大楼	1099
48	常州百货大楼	1800	98	成都百货大楼	1091
49	西安市民生百货股份有限公司	1764	99	南宁市百货公司	1083
50	太原市五一百货大楼	1759	100	武汉市黄鹤大厦股份有限公司	1040

7-4 续表1　　　　　　　　　　　　　(1992年)

序号	企 业 名 称	实现利税总额(万元)	序号	企 业 名 称	实现利税总额(万元)
101	徐州市百货大楼	1037	151	南京市金陵饭店购物中心	634
102	新疆百货大厦	1025	152	唐山市百货公司	634
103	宁波第二百货商店	1019	153	丹东市一百集团公司	629
104	济南百货大楼	1008	154	福州华联商厦	628
105	烟台市华联商厦	1004	155	北京市新街口百货商场	628
106	大同市百货大楼	1004	156	沈阳中山大厦商场	626
107	鞍山市第一百货商店	964	157	青岛崂山百货大楼	625
108	郑州市紫金山百货大楼	963	158	锦州百货大楼	625
109	鞍山市百货大楼	963	159	南通市百货大楼	620
110	贵阳华侨友谊公司	941	160	盐城市商业大厦	617
111	广州市华厦公司	936	161	青岛第一百货商店	616
112	合肥市百货大楼	936	162	吉林市百货大楼	613
113	杭州工联大厦	932	163	重庆友谊华侨公司	609
114	郑州市百货大楼	914	164	福建省电子器材公司	607
115	山东三联商业总公司	903	165	张家口市宣化商业大厦	598
116	西宁市大十字百货商店	885	166	太原市百货公司开化市	587
117	乌鲁木齐大十字商业大厦	879	167	烟台市振华百货商店	582
118	厦门市华联商厦	876	168	厦门市第一百货商店	574
119	柳州市百货公司	873	169	鸡西市百货商场	574
120	乌鲁木齐红山商场	867	170	大连市第二百货商店	572
121	北京市地安门百货商场	862	171	北京市东四商业大厦	572
122	北京市菜市口百货商场	858	172	临沂鲁南大厦	565
123	佳木斯华联商厦	849	173	柳州工业品贸易中心	560
124	长沙市友谊华侨商店	823	174	徐州古彭商业大厦	554
125	无锡第一百货商店	819	175	上海市第三百货商店	554
126	南通市华联商厦	816	176	太原市工业品贸易中心	549
127	沈阳市铁西商业大厦	812	177	上海环龙商业开发公司	547
128	宜昌市百货大楼	811	178	鞍山市人民商场	546
129	南昌百货大楼	811	179	沈阳市文化钟表公司文化大楼	545
130	北京市新中国妇女儿童用品商店	784	180	西宁市西大街百货大楼	541
131	广州市海珠购物中心	783	181	南京市新华书店	537
132	抚顺商场企业集团	779	182	大连市瓦房店商业大厦	537
133	石家庄劝业场	779	183	潍坊百货大楼	536
134	秦皇岛市华联商厦	763	184	贵州省华侨友谊民贸公司	532
135	南京山西路百货大楼	740	185	上海万象百货公司	524
136	西安市唐城百货大楼	738	186	阜阳百货大楼	522
137	天津市东方商厦	721	187	长沙市晓园百货大楼	521
138	杭州天工艺苑	707	188	枣庄市百货大楼	521
139	株洲市百货大楼	689	189	武汉市武昌商场股份有限公司	518
140	南昌商场	687	190	徐州市人民商场	514
141	东北华联贸易大厦	682	191	蚌埠市百货大楼	511
142	武汉市青山百货商场	671	192	济南市装饰总公司	509
143	盐城市盐阜人民商场	670	193	鸡西市百货大楼	505
144	宁波第一百货商店	658	194	北京市丰台第一百货商场	505
145	上海第七百货商店	657	195	成都市第一百货商场	498
146	齐齐哈尔市一百商店	646	196	三门峡市百货大楼	497
147	南昌洪城大厦	645	197	连云港市百货大楼	497
148	武汉市工艺大楼	644	198	烟台市对外供应公司	496
149	鞍山市新亚大厦	639	199	吉林市东方商厦	495
150	长春国际贸易中心	637	200	马鞍山商业大厦	491

7-5 200家大型百货零售企业实现利润总额排序

（1992年）

序号	企业名称	实现利润总额(万元)	序号	企业名称	实现利润总额(万元)
1	上海第一百货商店	7322	51	福州市东街口百货大楼	1059
2	上海华联商厦	6133	52	厦门华侨旅游侨汇服务公司	1025
3	北京市百货大楼	5438	53	石家庄市人民商场	1020
4	北京市西单商场	5068	54	北京市前门商业大厦	1010
5	上海豫园商城	4862	55	天津劝业场股份有限公司	1006
6	北京市友谊商店	4519	56	常州百货大楼	1002
7	哈尔滨市第一百货商店	3630	57	贵阳市百货大楼	1000
8	广州友谊公司	3532	58	长沙市韶山路百货大楼	985
9	哈尔滨市秋林公司	3354	59	佳木斯百货大楼	984
10	武汉商场股份有限公司	2928	60	南宁市百货大楼	965
11	北京市城乡贸易中心	2806	61	上海市第九百货商店	961
12	中兴-沈阳商业大厦	2788	62	郑州商业大厦	934
13	沈阳商业城	2758	63	昆明市百货大楼	923
14	天津华联商厦股份有限公司	2745	64	济南人民商场	909
15	北京市东安市场	2730	65	大连市百货大楼股份有限公司	909
16	沈阳市联营公司	2691	66	南京市南京大厦	902
17	昆明五华大厦	2593	67	河北省保定大世界商业城	888
18	南京新街口百货商店	2555	68	上海新世界股份有限公司	854
19	天津立达国际商场股份有限公司	2395	69	宁波华联商厦	846
20	杭州解放路百货商店	2334	70	西安市民生百货股份有限公司	839
21	北京市隆福大厦	2248	71	大庆市百货大楼	830
22	成都人民商场	2010	72	内蒙古民族商场集团总公司	827
23	无锡市商业大厦	2002	73	桂林市百货大楼	805
24	大连中兴商业大厦	1862	74	河北省保定市保定商场	788
25	天津百货大楼股份有限公司	1850	75	唐山市百货大楼	777
26	杭州百货大楼	1792	76	沈阳市和平商场	775
27	武汉市中南商业大楼股份有限公司	1791	77	武汉市汉阳商场股份有限公司	761
28	重庆百货大楼	1729	78	延吉百货大楼	748
29	大连市友谊集团公司	1704	79	牡丹江商业大厦	746
30	上海开开公司	1601	80	合肥市百货大楼	736
31	哈尔滨市百货大楼	1601	81	杭州大厦	728
32	长春市百货大楼股份有限公司	1580	82	抚顺百货大楼	716
33	长沙市中山商业大厦	1529	83	武汉市六渡桥百货股份有限公司	709
34	郑州亚细亚商场	1500	84	北京市天桥百货商店	703
35	广州百货大厦	1481	85	武汉中心百货[集团]股份有限公司	702
36	乌鲁木齐市友好商场	1477	86	天津市天津商场	701
37	大连商场股份公司	1467	87	本溪商业大厦	700
38	广州市新大新公司	1454	88	牡丹江百货大楼	695
39	广州市东山百货大楼	1412	89	青岛华联商厦	688
40	广州南方大厦股份有限公司	1378	90	齐齐哈尔百货大楼	671
41	北京市西单购物中心	1376	91	宁波第二百货商店	645
42	南京市中央大厦	1321	92	西宁市大十字百货商店	640
43	沈阳北方贸易大厦	1251	93	河南省供销社商城大厦	634
44	太原市五一百货大楼	1228	94	杭州工联大厦	630
45	太原市天龙商业贸易集团总公司	1137	95	郑州市华联商厦	619
46	烟台市百货大楼	1128	96	烟台市华联商厦	605
47	深圳市天虹商场	1109	97	济南大观园商场	604
48	济南国际贸易中心	1102	98	南宁市百货公司	602
49	长沙市东塘百货大楼	1080	99	北京市新中国妇女儿童用品商店	601
50	北京市长安商场	1068	100	武汉市黄鹤大厦股份有限公司	600

7-5 续表1 (1992年)

序号	企业名称	实现利润总额(万元)	序号	企业名称	实现利润总额(万元)
101	常州市百货公司	600	151	青岛第一百货商店	365
102	上海市精品商厦	584	152	盐城市盐阜人民商场	365
103	长沙市友谊华侨商店	580	153	福州华联商厦	363
104	苏州人民商场	570	154	吉林市百货大楼	360
105	新疆百货大厦	551	155	南昌洪城大厦	359
106	郑州市紫金山百货大楼	551	156	福建省电子器材公司	359
107	太原市工业品贸易中心	549	157	烟台市振华百货商店	353
108	成都百货大楼	538	158	盐城市商业大厦	351
109	乌鲁木齐大十字商业大厦	524	159	佳木斯华联商厦	343
110	广州市华厦公司	520	160	上海第七百货商店	335
111	大连市秋林股份有限公司	515	161	烟台市对外供应公司	333
112	包头市百货大楼	512	162	贵阳华侨友谊公司	331
113	山东三联商业总公司	507	163	沈阳市文化钟表公司文化大楼	330
114	北京市地安门百货商场	504	164	北京市新时代妇女儿童用品商店	330
115	鞍山市第一百货商店	500	165	厦门友谊商场	329
116	济南百货大楼	495	166	唐山市百货公司	329
117	北京市菜市口百货商场	481	167	武汉市青山百货商场	325
118	丹东市一百集团公司	477	168	潍坊百货大楼	324
119	南京市金陵饭店购物中心	471	169	广州市海珠购物中心	322
120	徐州市百货大楼	464	170	长沙市晓园百货大楼	321
121	临沂鲁南大厦	462	171	鸡西市百货商场	319
122	鞍山市百货大楼	460	172	西安市唐城百货大楼	314
123	东北华联贸易大厦	457	173	丹东市新安百货大楼	313
124	南昌百货大楼	456	174	沈阳中山大厦商场	311
125	无锡第一百货商店	456	175	太原市百货公司开化市	311
126	乌鲁木齐红山商场	454	176	武汉市武昌商场股份有限公司	310
127	株洲市百货大楼	450	177	三门峡市百货大楼	310
128	石家庄劝业场	442	178	南京市医药公司	307
129	沈阳市铁西商业大厦	426	179	铜陵市百货商场	305
130	杭州天工艺苑	422	180	郑州市百货大楼	304
131	厦门市华联商厦	417	181	大连市第二百货商店	304
132	南通市华联商厦	409	182	海拉尔市百货大楼	303
133	重庆友谊华侨公司	404	183	贵州省华侨友谊民贸公司	302
134	齐齐哈尔市一百商店	404	184	锦州百货大楼	302
135	秦皇岛市华联商厦	404	185	沈阳市铁西百货大楼	300
136	武汉市工艺大楼	402	186	张家口市百货大楼	300
137	宝鸡商场	401	187	阜新市第一百货商店	298
138	北京市东四商业大厦	400	188	济南市装饰总公司	294
139	宁波第一百货商店	399	189	成都市第一百货商场	291
140	柳州市百货公司	398	190	蚌埠市百货大楼	285
141	南通市百货大楼	397	191	宜昌市百货大楼	284
142	南昌商场	395	192	济南伟民空调专业公司	280
143	青岛崂山百货大楼	392	193	厦门市第一百货商店	277
144	张家口市宣化商业大厦	392	194	乌鲁木齐中山路贸易大厦	276
145	天津市东方商厦	392	195	枣庄市百货大楼	267
146	南京山西路百货大楼	381	196	北京市国华商场	267
147	抚顺商场企业集团	377	197	西安百货大厦	265
148	大同市百货大楼	376	198	齐齐哈尔市联营公司	263
149	北京市新街口百货商场	376	199	北京市翠微路百货商场	263
150	西宁市西大街百货大楼	372	200	吉林市东方商厦	262

7-6 200家大型百货零售企业缴纳税金总额排序

（1992年）

序号	企 业 名 称	缴纳税金总额(万元)	序号	企 业 名 称	缴纳税金总额(万元)
1	上海第一百货商店	3482	51	广州市东山百货大楼	696
2	上海华联商厦	2651	52	郑州市华联商厦	692
3	北京市百货大楼	2364	53	石家庄市人民商场	690
4	北京市西单商场	2364	54	武汉市汉阳商场股份有限公司	688
5	中兴-沈阳商业大厦	2078	55	唐山市百货大楼	666
6	广州南方大厦股份有限公司	1898	56	重庆百货大楼	648
7	哈尔滨市第一百货商店	1757	57	武汉中心百货[集团]股份有限公司	648
8	南京新街口百货商店	1747	58	上海市第九百货商店	644
9	上海豫园商城	1560	59	济南大观园商场	643
10	大连商场股份公司	1560	60	大庆市百货大楼	643
11	武汉商场股份有限公司	1539	61	青岛华联商厦	635
12	北京市隆福大厦	1464	62	福州市东街口百货大楼	635
13	哈尔滨市秋林公司	1436	63	河南省供销社商城大厦	630
14	广州友谊公司	1418	64	济南人民商场	628
15	广州百货大厦	1397	65	大同市百货大楼	628
16	北京市东安市场	1359	66	天津市天津商场	620
17	天津百货大楼股份有限公司	1357	67	北京市城乡贸易中心	615
18	无锡市商业大厦	1331	68	贵阳市百货大楼	613
19	大连中兴商业大厦	1277	69	贵阳华侨友谊公司	610
20	成都人民商场	1232	70	郑州市百货大楼	610
21	广州市新大新公司	1178	71	郑州商业大厦	610
22	杭州解放路百货商店	1142	72	苏州人民商场	603
23	南京市中央大厦	1135	73	沈阳北方贸易大厦	600
24	杭州百货大楼	1101	74	烟台市百货大楼	592
25	北京市友谊商店	1084	75	包头市百货大楼	587
26	天津华联商厦股份有限公司	1049	76	徐州市百货大楼	573
27	沈阳市联营公司	1040	77	常州市百货公司	573
28	北京市长安商场	1029	78	成都百货大楼	553
29	天津立达国际商场股份有限公司	1022	79	抚顺百货大楼	551
30	昆明市百货大楼	1006	80	上海新世界股份有限公司	544
31	郑州亚细亚商场	975	81	齐齐哈尔百货大楼	538
32	武汉市中南商业大楼股份有限公司	957	82	太原市五一百货大楼	531
33	天津劝业场股份有限公司	944	83	宜昌市百货大楼	527
34	西安市民生百货股份有限公司	925	84	上海开开公司	518
35	北京市西单购物中心	898	85	济南百货大楼	513
36	沈阳商业城	894	86	牡丹江百货大楼	510
37	昆明五华大厦	882	87	本溪商业大厦	509
38	上海市精品商厦	868	88	杭州大厦	508
39	哈尔滨市百货大楼	864	89	佳木斯百货大楼	506
40	大连市友谊集团公司	861	90	佳木斯华联商厦	506
41	内蒙古民族商场集团总公司	832	91	鞍山市百货大楼	503
42	大连市秋林股份有限公司	831	92	桂林市百货大楼	500
43	常州百货大楼	798	93	北京市天桥百货商店	498
44	南京市南京大厦	787	94	南宁市百货公司	481
45	长春国际贸易中心	781	95	柳州市百货公司	475
46	太原市天龙商业贸易集团总公司	780	96	新疆百货大厦	474
47	长沙市中山商业大厦	751	97	鞍山市第一百货商店	464
48	乌鲁木齐市友好商场	744	98	广州市海珠购物中心	461
49	牡丹江商业大厦	726	99	厦门市华联商厦	459
50	长春市百货大楼股份有限公司	721	100	沈阳市和平商场	459

7-6 续表1　　　　　　　　　　(1992年)

序号	企业名称	缴纳税金总额(万元)	序号	企业名称	缴纳税金总额(万元)
101	济南国际贸易中心	453	151	厦门市第一百货商店	297
102	南宁市百货大楼	452	152	徐州市人民商场	297
103	徐州蓝天商业大楼	446	153	武汉市友谊公司	295
104	武汉市黄鹤大厦股份有限公司	440	154	南昌商场	292
105	延吉百货大楼	436	155	苏州商业大厦	288
106	西安市唐城百货大楼	424	156	南京市新华书店	287
107	北京市前门商业大厦	420	157	南昌洪城大厦	286
108	广州市华厦公司	416	158	杭州天工艺苑	285
109	武汉市六渡桥百货股份有限公司	416	159	上海市曹杨商场	281
110	鞍山市新亚大厦	416	160	鞍山市联营公司	280
111	乌鲁木齐红山商场	413	161	大连市瓦房店商场	280
112	郑州市紫金山百货大楼	412	162	阜阳百货大楼	279
113	南通市华联商厦	407	163	太原市百货公司开化市	276
114	抚顺商场企业集团	402	164	徐州市白云大厦	272
115	烟台市华联商厦	399	165	大连市第二百货商店	268
116	山东三联商业总公司	396	166	鸡西市百货大楼	267
117	长沙市韶山路百货大楼	390	167	盐城市商业大厦	266
118	南京市太平商场	390	168	福州华联商厦	265
119	沈阳市铁西商业大厦	386	169	连云港市百货大楼	265
120	深圳市天虹商场	379	170	武汉市利济商场股份有限公司	264
121	北京市菜市口百货商场	377	171	宜昌市宜昌商场	263
122	宁波第二百货商店	374	172	上海市朝阳百货公司	263
123	无锡第一百货商店	363	173	齐齐哈尔市二百公司	263
124	河北省保定市保定商场	363	174	宁波第一百货商店	259
125	南京山西路百货大楼	359	175	石家庄市解放路百货商场	258
126	秦皇岛市华联商厦	359	176	北京市和平商业大厦	256
127	北京市地安门百货商场	358	177	鸡西市百货商场	255
128	乌鲁木齐大十字商业大厦	355	178	枣庄市百货大楼	254
129	南昌百货大楼	355	179	大连市百货大楼股份有限公司	254
130	武汉市青山百货商场	346	180	吉林市百货大楼	253
131	宁波华联商厦	339	181	上海市百四店	252
132	上海环龙商业开发公司	339	182	北京市新街口百货商场	252
133	鞍山市人民商场	338	183	青岛第一百货商店	251
134	石家庄劝业场	337	184	成都轻工实业总公司	250
135	徐州古彭商业大厦	334	185	福建省电子器材公司	248
136	上海万象百货公司	334	186	天津市友谊公司	248
137	天津市东方商厦	329	187	西宁市大十字百货商店	245
138	锦州百货大楼	323	188	上海市浦东商场	245
139	上海第七百货商店	322	189	桂林市百货公司	244
140	厦门华侨旅游侨汇服务公司	320	190	岳阳市商业大厦	244
141	上海市第三百货商店	319	191	长沙市友谊华侨商店	243
142	沈阳中山大厦商场	315	192	武汉市工艺大楼	242
143	济宁华联大厦	309	193	宁波市城隍庙商城股份有限公司	242
144	柳州工业品贸易中心	307	194	齐齐哈尔市一百商店	242
145	盐城市盐阜人民商场	305	195	汕头市商业贸易中心	239
146	大连市瓦房店商业大厦	305	196	株洲市百货大楼	239
147	唐山市百货公司	305	197	大连市金州区供销联营公司	239
148	杭州工联大厦	302	198	西安市解放百货大楼	233
149	长沙市东塘百货大楼	299	199	青岛崂山百货大楼	233
150	北京市丰台第一百货商场	298	200	马鞍山商业大厦	233

7-7 200家大型百货零售企业全部职工平均人数排序

（1992年）

序号	企业名称	全部职工平均人数（人）	序号	企业名称	全部职工平均人数（人）
1	广州南方大厦股份有限公司	4458	51	哈尔滨市百货大楼	1658
2	成都人民商场	3796	52	长春市百货大楼股份有限公司	1654
3	中兴-沈阳商业大厦	3584	53	武汉市汉阳商场股份有限公司	1645
4	武汉商场股份有限公司	3333	54	沈阳市铁西商业大厦	1642
5	沈阳商业城	3323	55	太原市五一百货大楼	1611
6	北京市百货大楼	3208	56	昆明市百货大楼	1604
7	上海第一百货商店	3200	57	无锡市商业大厦	1597
8	大连商场股份公司	3197	58	太原市天龙商业贸易集团总公司	1580
9	北京市西单商场	3144	59	沈阳北方贸易大厦	1558
10	哈尔滨市第一百货商店	3075	60	杭州大厦	1552
11	上海豫园商城	2641	61	徐州市百货大楼	1529
12	北京市隆福大厦	2573	62	贵阳市百货大楼	1516
13	河南省温县供销社	2510	63	杭州百货大楼	1511
14	上海华联商厦	2437	64	石家庄市人民商场	1475
15	内蒙古民族商场集团总公司	2347	65	杭州解放路百货商店	1451
16	南京新街口百货商店	2315	66	济南时装公司	1416
17	南京市中央大厦	2301	67	本溪商业大厦	1400
18	广州友谊公司	2242	68	鞍山市百货大楼	1400
19	天津劝业场股份有限公司	2238	69	武汉中心百货[集团]股份有限公司	1392
20	广州百货大厦	2234	70	齐齐哈尔百货大楼	1380
21	郑州商业大厦	2232	71	武钢商业公司	1365
22	天津百货大楼股份有限公司	2190	72	郑州市紫金山百货大楼	1361
23	武汉市中南商业大楼股份有限公司	2138	73	佳木斯百货大楼	1361
24	西安市民生百货股份有限公司	2136	74	天津市天津商场	1350
25	长春国际贸易中心	2095	75	乌鲁木齐市友好商场	1342
26	北京市东安市场	2093	76	大连市友谊集团公司	1336
27	大连中兴商业大厦	2069	77	西安市唐城百货大楼	1301
28	北京市城乡贸易中心	2064	78	青岛华联商厦	1300
29	广州市新大新公司	2011	79	重庆百货大楼	1253
30	佳木斯华联商厦	2008	80	大连市瓦房店商业大厦	1249
31	哈尔滨市秋林公司	2003	81	抚顺百货大楼	1239
32	济南大观园商场	1994	82	合肥市百货大楼	1223
33	北京市长安商场	1972	83	南京市银都商厦	1214
34	长沙市中山商业大厦	1958	84	武汉市黄鹤大厦股份有限公司	1205
35	郑州市华联商厦	1939	85	长春市长白山百货商场	1201
36	天津华联商厦股份有限公司	1937	86	济南百货大楼	1200
37	东北华联贸易大厦	1905	87	丹东市一百集团公司	1200
38	沈阳市联营公司	1905	88	牡丹江百货大楼	1190
39	成都百货大楼	1870	89	济南第一百货商店	1186
40	南宁市百货公司	1868	90	福州市东街口百货大楼	1186
41	北京市友谊商店	1859	91	河南省供销社商城大厦	1183
42	郑州亚细亚商场	1829	92	天津立达国际商场股份有限公司	1181
43	唐山市百货大楼	1812	93	新乡市第二百货公司	1178
44	济南人民商场	1801	94	太原市工业品贸易中心	1167
45	大连市百货大楼股份有限公司	1772	95	大庆市百货大楼	1159
46	柳州市百货公司	1764	96	岳阳市商业大厦	1152
47	徐州蓝天商业大楼	1756	97	乌鲁木齐红山商场	1131
48	牡丹江商业大厦	1743	98	新疆百货大厦	1124
49	武汉市友谊公司	1704	99	长沙市晓园百货大楼	1107
50	南京市南京大厦	1680	100	石家庄市贸易公司	1103

7-7 续表1　　(1992年)

序号	企业名称	全部职工平均人数（人）	序号	企业名称	全部职工平均人数（人）
101	广州市海珠购物中心	1099	151	洛阳市东都商厦	843
102	北京市西单购物中心	1097	152	锦州百货商场	841
103	杭州天工艺苑	1092	153	西安市解放百货大楼	840
104	长春市秋林(集团)公司	1082	154	黄石市黄石商场	836
105	南宁市百货大楼	1065	155	南通市华联商厦	831
106	天津市东方商厦	1065	156	苏州人民商场	823
107	鞍山市人民商场	1064	157	玉林市百货大楼	822
108	石家庄市解放路百货商场	1061	158	济宁华联大厦	821
109	武汉市六渡桥百货股份有限公司	1057	159	长沙市友谊华侨商店	820
110	广州市华厦公司	1050	160	河北省保定市保定商场	820
111	烟台市华联商厦	1045	161	沈阳市北市百货商店	819
112	沧州渤海商业大厦	1044	162	北京市前门商业大厦	816
113	桂林市百货公司	1043	163	沙市商场	815
114	上海环龙商业开发公司	1039	164	福州华联商厦	815
115	徐州古彭商业大厦	1034	165	宁波华联商厦	814
116	河北省保定大世界商业城	1024	166	安阳市百货大楼	810
117	大连市瓦房店商场	1021	167	鸡西市华联商厦	809
118	包头市百货大楼	1015	168	秦皇岛市华联商厦	803
119	石家庄劝业场	1011	169	济南市果品总公司	802
120	太原市百货公司开化市	1007	170	邯郸市赵都商业股份有限公司	802
121	延吉百货大楼	1004	171	济南市再生资源总公司	800
122	烟台市百货大楼	987	172	吉林市东方商厦	800
123	鸡西市百货商场	987	173	吉林市百货大楼	799
124	南京市太平商场	982	174	常州市百货公司	797
125	北京市天桥百货商店	973	175	太原市解放百货大楼	795
126	唐山市百货公司	970	176	乌鲁木齐大十字商业大厦	793
127	武汉市青山百货商场	968	177	北海市百货公司	793
128	广州市东山百货大楼	967	178	南京山西路百货大楼	792
129	平顶山市中原公司	963	179	昆明五华大厦	789
130	柳州工业品贸易中心	955	180	长沙市东塘百货大楼	789
131	桂林市百货大楼	940	181	锦州百货大楼	788
132	郑州市黄和平商场	935	182	武汉市利济商场股份有限公司	785
133	沈阳市第二百货商店	930	183	天津市友谊公司	784
134	武汉市工艺大楼	923	184	淄博百货公司	760
135	梧州市百货公司	922	185	郑州市百货大楼	755
136	大连市金州大厦	920	186	鞍山市联营公司	754
137	鞍山市第一百货商店	917	187	宜昌市宜昌商场	751
138	鞍山市新亚大厦	910	188	宁波市城隍庙商城股份有限公司	749
139	沙市百货公司零售经营部	909	189	济南华联商厦	745
140	齐齐哈尔市联营公司	909	190	湖北省二轻贸易中心	740
141	西安百货大厦	896	191	三门峡市百货大楼	740
142	沈阳市和平商场	884	192	杭州市新天龙商厦	739
143	襄樊市鼓楼商场	878	193	北京市丰台第一百货商场	739
144	鸡西市百货大楼	865	194	张家口市宣化商业大厦	738
145	南京市新华书店	861	195	沈阳市铁西百货大楼	737
146	抚顺商场企业集团	860	196	成都市第一百货商场	734
147	襄樊市襄红商场	856	197	荆门市商业大厦	734
148	邢台百货大楼	851	198	齐齐哈尔市二百公司	729
149	厦门市华联商厦	848	199	武汉市武昌商场股份有限公司	728
150	常州百货大楼	844	200	长沙市韶山路百货大楼	726

7-8 200家大型百货零售企业人均销售额排序

（1992年）

序号	企业名称	人均销售额（元）	序号	企业名称	人均销售额（元）
1	厦门华侨旅游侨汇服务公司	1111687	51	上海第七百货商店	257914
2	上海万象百货公司	1024474	52	北京市穆斯林大厦	254352
3	威海市华侨商品供应公司	1023611	53	厦门市华联商厦	251167
4	宁波华侨商品供应公司	826769	54	荣成市农机公司	250940
5	上海开开公司	716009	55	杭州百货大楼	250807
6	天津市百信珠宝金楼	660741	56	宁波第一百货商店	248212
7	天津立达国际商场股份有限公司	643108	57	青岛崂山百货大楼	244202
8	文登市农机公司	586860	58	北京市百货大楼	242157
9	山东三联商业总公司	536635	59	上海宝钢百货商场	241673
10	上海华联商厦	424653	60	北京市国华商场	239843
11	上海第一百货商店	421991	61	广州市东山百货大楼	237973
12	济南伟民空调专业公司	419357	62	大连市友谊集团公司	237043
13	昌邑农机公司	417014	63	上海豫园商城	236236
14	上海市精品商厦	414499	64	上海市第三百货商店	235798
15	昆明五华大厦	411242	65	宁波市城隍庙商城股份有限公司	234887
16	文登市供销五交化公司	390588	66	江阴市百货大楼	233056
17	南京市金陵饭店购物中心	367586	67	宜兴市蛟桥商场	230164
18	宁波第二百货商店	364294	68	天津百货大楼股份有限公司	229836
19	上海市第九百货商店	345318	69	盐城市商业大厦	229693
20	慈溪供销大厦	339660	70	无锡第一百货商店	229499
21	成都市国光商场	339467	71	烟台市对外供应公司	227173
22	天津华联商厦股份有限公司	335488	72	浙江省二轻工贸公司	223223
23	济南国际贸易中心	329225	73	北海市华联百货公司	222956
24	深圳市天虹商场	326588	74	临沂市商业贸易中心	222881
25	东北轻工股份有限公司	310559	75	上海市浦东商场	222594
26	无锡市商业大厦	304753	76	上海市朝阳百货公司	221497
27	临沂鲁南大厦	303292	77	哈尔滨市秋林公司	219980
28	泉州市华友公司	302908	78	汕头市商业贸易中心	219975
29	常州百货大楼	302050	79	嘉兴商业大厦	217990
30	厦门市第一百货商店	295805	80	成都市红旗商场	217854
31	苏州商业大厦	290102	81	上海环龙商业开发公司	217161
32	上海新世界股份有限公司	289513	82	南通市百货大楼	216703
33	南京市医药公司	287848	83	武汉市中南商业大楼股份有限公司	214757
34	北京市菜市口百货商场	286486	84	贵阳华侨友谊公司	214072
35	宁波华联商厦	285848	85	龙口市第一百货商店	213710
36	福建省电子器材公司	283163	86	长沙市韶山路百货大楼	213664
37	大连市商业信托公司	282097	87	南通市华联商厦	212371
38	杭州解放路百货商店	281757	88	北京市东安市场	211261
39	北京市西单商场	275121	89	北京市白广路百货商场	210456
40	合肥市春雷家用电器公司	273524	90	广州友谊公司	207944
41	济南市装饰总公司	272706	91	青岛第一百货商店	207510
42	余姚市购物中心	271500	92	济南华夏五金交电化工公司	205885
43	南京新街口百货商店	269477	93	苏州市食品商场	205421
44	上海市百四店	267101	94	上海市第五百货商店	202975
45	重庆百货大楼	263719	95	烟台市百货大楼	202877
46	苏州人民商场	263499	96	上海第八百货商店	202416
47	常州市百货公司	262886	97	郑州市百货大楼	202331
48	大连市秋林股份有限公司	261869	98	吉林省商业大楼	202004
49	长沙市东塘百货大楼	259899	99	河南省供销社商城大厦	201260
50	北京市西单购物中心	258332	100	北京市城乡贸易中心	201022

(1992年)

7-8 续表1

序号	企业名称	人均销售额(元)	序号	企业名称	人均销售额(元)
101	北京市隆福大厦	200801	151	北京市友谊商店	167622
102	宝鸡商场	199504	152	淄川百货大楼	167299
103	南宁市百货大楼	199380	153	哈尔滨市第一百货商店	166341
104	重庆友谊华侨公司	199274	154	沈阳中山大厦商场	166066
105	广州百货大厦	198491	155	北京市通县人民商场	165669
106	天津市友谊公司	198406	156	贵阳市百货大楼	164960
107	湖州大厦	198125	157	北京市天桥百货商店	164594
108	淄川商业大厦	197173	158	鞍山市民贸公司	164252
109	昆明市百货大楼	196640	159	南京市南京大厦	163667
110	长沙市中山商业大厦	196389	160	武汉市工艺大楼	163055
111	武汉市六渡桥百货股份有限公司	195402	161	桂林市百货大楼	162862
112	北京市贵友商场	194338	162	徐州市白云大厦	162539
113	福州市东街口百货大楼	194216	163	秦皇岛市华联商厦	162478
114	中兴-沈阳商业大厦	191576	164	沈阳北方贸易大厦	161483
115	上海市曹杨商场	191043	165	芜湖市百货大楼	161326
116	太原市天龙商业贸易集团总公司	190158	166	福州华联商厦	161190
117	广州市新大新公司	189597	167	武汉市汉阳商场股份有限公司	160322
118	大连中兴商业大厦	188913	168	北京市长安商场	159625
119	南昌华侨友谊公司	187797	169	衡水市红旗商场	158680
120	武汉商场股份有限公司	186886	170	宜昌市宜昌商场	157656
121	乌鲁木齐市友好商场	186364	171	大连商场股份公司	157329
122	汕头市京汕联营公司	185079	172	青岛华联商厦	157262
123	北京市地安门百货商场	184701	173	哈尔滨市百货大楼	156363
124	衡阳市供销大厦	184599	174	长沙市友谊华侨商店	155671
125	枣庄市百货大楼	184162	175	西安市民生百货股份有限公司	155566
126	南昌洪城大厦	182675	176	北京市新时代妇女儿童用品商店	155279
127	盐城市盐阜人民商场	181786	177	石家庄市人民商场	154515
128	天津河西区百货公司南楼百货商场	181770	178	合肥市百货大楼	154473
129	大庆市百货大楼	181424	179	广州南方大厦股份有限公司	153838
130	无锡市第二百货商店	180792	180	柳州工业品贸易中心	153361
131	沈阳商业城	180623	181	武汉市利济商场股份有限公司	153236
132	南京市中央大厦	180165	182	大连市百货大楼股份有限公司	153081
133	沈阳市联营公司	179638	183	泰州市第一百货商店	152811
134	铜陵市百货商场	178907	184	南京山西路百货大楼	152614
135	无锡市无锡商场	178660	185	北京市和平商业大厦	152567
136	鞍山市第一百货商店	178659	186	乌鲁木齐大十字商业大厦	151627
137	北京市新街口百货商场	178149	187	东营市百货大楼	150682
138	沈阳市和平商场	175419	188	锦州百货大楼	149746
139	郑州亚细亚商场	175003	189	新疆百货大厦	149564
140	北京市东四商业大厦	174424	190	潍坊百货大楼	149444
141	株洲市百货大楼	171687	191	太原市五一百货大楼	149348
142	武汉市黄鹤大厦股份有限公司	171577	192	大连市金州区供销联营公司	148777
143	杭州工联大厦	171116	193	徐州市人民商场	148776
144	南昌百货大楼	169901	194	天津劝业场股份有限公司	148534
145	长春市百货大楼股份有限公司	169359	195	淄博市博山供销大厦	148229
146	河北省保定市保定商场	169134	196	福州市台江百货大楼	147701
147	北京市前门商业大厦	169118	197	日照市百货大楼	147521
148	天津市天津商场	168726	198	阜阳商厦	147294
149	武汉中心百货[集团]股份有限公司	168477	199	上海市第十一百货商场	146944
150	北京市新中国妇女儿童用品商店	167801	200	鞍山市新亚大厦	146615

7-9 200家大型百货零售企业人均实现利税额排序

（1992年）

序号	企业名称	人均实现利税额(元)	序号	企业名称	人均实现利税额(元)
1	厦门华侨旅游侨汇服务公司	162048	51	北京市城乡贸易中心	16575
2	上海开开公司	92939	52	乌鲁木齐市友好商场	16550
3	上海万象百货公司	45965	53	重庆友谊华侨公司	16371
4	昆明五华大厦	44043	54	北京市穆斯林大厦	16157
5	南京市金陵饭店购物中心	43724	55	贵阳华侨友谊公司	16031
6	天津市百信珠宝金楼	37901	56	铜陵市百货商场	15795
7	上海华联商厦	36044	57	上海第七百货商店	15755
8	深圳市天虹商场	35012	58	文登市农机公司	15702
9	上海第一百货商店	33763	59	无锡第一百货商店	15195
10	威海市华侨商品供应公司	30833	60	大连中兴商业大厦	15172
11	宁波第二百货商店	30601	61	厦门市第一百货商店	15145
12	北京市友谊商店	30140	62	大同市百货大楼	15030
13	上海新世界股份有限公司	29619	63	济南市装饰总公司	14971
14	天津立达国际商场股份有限公司	28933	64	哈尔滨市百货大楼	14867
15	上海市第九百货商店	27625	65	北京市地安门百货商场	14735
16	济南伟民空调专业公司	27214	66	常州市百货公司	14718
17	济南国际贸易中心	24604	67	青岛崂山百货大楼	14671
18	北京市百货大楼	24320	68	天津百货大楼股份有限公司	14644
19	上海豫园商城	24317	69	宁波华联商厦	14558
20	杭州解放路百货商店	23956	70	北京市隆福大厦	14427
21	哈尔滨市秋林公司	23914	71	福州市东街口百货大楼	14283
22	北京市西单商场	23639	72	苏州人民商场	14253
23	北京市新中国妇女儿童用品商店	23614	73	北京市新街口百货商场	14176
24	广州友谊公司	22079	74	河北省保定市保定商场	14037
25	大连市秋林股份有限公司	22066	75	沈阳市和平商场	13959
26	广州市东山百货大楼	21799	76	长春市百货大楼股份有限公司	13912
27	山东三联商业总公司	21551	77	桂林市百货大楼	13883
28	常州百货大楼	21327	78	临沂鲁南大厦	13882
29	北京市菜市口百货商场	21081	79	杭州工联大厦	13686
30	上海市精品商厦	21074	80	中兴-沈阳商业大厦	13577
31	无锡市商业大厦	20870	81	郑州亚细亚商场	13532
32	北京市西单购物中心	20729	82	江阴市百货大楼	13519
33	宁波第一百货商店	19939	83	北京市东四商业大厦	13459
34	天津华联商厦股份有限公司	19587	84	武汉商场股份有限公司	13402
35	沈阳市联营公司	19585	85	西宁市西大街百货大楼	13325
36	北京市东安市场	19537	86	南宁市百货大楼	13305
37	大连市友谊集团公司	19199	87	宜兴市蛟桥商场	13289
38	杭州百货大楼	19146	88	广州市新大新公司	13088
39	重庆百货大楼	18970	89	北京市新时代妇女儿童用品商店	13021
40	长沙市韶山路百货大楼	18939	90	北京市白广路百货商场	12905
41	南京新街口百货商店	18583	91	广州百货大厦	12883
42	余姚市购物中心	18350	92	武汉市中南商业大楼股份有限公司	12853
43	北京市前门商业大厦	17525	93	上海市百四店	12781
44	哈尔滨市第一百货商店	17519	94	大庆市百货大楼	12709
45	长沙市东塘百货大楼	17478	95	盐城市商业大厦	12618
46	烟台市百货大楼	17427	96	青岛第一百货商店	12571
47	南京市医药公司	17300	97	福建省电子器材公司	12388
48	西宁市大十字百货商店	17251	98	阜阳百货大楼	12370
49	慈溪供销大厦	17245	99	北京市天桥百货商店	12343
50	南通市百货大楼	16757	100	汕头市商业贸易中心	12180

7-9 续表1 （1992年）

序号	企业名称	人均实现利税额(元)	序号	企业名称	人均实现利税额(元)
101	太原市天龙商业贸易集团总公司	12133	151	齐齐哈尔市一百商店	9685
102	郑州市百货大楼	12106	152	烟台市华联商厦	9608
103	昆明市百货大楼	12026	153	枣庄市百货大楼	9595
104	湖州大厦	11953	154	烟台市对外供应公司	9538
105	沈阳北方贸易大厦	11881	155	南昌商场	9515
106	丹东市新安百货大楼	11845	156	秦皇岛市华联商厦	9502
107	延吉百货大楼	11793	157	蚌埠市百货大楼	9498
108	株洲市百货大楼	11738	158	大连商场股份公司	9468
109	盐城市盐阜人民商场	11734	159	上海市曹杨商场	9427
110	长沙市中山商业大厦	11645	160	南京山西路百货大楼	9343
111	无锡市第二百货商店	11617	161	东营市百货大楼	9318
112	石家庄市人民商场	11593	162	新疆百货大厦	9119
113	北京市国华商场	11518	163	抚顺商场企业集团	9058
114	上海第八百货商店	11481	164	贵州省华侨友谊民贸公司	9017
115	南昌百货大楼	11471	165	广州市华厦公司	8914
116	北京市翠微路百货商场	11450	166	无锡市无锡商场	8883
117	南昌华侨友谊公司	11443	167	武汉市汉阳商场股份有限公司	8809
118	上海市浦东商场	11383	168	北京市关东店百货商场	8768
119	南昌洪城大厦	11276	169	齐齐哈尔百货大楼	8761
120	宜昌市百货大楼	11264	170	北京市海淀百货大楼	8718
121	乌鲁木齐大十字商业大厦	11084	171	天津劝业场股份有限公司	8713
122	沈阳商业城	10990	172	大连市第二百货商店	8706
123	佳木斯百货大楼	10948	173	泰州市第一百货商店	8703
124	太原市五一百货大楼	10919	174	嘉兴商业大厦	8702
125	河北省保定大世界商业城	10840	175	东北轻工股份有限公司	8696
126	包头市百货大楼	10828	176	上海市朝阳百货公司	8690
127	河南省供销社商城大厦	10685	177	安庆市百货大楼	8687
128	南京市中央大厦	10674	178	本溪商业大厦	8636
129	武汉市六渡桥百货股份有限公司	10643	179	武汉市黄鹤大厦股份有限公司	8631
130	贵阳市百货大楼	10640	180	马鞍山商业大厦	8584
131	潍坊百货大楼	10635	181	北京市和平商业大厦	8574
132	北京市长安商场	10634	182	成都人民商场	8541
133	文登市供销五交化公司	10588	183	成都市红旗商场	8537
134	鞍山市第一百货商店	10513	184	济南人民商场	8534
135	上海宝钢百货商场	10436	185	烟台市振华百货商店	8534
136	宁波华侨商品供应公司	10385	186	龙口市第一百货商店	8468
137	厦门市华联商厦	10330	187	牡丹江商业大厦	8445
138	沈阳中山大厦商场	10262	188	济南百货大楼	8400
139	抚顺百货大楼	10226	189	潍坊东风百货商场	8388
140	青岛华联商厦	10177	190	西安市民生百货股份有限公司	8258
141	牡丹江百货大楼	10126	191	鞍山市民贸公司	8201
142	芜湖市百货大楼	10058	192	北京市通县人民商场	8184
143	南京市南京大厦	10054	193	张家口市宣化商业大厦	8103
144	长沙市友谊华侨商店	10037	194	合肥市龙图集团实业公司	8059
145	宝鸡商场	9950	195	北京市花市百货商场	7973
146	上海市第三百货商店	9823	196	杭州大厦	7964
147	南通市华联商厦	9819	197	唐山市百货大楼	7964
148	天津市天津商场	9785	198	锦州百货大楼	7931
149	沈阳市文化钟表公司文化大楼	9732	199	湘潭市百货大楼	7891
150	武汉中心百货[集团]股份有限公司	9698	200	上海市第五百货商店	7847

7-10 200家大型百货零售商业企业资金利税率排序

（1992年）

序号	企业名称	资金利税率（%）	序号	企业名称	资金利税率（%）
1	上海市第九百货商店	99.50	51	泰州市第一百货商店	43.81
2	北京市新中国妇女儿童用品商店	98.25	52	张家口市宣化区百货大楼	43.75
3	铜陵市百货商场	97.35	53	北京市花市百货商场	43.66
4	厦门华侨旅游侨汇服务公司	95.66	54	阜新市第一百货商店	43.39
5	宁波第一百货商店	89.89	55	重庆百货大楼	43.09
6	哈尔滨市第一百货商店	89.40	56	南昌百货大楼	43.05
7	北京市菜市口百货商场	86.32	57	广州市东山百货大楼	42.74
8	常州百货大楼	80.00	58	阜阳百货大楼	42.37
9	上海第七百货商店	76.75	59	广州友谊公司	42.35
10	南通市百货大楼	72.94	60	长沙市东塘百货大楼	40.93
11	深圳市天虹商场	72.44	61	南京市中央大厦	40.89
12	长沙市韶山路百货大楼	69.51	62	延吉百货大楼	40.58
13	南京市金陵饭店购物中心	68.99	63	南昌商场	40.53
14	烟台市百货大楼	66.38	64	邯郸市邯山商场	40.53
15	宁波第二百货商店	64.29	65	北京市新街口百货商场	40.41
16	北京市东安市场	64.25	66	天津华联商厦股份有限公司	40.23
17	大连市秋林股份有限公司	64.16	67	河北省保定市保定商场	40.05
18	厦门市第一百货商店	63.57	68	无锡市第二百货商店	39.91
19	北京市百货大楼	63.15	69	抚顺百货大楼	39.67
20	哈尔滨市秋林公司	62.41	70	盐城市盐阜人民商场	39.48
21	青岛第一百货商店	61.91	71	乌鲁木齐市友好商场	39.34
22	杭州解放路百货商店	61.38	72	沈阳市联营公司	39.24
23	北京市地安门百货商场	59.33	73	慈溪供销大厦	39.06
24	上海市浦东商场	59.13	74	包头市百货大楼	38.99
25	大同市百货大楼	57.60	75	安庆市百货大楼	38.87
26	西宁市西大街百货大楼	56.47	76	佳木斯百货大楼	38.85
27	蚌埠市中心商场	56.26	77	鞍山市第一百货商店	38.59
28	上海开开公司	56.03	78	桂林市百货大楼	38.43
29	北京市翠微路百货商场	55.83	79	张家口市百货大楼	38.23
30	福州市东街口百货大楼	55.76	80	北京市前门商业大厦	38.16
31	南京新街口百货商店	55.50	81	昆明五华大厦	37.80
32	无锡第一百货商店	55.41	82	北京市东四商业大厦	37.78
33	上海华联商厦	54.28	83	青岛华联商厦	37.26
34	西宁市大十字百货商店	54.16	84	宜兴市蛟桥商场	37.24
35	成都市第一百货商场	53.32	85	本溪商业大厦	37.00
36	北京市新时代妇女儿童用品商店	53.17	86	吉林市百货大楼	36.99
37	天津百货大楼股份有限公司	50.82	87	南京市南京大厦	36.79
38	株洲市百货大楼	50.04	88	汕头市商业贸易中心	36.62
39	蚌埠市百货大楼	49.76	89	上海市百四店	36.33
40	北京市西单商场	49.48	90	武汉市武昌商场股份有限公司	36.17
41	武汉市中南商业大楼股份有限公司	49.00	91	上海第八百货商店	35.00
42	苏州人民商场	48.61	92	南京市医药公司	34.75
43	青岛崂山百货大楼	48.60	93	杭州百货大楼	34.66
44	北京市白广路百货商场	47.19	94	南京山西路百货大楼	34.53
45	余姚市购物中心	46.40	95	长春市百货大楼股份有限公司	34.38
46	石家庄市人民商场	45.98	96	无锡市商业大厦	34.36
47	北京市丰台第一百货商场	45.83	97	大庆市百货大楼	34.17
48	北京市西单购物中心	45.64	98	武汉市工艺大楼	34.06
49	武汉市六渡桥百货股份有限公司	44.36	99	烟台市振华百货商店	33.98
50	太原市五一百货大楼	43.83	100	北京市海淀百货大楼	33.70

7-10 续表1 （1992年）

序号	企业名称	资金利税率（%）	序号	企业名称	资金利税率（%）
101	德州市百货大楼	33.49	151	抚顺商场企业集团	26.16
102	哈尔滨市百货大楼	33.44	152	大连市金州区供销联营公司	25.86
103	北京市隆福大厦	33.44	153	大连市友谊集团公司	25.69
104	成都人民商场	33.11	154	南昌洪城大厦	25.67
105	岳阳市百货大楼	33.11	155	大连市百货大楼股份有限公司	25.59
106	潍坊东风百货商场	32.85	156	上海市曹杨商场	25.44
107	大连市民勇商场	32.60	157	湘潭市百货大楼	25.31
108	天津劝业场股份有限公司	32.28	158	湖州大厦	25.16
109	武汉商场股份有限公司	32.13	159	贵阳市百货大楼	25.15
110	天津市东方商厦	31.96	160	乌鲁木齐大十字商业大厦	25.13
111	江阴市百货大楼	31.60	161	青岛第二百货商店	25.07
112	齐齐哈尔市联营公司	31.47	162	武汉市汉阳商场股份有限公司	25.03
113	潍坊百货大楼	31.27	163	河北省保定大世界商业城	24.96
114	广州市新大新公司	31.09	164	东营市百货大楼	24.57
115	常州市百货公司	30.74	165	吉林市东方商厦	24.52
116	芜湖市百货大楼	30.69	166	徐州市白云大厦	24.51
117	枣庄市百货大楼	30.47	167	鞍山市民贸公司	24.51
118	盐城市商业大厦	30.35	168	无锡市无锡商场	24.39
119	牡丹江百货大楼	30.30	169	鸡西市百货商场	24.31
120	张家口市宣化商业大厦	30.14	170	北京市城乡贸易中心	24.14
121	北京市国华商场	30.03	171	德州市百货公司	24.00
122	济南人民商场	29.98	172	长春汽车城百货大楼股份有限公司	23.59
123	沈阳市铁西百货大楼	29.95	173	福州市台江百货大楼	23.51
124	上海第一百货商店	29.83	174	秦皇岛市华联商厦	23.42
125	北京市友谊商店	29.76	175	石家庄劝业场	23.42
126	马鞍山商业大厦	29.24	176	吉林省商业大楼	23.41
127	南宁市百货大楼	29.23	177	沈阳市和平商场	23.39
128	天津市天津商场	29.21	178	长沙市中山商业大厦	23.20
129	天津市百信珠宝金楼	29.18	179	杭州工联大厦	23.18
130	上海市精品商厦	28.95	180	合肥市龙图集团实业公司	22.99
131	长沙市友谊华侨商店	28.79	181	昆明市百货大楼	22.90
132	沙市百货公司零售经营部	28.50	182	沙市商场	22.86
133	大连市第二百货商店	28.46	183	太原市天龙商业贸易集团总公司	22.74
134	唐山市百货大楼	28.44	184	广州市华厦公司	22.67
135	重庆友谊华侨公司	28.34	185	大连商场股份公司	22.53
136	唐山市百货公司	28.30	186	海拉尔市百货大楼	22.48
137	武汉中心百货[集团]股份有限公司	28.20	187	新乡市百货大楼	22.35
138	重庆两路口百货公司	28.13	188	三门峡市百货大楼	22.35
139	宝鸡商场	28.06	189	济宁华联大厦	22.27
140	龙口市第一百货商店	27.85	190	徐州市人民商场	22.03
141	鞍山市联营公司	27.63	191	宜昌市百货大楼	21.90
142	锦州百货大楼	27.56	192	宁波华联商厦	21.69
143	太原市解放百货大楼	27.54	193	济南百货大楼	21.66
144	扬州市扬州商场	27.47	194	襄樊市襄红商场	21.65
145	沈阳市文化钟表公司文化大楼	27.41	195	北京市和平商业大厦	21.55
146	郑州市百货大楼	27.37	196	沈阳中山大厦商场	21.42
147	武汉市青山百货商场	27.33	197	青岛崂山商贸大厦	21.40
148	成都市红旗商场	27.24	198	北京市关东店百货商场	21.34
149	上海市第五百货商店	27.08	199	泰安市泰山商场	21.20
150	邯郸市赵都商业股份有限公司	26.61	200	中兴-沈阳商业大厦	21.10

7-11 200家大型百货零售企业流动资金利税率排序

（1992年）

序号	企业名称	流动资金利税率（%）	序号	企业名称	流动资金利税率（%）
1	铜陵市百货商场	155.37	51	抚顺商场企业集团	78.69
2	本溪商业大厦	148.16	52	哈尔滨市百货大楼	77.96
3	宁波第二百货商店	139.59	53	青岛第一百货商店	77.58
4	烟台市百货大楼	137.38	54	北京市翠微路百货商场	76.79
5	南京市金陵饭店购物中心	132.91	55	张家口市宣化商业大厦	76.28
6	北京市西单商场	128.63	56	合肥市百货大楼	75.54
7	福州市东街口百货大楼	124.93	57	西宁市西大街百货大楼	75.35
8	北京市百货大楼	122.63	58	马鞍山商业大厦	74.96
9	桂林市百货大楼	121.40	59	南京市南京大厦	74.54
10	常州百货大楼	121.38	60	武汉市工艺大楼	74.36
11	宁波第一百货商店	119.85	61	余姚市购物中心	73.84
12	哈尔滨市第一百货商店	118.21	62	沈阳市和平商场	73.63
13	北京市新中国妇女儿童用品商店	117.01	63	南京山西路百货大楼	73.56
14	北京市东安市场	112.86	64	北京市新街口百货商场	73.28
15	广州市东山百货大楼	112.25	65	大连市秋林股份有限公司	73.15
16	哈尔滨市秋林公司	111.58	66	阜阳百货大楼	72.80
17	上海市第九百货商店	111.00	67	南京新街口百货商店	72.45
18	北京市长安商场	110.25	68	吉林市百货大楼	72.12
19	株洲市百货大楼	109.71	69	宜兴市蛟桥商场	71.89
20	泰安市泰山商场	106.00	70	无锡市商业大厦	70.96
21	北京市菜市口百货商场	105.02	71	北京市丰台第一百货商场	70.33
22	齐齐哈尔市一百商店	103.53	72	厦门市第一百货商店	70.00
23	杭州解放路百货商店	102.21	73	北京市隆福大厦	69.40
24	石家庄市人民商场	101.48	74	唐山市百货公司	69.21
25	西宁市大十字百货商店	100.00	75	青岛第二百货商店	69.11
26	厦门华侨旅游侨汇服务公司	99.56	76	北京市海淀百货大楼	69.11
27	太原市五一百货大楼	98.88	77	乌鲁木齐市友好商场	69.08
28	广州百货大厦	97.39	78	唐山市百货大楼	69.04
29	上海第七百货商店	93.86	79	北京市天桥百货商店	69.02
30	潍坊百货大楼	93.22	80	日照市百货大楼	68.42
31	北京市地安门百货商场	90.64	81	佳木斯百货大楼	68.29
32	南通市百货大楼	89.73	82	北京市西单购物中心	68.29
33	天津华联商厦股份有限公司	89.59	83	济南百货大楼	68.25
34	长沙市韶山路百货大楼	89.58	84	苏州人民商场	67.76
35	深圳市天虹商场	88.62	85	阜新市第一百货商店	67.59
36	青岛崂山百货大楼	87.90	86	北京市花市百货商场	67.55
37	重庆百货大楼	85.75	87	大同市百货大楼	67.34
38	昆明五华大厦	85.74	88	大连中兴商业大厦	67.23
39	张家口市百货大楼	85.48	89	广州友谊公司	67.01
40	无锡第一百货商店	85.05	90	滕州市百货大楼	66.85
41	蚌埠市百货大楼	84.46	91	武汉商场股份有限公司	65.74
42	长春市百货大楼股份有限公司	83.25	92	大庆市百货大楼	64.86
43	临沂鲁南大厦	83.21	93	蚌埠市中心商场	64.62
44	上海市浦东商场	83.16	94	上海华联商厦	64.52
45	杭州百货大楼	82.02	95	北京市新时代妇女儿童用品商店	64.25
46	慈溪供销大厦	81.90	96	河北省保定市保定商场	64.16
47	北京市前门商业大厦	79.93	97	泰州市第一百货商店	64.14
48	沈阳市联营公司	79.79	98	包头市百货大楼	64.12
49	武汉市中南商业大楼股份有限公司	79.72	99	张家口市宣化区百货大楼	63.13
50	天津百货大楼股份有限公司	78.83	100	常州市百货公司	62.76

7-11 续表1 （1992年）

序号	企业名称	流动资金利税率(%)	序号	企业名称	流动资金利税率(%)
101	天津劝业场股份有限公司	62.38	151	大连商场股份公司	46.68
102	上海市曹杨商场	61.47	152	北京市关东店百货商场	46.13
103	北京市白广路百货商场	61.34	153	沙市商场	46.09
104	德州市百货大楼	61.16	154	邢台百货大楼	45.65
105	青岛华联商厦	60.36	155	湖州大厦	45.27
106	南昌商场	59.84	156	沈阳商业城	45.06
107	上海开开公司	59.84	157	无锡市第二百货商店	45.01
108	烟台市华联商厦	58.30	158	大连市第二百货商店	44.90
109	南京市中央大厦	58.03	159	北京市友谊商店	44.81
110	宁波华联商厦	57.72	160	昆明市百货大楼	44.64
111	成都人民商场	57.59	161	宜昌市百货大楼	44.61
112	延吉百货大楼	57.17	162	长沙市友谊华侨商店	44.37
113	新乡市百货大楼	57.03	163	大连市民勇商场	44.34
114	中兴-沈阳商业大厦	56.81	164	太原市解放百货大楼	44.26
115	枣庄市百货大楼	56.69	165	南宁市百货大楼	44.17
116	三门峡市百货大楼	56.35	166	秦皇岛市华联商厦	44.16
117	成都市第一百货商场	56.33	167	湘潭市百货大楼	44.11
118	济南人民商场	55.61	168	襄樊市襄红商场	43.30
119	汕头市商业贸易中心	55.29	169	扬州市扬州商场	43.28
120	鞍山市第一百货商店	55.12	170	邯郸市赵都商业股份有限公司	43.12
121	大连市金州区供销联营公司	54.97	171	上海宝钢百货商场	42.77
122	锦州百货大楼	54.87	172	徐州古彭商业大厦	42.58
123	南昌百货大楼	54.58	173	唐山市工业品贸易中心	42.58
124	抚顺百货大楼	54.52	174	芜湖市百货大楼	42.56
125	武汉市六渡桥百货股份有限公司	53.91	175	武汉市青山百货商场	42.10
126	武汉市汉阳商场股份有限公司	53.55	176	北京市和平商业大厦	41.68
127	盐城市盐阜人民商场	53.30	177	江阴市百货大楼	41.01
128	牡丹江百货大楼	53.22	178	徐州市百货大楼	40.84
129	无锡市无锡商场	53.04	179	内蒙古民族商场集团总公司	40.65
130	南京市医药公司	52.56	180	宝鸡商场	40.59
131	邯郸市邯山商场	51.93	181	鞍山市百货大楼	40.53
132	潍坊东风百货商场	51.12	182	安庆市百货大楼	40.36
133	东营市百货大楼	50.97	183	北京市东四商业大厦	40.25
134	齐齐哈尔市联营公司	50.63	184	大连市友谊集团公司	40.23
135	烟台市振华百货商店	50.56	185	西安市民生百货股份有限公司	40.09
136	武汉中心百货[集团]股份有限公司	50.37	186	河北省保定大世界商业城	39.87
137	沈阳市文化钟表公司文化大楼	50.18	187	重庆友谊华侨公司	39.83
138	长沙市东塘百货大楼	49.73	188	上海市第三百货商店	39.80
139	武汉市武昌商场股份有限公司	49.71	189	沈阳市铁西百货大楼	39.76
140	南昌洪城大厦	49.24	190	长沙市中山商业大厦	39.75
141	太原市天龙商业贸易集团总公司	49.23	191	青岛崂山商贸大厦	39.67
142	龙口市第一百货商店	48.95	192	上海市百四店	39.38
143	大连市百货大楼股份有限公司	48.93	193	徐州市人民商场	38.94
144	大连市旅顺商业大厦	48.51	194	贵阳市百货大楼	38.55
145	沈阳中山大厦商场	48.30	195	沈阳市北市百货商店	38.22
146	盐城市商业大厦	47.90	196	太原市百货公司开化市	38.22
147	大连市瓦房店商业大厦	47.73	197	牡丹江商业大厦	37.84
148	海拉尔市百货大楼	47.40	198	淄川商业大厦	37.55
149	广州市新大新公司	46.96	199	郑州市百货大楼	37.43
150	福州华联商厦	46.69	200	武汉市黄鹤大厦股份有限公司	37.04

7-12 200家大型百货零售企业流动资金周转天数排序

（1992年）

序号	企业名称	流动资金周转天数（天）	序号	企业名称	流动资金周转天数（天）
1	上海市第十一百货商场	16	51	唐山市百货公司	30
2	本溪商业大厦	18	52	南京市南京大厦	30
3	泰安市泰山商场	18	53	南京山西路百货大楼	30
4	铜陵市百货商场	20	54	杭州解放路百货商店	30
5	临沂鲁南大厦	20	55	蚌埠市百货大楼	30
6	常州百货大楼	21	56	昌邑农机公司	30
7	福州市东街口百货大楼	21	57	重庆百货大楼	30
8	武汉市工艺大楼	21	58	张家口市宣化区百货大楼	31
9	北京市长安商场	22	59	南通市百货大楼	31
10	上海市浦东商场	22	60	济南百货大楼	31
11	宁波第二百货商店	22	61	北京市地安门百货商场	32
12	慈溪供销大厦	22	62	大连市百货大楼股份有限公司	32
13	株洲市百货大楼	22	63	哈尔滨市第一百货商店	32
14	天津华联商厦股份有限公司	23	64	南京市金陵饭店购物中心	32
15	上海第七百货商店	23	65	常州市百货公司	32
16	烟台市百货大楼	23	66	泰州市第一百货商店	32
17	北京市西单商场	24	67	宁波华联商厦	32
18	宁波第一百货商店	24	68	马鞍山商业大厦	32
19	合肥市百货大楼	24	69	淄川商业大厦	32
20	日照市百货大楼	24	70	宁波华侨商品供应公司	33
21	广州百货大厦	24	71	余姚市购物中心	33
22	北京市菜市口百货商场	25	72	枣庄市百货大楼	33
23	青岛崂山百货大楼	25	73	德州市百货大楼	33
24	烟台市供销大厦	25	74	天津劝业场股份有限公司	34
25	桂林市百货大楼	25	75	唐山市百货大楼	34
26	上海市第九百货商店	26	76	大连市民勇商场	34
27	厦门市第一百货商店	26	77	大连市金州区供销联营公司	34
28	北京市丰台第一百货商场	27	78	南京新街口百货商店	34
29	石家庄市人民商场	27	79	无锡市无锡商场	34
30	张家口市百货大楼	27	80	杭州百货大楼	34
31	太原市五一百货大楼	27	81	北京市贵友商场	35
32	蚌埠市中心商场	27	82	北京市花市百货商场	35
33	潍坊百货大楼	27	83	北京市海淀百货大楼	35
34	武汉市中南商业大楼股份有限公司	27	84	锦州百货大楼	35
35	大连市瓦房店商业大厦	28	85	哈尔滨市秋林公司	35
36	无锡第一百货商店	28	86	无锡市商业大厦	35
37	淄川百货大楼	28	87	北京市白广路百货商场	36
38	滕州市百货大楼	28	88	长春市百货大楼股份有限公司	36
39	青岛第一百货商店	28	89	上海宝钢百货商场	36
40	北京市百货大楼	29	90	武汉市六渡桥百货股份有限公司	36
41	北京市东安市场	29	91	武汉市武昌商场股份有限公司	36
42	天津百货大楼股份有限公司	29	92	长沙市韶山路百货大楼	36
43	抚顺商场企业集团	29	93	汕头市商业贸易中心	36
44	齐齐哈尔市一百商店	29	94	北京市隆福大厦	37
45	上海市曹杨商场	29	95	北京市翠微路百货商场	37
46	苏州人民商场	29	96	吉林省商业大楼	37
47	宜兴市蛟桥商场	29	97	吉林市百货大楼	37
48	青岛第二百货商店	29	98	南京市中央大厦	37
49	龙口市第一百货商店	29	99	福州华联商厦	37
50	广州市东山百货大楼	29	100	武汉市汉阳商场股份有限公司	37

7-12 续表1

(1992年)

序号	企业名称	流动资金周转天数（天）	序号	企业名称	流动资金周转天数（天）
101	张家口市宣化商业大厦	38	151	中兴-沈阳商业大厦	45
102	鞍山市第一百货商店	38	152	上海市第五百货商店	45
103	上海市第三百货商店	38	153	徐州市人民商场	45
104	文登市农机公司	38	154	南昌百货大楼	45
105	新乡市百货大楼	38	155	南昌洪城大厦	45
106	北京市天桥百货商店	39	156	沙市商场	45
107	北京市新街口百货商场	39	157	昆明五华大厦	45
108	沈阳市和平商场	39	158	沈阳中山大厦商场	46
109	大庆市百货大楼	39	159	大连商场股份公司	46
110	青岛华联商厦	39	160	鞍山市联营公司	46
111	临沂市商业贸易中心	39	161	徐州市百货大楼	46
112	武汉商场股份有限公司	39	162	苏州商业大厦	46
113	成都人民商场	39	163	徐州市白云大厦	46
114	邢台百货大楼	40	164	乌鲁木齐市友好商场	46
115	南京市太平商场	40	165	北京市前门商业大厦	47
116	徐州古彭商业大厦	40	166	北京市新时代妇女儿童用品商店	47
117	扬州市扬州商场	40	167	河北省保定市保定商场	47
118	南昌商场	40	168	太原市天龙商业贸易集团总公司	47
119	沈阳市铁西百货大楼	41	169	沈阳市北市百货商店	47
120	大连市秋林股份有限公司	41	170	齐齐哈尔市联营公司	47
121	大连市旅顺商业大厦	41	171	上海华联商厦	47
122	南京市医药公司	41	172	武汉市青山百货商场	47
123	盐城市商业大厦	41	173	北京市关东店百货商场	48
124	烟台市华联商厦	41	174	秦皇岛市华联商厦	48
125	武汉中心百货[集团]股份有限公司	41	175	衡水市红旗商场	48
126	武汉市利济商场股份有限公司	41	176	阜新市第一百货商店	48
127	北京市西单购物中心	42	177	湖州大厦	48
128	锦州百货商场	42	178	潍坊东风百货商场	48
129	山东三联商业总公司	42	179	烟台市振华百货商店	48
130	襄樊市襄红商场	42	180	西安市民生百货股份有限公司	48
131	北京市新中国妇女儿童用品商店	43	181	北京市和平商业大厦	49
132	天津河西区百货公司南楼百货商场	43	182	沈阳商业城	49
133	唐山市工业品贸易中心	43	183	沈阳市联营公司	49
134	邯郸市邯山商场	43	184	佳木斯百货大楼	49
135	大连中兴商业大厦	43	185	徐州蓝天商业大楼	49
136	济南人民商场	43	186	阜阳百货大楼	49
137	北海市华联百货公司	43	187	济宁华联大厦	49
138	西宁市大十字百货商店	43	188	武汉市黄鹤大厦股份有限公司	49
139	哈尔滨市百货大楼	44	189	长沙市东塘百货大楼	49
140	上海市百四店	44	190	昆明市百货大楼	49
141	盐城市盐阜人民商场	44	191	西宁市西大街百货大楼	49
142	东营市百货大楼	44	192	荣成市农机公司	50
143	文登市供销五交化公司	44	193	广州南方大厦股份有限公司	50
144	济南华联商厦	44	194	北京市通县人民商场	51
145	深圳市天虹商场	44	195	太原市解放百货大楼	51
146	成都市红旗商场	44	196	大连市第二百货商店	51
147	成都市第一百货商场	44	197	大连市瓦房店商场	51
148	宝鸡商场	44	198	抚顺百货大楼	51
149	石家庄市解放路百货商场	45	199	沈阳市文化钟表公司文化大楼	51
150	包头市百货大楼	45	200	淮阴市清江商场	51

7-13 50家大型副食零售企业经营情况排序

（1992年）

序号	商店名称	商品销售额（万元）	序号	商店名称	实现利润（万元）
1	哈尔滨市道里菜市场	10126.75	1	北京市崇文门菜市场	499.83
2	成都市红旗商场	8931.50	2	沈阳市广州副食商场	352.82
3	哈尔滨奋斗路副食品商场	8057.49	3	哈尔滨市道里菜市场	334.52
4	北京市崇文门菜市场	7925.10	4	哈尔滨奋斗路副食品商场	330.04
5	北京市西单菜市场	6987.39	5	北京市西单菜市场	285.85
6	沈阳市广州副食商场	6721.81	6	成都市红旗商场	170.00
7	大连市民勇商场	6672.65	7	广州市十甫商店	127.46
8	上海市宁海东路菜场	6298.96	8	杭州市食品商店	123.86
9	上海市福州路菜场	5216.29	9	大连市民勇商场	112.30
10	上海市三角地菜场	4676.89	10	南京市鼓楼食品商店	111.69
11	广州市南粤商店	4399.91	11	沈阳市皇姑副食品商场	107.09
12	广州市十甫商店	4374.40	12	石家庄市红星食品综合商店	98.11
13	柳州自选商场	3911.67	13	杭州市采芝斋食品商店	97.67
14	沈阳市皇姑副食品商场	3541.07	14	西宁市解放副食品商场	91.00
15	天津市副食中心商场	3262.08	15	天津市副食中心商场	83.00
16	石家庄市红星食品综合商店	3180.54	16	广州市南粤商店	74.09
17	南京市鼓楼食品商店	3167.13	17	郑州市刘胡兰副食品大楼	69.00
18	天津市大沽路副食品商场	3163.50	18	青岛食品商店	68.98
19	徐州市副食品大楼	2944.76	19	昆明市副食品大楼	66.81
20	杭州市食品商店	2693.02	20	徐州市副食品大楼	63.90
21	郑州市刘胡兰副食品大楼	2609.00	21	柳州自选商场	61.40
22	昆明市副食品大楼	2424.14	22	呼和浩特市中山西路菜市场	57.73
23	长春市长江副食大楼	2203.29	23	银川丽华商场	57.62
24	天津市官银号副食商场	1887.50	24	重庆市人道美商场	50.72
25	西宁市解放副食品商场	1809.00	25	兰州市酒泉路副食商场	46.98
26	兰州市酒泉路副食商场	1725.21	26	郑州市碧沙岗烟酒商店	45.14
27	太原市副食品市场	1694.76	27	武汉市曹祥泰副食品商场	44.70
28	杭州市采芝斋食品商店	1682.90	28	南宁市邕城副食品商场	44.52
29	银川丽华商场	1623.10	29	天津市官银号副食商场	43.35
30	郑州市碧沙岗烟酒商店	1496.75	30	太原市副食品市场	41.85
31	乌鲁木齐市解放路食品大楼	1446.39	31	济南一大食物公司	32.53
32	武汉市解放副食品商场	1423.99	32	上海市三角地菜场	28.79
33	长春市重庆路副食品商场	1334.45	33	昆明市旅游外汇侨汇商场	27.88
34	青岛食品商店	1252.45	34	西宁市小桥食品商店	26.18
35	昆明市旅游外汇侨汇商场	1217.44	35	福州市南街副食品商场	25.90
36	贵阳市食品商场	1107.64	36	兰州市糖酒副食贸易中心大厦	25.35
37	重庆市人道美商场	1103.97	37	长沙市国风副食品商场	24.31
38	武汉市曹祥泰副食品商场	1054.26	38	长春市长江副食大楼	20.00
39	呼和浩特市中山西路菜市场	1027.01	39	上海市福州路菜场	15.01
40	福州市南街副食品商场	1008.39	40	上海市宁海东路菜场	14.76
41	济南一大食物公司	907.68	41	福州市大桥副食品商店	14.07
42	兰州市糖酒副食贸易中心大厦	837.18	42	贵阳市食品商场	11.43
43	合肥市南七副食品商场	816.30	43	乌鲁木齐水产蛋禽商店	11.16
44	长沙市国风副食品商场	811.88	44	乌鲁木齐市解放路食品大楼	10.00
45	西宁市小桥食品商店	809.79	45	长沙市星沙商店	9.80
46	福州市大桥副食品商店	616.65	46	合肥市南七副食品商场	5.14
47	乌鲁木齐延安路食品商店	612.65	47	天津市大沽路副食品商场	2.82
48	长沙市星沙商店	556.71	48	南昌市南昌食品商场	2.11
49	南宁市邕城副食品商场	509.29	49	乌鲁木齐延安路食品商店	1.37
50	乌鲁木齐水产蛋禽商店	471.15	50	长春市重庆路副食品商场	1.02

7-13 续表1 （1992年）

序号	商店名称	人均销售额(元)	序号	商店名称	人均实现利润(元)
1	柳州自选商场	641257.38	1	北京市崇文门菜市场	12849.10
2	广州市南粤商店	255808.72	2	沈阳市广州副食商场	12783.33
3	沈阳市广州副食商场	243543.84	3	柳州自选商场	10065.57
4	成都市红旗商场	217841.46	4	北京市西单菜市场	8190.54
5	北京市崇文门菜市场	203730.08	5	青岛食品商店	7928.74
6	郑州市刘胡兰副食品大楼	200692.31	6	杭州市采芝斋食品商店	7813.60
7	北京市西单菜市场	200211.75	7	哈尔滨奋斗路副食品商场	6904.60
8	广州市十甫商店	197936.65	8	杭州市食品商店	6695.14
9	哈尔滨奋斗路副食品商场	168566.74	9	广州市十甫商店	5767.42
10	银川丽华商场	160702.97	10	银川丽华商场	5704.95
11	杭州市食品商店	145568.65	11	西宁市解放副食品商场	5515.15
12	上海市福州路菜场	144096.41	12	郑州市刘胡兰副食品大楼	5307.69
13	青岛食品商店	143959.77	13	广州市南粤商店	4307.56
14	郑州市碧沙岗烟酒商店	142547.62	14	郑州市碧沙岗烟酒商店	4299.05
15	乌鲁木齐延安路食品商店	136144.44	15	重庆市人道美商场	4226.67
16	杭州市采芝斋食品商店	134632.00	16	哈尔滨市道里菜市场	4197.24
17	上海市宁海东路菜场	134593.16	17	成都市红旗商场	4146.34
18	哈尔滨市道里菜市场	127060.85	18	西宁市小桥食品商店	4027.69
19	西宁市小桥食品商店	124583.08	19	南宁市邕城副食品商场	3772.88
20	石家庄市红星食品综合商店	116503.30	20	武汉市曹祥泰副食品商场	3604.84
21	昆明市副食品大楼	115987.56	21	石家庄市红星食品综合商店	3593.77
22	昆明市旅游外汇侨汇商场	115946.67	22	南京市鼓楼食品商店	3324.11
23	大连市民勇商场	115844.62	23	济南一大食物公司	3285.86
24	天津市官银号副食商场	114393.94	24	呼和浩特市中山西路菜市场	3207.22
25	武汉市解放副食品商场	111249.22	25	昆明市副食品大楼	3196.65
26	厦门市公园食什商场	110192.31	26	兰州市糖酒副食贸易中心大厦	3129.63
27	西宁市解放副食品商场	109636.36	27	沈阳市皇姑副食品商场	2863.37
28	乌鲁木齐市解放路食品大楼	109575.00	28	天津市副食中心商场	2712.42
29	天津市副食中心商场	106603.92	29	昆明市旅游外汇侨汇商场	2655.24
30	兰州市糖酒副食贸易中心大厦	103355.56	30	天津市官银号副食商场	2627.27
31	徐州市副食品大楼	100161.90	31	福州市南街副食品商场	2443.40
32	福州市南街副食品商场	95131.13	32	兰州市酒泉路副食商场	2237.14
33	沈阳市皇姑副食品商场	94681.02	33	徐州市副食品大楼	2173.47
34	南京市鼓楼食品商店	94259.82	34	大连市民勇商场	1949.65
35	重庆市人道美商场	91997.50	35	长沙市国风副食品商场	1814.18
36	济南一大食物公司	91684.85	36	乌鲁木齐水产蛋禽商店	1690.91
37	武汉市曹祥泰副食品商场	85020.97	37	福州市大桥副食品商店	1655.29
38	兰州市酒泉路副食商场	82152.86	38	太原市副食品市场	1399.67
39	贵阳市食品商场	80849.64	39	长沙市星沙商店	1152.94
40	上海市三角地菜场	79403.90	40	贵阳市食品商场	834.31
41	福州市大桥副食品商店	72547.06	41	乌鲁木齐市解放路食品大楼	757.58
42	乌鲁木齐水产蛋禽商店	71386.36	42	上海市三角地菜场	488.79
43	长沙市星沙商店	65495.29	43	上海市福州路菜场	414.64
44	长沙市国风副食品商场	60588.06	44	长春市长江副食大楼	352.11
45	贵阳市万里香糖食烟酒商店	57309.76	45	上海市宁海东路菜场	315.38
46	呼和浩特市中山西路菜市场	57056.11	46	乌鲁木齐延安路食品商店	304.44
47	太原市副食品市场	56680.94	47	合肥市南七副食品商场	274.87
48	银川市新华副食商场	52950.00	48	贵阳市万里香糖食烟酒商店	229.27
49	长春市重庆路副食品商场	45700.34	49	南昌市南昌食品商场	191.82
50	合肥市南七副食品商场	43652.41	50	厦门市公园食什商场	184.62

7-13 续表2 （1992年）

序号	商店名称	毛利率（%）	序号	商店名称	费用率（%）
1	重庆市人道美商场	19.8	1	柳州自选商场	3.0
2	呼和浩特市中山西路菜市场	18.6	2	哈尔滨奋斗路副食品商场	4.7
3	徐州市副食品大楼	18.3	3	北京市崇文门菜市场	5.0
4	银川丽华商场	17.2	4	北京市西单菜市场	5.2
5	银川市新华副食商场	16.7	5	沈阳市广州副食商场	5.5
6	济南一大食物公司	16.4	6	青岛食品商店	5.7
7	南宁市邕城副食品商场	16.4	7	天津市官银号副食商场	5.7
8	杭州市采芝斋食品商店	16.3	8	西宁市小桥食品商店	5.7
9	太原市副食品市场	16.2	9	哈尔滨市道里菜市场	5.7
10	南京市鼓楼食品商店	16.0	10	乌鲁木齐延安路食品商店	5.8
11	昆明市旅游外汇侨汇商场	15.8	11	西宁市解放副食品商场	5.9
12	南昌市南昌食品商场	15.7	12	福州市南街副食品商场	6.0
13	青岛食品商店	15.5	13	武汉市曹祥泰副食品商场	6.0
14	西宁市解放副食品商场	15.5	14	杭州市食品商店	6.2
15	兰州市酒泉路副食商场	15.4	15	杭州市采芝斋食品商店	6.3
16	北京市崇文门菜市场	15.1	16	南宁市邕城副食品商场	6.3
17	兰州市糖酒副食贸易中心大厦	14.9	17	郑州市刘胡兰副食品大楼	6.4
18	郑州市碧沙岗烟酒商店	14.6	18	长春市长江副食大楼	6.6
19	长沙市星沙商店	14.6	19	天津市大沽路副食品商场	6.7
20	武汉市曹祥泰副食品商场	14.4	20	贵阳市万里香糖食烟酒商店	6.8
21	合肥市南七副食品商场	14.3	21	沈阳市皇姑副食品商场	6.8
22	贵阳市食品商场	14.1	22	广州市南粤商店	6.8
23	杭州市食品商店	13.9	23	广州市十甫商店	6.9
24	广州市十甫商店	13.9	24	兰州市糖酒副食贸易中心大厦	7.0
25	昆明市副食品大楼	13.9	25	天津市副食中心商场	7.0
26	长春市重庆路副食品商场	13.8	26	福州市大桥副食品商店	7.1
27	乌鲁木齐水产蛋禽商店	13.8	27	昆明市副食品大楼	7.4
28	长沙市国风副食品商场	13.8	28	上海市福州路菜场	7.4
29	北京市西单菜市场	13.7	29	大连市民勇商场	7.5
30	沈阳市广州副食商场	13.7	30	成都市红旗商场	7.9
31	厦门市公园食什商场	13.5	31	石家庄市红星食品综合商店	7.9
32	乌鲁木齐市解放路食品大楼	13.5	32	贵阳市食品商场	7.9
33	天津市副食中心商场	13.4	33	郑州市碧沙岗烟酒商店	8.0
34	哈尔滨市道里菜市场	13.3	34	乌鲁木齐市解放路食品大楼	8.2
35	西宁市小桥食品商店	13.2	35	兰州市酒泉路副食商场	8.2
36	上海市三角地菜场	13.2	36	长春市重庆路副食品商场	8.4
37	沈阳市皇姑副食品商场	13.2	37	长沙市国风副食品商场	8.4
38	石家庄市红星食品综合商店	13.0	38	乌鲁木齐水产蛋禽商店	8.4
39	大连市民勇商场	12.9	39	武汉市解放副食品商场	8.5
40	哈尔滨奋斗路副食品商场	12.8	40	济南一大食物公司	8.7
41	福州市南街副食品商场	12.7	41	银川丽华商场	8.9
42	成都市红旗商场	12.5	42	呼和浩特市中山西路菜市场	8.9
43	福州市大桥副食品商店	12.5	43	厦门市公园食什商场	9.3
44	天津市大沽路副食品商场	12.5	44	昆明市旅游外汇侨汇商场	9.4
45	郑州市刘胡兰副食品大楼	12.2	45	长沙市星沙商店	9.7
46	长春市长江副食大楼	12.0	46	上海市三角地菜场	9.8
47	广州市南粤商店	11.6	47	南京市鼓楼食品商店	10.1
48	上海市宁海东路菜场	10.9	48	银川市新华副食商场	10.1
49	天津市官银号副食商场	10.7	49	上海市宁海东路菜场	10.1
50	武汉市解放副食品商场	10.2	50	南昌市南昌食品商场	10.2

7-13 续表3　　　　　　　　　　　　(1992年)

序号	商店名称	流动资金利润率(%)	序号	商店名称	流动资金周转次数(次)
1	北京市崇文门菜市场	178.0	1	北京市崇文门菜市场	28.22
2	南宁市邕城副食品商场	119.4	2	北京市西单菜市场	25.18
3	北京市西单菜市场	103.0	3	哈尔滨奋斗路副食品商场	23.84
4	哈尔滨奋斗路副食品商场	97.6	4	哈尔滨市道里菜市场	22.37
5	杭州市采芝斋食品商店	84.8	5	乌鲁木齐市解放路食品大楼	17.08
6	青岛食品商店	78.6	6	杭州市采芝斋食品商店	14.61
7	哈尔滨市道里菜市场	73.9	7	青岛食品商店	14.28
8	沈阳市广州副食商场	71.9	8	沈阳市广州副食商场	13.70
9	武汉市曹祥泰副食品商场	54.1	9	南宁市邕城副食品商场	13.66
10	杭州市食品商店	50.5	10	柳州自选商场	13.44
11	西宁市解放副食品商场	46.4	11	沈阳市皇姑副食品商场	13.41
12	南京市鼓楼食品商店	41.9	12	武汉市曹祥泰副食品商场	12.77
13	沈阳市皇姑副食品商场	40.6	13	大连市民勇商场	11.92
14	呼和浩特市中山西路菜市场	40.1	14	南京市鼓楼食品商店	11.89
15	广州市十甫商店	33.2	15	广州市十甫商店	11.39
16	兰州市糖酒副食贸易中心大厦	29.4	16	杭州市食品商店	10.98
17	西宁市小桥食品商店	28.0	17	福州市南街副食品商场	10.06
18	银川丽华商场	25.9	18	兰州市糖酒副食贸易中心大厦	9.71
19	福州市南街副食品商场	25.8	19	天津市副食中心商场	9.61
20	石家庄市红星食品综合商店	25.8	20	上海市三角地菜场	9.28
21	天津市副食中心商场	24.5	21	西宁市解放副食品商场	9.23
22	郑州市碧沙岗烟酒商店	22.7	22	西宁市小桥食品商店	8.65
23	福州市大桥副食品商店	22.4	23	石家庄市红星食品综合商店	8.36
24	柳州自选商场	21.1	24	长春市重庆路副食品商场	8.34
25	大连市民勇商场	20.1	25	福州市大桥副食品商店	8.15
26	徐州市副食品大楼	19.5	26	成都市红旗商场	8.12
27	乌鲁木齐水产蛋禽商店	18.4	27	乌鲁木齐水产蛋禽商店	7.79
28	天津市官银号副食商场	17.5	28	天津市官银号副食商场	7.63
29	长沙市国风副食品商场	17.1	29	郑州市碧沙岗烟酒商店	7.51
30	重庆市人道美商场	16.8	30	银川丽华商场	7.29
31	昆明市副食品大楼	16.6	31	上海市宁海东路菜场	7.25
32	成都市红旗商场	15.5	32	呼和浩特市中山西路菜市场	7.14
33	太原市副食品市场	14.9	33	长沙市星沙商店	6.70
34	济南一大食物公司	13.1	34	徐州市副食品大楼	6.67
35	兰州市酒泉路副食商场	12.7	35	乌鲁木齐延安路食品商店	6.35
36	乌鲁木齐市解放路食品大楼	11.8	36	天津市大沽路副食品商场	6.33
37	长沙市星沙商店	11.8	37	太原市副食品市场	6.05
38	广州市南粤商店	9.4	38	昆明市副食品大楼	6.04
39	昆明市旅游外汇侨汇商场	9.2	39	厦门市公园自选商场	5.88
40	上海市三角地菜场	5.7	40	长沙市国风副食品商场	5.72
41	贵阳市食品商场	5.0	41	广州市南粤商店	5.59
42	郑州市刘胡兰副食品大楼	3.2	42	上海市福州路菜场	5.45
43	贵阳市万里香糖食烟酒商店	2.2	43	贵阳市万里香糖食烟酒商店	5.40
44	合肥市南七副食品商场	2.0	44	贵阳市食品商场	4.84
45	南昌市南昌食品商场	1.8	45	兰州市酒泉路副食商场	4.65
46	上海市宁海东路菜场	1.7	46	武汉市解放副食品商场	4.49
47	上海市福州路菜场	1.6	47	昆明市旅游外汇侨汇商场	4.02
48	乌鲁木齐延安路食品商店	1.4	48	重庆市人道美商场	3.65
49	长春市长江副食大楼	1.1	49	济南一大食物公司	3.65
50	厦门市公园食什商场	1.0	50	南昌市南昌食品商场	3.28

7-14 100家大型餐饮企业营业收入排序

(1992年)

序号	企业名称	营业收入(万元)	序号	企业名称	营业收入(万元)
1	广州市莲香楼	6084	51	广州市滨江酒店	1105
2	广州市泮溪酒家	4865	52	无锡鸿运酒楼	1086
3	广州市大三元酒家	4505	53	湖州饭店	1084
4	广州市大同酒家	4350	54	武汉市香湖酒家	1062
5	北京市肯德基有限公司	4086	55	福州上海西餐厅	1060
6	上海市新雅粤菜馆	3537	56	北京市长征饭庄	1052
7	东莞市饮食公司	2885	57	海口宾馆	1039
8	广州市陶陶居酒家	2876	58	北京市御膳饭店	1034
9	深圳市泮溪酒家	2802	59	北京市丰泽园饭庄	1023
10	北京市全聚德烤鸭店	2793	60	广东省供销社贸易中心同福乐酒店	1003
11	潍坊鸳飞大酒店	2342	61	常州德泰恒菜馆	1002
12	上海市杏花楼	2294	62	北京市惠丰堂饭庄	1000
13	沈阳饭店	2178	63	杭州酒家	992
14	南通大饭店	2162	64	天津市南市狗不理包子铺	987
15	广州市北园酒家	2135	65	深圳市荔晶酒楼	985
16	上海市闽江大酒楼	2055	66	长沙市新华楼削面馆	974
17	海口南天大酒店	2034	67	上海市杨州饭店	969
18	青岛东方饭店	2028	68	沈阳盛京饭店	967
19	广州市新亚大酒店	1874	69	北京市西城鸿宾楼饭庄	960
20	株洲市株洲大饭店	1808	70	涪陵地区蔬菜饮服务公司	951
21	广州市白宫酒店	1797	71	大连新亚酒家	950
22	石家庄市饮食公司燕风楼烤鸭店	1780	72	上海市富丽华酒家	946
23	北京市仿膳饭庄	1775	73	广州市广东大酒店	922
24	广州市南园酒家	1771	74	广州市太平馆餐厅	917
25	哈尔滨大酒家	1731	75	北京市华天饭食公司	900
26	广州市华北饭店	1719	76	上海市牡丹酒家	897
27	广州市大公餐厅	1680	77	上海市夜上海蓝村美食城	897
28	武汉市祁万顺酒楼	1631	78	厦门新南轩酒家	876
29	广州市新华大酒店	1622	79	北京市海淀鸿宾楼	876
30	北京市华庆中西快餐厅	1619	80	长春市长江饭店	859
31	无锡市烤鸭店	1618	81	青岛饭店	849
32	广州市南方大厦酒店	1609	82	海南省华侨宾馆	841
33	珠海市美心餐厅	1601	83	石家庄市饮食公司向阳饭店	841
34	上海市绿杨村酒家	1569	84	上海市长江饭店	837
35	广州市南国酒家	1461	85	天津市古井大酒家	836
36	上海市人民饭店	1416	86	石家庄市饮食公司车站饭店	825
37	广州市惠如楼	1413	87	贵阳市服务大楼	824
38	北京市京门快餐厅	1402	88	北京市萃华楼饭庄	821
39	上海市梅龙镇酒楼	1316	89	苏州市松鹤楼	819
40	石家庄市国际大厦饭店	1299	90	茂名市泮江酒楼	818
41	广州市东江饭店	1285	91	济南玉泉酒家	806
42	珠海市鸿图大酒楼	1282	92	长春烤鸭店	804
43	大连市群英楼	1255	93	北京市崇文豆花饭店	804
44	上海市菜华馆	1208	94	上海市荣华鸡二分店	788
45	上海市小绍兴	1184	95	牡丹江饭店	784
46	上海市燕云楼	1178	96	潍坊宾馆	779
47	韶关市韶关酒家	1165	97	杭州知味观	776
48	淄博饭店	1160	98	天津市香港酒楼	770
49	上海市珠江酒家	1130	99	牡丹江丽江饭店	766
50	武汉市老通城酒楼	1118	100	广州市海珠酒店	748

7-15 100家大型餐饮企业全部职工平均人数排序

（1992年）

序号	企业名称	全部职工平均人数（人）	序号	企业名称	全部职工平均人数（人）
1	广州市泮溪酒家	1009	51	广州市回民饭店	288
2	东莞市饮食公司	1007	52	济南玉泉酒家	287
3	沈阳饭店	925	53	石家庄市饮食公司车站饭店	287
4	广州市大同酒家	841	54	石家庄饭店	280
5	广州市大三元酒家	799	55	石家庄市饮食公司向阳饭店	280
6	广州市莲香楼	714	56	沈阳冷食宫	275
7	株洲市株洲大饭店	701	57	北京市华天饭食公司	273
8	海口宾馆	671	58	福州上海西餐厅	264
9	长春市长江饭店	670	59	长沙市银苑大酒店	260
10	广州市北园酒家	575	60	广州市太平馆餐厅	256
11	青岛饭店	574	61	南京六华春菜馆	252
12	北京市全聚德烤鸭店	569	62	湖州饭店	244
13	涪陵地区蔬菜饮服务公司	566	63	南京四川酒家	238
14	海口南天大酒店	542	64	上海市杏花楼	234
15	海口市望海国际大酒店	540	65	黄石市饮食服务公司	229
16	广州市陶陶居酒家	533	66	广州市东江饭店	225
17	广州市南方大厦酒店	531	67	北京市丰泽园饭庄	225
18	哈尔滨大酒家	499	68	珠海市美心餐厅	222
19	上海市新雅粤菜馆	497	69	武汉市蓝天酒楼	220
20	海南省华侨宾馆	496	70	长沙市新华楼削面馆	218
21	长春饭店	494	71	茂名市泮江酒楼	217
22	贵阳市服务大楼	492	72	上海市人民饭店	217
23	南通大饭店	480	73	南京大三元酒家	208
24	广州市南园酒家	475	74	石家庄市饮食公司燕风楼烤鸭店	207
25	潍坊鸳飞大酒店	458	75	珠海市鸿图大酒楼	206
26	牡丹江丽江饭店	432	76	深圳市荔晶酒楼	205
27	广州市新亚大酒店	430	77	镇江大酒店	203
28	牡丹江饭店	420	78	潍坊宾馆	202
29	深圳市泮溪酒家	414	79	武汉市祁万顺酒楼	195
30	广州市华北饭店	405	80	北京市长征饭庄	195
31	广州市新华大酒店	402	81	杭州酒家	194
32	广州市滨江酒店	394	82	沈阳园路餐厅	193
33	沈阳盛京饭店	392	83	宜宾地区蔬菜水产饮食服务公司	190
34	广州市大公餐厅	386	84	延吉服务大楼	190
35	广州市惠如楼	382	85	大连白玫酒家	189
36	南通天南大酒店	379	86	北京市西城鸿宾楼饭庄	189
37	广州市白宫酒店	363	87	北京市听鹏馆饭庄	188
38	青岛东方饭店	356	88	上海市梅龙镇酒楼	178
39	广州市南国酒家	349	89	上海市长江饭店	177
40	长沙市长沙饭店	346	90	北京市惠丰堂饭庄	177
41	武汉市老通城酒楼	342	91	苏州市松鹤楼	175
42	淄博饭店	333	92	石家庄市国际大厦饭店	174
43	广州市海珠酒店	325	93	北京市南来顺饭庄	172
44	广东省供销社贸易中心同福乐酒店	324	94	杭州海丰西餐社	167
45	韶关市韶关酒家	321	95	莱州市饮食服务公司	166
46	长沙市白沙饭店	308	96	北京市仿膳饭庄	166
47	北京市肯德基有限公司	304	97	北京市海淀鸿宾楼	165
48	广州市广东大酒店	302	98	北京市御膳饭店	165
49	长沙市又一村饭店	300	99	武汉市香湖酒家	160
50	上海市闽江大酒楼	298	100	青岛南海饭店	158

7-16 100家大型物资供销企业商品销售额排序

（1992年）

序号	商　店　名　称	商品销售额（万元）	序号	商　店　名　称	商品销售额（万元）
1	上海市汽车工业供销公司	1 009 492	51	江苏省无锡市金属材料公司	96 660
2	中国黑色金属材料总公司	844 464	52	天津市煤建总公司	96 527
3	中国汽车贸易总公司	728 754	53	山东省汽车销售集团公司	94 958
4	上海市金属材料总公司	674 903	54	广东省广州市金属材料公司	94 327
5	中国轻工物资供销总公司	601 067	55	中国印刷物资公司	89 422
6	中国机电设备总公司	558 352	56	江苏省武进物资（集团）公司	88 811
7	中国铁路物资总公司	530 015	57	中国（深圳）物资工贸集团有限公司	86 389
8	广东省深圳市物资总公司	491 404	58	河北省唐山市机电化轻物资总公司	85 287
9	中国有色金属材料总公司	431 488	59	辽宁省沈阳市金属材料公司	84 402
10	上海市化轻总公司	331 174	60	广东省燃料公司	83 923
11	中国石化物资装备公司	325 354	61	广东省深圳市宏昌实业有限公司	81 475
12	中国水利电力物资总公司	309 222	62	山西省金属材料总公司	81 345
13	中国物资储运公司	306 395	63	江苏省无锡县金属材料公司	78 097
14	上海市机电设备总公司	281 887	64	湖北省武汉市黑色金属材料总公司	77 691
15	中国石油物资装备总公司	266 405	65	江苏省无锡市机电设备公司	76 543
16	中国轻工业原材料总公司	240 896	66	北京市工业供销公司	76 473
17	上海市燃料总公司	232 990	67	中国航空工业供销总公司	76 305
18	中国航空油料总公司	232 391	68	辽宁省化工轻工总公司	74 050
19	中国邮电器材总公司	222 316	69	中国汽车工业昆明贸易公司	73 763
20	中国纺织物资总公司	195 248	70	湖北省金属材料公司	72 874
21	中国机械工业供销总公司	194 677	71	北京市纺织工业供销公司	72 126
22	浙江省金属材料公司	180 277	72	中国核工业物资供销总公司	72 059
23	中国农业机械总公司	173 122	73	上海市化学工业供销公司	71 662
24	江苏省苏州市物资集团公司	168 878	74	浙江省物资协作开发公司	71 246
25	中国电子物资总公司	163 584	75	辽宁省大连市金属材料总公司	70 936
26	中国钢铁炉料总公司	162 376	76	上海市有色金属总公司供销公司	70 289
27	上海市浦东物资总公司	159 681	77	四川省重庆市金属材料公司	69 200
28	北京市机电设备总公司	154 425	78	江苏省南京市金属材料公司	69 107
29	中国化工轻工总公司	153 200	79	江苏省木材总公司	68 618
30	上海市物贸中心	151 000	80	广西区金属材料总公司	67 745
31	浙江省机电设备公司	137 970	81	中国物资再生利用总公司	67 370
32	浙江省燃料公司	129 113	82	天津市纺织局供销公司	67 292
33	广东省机电设备公司	127 320	83	上海市纺织工业局供销公司	66 865
34	上海市木材总公司	125 112	84	河南省机电设备总公司	65 982
35	辽宁省金属材料总公司	122 785	85	四川省重庆市物资贸易中心	65 277
36	北京市金属材料总公司	115 979	86	中国商业物资总公司	64 829
37	中国木材总公司	115 967	87	河南省金属材料总公司	64 748
38	天津市物资综合贸易中心	115 100	88	广西区机电设备总公司	64 714
39	四川省物资贸易中心	107 297	89	辽宁省沈阳市机电设备总公司	64 652
40	中国船舶工业物资总公司	106 257	90	云南省机电设备公司	64 251
41	中国建筑材料总公司	105 697	91	辽宁省机电设备总公司	61 788
42	山东省青岛市金属材料总公司	103 622	92	北京建筑材料经贸集团总公司	61 780
43	中国交通物资总公司	102 586	93	山东省烟台市金属材料公司	61 267
44	广东省金属材料公司	102 083	94	河北省金属材料总公司	60 515
45	天津市金属材料总公司	101 143	95	湖北省机电设备公司	60 471
46	湖南省金属材料总公司	101 079	96	广西区化工建材总公司	60 029
47	天津市机电设备总公司	100 861	97	四川省金属材料公司	60 011
48	辽宁省物资集团公司	100 368	98	山东齐鲁石油化工联营开发总公司	59 001
49	上海市郊县工业供销公司	99 836	99	中国重型汽车销售公司	58 986
50	江苏省燃料总公司	99 495	100	黑龙江省化工轻工材料总公司	58 907

·专栏·

企 业 撷 英

【北京市新时代妇女儿童用品公司在改革中起步发展】 新时代妇女儿童用品公司的前身是儿童用品商店，创建于1956年，是国有大中型零售企业。经过“七五”期间的改造扩建，是目前首都规模最大的经营妇女儿童用品为主的专业商店，全国大中城市妇女儿童用品专业经济联合会理事单位。营业大楼建筑面积5749平方米，营业面积2494平方米。现有职工321人，经营商品1.1万种，平均日销售额达15万元。主要作法和体会有以下几点：

一、改革劳动人事分配制度，引进风险竞争和激励机制。新时代公司，是大栅栏商业街首批改造、扩建的老企业之一。用于改造的银行贷款、利息和自筹部分共投入1026万元。如何加快改革步伐，扩大企业经营，提高经济效益，加速归还贷款，收回投资，是1988年9月新楼开业后面临的主要任务。领导班子发扬团结、拼搏、开拓进取精神，变压力为动力，层层落实聘任制。做到千斤重担众人挑，人人头上有指标，按月考核兑现奖金，每年考核兑现承包奖，调动了干部、职工的积极性和创造性。1991年，继续调整经营结构，商品销售和利润分别达到5519万元和288.8万元。名列全市大中型百货零售企业第14位，全国百家经济效益最佳百货商店第19位；1992年，在大栅栏商业街客流量减少和减少一个分店的情况下，扬长避短，抓好重点，扩大自营。完成商品销售5294万元，利润329.7万元。提前10个月还清了企业改造扩建的借款。

二、放开经营，发挥优势，扩大经营范围、改进经营方式。新时代公司，是目前大栅栏商业街规模最大的一家企业。为发挥其规模大、条件好、妇女儿童用品比较齐全等优势。几年来，解放思想，放开经营、扩大购销，提高效益，突破了过去的传统模式和经营方法。大力调整经营结构，扩大经营范围，改进售货方式，挖掘经营潜力，优化进货渠道，突出中、高档和名、优、特、新商品，1992年经营童装、玩具达到2000种以上，妇女服装1300种。先后增加了工艺礼品、黄金饰品、家用电器、各式灯具和装饰材料等经营项目。开业只有3年的“艺海阁”，由于购物环境好，品种档次全，质量可靠，服务周到，3年销售5347万元，占企业同期销售总数的33%，成为全市经营黄金饰品最好的单位之一。

三、不断开展创优达标活动，提高企业信誉和竞争能力。市场的竞争，是企业之间购物环境、商品款式、质量、服务态度、服务方式和商品价格等诸多因素的综合竞争。公司坚持“顾客第一、服务第一、信誉第一、首都的声誉第一”的服务宗旨，坚持高标准严要求，把服务工作作为硬指标、硬任务来抓，坚持一名经理主抓，值班经理具体抓，部、组层层有人抓的服务工作管理体系；坚持年有计划、阶段有安排和周检查、月考核、阶段、年度评比制度；坚持把规范化服务，作为企业经常性任务。为了加强对商品质量和物价计量的规范化管理，由一名经理主抓，专职和兼职管理人员层层负责，建立健全管理制度和检查考核奖惩制度，实行商品信誉卡制度，严把进货、验收、定价、销售关，维护消费者合法权益和企业的信誉。连续3年被评为“物价计量信得过单位”。

四、改进领导作风，关心职工生活，调动职工积极性。职工是企业的主人，干部职工团结奋斗是振兴企业、办好企业的基本保证。领导班子认真贯彻执行经理负责制、党组织的监督保证和全心全意依靠工人阶级的三项基本制度。党政一把手密切配合，领导班子分工负责，互相支持，互相协作。领导干部以身作则，严格执行企业廉政建设21条规定。每半年对领导干部和部主任进行群众评议，并召开一次职代会，由经理报告工作，讨论、审议企业的重大问题，认真听取职工代表的意见和建议。领导班子重视关心职工生活，为职工排忧解难。坚持青年职工结婚到场祝贺，赠送纪念品；职工患病或住院，职工亲属患病住院、死亡、单身职工家属来京、职工生育、搬家等前去看望或派人派车协助等，激发了职工的积极性。

（撰稿人：张崇政）

【北京市大栅栏第二百货商场】 大栅栏第二百货商场地处首都繁华的大栅栏街西口，是个具有悠久经营历史，规模较大，门类齐全，经营品种繁多，服务项目完善的综合性百货商场。

大栅栏第二百货商场的前身是《瑞蚨祥西鸿记绸缎庄》，距今已有一百多年的历史。由于商场门面质朴，特别是镶嵌在店门两侧、由八块大理石雕刻的中、英文巨幅广告，给人一种古朴、幽深的感觉，颇受国内外顾客的青睐，在大栅栏地区有较强的影响力和竞争力。

大栅栏第二百货商场占地1800平方米，经营面积960平方米，现有职工200多人，设13个业务经营部，零售兼批发，主要商品大类包括家用电器、日用百货、针棉织品、丝绸布匹、精粗呢料、毛纺织品及纺织品批发等近万种商品。

为了满足广大顾客的需要，商场最近开辟了服装自选厅，汇集了北京、上海、西安、浙江、广州和深圳等地的名、特、优、新服装，是购买新潮时装的理想天地。商场注重信誉，讲求质量，自一九八六年起，连续七年被市、区政府授予《北京市物价、计量信得过单位》，为了维护消费者利益，杜绝"假、冒、伪、劣"商品，商场对部分商品实行信誉卡制度，凡购买的商品确属质量问题，凭信誉卡包退包换；对查出或发现伪劣商品的职工和消费者，给予一定的物质奖励。

大栅栏第二百货商场竭诚为广大顾客提供满意的服务，"信誉第一，顾客至上"是商场长期贯彻执行的经营宗旨。消费者对商场在经营方式、商品质量、服务态度、店容店貌、便民措施等方面的意见和建议如被采纳，商场均给予一定的奖励。

【北京市复兴商业城与您共创美好生活】 北京市复兴商业城是一家大规模、多功能、集购物、餐饮、娱乐、服务、科研于一体的综合性国有豪华商业企业，座落在国道——长安街复兴门立交桥西侧路南，地上有多种公共汽车可以通达，地下全部建成后，将与地铁连通，交通便利，是国内外宾客理想的购物场所。

复兴商业城建筑面积2.3万平方米，营业面积1.6万平方米，由地上两层及地下一层组成。地下为全城主体经营区，纵贯长度500平方米，装修豪华、典雅；地上部分由两座长近150m的楼体组成，中间将以花园式中心广场连接，外立面二层饰以蓝色反光玻璃幕墙，加上闪闪发光的不锈钢门柱、花岗石墙面、全玻璃大门，显得格外豪华气派。

复兴商业城经营商品2.5万种，以中高档次商品为主。自1992年10月试营业以来，一直坚持"信誉第一，服务周到，顾客至上"的宗旨，70%以上的商品实行敞开式售货，开设电话咨询、购物，定期举办时装表演，建立"消费者监督站"及咨询服务中心，强调以优质服务、一流商品在市场竞争中独占鳌头。

复兴商业城营业大厅内设自动扶梯、中央空调、自动消防闭路监控系统与现代化设施，全部采用计算机联网系统管理，计算机收款，并聘请和培养了一批计算机专业人员，研究开发出了适用于商业管理的软件系统，并成立了"奇迹商业管理软件公司"。与全国各省市均有业务联系，建立货源渠道近万条，经营商品齐全，名优特新产品占商品总数的75%。北京市复兴商业城将以大规模的经营面积、高层次的购物环境、新型的管理体制、现代化的管理手段、超一流的服务水平、过硬的商品质量为广大宾客提供一流的服务。

（撰稿人：冯文）

【在市场竞争中闯出一个新天地——北京市新街口百货商场】 北京市新街口百货商场座落在西单商业街的北端，是一家国有中型商业企业。营业面积为3000平方米，固定资产1200万元，职工530人，经营品种达2万余种，年销售额超亿元。发达的交通，得天独厚的地理位置，多元化经营，优质服务使商场日均客流量达2.5万人次，节假日高达8万人次。1992年进入"全国百家经济效益最佳单位"的行列。

一、把握机遇，开拓视野，挖潜创新，多元经营。新百商场认真研讨了营销工作的市场趋向，总结出"吃透市场靠信息，开辟市场靠新商品，扩大市场靠价廉，巩固市场靠优质，驰名市场靠服务"的企业竞争战略，走出一条有自身特色的新路。首先是开发名、特、优、新商品，提高市场适销率，其次开发了餐饮、食品、修理业，满足和方便了不同层次的消费需求，将50%的商品实行开架自选式售货，缩短了顾客与企业的距离，开架售货，能触摸，穿试，很直观，受到消费者的好评。同时抓紧抓好灵活多样的促销活动，多彩的商品展销，多样的购物专场活动，推进了购物的热潮。几年来坚持小节大过，逢节必过的原则，分别办好"护士节"、"助残日"、"儿童节"、"七一"、"八一"、"教师节"、"重阳节"、"国庆节"等各种购物专场活动，沟通与各界消费者的感情，使消费者心目中树立起新百的形象，达到促销增效的目的。

二、强化质量，建章建制，严格实施，赢得信誉。商品质量是企业的生命，只有货真价实才有竞争力。在营销活动中，择优经营，制定了严把商品质量关的系列措施，如《业务往来渠道管理备忘录》、《商品质量管理责任制》、《商品质量售后实行三包管理制度》以及《杜绝假冒商品进店制度》等，把住商品验收关、结算关、上货关、售货关、进货关，堵住无厂名、厂址、商标、商品合格证，生产许可证、商品检测报告的六无商品，并制定了售后服务的保证措施，发现质量问题，百货类、化妆类商品，买一赔一；服装、针织、毛衣、床上用品，除更换新商品外负责赔偿损失费10%，呢绒、绸缎、化纤面料，尺寸短缺、缺一罚十，黄金饰品，凭质量信卡修、退、换；皮鞋购买三个月内，出现断底、断帮现象包退包换；家电商品，三天内负责退换。

三、强化服务，促进销售，便民利民，创优达标。新百商场的优质服务是远近闻名的。商场坚持经营服务一体化，以优质服务达到促销增效的目的。几年来，商场的便民措施不断地修改、完善、增加,“雨天优惠出售雨伞雨具”“义务修拉锁”等24项系列便民措施,深受消费者的欢迎。有11支“学雷锋优质服务小分队”,长年活跃在商场附近的四个居委会、七条街道,为133户军烈属、老干部、孤寡老人、残疾人,送温暖、送方便、送货上门。在服务工作中,商场提出的口号是“以情感情、以意感意,创造一个新型的社会主义人际关系”来努力促进企业的优质达标。

(撰稿人:刘自强)

【北京市地安门百货商场】 地安门商场是北京市一家大中型零售兼批发商业企业,现有建筑面积7800平方米,营业面积4000平方米。经营二十五大类,两万余种商品,是全国百家最佳效益零售企业之一。

几年来,商场以“一流的商品,一流的服务,一流的管理,一流的效益”为办场宗旨,以变应变,调整企业经营,以特色经营领先于市场。不断进行经营结构、商品品种及进货渠道的调整,细化经营范围,增加花色品种,适度提高商品档次,以中高档商品的展示、销售,带动中低档商品的覆盖率,拓宽经营辐射面。以“提高经营档次,创地百特色”为方针,积极引进名、优商品,三资企业商品、进口商品,领先于市场,提高市场占有率。在场内开辟了黄金屋、精品音响厅、毛衣世界、牛仔天地、时装走廊等店中店,引入竞争机制,设立工商特约经营专柜,择优引进,使商场成为工厂竞争的舞台。

视商品和服务质量为企业的生命,是地百经营的又一特色。努力做到让顾客六满意。即:对商品质量满意,对服务质量满意,对退换货满意,对维修、保修的商品满意,对投诉处理结果满意,并建立了有效的管理体系。开展了有奖捉劣,电话预购,免费送货,赠财产保险,付“打的”费等多种形式的利民活动,被评为北京市双好企业,北京市执行物价计量政策法规先进单位。

为了用好价格杠杆,商场采取了优质优价,优化进货渠道。时令商品调整季节差价;民用商品实行薄利多销;扩大了热点商品的销售,并以不高于市场平均价的价格水平,吸引了消费者。做到人无我有,人有我全,人全我新,人贵我廉。提高了企业信誉。

注意广告宣传,提高企业知名度和社会影响力,通过新闻媒介向社会介绍企业的经营文化活动。例如与北京音乐台成功举办了“幸运听众有奖竞猜”活动,将商业文化与商品经营高度融合,促使两个效益同时增长。

(撰稿人:王珊)

【北京市鼓楼电器公司】 北京市鼓楼电器公司位于北京中轴线上的鼓楼前,这里前有宏伟壮观的鼓楼,后有风景秀丽的三海,位置适中,交通便利,是各地来宾理想的购物场所。

为了适应现代化的商品经营,跟上时代的步伐,公司于1990年10月开始翻建,1992年7月正式对外营业,新营业大楼建筑面积3500平方米,营业面积2400平方米,分为地下两层,地上两层,局部三层的建筑结构,整个建筑高低错落,浮雕绕柱,古香古色,具有浓郁的民族特色,它集家用电器、办公用品、日用百货、工艺礼品、化工五金、室内装饰、劳保用品于一体,共汇集国内外名优商品1万余种。新营业大楼使公司成为北京市规模最大的、设施齐备的专营电器的国营企业。

开业以来,公司积极走向市场参与竞争,本着广大消费者是企业生存与发展的第一要素的原则,不断推出服务与便民措施,除了经营众多名优商品的零售批发业务外,还向广大宾客提供电话购物、送货上门及上门安装与修理等多项服务。为了解除顾客的后顾之忧,公司又于1993年4月份,成立了“鼓楼电器维修中心”,并已正常运营,深受广大顾客的好评。1992年新楼开业仅半年即完成销售额2635万元。

公司在经营上努力探索,积极把握市场动态,不断调整商品结构及经营策略,从经营国产名优、低中档商品已经全面过渡到了经营进口、国产名优、高中档精品,进货渠道伸向了港、台、海外,已先后与日本、韩国、香港、台湾的商品制造商和经销商建立了友好的合作关系,并通过他们引进了一些亚洲及欧美国家和地区生产的产品进店,满足了消费者对高档消费品的需求,先后被评为“重合同守信誉单位”、“双信单位”、“学双好先进单位”。

一流的购物环境,一流的服务设施,一流的商品质量,一流的售后服务,使公司以最便利的条件,最快捷的效率,为顾客提供最满意的服务。

(撰稿人:欧阳晓东)

【北京市新新时装公司】 北京市新新时装公司开业于1975年,是目前北京市最大的服装零售企业,座落在北京前门繁华商业区。

公司拥有三层营业大厅,营业面积5400平方米。从1984年起,公司逐步对营业大厅进行了大规模的改造装修,售货环境有了明显的改善,安装了先进的空调设备,四面透视的商品陈列、货架和橱窗,古老的建筑和现代化装修结合,为顾客提供了一个优美、舒适、宽敞、明亮的购物环境。

新新时装公司努力发展经营特色,力求“全”,即四季服装齐全,高中低档次皆有,规格号型齐备,花色品种繁多;突出“名”,即集国内外名牌优质产品于店内,同时公司严把进货关和质量关,维护消费者的利益和公司的信誉。十几年来公司同全国400多家纺织厂、服装厂以及中外合资企业建立了密切的产销关系。在商业企业深化改革中，公司开展服装加工业务，先后承揽了工矿企业、饭店、科研部门职业服的设计加工业务，积极开辟京郊和外埠市场，建立销售网点，设立新新分店。同时开展对外贸易和易货贸易，在俄罗斯开办联营企业，迈出跨地区、跨省市、跨国经营的第一步。此外，公司为了不断扩大企业规模，增强企业后劲，组建了包装托运站、新通装饰公司、新新塑料加工厂，对外承揽业务，变原来单一经营为综合性经营，为企业的发展拓宽了多条渠道。

公司的经营宗旨是“顾客第一，信誉第一，质量第一，服务第一”。并且以优质的服务闻名于京城。公司的目标是为中外顾客提供优质的服务、优良的商品、优美的环境。

【北京市西四商场】 西四商场是北京市一家老字号的中型综合百货商场，地处西单以北、新街口以南的繁华地带，交通便利，购物方便，经过多次装修改造后，已初具现代商业设施规模，店堂明亮，环境舒适，能为消费者购物提供一个较为清新、宽敞的购物场所。商场以零售为主，兼营批发，经营范围包括以穿、用在内的十二大类，1.2万个品种，年销售额在3000万元以上。

西四商场在不断提高企业两个效益的同时，加大市场开拓力度，增强营销意识，广泛地开展市场调查，研究掌握消费心理，扩大经营服务范围，提高经营水平。在确定企业经营目标、增销、促销优质服务上，主要集于以下五个方面：第一，制定相应的经营策略。西四商场属地区性消费场所，根据地区消费特点和需求，首先制定了发展以中高档商品的为主的经营目标，同时不断扩大适应地区性消费的小商品经营范围，在此基础上通过不断地调整商品档次，满足不同层次消费者的需要。第二，制定合理价格，利用价格的变化赢得消费。商场在价格管理上主要采取“人有我低，人无我高，敏感价格要慎重，模糊价格要放开，一般价格要合理”的指导方针，商品定价大都是略低于其它商场。第三：强化商品质量管理，提高商品的可信赖性，引进优质产品，优化进货渠道，保证商品质量，提高企业的知名度。第四，确立服务标准、提高服务水平。积极推行劳动服务竞赛和百元销售计奖的考核制度，以服务带动销售，以销售计奖来提高服务水平，达到售前、售中、售后的各项服务标准。第五：开展各种类型的商品展销，以节日性、季节性商品展销为主线，带动其它各种优惠让利专场为主要促销形式，通过各种商品展销来刺激消费，吸引消费，以至达到增销创利的目的。

（撰稿人：卢志强）

【北京市通县通州百货商场】 通州百货商场是北京市通县地区开业最早、规模最大的一家中型国有百货商场，营业面积4800平方米，现有职工495人，经营品种1.5万种。

近几年来围绕抓管理、定规范、严把关、创新路的宗旨，认真开展物价、计量信得过活动，从而推动了各项工作的蓬勃发展。连续5年被评为物价计量信得过单位，1989年成为北京市郊区百货业中第一家市级先进企业、北京市财务二级达标单位，1991年进入全国百家效益最佳商店。

商场的主要做法是：

一、领导重视，常抓不懈。商场狠抓了“双信”工作的组织落实，充实了“双信”领导小组，形成一整套的组织网络，做到年初有计划，年中、年底有总结，日常活动有记录。为了使“双信”工作制度化、规范化，商场不但对职工进行培训，组织学习，还利用板报、场内广播、印发测试题、搞民意测验等形式，加强宣传。从1989年开始，商场把每年7月份定为“双信月”，开展争创“物价、计量、质量”红旗小组活动，对入选小组颁发锦旗，并进行物质奖励，对有问题的班组也进行了帮助和批评。

二、健全制度狠抓落实。为了保证物价计量工作顺利开展，使干部职工有章可循，商场根据形势不断修改完善各种制度，并注重落实。例如物价管理制度规定，出售商品，须经专职物价员审查定价，否则，会计不予转帐结算；全部商品都要填写物价帐卡，建有物价台帐；按规定使用标签，一货一签，货签对位，明码标价等。再如器具管理，有专人负责，并都建有台帐，“双信”领导小组按月进行普查和复秤复尺，几年来在物价计量上从未发生过差错。

三、发动群众，严把商品质量关。确保商品质量，严防低劣伪冒商品进店是开展“双信”活动的重点内容之一，商场从进货渠道、商品进货、验收、物价审查严格把关，保证了经营商品品种新、质量高、花色规格齐全、价格合理。

四、自觉接受消费者监督。商场在店堂内设立了值班经理服务台，公平尺、秤、意见薄、对群众来访，做到事事有记载，件件有落实，对外公布各级物价、计量部门监督电话，定期召开消费者座谈会，征求意见。从1988年起，还聘请了通州镇办事处的离退休干部为物价计量服务监督员，让消费者参与企业“双信”工作，监督检查并定有制度，每季度走访一次，沟通情况以改进工作。

【转换经营机制，扩大技术贸易，为我国外贸发展作出贡献——中国技术进出口总公司】 中国技术进出口总公司（简称中技公司）是外经贸部直属的外贸专业总公司，成立40年来引进和进口先进技术和成套设备2400多项，成交总额达430多亿美元，其中不少是举世瞩目的重大技术和大型成套设备项目。在开展进口业务的同时，近年来也开始从事技术出口、投资和海外等业务，使企业逐步向国际化、多功能、综合型的方向发展。1992年公司进出口经营额在全国外贸公司当中位于第六位，是具有国际知名度的大型企业。其经营经验是：

一、一业为主，多种经营，逐步实现经营重点的战略转移。中技公司努力发展进口业务，积极采用国际间通用的贸易做法，使贸易方式更加灵活多样。改革开放13年来，中技公司引进大中型成套项目1500多项，成交额达288亿美元，为前26年的两倍。在发展进口业务的同时，中技公司开展多种经营，开辟了出口、投资和海外业务，并把出口业务作为企业发展的战略重点。1986年，才开始发展出口业务，由于主导思想明确，重点突出，一开始就呈现出起点高、增长快的良好势头。公司每年出口额成倍递增，5年上了5个台阶，1991年实际出口逾7000万美元。中技公司还积极发展投资业务，先后在国内外投资建立了各种贸易与实业型企业40多个，累计投资1亿多元人民币。中技公司也是国内最早在海外设立机构的外贸公司，13年来已先后在海外开设了17个代表处、10个独资、7个合资企业，加入了3个贸易中心，遍及欧、美、亚洲20多个国家和地区，已形成了分布广泛、功能齐全，且有一定实力的海外经营与信息网络。

二、贸工结合，贸技结合，走自主经营、多边合作的道路。随着企业外部环境的变化，各部门、各行业在技术贸易上百舸争流。中技公司面对现实，果断调整经营方针，走合作的道路。1982年，中技公司首先与金山、燕山石化总公司分别成立了金山、燕山联贸公司，大胆进行了贸工结合的尝试。又与原水电部、石油部分别成立了两个联营业务部；与铁道物资总公司、宝钢合资在美国、日本、德国分别成立了泰山、宝华、宝德3个贸易公司，在海外进行联合经营；与原轻工部、中国统配煤矿总公司、国家建材局、国家医药局等部门和企业在进出口业务中进行分工合作。并进一步扩大多边合作，合作对象既有工业部门，也有企业集团、科研单位和地方政府；合作内容有进口业务，也有出口和工程承包、海外业务；合作方式除了有代理、收购方式以外，也有合作、合资经营等方式，进而加快了贸工、贸技结合的步伐。在合作经营中，以促进共同发展为目的，以开拓国际市场，参与国际竞争为目标，注重发挥自身在人才、经营、信息、信誉等方面的优势，从而进一步发展了业务，壮大了企业的实力，也扩大了公司的影响，走出了一条促进企业共同发展的新路子。

三、转变经营机制，积极推行企业内部改革。随着国家经济体制和外贸体制改革的进一步深入，公司在企业内部经营机制上进行了大胆的改革。1988年至1990年，中技公司向外经贸部进行了第一轮经营承包。承包给企业带来了活力，提高了企业的经济效益，也为国家作出了更大贡献。1991－1992年公司又进一步调整了经营方针，进一步完善了承包经营责任制。使企业初步走上了自主经营、自负盈亏、自我约束、自我发展的良性运行轨道。

四、培养人才，建设队伍，逐步建立分布广泛、功能齐全的经营机构，造就精通业务、素质优良的职工队伍。1978年前，中技公司只设有4个经营进口业务的部门和5个职能处室，200余人。随着公司业务的不断扩展，企业规模和职工队伍迅速发展。目前中技公司在北京有5个业务总部和国际贸易公司、四个直属专业公司，在沿海和内地建立了3个办事处、6个直属子公司，在海外成立代表处、独资和合资企业共30多个，已形成了布局广泛的经营网络。公司十分重视对职工的培训，将人才视为企业最宝贵的财富，一方面下功夫培养人才，另一方面也不拘一格地大胆启用人才，造就了一支精通业务、素质优良的人才队伍，为企业的不断发展奠定了良好的基础。

（撰稿人：佟常印、孟晓燕）

【北京丽源公司日用化学三厂】 北京丽源公司日用化学三厂是轻工部定点生产化妆品的国有企业，主要产品包括护肤、护发、美容、药类及水类等五大类，110多个品种，形成了“奥琪”、“华姿”、“宝贝”、“素馨”四大系列，经济效益在全国同行业中名列前茅。

北京丽源公司日用化学三厂的前身为北京日用化学一厂的化妆品车间，1975年独立为北京日用化学三厂。1991年改名为北京丽源公司日用化学三厂。1988年以98.5分的最高成绩首批获得北京市化妆品卫生许可证，同年又获轻工部颁发的生产许可证，并首批晋升为国家二级企业。1990的和1991年相继获得北京市和轻工部全面质量管理奖。

北京丽源公司日用化学三厂占地面积3300平方米，建筑面积5500平方米，现有职工436人，固定资产原值1025万元，净值829万元。几年来，经济效益持续稳步高速发展，1992年完成产值8667万元，实现利税2320万元，人均利税5万元，在全国同行业中居领先地位。

六十年代以来，企业进行过多次大规模的技术改造，1983年在全国同行业中首次引进日本米兹侯真空乳化罐，1986年以来又投资1000万元引进四套当代最先进的膏体制造装置和四条成品灌装流水线，1988年对灌装车间进行了净化改造，净化级别达10万级，同时引进了先进的灭菌设备和检测仪器32台，产品生产已全面贯彻国家化妆品卫生条例，其中有23种主要产品采用国际先进标准，有19种产品获得部、市级优质产品称号。特别是奥琪蛋白葆春霜1991年获得国家首次设立的化妆品最高奖——国家质量银质奖。

近几年企业又开发出一系列奥琪名、特、优、新产品，如高级不老霜、高级葆春霜、高级抗皱霜、晒不黑遮阳蜜、遮阳霜、增白王、三合一高级香波等。这些产品一经上市，便受到各界消费者的关注，呈现出良好的销售势头。

北京丽源公司日化三厂取得巨大经济效益的原因是：一是产品开发从经验设计型发展到科学开发型。严格地以现代科技理论为指导，按照科学程序开发出配方结构，科学合理的产品，以经得起科学手段和用户检验的质量优势，创出适销对路独具特色的名牌产品，开发方针为“精、鲜、优、廉”；开发战略为生产一代、开发一代、储备一代、构思一代。二是产品销售从传统坐商到现代营销。由最精干的人员组成独立的经销队伍，以信息工作为首位，以不断疏通拓宽销售渠道，扩展强化销售网络为中心，通过广告、展销、美容、咨询、公关等现代化手段开展全方位、多层次的促销工作，从而使目标市场的开拓速度之快，复盖面之广，稳定性之高，渗透力之强，达到了前所未有的程度。三是坚持走以质量求生存，以品种求发展的质量效益型道路，大力开展全面质量管理，不断强化以工艺管理为中心的现场管理，预防为主，严格把关，确保产品质量，满足用户。四是提高企业整体素质。几年来北京丽源公司日化三厂注重政治思想工作，进一步推广现代化管理技术，企业职工思想业务素质大大提高，精神面貌焕然一新。

【中国石化销售华北公司】中国石化销售华北公司是中国石油化工总公司直属的大型企业，创建于1950年3月。到1992年，已拥有职工2007人，固定资产总值1.5亿元，油品仓储能力24万立方米，具有两座5千吨级泊位的海运码头和年产80万只能力的成品油钢桶生产线。公司承负华北地区的五省二市的成品油计划分配和计划外成品油及化工产品的收购、调拨、中转、储运、供应、销售业务，经营100多个品种的石油化工产品。在1992年“全国质量万里行”检查活动中，合格率达100%。多年来，公司的经营活动对华北地区石化物资市场供应和全国经济建设的发展直接起着重要的作用。在全国建有34家联营企业，在福建厦门经济特区、天津经济技术开发区、山东威海经济开发区开设有石化贸易窗口。公司与石家庄炼油厂联合筹建的20万立方米的大型中转油库已破土兴建；亦将在福建厦门和广东的陆丰沿海地区兴建较大型原油库和码头。公司正在全面贯彻实施《全民所有制工业企业转换经营机制条例》，深化内部机构改革，积极推行现代化管理，从计划经济体制向市场经济体制转变，为发展市场经济开拓经营，为促进国家石油化工工业的发展发挥重要作用。

（撰搞人：符克钧）

【天津五金采购供应站】 天津五金采购供应站创建于1953年，至今已有40年的历史，是国内屈指可数的大型批发企业之一。该站下辖13个批发站和经营部，拥有12万平方米的仓储设施，有完善的机械设备，216吨位的运输力量，测试仪器完备的检测中心，经营日用五金、小型机械及金属原材料共计二十大类商品，是集商流、物流、服务于一体的现代化企业。

1992年，为了适应市场环境的变化，挖掘企业经营潜力，搞活经营，在总经理杨永强的领导下，该站采取了经营与改革并举，充分调动部门和个人积极性的方针，在经营上实现了四个突破：

一是经营方式的突破。彻底摆脱计划分配的模式，把期货与现货、批发与零售、大批量与小批量、代购与代销、代理、主营与兼营结合起来，全方位经营。例如，组建五交化批发站，开拓直供业务，强化服务功能，实行看样选购，就地交款、就地提货，前店后库，经营与服务相结合；组织工商联营，建立新型工商关系，或由该站提供信息，确定厂家生产的规格和数量，实行产品包销，利润分成，或与生产厂组成销售联合体，按比例确定双方的销售量和利益关系；建立以销售为龙头的营销体制，实行进销合一，分片包销，强化售后服务；组建新的经营实体，保障机构转变职能面对社会，增收创利，争取自立、自保，等等。

二是经营对象的突破。加强销售工作，扩大经销视野，增强辐射能力，形成营销网络。一方面以价格、品种优势占领市场，分片包干，定人定点定期巡回销售，紧紧抓住市场。另一方面，选派业务骨干在全国各主要销售地区建立办事处，了解市场，综合服务，延长销售半径、扩大销售规模，稳定经销网络，提高市场占有率。

三是经营管理的突破。在经营管理上向目标化、规模化、科学化迈进，让管理促进经营，增加效益。一方面，开源节流，减少资金占用，加速周转，用活资金，在加快销售中调整库存结构，避免库存沉淀，以达到少数量、多品种、快周转、不沉淀、增效益的良性循环。另一方面，采取各种措施压缩结算资金数量，减少费用开支，增加企业利润。

四是分配上的突破。实行工效挂钩，引进风险机制，把贡献与收入紧密结合起来，多贡献多收入，多劳多得，调动广大职工的积极性。

1993年以来，又相继建立了天津开发区五金机械总公司、五金贸易公司、金铃公司、金谷公司等一批新的经营实体，为搞活经济做出了新贡献。

（撰稿人：吴以廉）

【天津中药集团股份有限公司】 天津中药集团股份有限公司是工商一体，技、工、贸、供、产、销结合紧密的全国行业第一家集团型股份制有限公司，是内外贸(享有出口权)及批发零售兼营的大型企业集团、跨国公司，生产经营实力雄厚。全集团172个企业，工业生产厂10个，有达仁堂、乐仁堂等七个中成药生产厂，1个大型综合性中药饮片厂、1个制药机械制造厂和1个药品包装印刷厂；内外贸批发企业20个；零售药店132个；国内在天津设有2个控股合资企业，国外在曼谷和新加坡设有合资企业，在美国休斯敦设有全资子公司，在英国伦敦设有控股公司；还在海南、浦东设有全资子公司，在深圳、珠海、广州等地区设有办事处。公司推行“工商一体的集约经营管理”的现代化管理模式，几年来，企业管理达到了较先进水平，七个中成药厂中有国家一级企业1个，国家二级企业3个，部级先进企业1个，市级先进企业1个。天津达仁堂制药厂、天津市中药制药厂、天津达仁堂制药二厂、天津乐仁堂制药厂均已分别得到德国和澳大利亚卫生官员的验证认可，达到了国际“GMP”规范标准，在全国首届振兴中药技术竞赛中天津中药集团荣获团体总分第一名。公司(不含五家合资企业及外联企业)现有职工1万余人，注册资本2.3亿元，其中，国家股19465万股、企业法人、个人股3500万股，1992年工商总销售额10.8亿元，上缴利润3350万元，实现利税在天津市医药系统企业中名列第一，在天津市109个工业企业搞活试验单位中名列第二，是全国中药行业五个大型企业之一。

天津中药集团股份有限公司生产、经营各类中成药、中药材、中药饮片、药酒和中药保健品、中药化妆品、中药卫生清洁剂制品、制药机械、包装设计印刷等。集团在整体生产经营上形成了门类齐全、品种繁多、质量第一、信誉至上的特色。有20多种剂型，680多个品种，其中有51个产品为省市级以上的优质产品，包括天津感冒片、牛黄降压丸、速效救心丸、京万红烫伤膏、牛黄清心丸、藿香正气软胶囊等13个获国际国家级优质产品金、银奖产品。集团继承传统，重视科研，开拓市场，扩大出口。曾是全国唯一的以集团公司名义命名的质量管理检测先进企业，国家中医药管理局级先进企业，国家中医药管理局命名的企业管理优秀单位和“重合同守信誉”单位。产品行销全国各省市并出口到17个国家和地区。天津中药集团股份有限公司始终致力于新产品开发，把传统的中药国粹与现代化科学技术、管理技术相结合，不断推出大批新产品、新剂型，以满足国内外市场的需要，使中药这一华夏瑰宝更好地服务于中国，造福于世界。

(撰搞人：詹原竟、李少英、郝木林)

【天津文化用品采购供应站】 天津文化用品采购供应站(简称天津文化站)座落于海河河畔——和平区台儿庄路6号。企业始建于1955年，迄今已有三十八年的经营历史。经过长期的艰苦努力，企业得到了长足的发展，形成了很好的商业信誉，在全国百货、文化行业中占有重要的地位，现为中国百货商业协会常务理事学位、文化专业委员会副主任学位。多次荣获市级先进企业称号。

企业以文化用品的批发经营为主，具有雄厚的经营实力。主要经营纸张、油墨、印刷材料、文教用品、办公用品、现代办公机具、照相器材、测绘仪器、体育用品、文娱用品、乐器、纸制品等十二个大类，经营规格近万种，经营规模历史最高水平达到近7亿元。而且形成了一整套比较完备的购销渠道；与国内300余个生产厂家、2000多个商业企业、大中型工矿企业、使用单位、供销社保持着长期的业务联系。随着改革开放的深入发展，经营范围已经冲出了文化用品专业的限制，现已涉及百货、针纺织品、五金交电、化工及房地产业、餐饮娱乐业等其它行业。经营机构随着经营范围的扩大也有了较大的发展，由原来的七个业务采供部发展为目前的六个业务采供部、六个公司，并在市内设有专业或综合的零售点，在天津经济技术开发区和汕头特区等地设有若干个分支机构。另外，企业还拥有近两万平米的仓库和一个汽车队，可以为用户提供最优良的服务。

(撰搞人：李海泉)

【商埠明星——天津百货大楼股份有限公司】 天津百货大楼是有着悠久经营历史的津门老字号。始建于1927年，前身是中原股份有限公司，伴随新中国的建立，于1949年7月7日成为中国华北地区最早，最大的国有商店。几十年来一直是全国十大百货商店之一，也是全国十大百货商店贸易联合会的成员单位。1992年，首批进行了股份制试点改革，创建百货大楼股份有限公司。

大楼巍巍矗立于海河之滨，雄伟壮观，夜间钟楼莹光闪烁，楼壁配有各色霓红灯，整个大楼显得分外华丽，大楼与海河相映，已成为天津市的象征，在国内外享誉盛名。

百货大楼股份有限公司现有员工2100余人，拥有高、中、初级专业技术职称的人员326人，营业面积15000平方米，经营品种3.5万多个，公司主营大楼内设有十一个商场，楼外有家俱商场，集团业务服务部及百盛经贸公司，在天津经济技术开发区设有百达商业公司，在天津市服装街及唐山、静海设有分店，在国内与3000多家工有企业有业务联系；在国际上，同日本神户市大丸、大荣店结为姐妹店，在罗乌尼亚首都设有专营店，与美国及港、澳、台实业界有密切的业务交往。

百货大楼创建股份有限公司，所筹集的股金，将用于商场的改、扩建工程，新商厦将建在现大楼的邻身，新、老商场连为一体总营业面积可达11万平方米。建成集购物、娱乐、美容、健身、餐饮、批发市场、商务信息，写字间、游览观光于一体的中国式商社，对于振兴天津经济，发挥商埠城市的辐射优势，集散世界高、新、名、优精品将起到积极作用。

（撰稿人：郑恩禄）

【保定商场】 保定商场1971年是在闻名暇尔的老“马号”的基础上建成开业的。位于保定市中心繁华的裕华路上，西邻著名的直隶总督府，南面与亭台楼阁造型奇特、碑文如林、风光迷人的古莲花池对应，是保定市营销规模最大的国有综合性百货商场。现有干部职工800人，营业面积8000平方米，固定资产1300万元，下设17个独立核算的商品部和1个家电维修部。经营针纺织品、日用百货、文体用品、家用电器、服装、鞋帽、钟表、眼镜、钢木家具、食品、调料、烟酒糖茶等3万余种商品。以零售为主，兼营批发，年销售额过亿元，利税超千万。

商场实行三级管理两级核算，是河北省规范化管理的试点单位，与全国29个省市自治区的1290个厂家建有稳固的货源关系。以“经营品种保齐全、商品质量保优良，价格公开保合理、服务态度保热情，售后服务保彻底、宣传声势保经常”的经营风格在保定市民中享有很高的信誉。连续7年被河北省委、省政府命名为“文明单位”，相继跻身于“全国26家效益最佳百货商店”、“’91全国百家最大零售百货商店”、“’92全国百家最佳效益零售商店”，获“全国商业先进企业”、“全国五一劳动奖状”等荣誉称号。

适应市场经济新变化，商场开始筹建“保定商场股份有限公司”，同时加紧了为期5年的旧商场改建扩建工程，继1992年11月一期工程竣工开业后，商场二期新楼也将已于1993年5月开工。不久营业面积近2万平方米，设施先进，功能齐全的一个现代化新商场将矗立在石城保定。

（撰稿人：许九龙）

【沈阳群星商业集团】 沈阳群星商业集团即（小西五交化大白楼）是沈阳市商业系统的大型经济实体企业，位于沈城古老而繁华的中街西端，由五交化公司、沈阳地下商业城、妇女儿童用品公司、小商品批发公司、国际贸易公司、老年人用品商店和金华百货商店组成。并在深圳、珠海、大连、营口、黑河等市设立了分公司。现有职工2000余人，网点总面积6.5万平方米，年销售额达4.5亿元，利润1800万元。面对市场竞争日趋激烈的形势，集团能够适应市场竞争形势，转变观念，深化改革，强化企业管理，建立内部风险机制，加大了激励机制力度，经济效益逐年上升。

一、积极发展商品专业经营，不断开创新的经营格局。随着市场的变化，集团立足于专业经营特色，根据企业分布状况，改建、扩建、新建具有不同特色的专业网点，不断调整和改善经营方式。在调整和扩大经营范围上，由单纯经营某种商品逐步向系列化、配套化、专业化方向发展。妇女儿童用品公司为适应妇女儿童的广泛需要，将过去经营妇女用品的五大类扩大到九大类，儿童用品的四大类扩大到七大类，设有一个儿童游乐场，是东北地区最大的集穿、用、玩于一体的专业公司。五交化公司由过去的六个商品部扩大为八个批发站、四十一个商品部、一个物资经销公司，品种门类由过去的六大类4000余个品种，扩大到十四大类1.3万个品种。小商品批发公司由开业初期以经营小五金、小百货、小针织、小电料、小文化，3000余种，扩大到化妆品系列、玩具系列、文化用品系列等，现已达到1万余个品种。地下商业城以商业为主，集饮食、文化娱乐、旅游为一体，是国内规模最大的地下综合服务设施。国际贸易公司已在俄罗斯、我国边境黑河市设立办事处。老年人用品商店根据中老年消费者需要，专营各式老年人生活用品，满足了中老年人“也要美一美”的心理，经济效益逐年增长，知名度不断扩大，深受老年顾客的称赞。通过各企业的专业化经营，初步形成了以五交化公司为基地的小西生产资料市场，以妇女儿童用品公司为主，老年人用品为辅的太原街专业市场，以小商品批发公司为基地商品辐射东北三省的小商品批发市场，以地下商业城为基地的东北日用工业品交易中心。

二、广泛开展外向型经济，扩大经营领域。在坚持好内贸传统经营的基础上，采取多种形式和办法向外辐射、建立销售网络，占领外地市场。先后与抚顺、朝阳等地建立半紧密型联合体与分站、在深圳、珠海、大连、营口建立分公司和经营部，并与香港、日本的企业建立长期业务关系，在俄罗斯和黑河市设立办事处。长年坚持送货下乡，组织商品供货会，展销会、博览会，洽谈会等，广泛和各地司、站、厂联销、进货、供货，取得了可喜的经济效益和社会效益。

三、强化企业管理手段，全面提高管理水平。集团组建以来，应用了现代化管理理论和方法，先后投资30万元建立了计算机管理网络信息系统，实现目标管理、ABC管理、视板管理，全面服务质量管理、内部银行管理，在集团内部全面开展QC小组活动，实现了管理现代化、规范化、标准化。计算机网络管理信息系统先后获市商业系统科技进步一等奖，省商业系统科技进步二等奖，商业部科技进步四等奖，对企业的经营管理发挥了重要的作用。先后有4人获市劳动模范称号，1人获省劳动模范称号，获得全国“五一”劳动奖章。企业的知名度和影响不断扩大。

（撰稿人：郝蔼旻）

【一枝红杏出墙来——沈阳五金商业集团股份有限公司】 沈阳五金商业集团股份有限公司（沈阳五金机械总公司）是一个有40多年历史的大型商业企业。现有职工1500人，下设8个经营公司、5个独立核算的五交化公司。企业资产雄厚，占地面积1.8万平方米，现有建筑面积4.8万平方米，营业面积1.8万平方米，仓库面积1.6万平方米；正在开工兴建的第三期工程——五金科技大厦，总面积2.6万平方米，拟建仓库1.8万平方米，车库1万平方米，1994年将陆续投入使用；1992年底拥有运输车辆102台；配有30余台电子计算机参与企业管理工作。

近几年五金市场疲软，竞争激烈，五金批发企业效益普遍下降，公司面临的形势更为严峻。1990年进行老商场翻建、营业面积减少；1992年营业厅前修建立交桥，封闭交通、经营难度大。公司总经理、全国“五一”劳动奖章获得者李开明同志，根据市场的变化，及时调整经营策略，使企业在激烈的市场竞争中独占鳌头，销售、利润连年增加。1992年商品销售总额在前五年平均增长11.7%的基础上实现3.6亿元，比上年增长21.4%；利润在前五年平均增长7.3%的基础上实现1250万元，增长12.9%。创利额连续三年雄居全国同行业之首。先后被省委、省政府授予“文明单位”、“全省大中型商业企业经济效益最佳单位”、市政府授予“改革明星企业”等荣誉称号。主要做法是：

1、经营范围广泛、经营方式灵活。公司经营商品有22个系列化门类、5000多个品种，2.5万个规格。经营品种之全在东北地区五金系统内堪称一流。公司还实行代销、联销、总经销、总代理、补偿贸易、投资开发的经营方式；突出“名、优、新、特、全”的经营特色；将方便顾客选购商品，该公司在全国批发企业率先采用了开架售货。

2、坚持三个结合、三个第一。公司坚持了工商结合、批零结合、内外贸结合；坚持顾客第一、信誉第一、服务第一的宗旨。不但与全国名优产品厂家建立稳固的产销关系，而且与地产厂实行收购、供应双向制。强化销售，实行批零并举。为了扩大纯销，增加了柜台库。公司适时调整和确定了“扩大二级交流，调整三级供应，大力开发零售市场的经营策略”。并确立了“向厂矿进军”的目标，建立了一支200多人的专业推销队伍。商品还远销到独联体，东南亚和南美等地区，加强了与智利、日本、香港等国家和地区的贸易往来，公司出口品种数量与日俱增。

（撰稿人：赵耀芝）

【徐州市百货大楼股份有限公司】 徐州市百货大楼股份有限公司前身为徐州市百货大楼，始建于1950年，是徐州市最早的一家国有零售商店，经过四十多年的发展，特别是近十年来的改革创新，企业面貌发生了显著的变化，现有建筑面积2.7万平方米，营业面积1.2万平方米，主楼高八层，营业大厅、仓库和附属设施及职工生活服务中心配套齐全，大楼共有职工1600人，下设十个商场，经营十七大类商品，花色品种达2.8万种，1992年营业收入2亿元，实现利税1200万元，是徐州市和淮海经济区唯一被国内贸易部评为全国百家最大规模的零售商店。

“失信只一日，取信需十年”。多年来大楼在坚持改革，开拓经营，加强内部管理，优质服务，切实维护消费者利益方面取得了可喜的成绩，不断推出经营和服务特色，率先推行高档耐用品试用业务，解决了顾客后顾之忧，同时不断完善大件商品送货上门、退换制度等售后服务一条龙服务措施，使社会效益和经济效益稳步提高。在广大消费者心目中树立了良好的企业形象，多次被评为“省文明单位”、“省先进企业”、“省物价计量信得过优秀单位”和“重合同守信用单位”、“无假冒商品销售单位”

为不断增强企业后劲，进一步适应现代化商业发展的需要，1993年7月改组为徐州市百货大楼股份有限公司。公司资本现由国家股和内部股职工个人股构成。其中国家股占股本总额80.05%，内部职工个人股占股本总额的19.95%。

徐州市百货大楼股份有限公司成立，标志着徐州市百货大楼从此进入新的历史发展时期。公司将按照“从严、务实、过细、高效”的工作方针，从根本上转换经营机制，加快发展速度，拓展经营规模，以全新的面貌，在社会主义市场经济舞台上大展宏图。

（撰搞人：侯麦枝）

【安徽省亳州石油集团总公司——皖北石油战线上的一颗明珠】 安徽省亳州石油集团总公司是从原安徽省石油公司亳州支公司的基础上发展起来的国有企业。该集团公司座落在全国著名历史文化名城亳州市。这里曾是商汤故都、风流人物曹操、华佗的故乡。物华天宝，人杰地灵，造就了亳州石油人求真务实、奋力开拓的精神，使得该公司经济效益连年居省内石化系统同级公司首位。被各级领导部门和同行们称誉为“皖北石油战线上的一颗明珠”。

亳州石油集团总公司油库储存能力5780吨，拥有中型加油站10座，下设7个公司，1个汽车修理厂，现有职工274人，1992年资产总额1596万元，销售额3950万元，销售汽、煤、柴、润滑油1.8万吨，1989年至1992年年实现利税总额均在178万元以上，是安徽省唯一的一家创利税百万元的县(市)级石油公司。连年超额完成上级下达的各项承包任务。1991年被亳州市政府命名为“超级明星企业”。1992年被评为阜阳地区“红旗单位”，1990年至1992年连续三年均评为“财会物价税收遵纪守法”先进单位，以及省“创最佳经济效益”先进单位。公司总经理孙恒立是省级劳动模范。

近几年来，公司在抓经营的同时，狠抓企业内部改革。首先，在分配上打破“大锅饭”的平均主义，在工资奖金中推出“双项百分计酬”和“奖金弹性底分制”，实行了“以岗定人，以岗定责，以责定分，死分活值，活分活值”的分配方法，使每个人的所得紧紧地与岗位工作所做贡献挂钩。职工上岗实行“三岗制”，考核合格被优化组合上岗的为“在岗”，不符合上岗条件，仍在岗位上工作的为“辅助岗”，未被组合上岗的为“待岗”。设立“三岗”的同时，职工实行了全员劳动合同制和上岗优化劳动组合。其次，干部实行一年一聘任。用人上打破干部和工人的界限，采取“能者上，庸者让，不称职者下”的原则，注意选用和提拔中青年干部，为企业的发展注入新的活力。最后，在深化改革的基础上，强化企业管理，建立了从宏观到微观一整套行为规范和标准准则，并做到在工作中严格执行。

目前，亳州石油集团总公司集石油化工商品、装饰装潢、汽车运输、汽车配件、汽车修理、液化汽供应为一体，在皖北地区具有雄厚的实力和较强的市场辐射能力，为社会主义市场经济的发展起着越来越重要的作用。

（撰稿人：刘亚民）

【改革增活力“内功”铸金牌——记安徽省铜陵市百货商场】 安徽省铜陵市百货商场位于市商业中心，现有职工302人，营业面积3600平方米，经营16个大类，1.6万余种商品。1991年商场销售额达4230万元，利税413万元，并以资金利税率110.3%高居榜首，荣获“全国百家最佳经济效益商业零售企业”第一名，1992年，商场实现商品销售额5403万元，利税481万元，并以流动资金利税率155.4%再次荣获“全国第一”金牌。

一、坚持以市场需求为导向，组织商品购销活动，扩大市场占有率。在经营思想上，商场坚持“顾客第一、质量第一”的宗旨，把优质服务作为市场竞争的主要手段，先后开展了“满意在商场”、“微笑服务”等活动，开展顾客满意率调查，评选最佳营业员的竞赛，建立商品维修中心，配备售后服务车，努力做好售后服务工作。在经营方式上，坚持经销、代销、联销和展销相结合，对服装等部分商品实行开架售货，增开夜市营业，方便消费者购买商品。在经营结构上，坚持按照市场需求变化不断调整经营结构，上品种，上档次，上名优，上精品，使名优中高档商品比重达60%以上。

二、坚持以全面质量管理为中心，实现传统经验型管理向科学现代化管理转变。

首先，是抓改革，健全和完善企业内部经营机制和管理体制。先后实行了百元销售工资含量及分班销售计酬等分配办法，实行了干部分级聘任制和营业员岗位优化分级动态管理，形成了“优胜劣汰”的内部激励机制。为了强化内部管理，商场改革内部管理体制，撤销了商品部、组建了楼层管理部，形成了以总经理为核心的业务工作系统和管理工作系统的“双线”运行机制，保证了经营与管理工作的良性循环。

其次，是积极推行全面质量管理，建立了商品经营质量、服务质量、环境质量和工作质量保证体系，并注重“三个结合”，将全面质量管理与落实基础管理、现场管理和专业管理规范相结合；与方针目标管理相结合；与柜组建设相结合，对柜组实行“五定六挂钩”承包经营责任制，将经济指标、质量责任及管理目标落实到柜组和个人。商场还广泛开展了“QC”小组活动，先后组建了25个“QC”小组，努力实现管理的“全员化”。

三、坚持以队伍建设为本，提高企业素质。人是企业的主体，市场的竞争就是人才的竞争。为此，商场坚持对职工进行TQC、规范化服务、岗位技能等方面的培训。同时，注重做好职工的思想政治工作，实行了“四必读，五必访”思想政治工作制度，开展“周末娱乐圈”等活动，把职工的积极性引导到“树立企业形象、维护企业信誉、完善自我价值”上来。仅1992年，全场职工为顾客排忧解难做好事达1.2万件次，收到顾客来信及新闻单位发稿赞扬1062件次。

（撰稿人：刘为民）

【直挂云帆济沧海——山东泰山石化(集团)股份有限公司股份制改革纪实】 在齐鲁企业界，驰名中外的泰山脚下，泰山石化(集团)股份有限公司是近年来引人注目的一颗新星。在山东省股份制改造的企业中，泰山石化以其雄厚的实力、科学的管理、灵活的经营和诱人的发展前景，成为最有力的竞争者。公司是以生产、经营石油化工产品的企业为核心层，集生产、流通、服务为一体的大型集团公司，成立于1991年12月，1992年9月，进行股份制改组。现总公司下属35个企业，并在海南、北京、天津、威海、日照、济宁等地设立了分支机构，形成了以石油化工为龙头，集房地产开发、外经外贸和国内综合贸易为一体的新型企业,实行规模经营,实现规模效益。1992 年营业收入 6 亿元,利税 3600 万元,纯利 2200 万元,创公司历史最好水平。1993 年预计产值、营业收入实现 14 亿元,实现利税 8400 万元,实现了企业的超常规、跳跃式向前发展。

一、解放思想,更新观念,敢于到改革开放大潮的浪头上搏击。1992 年,在公司内部开展了"解放思想,更新观念"的大讨论。企业上下形成了想改革、盼发展、要大干的新风。公司审时度势,率先在全省流通企业成立了泰山石化(集团)总公司,随后转制为股份有限公司,大步跨入了市场,参与竞争,取得了令人瞩目的成效。

二、改革内部管理体制,提高生产效率。首先,精简机构,向机关"肿"字开刀。1991 年裁减机关人员 30%,1992 年又裁减了 30%,充实到生产经营第一线,随后创办了 20 多个经济实体。其次,改革人事用工制度,实行聘任制。打破了干部工人的界限,按照公平、平等、竞争、择优的原则选用管理人员。先后调整中层以上干部 125 名,聘用 58 名工人走上了集团和下属公司的领导岗位,还积极招贤纳士,从外部招引各类专业人才 48 名。第三,改革分配制度,真正实行按劳分配。1992 年职工个人收入浮差达 6 倍,分配的天平向苦、脏、累、险、技术复杂的一线职工倾斜,向对企业的经营和发展作出贡献的人员倾斜,对有突出贡献的同志给予重奖或晋升工资的奖励。该公司还将实行岗位技能工资,改进和完善企业的工资分配关系。

三、发挥股份制的优势,实现新的突破。股份有限公司成立后,资本达到了 3.3 亿元,将成为山东省最大的石油营销企业。为使经济效益有一个明显的提高,公司在经营范围上,逐步由单一的石油产品向更广阔的领域开拓,充分发挥优势,占领大市场,组织大流通。计划 1993 年实现产值收入 14 亿元,完成利税 8400 万元,纯利 6500 万元,比历史最高水平的 1992 年分别增长 2.3 倍和 2.9 倍。

(撰稿人:贾继瑜)

【锐意改革　创业不止——记烟台市百货大楼总经理刘同祥】　在齐鲁大地上,百货商店林林总总,到处可见。论经济效益谁是行业之冠呢?几年前不名见经传的烟台市百货大楼悄然崛起。1992 年完成销售额 2 亿元,实现利润额 1128.3 万元,利税额 1719.9 万元,分别比上年同期增长 26.4%、35.6%和 28.7%。连续三年被国家统计局、商业部排序为全国百家最大规模、最佳经济效益零售商店。先后获得市级以上荣誉称号 100 余个。人们在赞扬烟台市百货大楼近几年取得成绩的同时,都十分佩服总经理刘同祥经营有道,管理有方。1978 年以前,烟台市百货大楼是一个家底穷、管理乱、脸难看、话难听、顾客花钱买气受的后进企业。1978 年 4 月刘同祥上任后,大胆改革,从严治店,使企业面貌焕然一新,1978 年至 1992 年累计完成销售额 9.6 亿元,实现利税 8607 万元,年均递增 20.5%和 20.2%。经过深思熟虑,刘同祥确定了"强化大商业意识,坚持全方位辐射,实行多功能运行,争创一流效益企业"的经营战略,以市场为导向,以经济效益为中心,跟着市场走,围着市场转,在经营上实现了五个转变:一是变单纯研究销售手段为着重研究市场需求。以适销对路商品供应市场,以名优商品占领市场,以新特商品开拓市场。近几年来,该楼平均每年引进新的花色品种达 2 万余种,占总经营品种 70%以上,使经营商品似一池活水,常流常新,精品、新品源源而来。二是变封闭经营为开架销售经营。针对彩电、电冰箱等大件商品销售滑坡的情况,制定了"大件滑坡小件补,穿着商品唱主角"的经营策略,在"穿"挖潜力,找文章。使服装销售额占整个大楼总销售额的六分之一。三是变传统经营为适应市场变化经营。打破百货大楼只能单纯经营工业品的传统观念,食品经营,年销售额由过去不足 1000 千万元,增加到现在的 2164.6 万元。同时,向部分生产资料延伸。仅 1992 年销售生产资料达 543.2 万元。四是变只在城市经营为城乡市场同时开拓。企业有固定的边界,市场却没有固定边界。在强化大楼主体经营的同时,主动出击,把销售触角向外延伸。先后开设代销点、代批点 57 个。五是变单独作战为工商携手联合经营。大楼原来对外关系只有十几家。近几年,采取"滚雪球"方式,巩固老关系,建立新朋友,已同全国 2300 多个厂家建立业务联系,同时,根据市场需求,引厂进店、设立工商特约经销专柜,开展试销、展销、代销等业务活动,较好地赢得了市场,扩大了商品销售。

刘经理认为:"诚招天下客,信连八方人",国营大中型企业要使自己在激烈的市场竞争中站住脚跟,最根本的还是靠竭诚服务,提高企业信誉。因此大楼也是以高质量的服务,赢得顾客信赖;以商品质量过硬,赢得市场;搞好售后服务,以信取胜。大楼之所以发展到今天,全靠深化企业内部改革,转换经营机制得来的。

用人如器,各取所长,这是刘经理以人为本的管理原则。十几年来,大楼能持续稳定发展,一个主要原因就是不拘一格,不论亲疏,唯贤是举。他在大胆用人的同时,又设身处地为职工着想,把职工冷暖挂在心上,热情周到地为他们办实事,被职工誉为"贴心经理"。

1978 年,大楼除了一座 3500 平方米营业楼和两辆汽车外,再没有值钱的东西。可如今,固定资产增加到 2500 多万元。企业内部实现了"七化":即电路畅通双线化、节约用水机井化、搬运货物机械化、工作环境冷暖化、通讯联络现代化、消防监控自动化、微机管理科学化。在刘经理和全体同仁的努力下,烟台百货大楼必将向更宏伟的目标迈进。

（撰稿人：姜忍和）

【洛阳市百货大楼】 洛阳市百货大楼，1956年建立，座落于九朝古都的洛阳市中心。30多年来，因其社会信誉好，经济效益高，曾多次被评为“全国商业先进企业”、“河南省一级先进企业”、“洛阳市明星企业”；被誉为“受消费者喜爱的河南十佳商场”之一。

随着经营的变化，原有的营业设施已不能适应需要。为此，洛阳市决定在原址上改建洛阳市百货大楼，并列为省市重点工程。新大楼建筑面积4.4万平方米，建筑高度69米，地面16层，地下2层；地下1层至地上6层为营业厅，营业厅内设有10部双向自动扶梯，中央空调、共享空间、音乐茶座、小憩娱乐场所、现代通讯、电脑微机管理系统；7－16层集办公、仓库、客房、舞厅、健身、美容、娱乐保健于一体，是河南省目前功能最全、最大的综合性商业设施。田纪云副委员长题写的用24K包金制作的“洛阳市百货大楼”七个大字镶嵌在大楼宝石兰的玻璃幕墙上闪闪发光。

新百货大楼已于1993年9月26日开业。第一年销售额将达到1.5～2亿元，成为洛阳古都人民购物的最佳场所。

（撰稿人：韩镇松）

【广西柳州五金交电化工批发站】 广西柳州五金交电化工批发站始建于1953年，是有40年经营历史的国有大型批发企业，多次荣获全国和自治区、市先进企业称号。

该站下设五金、交电、家电、化工、装潢五大经营部和柳北、石材、经销部及九大批零商场。固定资产2300多万元，营业面积1.2万多平方米，商品仓储面积4万多平方米，年商品吞吐量12万吨，有设施完备、技术力量雄厚的家电维修中心和交电、家电商品质量检测机构以及汽车运输车队。现有职工600多人，其中助师以上的专业技术人员250多人。企业有一整套较完善的现代管理体系。

企业经济实力雄厚，经营范围广泛，以经营五金、交电、家电、化工、装潢建材（包括进口商品）等大类商品为主，经营品种3万多种，与全国200多家大型商业企业，1000多个名优产品厂家以及国外客商有着广泛的联系，并是许多名优产品厂家在柳州的总经销和总代理，在上海、广州、天津等商埠设有常驻办事机构，购销网络辐射全国，年销售总额近3亿元。

改革开放以来，企业勇于改革，善于开拓，年年完成和超额完成承包任务，经济效益稳步增长，销售、税利均为广西同行业之首。1992年销售额比上年增长14.8%，实现利税增长8.2%。实现利润在全国五交化大中型企业行业协会中排列第8名，多次被评为自治区、柳州市经济效益好的国有商业大型先进企业。

（撰稿人：陈文庚）

【贵州省生产资料服务公司】 贵州省生产资料服务公司（贵州省物资贸易中心、贵州省物资开发投资公司）是一家历史悠久的国有综合性物资企业，现有职工169人，拥有9000平方米的展销商场、2100平方米的仓库及拥有100多个床位的招待所。

公司为了充分发挥生产资料服务企业信息灵、联络广的优势，更好地为广大工矿企业服务，积极筹措资金，获得了稳定的货源，以2.3亿元与中国有色金属总公司合建贵州铝厂第三期电解铝工程，每年获得2.4万吨电解铝锭；以3400万元投入水城钢铁公司和首都钢铁公司，每年获得2.5万吨钢材；以170万元投入青岩黄磷厂，每年可分得黄磷400万吨。稳定的货源，使公司各种业务顺利开展，每年仅通过自营和代购、代销各种金属材料、机电设备、化工产品、建筑材料等价值就在2亿元以上。

在贸易活动中，形成了三个中心：一是信托服务中心，接受省内外工矿企业的委托，在全国范围内完成代购、代销各类物资的业务；二是展销中心，吸收省内外企业进入物资贸易商场展销其产品，形成现货和期货市场；三是信息中心，以自办《贵州物资信息》刊物为纽带，与全国80多个省市级物资企业进行信息交流，接受省内外供销人员有关物资余缺市场价格等咨询业务。

该公司由于管理工作规范化、科学化，经济效益年年递增，1990年被省政府授予“省级先进企业”称号、1991年晋升为“国家二级企业”，并正在努力引进外资合办工厂，以求逐步发展为贵州省的集团企业和大型流通企业。

（撰稿人：汤永民）

【丝路重镇上的商业“明星”——兰州民百股份有限公司】 兰州民百股份有限公司是1992年6月成立的。公司下设民百大楼、亚欧商厦基建部、公司职能部室等机构。公司核心企业民百大楼是一个有20多年历史的商业企业。现有职工900余人，固定资产1200多万元，营业面积4500平方米，经营2.5万余种商品。改革开放以来，公司以市场为导向，全面调整企业行为，锐意改革大胆进取，初步建立起适应市场经济要求的企业内部经营机制，使企业在改革中不断得到发展。1991年首破亿元大关，实现销售、利税双翻番；1992年完成销售1.6亿元，利税同步增长；1993年1－5月已完成销售1.37亿元，再创历史新纪录。公司先后被国家、省、市有关部门授予"全国物价计量政策法规最佳单位"、"质量效益型企业"、"用户满意商店"、"重合同、守信誉单位"、"双文明标兵单位"等多种荣誉称号,经济效益和社会效益得到同步发展。

在长期的经营实践中,民百大楼逐步形成了以优先经营、优化管理、优质服务为主要内容的经营特色和风格。

——突出一个"活"字,抓好优先经营。以市场为导向全面调整经营结构和营销策略,用"名、优、新、特、精、奇、美"的商品吸引顾客。坚持"人无我有、人有我优、人优我新、人新我精"和"高档商品求精、中档商品求新、低档商品求优"的原则。目前商店"名优新特"商品占70%以上,其中独家经营的商品上百种。在营销上以市场为导向采取灵活多样的经营方式,及时按市场需求调整商品经营结构,向专业系列化方向发展。

——突出一个"严"字,抓好优化管理。一是抓商品质量,建立采购员档案和商品质量档案,坚持采购工作"定品种、定质量、定产地、定人员"。无商标、无质量合格证、无生产许可证、无价格审批单一律不进,确保采购商品质量。二是抓物价计量管理,合理定价,以诚经商取信于民,始终使民百的商品价格处于平稳状态。三是抓资金管理,实行"定销定进,定额管理",用活管好资金,企业的资金利税率逐年上升,资金周转速度不断加快。四是抓现代化管理,投资购置计算机、收款机、监控仪等多种现代化办公设备,培训人员,采用ABC、量本利等多种现代化管理方法,建立管理研究所,分析研究预测市场,提供经营决策依据。

——突出一个"优"字,抓好优质服务。坚持"宁可商店赔,决不亏顾客"的企业信条,视顾客为"上帝",建立和完善售前、售中、售后服务规范和制度,为消费者提供全方位、全过程服务。几年来,先后建立59种便民措施,免费送货,维修商品。根据不同商品和要求,先后制订了"三包三负责"、"七试一退换"、"三留一通知"等服务制度,为顾客排忧解难。

为了适应市场经济要求,增强企业发展后劲。近几年来,民百大楼先后和香港、上海、内蒙等地建立联营生产分厂,并在省内建立联营分店多处,扩大销售渠道和地域。现已初步形成集团经营、多元发展的格局。公司下属的亚欧商厦地处兰州市黄金繁华地段,设计营业面积7万多平方米,共8层,内设购物、游乐、办公、服务、健身等多种设施,是一座集购物游览、服务娱乐为一体的多功能现代化商业大厦。目前此工程已全面开建,1994年5月主体竣工并投入使用。

(撰稿人:祁宝仓、张国海)

【兰州市妇女儿童用品商店】 兰州市妇女儿童用品商店是甘肃省独家以经营妇女儿童用品为主的大中型商店,建于1956年,至今已有三十七年的历史。前身系中华路百货商店,期间四次易名。建店初期仅有职工96人,年销售额58万元,基本上没有上缴利润。1979年更名为兰州市妇女儿童用品商店后,经过十余年的建设、发展、更新,1993年职工有168人。经营面积扩大到1260平方米,经营品种近6000个,经营特色更加突出,年销售2085万元,是建店初期的36倍,利润56.5万元,三十七年来累计向国家上缴利税2605.5万元。特别是1987年实行承包责任制以来,利润更是大幅度提高。1987年至1990年第一轮承包期间累计向国家上缴利税超过470万元,为35年间累计数的五分之一。第二轮承包至今已上缴利税296.5万元。三十七年来,经过全体职工艰苦创业,开拓奋进,不懈努力,在顾客心目中赢得了较高的声誉,多次被评为先进单位。1958年一度被树为兰州的"天桥商店",1983年、1985年先后两次被全国少年工作委员会、全国儿童生活委员会评为国家级先进单位,1987年至1990年第一轮承包被财贸系统评为先进企业,企业经理也被评为优秀企业家。

近年来,在外部竞争激烈,内部急需调整的情况下,作为一个老企业,虽然经商经验丰富,业务骨干多,但企业设施陈旧、退休职工多,承包任务重,是兰州市百货公司86个门店中职工人均工作量最繁重的一家企业。为了搞好兰州市区乃至西北地区妇女儿童用品的供应工作,站稳市场,商店在经营上狠下功夫,在经营作风上不断改进,全面调整经营结构、营销策略、内外关系,先后制订了一系列为民、便民措施,采取系统管理、规范服务,把顾客的需求真实体现到服务过程中,通过抓商品质量、物价计量、财务资金、科室协调、人员素质,使服务与管理系列化、规范化,因而赢得了顾客,被人们亲切地称为"妇幼之家"。

(撰稿人:郝建萍)

【兰州糖酒副食贸易中心大厦】 甘肃兰州糖酒副食贸易中心大厦零售部位于繁华闹市中心的酒泉路中段,前身是五十年代的老字号"万福同",以经营糖、酒、副食、酱菜而远近驰名。大厦零售部是在此基础上扩建后于1989年7月开业的,现有职工81人,营业面积450平方米,经营糖、茶、烟、酒、调味、副食、肉制品、小食品、奶制品等15个大类2130余种商品,年销售额在850万元左右。

开业三年来,在经营品种上突出名、优、特、全,努力做到"人无我有,人有我全,人全我新,人新我廉";在经营方式上体现"活"字,做到了"价格灵活,多种服务";在服务上强调"优"字,做到了"优质的商品,优良的服务,优美的环境";在管理上狠抓"严"字,做到了"制度健全,规范管理”，为企业树立了良好的形象。同时连续三年荣获市级先进单位称号，并跨入了全国100家计量先进单位行列和商品质量信得过单位。

为了适应市场经济的发展，增强竞争能力，大厦深化内部改革，根据自己的设施、资金、场地、人员素质等条件积极扩大经营范围，调整经营结构，求精、求全、求新潮，努力向多功能、深层次、系列化、细分化的营养、精细、多样、高档、方便的商品经营方向发展，创出第一流的效益。

（撰搞人：程珑生）

【兰州市永昌路百货大楼】 兰州市永昌路百货大楼地处兰州市中心地区繁华地段，交通便利，是集批发、零售于一体的综合性商业企业，1955年开业，在五、六十年代是原商业部确定的全国十大百货商店之一。现有职工330人，营业面积1820平方米，拥有资产358万元，经营品种达1万多种。为了方便顾客的需要，设立了家用电器维修部，送货上门等便民措施，满足不同层次的消费需求，大力发展横向联合，不断拓宽营销渠道，与省内外100多个厂家有业务往来关系，是兰州市颇有影响的企业之一，在广大消费者中拥有较高的知名度。三十八年来为国家回笼货币6亿多元，上交税利3500多万元。连续多年被省、市有关部门分别授予“先进单位”、“双文明单位”、“物价计量信得过单位”、“重合同、守信誉单位”、“信用评估一级单位”等称号。

由于近几年新企业的不断崛起和商品经济大潮的不断冲击，大楼设施日趋陈旧，不利于开展竞争，为此，企业筹集资金，1992年下半年对大楼进行装修改造，使营业面积增加了200多平方米，面貌全新，购物环境豪华气派，布局合理，环境宜人，为顾客创造了良好的购物环境。年销售额达到2400多万元，上交税利达120多万元，经济效益上一个大台阶。

【白银市四龙路百货大楼】 甘肃省白银市四龙路百货大楼是一个国有中型商业企业，有近30年的经营历史，经营8600余种商品。多年来，大楼注重企业信誉，以良好的服务质量，赢得顾客，赢得市场。

1992年，大楼按照完善、巩固、增效的总目标，严格执行党的路线方针政策，严格执行财务管理制度，不断改革企业经营机制，增强企业竞争能力，努力提高经济效益，充分调动干部职工的劳动积极性，使各项指标较上年均有不同程度的提高，先后被甘肃省人大财经委、人大法工委、省政府法制局、省消协、省商业厅等单位评为“用户满意商店”、“甘肃省保护消费者合法权益条例先进企业”等。

随着商品流通领域改革的逐步深入，市场竞争十分激烈，给国有商业企业带来极大冲击，但大楼的各项经济指标仍不断提高，全年商品总购进723万元，比上年增长2.6%；销售818万元，增长4.7%；实现利润24.4万元，增长7.5%；上交利税39.7万元，增长4.2%，资金周转加快2天，费用水平虽比上年上升0.2%，但主要是企业适应市场变化，增加广告投入所致。广告费用的增加，也带来企业效益的增长。正是由于大楼加强了企业内部管理，积极参与市场竞争，才使企业在市场经济的大海中站稳脚跟，经济效益逐年提高。

【青海省五金矿产进出口公司】 青海省五金矿产进出口公司，是中国五矿集团成员企业之一。成立36年来，先后同许多国家和地区的近百家客户建立了良好的贸易关系；在韩国、香港等地建立了驻外机构和推销网点，出口商品在国际市场上享有盛誉；在天津、连云港、海口、乌鲁木齐等地设有派出机构。

公司主要经营五金矿产类商品的进出口业务；接受委托承办五金矿产进出口代理业务；承办中外合资经营、合作生产业务；承办国外来料加工、来样加工业务和补偿贸易业务；经营独联体国家的易货贸易业务。公司立足本省，发展能利用本省水电资源优势的出口商品，如硅铁、金属硅、碳化硅。1992年出口创汇是1988年的3.2倍。其中硅铁出口发展速度很快，已成为公司出口创汇的拳头商品，占出口任务的一半以上。在经营过程中，公司坚定不移地贯彻“以质取胜”的发展战略。严格出口商品的质量，实现了生产企业、商检部门、外贸公司联合把关检验。有些厂家由于商品质量高，获得免检待遇。

随着海外贸易的发展，公司在韩国建立代表处，大力开拓韩国市场；在日本投资入股，兴办合资公司，以此向周边国家辐射。在海外经营中，公司采取了扬长避短，逐步发展的策略，先以自己擅长的五金矿产进出口业务开始，积累经验，逐步向其它领域扩展，实行多样化经营，力求综合发展。在进口方面，公司主要经营钢材、废钢、成套设备、化工产品等商品，积极为国内用户服务，起到了以进养出，以进补出的作用。

公司为了在国际市场竞争中，立于不败之地，近期向国际化、集团化、实业化的经营方向发展。为此制定了以国内外市场为导向，一业为主，多种经营，进出结合，外贸与内贸结合，外汇与人民币一起赚的全方位经营策略。在发展与韩国、日本、港澳地区的贸易关系的同时，开辟与独联体、东欧贸易的新途径。扩大国内的货源基地，稳定与产品生产企业的友好合作关系，为多出口、多创汇打下坚定的基础。在公司内部，加大机制改革的力度，完善管理体系，强化基础管理，抓紧人才的培养和提高。充分利用国内国外两个市场、两种资源，增强竞争能力。积极引进外资，利用本省地域辽阔，资源丰富的特点，开发国际市场上有竞争能力的新商品。调整商品结构，主动出击，采用新技术、新工艺、新材料发展国际上适销对路的、客户需要和满意的高技术含量、高附加值、高货币回笼、高出口创汇的优质高中档产品。努力提高出口商品的质量，在要求生产企业产品质量要按国际标准进行生产、验收、取得外商产品质量认证的同时，提高自身的工作质量，做到人无我有、人有我新、人有我廉、人有我优。抓住机遇扩大出口。开创一个具有自己特点的国际化、实业化、集团化企业发展的新天地。

（撰稿人：张莉）

【西宁市西大街五金交电化工商店】 西宁市西大街五金交电化工商店是创建于五十年代的国有商店，当初经营品种只有二百种左右，现在已增加到七千余种，年销售额由原先的200万元增加到1992年的2281万元，人员由20多人增加到现在的80人，年创利达50万元，上交税利100万元。经过多年的努力，商店的信誉在西宁市广大消费者心中不断提高。商店地处市中心，环境好，客流量大，货源大都由厂方直接供给。商店拥有大小汽车四辆，保障了商店经营活动的正常进行。商店现设专业职能科室二个，配有较完备的工作设施。财务及业务人员都经过一定的专业培训，中等以上学历及技术职称的工作人员占40%左右，领导班子平均年龄35岁，都是长期从事商业供销工作，具有一定实际工作经验及领导才能的同志。

商店为提高社会知名度及保障业务活动的逐步扩大，采取三级承包制：即商店经理对公司承包，营业部负责人对经理承包，营业员对营业部负责人承包。主要承包指标层层分解，使商店的每个职工都来关心商店的效益，关心自己的收入，人人都来算帐，人人都能正确摆正国家、集体、个人三者利益。由于商店各项工作做的较好，经济效益不断增长，职工收入有较大提高，多次受到市、局、公司各级领导表彰奖励，连续五年被评为市商业局先进集体。

商店的家电、交电商品品种齐全，型号多样，支柱商品销售稳中上升。面对西宁市场的竞争，商店相继采取了一系列切实可行的措施，在西宁市首次推出有奖销售。1992年商店销售电冰箱、自行车、洗衣机、录像机均创历史最高水平，使商店成为西宁市五交化总公司系统以至全市经营五交化商品举足轻重的骨干企业。

（撰稿人：周蔓青）

【西宁市西大街百货大楼】 1992年元旦，座落在西宁市最繁华的西门口南侧，与水井巷集贸市场毗邻的西大街百货大楼新建营业楼开业庆典，省市领导亲临剪彩，社会各界朋友和省内外工商企业代表前来祝贺。的确，在改革的春天里，原来只有1800平方米的三层老店陆续实施逐级承包经营，建立内部银行制约资金，职工出资风险抵押金，部份工资浮动，百元销售含标准工资量和工时标准工资含量，经营、价格、用工、分配放开，全面服务质量等级动态管理等系列改革，出现了生机和活力，在激烈的市场竞争中求得了自身的发展和壮大，先后两次自筹资金扩建营业楼，面积扩大到4800平方米，并对旧楼进行了装潢，楼中有厅，厅中有屋，别具一格，以新的面貌出现在顾客面前。

大楼是青海省大型零售兼批发企业之一，下设八个商品经营部，经营近3万种商品，1985年至1992年，累计销售、利润额比前八年分别增长1.2倍和1.3倍，固定资产原值增长6.3倍，1991、1992年跃入全国百家最佳经济效益单位行列。先后荣获“全国文明单位”、“全国执行物价计量政策法规最佳商店”、“上缴税利大户”，工商银行“特级信誉（3A）企业”等十多种荣誉称号，1990年晋升为省级先进企业。

1957年开业以来，大楼坚持为发展边远少数民族经济，满足各民族生产、生活需求服务，以“民族用品商店”称著于西北，赢得省内外少数民族的信赖，每年数以万计的藏胞从云南、四川、西藏、甘肃等地专程来采购商品，他们说“这里买东西心踏实”。大楼坚持“顾客第一、信誉第一、服务第一”的宗旨，突出大而全，精而多的特色，引来省内外大批顾客和港台同胞。为提高经营信誉和维护消费者利益，邀请街道委、企事业单位成立了“消费者监督委员会”对大楼的经营、服务工作长期监督，随时“曝光”。保证经营商品质量，严把进货关，不经销以假充真、以次充好、伪造商标、假冒进口名牌商品；不经销合格证、说明书、优质标志与生产质量不符合的商品；不经销变质、过期、失效和国家明令淘汰的商品；不经销无厂名、厂址、合格证的商品；不以虚假广告推销或强行出售、搭销商品；不掺杂使假；不经销宣传色情、淫秽、暴力凶杀、封建迷信品及其违禁品。杜绝假冒伪劣商品流入市场，“打假”检查中被誉为无假冒伪劣商品商店。积极拓宽售前、售中、售后服务，纺织、服装敞架售货，出售商品免费送货上门，实行“三包”。大楼便民服务处备有常用药品、信纸（封）、邮票、复尺（秤）台、意见簿、缺货登记簿、列（汽）车时刻表等，为顾客提供方便和咨询服务。

为树立良好的企业形象和适应激烈的市场竞争，大楼以市场经济为导向，以十四大精神为指针，继续深化改革，实行有限责任公司，着手新商场的规划工作，拟再扩大营业面积4万平方米，融吃、住、娱乐、购物于一体，使大楼成为西北地区具有民族特色的、雅致而富有独特风貌的现代化的购物中心。

（撰稿人：彭彬彦）

【西宁市医药总公司】 青海省西宁市医药总公司是一个综合性医药批发零售企业。党的十一届三中全会以来，该公司不断深化改革，努力开拓经营，千方百计提高经济效益，经过十几年的艰苦努力，企业得到了很大发展，1992 年销售额达 8276 万元，比 1978 年增长 11.8 倍；实现利润 420 万元，增长 15.2 倍；拥有固定资产 1500 万元，固定职工 700 人，经营网点 30 个。主要做法是：

一、冲破传统的流通体制，积极开拓购销渠道。先后与全国各地的优质名牌厂站建立了巩固的进货渠道，并把销售触角延伸到全省的每个角落。

二、引入竞争机制，推行经营承包，改革企业内部分配制度。公司从 1987 年开始实行了两轮全行业经营承包，制定了内部层层承包经营实施细则，推行了工效挂钩，企业内部实行效益工资分配和奖金分配办法，部分岗位实行了大包干，形成了企业内部之间、柜组之间，人与人之间的竞争态势，最大限度地提高了企业和职工的积极性。

三、加强药品质量管理，以优质服务赢得顾客占领市场。公司推行了全面服务优质管理，注重药品质量的检查和验收，严把质量关，坚决杜绝伪劣药品流入市场。同时注意营业人员的服务态度和服务质量，批发企业实行上门开票，上门推销，送货上门，受到各用户的好评。

四、加强基础管理，实行规范管理。经营出效益，管理同样出效益。公司开展规范管理竞赛活动，包括班组建设，仓储管理，财务会计管理，现场管理，药品质量管理，服务质量管理，经营活动管理，原始资料等项内容。通过几年的实践，管理水平有较大提高。公司提出的“政治空气浓，企业管理严，业务经营活，经济效益好”的目标正在实现。

五、抓住机遇，转换企业经营机制，将企业推向市场。公司制定了近几年的发展思路和工作任务，主要是巩固和发展医药经营企业，扩大医药批发零售网点，积极兴办制药企业，为实现产供销一体打好基础。兴建的青海昆仑制药厂，正在做前期工作，积极兴办外向型企业和多种经营，实行内外贸并举；在海口设立医药贸易经营网点，格尔木设立综合网点，成立实业开发公司。从事药品以外的多种经营，为公司今后的发展创一条新路。

（撰稿人：杨学智）

【青海省汽车工业贸易总公司】 青海省汽车工业贸易总公司（青海省汽车配件总公司），创建于 1961 年，是青海高原经营汽车工业系列产品的主营公司，是国家确认的省级经营汽车、摩托车及配件的国有主渠道企业。

公司拥有资本金 1100 万元，占地 3.2 万平方米，建筑面积 3.1 万平方米，有经营场地 1.5 万平方米，仓储面积 7445 平方米，运输和搬运吊装设备 22 台，职工 260 人，下属有 8 个专业公司和调拨中心，在省内州、市、县设有 12 个综合经营公司、营业处、联营公司和厂、店，在深圳、成都等地设立了经营窗口，形成以总公司为主体的经销网络。主要经营国内外各类汽车、摩托车、国产和进口汽车配件及相关产品、摩托车配件、机电设备及工矿配件、石油制品、五金交电、橡胶及塑料制品、金属材料、化工建材和汽车维修。年销售额 7000 万元，创利税 250 万元。

公司始终坚持信誉第一，服务至上的宗旨，竭诚为广大用户提供周到、满意的服务。自 1987 年以来，连续六年被西宁市政府授予“重合同、守信用”先进单位，在省内外汽车工业生产、流通领域和广大用户中赢得信誉与好评。公司按照“服务为本，开拓经营，立足本省，面向全国”的经营方针，积极拓宽服务领域和范围，与数百家汽车工业产品生产和经营企业建立了稳定的双向协作、互为供需的业务关系，与数十家国优名牌产品生产企业建立了更紧密的合作和联营、特约经销关系，与省内主要汽车配件生产企业组成了工贸销售联合体，主动走向市场，参与大流通。公司不断开展和完善批发、零售、代购代销、特约经销、专购专供、代办托运、送货上门、定期结算、技术和信息咨询服务，为发展交通运输事业和汽车工业努力奉献。

为了在市场经济的环境下，适应竞争的形势，公司深化改革，转换经营机制，推行风险抵押承包经营，调动了干部职工的积极性，企业内在素质不断提高，规范化管理体制不断完善。公司将发扬三十多年经营优势，以其雄厚的经济实力，灵活的经营方式，完备的服务功能为广大新老客户提供优质服务。

（撰稿人：任万玉）

【黄家钦与青海省广播电视器材公司】 青海省广播电视器材公司隶属青海省广播电视厅，为国有企业，法人代表黄家钦。

公司成立于 1985 年，现有资产 1500 万元，职工 84 人，主要经营以电视机、录放机、收录机和电冰箱为主的家用电器，设立了松下电器系列产品技术维修中心，并在广州、天津、四川等地开设经营部，设计、安装、调试共用天线闭路电视、卫星地面接收站工程、装饰工程，并开办舞厅，年销售额达 4000 万元。

黄经理任职前，企业连年亏损，已负债 20 万元。应该说，那时下海，并不是一件多么时髦的事，更谈不上潇洒，但他毕竟一头扎了进去，掀起一个个大浪，令同行瞠目结舌。公司成立当年人均实现利税 1.2 万元，第二年

2.7万元。1989年达3.9万元，在青海的彩电市场占有率已达45%。

黄经理成功秘诀在于他高质量的服务体系与崇高的敬业精神。公司营业大厅内，贴着“增强爱国意识、振奋民族精神”的标语，坚持顾客第一、信誉第一、质量第一、服务第一的经营思想，开展送货上门、修理到户、优质服务，深受广大用户的信赖与欢迎，曾荣获“守合同、讲信誉和消费者放心店”等光荣称号，在提高职工素质方面，公司每年派职工去生产厂家进行技术业务培训，大大提高了职工的素质，增强了顾客购买商品时的安全感，公司实行“电话预约、方便群众、上门服务”的活动，积极采取售前、售中、售后服务，使商品返修率降低到最低点，现在，黄家钦经理已将商业视野投向内地和沿海，必将利用当前的大好时机使公司的经营更上一个新台阶。

（撰稿人：王青夫）

八、 中国集市贸易

8-1 城乡集市数和商品成交额

年　份	集市数（个）	城　市	乡　村	成交额（亿元）	城　市	乡　村
1952						
1957						
1961	41437		41437	137.0		137.0
1962	38666		38666	164.0		164.0
1963	38468		38468	105.0		105.0
1964	38082		38082	78.0		78.0
1965	37000		37000	68.0		68.0
1970						
1974	32000		32000	114.0		114.0
1975	31238		31238	105.5		105.5
1976	29227		29227	102.0		102.0
1977	29882		29882	105.0		105.0
1978	33302		33302	125.2		125.2
1979	38993	2226	36767	183.0	12.0	171.0
1980	40809	2919	37890	235.0	23.3	211.7
1981	43013	3298	39715	287.0	34.0	253.0
1982	44775	3591	41184	328.0	41.0	287.0
1983	48003	4488	43515	379.0	51.0	328.0
1984	56500	6144	50356	457.0	75.0	382.0
1985	61337	8013	53324	632.0	120.4	511.6
1986	67610	9701	57909	906.5	244.4	662.1
1987	69683	10908	58775	1157.9	347.1	810.8
1988	71359	12181	59178	1621.3	545.3	1076.0
1989	72130	13111	59019	1973.6	723.6	1250.0
1990	72579	13106	59473	2168.2	837.8	1330.4
1991	74675	13891	60784	2622.2	1079.2	1543.0
1992	79188	14510	64678	3530.0	1583.0	1947.0

8-2 城乡集市各类商品成交额

单位:亿元

年份	合 计	粮食类	油脂油料类	棉烟麻类	肉食禽蛋类	水产品类	蔬菜类	干鲜果类
1978	125.2	16.3	3.8	2.4	21.2	5.2	14.3	4.0
1979	170.8	23.9	4.7	3.0	33.3	6.6	17.1	6.0
1980	211.7	27.7	6.7	3.9	42.1	9.3	21.5	7.5
1981	253.2	28.5	7.9	4.4	50.9	12.0	25.5	8.8
1982	287.0	31.3	8.1	4.8	57.6	14.8	27.2	10.3
1983	327.9	33.9	9.5	4.8	72.9	18.8	33.1	13.3
1984	381.7	34.3	11.3	6.0	91.8	24.1	38.3	18.6
1985	511.6	34.7	14.9	8.5	140.1	33.2	48.8	25.4
1986	906.5	48.2	23.0	12.3	246.8	64.4	96.9	59.3
1987	1157.9	58.0	26.7	12.9	320.2	85.4	131.0	83.1
1988	1621.3	72.0	36.1	15.1	460.0	123.0	193.0	122.9
1989	1973.6	92.1	50.6	15.3	570.6	158.0	238.2	161.0
1990	2168.2	90.9	55.9	17.8	618.8	182.3	264.2	183.5
1991	2622.2	101.3	63.4	18.3	705.5	224.2	331.9	233.4
1992	3530.0	133.1	80.0	23.9	859.1	292.2	434.6	291.3

8-2 续表1

单位:亿元

年份	日用杂品类	柴草类	饲料农具种苗类	大牲畜类	家畜幼禽类	工业品类	废旧品类	其他类
1978	3.3	6.7	3.7	20.9	15.5	0.8	1.5	5.6
1979	4.5	7.0	4.5	29.8	18.2	1.7	2.2	8.3
1980	4.8	5.5	7.1	26.5	29.7	4.9	3.3	11.2
1981	5.2	5.9	8.4	38.9	33.3	8.0	3.9	11.6
1982	5.6	7.4	10.4	45.4	36.5	12.3	3.8	11.5
1983	6.8	8.7	11.8	41.6	36.6	21.0	4.0	11.1
1984	7.7	9.3	13.1	35.6	38.6	32.4	4.5	16.1
1985	9.6	13.4	13.9	32.6	48.5	53.4	5.4	29.2
1986	10.9	11.9	15.2	31.1	50.8	168.1	19.5	48.1
1987	12.5	10.6	15.8	32.6	55.8	228.0	25.9	59.4
1988	15.4	11.4	18.3	38.2	84.0	291.0	44.3	96.6
1989	17.6	11.9	22.2	38.9	87.6	362.3	51.4	95.9
1990	19.1	11.5	23.0	38.3	85.2	431.7	53.7	92.3
1991	21.1	11.1	24.5	43.6	92.7	561.9	65.7	123.5
1992	24.9	12.1	29.5	47.9	106.9	880.0	90.7	223.9

8-3 城乡集市各类商品成交额构成

单位：%

年份	合计	粮食类	油脂油料类	棉烟麻类	肉食禽蛋类	水产品类	蔬菜类	干鲜果类
1978	100.0	13.0	3.0	1.9	16.9	4.2	11.4	3.2
1979	100.0	14.0	2.8	1.8	19.5	3.9	10.0	3.5
1980	100.0	13.1	3.2	1.8	19.9	4.4	10.2	3.5
1981	100.0	11.3	3.1	1.7	20.1	4.7	10.1	3.5
1982	100.0	10.9	2.8	1.7	20.1	5.2	9.5	3.6
1983	100.0	10.3	2.9	1.5	22.2	5.7	10.1	4.1
1984	100.0	9.0	3.0	1.6	24.1	6.3	10.0	4.9
1985	100.0	6.8	2.9	1.7	27.4	6.5	9.5	5.0
1986	100.0	5.3	2.5	1.4	27.2	7.1	10.7	6.5
1987	100.0	5.0	2.3	1.1	27.7	7.4	11.3	7.2
1988	100.0	4.4	2.2	0.9	28.4	7.6	11.9	7.6
1989	100.0	4.7	2.6	0.8	28.9	8.0	12.1	8.2
1990	100.0	4.2	2.6	0.8	28.5	8.4	12.2	8.5
1991	100.0	3.9	2.4	0.7	26.9	8.6	12.7	8.9
1992	100.0	3.8	2.3	0.7	24.3	8.3	12.3	8.3

8-3 续表1

年份	日用杂品类	柴草类	饲料农具种苗类	大牲畜类	家畜幼禽类	工业品类	废旧品类	其他类
1978	2.6	5.4	3.0	16.7	12.4	0.6	1.2	4.5
1979	2.6	4.1	2.6	17.4	10.7	1.0	1.3	4.9
1980	2.3	2.6	3.4	12.5	14.0	2.3	1.6	5.3
1981	2.1	2.3	3.3	15.4	13.2	3.2	1.5	4.6
1982	2.0	2.6	3.6	15.8	12.7	4.3	1.3	4.0
1983	2.1	2.7	3.6	12.7	11.2	6.4	1.2	3.4
1984	2.0	2.4	3.4	9.3	10.1	8.5	1.2	4.2
1985	1.9	2.6	2.7	6.4	9.5	10.4	1.1	5.7
1986	1.2	1.3	1.7	3.4	5.6	18.5	2.2	5.3
1987	1.1	0.9	1.4	2.8	4.8	19.7	2.2	5.1
1988	0.9	0.7	1.1	2.4	5.2	17.9	2.7	6.0
1989	0.9	0.6	1.1	2.0	4.4	18.4	2.6	4.9
1990	0.9	0.5	1.1	1.8	3.9	19.9	2.5	4.2
1991	0.8	0.4	0.9	1.7	3.5	21.4	2.5	4.7
1992	0.7	0.3	0.8	1.4	3.0	24.9	2.6	6.3

8-4 各地区城乡集市数和商品成交额

（1992年）

地区	集市数（个）	城镇	乡村	成交额（万元）	城镇	乡村
全国总计	79188	14510	64678	35299797	15830033	19469764
北京	960	673	287	553034	450812	102222
天津	419	233	186	315092	191677	123415
河北	3719	562	3157	2111297	931849	1179448
山西	1812	562	1250	612164	295651	316513
内蒙古	1285	317	968	308395	145027	163368
辽宁	2728	1320	1408	2058790	1416392	642398
吉林	1500	490	1010	752516	537479	215037
黑龙江	1770	792	978	774734	516524	258210
上海	455	184	271	444034	321241	122793
江苏	4510	801	3709	2436805	899184	1537621
浙江	3865	511	3354	3212551	1145020	2067531
安徽	4126	683	3443	1263407	518505	744902
福建	1823	327	1496	1190363	504967	685396
江西	2567	367	2200	889886	326132	563754
山东	7632	796	6836	3033250	1456072	1577178
河南	5243	563	4680	1726453	643749	1082703
湖北	4243	913	3330	1178610	554376	624234
湖南	3879	606	3273	1693327	764046	929281
广东	3822	774	3048	4083737	1794747	2288990
广西	2359	168	2191	1228363	235651	992712
海南	506	83	423	235171	61806	173365
四川	8675	928	7747	2330632	787412	1543220
贵州	2624	236	2388	543256	208447	334809
云南	2979	157	2822	703760	163674	540086
西藏	134	38	96	73988	58569	15419
陕西	2439	542	1897	663624	351926	311698
甘肃	1564	455	1109	444016	309753	134263
青海	255	49	206	71402	46444	24958
宁夏	250	56	194	101496	53072	48424
新疆	1045	324	721	265644	139829	125815

8-5 城乡集市贸易变化比较

项　　目	1991年		1992年		1992年为
	绝对数	比重(%)	绝对数	比重(%)	1991年%
一、集市数(个)	**74675**	**100.0**	**79188**	**100.0**	**106.0**
城　　市	13891	18.6	14510	18.3	104.5
乡　　村	60784	81.4	64678	81.7	106.4
二、集市商品成交额(亿元)	**2622.2**	**100.0**	**3530.0**	**100.0**	**134.6**
(一)按城乡分					
城　　市	1079.2	41.2	1583.0	44.8	146.7
乡　　村	1543.0	58.8	1947.0	55.2	126.2
(二)按商品类别分					
粮食类	101.3	3.9	133.1	3.8	131.4
油脂油料类	63.4	2.4	79.9	2.3	126.0
棉烟麻类	18.3	0.7	23.9	0.7	130.6
肉食禽蛋类	705.5	26.9	859.1	24.3	121.8
水产品类	224.2	8.6	292.2	8.3	130.3
蔬菜类	331.9	12.7	434.6	12.3	130.9
干鲜果类	233.4	8.9	291.3	8.3	124.8
日用杂品类	21.1	0.8	24.9	0.7	118.0
柴草类	11.1	0.4	12.1	0.3	109.0
饲料农具种苗类	24.5	0.9	29.5	0.8	120.4
大牲畜类	43.6	1.7	47.9	1.4	109.9
家畜幼禽类	92.7	3.5	106.9	3.0	115.3
工业品类	561.9	21.4	880.0	24.9	156.6
废旧类	65.7	2.5	90.7	2.6	138.1
其他类	123.5	4.7	223.9	6.3	181.3

8-6 城乡综合集贸市场及农副产品专业市场主要商品成交量

(1992年)

商品名称	单位	城乡合计		农村		城市	
		批发	零售	批发	零售	批发	零售
一、粮食	吨	1305893	10955227	791851	9205222	514042	1750005
# 大米	吨	342319	4398770	203105	3480935	139214	917835
二、食用植物油	吨	68694	1258932	43287	965145	25407	293787
三、肉禽蛋	吨	540098	13494780	377526	9063552	162572	4431228
# 猪肉	吨	200949	7115740	121685	5368582	79264	1747158
羊肉	吨	6258	370908	4303	232427	1955	138481
牛肉	吨	8217	873057	6519	534973	1698	338084
鲜蛋	吨	73824	2132630	41859	1373283	31965	759347
鸡鸭鹅	吨	175791	1393027	144508	1015563	31283	377464
四、水产品	吨	651530	4137043	435614	2423974	215916	1713069
五、蔬菜	吨	10248055	35754090	4107318	22965716	6140737	12788374
六、干鲜果	吨	5020929	13138439	1321209	8546019	3699720	4592420
七、大牲畜	万头	31	764	31	578		186

8-7 各专业集贸市场数和商品成交额

(1992年)

项目	单位	城乡合计	城市	农村
一、集贸市场总数	**个**	**79188**	**14510**	**64678**
1. 综合集贸市场数	个	64189	9851	54338
2. 工业品专业市场数	个	4286	1743	2543
# 批发市场数	个	560	338	222
3. 农副产品专业市场数	个	7522	1743	5779
# 批发市场数	个	1858	757	1101
4. 废旧品专业市场数	个	836	393	443
5. 其他专业市场数	个	2355	780	1575
二、集贸市场成交总额	**万元**	**35299796**	**15830034**	**19469762**
1. 综合集贸市场成交额	万元	22709014	8421625	14287389
2. 工业品专业市场成交额	万元	6777603	4270951	2506652
# 批发市场成交额	万元	3559748	2354434	1205314
3. 农副产品专业市场成交额	万元	3967350	2021284	1946066
# 批发市场成交额	万元	2235673	1421838	813835
4. 废旧品专业市场成交额	万元	672937	454419	218518
5. 其他专业市场成交额	万元	1172892	661755	511137

8-8 城乡集贸市场主要商品价格

（1992年）

商品名称	单位	城市		乡村	
		年末	年平均	年末	年平均
大米	元/公斤	1.22	1.21	1.15	1.17
小麦	元/公斤	0.92	0.92	0.86	0.89
玉米	元/公斤	0.78	0.76	0.70	0.70
黄豆	元/公斤	2.10	1.95	1.85	1.78
生花生米	元/公斤	3.47	3.38	3.44	3.38
花生油	元/公斤	5.56	5.85	5.64	5.55
菜籽油	元/公斤	4.31	4.43	4.68	4.60
芝麻油	元/公斤	12.44	11.81	10.38	10.59
棉花	元/公斤	7.99	8.15	8.24	8.32
烟叶	元/公斤	6.05	6.24	5.83	5.66
猪肉	元/公斤	6.61	6.41	6.16	6.03
牛肉	元/公斤	7.74	7.66	7.59	7.47
羊肉	元/公斤	8.40	7.94	8.35	8.23
鸡蛋	元/公斤	5.38	5.13	5.36	5.14
鸭蛋	元/公斤	5.07	5.32	4.94	4.69
活母鸡	元/公斤	7.28	7.12	6.83	6.61
活鸭	元/公斤	5.51	5.49	5.21	5.14
鲫鱼	元/公斤	7.26	7.32	6.53	6.36
鲤鱼	元/公斤	7.65	7.64	7.31	7.52
鲢鱼	元/公斤	4.95	4.86	4.71	4.73
白菜	元/公斤	0.45	0.53	0.40	0.45
萝卜	元/公斤	0.47	0.55	0.40	0.46
芹菜	元/公斤	0.84	0.91	0.83	0.83
黄瓜	元/公斤	1.94	1.37	1.78	1.32
青椒	元/公斤	2.12	1.94	1.99	1.80
菠菜	元/公斤	0.86	0.83	0.79	0.78

注：商品价格为中等规格商品价格。

8-8 续表1　　(1992年)

商品名称	单位	城市		乡村	
		年末	年平均	年末	年平均
西红柿	元/公斤	1.81	1.62	1.72	1.50
土豆	元/公斤	0.67	0.69	0.64	0.63
生姜	元/公斤	3.01	3.26	2.81	2.96
苹果	元/公斤	3.10	3.13	2.77	2.86
梨	元/公斤	2.55	2.55	2.33	2.30
桔子	元/公斤	2.19	2.26	2.08	2.21
广柑	元/公斤	2.49	2.26	2.32	2.10
西瓜	元/公斤	1.47	1.32	1.32	1.20
桃	元/公斤	2.53	2.39	2.06	1.90
葡萄	元/公斤	3.57	3.37	3.00	2.88
甘蔗	元/公斤	1.04	1.02	0.99	0.94
红枣	元/公斤	5.25	5.16	4.56	4.35
核桃	元/公斤	5.21	4.92	4.20	4.07
扫帚	元/把	1.90	1.84	1.81	1.79
荆柳竹篮	元/个	5.09	4.34	3.75	3.55
烧柴	元/担	0.27	0.28	3.83	3.80
糠	元/公斤	0.35	0.33	0.36	0.35
麸	元/公斤	0.50	0.51	0.57	0.57
豆饼	元/公斤	1.32	1.21	1.43	1.35
扁担	元/根	3.59	3.53	3.49	3.45
粪筐	元/个	4.32	3.61	3.85	3.73
簸箕	元/个	3.40	3.00	3.62	3.64
苇席	元/个	12.92	11.31	12.98	12.90
黄牛	元/头	583.38	653.25	665.24	629.93
水牛	元/头	464.00	649.00	737.99	723.84
骡	元/头	7.41	8.05	658.13	667.43
克郎猪	元/公斤	4.31	3.54	4.18	4.15

8-9 农民对非农业居民零售数量和金额变化比较

金额单位：亿元

项目	单位	1991年		1992年		1992年为1991年%
		数量	金额	数量	金额	
总额	**亿元**		**909.80**		**1077.40**	**118.4**
一、食品类	**亿元**		**866.94**		**1028.23**	**118.6**
# 粮食	万吨	710.1	58.23	801.7	70.24	112.9
食用植物油	万吨	62.4	29.75	68.1	34.50	109.1
猪和猪肉	万头	5864.1	191.96	5934.5	217.32	101.2
牛和牛肉	万头	353.3	19.97	409.1	25.68	115.8
羊和羊肉	万头	2041.0	13.28	2410.4	18.53	118.1
家禽	万只	63049.0	63.68	66831.9	71.42	106.0
鲜蛋	万吨	161.5	84.56	187.5	99.10	116.1
水产品	万吨	220.2	129.25	249.9	153.50	113.5
干鲜菜	亿元		163.36		193.20	118.3
干鲜果	亿元		95.47		105.91	110.9
# 苹果	万吨	130.6	24.96	159.9	32.76	122.4
柑桔	万吨	106.3	25.09	83.7	20.33	78.7
茶叶	万吨	2.7	4.24	2.8	5.05	103.7
蜂蜜	万吨	0.5	0.25	0.6	0.28	120.0
甘蔗	万吨	57.8	2.22	60.2	3.29	104.2
二、日用杂品类	**亿元**		**27.72**		**32.65**	**117.8**
三、燃料类	**亿元**		**15.14**		**16.52**	**109.1**

8-10 城乡集贸市场建设情况

项　　目	单位	1987年		1988年		1989年	
		合　计	# 农 村	合　计	# 农 村	合　计	# 农 村
一、投资额	**万元**	**117281**	**76174**	**163136**	**102900**	**183036**	**105663**
1.市场管理费	万元	36482	22698	52251	32918	67097	39584
2.财政拨款	万元	10520	6118	12268	6654	11548	7126
3.社会集资	万元	42810	30582	60595	41558	67322	41414
4.其他	万元	27467	16774	38022	21770	37069	17544
二、市场建设数	**个**	**5194**	**4142**	**4878**	**3553**	**4579**	**3052**
# 棚顶市场	个	2736	2142	2513	1837	2293	1389
室内市场	个	1136	867	1239	915	1065	626
三、建设总面积	**平方米**	**17145297**	**14355110**	**16822713**	**13470426**	**12468888**	**9682364**
# 棚顶市场	平方米	3987050	3033190	3619365	2626821	2970417	1965152
室内市场	平方米	3667753	2851304	4283636	3194237	3417436	2435464
四、售货台	**米**	**937085**	**634788**	**693902**	**540439**	**891526**	**716388**

续表1

项　　目	单位	1990年		1991年		1992年	
		合　计	# 农 村	合　计	# 农 村	合　计	# 农 村
一、投资额	**万元**	**195362**	**102825**	**381560**	**209243**	**1164854**	**660381**
1.市场管理费	万元	86358	46499	129404	71780	219023	105969
2.财政拨款	万元	20063	1989	21286	12320	35884	22314
3.社会集资	万元	54212	29483	123942	70560	528413	337902
4.其他	万元	34730	18854	106928	54583	381534	194196
二、市场建设数	**个**	**4567**	**3484**	**5319**	**3737**	**8605**	**6180**
# 棚顶市场	个	2407	1804	2678	1895	3720	2682
室内市场	个	1030	722	1245	792	2669	1648
三、建设总面积	**平方米**	**14211199**	**11252527**	**24943046**	**18302646**	**64147176**	**47380695**
# 棚顶市场	平方米	3172011	2191844	6175727	4149615	15228315	8399210
室内市场	平方米	2881361	1883823	4952619	3007466	14715716	8942113
四、售货台	**米**	**943415**	**655535**	**1118169**	**837232**	**1972485**	**1505951**

九、 中国市场物价

图 9-1 各种物价总指数

（以上年为100）

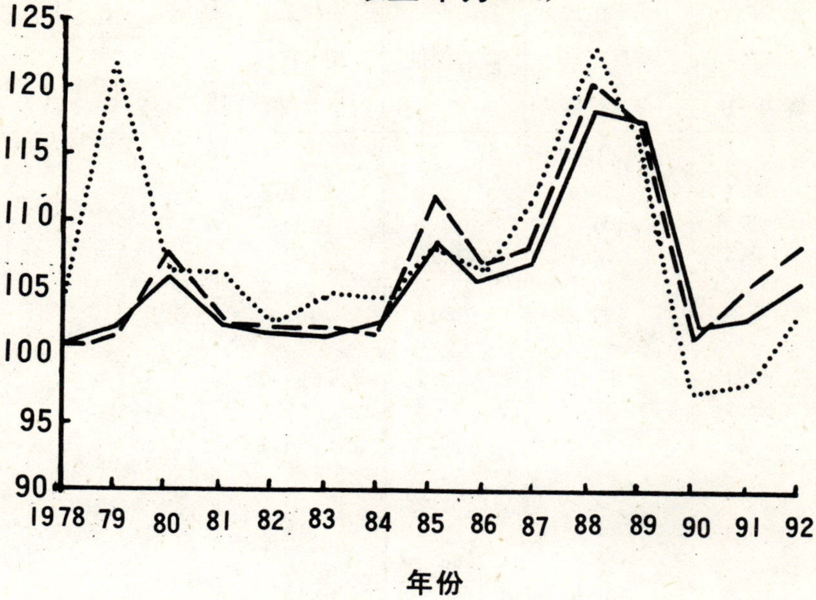

（以1950年为100）

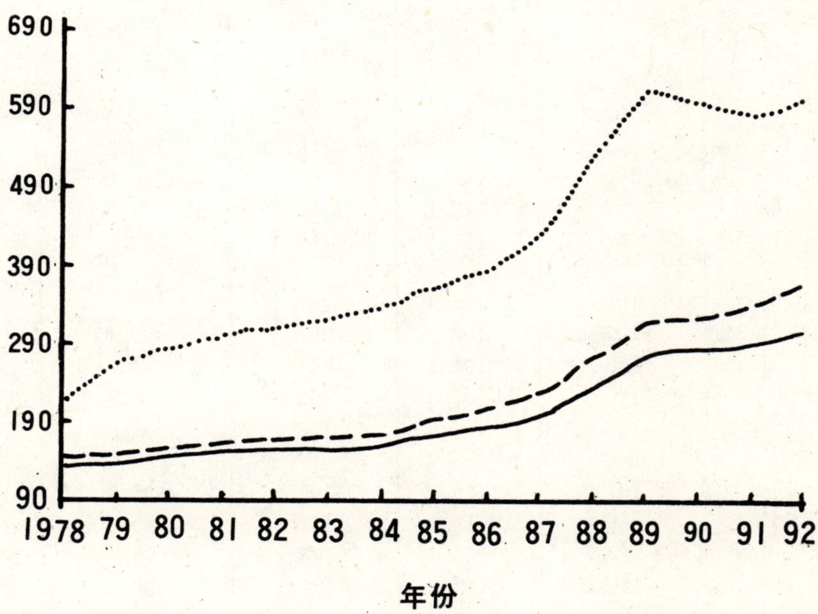

—— 零售物价总指数　　— — 职工生活费用总指数

…… 农副产品收购价格总指数

9-1 各种物价总指数

（以上年为100）

年份	全国零售物价总指数	职工生活费用价格总指数	农副产品收购价格总指数	农村工业品零售价格总指数	工农业商品的综合比价指数	
					以农副产品收购价格总指数为100	以农村工业品零售价格总指数为100
1958	100.2	98.9	102.2	99.4	97.3	102.8
1959	100.9	100.3	101.8	100.9	99.1	100.9
1960	103.1	102.5	103.5	102.8	99.3	100.7
1961	116.2	116.1	128.0	104.9	82.0	122.0
1962	103.8	103.8	99.4	104.5	105.1	95.1
1963	94.1	94.1	97.2	99.0	101.9	98.2
1964	96.3	96.3	97.5	98.1	100.6	99.4
1965	97.3	98.8	99.2	96.3	97.1	103.0
1966	99.7	98.8	104.2	97.1	93.2	107.3
1967	99.3	99.4	99.9	99.2	99.3	100.7
1968	100.1	100.1	99.8	99.7	99.9	100.1
1969	98.9	101.0	99.8	98.5	98.7	101.3
1970	99.8	100.0	100.1	99.8	99.7	100.3
1971	99.3	99.9	101.6	98.5	96.9	103.1
1972	99.8	100.2	101.4	99.5	98.1	101.9
1973	100.6	100.1	100.8	100.0	99.2	100.8
1974	100.5	100.7	100.8	100.0	99.2	100.8
1975	100.2	100.4	102.1	100.0	97.9	102.1
1976	100.3	100.3	100.5	100.1	99.6	100.4
1977	102.0	102.7	99.8	100.1	100.3	99.7
1978	100.7	100.7	103.9	100.0	96.2	103.9
1979	102.0	101.9	122.1	100.1	82.0	122.0
1980	106.0	107.5	107.1	100.8	94.1	106.3
1981	102.4	102.5	105.9	101.0	95.4	104.9
1982	101.9	102.0	102.2	101.6	99.4	100.6
1983	101.5	102.0	104.4	101.0	96.7	103.4
1984	102.8	102.7	104.0	103.1	99.1	100.9
1985	108.8	111.9	108.6	103.2	95.0	105.2
1986	106.0	107.0	106.4	103.2	97.0	103.1
1987	107.3	108.8	112.0	104.8	93.6	106.9
1988	118.5	120.7	123.0	115.2	93.7	106.8
1989	117.8	116.3	115.0	118.7	103.2	96.9
1990	102.1	101.3	97.4	104.6	107.4	93.1
1991	102.9	105.1	98.0	103.0	105.1	95.1
1992	105.4	108.6	103.4	103.1	99.7	100.3

9-2 各种物价总指数

（1992年）

基　　期	全国零售物价总指数	居民生活费用价格总指数	农副产品收购价格总指数	农村工业品零售价格总指数	工农业商品的综合比价指数 以农副产品收购价格总指数为100	以农村工业品零售价格总指数为100
1930-1936年=100	714.4		1138.2	508.3	44.7	223.9
1949年=100	550.1					
1950年=100	306.1		603.8	200.8	33.3	300.7
1952年=100	273.9		496.4	182.8	36.8	271.6
1957年=100	252.2		413.1	179.1	43.4	230.7
1962年=100	200.6		301.7	158.7	52.6	190.1
1965年=100	227.0		321.4	169.5	52.7	189.6
1970年=100	232.4		309.4	179.5	58.0	172.4
1975年=100	232.1		289.5	183.1	63.2	158.1
1978年=100	225.2		277.5	182.7	65.8	151.9
1980年=100	208.4		212.4	181.0	85.2	117.3
1985年=100	175.7	181.7	166.4	164.2	98.7	101.3
1990年=100	108.5	113.4	101.3	106.2	104.8	95.4
上　年=100	105.4	106.4	103.4	103.1	99.7	100.3

9-3 全社会零售物价分类指数

（以上年为100）

类别	1987年	1988年	1989年	1990年	1991年	1992年
全社会零售物价指数	**107.3**	**118.5**	**117.8**	**102.1**	**102.9**	**105.4**
（一）消　费　品	**107.4**	**119.0**	**117.5**	**101.6**	**102.9**	**105.6**
1.食　品　类	110.1	123.0	116.2	100.3	103.3	107.7
粮　　食	106.2	114.1	121.3	95.2	108.6	124.3
副　食　品	113.8	130.4	114.3	101.3	102.4	105.2
#肉禽蛋	116.5	136.8	114.3	97.9	97.7	104.8
烟　酒　茶	103.2	113.0	110.7	100.9	100.8	104.6
其他食品	109.7	120.2	121.9	102.5	103.9	103.6
2.衣　着　类	103.5	112.7	118.1	107.1	104.1	102.8
3.日用品类	106.1	112.2	115.3	101.9	101.5	101.4
4.文化娱乐用品类	102.5	114.1	114.3	97.5	96.2	95.7
5.书报杂志类	101.4	115.2	192.7	107.6	100.8	103.3
6.药及医疗用品类	104.6	124.8	121.2	102.4	103.4	109.1
7.建筑装璜材料类		121.4	118.7	97.0	100.8	106.5
8.燃　料　类	103.6	116.1	127.4	108.2	115.6	114.6
（二）农业生产资料	**107.0**	**116.2**	**118.9**	**105.5**	**102.9**	**103.7**

9-4 全社会零售物价分类指数

（以1978年为100）

类别	1987年	1988年	1989年	1990年	1991年	1992年
全社会零售物价指数	**145.7**	**172.7**	**203.4**	**207.7**	**213.7**	**225.2**
（一）消　费　品	**147.4**	**175.4**	**206.1**	**209.4**	**215.5**	**227.6**
1.食　品　类	178.5	219.6	255.2	256.0	264.4	284.8
粮　　食	143.5	163.7	198.6	189.1	205.4	255.3
副　食　品	214.2	279.3	319.2	323.3	331.1	348.3
# 肉禽蛋	238.4	326.1	372.7	364.9	356.5	373.6
烟　酒　茶	126.0	142.4	157.6	159.0	160.3	167.7
其他食品	170.9	205.4	250.4	256.7	266.7	276.3
2.衣　着　类	103.3	116.4	137.5	147.3	153.3	157.6
3.日用品类	120.0	134.6	155.2	158.1	160.5	162.7
4.文化娱乐用品类	95.2	108.6	124.1	121.0	116.4	111.4
6.药及医疗用品类	125.7	156.9	190.2	194.8	201.4	219.7
8.燃　料　类	118.2	137.2	174.8	189.1	218.6	250.5
（二）农业生产资料	**133.8**	**155.5**	**184.9**	**195.1**	**200.8**	**208.2**

9-5 全社会零售物价分类指数

（以1980年为100）

类　　别	1987年	1988年	1989年	1990年	1991年	1992年
全社会零售物价指数	134.8	159.7	188.1	192.1	197.7	208.4
（一）消　费　品	135.0	160.7	188.8	191.8	197.4	208.5
1.食　品　类	153.0	188.2	218.7	219.4	226.6	244.0
粮　　食	133.7	152.6	185.1	176.2	191.4	237.9
副　食　品	168.8	220.1	251.6	254.9	261.0	274.6
# 肉禽蛋	173.0	236.7	270.5	264.8	258.7	271.1
烟　酒　茶	124.6	140.8	155.9	157.3	158.6	165.9
其他食品	155.2	186.6	227.5	233.2	242.3	251.0
2.衣　着　类	103.8	117.0	138.2	148.0	154.1	158.4
3.日用品类	117.6	131.9	152.1	155.0	157.3	159.5
4.文化娱乐用品类	98.0	111.8	127.8	124.6	119.9	114.7
6.药及医疗用品类	122.6	153.0	185.4	189.8	196.3	214.2
8.燃　料　类	117.2	136.1	173.4	187.6	216.9	248.6
（二）农业生产资料	131.7	153.0	181.9	191.9	197.5	204.8

9-6 全社会零售物价分类指数

（1992年）

类　　别	以1990年为100			以上年为100		
	全　国	城　镇	农　村	全　国	城　镇	农　村
全社会零售物价指数	108.5	112.5	106.0	105.4	107.7	103.9
（一）消　费　品	108.7	112.5	105.8	105.6	107.7	104.0
1.食　品　类	111.3	116.7	106.1	107.7	110.7	104.7
粮　　食	135.0	168.0	112.6	124.3	139.2	112.7
副　食　品	107.7	110.1	105.1	105.2	107.0	103.1
# 肉禽蛋	102.4	103.6	100.7	104.8	105.4	103.9
烟　酒　茶	105.4	108.3	104.0	104.6	106.5	103.6
其他食品	107.6	110.6	104.8	103.6	104.9	102.3
2.衣　着　类	107.0	108.8	105.7	102.8	104.1	101.8
3.日用品类	102.9	103.1	102.8	101.4	101.5	101.3
4.文化娱乐用品类	92.1	91.2	92.9	95.7	95.5	95.9
5.书报杂志类	104.1	105.7	103.1	103.3	104.1	102.8
6.药及医疗用品类	112.8	114.6	112.3	109.1	110.1	108.8
7.建筑装璜材料类	107.4	108.8	107.4	106.5	107.3	106.5
8.燃　料　类	132.5	158.6	121.5	114.6	121.7	111.7
（二）农业生产资料	106.7		106.7	103.7		103.7

9-7 各地区全社会零售物价分类指数

（1992年，以上年为100）

地　区	总指数	一.消费品	(一)食品类	1.粮 食	(1)细 粮	(2)粗 粮	2.副食品	(1)食 用 植 物 油
全国平均	105.4	105.6	107.7	124.3	124.6	122.1	105.2	105.9
北　京	108.3	108.3	111.5	134.3	134.9	125.5	108.9	110.9
天　津	109.4	109.4	113.4	138.6	138.7	137.4	111.3	107.3
河　北	105.2	105.4	107.2	118.2	116.8	127.8	103.7	112.4
山　西	106.5	106.7	109.5	123.2	122.6	126.5	107.1	117.0
内 蒙 古	106.8	107.4	111.5	131.6	130.9	136.0	108.7	118.2
辽　宁	106.0	106.2	107.9	127.4	125.6	143.1	106.4	115.6
吉　林	107.1	107.2	108.2	128.9	127.4	128.4	103.4	117.3
黑 龙 江	108.5	108.3	111.1	139.4	139.2	140.1	105.8	118.1
上　海	109.7	109.7	113.1	151.1	153.2	117.4	112.0	121.8
江　苏	104.8	105.1	107.1	135.1	136.9	109.3	104.8	107.7
浙　江	106.6	107.1	109.7	142.3	143.8	119.4	109.5	109.0
安　徽	106.6	107.1	108.9	136.7	137.7	118.6	105.0	122.4
福　建	105.0	105.5	107.5	113.7	113.6	114.8	107.4	102.9
江　西	105.6	105.6	107.7	127.2	128.0	115.7	105.6	105.5
山　东	105.9	106.2	107.6	133.4	134.0	125.9	104.2	130.9
河　南	104.4	105.0	108.8	130.6	130.5	131.2	106.1	115.3
湖　北	107.0	107.1	110.1	141.2	145.0	128.1	106.7	119.7
湖　南	109.5	109.6	114.0	152.1	152.7	134.8	108.6	122.9
广　东	105.8	106.6	108.1	108.7	107.7	125.7	109.1	100.0
广　西	104.6	104.8	106.3	131.2	131.2	131.3	103.3	101.7
海　南	108.7	108.8	111.6	129.3	129.4	126.3	110.3	101.5
四　川	106.4	106.4	110.5	147.0	150.8	124.2	107.4	109.0
贵　州	107.4	107.6	111.4	140.8	144.3	128.4	107.3	112.2
云　南	107.7	108.2	109.5	127.2	128.0	122.1	108.2	114.3
西　藏								
陕　西	109.5	109.7	114.5	145.8	145.7	147.9	110.0	108.0
甘　肃	105.8	105.7	108.2	129.2	128.0	138.3	106.2	116.2
青　海	106.4	106.6	108.8	128.7	130.2	98.1	106.3	113.7
宁　夏	107.4	108.1	112.6	139.4	139.8	130.0	109.4	103.8
新　疆	108.1	108.1	111.7	128.0	128.8	116.4	107.0	108.9

9-7 续表1

(1992年，以上年为100)

地区	(2)鲜菜	(3)干菜	(4)肉禽蛋	(5)水产品	(6)调味品	(7)食糖	3.烟酒茶	(1)烟
全国平均	109.6	110.1	104.8	105.4	106.5	89.4	104.6	107.6
北京	115.1	134.1	106.7	101.8	121.8	84.9	112.1	125.5
天津	114.3	126.4	113.6	99.8	127.0	87.9	100.1	100.2
河北	104.1	110.9	101.6	101.2	109.5	95.3	108.1	113.4
山西	107.8	110.4	105.1	102.8	111.3	89.7	104.8	105.6
内蒙古	111.0	112.1	106.5	100.7	120.7	94.5	103.2	104.7
辽宁	112.6	118.6	101.2	103.3	113.4	93.4	106.8	111.8
吉林	103.8	115.3	99.8	99.0	116.7	95.1	102.7	104.2
黑龙江	110.1	120.5	102.4	101.2	114.9	95.4	103.1	106.2
上海	117.8	111.9	107.5	117.9	105.5	77.8	109.3	114.6
江苏	100.0	110.9	104.3	108.6	105.0	87.4	105.4	107.9
浙江	121.7	116.5	106.6	112.8	104.1	83.1	102.8	104.2
安徽	89.1	117.0	104.5	109.5	109.1	85.2	104.0	106.1
福建	127.9	106.4	106.9	109.0	101.5	85.0	105.2	107.2
江西	106.2	107.9	107.3	104.5	102.1	86.5	102.2	102.9
山东	111.8	111.0	100.3	101.5	106.1	93.5	103.2	104.0
河南	105.8	110.7	106.3	102.4	106.1	85.2	102.9	105.4
湖北	105.0	110.2	106.2	106.1	105.9	85.3	105.5	107.7
湖南	107.9	113.6	110.0	103.0	102.7	83.6	111.7	116.3
广东	130.4	106.2	107.0	110.3	111.2	87.5	104.4	107.3
广西	108.9	106.5	104.3	103.4	102.7	81.7	102.1	102.3
海南	119.2	106.9	107.9	114.9	100.7	82.1	110.7	117.2
四川	110.6	111.1	107.6	105.6	111.0	84.4	104.6	107.8
贵州	121.9	103.0	104.5	103.2	102.6	83.2	100.9	99.8
云南	110.3	113.1	108.2	112.7	111.5	82.3	104.9	110.5
西藏								
陕西	114.8	115.3	109.8	104.4	109.0	84.5	105.5	107.6
甘肃	104.1	111.1	105.2	96.7	116.2	86.9	103.5	104.5
青海	101.6	112.5	107.3	100.4	121.0	83.5	104.2	106.9
宁夏	107.3	122.5	111.4	103.8	122.5	87.3	106.8	109.6
新疆	108.4	110.3	106.7	101.7	117.5	89.4	112.3	114.5

9-7 续表2

（1992年，以上年为100）

地区	(2)酒	(3)茶	4.其他食品	(1)鲜果	(2)干果	(3)糖果	(4)糕点	(5)奶及奶制品
全国平均	**100.5**	**104.2**	**103.6**	**103.4**	**105.8**	**103.3**	**103.9**	**103.8**
北京	100.3	100.0	108.6	104.6	112.9	100.5	116.9	105.6
天津	99.9	100.0	108.4	106.8	118.9	101.4	109.5	109.5
河北	102.5	106.7	104.0	104.7	104.5	105.5	102.0	105.4
山西	103.0	105.9	105.5	108.1	110.0	104.4	106.1	100.5
内蒙古	101.2	107.7	105.5	105.9	110.9	105.4	102.9	104.7
辽宁	102.1	106.2	100.6	97.1	104.8	104.3	102.4	106.0
吉林	101.3	106.0	102.6	99.9	103.3	103.6	108.0	107.1
黑龙江	101.1	102.7	102.9	102.4	101.1	102.6	108.1	102.4
上海	102.9	101.7	103.6	94.8	116.5	99.8	114.1	107.1
江苏	101.1	102.8	100.8	92.1	105.1	102.9	106.4	114.2
浙江	100.0	109.9	104.1	101.8	105.7	104.8	106.7	102.9
安徽	100.3	104.5	101.9	90.2	116.3	105.1	106.1	105.5
福建	101.6	105.0	103.5	103.3	106.3	101.0	101.4	107.8
江西	100.6	105.7	102.0	96.8	109.7	103.4	103.2	104.7
山东	102.9	102.0	101.4	97.0	104.3	103.9	103.4	103.6
河南	99.1	105.5	102.8	104.7	108.2	101.6	100.5	103.8
湖北	102.2	105.8	105.1	101.2	110.0	105.6	103.9	111.1
湖南	103.7	109.8	107.9	114.7	106.5	103.9	103.1	102.5
广东	100.8	102.8	103.9	106.1	101.5	101.5	103.1	102.7
广西	101.7	101.2	100.2	94.7	98.1	101.4	105.0	103.0
海南	98.6	94.3	101.9	101.6	98.5	109.0	101.6	105.4
四川	99.9	108.4	103.0	104.9	104.3	103.8	102.0	101.1
贵州	102.3	99.9	102.8	103.2	100.0	104.4	100.8	108.5
云南	95.3	106.2	102.7	102.5	105.6	98.7	102.4	102.6
西藏								
陕西	101.5	106.0	108.1	110.6	109.3	108.1	104.1	109.3
甘肃	100.9	106.1	102.3	93.5	113.6	105.7	108.9	104.4
青海	101.8	98.3	103.0	97.3	121.0	103.9	109.0	99.9
宁夏	102.1	100.6	101.3	90.3	120.2	106.3	106.6	102.7
新疆	114.3	103.2	108.6	107.3	115.0	108.7	112.5	104.1

9-7 续表3　　（1992年，以上年为100）

地区	(6)罐头	(7)饮料	(二)衣着类	1.棉布	2.棉花化纤混纺布	3.化纤布	4.呢绒
全国平均	**102.2**	**102.3**	**102.8**	**101.2**	**99.9**	**101.0**	**100.5**
北京	104.1	111.3	103.3	102.1	101.5	115.9	105.7
天津	100.0	105.9	105.5	97.8	97.9	103.4	102.4
河北	101.9	105.9	103.9	100.8	100.9	100.8	101.9
山西	102.7	102.5	105.4	105.7	105.3	103.7	102.7
内蒙古	105.1	102.6	104.8	104.6	101.6	104.5	101.1
辽宁	101.6	102.5	105.0	102.2	101.1	102.4	100.6
吉林	100.9	108.5	102.4	101.5	98.3	99.4	101.1
黑龙江	99.9	102.7	103.2	102.2	102.2	102.5	99.1
上海	100.0	102.8	109.8	103.6	90.4	99.5	97.4
江苏	101.2	102.2	103.8	101.0	99.3	100.9	99.7
浙江	102.8	104.5	102.7	102.4	99.8	100.8	100.1
安徽	104.3	102.6	104.4	104.5	98.7	104.4	104.8
福建	102.2	102.9	101.5	99.8	99.7	99.2	99.7
江西	101.6	99.4	101.4	100.3	101.6	99.6	100.3
山东	102.3	107.7	105.7	100.2	101.6	102.6	102.3
河南	100.5	101.6	101.5	100.5	100.3	101.6	101.2
湖北	105.9	104.3	103.7	101.7	98.5	102.3	102.1
湖南	109.8	103.4	103.0	101.4	102.3	101.1	101.2
广东	102.2	102.2	102.4	100.8	100.2	102.5	100.2
广西	101.1	102.4	102.3	101.2	100.6	101.8	101.0
海南	104.6	99.1	101.6	102.6	92.1	98.2	105.6
四川	101.3	100.5	102.3	100.5	99.5	100.1	99.4
贵州	100.9	100.2	102.4	99.4	106.7	100.5	101.4
云南	106.2	103.7	102.4	101.7	102.2	101.0	101.1
西藏							
陕西	109.0	103.5	104.1	100.2	101.0	102.0	99.7
甘肃	99.4	101.0	101.5	102.0	100.9	103.3	99.9
青海	102.3	99.1	105.2	102.6	101.3	98.9	102.7
宁夏	101.7	101.0	104.1	100.4	98.5	103.3	100.2
新疆	103.1	106.2	103.6	101.4	103.7	101.4	99.9

（1992年，以上年为100）

地　区	5.绸　缎	6.针纺织品	7.服　装	8.鞋	9.其他衣着	(三)日　用品　类	1.一　般日用品
全国平均	**101.5**	**102.9**	**105.1**	**104.7**	**99.1**	**101.4**	**101.4**
北　京	101.1	101.1	103.9	101.9	100.0	105.3	108.5
天　津	98.2	104.6	109.4	108.2	99.5	100.6	100.9
河　北	104.1	103.9	107.2	105.8	98.2	101.5	102.0
山　西	104.4	104.2	109.2	105.5	99.0	101.7	102.4
内蒙古	104.6	104.4	106.5	106.6	100.3	102.9	104.7
辽　宁	100.6	104.4	107.0	108.8	97.0	102.9	105.4
吉　林	100.5	103.4	103.4	103.6	99.9	103.0	103.5
黑龙江	101.7	103.9	103.6	105.5	101.2	102.3	102.1
上　海	99.2	100.9	120.4	110.9	99.6	101.3	99.7
江　苏	102.0	103.3	107.8	106.1	99.3	101.6	101.5
浙　江	104.6	104.2	103.5	105.7	99.2	101.6	101.3
安　徽	102.0	105.1	107.2	105.6	97.6	101.9	100.7
福　建	102.3	101.6	103.0	105.4	98.0	100.5	100.8
江　西	99.4	102.7	102.5	103.0	99.2	100.6	100.6
山　东	103.5	103.2	110.0	110.1	98.6	101.7	101.4
河　南	102.1	102.3	101.9	101.9	99.2	100.2	100.3
湖　北	100.3	104.3	105.4	105.3	101.2	101.7	102.2
湖　南	98.2	103.3	104.1	104.9	99.8	101.4	101.8
广　东	100.1	102.6	103.2	101.8	100.9	101.0	101.1
广　西	101.7	101.6	103.7	103.7	100.0	100.7	100.9
海　南	99.2	99.0	102.6	102.3	96.9	101.2	101.0
四　川	101.1	103.2	105.0	104.7	98.3	100.2	100.2
贵　州	100.9	102.2	103.3	104.4	99.3	101.0	101.2
云　南	101.4	103.2	104.1	101.6	99.5	101.9	102.2
西　藏							
陕　西	101.6	104.7	107.7	105.5	99.5	103.4	104.0
甘　肃	101.5	102.6	101.2	101.7	99.7	102.1	103.3
青　海	100.1	105.8	109.3	105.3	102.6	101.6	102.0
宁　夏	100.5	103.0	108.2	106.4	97.8	102.9	102.4
新　疆	101.6	104.6	105.7	106.1	100.2	104.2	105.4

9-7 续表5 （1991年，以上年为100）

地　区	2.日用机电消费品	3. 家具	4.日用杂品	(四)文化娱乐用品类	1.纸　张	2.文娱用机电消费品	3.其他文娱用品
全国平均	**101.1**	**100.6**	**103.6**	**95.7**	**102.7**	**93.0**	**101.9**
北　京	101.7	102.6	106.8	92.8	129.3	86.1	100.4
天　津	98.9	100.7	109.8	94.4	100.5	92.5	100.5
河　北	100.5	101.4	104.8	94.9	107.0	92.1	103.0
山　西	101.0	101.1	104.0	96.0	102.8	94.1	102.7
内蒙古	101.2	101.3	108.0	93.2	102.3	88.6	104.7
辽　宁	100.7	101.7	102.1	96.0	101.3	94.7	102.2
吉　林	103.1	101.1	102.9	97.5	104.0	94.8	103.2
黑龙江	101.1	102.6	109.1	98.1	102.7	96.0	102.1
上　海	100.9	106.9	107.4	90.9	103.0	89.1	98.0
江　苏	100.9	101.7	106.5	95.1	102.3	93.1	101.0
浙　江	101.7	100.6	104.8	96.4	103.4	94.5	101.7
安　徽	103.3	100.7	102.0	96.7	111.1	93.2	102.4
福　建	100.5	99.0	101.9	94.8	101.4	92.3	100.5
江　西	100.4	99.6	102.4	95.2	101.9	92.9	101.3
山　东	100.6	101.7	108.1	94.9	104.2	91.7	101.9
河　南	100.5	98.8	101.0	93.0	103.0	89.9	100.8
湖　北	100.5	100.6	103.9	96.3	104.3	91.3	103.1
湖　南	100.7	101.2	103.4	94.0	103.5	89.8	101.0
广　东	101.5	99.0	102.1	98.5	103.5	96.6	102.6
广　西	100.5	99.5	101.4	95.7	101.8	92.6	102.3
海　南	102.2	99.3	100.5	99.6	104.1	99.2	99.0
四　川	100.3	97.9	101.7	94.9	102.6	91.2	102.7
贵　州	100.3	100.1	103.3	98.0	102.8	94.6	101.7
云　南	102.3	100.0	102.5	96.6	102.3	93.9	101.1
西　藏							
陕　西	100.2	107.3	105.1	95.9	99.6	93.5	101.7
甘　肃	101.6	101.3	102.3	98.2	104.2	95.8	101.5
青　海	100.0	103.7	102.5	96.2	106.8	93.5	101.3
宁　夏	103.3	101.2	105.8	93.2	100.7	90.0	101.8
新　疆	102.5	103.3	106.9	98.7	106.2	96.0	103.0

地　区	(五)书报杂志类	(六)药及医疗用品类	1.中　药	2.西药及医疗用品	(七)建筑装璜材料类	(八)燃料类	二.农业生产资料
全国平均	**103.3**	**109.1**	**118.4**	**102.1**	**106.5**	**114.6**	**103.7**
北　京	105.9	114.8	126.2	103.3	102.2	139.4	
天　津	110.3	105.8	107.3	104.4	100.2	139.1	
河　北	104.9	108.4	119.2	103.3	109.0	112.0	103.4
山　西	104.4	110.9	122.1	101.5	103.4	113.7	103.3
内蒙古	102.0	109.6	117.7	105.0	100.8	106.5	102.2
辽　宁	106.0	105.7	111.0	102.7	105.5	121.8	103.5
吉　林	104.8	106.3	109.4	104.0	105.3	127.5	104.5
黑龙江	110.0	109.2	116.9	102.3	105.1	127.7	109.6
上　海	110.0	106.9	114.9	98.3	112.3	128.0	
江　苏	102.2	110.6	127.1	100.2	105.1	114.2	102.9
浙　江	100.0	111.2	118.8	101.4	107.1	130.5	103.7
安　徽	104.4	109.3	118.5	101.7	106.2	131.1	102.5
福　建	104.2	112.5	122.4	103.4	109.3	105.6	102.2
江　西	102.3	109.1	115.2	102.1	108.9	118.0	105.3
山　东	103.1	112.3	123.2	103.6	105.3	134.1	101.4
河　南	98.4	106.8	116.3	102.0	103.5	113.2	101.2
湖　北	101.4	108.9	124.7	103.0	104.3	118.9	106.6
湖　南	100.1	117.4	131.6	106.1	109.1	111.7	105.6
广　东	103.7	109.8	118.4	101.1	114.1	109.1	99.1
广　西	101.7	110.7	119.1	102.9	115.2	115.9	104.0
海　南	100.9	103.7	103.3	104.1	111.2	108.5	100.7
四　川	104.8	108.3	118.1	100.1	110.4	107.9	106.2
贵　州	101.1	100.8	103.7	99.4	104.7	113.1	105.6
云　南	106.4	110.3	124.6	102.8	123.8	118.6	105.2
西　藏							
陕　西	100.4	110.9	122.4	102.6	106.6	120.2	106.2
甘　肃	105.9	111.1	121.5	104.5	102.8	107.1	106.7
青　海	100.2	117.7	130.9	106.8	100.3	102.9	103.8
宁　夏	106.0	117.1	135.1	103.6	104.0	103.5	104.0
新　疆	102.4	106.4	109.3	104.8	108.9	110.9	108.0

9-8 各地区居民生活费用价格指数

（1992年，以上年为100）

地　区	居民生活费　用	一.消费品	二.服务项目	1.房　租	2.水电费	3.交通费
全国平均	**106.4**	**105.6**	**113.4**	**119.5**	**108.3**	**109.2**
北　京	109.9	108.3	122.8	200.0	124.6	100.0
天　津	111.4	109.4	133.1	220.6	130.6	117.8
河　北	106.1	105.4	112.9	103.3	108.1	112.2
山　西	107.3	106.7	112.8	109.3	110.0	106.4
内蒙古	107.4	107.4	107.4	133.8	103.1	111.6
辽　宁	106.7	106.2	110.6	101.1	118.4	104.9
吉　林	108.0	107.2	112.2	114.6	108.4	106.1
黑龙江	109.2	108.3	117.7	116.9	108.6	130.4
上　海	110.0	109.7	112.5	128.3	116.2	100.0
江　苏	106.6	105.1	123.0	146.2	114.0	107.6
浙　江	107.5	107.1	111.0	107.5	113.9	104.1
安　徽	108.2	107.1	116.8	107.0	106.6	112.3
福　建	105.9	105.5	108.5	132.9	118.2	105.6
江　西	105.7	105.6	106.9	110.2	113.7	105.3
山　东	106.8	106.2	112.6	116.6	105.3	115.8
河　南	105.4	105.0	109.0	108.0	105.5	110.5
湖　北	109.6	107.1	128.0	122.0	101.6	117.8
湖　南	110.7	109.6	119.1	173.6	106.0	116.5
广　东	107.3	106.6	112.1	109.6	104.7	114.3
广　西	105.9	104.8	114.0	102.5	106.4	118.7
海　南	108.7	108.8	107.9	103.3	101.9	102.3
四　川	107.4	106.4	114.4	162.4	107.0	122.4
贵　州	107.8	107.6	108.9	123.5	105.0	110.0
云　南	108.9	108.2	115.3	117.7	106.4	109.4
西　藏						
陕　西	110.3	109.7	114.7	109.0	102.6	115.1
甘　肃	107.2	105.7	118.7	115.2	105.3	122.6
青　海	108.0	106.6	119.3	110.7	100.7	105.0
宁　夏	108.3	108.1	109.9	110.8	122.0	120.5
新　疆	108.6	108.1	114.3	105.5	111.2	115.9

9-8 续表1 （1992年，以上年为100）

地 区	4.邮电费	5.医疗保健费	6.学杂保育费	7.文娱费	8.修理及其他服务费
全国平均	100.9	112.1	119.3	125.0	109.3
北 京	100.0	156.3	106.7	125.1	120.9
天 津	100.8	118.2	108.4	111.8	112.5
河 北	100.1	110.2	125.8	128.9	105.8
山 西	101.5	108.8	116.6	124.5	114.9
内蒙古					
辽 宁	100.0	113.4	101.5	129.5	116.7
吉 林	102.2	143.7	110.3	126.2	110.2
黑龙江	104.7	107.4	128.4	126.2	109.2
上 海	100.4	118.5	102.5	118.9	116.9
江 苏	100.1	103.8	145.4	145.1	114.4
浙 江	104.7	105.6	120.1	128.4	105.3
安 徽	100.2	123.0	126.3	130.9	109.1
福 建	100.5	102.6	105.8	111.0	105.3
江 西	102.0	106.4	103.1	115.6	106.6
山 东	100.2	118.5	106.0	135.6	113.4
河 南	100.9	119.7	105.4	124.4	107.1
湖 北	101.3	103.6	158.1	121.8	106.9
湖 南	100.1	117.0	121.2	135.6	104.8
广 东	107.2	104.9	118.1	124.1	110.9
广 西	100.1	123.2	119.6	115.4	103.2
海 南	100.0	104.1	110.7	107.4	116.9
四 川	102.9	112.2	107.7	125.3	105.6
贵 州	100.8	115.6	106.0	125.2	105.9
云 南	100.4	138.9	120.4	115.3	107.2
西 藏					
陕 西	102.5	108.8	127.5	124.9	108.5
甘 肃	103.7	103.3	139.5	123.2	112.2
青 海	100.4	100.1	168.2	115.5	104.8
宁 夏	100.0	100.0	102.5	131.2	109.3
新 疆					

9-9 各地区职工生活费用价格指数

（1992年，以上年为100）

地　区	职工生活费　用	一.消费品	二.服　务项　目	1.房　租	2.水电费	3.交通费
全国平均	108.6	107.7	115.8	125.4	111.4	109.0
北　京	109.9	108.3	122.8	200.0	124.6	100.0
天　津	111.4	109.4	133.1	220.6	130.6	117.8
河　北	108.5	107.4	117.3	103.5	107.8	109.3
山　西	109.1	108.6	112.6	108.5	112.5	105.7
内蒙古	108.7	108.7	108.8	137.2	102.9	111.7
辽　宁	108.1	107.5	113.1	101.0	119.0	105.2
吉　林	107.3	107.7	112.6	114.7	109.4	107.6
黑龙江	109.7	108.6	118.5	118.5	110.8	133.2
上　海	110.0	109.7	112.5	128.3	116.2	100.0
江　苏	108.8	107.2	124.7	149.1	115.6	108.1
浙　江	109.2	108.9	112.0	107.9	114.2	103.3
安　徽	108.8	107.5	120.2	106.5	107.6	115.3
福　建	108.0	107.4	112.7	149.3	120.4	105.6
江　西	107.5	107.2	109.8	111.1	115.1	105.2
山　东	108.6	108.1	114.3	125.7	107.0	112.7
河　南	107.7	107.5	109.1	104.7	107.8	108.9
湖　北	110.5	108.4	126.5	125.5	101.7	115.7
湖　南	113.5	111.4	120.9	177.4	107.3	113.2
广　东	108.4	107.5	114.5	109.5	105.4	115.5
广　西	107.0	106.2	113.1	102.9	104.8	117.4
海　南	109.0	109.1	108.0	103.2	101.9	102.8
四　川	109.8	108.4	119.6	180.6	109.8	117.4
贵　州	108.7	108.2	111.7	138.6	105.9	109.6
云　南	110.4	109.0	119.1	119.3	110.1	111.1
西　藏						
陕　西	111.2	111.1	112.2	109.0	102.1	113.5
甘　肃	107.3	106.1	116.7	119.3	107.3	117.8
青　海	108.6	107.5	118.2	104.8	100.9	103.9
宁　夏	109.3	109.1	111.2	110.7	106.0	130.0
新　疆	109.3	108.6	115.1	104.9	113.3	114.9

9-9 续表1 （1992年，以上年为100）

地　区	4.邮电费	5.医疗保健费	6.学杂保育费	7.文娱费	8.修理及其他服务费
全国平均	101.1	115.8	120.8	127.6	112.3
北　京	100.0	156.3	106.7	125.1	120.9
天　津	100.8	118.2	108.4	111.8	112.5
河　北	100.2	113.3	139.4	136.5	106.1
山　西	101.5	108.1	114.6	125.2	115.6
内蒙古	100.1	106.3	102.7	121.1	110.3
辽　宁	100.1	118.8	106.1	128.7	120.7
吉　林	103.0	138.5	109.7	126.8	110.5
黑龙江	104.3	106.8	127.3	131.9	109.6
上　海	100.4	118.5	102.5	118.9	116.9
江　苏	100.1	106.2	138.3	152.7	117.3
浙　江	102.6	110.1	119.9	127.2	109.3
安　徽	100.2	148.0	131.1	140.9	109.6
福　建	101.3	100.8	109.1	117.4	105.5
江　西	105.3	109.1	107.2	120.8	109.3
山　东	100.1	115.3	105.5	148.0	117.7
河　南	101.1	135.2	104.6	131.9	108.1
湖　北	101.1	102.5	152.1	124.8	106.5
湖　南	100.2	110.7	124.3	131.4	107.3
广　东	109.5	115.5	121.5	130.5	113.8
广　西	100.1	124.7	120.7	119.5	105.3
海　南	100.0	103.0	110.9	106.5	117.6
四　川	102.8	111.1	109.9	129.3	106.3
贵　州	100.5	108.1	109.0	131.6	108.1
云　南	101.1	145.2	135.0	122.0	111.2
西　藏					
陕　西	104.0	108.7	111.8	140.9	114.7
甘　肃	115.7	102.3	124.1	124.5	117.1
青　海	100.5	100.1	164.1	117.4	105.0
宁　夏	100.0	100.1	105.2	127.5	112.8
新　疆					

9-10 各地区农民生活费用价格指数

（1992年，以上年为100）

地区	农民生活费用	一.消费品	二.服务项目	1.房租	2.水电费	3.交通费
全国平均	104.7	104.0	111.6	105.7	105.2	109.3
北京						
天津						
河北	103.9	103.3	111.6	102.4	106.5	115.6
山西	104.6	103.8	113.9	114.4	101.8	109.4
内蒙古	103.9	104.0	103.6	105.1	103.4	109.4
辽宁	102.3	102.3	102.7	106.6	103.4	104.2
吉林	103.9	103.3	111.7	105.5	100.0	104.4
黑龙江	105.9	105.3	112.6	103.7	102.3	121.4
上海						
江苏	104.4	103.3	119.7	104.0	107.3	107.1
浙江	104.8	104.2	110.2	106.2	113.6	104.5
安徽	108.0	107.0	115.7	109.1	102.8	111.3
福建	104.1	103.7	106.5	100.3	116.5	105.7
江西	103.5	103.5	103.9	101.8	113.7	105.6
山东	104.6	103.8	110.5	105.0	103.2	119.7
河南	102.9	102.2	108.9	116.2	101.5	113.0
湖北	108.1	104.1	212.1	107.3	111.9	164.0
湖南	107.9	107.0	116.2	109.4	100.0	117.6
广东	105.9	105.2	110.3	108.8	103.4	113.4
广西	105.4	103.9	115.6	101.3	105.5	120.4
海南	103.4	103.0	106.9	112.8	100.0	103.1
四川	104.6	103.9	109.9	107.3	101.9	126.0
贵州	106.9	106.9	106.8	100.0	100.5	109.8
云南	108.8	108.2	114.1	112.3	100.6	109.3
西藏						
陕西	107.3	106.3	115.8	109.1	103.1	121.5
甘肃	106.4	104.7	119.6	105.9	103.3	126.8
青海	106.6	104.2	123.7	120.1	100.0	108.5
宁夏	106.5	106.2	109.0	111.5	145.9	111.4
新疆	107.6	107.0	113.7	108.4	106.3	117.6

9-10 续表1　　　　　　　　（1992年，以上年为100）

地　区	4.邮电费	5.医疗保健费	6.学杂保育费	7.文娱费	8.修理及其他服务费
全国平均	100.8	111.1	118.3	121.7	106.3
北　京					
天　津					
河　北	100.0	108.6	120.8	114.1	105.1
山　西	101.6	110.1	123.9	120.1	110.3
内蒙古	99.8	114.7	96.0	109.2	107.3
辽　宁	100.0	110.5	95.7	135.2	105.5
吉　林	100.0	149.3	115.4	117.3	105.9
黑龙江	106.1	108.1	124.4	115.7	106.5
上　海					
江　苏	100.1	103.2	153.9	120.9	106.7
浙　江	105.2	101.2	120.2	128.7	103.0
安　徽	100.2	121.1	124.8	119.8	108.1
福　建	100.3	102.7	104.7	109.1	105.2
江　西	100.5	105.8	99.5	110.8	103.1
山　东	100.4	122.6	106.6	119.9	107.9
河　南	100.8	117.6	106.5	119.2	106.5
湖　北	112.4	116.7	290.4	135.0	111.2
湖　南	100.0	117.1	122.3	139.8	103.8
广　东	102.6	102.6	116.4	113.0	105.9
广　西	100.1	123.2	120.4	109.9	101.8
海　南	100.0	109.5	108.9	114.5	100.9
四　川	103.0	112.5	106.5	119.7	105.7
贵　州	100.7	117.6	105.4	111.3	101.4
云　南	100.1	137.3	116.1	109.9	104.3
西　藏					
陕　西	100.8	108.9	131.5	115.6	103.3
甘　肃	100.5	103.8	147.6	121.5	107.3
青　海	100.3	100.0	188.0	112.6	103.2
宁　夏	100.0	100.0	100.0	142.5	105.7
新　疆	100.8	131.4	101.3	126.6	113.8

9-11 主要商品零售混合平均价格

品名	单位	1991年	1992年
粮食（贸易粮）	元/万千克	6316.4	8374.8
# 牌价	元/万千克	5192.8	7331.0
食用植物油	元/万千克	41193.7	47131.4
# 牌价	元/万千克	32017.1	41773.7
猪肉	元/百千克	533.9	576.9
牛肉	元/百千克	642.6	694.8
羊肉	元/百千克	671.0	782.5
家禽	元/百千克	671.0	675.0
鲜蛋	元/百千克	474.3	478.4
鲜菜	元/百千克	61.3	76.7
水产品(混合品)	元/吨	6306.1	6393.6
食盐	元/吨	796.2	824.1
食糖	元/吨	2960.6	2527.0
卷烟	元/箱	3015.8	3343.7
酒	元/吨	5724.0	5991.3
茶叶	元/百千克	2322.2	2827.3
棉布	元/百米	366.8	368.3
棉花化纤混纺布	元/百米	521.6	541.7
# 涤棉混纺布	元/百米	506.6	513.7
化纤布	元/百米	1096.3	1107.2
呢绒	元/百米	4010.6	4213.5
绸缎	元/百米	1245.3	1370.8
毛线	元/百千克	5455.2	5830.9
毛巾	元/百条	253.2	286.5
线袜	元/百双	241.6	286.5
锦纶袜	元/百双	253.3	262.0
汗衫背心	元/百件	384.2	412.9
棉毛衫裤	元/百件	822.3	857.2
卫生衫裤	元/百件	1139.6	1339.3
床褥单	元/百条	2798.1	3075.5
絮棉	元/百千克	1085.7	1137.9
胶鞋	元/百双	1287.5	1348.4
皮鞋	元/百双	3713.2	4540.6
布鞋	元/百双	775.2	834.8

9-11 续表1

品名	单位	1991年	1992年
塑料鞋	元/百双	467.7	517.5
火柴	元/件	81.2	81.0
肥皂	元/箱	64.7	62.1
香皂	元/百块	157.8	179.8
洗衣粉	元/百千克	390.7	408.6
搪瓷口杯	元/百个	370.3	372.3
搪瓷面盆	元/百个	988.5	999.1
铝锅	元/百个	1917.7	1987.5
暖水瓶	元/百个	1510.7	1549.0
电灯泡	元/百个	90.5	96.4
手电筒	元/百个	431.4	450.7
手电池	元/百个	93.1	96.1
钟	元/个	56.3	55.1
手表	元/只	74.1	88.5
缝纫机	元/架	261.3	279.9
自行车	元/辆	280.2	314.9
电子管收音机	元/台	43.7	57.5
晶体管收音机	元/台	29.4	36.4
电视机	元/台	1532.3	1580.5
录音机	元/台	389.9	420.7
电风扇	元/台	228.7	245.6
洗衣机	元/台	539.4	593.4
电冰箱	元/台	1745.1	1862.4
机制薄纸	元/吨	4287.2	4493.0
土纸	元/吨	2717.6	2736.9
金笔	元/百支	3148.2	3784.9
铱金笔	元/百支	433.3	472.9
铅笔	元/万支	1484.4	1658.0
煤炭	元/吨	95.2	115.9
煤油	元/吨	954.4	1234.5
化学肥料	元/标准吨	877.4	909.9
化学农药	元/标准吨	13708.6	13729.0
农用动力机械	元/马力	278.3	280.0
木材	元/立方米	663.5	736.8

9-12 主要商品零售价格

品　名	规格等级牌号	计量单位	全社会零售价格	
			1991年	1992年
普通面粉		元/千克	0.715	0.899
富强粉	富强粉	元/千克	0.861	1.146
粳米	标二	元/千克	0.932	1.117
籼米	标二	元/千克	0.684	0.856
挂面	富强粉	元/千克	1.223	1.471
玉米面	一等	元/千克	0.410	0.532
黄豆	一等	元/千克	1.466	1.808
花生油	二级	元/千克	5.250	5.596
芝麻油	香油	元/千克	12.859	13.463
菜籽油	二级	元/千克	4.093	4.335
豆腐	水豆腐	元/千克	0.747	0.861
粉条	薯类原料	元/千克	2.886	2.877
黄花菜	甲级	元/千克	6.802	8.258
黑木耳	甲级	元/千克	44.502	54.382
猪肉	去骨统肉	元/千克	5.662	6.104
牛肉	去骨统肉	元/千克	6.592	6.968
羊肉	去骨统肉	元/千克	6.665	7.532
白条鸡	开膛	元/千克	7.267	7.114
鸡蛋	新鲜完整	元/千克	4.925	4.822
鸭蛋	新鲜完整	元/千克	4.441	4.392
酱猪肉	中等	元/千克	9.486	9.828
鲜黄花鱼	中等	元/千克	9.259	10.453
鲜带鱼	中等	元/千克	7.576	7.834
鲢鱼	中等	元/千克	4.161	4.182
海带	盐干一级	元/千克	3.776	3.867
食盐	精盐	元/500克	0.354	0.366
酱油	二级	元/千克	0.930	1.018
醋	二级	元/千克	1.109	1.194
味精	含麸酸钠80%	元/50克	0.894	0.884
白砂糖	机制一级	元/千克	3.020	2.600
甲级纸烟		元/盒	1.797	1.937
乙级纸烟		元/盒	0.778	0.801
大曲酒	60-65度,500克瓶装	元/瓶	4.928	4.987

9-12 续表1

品　　名	规格等级牌号	单　　位	全社会零售价格	
			1991年	1992年
粮食白酒	散　　装	元／千克	2.979	2.964
啤　　酒	熟12度瓶装	元／瓶	1.320	1.338
花　　茶	茉莉烘青二级	元／千克	22.703	23.679
绿　　茶	炒青二级	元／千克	19.967	20.865
苹　　果	一　　级	元／千克	3.540	3.614
梨	一　　级	元／千克	2.885	2.951
桔　　子	一　　级	元／千克	2.570	2.603
广　　柑	一　　级	元／千克	2.340	2.399
红　　枣	干枣一级	元／千克	5.399	5.772
核　　桃	一　　级	元／千克	5.244	5.994
黑 瓜 子	一级熟货	元／千克	6.750	8.559
水 果 糖	玻璃纸中等	元／千克	6.210	6.409
奶　　糖	中　　等	元／千克	7.547	7.834
蛋　　糕	普　　通	元／千克	5.747	5.931
饼　　干	中　　等	元／千克	5.080	5.268
鲜 牛 奶	瓶 装 消 毒	元／千克	1.329	1.429
奶　　粉	500克袋装全脂	元／袋	5.791	5.884
麦 乳 精	500 克 袋 装	元／袋	4.667	4.788
猪肉罐头	390克 午餐肉	元／瓶	3.637	3.652
鱼 罐 头	280 克 瓶 装	元／瓶	3.416	3.525
白 细 布	79.5 × 78	元／米	2.648	2.701
色 平 布	80G 64 × 63	元／米	3.046	3.073
浅 花 布	85G 72 × 69	元／米	3.239	3.236
涤棉细布	100 × 92	元／米	4.518	4.482
涤棉色卡	133 × 72	元／米	7.039	7.123
中长纤维布	99 × 56	元／米	9.163	9.245
混纺哗达呢	297×257	元／米	32.012	32.236
大 衣 呢	纯　　毛	元／米	61.899	62.951
毛 涤 纶	252×228	元／米	32.748	33.010
线绨被面		元／条	17.632	17.826
软缎被面		元／条	39.802	40.717

9-12 续表2

品名	规格等级牌号	单位	全社会零售价格	
			1991年	1992年
汗衫	95cm 一等	元／件	4.479	4.658
背心	95cm 一等	元／件	3.430	3.577
运动裤	腈纶 95cm	元／条	9.984	10.144
棉毛衫	95cm 一等	元／件	8.028	8.454
毛巾	21支中档印花	元／条	2.124	2.237
提花枕巾	21支腈纶	元／条	5.242	5.347
弹力锦纶袜	235克男袜	元／双	2.643	2.696
锦纶丝袜	210克女袜	元／双	2.712	2.745
双人床单	6×7	元／条	33.396	34.431
的确良衬衫	长袖男衫	元／件	17.305	18.412
塑料底布鞋	25号	元／双	6.891	6.925
旅游男鞋	25号	元／双	30.687	32.007
合成革女凉鞋	25号	元／双	19.165	19.395
牛皮光面男鞋	25.5号一级	元／双	43.744	47.419
纯毛线	国毛中粗	元／千克	87.378	84.844
混纺毛线	毛腈混纺	元／千克	59.293	57.811
絮棉	梳棉	元／千克	11.177	11.624
搪瓷面盆	36cm 一级	元／个	10.184	10.001
搪瓷口杯	10cm 一级	元／个	4.264	4.294
玻璃杯	印花一级	元／个	0.833	0.881
铁壳暖水瓶	彩花5磅一级	元／个	13.166	13.390
铝锅	22cm 一级	元／个	13.331	13.504
高压锅	24cm 一级	元／个	80.729	81.133
牙膏	中号	元／支	1.103	1.147
肥皂	一级	元／条	1.021	1.005
普通香皂	100克一级	元／块	0.886	0.909
洗衣粉	500克袋装一级	元／袋	2.216	2.198
卫生纸	短卷纸	元／卷	0.690	0.691
火柴	普通10盒装	元／包	0.594	0.593
手电筒	铁皮一级	元／个	4.117	4.154
电灯泡	220V40W 一级	元／个	0.740	0.751
日光灯管	220V40W 一级	元／支	6.167	6.204

9-12 续表3

品名	规格等级牌号	单位	全社会零售价格	
			1991年	1992年
铁柄尼龙伞	55cm 折叠	元／把	16.630	16.813
缝纫机	一级品	元／架	259.939	276.835
自行车	26 型 一级	元／辆	278.059	285.567
洗衣机	普通双缸一级	元／架	542.764	541.136
机械手表	19 钻 一级	元／只	51.263	51.468
闹钟	NI型 一级	元／个	21.177	21.770
电风扇	落地扇	元／台	271.612	266.995
大衣柜	135×58×185 一级	元／个	366.532	365.799
木床	192×150×70 双人	元／张	223.561	226.691
细瓷饭碗	16cm 一级	元／个	0.990	1.012
铁锅	炒菜锅 正品	元／口	6.337	6.635
菜刀	中号 正品	元／把	4.830	5.018
凉席	双人 甲级	元／领	14.606	15.439
信纸	18K 100页	元／本	1.196	1.206
小学生作业本	32K	元／本	0.179	0.180
塑料皮日记本	36K 100页	元／本	2.550	2.611
铅笔	HB 带橡皮	元／支	0.159	0.167
铱金笔	普通	元／支	3.669	3.797
墨水	57 毫升	元／瓶	0.640	0.666
晶体管收音机	6 管 2 波段	元／架	29.479	29.626
彩色电视机	45cm	元／架	2309.906	2074.296
黑白电视机	35cm	元／架	480.778	428.854
收录机	双卡收录两用	元／架	467.674	457.853
照相机	海鸥 135	元／架	399.506	401.903
羽毛球拍	铁杆	元／副	15.592	16.418
扑克	一级	元／副	1.386	1.422
胶卷	135彩色21锭36张	元／卷	20.169	19.987
盒式录音磁带	空白	元／盒	4.226	4.272
牛黄解毒片	小瓶	元／瓶	0.750	0.767
银翘解毒丸	十丸	元／盒	1.126	1.201
青霉素针剂	40 万单位	元／支	0.314	0.317
黄连素片	0.1克 × 100片	元／百片	6.797	6.797
复方阿斯匹林	0.42克 × 100片	元／百片	2.638	2.949
维生素C片	0.1克 × 100片	元／百片	1.497	1.512
咳嗽糖浆	100毫升	元／瓶	1.255	1.332
原煤	民用	元／百千克	7.790	9.075
蜂窝煤		元／百千克	10.056	11.665
煤油	灯用	元／千克	0.960	1.132
液化石油气		元／千克	1.839	2.012

9-13 农副产品收购价格分类指数

（以上年为100）

类　别	1987年	1988年	1989年	1990年	1991年	1992年
总 指 数	112.0	123.0	115.0	97.4	98.0	103.4
一、粮　食　类	108.0	114.6	126.9	93.2	93.8	105.3
二、经济作物类	103.3	111.3	116.7	111.9	101.6	96.5
1.食用植物油及油料	106.0	119.7	119.8	101.1	97.9	95.8
2.棉　花	104.7	108.6	122.7	129.1	102.1	95.0
3.　麻	74.1	77.3	115.1	100.2	101.7	110.5
4.烟　叶	105.9	107.1	95.5	114.9	100.7	101.6
5.糖　料	110.5	116.1	135.1	107.2	104.5	90.8
6.茶　叶	112.6	130.7	92.6	96.1	112.7	111.2
三、竹　木　材	120.3	136.7	105.2	84.5	102.4	107.3
四、工业用油漆类	103.9	126.9	107.0	91.1	109.5	112.6
五、禽畜产品类	117.9	140.2	110.2	92.3	97.4	106.3
1.肉　畜	119.0	149.1	109.6	93.1	97.4	107.3
2.禽　蛋	123.7	118.7	115.6	99.9	93.6	100.1
3.皮　张	112.6	122.5	101.9	80.9	108.7	117.6
4.鬃　毛	113.4	134.6	109.9	74.9	97.4	102.8
六、蚕茧蚕丝类	124.0	187.8	106.7	96.7	99.7	95.7
七、干 鲜 果 类	109.2	139.6	90.2	97.5	106.8	92.8
1.瓜　果	105.3	136.8	90.0	97.4	104.9	97.5
2.干　果	118.0	178.6	91.4	97.7	114.3	87.6
八、干鲜菜及调味品类	119.5	122.2	101.3	94.1	112.4	117.3
1.鲜　菜	126.2	130.9	117.3	96.3	107.8	111.4
2.干菜及调味品	113.5	114.7	94.9	90.7	118.9	120.8
九、药　材　类	111.8	162.1	70.7	95.5	115.9	114.8
十、土副产品类	115.5	119.1	142.5	92.4	105.5	109.9
十一、水产品类	122.8	134.3	99.8	98.8	104.7	108.1

9-14 农副产品收购价格分类指数

（1992年）

类　别	1950年=100	1952年=100	1957年=100	1962年=100	1965年=100	1970年=100
总指数	603.8	496.4	413.2	301.8	312.1	104.8
一、粮食类	829.8	686.7	587.0	371.7	391.4	104.0
二、经济作物类	423.0	378.8	337.3	287.0	276.9	94.6
1. 食用植物油及油料	706.8	653.3	421.0	286.3	274.3	89.8
2. 棉花	375.6	331.5	338.0	337.6	320.7	92.1
3. 麻	201.4	153.8	143.9	143.9	159.0	124.2
4. 烟叶	283.0	243.0	228.3	162.9	165.5	103.9
5. 糖料	399.4	458.0	387.8	310.4	281.9	86.2
6. 茶叶	759.8	491.4	314.4	275.7	306.5	139.4
三、竹木材	922.7	801.9	872.0	700.8	751.9	117.9
四、工业用油漆类	514.4	495.0	389.5	241.1	271.5	138.8
五、畜产品类	614.9	589.0	423.1	321.8	342.0	110.1
1. 肉畜	648.8	632.1	454.3	346.5	371.8	112.1
2. 禽蛋	650.8	621.5	426.8	248.1	246.3	92.3
3. 皮张	595.4	434.9	396.0	716.5	842.6	150.3
4. 鬃毛	431.6	316.2	301.5	264.1	271.5	102.9
六、蚕茧蚕丝类	561.4	484.1	456.5	274.9	263.0	91.3
七、干鲜果类	551.7	422.1	344.2	267.1	247.8	92.0
1. 瓜果	458.3	340.1	306.5		285.6	
2. 干果	1143.5	908.9	650.3		591.1	
八、干鲜菜及调味品类	785.9	439.3	331.4	249.1	292.2	154.7
1. 鲜菜	755.2	628.7	473.7	349.9	389.8	133.8
2. 干菜及调味品	1148.2	397.2	300.4	227.3	274.6	173.5
九、药材类	503.3	368.2	226.4	158.5	182.0	152.7
十、土副产品类	1021.9	576.1	436.1	275.2	302.4	127.4
十一、水产品类	1029.0	979.7	712.2	511.1	552.5	122.3

9-14 续表1　　（1992年）

类　　别	1975年=100	1978年=100	1980年=100	1985年=100	1990年=100	1991年=100
总指数	289.5	277.5	212.4	166.4	101.3	103.4
一、粮食类	334.4	320.5	227.6	158.9	98.8	105.3
二、经济作物类	248.6	233.5	170.7	152.5	98.0	96.5
1.食用植物油及油料	229.6	30.5	135.2	150.8	93.8	95.8
2.棉花	296.0	270.8	184.6	173.9	97.0	95.0
3.麻	109.2	107.1	96.0	87.5	112.4	110.5
4.烟叶	161.0	160.3	153.2	127.5	102.3	101.6
5.糖料	263.9	263.6	211.0	184.7	94.9	90.8
6.茶叶	234.9	230.0	208.2	187.6	125.3	111.2
三、木材	539.5	532.5	399.6	184.4	109.9	107.3
四、工业用油漆类	205.8	187.0	161.0	158.2	123.3	112.6
五、禽畜产品类	306.3	302.8	237.3	179.3	103.5	106.3
1.肉畜	329.2	323.4	252.0	197.9	104.5	107.3
2.禽蛋	304.7	299.3	245.5	176.7	92.9	100.1
3.皮张	331.7	326.1	258.8	170.0	127.8	117.6
4.鬃毛	235.6	230.9	203.1	103.3	100.1	102.8
六、蚕茧蚕丝类	318.2	317.9	261.4	246.2	95.4	95.7
七、干鲜果类	298.4	268.9	249.4	143.5	99.1	92.8
1.瓜果	294.9	282.3	265.0	135.7	102.3	97.5
2.干果	484.3	375.5	301.3	214.4	100.1	87.6
八、干鲜菜及调味品类	312.5	303.1	260.1	192.3	131.8	117.3
1.鲜菜	439.6	438.6	366.8	226.8	120.1	111.4
2.干菜及调味品	293.1	269.0	234.4	183.3	143.6	120.8
九、药材类	191.5	185.1	180.4	126.9	133.1	114.8
十、土副产品类	310.7	291.5	272.0	237.1	115.9	109.9
十一、水产品类	577.1	563.3	426.3	203.2	113.2	108.1

9-15 各地区农副产品收购价格分类指数

（1992年，以上年为100）

	总指数	一.粮食类	二.经济作物类	1.食用植物油及油料	2.棉花	3.麻	4.烟叶
全国	**103.4**	**105.3**	**96.5**	**95.8**	**95.0**	**110.5**	**101.6**
北京	102.4	102.2	98.4	98.4			
天津	102.4	102.2	98.4	98.4			
河北	108.6	113.9	101.7	105.5	98.8	83.8	100.0
山西	102.8	105.1	96.6	95.7	100.4	87.2	100.0
内蒙古	104.0	108.4	86.7	85.6			70.0
辽宁	101.7	104.2	93.6	91.7	92.6		102.4
吉林	99.6	109.8	97.8	84.6			131.1
黑龙江	110.0	110.2	98.6	86.8		100.0	100.0
上海	99.3	90.6	96.2	95.0	100.0		
江苏	102.8	110.8	92.3	95.8	90.9	110.4	101.2
浙江	106.4	101.1	108.5	93.0	94.6	99.5	100.0
安徽	98.2	98.4	98.3	98.7	102.7	290.3	77.5
福建	104.3	100.1	101.7	93.5		116.9	96.6
江西	98.8	93.8	94.5	93.3	90.5	116.9	105.9
山东	106.0	111.3	104.2	107.8	100.3	112.7	99.7
河南	105.7	110.7	101.0	99.2	100.0	99.7	106.1
湖北	100.5	97.7	99.3	92.3	99.7	109.7	101.4
湖南	99.1	87.0	97.4	99.2	89.7	144.8	97.2
广东	103.1	98.5	98.2	100.0		97.0	96.6
广西	103.6	103.1	91.0	97.1		106.9	88.4
海南							
四川	104.4	110.9	92.6	86.2	94.1	115.6	108.0
贵州	106.0	111.1	105.1	90.3		98.3	111.0
云南	105.0	112.0	94.8	92.5	97.9	119.4	101.3
西藏							
陕西	106.2	120.6	95.1	88.2	100.0	140.7	99.8
甘肃	108.8	112.5	96.9	95.4	99.9	115.7	104.2
青海	109.4	96.4	94.8	94.8			
宁夏	107.4	104.1	95.2	96.3		100.0	
新疆	98.4	101.9	84.2	100.7	83.0		138.1

9-15 续表1 （1992年，以上年为100）

	5.糖料	6.茶叶	三.竹木材类	1.木材	2.竹材	四.工业用油漆类	1.工业用油脂油料
全国	**90.8**	**111.2**	**107.3**	**106.5**	**110.9**	**112.6**	**113.8**
北京							
天津							
河北	91.7					88.5	88.5
山西	90.3		110.2	110.2		103.8	103.8
内蒙古	89.0					97.9	97.9
辽宁	103.3		108.4	108.4		98.9	98.9
吉林	102.9		158.3	158.3		111.5	111.5
黑龙江	100.0		83.3	83.3			
上海							
江苏		108.2	96.0		96.0	79.1	79.1
浙江	85.8	138.2	122.2	107.9	161.2	100.2	100.2
安徽		89.2	109.7	108.6	113.1	92.4	93.8
福建	102.3	108.9	102.6	101.7	111.9	120.5	127.8
江西	93.1	116.4	99.3	99.9	92.9	103.1	103.1
山东	104.8		142.3	142.3			
河南		168.4	93.7	93.7		127.6	126.9
湖北		125.5	124.9	128.7	119.4	122.7	124.0
湖南	96.7	125.5	118.0	118.7	103.7	148.7	149.0
广东	98.0	98.1	101.9	99.6	126.2	111.0	119.1
广西	87.2	92.5	101.3	109.4	86.2	134.4	139.7
海南							
四川	94.1	110.2	106.1	106.1	102.9	109.7	109.3
贵州	124.9	123.7	108.2	108.2		170.0	172.5
云南	83.8	111.4	111.9	111.9		113.4	122.7
西藏							
陕西	84.3	139.9	107.7	107.7		147.9	130.0
甘肃	97.6	148.8				119.8	
青海							
宁夏	93.5						
新疆	55.1		102.9	102.9			

9-15 续表2　　（1992年，以上年为100）

	2.工业用漆胶	五.禽畜产品类	1.肉畜	2.禽蛋	3.皮张	4.鬃毛	5.其他畜产品
全国	100.8	106.3	107.3	100.1	117.6	102.8	104.2
北京		102.2	102.8	100.9			102.4
天津		102.2	102.8	100.9			102.4
河北		106.7	106.7	96.3	122.1	115.0	65.8
山西		105.9	109.4	95.3	157.9	110.7	102.4
内蒙古		114.6	124.1	91.5	159.0	102.1	105.1
辽宁		100.7	100.0	97.6	112.9	109.5	112.8
吉林		103.7	104.2	90.5	139.5	104.0	105.4
黑龙江		103.9	117.1	99.6	117.7	109.0	100.2
上海		100.5	101.5	95.1	86.6	110.4	104.5
江苏		106.1	104.4	104.0	120.3	113.1	109.1
浙江		105.7	105.8	106.6	127.1	98.7	102.5
安徽	83.8	98.2	107.5	89.6	80.7	118.0	113.0
福建	96.9	105.2	105.4	103.5	101.8	101.4	122.6
江西		105.7	106.0	101.9	104.4	117.3	94.1
山东		101.9	96.5	98.5	104.2	134.6	113.4
河南	163.9	107.7	106.9	106.0	119.4	122.8	114.4
湖北	98.9	103.4	107.1	94.5	101.2	101.2	95.7
湖南	105.0	107.6	109.7	96.9	111.5	122.2	105.9
广东	95.6	108.2	112.3	102.2	96.3	100.4	
广西	100.0	106.1	108.5	99.4	104.6	105.4	
海南							
四川	128.8	107.4	108.5	107.2	111.7	81.6	118.4
贵州	104.6	88.7	87.2	122.3	92.8	142.2	
云南	98.2	124.1	127.2	104.7	120.7	91.3	98.5
西藏							
陕西	149.9	103.1	101.7	94.8	135.4	102.7	111.3
甘肃	119.8	108.6	123.8	97.7	97.7	98.8	105.2
青海		118.5	135.6	101.7	150.4	100.2	102.6
宁夏		112.4	113.6	96.0	142.6	101.3	100.4
新疆		121.1	132.9	99.1	204.5	86.6	110.2

9-15 续表3 （1992年，以上年为100）

	六.蚕茧蚕丝类	七.干鲜果类	1.瓜果	2.干果	八.干鲜菜及调味品类	1.鲜菜	2.干菜
全国	**95.7**	**92.8**	**97.5**	**87.6**	**117.3**	**111.4**	**120.8**
北京		103.6	98.1	120.5	102.8	102.8	
天津		103.6	98.1	120.5	102.8	102.8	
河北	104.4	113.9	107.0	132.4	111.9	112.6	105.8
山西	101.5	109.6	90.8	127.9	118.8	104.0	137.7
内蒙古	90.4	94.5	92.7	95.2	124.3	125.6	113.7
辽宁	127.1	77.9	75.8	98.5	113.2	108.0	120.4
吉林	150.0	74.9		74.9	129.7	86.5	162.4
黑龙江	103.8	125.9		125.9	160.4	111.0	167.1
上海	90.1	96.1	96.1		95.2	94.4	105.6
江苏	99.6	100.4	99.8	104.3	111.9	112.6	109.0
浙江	105.6	87.5	81.3	121.5	107.5	115.3	102.5
安徽	72.0	136.2	139.0	133.9	102.1	97.7	134.8
福建		104.3	103.6	109.4	108.5	129.8	94.2
江西		102.7	104.7	96.9	104.4	104.5	103.3
山东	100.4	91.1	90.1	112.4	131.0	131.6	119.4
河南	86.8	76.2	71.4	115.4	128.1	113.6	153.5
湖北	89.1	99.2	99.9	98.1	117.8	101.3	131.9
湖南	60.3	131.5	140.4	98.7	108.2	109.9	107.4
广东	94.8	96.7	97.0	94.8	116.2	129.6	97.4
广西	77.2	109.3	108.3	111.9	156.9	113.1	145.8
海南							
四川	100.0	114.9	96.0	166.6	121.8	114.1	129.8
贵州	84.9	67.1	67.1		103.9	113.9	100.8
云南	98.0	145.8	101.6	179.3	129.7	121.3	113.9
西藏							
陕西	99.5	102.9	96.8	135.3	139.7	135.0	170.2
甘肃	93.7	97.0	94.6	99.2	131.0	98.8	146.6
青海		83.8	83.3	99.0	106.7	109.7	101.9
宁夏		85.0	71.5	92.8	129.2	115.5	153.8
新疆	99.9	118.7	132.8	98.5	118.8	121.3	101.6

9-15 续表4　　(1992年，以上年为100)

	3.调味品	九.药材类	十.土副产品类	十一.水产品类	1.海水鲜品	2.淡水鲜品	3.其他水产品
全国	**191.3**	**114.8**	**109.9**	**108.1**	**111.0**	**107.2**	**95.8**
北京				105.0		105.0	
天津				105.0		105.0	
河北	157.7	108.6	77.8	95.4	88.2	106.9	63.1
山西	132.2	105.5	102.3	97.9		97.9	
内蒙古	113.5	120.2	114.8	99.0		99.0	
辽宁		116.5	104.3	104.2	115.9	104.8	74.8
吉林		87.7	97.5	120.1		120.1	
黑龙江		133.9	103.8	87.2		87.2	
上海		141.1	112.2	111.1	113.5	96.4	
江苏		109.8	94.5	115.9	124.7	126.2	56.2
浙江		129.1	100.9	110.9	111.7	107.5	
安徽	108.2	112.2	115.5	102.3		102.3	
福建		82.2	105.6	108.2	109.4	107.5	105.7
江西		109.6	110.4	101.4		101.4	
山东	113.7	160.1	113.7	113.7	122.0	95.1	101.9
河南	88.0	106.5	106.0				
湖北		103.4	107.2	104.8		104.8	
湖南		135.2	105.9	102.7		102.7	
广东	81.8	119.5	109.9	105.5	98.9	109.1	111.9
广西	291.4	111.0	150.8	104.3	100.0	102.2	116.1
海南							
四川	75.6	111.1	106.3	98.2		98.2	
贵州	128.5	104.5	94.6				
云南	221.7	126.9	98.5	215.7		215.7	
西藏							
陕西	124.2	103.6	91.0	99.2		99.2	
甘肃	140.5	136.9	112.2				
青海	109.7	156.9	113.1	108.1		108.1	
宁夏		120.5	118.0	95.1		95.1	
新疆		134.3	93.8	102.4		102.4	

9-16 集市贸易价格分类指数

（以上年为100）

	1987年	1988年	1989年	1990年	1991年	1992年
总 指 数	115.8	131.9	109.7	94.0	99.2	102.4
一.消 费 品	116.3	130.3	110.8	94.3	99.1	102.4
1.粮 食	118.1	124.2	136.6	81.4	86.4	99.7
2.食用植物油	110.5	118.5	135.4	95.2	95.2	93.9
3.鲜 菜	119.4	130.1	99.8	95.2	102.3	104.0
4.干 菜	113.4	121.1	112.5	91.8	108.6	115.4
5.肉 禽 蛋	119.4	136.7	113.7	95.9	95.0	102.9
6.水 产 品	120.8	127.9	111.7	95.4	101.1	103.7
7.鲜 果	108.9	122.2	101.1	92.2	104.0	96.4
8.干 果	118.7	119.4	124.9	91.9	97.0	103.2
9.日用 杂品	113.7	122.3	125.7	103.5	102.6	100.2
10.柴 草	116.4	129.9	121.0	97.8	97.0	94.3
11.其 他	129.9	140.2	111.7	98.0	98.9	104.3
二.农业生产资料	111.1	143.2	103.0	92.6	100.1	103.2
1.饲 料	106.3	126.7	127.4	92.4	91.6	102.1
2.小 农 具	115.4	120.6	109.2	99.7	99.6	98.5
3.幼禽 家畜	119.4	176.0	88.3	88.8	102.3	103.9
4.大 牲 畜	100.3	123.4	112.2	97.3	100.6	102.5
5.竹 木 材	113.0	124.8	120.9	94.4	99.4	104.4

9-17 集市贸易价格指数

（1992年）

类别	以上年为100			以本年国营商业为100		
	全国平均	城市农副产品市场	县城集市	全国平均	城市农副产品市场	县城集市
总指数	102.4	103.6	101.1	103.6	103.9	99.8
一.消费品	102.4	103.2	101.0	103.6	103.9	99.8
1.粮食	99.7	100.1	99.5	117.3	118.6	116.5
2.食用植物油	93.9	94.2	93.0	100.4	100.9	100.1
3.鲜菜	104.0	105.7	103.2	107.4	108.7	92.4
4.干菜	115.4	115.6	113.2	95.7	96.6	94.8
5.肉禽蛋	102.9	102.5	104.7	105.6	105.5	105.7
6.水产品	103.7	103.9	103.0	103.3	103.5	101.1
7.鲜果	96.4	96.8	92.5	91.9	92.2	84.9
8.干果	103.2	103.8	103.0	94.1	94.9	92.6
9.日用杂品	100.2	100.4	100.1	107.1	108.5	99.2
10.柴草	94.3	108.5	92.5	104.2	110.0	90.6
11.其他	104.3	105.0	101.3	159.6	161.2	158.3
二.农业生产资料	103.2		103.2			
1.饲料	102.1		102.1			
2.小农具	98.5		98.5			
3.幼禽家畜	103.9		103.9			
4.大牲畜	102.5		102.5			
5.竹木材	104.4		104.4			

9-18 各地区集市贸易价格分类指数

（1992年，以上年为100）

地　区	总指数	一.消费品	1.粮　食	2.食用植物油	3.鲜　菜	4.干　菜
全国平均	**102.4**	**102.4**	**99.7**	**93.9**	**104.0**	**115.4**
北　京	104.1	104.1	102.3	90.6	107.8	124.5
天　津	102.8	102.8	94.1	95.9	106.9	115.8
河　北	101.3	101.7	106.5	94.5	106.6	106.3
山　西	104.0	103.7	112.7	94.5	101.9	119.6
内蒙古	104.7	104.2	101.0	93.7	105.8	112.1
辽　宁	102.3	102.4	104.3	94.3	109.5	123.9
吉　林	100.9	100.9	116.0	96.2	102.2	114.9
黑龙江	98.2	98.2	99.7	95.2	101.5	122.3
上　海	106.0	106.0	112.8		106.6	104.0
江　苏	101.0	101.5	102.7	92.0	98.8	109.0
浙　江	105.6	105.7	94.3	92.2	122.1	113.0
安　徽	100.3	99.9	105.7	90.0	92.3	109.4
福　建	105.4	105.4	95.2	99.5	124.6	102.8
江　西	105.2	104.7	97.6	92.0	105.4	113.8
山　东	100.0	100.0	104.9	94.5	108.3	109.8
河　南	102.3	102.2	106.3	91.1	104.0	114.9
湖　北	103.1	103.0	102.4	95.2	102.3	110.9
湖　南	107.8	107.8	90.6	100.9	106.7	116.4
广　东	108.9	109.0	100.8	100.9	130.4	117.1
广　西	102.9	102.8	101.2	96.2	107.5	113.7
海　南	108.2	108.6	106.0	95.4	119.4	112.3
四　川	106.9	107.3	106.1	89.7	107.4	112.9
贵　州	106.6	106.7	100.0	86.0	122.5	110.2
云　南	107.3	107.4	103.1	90.4	108.5	128.3
西　藏						
陕　西	107.2	107.3	111.4	93.5	114.3	121.8
甘　肃	103.0	103.5	98.6	91.5	104.8	115.1
青　海	101.9	102.0		86.0	100.1	104.0
宁　夏	101.5	101.4	102.8	89.1	106.5	114.5
新　疆	104.3	104.4	102.0	90.0	102.1	115.8

9-18 续表1 （1992年，以上年为100）

地区	5.肉禽蛋	6.水产品	7.鲜果	8.干果	9.日用杂品	10.柴草
全国平均	**102.9**	**103.7**	**96.4**	**103.2**	**100.2**	**94.3**
北京	103.1	101.1	101.8	98.6		
天津	100.0	105.0	102.7	98.5	117.7	
河北	99.0	96.8	101.2	103.4	106.0	109.4
山西	102.3	101.5	104.4	112.5	101.5	111.0
内蒙古	104.9	97.9	102.0	110.3	110.1	
辽宁	98.3	102.4	95.1	100.8	98.2	85.1
吉林	98.7	97.5	98.4	103.0	102.4	102.2
黑龙江	97.7	99.0	91.6	100.5	107.2	103.4
上海	104.8	111.9	93.7	101.9	125.8	
江苏	102.8	113.1	88.8	99.7	95.3	98.8
浙江	105.1	104.0	100.9	102.7	108.6	100.8
安徽	104.0	108.0	85.7	104.3	112.1	124.1
福建	106.1	105.5	99.4	95.7	108.4	108.2
江西	108.4	100.5	95.6	108.3	105.9	104.4
山东	97.2	97.7	94.3	104.5	107.7	106.9
河南	101.0	100.8	100.9	105.6	101.7	
湖北	103.7	104.8	98.0	100.6	101.4	107.7
湖南	109.1	101.7	110.1	103.4	109.1	94.8
广东	106.0	114.7	105.0	109.2	106.2	106.0
广西	103.3	103.5	95.7	95.8	100.5	109.2
海南	108.4	112.0	101.3	95.3	104.7	100.3
四川	107.5	110.5	104.6	106.4	104.6	108.5
贵州	104.8	106.1	106.2	100.6	108.2	109.2
云南	106.7	114.7	100.0	115.9	106.3	102.8
西藏						
陕西	106.5	99.2	101.7	109.6	101.8	106.6
甘肃	105.4	97.1	90.1	113.2	107.0	107.8
青海	106.4	96.9	96.5	116.9	107.7	
宁夏	109.1	98.3	85.8	111.6	98.5	119.2
新疆	107.7	101.1	90.5	108.7	100.4	112.9

9-18 续表2　　(1992年，以上年为100)

地　区	11.其　他	二.农　业生产资料	1.饲　料	2.小农具	3.幼　禽家　畜	4.大牲畜	5.竹木材
全国平均	**104.3**	**103.2**	**102.1**	**98.5**	**103.9**	**102.5**	**104.4**
北　京							
天　津	100.2						
河　北	103.2	98.7	115.4	106.0	77.7	107.4	102.7
山　西	101.5	118.0	104.5	103.4	139.0	96.6	
内蒙古	106.1	112.5	106.2	119.5	112.1	118.7	100.0
辽　宁	101.6	89.9	106.9	102.7	87.6	92.3	
吉　林	104.1	93.9	98.9	80.8	93.7	95.1	
黑龙江	111.9	94.0	100.0	91.0	87.0	100.0	
上　海							
江　苏	92.2	91.3	101.8	100.7	99.6	102.1	74.8
浙　江	103.8	105.0	96.2	100.9	105.3	102.9	106.6
安　徽	100.5	111.3	109.5	105.8	111.7	108.8	113.6
福　建	107.6	106.4	92.3	101.9	114.8	95.8	103.2
江　西	80.0	118.6	95.7	104.5	131.6	115.0	100.0
山　东	102.2	100.0	125.4	106.3	85.9	104.1	98.2
河　南	101.2	103.1	113.6	101.9	102.7	103.0	99.6
湖　北	83.1	105.8	97.1	104.0	120.4	100.3	107.6
湖　南	104.9	110.8	100.8	90.3	155.8	99.5	98.3
广　东	103.1	105.1	103.4	104.0	110.4	96.8	105.6
广　西	101.0	108.4	105.9	105.8	114.0	98.9	102.3
海　南	88.2	99.7	96.9	103.2	101.3		
四　川	109.2	100.4	106.4	106.2	95.7	102.6	104.6
贵　州	112.5	100.7	91.5	107.6	117.9	97.6	73.0
云　南	78.2	105.3	110.6	98.2	99.7	113.0	101.7
西　藏							
陕　西	108.9	103.5	110.0	110.5	100.0	101.3	111.7
甘　肃	102.8	103.8	119.3	90.6	110.1	106.0	90.7
青　海	94.6	99.7			91.8	105.1	
宁　夏	105.3	104.3	125.6	98.7	108.4	113.2	86.2
新　疆	99.6	103.0	102.7	117.3	110.6	100.6	104.3

9-19 各地区集市贸易价格指数

（1992年）

地区	以上年为100			以本年国营商业为100		
	平均	城市	县城	平均	城市	县城
全国	**102.4**	**103.6**	**101.1**	**103.6**	**103.9**	**99.8**
北京	104.1	104.1		105.2	105.2	
天津	102.8	102.8		106.3	106.3	
河北	101.3	102.4	100.7	105.6	104.7	106.0
山西	104.0	104.0	103.5	104.3	103.6	102.2
内蒙古	104.7	103.3	106.3	92.9	94.4	90.9
辽宁	102.3	102.0	102.6	99.0	99.1	106.6
吉林	100.9	100.9	100.0	92.6	92.8	92.0
黑龙江	98.2	97.9	100.7	101.2	100.9	107.9
上海	106.0	106.0		117.5	117.5	
江苏	101.0	101.6	99.9	109.0	110.8	104.9
浙江	105.6	104.8	105.8	108.2	107.3	109.1
安徽	100.3	98.6	102.3	102.4	106.1	97.5
福建	105.4	105.8	105.3	106.4	110.7	102.3
江西	105.2	105.5	104.3	96.2	91.7	102.4
山东	100.0	100.4	99.3	100.9	103.6	98.7
河南	102.3	102.6	101.3	99.6	97.9	109.3
湖北	103.1	104.8	103.0	108.1	103.2	99.0
湖南	107.8	107.1	108.3	101.5	107.9	95.9
广东	108.9	109.8	108.5	95.4	95.2	95.9
广西	102.9	102.5	104.9	104.0	104.4	98.2
海南	108.2	110.8	104.3	98.3	106.1	104.8
四川	106.9	107.0	106.8	104.5	104.1	106.6
贵州	106.6	106.3	107.2	111.8	116.4	102.8
云南	107.3	107.6	106.6	110.8	114.9	110.5
西藏						
陕西	107.2	107.3	107.0	102.7	100.6	103.0
甘肃	103.0	99.3	106.7	93.1	91.2	96.8
青海	101.9	100.9	103.0	111.9	116.8	108.1
宁夏	101.5	102.7	100.1	97.1	101.2	92.7
新疆	104.3	104.2	104.4	115.2	116.2	109.2

9-20 主要原材料、燃料、动力购进价格分类指数

（以上年为100）

类　　别	1988 年	1989 年	1990年	1991 年	1992 年
全部原材料、燃料、动力	120.2	126.4	105.6	109.1	111.0
燃料、动力类	112.9	124.7	110.7	112.9	116.4
黑色金属材料类	118.3	130.3	103.9	112.5	114.5
钢　材	119.3	129.1	98.3	110.5	115.9
有色金属材料类	130.7	127.6	97.2	101.2	112.4
化工原料类	133.4	124.4	95.6	99.8	102.6
木材及纸浆类	143.1	111.4	99.4	105.6	102.0
建材类	114.2	122.7	115.2	101.2	118.8
农副产品类	122.6	128.9	107.8	106.8	103.4
纺织原料类	115.7	128.5	107.4	108.9	100.5

9-21 各地区工业品价格指数

（1992年，以上年为100）

地　区	出厂价格指数	主要原材料购进价格指数	地　区	出厂价格指数	主要原材料购进价格指数
全国总计	**106.8**	**111.0**			
北　京	107.8	114.2	河　南	106.2	110.0
天　津	105.2	108.4	湖　北	111.0	110.2
河　北	108.6	111.4	湖　南	111.1	116.2
山　西	114.2	111.9	广　东		
内蒙古	109.8	112.1	广　西	112.5	105.2
辽　宁	111.8	121.2	海　南		
吉　林	111.4	127.1	四　川	106.1	112.5
黑龙江	111.6	112.9	贵　州	101.6	113.5
上　海	111.4	113.1	云　南	105.3	115.2
江　苏	103.6	110.3	西　藏		
浙　江	104.8	106.3	陕　西	107.9	111.5
安　徽	108.7	113.9	甘　肃	112.1	122.2
福　建	102.7	109.3	青　海	102.6	105.3
江　西			宁　夏		
山　东	109.5	111.0	新　疆	107.5	121.1

9-22　工业品出厂价格指数

（以上年为100）

年份	总指数	冶金	电力	煤炭	石油	化学	机械	建筑材料
1978	100.1	100.3	95.8	101.2	101.6		99.5	100.9
1979	101.5	101.6	101.7	113.4	100.6	99.6	99.9	103.5
1980	100.5	106.2	98.4	106.4	102.1	98.2	97.5	102.5
1981	100.2	101.8	101.6	102.6	99.3	97.2	98.6	101.6
1982	99.8	101.0	98.9	101.9	100.5	99.6	99.3	102.2
1983	99.9	101.3	105.6	101.5	106.3	101.0	99.3	102.7
1984	101.4	103.8	102.1	102.6	112.0	102.4	101.1	102.0
1985	108.7	114.3	103.4	117.6	107.2	102.9	111.8	115.4
1986	103.8	107.4	102.4	96.8	104.6	102.9	102.8	113.7
1987	107.9	107.0	103.1	102.8	104.0	112.2	104.9	105.6
1988	115.0	115.4	101.7	110.6	106.8	120.4	111.8	113.4
1989	118.6	121.0	105.9	112.2	108.4	119.4	121.2	123.6
1990	104.1	110.3	107.4	106.2	107.1	101.6	102.8	99.6
1991	106.2	114.2	116.9	113.1	118.8	102.4	102.8	106.1
1992	106.8	114.2	108.8	116.1	115.3	102.7	106.6	111.1

9-22 续表1

年份	森林	食品	纺织	缝纫	皮革	造纸	文教艺术用品
1978	104.6	104.4	105.3	106.9		101.0	
1979	102.5	103.6	97.9	101.1		108.3	
1980	104.5	101.2	101.6	100.8	102.4	100.5	101.6
1981	111.3	102.3	99.1	99.9	101.7	100.6	99.0
1982	105.8	103.1	96.5	96.1	99.5	100.3	100.0
1983	100.3	100.8	94.8	95.7	100.9	101.1	99.9
1984	103.2	101.7	96.6	100.4	100.6	99.7	100.4
1985	114.9	105.5	104.3	105.1	112.1	113.7	103.2
1986	107.1	102.5	102.6	100.0	101.7	105.7	99.6
1987	144.9	109.4	108.3	109.6	102.9	112.1	120.0
1988	119.6	116.3	122.3	116.2	114.4	120.7	112.1
1989	115.7	114.3	122.4	118.9	118.3	123.0	111.0
1990	94.6	101.0	107.2	109.1	106.3	102.3	107.3
1991	100.4	103.3	104.1	109.0	109.0	102.9	105.8
1992	105.9	106.2	99.3	100.8	112.8	102.7	102.3

十、附　　录

10-1 消费品城乡居民生活消费总量

品名	单位	1991年			1992年		
		全国	城镇	乡村	全国	城镇	乡村
粮食	万吨	26986.2	4970.6	22015.6	27482.8	5118.0	22364.8
食用植物油	万吨	677.3	316.8	360.5	732.3	357.6	374.7
猪肉	万吨	2006.8	610.0	1396.8	2122.6	649.7	1472.9
牛羊肉	万吨	205.8	93.2	112.6	238.7	114.6	124.1
家禽	万只	190371.8	88960.6	101411.2	191934.8	93750.2	98184.6
鲜蛋	万吨	816.5	295.2	521.3	902.7	353.8	548.9
水产品	万吨	781.4	341.9	439.5	849.6	392.3	457.3
食糖	万吨	573.2	232.6	340.6	630.9	259.8	371.1
卷烟	万箱	3261.6	1020.6	2241.0	3264.9	1014.3	2250.6
酒	万吨	1373.0	447.6	925.4	1507.5	517.8	989.7
食盐	万吨	1011.9	151.9	860.0	979.5	143.3	836.2
茶叶	万吨	41.9	9.2	32.7	45.0	12.0	33.0
各种布	亿米	118.5	30.1	88.4	125.0	33.1	91.9
# 棉布	亿米	75.5	16.5	59.0	77.6	19.0	58.6
棉花化纤混纺布	亿米	30.1	8.5	21.6	33.8	8.6	25.2
化纤布	亿米	12.9	5.1	7.8	13.6	5.5	8.1
呢绒	万米	30102.0	17327.5	12774.5	29313.7	17400.6	11913.1
绸缎	万米	78037.0	30812.7	47224.3	76320.1	31569.7	44750.4
针织内衣裤	亿件	9.4	4.1	5.3	8.9	4.2	4.7
毛线	万千克	9455.9	5580.2	3875.7	10080.0	5966.0	4114.0
皮鞋	万双	43176.2	22288.5	20887.7	45033.4	23040.1	21993.3
胶鞋	万双	66225.2	20622.7	45602.5	64702.0	21129.3	43572.7
火柴	万件	2506.5	611.2	1895.3	2641.9	651.3	1990.6
肥皂	万箱	4510.2	1997.6	2512.6	4396.0	1984.5	2411.5
洗衣粉	万吨	103.6	38.2	65.4	113.5	42.0	71.5
保温瓶	万个	14154.0	5344.9	8809.1	14658.9	5695.0	8963.9
缝纫机	万台	550.3	165.0	385.3	501.2	116.4	384.8
手表	万只	4054.7	1284.8	2769.9	4428.8	1533.0	2895.8
自行车	万辆	3097.8	1019.9	2078.8	3243.4	1090.0	2153.4
电风扇	万台	2861.8	1090.9	1770.9	2854.7	1049.4	1805.3
洗衣机	万台	986.6	550.7	435.9	1094.0	599.1	494.9
电冰箱	万台	470.0	351.8	118.2	477.3	349.0	128.3
电视机	万部	2124.7	998.6	1126.1	2172.1	1019.1	1153.0
# 彩色电视机	万部	952.9	422.2	530.7	990.2	430.0	560.2
录相机	万部	128.0	118.9	9.1	148.2	135.1	13.1
录音机	万部	1224.3	661.2	563.1	1210.3	623.9	586.4
收音机	万部	1350.8	706.0	644.8	1271.1	666.2	604.9
照相机	万部	189.8	126.2	63.6	205.0	131.7	73.3
煤炭	万吨	18274.0	7182.0	11092.0	16780.0	6706.0	10074.0

10-2 消费品城乡居民平均每人生活消费量

品名	单位	1991年			1992年		
		全国	城镇	乡村	全国	城镇	乡村
粮食	千克	234.50	204.87	242.42	235.91	205.89	244.05
食用植物油	千克	5.89	13.06	3.97	6.29	14.39	4.09
猪肉	千克	17.44	25.14	15.38	18.22	26.14	16.07
牛羊肉	千克	1.79	3.84	1.24	2.05	4.61	1.35
家禽	千克	1.98	4.40	1.34	2.31	5.28	1.50
鲜蛋	千克	7.10	12.17	5.74	7.75	14.23	5.99
水产品	千克	6.79	14.09	4.84	7.29	15.78	4.99
食糖	千克	4.98	9.59	3.75	5.42	10.45	4.05
卷烟	盒	70.86	105.16	61.69	70.02	102.01	61.40
酒	千克	11.93	18.45	10.19	12.94	20.83	10.80
食盐	千克	8.79	6.26	9.47	8.41	5.76	9.12
茶叶	千克	0.36	0.38	0.36	0.39	0.48	0.36
各种布	米	10.30	12.41	9.73	10.73	13.31	10.02
#棉布	米	6.56	6.80	6.50	6.66	7.64	6.39
棉花化纤混纺布	米	2.62	3.50	2.38	2.90	3.46	2.75
化纤布	米	1.12	2.10	0.86	1.17	2.21	0.88
呢绒	米	0.26	0.71	0.14	0.25	0.70	0.13
绸缎	米	0.68	1.27	0.52	0.66	1.27	0.49
针织内衣裤	件	0.82	1.69	0.58	0.76	1.69	0.51
毛线	千克	0.08	0.23	0.04	0.09	0.24	0.04
皮鞋	双	0.38	0.92	0.23	0.39	0.93	0.24
胶鞋	双	0.58	0.85	0.50	0.56	0.85	0.48
火柴	盒	21.78	25.19	20.87	22.68	26.20	21.72
肥皂	块	4.70	9.88	3.32	4.53	9.58	3.16
洗衣粉	千克	0.90	1.57	0.72	0.97	1.69	0.78
保温瓶	个／百人	12.30	22.03	9.70	12.58	22.91	9.78
缝纫机	台／百人	0.48	0.68	0.42	0.43	0.47	0.42
手表	只／百人	3.52	5.30	3.05	3.80	6.17	3.16
自行车	辆／百人	2.69	4.20	2.29	2.78	4.38	2.35
电风扇	台／百人	2.49	4.50	1.95	2.45	4.22	1.97
洗衣机	台／百人	0.86	2.27	0.48	0.94	2.41	0.54
电冰箱	台／百人	0.41	1.45	0.13	0.41	1.40	0.14
电视机	部／百人	1.85	4.12	1.24	1.86	4.10	1.26
#彩色电视机	部／百人	0.83	1.74	0.58	0.85	1.73	0.61
录相机	部／百人	0.11	0.49	0.01	0.18	0.54	0.01
录音机	部／百人	1.06	2.73	0.62	1.04	2.51	0.64
收音机	部／百人	1.17	2.91	0.71	1.09	2.68	0.66
照相机	部／百人	0.16	0.52	0.07	0.18	0.53	0.08
煤炭	千克	158.80	296.02	122.14	144.04	269.77	109.93

10-3 各地区粮食、食用植物油、猪肉平均每人生活消费量

地区	粮食（千克）			食用植物油（千克）			猪肉（千克）		
	总平均	城镇	乡村	总平均	城镇	乡村	总平均	城镇	乡村
全国总计	**235.91**	**229.21**	**237.73**	**6.26**	**14.39**	**4.06**	**18.22**	**26.14**	**16.07**
北京	249.88	235.05	276.98	11.43	16.00	3.09	24.97	29.23	17.19
天津									
河北	220.20	214.08	221.26	5.44	13.84	3.99	13.26	24.00	11.41
山西	265.91	260.58	267.48	7.22	16.16	4.58	10.84	23.42	7.12
内蒙古	248.09	245.32	249.44	7.29	10.42	5.75	14.12	17.41	12.51
辽宁	226.14	213.18	235.96	6.95	9.33	5.15	19.14	23.33	15.97
吉林	305.50	281.99	321.17	8.07	13.13	4.69	15.72	20.60	12.46
黑龙江	304.83	280.16	323.59	10.37	15.08	20.03	12.19	17.85	7.89
上海	213.31	204.64	231.51	12.06	15.10	3.72	12.06	15.10	5.68
江苏	229.19	242.14	225.62	8.30	18.94	5.37	15.89	34.17	10.85
浙江	219.74	169.59	229.85	4.90	8.45	4.19	16.67	25.77	14.83
安徽	238.12	217.13	242.03	6.74	11.25	5.90	12.77	32.87	9.02
福建	240.16	220.85	244.23	4.31	7.57	3.62	25.03	40.29	21.82
江西	177.25	235.36	163.78	7.80	12.34	6.74	21.60	37.54	17.91
山东	210.61	177.50	219.01	5.32	7.97	4.64	7.51	12.76	6.17
河南	243.27	240.33	243.73	4.85	13.35	3.52	8.92	21.89	6.89
湖北	248.14	215.00	258.00	6.54	12.30	4.82	19.38	24.00	18.00
湖南	218.00	221.00	217.00	5.00	13.00	3.00	25.00	30.00	24.00
广东	168.89	169.80	168.58	3.52	6.02	2.66	18.78	28.45	15.47
广西	199.26	160.04	206.33	2.48	5.16	1.99	18.42	46.79	13.30
海南	226.94	185.75	238.43	3.92	6.35	3.24	20.81	37.74	16.09
四川	201.06	131.85	213.45	4.47	13.78	2.80	25.18	32.01	23.95
贵州	188.85	191.83	188.42	3.80	9.49	2.98	19.60	20.64	19.45
云南	206.69	206.54	206.72	1.94	7.32	1.06	17.55	31.11	15.32
西藏									
陕西	242.85	193.20	255.19	5.22	8.30	4.45	9.51	15.19	8.10
甘肃	228.98	289.11	216.74	5.00	9.65	4.06	12.69	24.97	10.19
青海	246.17	320.08	216.31	9.21	15.95	6.48	7.83	15.25	4.84
宁夏	237.69	228.25	240.76	4.33	8.12	3.10	10.29	16.65	8.22
新疆	278.10	232.30	311.00	10.20	12.80	8.30	3.20	4.90	1.90

10-4 各地区鲜蛋、食糖、棉花平均每人生活消费量

地区	鲜蛋（千克）			食糖（千克）			棉花（千克）		
	总平均	城镇	乡村	总平均	城镇	乡村	总平均	城镇	乡村
全国总计	**7.75**	**13.31**	**6.24**	**5.15**	**10.24**	**3.77**			
北京	18.28	23.47	8.78	6.01	8.40	1.65	0.44	0.40	0.51
天津									
河北	7.54	14.50	6.34	4.41	12.10	3.08	0.85	0.88	0.84
山西	4.42	8.40	3.25	1.92	4.68	1.11	0.86	0.72	0.90
内蒙古	5.30	6.13	4.89	3.43	5.43	2.45	0.39	0.48	0.35
辽宁	13.82	16.46	11.83	3.37	5.48	1.78	0.20	0.30	0.13
吉林	10.95	13.54	9.22	3.04	4.79	1.87	0.52	0.52	0.52
黑龙江	12.10	17.64	7.89	10.21	15.80	5.96	0.37	0.40	0.36
上海	13.11	15.35	9.56	8.12	8.85	6.98	0.25	0.15	0.46
江苏	11.08	10.88	11.14	4.43	9.17	3.13	0.32	0.17	0.37
浙江	5.15	6.13	4.95	6.85	7.76	6.67	0.49	0.44	0.50
安徽	5.21	10.99	4.13	3.45	8.02	2.60	0.55	0.30	0.59
福建	5.02	10.53	3.86	3.79	4.36	3.67			
江西	5.37	6.61	5.08	4.39	7.42	3.68	0.23	0.20	0.24
山东	17.56	22.49	16.30	2.51	2.48	2.51	0.65	0.26	0.75
河南	8.23	13.04	7.48	3.93	9.97	2.98	0.46	0.35	0.48
湖北	7.87	12.48	6.50	3.40	5.00	2.92	0.50	0.62	0.46
湖南	4.00	9.00	3.00	3.00	7.00	2.00			
广东	4.20	9.57	2.37	10.79	14.82	9.41			
广西	1.81	5.09	1.22	4.72	10.84	3.62	0.32	0.48	0.30
海南	3.23	6.11	2.43	6.25	12.73	4.44			
四川	5.08	10.25	4.16	2.89	6.78	2.20	0.25	0.09	0.28
贵州	1.32	5.07	0.78	1.27	3.39	0.97			1.00
云南	2.75	5.00	2.38	10.17	21.63	8.29	0.23	0.88	0.12
西藏									
陕西	6.42	7.05	6.26	2.06	3.55	1.69	0.59	0.28	0.66
甘肃	2.06	5.46	1.36	0.80	2.43	0.47	0.07	0.24	0.04
青海	2.22	5.94	0.72	1.69	4.27	0.64	1.00	3.00	0.00
宁夏	5.05	11.29	3.02	3.89	7.32	2.78	1.12	0.84	1.20
新疆	4.40	6.20	3.10	4.80	6.90	3.30	1.30	1.10	1.50

10-5 各地区棉布、棉花化纤混纺布、化纤布平均每人生活消费量

地区	棉布（米）			棉花化纤混纺布（米）			化纤布（米）		
	总平均	城镇	乡村	总平均	城镇	乡村	总平均	城镇	乡村
全国总计	**6.66**	**7.64**	**6.39**	**2.90**	**3.46**	**2.75**	**1.17**	**2.21**	**0.88**
北京	7.28	9.51	3.22	1.23	1.67	0.42	2.40	3.41	0.54
天津									
河北	6.16	9.49	5.59	4.20	7.47	3.64	1.08	1.38	1.03
山西	2.12	1.86	2.20	0.78	1.20	0.66	0.52	0.76	0.45
内蒙古	2.74	3.34	2.45	1.82	3.04	1.22	0.72	1.42	0.37
辽宁	1.73	1.97	1.55	1.09	1.34	0.90	1.27	1.53	1.07
吉林	2.51	2.54	2.48	1.31	1.80	0.98	0.48	0.65	0.36
黑龙江	2.01	2.15	1.90	0.66	0.89	0.48	0.87	1.17	0.64
上海	4.91	6.41	2.54	4.19	5.45	2.16	2.13	2.79	1.10
江苏	6.07	9.06	5.24	3.89	5.03	3.58	2.02	3.10	1.72
浙江	2.81	3.40	2.69	1.92	2.06	1.90	2.61	2.81	2.57
安徽	2.28	4.04	1.96	1.74	3.59	1.39	0.61	1.20	0.50
福建	1.25	1.22	1.26	1.38	1.59	1.34	0.43	0.49	0.41
江西	2.21	1.89	2.29	1.67	1.78	1.64	0.60	0.84	0.55
山东	2.66	1.18	3.04	1.82	0.55	2.14	0.82	0.50	0.91
河南	3.92	4.55	3.83	1.51	2.22	1.40	0.46	0.46	0.46
湖北	7.90	8.70	7.66	4.90	6.10	4.54	0.72	1.30	0.55
湖南	1.07	2.20	0.87	0.77	2.11	0.52	0.58	1.41	0.43
广东	2.97	5.59	2.07	1.82	2.29	1.66	0.95	2.06	0.58
广西	0.89	2.18	0.63	0.78	2.40	0.48	0.31	1.18	0.15
海南	0.61	0.98	0.50	0.53	0.64	0.49	0.22	0.32	0.19
四川	2.48	2.52	2.48	2.78	2.23	2.88	0.00	0.00	0.00
贵州	1.64	1.12	1.71	0.53	0.93	0.47	0.33	2.04	0.09
云南	1.60	1.91	1.55	1.08	1.14	1.06	0.24	0.26	0.24
西藏									
陕西	1.74	1.68	1.76	1.01	0.78	1.07	0.42	0.98	0.28
甘肃	1.17	3.00	0.79	0.70	2.30	0.37	0.58	2.40	0.21
青海	1.58	2.90	1.05	0.71	2.17	0.12	0.27	0.83	0.04
宁夏	2.53	2.35	2.59	0.78	0.75	0.79	0.54	0.53	0.54
新疆	8.10	9.90	6.80	0.50	0.20	0.70	0.40	0.20	0.60

10-6 各地区食盐、煤炭、肥皂平均每人生活消费量

地区	食盐（千克）			煤炭（千克）			肥皂（块）		
	总平均	城镇	乡村	总平均	城镇	乡村	总平均	城镇	乡村
全国总计	**8.41**	**5.76**	**9.12**	**144.04**	**269.77**	**109.93**	**4.53**	**9.58**	**3.16**
北京	9.54	8.86	10.78	689.78	742.44	593.57	5.61	4.64	7.37
天津									
河北	7.62	5.90	7.92	267.00	822.00	171.00	4.69	13.30	3.20
山西	6.67	7.33	6.48	510.66	515.64	509.19	3.83	8.22	2.54
内蒙古	5.09	4.95	5.15	549.32	1075.56	291.70	3.71	6.76	2.21
辽宁	6.15	5.56	6.59	309.87	575.11	108.92	4.47	7.40	2.24
吉林	7.51	7.67	7.41	295.50	679.77	39.40	3.81	5.72	2.54
黑龙江	8.54	7.80	9.11	450.70	845.13	150.76	6.16	10.06	3.19
上海	8.94	7.99	10.44	161.92	179.23	134.51	8.98	10.08	7.23
江苏	5.85	2.71	6.72	85.75	272.99	34.12	1.28	2.66	0.90
浙江	7.66	4.51	8.30	52.92	258.54	11.41	5.58	9.99	4.70
安徽	7.97	6.43	8.26	72.62	330.53	24.56	2.27	4.41	1.87
福建	6.15	5.31	6.33	57.89	49.91	59.57	3.71	3.97	3.66
江西	8.33	6.31	8.79	84.20	248.79	46.05	6.22	12.03	4.88
山东	4.22	2.27	4.71	158.51	297.42	123.23	1.97	3.99	1.46
河南	4.99	4.72	5.04	126.14	324.73	95.07	1.53	3.85	1.17
湖北	7.00	6.50	7.15	101.77	150.00	87.41	4.85	5.00	4.80
湖南	5.45	4.00	6.00	117.63	312.05	81.61	4.98	11.70	3.73
广东	3.35	2.63	3.60	51.01	130.16	23.96	3.23	5.96	2.30
广西	5.55	5.59	5.54	21.52	10.51	6.45	2.97	13.17	1.13
海南	4.03	5.02	3.75	17.12	60.69	4.96	8.32	12.59	7.13
四川	8.94	6.05	9.46	145.99	194.76	137.26	4.41	10.28	3.36
贵州	5.42	6.25	5.30	274.72	338.67	265.56	1.22	3.07	0.95
云南	6.14	4.92	6.34	122.34	260.27	99.70	2.61	7.40	1.82
西藏									
陕西	5.50	4.10	5.84	208.52	520.10	131.10	3.07	6.98	2.10
甘肃	3.09	3.98	2.90	191.50	685.28	90.97	2.72	9.65	1.31
青海	5.58	4.68	5.94	213.43	642.35	40.11	2.09	5.41	0.63
宁夏	5.80	4.93	6.08	231.57	238.40	229.35	3.24	7.36	1.90
新疆	4.30	4.10	4.40	377.90	371.30	382.70	2.20	3.70	1.10

10-7 各地区缝纫机、手表、自行车平均每万人生活消费量

地区	缝纫机（台）			手表（只）			自行车（辆）		
	总平均	城镇	乡村	总平均	城镇	乡村	总平均	城镇	乡村
全国总计	**43.00**	**47.00**	**42.00**	**380.00**	**617.00**	**316.00**	**278.00**	**438.00**	**235.00**
北京	44.69	36.43	59.78	127.30	169.00	51.10	442.56	424.13	476.23
天津									
河北	40.27	123.11	25.96	247.00	755.21	159.29	226.09	691.23	145.82
山西	35.64	39.12	34.62	249.00	503.00	174.00	171.27	436.12	93.15
内蒙古	19.48	21.33	18.57	201.00	294.00	156.00	192.12	303.96	137.36
辽宁	13.83	15.08	12.88	445.38	669.65	275.48	251.43	384.93	150.30
吉林	21.19	29.14	15.89	292.65	563.39	112.20	227.93	364.74	136.74
黑龙江	24.89	34.45	17.61	286.40	400.01	200.00	175.03	300.00	80.00
上海	48.65	58.03	33.80	1108.00	1508.00	475.00	600.74	612.07	582.81
江苏	44.11	77.33	34.95	326.00	836.00	185.00	394.11	1017.38	222.23
浙江	61.36	18.24	70.05	339.00	605.00	285.00	400.80	593.47	361.95
安徽	32.37	18.00	35.04	126.96	285.02	97.50	135.12	338.00	97.30
福建	31.34	49.71	27.47	218.74	309.19	199.68	155.74	327.61	119.54
江西	38.27	87.50	26.85	165.81	245.29	147.38	170.17	397.44	117.49
山东	44.78	18.00	51.58	177.00	395.00	122.00	245.67	483.17	185.36
河南	32.23	14.08	35.08	242.32	168.28	253.91	156.47	270.66	138.60
湖北	25.06	5.00	31.03	650.00	856.00	589.00	209.22	289.00	185.47
湖南	27.53	62.36	21.08	260.01	583.69	200.05	139.65	353.54	100.03
广东	30.77	42.29	26.84	401.00	535.00	355.00	310.61	670.68	187.55
广西	39.25	12.03	44.16	371.09	437.48	359.13	242.58	220.73	246.51
海南	17.24	18.86	16.79	254.13	391.13	215.88	128.69	199.00	109.06
四川	12.06	10.08	12.42	276.00	699.99	200.13	84.71	111.02	80.00
贵州	15.45	7.56	16.58	125.00	419.00	83.00	21.38	116.15	7.82
云南	45.07	79.91	39.35	179.32	254.30	167.02	149.58	461.41	98.38
西藏									
陕西	37.07	25.30	39.99	166.41	385.48	111.98	118.71	250.80	85.89
甘肃	38.18	57.76	34.19	190.98	653.18	96.87	109.74	289.52	73.14
青海	22.80	32.71	18.80	229.90	749.47	20.03	91.62	293.27	10.14
宁夏	33.85	60.14	25.30	201.25	207.63	199.17	229.53	349.60	190.50
新疆	26.80	18.60	32.60	343.90	535.00	206.80	176.80	245.40	127.50

10-8 各地区电视机、录音机、电风扇平均每万人生活消费量

地区	电视机（部）			录音机（部）			电风扇（台）		
	总平均	城镇	乡村	总平均	城镇	乡村	总平均	城镇	乡村
全国总计	**186.00**	**410.00**	**126.00**	**104.00**	**251.00**	**64.00**	**245.00**	**422.00**	**197.00**
北京	202.18	189.94	224.55	572.17	783.08	186.80	383.08	422.50	311.04
天津									
河北	110.61	338.18	71.34	55.21	168.80	35.61	225.60	689.73	145.50
山西	116.19	295.85	63.19	51.04	132.05	27.14	63.11	180.10	28.60
内蒙古	119.00	184.65	86.85	54.86	141.88	12.26	32.89	86.56	6.61
辽宁	169.91	291.51	77.79	117.18	219.02	40.02	87.92	166.67	28.26
吉林	127.39	194.30	82.79	72.99	104.69	51.87	39.79	74.61	16.58
黑龙江	128.71	166.46	100.00	104.51	190.93	38.79	37.28	81.06	3.98
上海	244.47	293.75	166.49	397.79	587.49	97.56	583.26	654.12	471.10
江苏	179.87	449.27	105.58	124.14	421.24	42.21	480.61	1009.44	334.78
浙江	182.13	177.52	183.06	89.24	227.92	61.27	422.62	520.62	402.85
安徽	140.26	145.00	139.37	43.20	149.91	23.34	175.41	311.78	150.00
福建	77.17	166.77	58.30	36.65	94.16	24.54	136.33	332.22	95.06
江西	114.86	262.78	80.58	33.87	86.53	21.66	160.71	376.57	110.67
山东	143.52	88.00	157.61	55.77	147.00	32.60	282.74	380.25	257.98
河南	95.63	285.08	65.99	25.20	102.86	13.05	147.99	454.68	100.00
湖北	124.10	250.00	86.63	72.01	230.00	25.00	242.60	558.00	148.72
湖南	117.66	395.98	66.11	39.22	151.08	18.50	242.23	934.25	114.04
广东	55.10	118.98	33.27	93.57	165.31	69.06	361.80	781.22	218.46
广西	119.74	195.63	84.48	23.62	55.32	17.91	202.70	574.86	135.62
海南	39.46	70.64	30.76	22.66	41.58	17.37	91.13	200.35	60.64
四川	93.85	255.18	64.98	29.42	97.10	17.31	154.86	489.73	94.94
贵州	38.39	208.55	14.04	15.96	82.94	6.38	22.84	182.09	0.05
云南	95.49	416.44	42.80	43.05	170.97	22.05	19.81	115.92	4.04
西藏									
陕西	84.31	210.30	53.01	33.31	120.57	11.62	98.79	406.04	22.45
甘肃	55.46	119.66	42.39	60.61	247.55	22.55	15.42	70.97	4.11
青海	86.74	253.51	19.35	73.12	206.81	19.10	0.56	0.56	0.00
宁夏	101.46	151.49	85.20	64.62	145.90	38.20	63.70	172.31	28.40
新疆	84.30	90.80	79.70	64.30	147.80	4.40	44.60	55.80	36.60

10-9 各地区洗衣机、电冰箱平均每万人生活消费量

地　　区	洗　衣　机（台）			电　冰　箱（台）		
	总平均	城　镇	乡　村	总平均	城　镇	乡　村
全国总计	**94.00**	**241.00**	**54.00**	**41.00**	**140.00**	**14.00**
北　京	120.94	130.59	103.31	106.87	115.93	90.33
天　津						
河　北	63.45	339.46	14.64	32.23	175.15	7.56
山　西	63.90	154.30	37.24	30.30	126.38	1.96
内 蒙 古	43.24	111.82	9.66	27.80	80.35	2.07
辽　宁	69.25	113.55	35.70	72.16	151.11	12.36
吉　林	61.68	94.07	40.09	40.91	84.89	11.59
黑 龙 江	62.75	108.64	27.85	32.88	67.94	6.22
上　海	126.23	120.07	135.99	151.26	164.72	129.95
江　苏	80.56	213.48	43.91	43.51	139.30	17.09
浙　江	57.82	142.81	40.68	62.10	130.48	48.31
安　徽	24.59	136.19	3.79	22.53	132.71	2.00
福　建	33.19	155.09	7.51	34.03	177.58	3.79
江　西	18.50	95.50	0.65	19.70	102.50	0.50
山　东	26.58	96.19	8.90	34.23	134.54	8.76
河　南	30.62	163.07	9.89	17.69	102.94	4.35
湖　北	56.67	133.00	33.95	32.92	89.00	16.23
湖　南	34.84	168.93	10.00	24.47	140.48	2.98
广　东	51.70	50.74	52.02	29.10	85.68	9.76
广　西	21.30	116.15	4.20	15.48	97.48	0.69
海　南	22.40	83.98	5.21	13.40	56.58	1.35
四　川	28.55	98.76	15.99	15.44	100.51	0.22
贵　州	18.07	144.12	0.03	7.99	62.85	0.14
云　南	34.63	170.68	12.30	10.66	67.73	1.29
西　藏						
陕　西	39.80	164.16	8.90	19.42	95.96	0.40
甘　肃	24.03	73.37	13.98	16.07	88.27	1.37
青　海	37.81	123.95	3.00	23.31	80.48	0.21
宁　夏	55.80	111.42	37.72	25.82	95.24	3.26
新　疆	41.90	59.60	29.20	35.00	69.70	10.10

10-10 耐用消费品社会拥有量

耐用消费品	单位	1991年末			1992年末		
		全国	城镇	乡村	全国	城镇	乡村
一、社会拥有量							
缝纫机	万架	14544	5755	8789	14966	5825	9141
手表	万只	61979	19490	42489	65020	20015	45005
自行车	万辆	41979	15226	26753	45076	16247	28829
电风扇	万台	22989	11820	11169	25774	12807	12967
洗衣机	万台	10615	7425	3190	11709	8024	3685
电冰箱	万台	3466	2550	916	3941	2897	1044
电视机	万部	20671	11670	9001	22843	12689	10154
录音机	万部	13099	7354	5745	14305	7974	6331
收音机	万部	23399	6966	16433	21595	6526	15069
照相机	万部	2465	1811	654	2663	1936	727
二、平均每百人拥有量							
缝纫机	架	12.6	23.6	9.6	12.8	23.0	9.9
手表	只	53.5	79.8	46.5	55.5	79.1	49.0
自行车	辆	36.2	62.4	29.3	38.5	64.2	31.4
电风扇	台	19.8	48.4	12.2	22.0	50.6	14.1
洗衣机	台	9.2	30.4	3.5	10.0	31.7	4.0
电冰箱	台	3.0	10.4	1.0	3.4	11.5	1.1
电视机	部	17.8	47.8	9.8	19.5	50.2	11.1
录音机	部	11.3	30.1	6.3	12.2	31.5	6.9
收音机	部	20.2	28.5	18.0	18.4	25.8	16.4
照相机	部	2.1	7.4	0.7	2.3	7.7	0.8

10-11 进出口贸易总额

年份	按人民币计算（亿元）				按美元计算（亿美元）			
	进出口总额	出口总额	进口总额	差额	进出口总额	出口总额	进口总额	差额
1950	41.5	20.2	21.3	-1.1	11.3	5.5	5.8	-0.3
1951	59.5	24.2	35.3	-11.1	19.6	7.6	12.0	-4.4
1952	64.6	27.1	37.5	-10.4	19.4	8.2	11.2	-3.0
1953	80.9	34.8	46.1	-11.3	23.7	10.2	13.5	-3.3
1954	84.7	40.0	44.7	-4.7	24.4	11.5	12.9	-1.4
1955	109.8	48.7	61.1	-12.4	31.4	14.1	17.3	-3.2
1956	108.7	55.7	53.0	2.7	32.1	16.5	15.6	0.9
1957	104.5	54.5	50.0	4.5	31.0	16.0	15.0	1.0
1958	128.7	67.0	61.7	5.3	38.7	19.8	18.9	0.9
1959	149.3	78.1	71.2	6.9	43.8	22.6	21.2	1.4
1960	128.4	63.3	65.1	-1.8	38.1	18.6	19.5	-0.9
1961	90.7	47.7	43.0	4.7	29.4	14.9	14.5	0.4
1962	80.9	47.1	33.8	13.3	26.6	14.9	11.7	3.2
1963	85.7	50.0	35.7	14.3	29.2	16.5	12.7	3.8
1964	97.5	55.4	42.1	13.3	34.7	19.2	15.5	3.7
1965	118.4	63.1	55.3	7.8	42.5	22.3	20.2	2.1
1966	127.1	66.0	61.1	4.9	46.2	23.7	22.5	1.2
1967	112.2	58.8	53.4	5.4	41.6	21.4	20.2	1.2
1968	108.5	57.6	50.9	6.7	40.5	21.0	19.5	1.5
1969	107.0	59.8	47.2	12.6	40.3	22.0	18.3	3.7
1970	112.9	56.8	56.1	0.7	45.9	22.6	23.3	-0.7
1971	120.9	68.5	52.4	16.1	48.4	26.4	22.0	4.4
1972	146.9	82.9	64.0	18.9	63.0	34.4	28.6	5.8
1973	220.5	116.9	103.6	13.3	109.8	58.2	51.6	6.6
1974	292.2	139.4	152.8	-13.4	145.7	69.5	76.2	-6.7
1975	290.4	143.0	147.4	-4.4	147.5	72.6	74.9	-2.3
1976	264.1	134.8	129.3	5.5	134.3	68.5	65.8	2.7
1977	272.5	139.7	132.8	6.9	148.0	75.9	72.1	3.8
1978	355.0	167.6	187.4	-19.8	206.4	97.5	108.9	-11.4
1979	454.6	211.7	242.9	-31.2	293.3	136.6	156.7	-20.1
1980	570.0	271.2	298.8	-27.6	381.4	181.2	200.2	-19.0
1981	735.3	367.6	367.7	-0.1	440.3	220.1	220.2	-0.1
1982	771.3	413.8	357.5	56.3	416.1	223.2	192.9	30.4
1983	860.1	438.3	421.8	16.5	436.2	222.3	213.9	8.4
1984	1 201.0	580.5	620.5	-40.0	535.5	261.4	274.1	-12.7
1985	2 066.7	808.9	1 257.8	-448.9	696.0	273.5	422.5	-149.0
1986	2 580.4	1 082.1	1 498.3	-416.2	738.5	309.4	429.0	-119.6
1987	3 084.2	1 470.0	1 614.2	-144.2	826.5	394.4	432.2	-37.8
1988	3 822.0	1 766.7	2 055.3	-288.6	1 027.9	475.2	552.8	-77.6
1989	4 155.9	1 956.0	2 199.9	-243.9	1 116.8	525.4	591.4	-66.0
1990	5 560.1	2 985.8	2 574.3	411.5	1 154.4	620.9	533.5	87.5
1991	7 225.8	3 827.1	3 398.7	428.4	1 356.3	718.4	637.9	80.5
1992	9 123.6	4 679.4	4 444.2	235.2	1 656.1	850.0	806.1	43.9

注：1.本表1979年以前为外贸业务统计数，1980年以后为海关进出口统计数。

2.进出口差额负数为入超。

10-12 海关出口商品分类金额

单位：亿美元

年 份	总 额	初级产品	食品及主要供食用的活动物	饮料及烟类	非食用原料	矿物燃料、润滑油及有关原料	动、植物油脂及蜡
1980	181.19	91.14	29.85	0.78	17.11	42.80	0.60
1981	220.07	102.48	29.24	0.60	19.48	52.28	0.88
1982	223.21	100.50	29.08	0.97	16.53	53.14	0.78
1983	222.26	96.20	28.53	1.04	18.92	46.66	1.05
1984	261.39	119.34	32.32	1.10	24.21	60.27	1.44
1985	273.50	138.28	38.03	1.05	26.53	71.32	1.35
1986	309.42	112.72	44.48	1.19	29.08	36.83	1.14
1987	394.37	132.31	47.81	1.75	36.50	45.44	0.81
1988	475.16	144.06	58.90	2.35	42.57	39.50	0.74
1989	525.38	150.78	61.45	3.14	42.12	43.21	0.86
1990	620.91	158.86	66.09	3.42	35.37	52.37	1.61
1991	718.43	161.45	72.29	5.28	34.84	47.54	1.50
1992	849.98	170.50	83.54	7.21	31.44	46.92	1.39

10-12 续表1

单位：亿美元

年 份	工业制成品	化学品及有关产品	轻纺产品、橡胶制品、矿冶产品及其制品	机械及运输设备	杂项制品	未分类的其他商品
1980	90.05	11.20	39.99	8.43	28.36	2.07
1981	117.59	13.42	47.06	10.87	37.25	8.99
1982	122.71	11.96	43.02	12.63	37.05	18.05
1983	126.06	12.51	43.65	12.21	38.04	19.65
1984	142.05	13.64	50.54	14.93	46.97	15.97
1985	135.22	13.58	44.93	7.72	34.86	34.13
1986	196.70	17.33	58.86	10.94	49.48	60.09
1987	262.06	22.35	85.70	17.41	62.73	73.87
1988	331.10	28.97	104.89	27.69	82.68	86.87
1989	374.60	32.01	108.97	38.74	107.55	87.33
1990	462.05	37.30	125.76	55.88	126.86	116.25
1991	556.98	38.18	144.56	71.49	166.20	136.55
1992	679.48	43.47	161.39	132.19	342.43	

注：1992年海关统计改用新商品目录，未分类的其他商品已包含在各大类中（下表同）。

10-13 海关进口商品分类金额

单位：亿美元

年份	总额	初级产品	食品及主要供食用的活动物	饮料及烟类	非食用原料	矿物燃料、润滑油及有关原料	动、植物油脂及蜡
1980	200.17	69.59	29.27	0.36	35.54	2.03	2.39
1981	220.15	80.44	36.22	2.13	40.27	0.83	0.99
1982	192.85	76.34	42.01	1.30	30.12	1.83	1.08
1983	213.90	58.08	31.22	0.46	24.59	1.11	0.70
1984	274.10	52.08	23.31	1.16	25.42	1.39	0.80
1985	422.52	52.89	15.53	2.06	32.36	1.72	1.22
1986	429.04	56.49	16.25	1.72	31.43	5.04	2.05
1987	432.16	69.15	24.43	2.63	33.21	5.39	3.49
1988	552.75	100.68	34.76	3.46	50.90	7.87	3.69
1989	591.40	117.54	41.92	2.02	48.35	16.50	8.75
1990	533.45	98.53	33.35	1.57	41.07	12.72	9.82
1991	637.91	108.35	27.99	2.00	50.03	21.14	7.19
1992	806.10	132.54	31.46	2.39	57.74	35.70	5.25

10-13 续表1

单位：亿美元

年份	工业制成品	化学品及有关产品	轻纺产品、橡胶制品、矿冶产品及其制品	机械及运输设备	杂项制品	未分类的其他商品
1980	130.58	29.09	41.54	51.19	5.42	3.34
1981	139.71	26.06	40.35	58.66	5.58	9.06
1982	116.51	29.36	39.06	32.04	4.86	11.19
1983	155.82	31.83	62.89	39.88	7.82	13.40
1984	222.02	42.37	73.18	72.45	11.82	22.20
1985	369.63	44.69	118.98	162.39	19.02	24.55
1986	372.55	37.71	111.92	167.81	18.77	36.34
1987	363.01	50.08	97.30	146.07	18.78	50.78
1988	452.07	91.39	104.10	166.97	19.82	69.79
1989	473.86	75.56	123.35	182.07	20.73	72.15
1990	434.92	66.48	89.06	168.45	21.03	89.90
1991	529.56	92.77	104.92	196.01	24.39	111.47
1992	673.56	11.58	192.98	313.13	55.87	

10-14 海关出口主要商品数量和金额

金额单位：万美元

品名	单位	1990年		1991年		1992年	
		数量	金额	数量	金额	数量	金额
活猪	万头	300	27 090	285	27 635	290	28 956
活家禽	万只	4 784	8 454	4 752	8 204	5 177	9 334
鲜冻牛肉	万吨	10	15 874	13	20 385	3	3 885
鲜冻猪肉	万吨	12	21 547	12	18 566	5	7 642
冻鸡	吨	37 813	7 439	45 395	9 584	1 163	225
冻家兔肉	吨	17 520	3 008	11 742	2 611	17 330	4 689
鲜蛋	百万个	601	2 861	605	2 782	635	2 447
水产品	万吨	36	131 611	38	118 116	44	136 605
粮食	万吨	583	101 914	1 086	158 144	1 364	199 576
蔬菜	万吨	98	59 209	104	66 396	138	83 368
水果	吨	226 382	10 286	159 756	7 551	145 602	7 867
苦杏仁	吨	8 180	979	9 102	1 040	7 747	996
核桃仁	吨	8 712	1 850	8 245	1 928	9 841	2 432
栗子	吨	36 022	6 222	33 939	6 310	29 138	4 951
食糖	万吨	57	22 991	34	12 065	167	62 005
天然蜂蜜	吨	88 005	7 171	69 958	6 139	91 745	8 006
茶叶	吨	195 471	41 270	184 872	37 606	175 525	36 189
辣椒干	吨	40 722	3 760	26 853	2 966	28 330	3 631
罐头	吨	565 748	69 901	663 586	79 594	532 751	59 383
啤酒			1 957		2 592		3 190
烤烟	吨	27 510	4 937	60 937	11 804	47 850	10 503
棉花	吨	167 282	30 054	199 980	36 096	144 620	21 059
生丝	吨	8 594	39 124	9 016	36 364	8 899	27 866
山羊绒	吨	1 413	14 173	2 020	16 386	2 567	17 194
兔毛	吨	4 703	9 679	6 419	10 522	5 686	11 025
食盐	万吨	48	1 823	21	1 112	15	889
重晶石	万吨	144	4 058	112	3 340	63	1 966
滑石	万吨	87	5 208	95	5 036	105	5 388
猪鬃	吨	12 105	7 108	7 357	3 400	9 902	4 000
盐渍猪肠衣	吨	17 423	6 608	16 389	6 249	22 544	9 742
羽毛及绒	吨	21 830	14 265	26 808	15 972	17 358	13 716
药材	吨	106 920	29 586	177 242	24 427	124 244	25 005
煤	万吨	1 729	65 415	2 000	74 848	1 970	74 280
焦炭、半焦炭	万吨	130	10 021	108	8 038	135	9 675
原油	万吨	2 399	340 186	2 224	288 915	2 151	277 449
成品油	万吨	526	87 737	481	82 293	539	86 496
石蜡	万吨	18	8 662	18	8 426	27	11 694
食用油籽	万吨	52	35 220	54	44 108	57	26 625
食用植物油	吨	139 477	9 542	99 334	7 654	67 846	4 595
桐油	吨	16 069	1 510	14 485	1 966	20 867	4 121
合成有机染料	吨	45 919	23 118	50 261	21 598	59 264	23 334
医药品			38 776		48 906		60 334
香皂			1 722		1 246		1 444
洗衣粉	吨	51 893	2 978	35 253	2 121	30 750	1 688
鞭炮烟花			13 362		14 212		13 987
松香	吨	189 040	9 542	227 851	11 232	261 842	13 201
轮胎	万条	166	6 726	201	7 383	1 840	14 239
纸及纸板(未切成形)	万吨	25	14 270	23	14 176	18	11 890

10-14 续表1

金额单位：万美元

品名	单位	1990年		1991年		1992年	
		数量	金额	数量	金额	数量	金额
棉纱	吨	176 156	39 020	187 035	45 985	162 945	39 121
棉布	万米	222 155	160 235	237 210	173 900	302 313	205 722
涤棉布	万米	114 916	67 609	134 067	79 826	117 914	66 779
人棉布	万米	33 369	22 291	46 723	30 025	54 263	31 414
真丝绸缎	万米	17 369	76 959	15 002	63 341	14 786	51 488
呢绒	万米	976	5 900	1 328	7 641	2 202	11 835
麻袋	万条	11 523	3 790	9 559	3 037	8 212	3 126
毛毯	万条	75	2 255	33	941	30	1 137
地毯	万平方米	829	39 017	947	42 798	1 536	51 795
水泥	万吨	683	25 735	1 074	44 289	645	25 940
平板玻璃	万平方米	3 286	8 779	4 194	9 330	3 521	7 388
玻璃制品			6 734		9 174		12 039
家用陶瓷器			40 698		52 372		30 921
珍珠			3 653		3 246		2 777
钢材	万吨	199	69 968	214	72 921	191	66 472
铜材	吨	25 229	7 952	33 655	10 810	42 592	13 206
铝材	吨	17 764	4 084	27 300	5 566	32 366	5 736
搪瓷器			4 288		4 706		5 802
锁	万打	2 620	12 101	2 993	16 292	59 992	24 409
缝纫机(包括工业用)	万架	209	7 087	197	7 732	279	9 769
纺织机械			12 170		11 696		11 451
机床	万台	62	22 171	93	20 182	153	20 302
轴承			18 275		11 391		13 609
电扇	万台	1 485	19 451	1 804	24 252	3 252	36 650
干电池	万打	16 686	10 141	18 887	12 399	40 261	19 698
自行车	万辆	378	14 492	729	35 838	1 024	42 833
手电筒	万个	8 955	3 161	9 795	3 262	17 827	5 367
家具			30 983		44 561		48 730
服装(针织、钩织除外)	万件	96 413	395 155	129 532	541 493	261 450	1 002 912
毛制针织、钩织服装	万件	2 464	22 030	3 507	30 366	15 035	73 842
棉制针织、钩织服装	万件	118 140	96 365	152 888	118 120	252 585	201 119
其他针织、钩织服装	万件	26 234	56 970	27 985	64 000	116 017	170 228
皮鞋	万双	6 671	42 791	10 131	69 100	29 822	178 182
橡胶或塑料底布鞋(包括球鞋)	万双	31 379	54 002	38 383	62 258	57 581	85 153
医疗仪器及器械			4 753		5 826		7 324
照相机	架	419	4 107	826	5 538	2 923	28 362
手表	万只	7 062	16 642	5 880	15 603	54 113	66 705
日用钟	万只	1 608	4 038	3 040	7 065	9 696	13 753
抽纱、刺绣品			38 845		35 149		21 642
玩具			57 407		81 070		237 070
足球、篮球、排球	万个	928	1 914	952	2 017	2 140	5 164
铅笔			2 814		3 133		5 090
伞	万把	8 359	7 328	10 097	9 386	29 646	27 190
藤编结品			2 469		3 009		4 193
草席及草编结品			8 752		11 491		5 422
柳编结品			7 665		7 911		8 703
鬃刷	万打	1 377	3 028	1 399	2 977	1 704	3 339
热水瓶	万个	2 367	5 995	2 204	3 990	3 380	6 555

10-15 海关进口主要商品数量和金额

金额单位：万美元

品　　名	单　位	1990年		1991年		1992年	
		数　量	金　额	数　量	金　额	数　量	金　额
粮食	万吨	1 372	235 297	1 345	164 274	1 175	175 198
食糖	万吨	113	37 880	101	25 627	110	25 530
可可豆	吨	10 074	1 190	30 262	3 484	30 879	3 286
天然橡胶	万吨	34	28 553	31	26 124	27	23 083
合成橡胶	吨	44 504	6 687	84 252	12 797	148 199	17 609
原木	万立方米	415	46 056	397	45 431	467	49 554
棉花(原棉)	万吨	42	71 079	37	63 065	28	42 978
黄(红)麻	吨	387	10	4 472	228	4 173	183
纺织用合成纤维	万吨	38	55 442	50	79 868	52	79 366
合成纤维纱线	吨	115 722	29 341	118 013	32 979	269 752	58 256
纺织用再生纤维	吨	114 855	41 186	118 216	39 265	64 931	11 241
工业用钻石	万克拉	5	155	9	329	329	11 489
铁矿砂	万吨	1 434	39 413	1 855	56 586	2 522	76 628
铬矿砂	万吨	64	9 831	54	7 170	89	10 348
药材	吨	3 475	2 158	7 701	2 471	10 539	4 469
煤	万吨	200	7 415	137	4 720	123	4 330
动物油脂	吨	93 483	3 765	80 012	2 915	73 295	2 784
食用植物油	万吨	112	52 829	61	28 909	42	19 501
其他植物油	万吨	119	41 904	109	40 114	65	25 885
油籽及含油果实(大豆除外)	吨	31 364	2 040	40 236	1 996	4 899	287
烧碱	吨	40 536	1 805	3 631	213	10 240	519
纯碱	吨	210 520	4 192	54 220	1 044	59 410	1 061
合成有机染料	吨	8 763	6 456	15 343	10 266	24 384	13 842
医药品			36 381		45 156		47 602
化肥(自然吨)	万吨	1 626	260 313	1 818	322 949	1 859	300 370
农药	吨	28 487	17 713	32 042	19 129	39 304	20 365
纸及纸板			66 611		87 666		165 324
钢材	万吨	419	250 813	356	253 464	706	391 198
铜及铜合金	吨	40 251	10 265	113 966	25 926	378 995	83 960
铝及铝合金	吨	71 771	12 775	43 711	6 637	229 626	26 501
锌及锌合金	吨	4 141	570	11 705	1 431	84 860	9 250
机床	台	42 243	49 284	59 564	52 397	107 058	91 203
电子计算器	万台	32	77	103	147	12 701	18 402
电视机	万台	67	10 346	33	5 620	23	5 841
录音机和收录两用机	万台	193	6 343	28	1 252	445	4 399
汽车和汽车底盘	辆	62 686	75 227	98 454	107 730	209 993	243 434
船舶	艘	2 533	46 823	4 193	28 745	14 422	26 311
医疗仪器及器械			21 004		26 701		34 191
手表	万只	280	1 675	428	2 443	2 815	10 190

10-16 旅游人数和旅游外汇收入情况

指标	1980年	1985年	1988年	1989年	1990年	1991年	1992年
一、旅游人数总计(万人)	**570.25**	**1 783.31**	**3 169.48**	**2 450.14**	**2 746.18**	**3 334.98**	**3 811.49**
外国人	52.91	137.05	184.22	146.10	174.73	271.01	400.64
华侨	3.44	8.48	7.93	6.85	9.11	13.34	16.51
港澳和台湾同胞	513.90	1 637.78	2 977.33	2 297.19	2 562.34	3 050.63	3 394.34
在旅游人数总计中:							
国际旅行社接待的	21.87	46.88	52.62	13.78	11.02	48.79	64.69
中国旅行社接待的	69.47	77.33	110.39	84.31	106.46	106.59	96.23
二、旅游外汇收入总额(亿美元)	**6.17**	**12.50**	**22.47**	**18.60**	**22.18**	**28.45**	**39.47**

10-17 接待外国旅游人数

(按国别分)

单位：万人

国别	1990年		1991年		1992年	
	人数	比重(%)	人数	比重(%)	人数	比重(%)
总计	**174.73**	**100.0**	**271.01**	**100.0**	**400.64**	**100.0**
#日本	46.33	26.5	64.09	23.6	79.15	15.9
美国	23.32	13.3	31.44	11.6	34.63	7.0
英国	7.89	4.5	11.46	4.2	12.98	2.6
澳大利亚	5.02	2.9	6.52	2.4	7.56	1.5
菲律宾	7.89	4.5	10.48	3.9	13.79	2.8
新加坡	7.17	4.1	9.81	3.6	15.28	3.1
德国	5.62	3.2	9.24	3.4	12.13	2.4
加拿大	4.76	2.7	6.93	2.6	9.31	1.9
法国	5.07	2.9	8.60	3.2	11.62	2.3
泰国	6.79	3.9	8.86	3.3	14.72	3.0
朝鲜	2.79	1.6	7.78	2.9	6.12	1.2
原苏联	10.98	6.3	28.49	10.5	89.52	18.0
意大利	2.63	1.5	4.54	1.7	5.70	1.1
瑞士	1.15	0.7	1.87	0.7	2.36	0.5
荷兰	1.38	0.8	2.05	0.8	2.08	0.4
新西兰	1.00	0.6	1.21	0.4	1.62	0.3

10-18 全国广告经营单位情况

（1992年）

	单位数（户）	经营单位人员（人）	营业额（万元）	外汇人民币（万元）
合　　计	16652	184279	632216	27435
一、按经济类型分：				
国有经济	12162	121947	553127	25704
集体经济	3740	56154	57814	128
个体、私营	664	4663	2295	
外商投资企业	86	1515	18980	1603
二、按类别分：				
广告公司	3006	55129	139945	8391
报　　社	1539	10196	161833	8348
电　　台	660	5033	19920	206
电 视 台	981	7597	205471	8334
杂 志 社	2701	13149	17267	326
有线广播	792	4316	1186	6
民　　航	44	432	1500	346
铁　　路	152	1955	2581	5
体　　委	99	853	2340	15
印 刷 厂	1036	30770	31027	203
制作工作	1288	16923	17417	85
影 剧 院	190	1503	574	
文 化 馆	214	1766	686	23
其　　他	3950	34657	30469	707

10-19 各地区消费者协会受理投诉情况

（1992年）　　单位：件

地　区	受理件数	地　区	受理件数	地　区	受理件数
合 计	340153	江 苏	25394	海 南	
中消协	2249	浙 江	20713	四 川	37424
北 京	6512	安 徽	19951	贵 州	8288
天 津	4456	福 建	7268	云 南	2506
河 北	20971	江 西	8555	陕 西	
山 西		山 东	50050	#西安	1919
内 蒙	2942	河 南	8152	甘 肃	11779
辽 宁	10584	湖 北	14763	青 海	943
吉 林	17246	湖 南	2680	宁 夏	811
黑龙江	19532	广 东	9838	新 疆	10134
上 海	11193	广 西	5219		

10-20 全国技术市场成交额

单位：万元

地　区	1988年	1989年	1990年	1991年	1992年
全　国	**724881**	**814639**	**750969**	**948054**	**1508895**
北　京	221912	278856	202697	224344	313066
天　津	28519	29275	29938	34260	50656
河　北	10306	9569	19699	27190	38305
山　西	16055	7640	8300	11118	8657
内蒙古	589	3440	2049	3075	5337
辽　宁	83871	81586	76025	96707	131726
吉　林	13113	12051	12196	22687	43174
黑龙江	22171	23032	18624	33774	54055
上　海	66276	60678	51500	93311	152458
江　苏	42647	41820	34481	47895	72260
浙　江	9227	11787	13623	16236	30830
安　徽	1847	3547	3854	6997	27636
福　建	2070	3749	4354	6485	13545
江　西	4567	3942	6721	8907	12271
山　东	37260	41640	43099	47621	82955
河　南	22947	36904	36396	48231	70750
湖　北	26775	26763	45168	30447	57661
湖　南	32900	32700	24530	42871	50211
广　东	19735	13957	20261	32081	63934
广　西	2741	2845	3419	4208	6305
海　南			95	505	738
四　川	33644	69428	60671	72110	145103
贵　州	2102				
云　南	4105	4878	10243	8137	12082
西　藏	495				
陕　西	12033	11041	18561	24443	36166
甘　肃	2273	1017	1397	1589	21175
青　海	347	440	345	361	1157
宁　夏	2555	599	927	422	1160
新　疆	1799	1455	1796	2042	5522

10-21 工商企业登记基本情况

（按经济类型分）

项　目	单 位	1988年	1989年	1990年	1991年	1992年
合　计						
企 业 数	户	5510182	5051030	4602048	4820673	5822109
从业人员	万人	18184.2	17968.5	17356.3	18194.3	21250.5
注册资金	亿元	16120.8	17504.9	17997.5	20217.6	27795.7
国有企业						
企 业 数	户	1150726	1146908	1151472	1253725	1547190
从业人员	万人	7144.2	7437.1	7719.8	8219.8	9379.2
注册资金	亿元	54335.6	11231.5	11925.0	13683.2	17947.9
集体企业						
企 业 数	户	4275605	3829614	3381937	3479971	4159417
乡镇企业	户	1665572	1428389	1165447	1194285	1405931
从业人员	万人	10455.5	10036.1	9114.1	9390.9	11132.6
乡镇企业	万人	5051.8	4687.6	4184.2	4174.3	4864.7
注册资金	亿元	5433.2	5653.3	5444.5	5771.1	8241.5
乡镇企业	亿元	2030.9	2051.9	1816.1	1974.8	2701.6
联营及其他企业						
企 业 数	户	83851	74508	68639	86977	115502
从业人员	万人	584.5	495.4	522.5	583.6	738.6
注册资金	亿元	552.1	620.0	627.9	763.3	1606.2

注：本资料按已登记企业统计，但不包括全国性公司。

10-22 城乡个体工商企业登记基本情况

年　份	全国城乡个体户		城镇个体户		乡村个体户	
	户数（万户）	人数（万人）	户数（万户）	人数（万人）	户数（万户）	人数（万人）
1981	182.9	227.4	86.8	105.6	96.1	121.8
1982	263.6	319.8	113.2	135.8	150.4	184.0
1983	590.1	746.5	170.6	208.6	419.5	537.8
1984	930.4	1303.1	222.2	291.1	708.2	1020.0
1985	1171.0	1766.0	279.9	383.9	891.5	1382.2
1986	1211.1	1845.9	291.0	407.6	920.1	1438.3
1987	1372.5	2158.3	338.3	492.3	1034.2	1666.0
1988	1452.7	2304.9	382.3	578.4	1070.4	1726.5
1989	1247.1	1941.4	369.4	560.5	877.7	1380.9
1990	1328.3	2092.8	394.3	602.3	934.0	1490.5
1991	1416.8	2258.0	419.0	641.8	997.8	1616.2
1992	1533.9	2467.7	476.6	740.2	1057.3	1727.5

10-23 国内有价证券发行情况

单位:亿元

	1992年			1981-1992年	
	发行额	兑付额	年末余额	发行额	兑付额
总　计	**1849.67**	**874.16**	**3152.91**	**5619.36**	**2466.45**
一、国　债	472.00	340.00	1104.74	1779.88	675.14
# 国库券	390.00	340.00	553.66	1193.15	639.49
二、国家投资债券	80.00	0	175.00	175.00	0
三、国家投资公司债券	34.20	9.00	175.35	185.18	9.83
四、中央企业债券	54.10	0	54.10	54.10	0
五、金融机构债券	76.98	30.00	170.10	428.95	258.85
六、企 业 债	517.80	195.00	653.89	1174.80	520.91
七、股　　票	114.59	0.16	189.48	190.01	0.53
八、大额可转让存单	500.00	300.00	630.25	1631.44	1001.19

10-24 人民币对主要外币年平均汇价

外币名称	外币单位	1990年		1991年		1992年	
		买价(人民币元)	卖价(人民币元)	买价(人民币元)	卖价(人民币元)	买价(人民币元)	卖价(人民币元)
澳大利亚元	100	372.68	374.55	413.19	415.26	404.64	406.67
奥地利先令	100	42.14	42.36	45.65	45.88	50.17	50.42
加拿大元	100	408.44	410.49	462.19	464.51	456.16	458.45
瑞士法郎	100	345.71	347.44	371.68	373.54	392.68	394.65
德国马克	100	296.42	297.90	320.88	322.48	353.27	355.04
丹麦克朗	100	77.35	77.74	83.25	83.67	91.36	91.82
芬兰马克	100	124.98	125.60	132.15	132.81	123.44	124.06
法国法郎	100	88.00	88.44	94.40	94.87	104.17	104.69
荷兰盾	100	263.02	264.34	284.94	286.37	313.58	315.15
挪威克朗	100	76.41	76.79	82.12	82.53	88.78	89.22
新加坡元	100	263.59	264.92	306.97	308.51	337.41	339.10
瑞典克朗	100	80.77	81.17	87.98	88.42	94.86	95.33
英镑	100	852.32	856.59	938.13	942.83	971.71	976.58
美元	100	477.18	479.57	530.94	533.60	550.11	552.87
港元	100	61.24	61.54	68.27	68.62	71.06	71.42
意大利里拉	10000	39.96	40.15	42.91	43.13	44.87	45.09
日元	100000	3 314.97	3 331.59	3 950.31	3 970.11	4 349.87	4 371.67
比利时法郎	10000	1 433.07	1 440.24	1 558.84	1 566.66	1 715.45	1 724.05

10-25 世界有关国家消费物价指数

（以1980年为100）

国家和地区	总指数				食品			
	1989年	1990年	1991年	1992年	1989年	1990年	1991年	1992年
中国(1)	188.2	192.1	197.7	208.4	216.5	217.2	224.3	241.6
美国	150.5	158.6	165.3	170.3	144.1	152.3	157.8	160.0
日本	118.7	122.4	126.4	128.6	116.9	121.7	127.5	128.2
德国(2)	126.2	129.5	134.0	139.3	120.0	123.5	127.0	131.1
英国	172.3	188.6	199.7	207.2	152.9	165.2	173.7	177.5
法国	178.0	184.0	189.9	194.4	177.2	184.4	190.0	191.0
意大利	235.6	250.8	266.9		219.1	232.6	248.2	
加拿大	169.9	178.1	188.1	190.9	156.7	163.2	170.9	170.4
澳大利亚	203.2	218.0	225.1	227.3	195.6	204.2	211.1	214.0
原苏联	111.5	117.6			122.3	125.2		
原捷克斯洛伐克	112.7	124.0	195.7	216.7	114.1	126.8	184.1	199.6
波兰(3)	33倍	223倍	381倍	243.5	39倍	250倍	377倍	206.6
匈牙利	215.0	277.1	374.1	460.1	206.0	278.5	339.5	405.4
南斯拉夫	1151倍	7834倍	13992倍		1129倍	7482倍	12632倍	
印度(4)	216.2	235.1	268.0	299.6	214.7	234.3	272.3	307.9
印度尼西亚（5）	211.3	112.5	123.0		219.5	109.5	118.3	
菲律宾(6)	112.2	128.1	152.0	165.6	114.0	127.6	147.2	157.3
泰国（曼谷）	148.0	157.8	166.3	172.3	137.3	150.5	160.1	166.0
马来西来(7)	97.0	100.0	104.4	109.3	96.0	100.0	104.7	111.7
新加坡	120.8	124.9	129.3	132.2	117.2	118.1	119.8	121.4
巴基斯坦	151.6	165.3	184.8	202.4	156.1	169.6	187.5	207.8
缅甸	248.6	292.3	386.7		251.5	299.9	412.3	
土耳其(8)	283.6	454.6	754.4	13倍	310.0	509.6	851.7	15倍
韩国	169.1	183.6	201.4	213.2	173.5	190.9	211.4	227.8
埃及	408.8	477.3	571.5	649.3	473.3	548.3	639.0	692.4
尼日利亚(6)	150.5	161.6	182.6		152.6	158.3	177.1	
墨西哥	119倍	151倍	185倍	213倍	112倍	140倍	169倍	187倍
巴西（圣保罗）(6)	13倍	390倍	1993倍		14倍	381倍	1885倍	
阿根廷（6）（布宜诺斯艾利斯）	33倍	795倍	2161倍	2699倍	32倍	710倍	1855倍	2415倍

注：(1)全国零售物价总指数。(2)1990年以前数字仅指原联邦德国。(3)1992年以后，以1990年为100计算
(4)产业工人消费价格指数。(5)1990年以后，以1988-89年为100计算。(6)以1988年为100。
(7)以1990年为100。(8)以1987年为100。
资料来源：联合国1993年4月《统计月报》。

10-26 世界最大的5 0 家多样化公司

（1992年）　　　　单位：百万美元

序号	多样化公司	国家	销售额	利润	资产
1	伊藤忠商事公司	日本	156323.1	30.0	62601.9
2	住友商事公司	日本	145361.6	164.0	47174.5
3	三菱商事公司	日本	142715.7	229.6	81306.4
4	丸红商事公司	日本	138880.0	8.9	70701.9
5	三井商事公司	日本	137554.7	140.4	70315.5
6	日商岩井商事公司	日本	86238.8	26.0	41374.0
7	美国电话电报公司	美国	65101.0	3807.0	57188.0
8	东绵商事公司	日本	61846.5	28.5	20374.7
9	日本电话电报公司	日本	52236.9	1342.4	103904.7
10	日绵实业贸易公司	日本	51654.7	35.2	20292.8
11	兼松贸易公司	日本	47747.6	24.1	16253.4
12	联合电力与矿业股份有限公司	德国	39637.0	579.8	32270.4
13	自来水总公司	法国	27075.0	548.8	33925.1
14	莱茵-威斯特伐利亚发电厂	德国	26622.2	531.5	35586.0
15	清水建设公司	日本	19139.3	174.0	29362.3
16	大成建设公司	日本	19003.9	292.0	28911.1
17	鹿岛建设公司	日本	17631.9	137.1	28513.2
18	ＢＣＥ电信公司	加拿大	17188.7	1149.6	37999.1
19	丰田通商公司	日本	16430.0	49.0	7442.7
20	现代贸易公司	韩国	14535.1	7.9	873.9
21	安龙天然气公司	美国	14126.6	306.2	10663.9
22	竹中工程工业公司	日本	14075.1	383.5	15808.3
23	时代华纳娱乐公司	美国	13070.0	86.0	27366.0
24	川铁商事公司	日本	13049.7	17.0	7712.3
25	弗莱明批发公司	美国	12937.9	113.0	3117.7
26	内斯泰石油公司	芬兰	12784.3	-529.4	9305.2
27	SUPERVALU批发公司	美国	12568.0	164.5	4064.2
28	大林建筑公司	日本	12467.3	168.3	22297.4
29	中化(贸易)公司	中国	12173.5		
30	弗朗茨·哈尼尔批发公司	德国	11869.4	107.9	4436.7
31	布伊格建筑公司	法国	11843.3	129.3	10898.5
32	麦克森批发公司	美国	11669.0	114.7	136.0
33	ＳＨＶ控股贸易公司	荷兰	11027.2	175.9	6191.5
34	三井不动产公司	日本	10887.9	152.8	32446.4
35	微波通讯公司	美国	10562.0	609.0	9678.0
36	日铁商事公司	日本	10151.2	7.7	8706.9
37	电通行销公司	日本	9940.5	54.9	4905.5
38	熊谷组建筑公司	日本	9681.3	8.3	18192.3
39	乔治·韦斯顿食品公司	加拿大	9592.6	39.7	3118.6
40	积水预制房屋公司	日本	9513.0	308.6	11703.2
41	斯普林特电信公司	美国	9230.4	457.1	10188.4
42	蒂森贸易联营公司	德国	9157.1	68.4	3850.1
43	SYSCO批发公司	美国	8892.8	172.2	2301.6
44	英之杰贸易公司	英国	8889.8	273.9	4234.9
45	马里奥特饭店公司	美国	8865.0	85.0	6410.0
46	废物处理公司	美国	8661.0	850.0	14114.2
47	电子数据系统公司	美国	8218.9	635.5	6123.5
48	埃德卡中心批发公司	德国	8204.9	13.9	1386.6
49	怡和贸易公司	香港	7899.5	347.5	7973.8
50	巴斯休闲公司	英国	7817.2	785.9	10725.6

资料来源：美国《幸福》杂志。

主要统计指标解释

国内生产总值 一个国家(或地区)所有常住单位在一定时期内按市场价格计算的生产活动的最终成果。

国民收入 一个国家(或地区)的物质生产部门劳动者在一定时期内新创造的物质产品的价值总和。

农业总产值 是以货币表现的农林牧副渔五业全部产品的总量,它反映一定时期内农业生产的总规模和总成果。

工业总产值 是以货币表现的工业企业在一定时期内生产的工业产品总量,它反映工业生产的总规模和总水平。

商业企业管理机构 指负责对商业企业经营机构进行管理和领导,一般不直接经营商品购、销业务的单位。

商业企业经营机构 指各级直接从事商品的采购、供应、批发、零售业务的机构。

货币收入总额 包括城乡居民的全部货币收入(不包括城乡居民之间的货币转移)、社会集体购买公用消费品的货币、外宾购买消费品的货币和村(队)购买农业生产资料的货币。

非商品性支出总额 指城乡居民除购买商品以外的全部货币支出,包括城乡居民的文化生活服务支出、向国家缴纳的各种税金、银行和信用社农贷净减少额、汇(带)往外地货币大于外地汇(带)入货币的差额以及在外地实现的购买力差额等。

当年社会商品购买力 指当年货币收入总额中可用于购买商品的货币,即当年已经实现的购买力和当年结余购买力的总额。

已实现的社会商品购买力 包括本地和外地居民、外宾和社会集团在本地实现的购买力,即"社会商品零售总额"。

当年结余购买力 指当年城乡居民收入中,用于购买商品和非商品支出后结余的货币。

货币流通量 指市场货币流通的总量。在我国,市场货币流通量包括机关团体、部队、学校、企事业单位的库存现金和城乡居民的手持现金。我国的货币流通量指流通中的人民币。

社会商品零售总额 指各种经济类型的商业、饮食业、工业和其他行业直接售给城乡居民和社会集团的消费品,售给农民的农业生产资料,以及农民直接售给非农业居民的消费品总额。

对社会集团的消费品零售额 指售给机关、团体、部队、学校、企业、事业单位和城市街道居民委员会、农村村民委员会用公款购买的非生产、经营用的公用消费品。

社会消费品零售量 指某一种消费品由各行业售给居民生活用和社会集团公共消费用的数量以及农民售给非农业居民数量的总和,它反映一定时期零售市场上某一种消费品的供应总量,也就是城乡居民和社会集团商品性消费总量。本年鉴中全国零售量按大口径计算,即某种消费品的零售量不但包括该种消费品的直接零售量,还包括零售其加工品中所含的该消费品的数量;各地区零售量按小口径计算,即只包括该种消费品的直接零售量,但对饮食业零售的饭菜中耗用的粮油和肉禽蛋等副食品仍包括在该消费品的零售量中。

社会农副产品收购总额 包括商业、饮食业、工业和其他部门以及非农业居民直接从农民、国营农场、劳改农场、机关和部队农场等农业生产者收购的全部农副产品。

社会商业商品总购进 指各种经济类型的商业企业从本企业以外的单位和个人以各种价格购进或接收进口和进口作为转卖或加工后转卖的商品。

社会商业国内纯购进 指各种经济类型的商业企业从商业部门以外的单位和个人以各种价格购进作为转卖或加工后转卖的商品。

社会商业商品总销售 指各种经济类型的商业企业对本企业以外的单位和个人出售或供应出口和出口的商品。

社会商业国内纯销售 指各种经济类型的商业企业以各种价格对商业部门以外的单位和个人出售的商品。

社会商业期末库存 指各种经济类型的商业企业在报告期末已取得所有权的全部商品。

贸易粮 粮食的收购量和零售量都是按贸易粮计算的。贸易粮包括小麦、大米、大豆、玉米等和薯类,计算时按规定标准将稻谷和谷子折合成大米和小米,其他品种的粮食按原粮计算。

商品销售毛利 指销售商品的进销差价。一般根据"商品销售总额"减"商品销售成本"计算而得。

商品流通费 指商品流通过程中开支的一切费用。

商品经营利润 指销售商品实现的利润。

全部企业利润总额 指各商业部门所有独立核算企业实现利润的总和。即所属商业、工业、农牧业、饮食服务业、储运业等各行业盈亏相抵后的净利润(或净亏损)之和。

已缴所得税、调节税、利润 指各商业部门实行利改税的企业在报告期内按规定缴纳的所得税、调节税(包括补交上年所得税、调节税),以及不实行利改税的企业在报告期内按有关规定向财政部门(或上级主管部门)已缴的利润(包括补交上年利润)。

全部企业流动资金平均占用额 指报告期内企业单位经营、生产所平均占用的各种流动资金。

全部企业年末自有流动资金 指全部企业年末拥有的由国家拨入的流动资金,企业内部形成的流动资金,其他来源形成的流动资金的余额。

零售物价指数 是反映城乡商品零售价格总水平变动趋势的一种经济指数。采用加权算术平均公式计算。目前全国有146个市、80个县城作为基层填报单位。城市指数所选商品有352种左右,县城指数所选商品有404种左右,每种商品的指数采用代表规格品的平均价格计算。

农村工业品零售价格指数 是反映农村市场工业品零售价格水平变动趋势和程度的相对数。根据农村国营商业经销的生活消费品和农业生产资料等商品加权计算。

居民生活费用价格指数 是反映一定时期城乡居民所购买的消费品价格和所支付的服务项目价格变动趋势和程度的相对数。目前计算指数所选商品和服务项目为382种。

农副产品收购价格指数 是反映国有商业、集体商业、个体商业及有关部门收购农副产品价格的变动趋势和程度的相对数。采用加权倒数平均公式计算。目前计算指数所选的商品有11个大类,276种农副土特产品。

工农业商品综合比价指数 是反映农副产品和工业品交换比价变动情况的经济指数,它表示农民用一定数量的农副产品能交换多少数量的工业品。

责任编辑　马　平
封面设计　于　霄

ISBN7-5037-1447-6/C · 846
定价：46.00元